KB049328

刑事判例研究

〔30〕

韓國刑事判例研究會 編

博 英 社

Korean Journal of Criminal Case Studies

[30]

Edited by
Korean Association of Criminal Case Studies

Parkyoung Publishing & Company
Seoul, Korea

머 리 말

　형사판례연구 제30권이 발간되었습니다. 본서는 지난 1년 동안의 형사판례연구회의 학술활동 결과입니다. 형사판례연구회의 학술지인 형사판례연구가 30권을 맞이하였다는 것은 연구회가 창립 30주년이 되었다는 의미입니다. 지송 이재상 교수님과 옥봉 권광중 고문님께서 형사법을 연구하는 학자들과 실무가들이 모여 우리 형사판례를 대상으로 토론하고 연구하는 장을 마련하고, 이를 통하여 형사법학과 형사판례의 발전에 기여하겠다는 취지에서 형사판례연구회를 창립한 1992년부터 30년이 되는 지금까지 우리 연구회는 매월 월례연구회를 개최하여 왔습니다.

　잘 아시다시피, 형사법은 국가형벌권의 범위와 한계를 정한 규범으로, 그것의 구체화는 판결 등을 통해 확정될 수밖에 없는데, 판결 등이 당사자는 물론 사회의 구성원들을 납득시키려면 결론 및 그에 이르는 논리가 설득력을 가져야만 합니다. 우리의 월례연구회는 바로 이 '설득력 있는 논거'를 찾으려는 치열한 논증의 장입니다. 판결 등의 결론이 무엇이며 과연 정당한지, 논거가 논리적이고 타당한지를 검토하고, 만약 그에 대하여 동의할 수 없다면 연구자로서 대안도 제시하는 경연장입니다. 이러한 논쟁과 토론을 통하여 실무자들과 형사법학자들이 자신의 생각을 한 번 더 뒤돌아보고, 서로를 이해하며 형사법 해석과 적용의 바람직한 방향을 찾아갈 수 있습니다. 우리 연구회가 형사법 분야에서 실무가와 학자의 공동 작업을 시작하였고, 이러한 경연의 장은 앞으로도 지속될 것입니다.

　2021년의 월례연구회에서도 간접정범, 공범관계의 이탈, 정당행위, 방조범의 인과관계와 같은 총론분야의 기본적이면서도 논쟁적인 주제

가 논의되었습니다. 각론의 경우 직권남용죄, 성범죄, 명예범죄, 주거
침입죄, 가상재산 등 최근 관심을 끌고 있는 범죄들에 대하여 새로운
시각을 제시한 판결과 이에 대한 평석들이 발표되었습니다. 또한 도입
할 때 뜨거운 관심을 받았지만 점점 이용률이 낮아지고 있는 국민참
여재판의 심리절차도 다루었습니다. 어느 주제 중요하지 않은 것이 없
는 열띤 발표와 토론의 장이었다고 생각합니다.

　　코로나가 여전히 위세를 떨치던 작년에도 재작년과 마찬가지로
월례발표회를 비대면으로 진행할 수밖에 없었지만, 다행히 다른 연구
회와의 공동학술대회도 열었습니다. 2021년 7월 5일 대법원 형사법연
구회와 공동으로 개최한 학술대회가 바로 그것입니다. 학자들과 실무
가들이 모여 우리 형사판례를 대상으로 토론하고 연구하는 장을 마련
한다는 연구회 창립 목적을 달성하기 위해 지속적으로 공동학술대회
를 활성화하고자 합니다.

　　나아가 대법원이나 헌법재판소의 재판은 물론 하급심판례도 연구
대상으로 할 필요가 있을 것 같습니다. 근래 하급심재판들이 상세한
논증을 시도하거나 기존 대법원 판례와는 다른 해석론을 전개하는 등
학술적으로 검토할 만한 가치가 있는 하급심판결들이 증가하고 있기
때문입니다. 아직은 법관 이외의 연구자들이 하급심판결에 접근하기
가 쉽지 않지만, 대법관들의 사건 부담을 줄이고 하급심을 강화 내지
충실화한다는 사법제도개선방향을 고려할 때 우리 연구회 회원들이
선도적으로 관심 있는 하급심판결을 대상으로 연구하여 발표하는 것
은 의미 있는 작업이 될 것입니다.

　　이제 본서가 출간되기까지 도와주신 분들에게 감사인사를 드리고
자 합니다. 우선 형사판례연구회에 많은 애정을 갖고 꾸준히 재정적·
행정적 지원을 해 주시는 한국형사·법무정책연구원의 하태훈 원장님
께 깊이 감사드립니다. 한국형사·법무정책연구원의 명칭 변경 1주년
을 축하드리며, 형사정책을 포함하여 형사·법무정책의 통합적 연구기
관으로 도약·발전하기를 기원합니다. 그리고 지난 1년의 월례연구회

에서 발표와 사회를 맡아주신 분들과 열심히 참여하신 회원님들, 논문의 심사와 편집을 위해 수고해주신 많은 분들께도 감사의 말씀을 드립니다. 이런 분들의 열정과 정성이 쌓여 오늘의 형사판례연구회를 만들었고, 내일의 연구회를 발전시킬 것입니다. 앞으로도 변함없는 관심과 성원을 부탁드립니다. 아울러 월례연구회와 공동학술행사 등을 도맡아 처리하시는 총무간사 류부곤 교수와 편집간사 허황 교수의 노고에 대하여 고마움과 함께 미안함을 전합니다. 두 분의 헌신이 없었다면 월례연구회와 본서의 출간이 불가능하였을 것입니다. 끝으로 형사판례연구의 창간호부터 지금까지 출판해주신 박영사의 안종만 회장님, 조성호 이사님 그리고 관계자 여러분들께도 감사의 말씀을 드립니다.

2022년 7월

한국형사판례연구회 회장

강 동 범

목   차

Table of Contents

피해자의 자손행위를 이용한
간접정범의 인정여부

― 간접정범과 자수범의 이해구조 : 하나의 이단적 고찰 ―
― 간접정범과 자수범에 관한 독일이론의 맹신적 추종에 대한 참을 수 없는 저항 ―
― 동일과 비동일의 동일 / 동일과 비동일의 비동일 ―
― 자수범론에서 말하는 '간접정범'과 간접정범론에서 말하는 '간접정범'의 의미차이와 간극 ―
― 자수범과의 작별: 아듀 자수범! ―

이 용 식*

[대상판결] 대법원 2018. 2. 8. 선고 2016도17733

1. 사실관계

피고인은 스마트 채팅 애플리케이션을 통하여 알게 된 피해자들로부터 은밀한 신체부위가 드러난 사진을 전송받은 사실이 있고, 피해자들의 개인정보나 피해자들의 지인에 대한 인적사항을 알게 된 것을 기화로 피해자들에게 시키는 대로 하지 않으면 기존에 전송받았던 신체 사진과 개인정보 등을 유포하겠다고 협박하였다. ㈎ 이에 피해자 A(여, 22세)로부터 총 11회에 걸쳐 나체 사진, 속옷을 입은 사진, 성기에 볼펜을 삽입하거나 자위하는 동영상 등을 촬영하도록 하여 이를

* 서울대학교 법학전문대학원 명예교수

전송받았다(형법상 강제추행). (나) 또한 피해자 B(여, 15세)로 하여금 총 7회에 걸쳐 가슴 사진, 성기 사진, 나체 사진, 속옷을 입고 다리를 벌린 모습의 사진, 가슴을 만지거나 성기에 볼펜을 삽입하여 자위하는 동영상 등을 촬영하도록 하여 이를 전송받았다(아동청소년보호법상 강제추행).

2. 판시사항

가. 강제추행죄는 사람의 성적 자유 내지 성적 자기결정의 자유를 보호하기 위한 죄로서 정범 자신이 직접 실행하여야 성립하는 자수범이라고 볼 수 없으므로, 처벌되지 아니하는 타인을 도구로 삼아 피해자를 강제추행하는 간접정범의 형태로도 범할 수 있다. 여기서 강제추행에 관한 간접정범의 의사를 실현하는 도구로서의 타인에는 피해자도 포함될 수 있으므로, 피해자를 도구로 삼아 피해자의 신체를 이용하여 추행행위를 한 경우에도 강제추행죄의 간접정범에 해당할 수 있다.

나. 피고인이 피해자들을 협박하여 겁을 먹은 피해자들로 하여금 어쩔 수 없이 나체와 속옷만 입은 상태가 되게 하여 스스로를 촬영하게 하거나, 성기에 이물질을 삽입하거나 자위를 하는 등의 행위를 하게 하였다면, 이러한 행위는 피해자들을 도구로 삼아 피해자들의 신체를 이용하여 그 성적 자유를 침해한 행위로서, 그 행위의 내용과 경위에 비추어 일반적이고도 평균적인 사람으로 하여금 성적 수치심이나 혐오감을 일으키게 하고 선량한 성적 도덕관념에 반하는 행위라고 볼 여지가 충분하다.

다. 따라서 피고인의 행위 중 위와 같은 행위들은 피해자들을 이용하여 강제추행의 범죄를 실현한 것으로 평가할 수 있고, 피고인이 직접 위와 같은 행위들을 하지 않았다거나 피해자들의 신체에 대한 직접적인 접촉이 없었다고 하더라도 달리 볼 것은 아니다.

라. 그럼에도 원심은 피고인의 행위 중 위와 같은 행위들은 피해자를 이용하여 강제추행의 범죄를 실현한 것으로 볼 수 있는지 가려보지 아니한 채 피고인의 행위가 피해자의 신체에 대한 접촉이 있는 경우와 동등한 정도로 성적 수치심 내지 혐오감을 주거나 성적 자기결정권을 침해하는 것이라고 보기 어렵다는 이유만을 들어 강제추행을 무죄로 판단하고 강요죄만을 인정하였다.

[참조판례 1: 코 절단사건] 대법원 1970. 9. 22. 선고 70도1638 판결

피고인은 동거한 사실이 있는 피해자인 여인에게 피고인을 탈영병이라고 헌병대에 신고한 이유와 다른 남자와 정을 통한 사실들을 추궁한 바, 이를 부인하자 하숙집 뒷산으로 데리고 가 계속 부정을 추궁하면서 상대 남자를 말하자 대답을 하지 못하고 당황하던 동 여인에게 소지 중인 면도칼 1개를 주면서 "네가 네 코를 자르지 않을 때는 돌로서 죽인다"는 등 위협을 가해 자신의 생명에 위협을 느낀 동 여인은 자신의 생명을 보존하기 위하여 위 면도칼로 콧등을 길이 2.5센치, 깊이 0.56센치 절단함으로써 동 여인에게 전치 3개월을 요하는 상처를 입혀 안면부 불구가 되게 하였다. 피고인이 피해자를 협박하여 자상케 한 경우에 그 협박의 정도가 피해자의 의사결정의 자유를 상실케 함에 족한 것인 이상 피고인에 대하여 (중)상해죄를 구성한다.

[참조판례 2: 어린자식 익사사건] 대법원 1987. 1. 20. 선고 86도2395 판결

피고인은 7세, 3세 남짓된 어린 자식들에 대하여 함께 죽자고 권유하여 물속에 따라 들어오게 하여 결국 익사하게 하였다. 비록 피해자들을 물 속에 직접 밀어서 빠뜨리지는 않았다 하더라도 자살의 의미를 이해할 능력이 없고 피고인의 말이라면 무엇이나 복종하는 어린

자식들을 권유하여 익사하게 하였다면 살인죄가 성립한다.

[연   구]

Ⅰ. 문제의 제기

A. 간접정범의 형법상 자리매김 — 직접정범과의 관계

검사는 아동청소년법위반(강제추행)죄, 강제추행죄(통틀어 강제추행죄)에 대하여 직접정범으로 공소제기하였다. 제1심은 강제추행죄의 직접정범을 인정하였다. 검사는 일부무죄(피해자 B에 대한 성노예계약서를 작성·전송하는 행위) 부분에 대하여 항소하였다. 원심에서 검사는 강요죄를 예비적 공소사실로 추가하는 공소장변경을 하였다. 원심은 강제추행죄의 직접정범을 무죄로 판단하고 강요죄를 인정하였다. 대법원은 강제추행죄의 간접정범 성립을 검토하라고 파기환송하였다. 피해자의 자손행위(자살 자상 자기추행 등)를 이용하는 경우는 모든 교과서와 학설에서 당연히 간접정범의 전형적 대표적 사례로 서술되고 논의되고 있다. 그런데 왜 검사는 강제추행죄의 직접정범으로 기소하고 제1심과 원심법원도 강제추행죄의 직접정범의 성립여부 문제로 다루었던 것일까? 왜 직접정범의 성립여부에 매달리게 되었던 것일까? 왜 간접정범에의 시선이 차단되었던 것일까? 왜 제34조 제1항 간접정범 규정의 적용이 불필요한 사안으로 보게 되었을까? 혹시 행위자-피해자 2인만이 존재하니까 당연히 직접정범이라고 생각되어진 것은 아닌가? 2인구조이기 때문에 그리된 것은 아닐까? [참고판례 1]과 [참고판례 2]도 살인죄(형법 제250조)와 상해죄(형법 제257조)의 성부, 즉 직접정범의 틀 안에서 — 다루어진 내용 자체는 간접정범에 관련되는 것임을 알 수 있음에도 불구하고 — 논의되고 포섭이 이루어져 왔다. 간접정범이라는 용어는 물론 참조조문에도 형법 제34조 제1항 간접정범 규정은 기재되어 있지 아니하다.

이는 피해자를 이용한 2인구조의 경우 간접정범의 성립여부는 총칙의 요건문제인데, 각칙 구성요건의 해당조문 즉 직접정범 해석의 문제로 다루어왔다는 점을 말해준다. 그런데 바로 이점을 [대상판결]에서 대법원은 너무도 정확히 너무도 날카롭게 지적하고 있다. "원심은 피고인이 피해자를 이용하여 강제추행의 범죄를 실현하고 있는지(=총칙 제34조 제1항 간접정범규정) 가려보지 아니한 채, 피고인의 행위가 피해자의 신체에 대한 접촉이 있는 경우와 동등한 정도로 성적 수치심 내지 혐오감을 주거나 성적 자기결정권을 침해하는 것이라고 보기 어렵다(=각칙 구성요건 제298조)는 이유만을 들어" 강제추행죄의 성립을 부정했다는 것이다. 간접정범은 각칙 구성요건 실행행위의 해석문제, 즉 직접실행과의 동등성 여부 문제가 아니라, 총칙 간접정범규정의 문제라는 지적이다. 양자는 차원/레벨/수준이 다른 영역의 문제이다. 또한 동시에 직접정범은 각칙상의 단독정범의 문제이지만, 간접정범은 물론 단독정범의 일종이지만 총칙상 다수인의 범죄참가형태의 문제라는 것이다. 양자는 차원/레벨/수준이 서로 다르므로 반드시 구별해야 한다는 것이다. 대법원의 이러한 관점은 너무도 당연한 것이지만 또한 너무도 늦었다([참고판례 1][참고판례 2]를 상기하여 볼 때). 그러나 이는 무척이나 높이 평가받아야 한다. 본 판례의 핵심가치 핵심코어는 바로 이 부분(상기 판시사항 라. 부분)에 있는 것이다(물론 그러한 결론 자체가 옳은가 타당한가는 다른 문제이다). 결국 종래 판례는 간접정범을 기본적으로 직접정범과 동등 동일한 것으로 이해하였으나(각칙문제), [대상판결]은 간접정범을 도구인 행위매개자의 실행행위를 배후자에게 귀속하는 점에서 직접정범과는 다르게 이해한다(총칙문제). 그런데 과연 행위자-피해자 2인구조의 경우에 간접정범의 성립이 인정될 수 있는가?

B. 직접정범과의 구별

그리하여 [대상판결]에서 대법원은 간접정범은 처벌되지 않는 타인을 도구로 이용하여 범죄를 실현하는 것(=간접정범의 개념)인데, 여

기에서 타인에는 피해자도 포함된다고 해석한다. 이는 모든 문헌에서
도 똑같이 이야기 하고 있다. 정말 논리적이다. 아주 논리적이다. 그러
나 이러한 해석은 우리 형법 제34조 제1항 간접정범 조문의 해석에서
나온 것이 아니라, 간접정범의 개념정의에서 논리적으로 도출되는 것
일 뿐이다. "타인을 통해서" 범죄를 범한 자는 간접정범이라고 독일형
법 제25조 제1항에서 규정하고 있는 개념정의를 그대로 가져다 쓰고
있는 것이다. 이는 독일의 간접정범이론에 대한 맹신일 뿐만 아니라,
독일 형법조문을 우리 판례에 그대로 적용하고 있는 것이 된다. 그리
하여 [대상판결]은 결국 행위자-피해자 2인구조의 경우에도 간접정범
의 성립이 인정될 수 있다고 명시적으로 판시하고 있다. 이러한 점에
서 [대상판결]은 근본판례로서의 의의를 갖는다고 생각된다.

그러나 간접정범의 개념을 타인을 도구로 이용한 정범이라고 한
다면 역으로 타인을 도구로 이용한 정범은 모두 다 간접정범이 되는
것인가? 예컨대 사기죄와 공갈죄는 피해자의 착오나 강제를 이용하여
피해자의 교부행위를 개입시켜 결과를 발생하게 하는 범죄이다. 위계
간음죄는 위계를 수단으로 피해자의 행위를 이용하여 법익침해결과를
발생하게 하는 범죄이다. 사기죄 · 공갈죄 · 위계간음죄는 간접정범이
아니라 직접정범이다. [독주스 사례] (i) 갑은 을을 독살하기 위하여 독
이 든 주스를 "주스야!" 하면서 을에게 내밀었고 을은 이를 마시고 사
망하였다. (ii) 갑은 을을 독살하기 위하여 독이 든 주스를 내밀었고 을
은 이를 마시고 사망하였다. 이와 같은 사례에서 (i)(ii)사례 모두 을은
독이 들었다는 것을 모르고 있으므로 갑은 우월적 인식으로 피해자
을의 자손행위를 이용한 간접정범이 되는 것인가? (i)(ii) 사례 모두 직
접정범인 것은 아닌가? (i)사례는 간접정범 (ii)사례는 직접정범이 되는
것인가? 도대체 직접정범과 간접정범을 구별하는 기준은 무엇인가?

C. 구별실익

그런데 직접정범과 간접정범은 모두 정범이고 정범으로 처벌된다

는 점에서 동일한데, 굳이 양자를 구분해야 하는 실익은 무엇인가? 물론 첫째, 성립요건이 달라진다. 직접정범은 각칙 구성요건에 따르고, 간접정범은 총칙 간접정범 규정에 의한다. 둘째, 처벌의 효과 면에서 직접정범은 정범의 형으로 처벌되지만, 우리 형법에서 간접정범은 교사 방조의 예에 따라 처벌된다고 한다. 셋째, 실행의 착수 인정시기가 달라진다는 점이다. 직접정범에 있어서 실행의 착수시기는 실행행위를 직접적으로 개시한 때이지만, 간접정범의 경우에는 학설에 따라 세부적으로 다른 점이 있지만 이용자의 이용행위 기준설, 피이용자의 실행행위 기준설, 선의악의도구 구분설, 독자적 진행개시설 등으로 달라진다는 것이다. 넷째는 이에 따라 중지미수의 인정여부가 달라질 수 있다는 점이다. 다섯째는 간접정범은 자수범의 경우에는 성립이 인정되지 않는다는 것이다. 여섯째 소송법적으로는 간접정범의 경우 공소장에 기재하지 않는 경우에 어떻게 처리될 것인가 하는 문제가 있을 수 있다.[1][2][3] 이와 같이 볼 때 직접정범과 간접정범은 반드시 구분되

1) 원심법원이 공소장변경 없이 간접정범으로 유죄인정할 수 있는지 문제가 된다. 우선 간접정범은 직접정범과 동일한 형 또는 감경된 형으로 처벌된다. 그리고 공소사실에 기재된 피고인의 행위 자체가 피해자를 이용한 간접정범의 형태로 충분히 해석될 수 있고 동일한 공소사실에 대하여 심리의 경과에 비추어 충분히 심리되고 피고인이 다투었다고 볼 수 있다. 그러므로 공소장변경 없이 직권으로 간접정범을 인정하는 것은 피고인의 방어권행사에 실질적인 불이익을 초래할 염려가 있다고는 볼 수 없을 것이다(직접정범으로 공소제기되었는데 공소장변경 없이 간접정범으로 인정한 판례로는 대법원 2015. 4. 23 선고 2014도13148 판결. 그리고 대법원 2010. 4. 29. 선고 2010도875 판결 참조).
2) 그런데 공소장변경 없이 강제추행죄의 간접정범을 인정할 수 있는데 강제추행죄 직접정범의 무죄를 인정한 본건 원심법원의 경우에 직권심판의무의 인정여부는 어떠할 것인가 문제될 수 있다. 원심의 직권심판의무를 인정하려면, 공소장이 변경되지 않았다는 이유로 이를 처벌하지 않는 것이 현저히 정의와 형평에 반하는 것이어야 한다. 본건 사안의 경우에는 이를 긍정할 수 있다고 보여진다.
3) 검사가 상고한 본건에서 대법원은 원심법원의 법리오해를 이유로(형소법 제384조 단서) 피고인에게 불리한 직권심판을 할 수 있는가 문제 될 수 있을 것이다. 이는 위법하므로 부정해야 한다는 입장이 있을 수 있고, 가능하다고 보는 입장이 있을 수 있겠다. 근거로는 검사의 상고이유에 강제추행죄 간접정범의 주장이 포함된다고 말할 수 있을 것이다. 물론 가능하지만 의무는 아니라

어야 한다. 그러면 행위자가 행위 후에 타인(행위매개자)의 행위를 개입시킨 사안에서 어떠한 기준으로 배후자의 정범성을 구별할 것인가?

Ⅱ. 피해자의 자손행위를 이용한 경우 간접정범과 직접정범의 구별기준

A. 일반론적 거시론적 관점에서의 구별

1. 단순한 인과적 요소 개입여부 기준설 ─ 인과론적 관점

직접정범은 단순한 인과적 요소를 개입시킨 경우이기 때문에, 직접정범의 행위에 연결되는 타인의 행위는 자연법칙적으로 완전히 결정된 인과진행이 된다.[4] 반면에 간접정범의 행위 후에 연결되는 타인의 행위는 행위매개자의 의사자유 때문에 그의 의사결정에 의한 행위이다. 즉 완전히 결정된 인과진행이라고 할 수 없는 행위이다. 행위매개자는 자기행위의 결과에 대하여 착오하고 있지만 그는 여전히 그 결과에 자율적으로 지향하고 있는 것이다. 강제상황 때문으로 적법행위의 기대를 할 수 없지만, 한편으로 위법행위의 강요에 대해 그는 아주 회피할 수 없는 것도 아니다.[5]

이 입장에 의하면 [대상판결]은 간접정범이 인정될 것이다.[6] 상기 독주스 사례들은 모두 간접정범이 될 것이다. 그런데 예컨대 갑은 을에게 살해행위를 하여 치명상을 입혔으나 의사 A에게 긴급수술을 간

는 것은 말할 필요도 없다.

4) 김용욱, 직접정범과 간접정범의 구분, 오선주교수 정년기념논문집, 2001, 176면; 김종구, 직접정범과 간접정범의 구별 및 자수범에 관한 고찰, 홍익법학 제21권 제4호, 2020, 254면.

5) 굳이 말하자면 개입된 사람의 행위가 단순한 인과적 요소이면 직접정범, 그렇지 않으면 간접정범이 되는 것이 아니라, 역으로 직접정범이면 단순한 인과적 요소가 되는 것이고 간접정범이면 단순한 인과적 요소가 아닌 것이 되는 것이다. 개입된 인간의 행위가 단순한 인과적 요소인지 아닌지 여부를 인과적으로 판단할 수 있는 방법은 없기 때문이다.

6) 김종구, 상계논문, 256면은 강제추행죄의 간접정범이 된다고 보는 대법원의 입장이 타당하다고 본다.

청하였다. 의사 A는 최선의 노력을 다하였으나 을은 사망하였다(의사
수술 사례). 그렇다면 의사 A는 단순한 인과요소는 아니므로 갑은 간
접정범이 될 것이다. 그러나 갑은 직접정범으로 보아야 할 것이다.

2. 구성요건 실행행위 기준설 — 귀속론적 관점

직접정범은 구성요건에 해당하는 실행행위를 한 자이고, 간접정
범은 구성요건적 실행행위를 하지 않은 자이다. 그리하여 구성요건을
실행행위를 하지 않은 배후자에게 간접정범으로서의 죄책을 인정하기
위해서는 총칙 상 근거조문이 필요하다. 이 근거규정에 의하여 비로소
실행행위를 한 타인(직접정범)의 행위가 실행행위를 하지 않은 간접정
범에게 귀속될 수 있게 된다. 총칙 상 간접정범 규정은 — 다른 공범규
정이나 공동정범 규정과 마찬가지로 — 다수인의 범죄참가에 관한 규
정이고 형벌확장사유인 것이다.[7] 본 [대상판결]에서 대법원은 또한 이
점을 명확히 하고 있는 것이다(상기 판시사항 라. 부분).

이 입장에 의하면 독주스 사례들은 직접정범이 될 것이고, 의사수
술사례는 역시 직접정범이 된다. 본 [대상판결]은 피고인의 협박이 강
요의 수단이 되는 데 그치는 것이라고 한다면, 즉 강제추행죄의 실행
행위인 협박까지는 인정되지 않으면 강제추행죄의 간접정범이 될 것
이다. 그런데 피고인의 협박이 강요의 수단일 뿐만 아니라 나아가 강
제추행죄의 실행행위인 협박으로 평가될 수 있다면, 피고인은 강체추
행죄의 직접정범이 될 것이다.[8] 만약 본 건 사안에서 피해자가 자기
추행을 거부하였다면, 직접정범으로 보는 경우 강제추행죄의 미수가
된다. 간접정범으로 보는 경우에는 실행의 착수시기에 관한 학설에 따
라 다양한 결론이 나올 수 있다.

그런데 본 건에서 강제추행죄의 실행행위인 협박을 실제로 직접
행한 사람은 누구일까? 본 건 사안을 간접정범이라고 보려면 피고인

---

7) SK-Hoyer, 9.Aufl., 2017, Vor §25 Rn.9.
8) 오영근, 2018년도 형법판례 회고, 형사판례연구 [27], 2019, 543면.

은 강요의 수단이 되는 협박만을 행하고 강제추행죄의 구성요건적 실행행위인 폭행 협박은 피해자가 직접 실행했다는 의미이다. 결국 피해자는 자기추행에서 추행이 동시에 폭행이 되는 경우를 직접 실행한 경우가 된다. 즉 강제추행죄의 실행행위인 협박을 실행한 사람은 없게 된다. 즉 피고인은 강요의 수단으로서의 협박을 하고, 피해자는 강제추행죄의 실행행위인 폭행을 실행한 것이 된다. 그러나 본 건에서 실제 현실에서 협박을 직접 실행한 사람은 피고인 뿐이다. 그리고 그 협박은 상대방의 항거를 불가능하게 할 정도의 것이라고 보기에 충분하다9)고 평가된다. 그렇다면 피고인은 이미 강제추행죄의 실행행위인 협박행위를 직접 행하여 그에 따라 피고인에게 직접 강제추행죄의 실행의 착수가 인정된다. 만약 피해자가 자기추행을 거부하였다면 피고인은 강제추행죄의 미수에 해당할 것이다.

B. 간접정범의 구조론적 관점에서 ― 미시론적 내부적

1. 관여하는 주체의 수에 의한 구별 ― 형식적 구조

(a) 2인구조

간접정범은 행위자-도구-피해자가 참가하는 전형적인 경우(3인구조)에 한해서 즉 행위자와 피해자가 직접 관계하지 않는 경우에 인정되는 것이고, 행위자-피해자(도구)의 직접 관계하는 경우에는 직접정범으로 보아야 한다는 견해이다.10) 실질적 논거로는 실행행위란 사망의 위험을 발생시키는 위험이 있는 행위인데, 2인관계라는 특별한 상황

---

9) 설동윤, 피해자를 도구로 삼아 추행행위를 한 경우 강제추행죄의 간접정범에 해당하는지 여부, 재판과 판례 제27집, 2018, 471면. 또한, 이상민, 성적 의사결정의 자유의 의미와 간접정범 형태의 강제추행죄의 성립여부, 형사판례연구 [27], 2019, 224면.

10) Johannes, Mittelbare Täterschaft bei rechtmäßigem Handeln des Werkzeugs, 1963, S.16ff.; Spendel, Fahrlässige Teilnahme an Selbst- und Fremdtötung, JuS 1974, 751f.; Spendel, Zum Begriff der Täterschaft, FS-Lüderssen, 2002, S.605ff.; Schumann, Der Täter und sein Opferwerkzeug, FS-Puppe, 2011, S.975ff.; Ingelfinger, HK-GS, 4.Aufl., 2017, §25 Rn.11.

에서는 행위자가 자손행위를 하도록 위험상황을 야기하여 보호법익을
침해하는 위험을 야기했다고 볼 수 있다는 것이다.11) 예컨대 갑은 자
기를 죽이려고 을이 매복하여 기다리고 있다는 것을 알면서 사정을
모르는 병을 보내어 을이 객체의 착오를 일으켜 병을 살해한 Dohna-
사례에서, 갑은 살인죄의 직접정범이 인정된다고 볼 수도 있게 된다.
(물론 간접정범으로 보는 견해, 교사범으로 보는 견해, 방조범으로 보는 견
해들이 있다). 독주스 사례에서는 독주스 캔을 내밀었을 때 이미 살인
죄의 실행행위가 인정되는 것이지 피해자의 독을 마시는 행위가 실행
행위가 될 수는 없다는 것이다. 피해자는 자살을 당한 것이다. 자살사
취이다. 이러한 입장에 따르면 [참고판례 1]에서 어린자식을 함께 죽
자고 하여 한강물에 들어오라고 하여 익사시킨 부친은 살인죄의 직접
정범이라고 보게 될 것이다.12)

(b) 간접정범 공범설의 입장에서

그런데 간접정범의 본질을 공범으로 보는 입장에서 간접정범은
교사인데(=즉 3인 관계를 전제로) 극단적 종속형식에 따라 교사범을 인
정할 수 없는 사례 군이다. 즉 범행매개자는 객관적으로 구성요건에
해당한다는 점을 전제하고 있는 것이 간접정범이다.13) 그리하여 자손
행위와 같이 구성요건에 해당하는 행위가 존재하지 않는 경우에는, 배
후자는 교사범도 아니고 간접정범도 성립되지 아니한다. 즉 원래 3인
구조인 간접정범에서 정범행위가 존재하지 않는 예외적인 경우이다.

11) Spendel, Täter hinter dem Täter, FS-Lange, 1976, S.169.
12) 김성돈, 형법총론, 제7판, 2021, 661면에서는 [참고판례 2]가 살인죄의 직접정
   범으로 보았는지 간접정범으로 보았는지는 분명하지 않다고 하면서도, 김성
   돈, 형법각론, 제7판, 2021, 59면에서는 살인죄의 직접정범 판례로 인용하고
   있다. 반면에 임웅, 형법각론, 제11정판, 2020, 45면은 살인죄의 간접정범을 인
   정한 판례로 인용하고 있다. 또한 오영근, 피해자를 도구로 한 강제추행죄,
   로앤비 천자평석 2019. 05. 22에서는 [참고판례 2]가 간접정범과 직접정범 중
   어느 것을 인정한 것인지 분명하지 않지만, 직접정범을 인정한 것으로 볼 수
   도 있다고 한다.
13) Hippel, Strafrecht, Bd.2, 1930, S.475.

그리하여 이러한 예외적인 경우에는 배후자에게 직접정범이 인정된다는 것이다.[14] 즉 간접정범 공범설에서 간접정범의 원래 출발개념을 기초로 해서는 간접정범으로 처벌하는 것이 불가능한 경우에, (그렇지만 처벌의 필요성은 부인할 수 없기 때문에) 이를 직접정범으로 파악하게 되는 것이다.

(c) 우리 형법 제34조 제1항의 조문구조

교사 방조라는 말 자체가 이미 구조적으로 3인 관계를 반드시 전제로 하고 있다. 형법 제31조 교사범은 "타인을 교사하여 죄를 범하게 한 자는" 이라고 규정하고 있다. 제32조 종범은 "타인의 범죄를 방조한 자는" 이라고 규정하고 있다. 제34조 제1항 간접정범은 "어느 행위로 인하여 처벌되지 아니하는 자를 … 교사 또는 방조하여 … "라고 규정하고 있다. 이때 교사 또는 방조의 의미를 이용이라고 물론 해석할 수 있다. 그러나 그러한 의미론적 의미와는 관계없이 교사 방조라는 말 자체는 — 그것이 이용이라는 의미라고 보든 아니든 — 구조적으로 3인 관계를 전제하고 있는 것이다. 특히 간접정범 공범설의 입장에서는 그렇게 보아야 한다. 아니 그렇게 보고 있다는 것을 이미 전제하고 있는 것이다. 그렇다면 피해자의 자손행위를 이용하는 2인관계의 경우는 — 제34조 제1항의 교사 방조의 의미를 어떻게 파악하는지 와는 무관하게 — 우리 형법상으로는 간접정범의 영역에서 처음부터 애시당초 배제되는 것이다. 그러므로 모든 이론과 [대상판결]에서 간접정범은 타인을 도구로 이용하는 범죄라고 개념정의하면서, 이때 타인에는 제3자 뿐만 아니라 피해자도 포함된다고 해석한 것은 우리 형법 제34조 제1항의 문언에 정면으로 배치되는 것이라고 생각된다. 독일형법상의 간접정범 조문은 "타인을 이용한" 정범이라고 명시적으로 규정하고 있기 때문에, 그 타인에는 피해자도 포함된다고 얼마든지 해석할 수 — 그러한 해석이 타당한지 여부와는 관계없이 — 있다. 그러나 우

---

14) Hippel, Strafrecht, Bd.2, S.475.

리 형법상 그러한 해석은 불가능하다. 그러한 해석은 독일형법상의 간
접정범 조문을 그대로 적용 해석한 것이다. 이것은 도저히 받아들일
수 없다. 피해자의 자손행위를 이용한 경우를 간접정범의 자명한 사례
로 들고 있는 모든 교과서와 학설 그리고 판례의 태도는 독일이론의
맹신적 추종이다. 그러한 간접정범 이론에 대해서는 급진적으로 그리
고 과격하게 저항해야 한다.

　또한 더 나아가서 우리 형법 제34조 제1항은 어느 행위로 인하여
처벌되지 아니하는 자를 "교사 또는 방조하여 '범죄행위의 결과'를 '발
생하게 한' 자는 …"이라고 규정하고 있다. 여기에서 범죄행위의 결과
발생은 모든 교과서에서 구성요건의 실현, 구성요건에 해당하는 사실
의 실현이라고 한다. 그러나 구성요건해당성이 없는 자살 자상 자기추
행은 구성요건을 실현한 것이 아니다. 또한 형법에서 '결과'란 항상 타
인을 전제로 한 개념이다. '타인에 대한' 결과, '타인에 대해서 발생시
킨' 결과를 말한다. 그러므로 자살 자상 자기추행과 같은 자손행위는
제34조 제1항에서 말하는 '범죄행위'도 아니고, 범죄행위의 '결과'도 아
니다. 또한 교사 또는 방조하여 범죄행위의 결과를 발생'하게 한' 자는
이라고 규정하고 있다. 발생'시킨' 자도 아니고, '하게 한' 이라고 규정
하고 있다. 범죄행위의 결과를 '하게 한' 이라는 말은 도구와 피해자가
동일할 수 없다는 것으로 읽혀진다. 우리 형법 제34조 제1항 간접정범
규정은 3인구조의 간접정범 형태만을 인정하고 있는 것이지, 2인구조
의 간접정범은 인정하고 있지 않다.[15] 도구인 매개자와 피해자가 서로
다른 사람이라는 것, 즉 동일하지 않다는 것을 전제하고 있다. 그리고
만약 '범죄행위의 결과를 발생하게 한 자'를 이와 달리 교사 방조하여

---

15) 이와 관련하여 흥미로운 것은 대법원 1983. 6. 14. 선고 83도515 판결은 "형법
　　제34조 제1항은 책임무능력자, 범죄사실의 인식이 없는 자, 의사의 자유를 억
　　압당하고 있는 자, 목적범, 신분범인 경우 그 목적 또는 신분이 없는 자, 위
　　법성이 조각되는 자 등을 마치 도구나 손발과 같이 이용하여 간접적으로 죄
　　의 구성요소를 실현한 자를 간접정범으로 처벌하는 것이다"라고 하여, 자손
　　행위를 이용하는 경우를 언급하지 않고 있다.

(배후자 자신의) '범죄행위의 결과를 발생하게 한'이라고 읽는다면, 그 것은 오히려 직접정범을 규정하는 것이 되어버릴 것이다.

2. 간접정범의 귀속론에 의한 구별 — 실질적 구조

(a) 간접정범의 타인행위 귀속론

위에서 말한 형식적 관점에서의 고찰에 대하여 그 실질적 근거는 어떻게 설명할 수 있을까? 피해자의 자상행위를 이용하는 2인구조에 서 행위자에게 간접정범의 성립을 배제하는 실질적 근거는 무엇인가? 간접정범은 우월적 의사지배에 기초하여 타인의 행위를 귀속하는 제 도이다. 즉 간접정범은 구성요건에 해당하는 실행행위를 직접 실행하 고 있지 아니하다. 그러나 직접 구성요건에 해당하는 실행행위를 행한 자(직접정범)에 대하여 뭔가의 관점에서 우월성을 가지고 있어서 — 객 관적으로는 결과에 대하여 부수적인 조건을 설정한 것에 불과하더라 도 — 법적 관점에서 그 우월성에 기초하여 가치적 평가를 하여, 간접 정범이 주된 중심형상 즉 정범으로서 형법의 세계에 등장하게 된다. 개입사정이 어디까지나 사람의 행위라는 점을 정당하게 평가함에 있 어서 타인행위의 귀속론이 요구된다는 의미이다. 직접정범이 스스로 직접 구성요건 실행행위를 행했다는 것을 이유로 정범이 되는데 반하 여, 간접정범은 타인이 행한 실행행위를 규범적 평가에 의하여 자기가 귀속받음으로써 정범이 되는 것이다. 그리하여 간접정범은 제34조 제1 항에 의한 형벌확장사유이며, 그 확장은 배후자의 범행매개자에 대한 의사우월성이 있다는 것에 의하여 근거 지워진다. 이와 같이 직접정범 과 간접정범은 본래 이질적인 것이다. 각칙 구성요건 하나를 두고 그 각칙 구성요건을 직접 실행한 것과 동등한 정도로 볼 수 있는 것인가 하는 실행행위 측면의 문제 — 만약 그렇게 본다면 제34조 제1항 간접 정범규정은 불필요하거나 단순히 선언적 기능을 가지는 것이 되어버 린다 — 가 아니다. 각칙 구성요건 실행행위 관한 해석 차원의 문제가

아니다. 간접정범이 각칙 구성요건 실행행위를 충족했다고 평가하느
냐 아니냐 하는 문제가 아니다. 간접정범은 각칙 구성요건 실행행위를
행하지 않았다는 것이 간접정범 논의의 출발점이다. 구성요건 실행행
위를 행한 것은 직접정범이고 그 직접정범을 전제로 하여, 그에 대하
여 간접정범은 그 타인 직접정범의 행위를 귀속 받는 총칙 귀속 레벨
의 문제이다. 정확히 바로 이 점을 들어 예리하게 대법원은 대상판결
에서 원심의 판단을 꾸짖고 있다. "그럼에도 원심은 이와 달리 피고인
이 피해자들을 이용하여 강제추행의 범죄를 실현한 것으로 볼 수 있
는지(총칙 제34조 간접정범) 가려보지 아니한 채, 피고인의 행위가 피해
자의 신체에 대한 접촉이 있는 경우(각칙 제328조 강제추행죄 구성요건
실행행위 직접정범)와 동등한 정도로 … 보기 어렵다는 이유만을 들어"
강제추행죄의 성립을 부정하였다는 것이다.

　그런데 [대상판결][참고판례 1][참고판례 2]와 같이 분명히 간접정
범으로 보이는 사안임에도 불구하고 종래 왜 검사와 법원은 직접정범
으로 기소하고 심판하게 되었던 것일까? 왜 간접정범으로 보이는 사
안에 직접정범을 적용하고 간접정범의 검토를 배제하게 되었던 것일
까? 행위자와 피해자만이 존재하는 2인구조이기 때문인가? 즉 간접정
범 사안에 해당하지만, 2인관계에서는 우리 형법조문상 간접정범의
적용이 불가능하기 때문에 의식적으로 직접정범으로 의율한 것인가?
아니면 직접정범과 간접정범은 본래 이질적인 것인데, 양자를 은연중
에 동질적인 것으로 보아왔던 것인가? 간접정범의 성립요건을 직접정
범의 그것과 기본적으로 동일한 것으로 은연중에 보고 있었고 그래서
양자를 동일한 성립요건 하에 통합하고 있었던 것은 아닌가? 그리하
여 간접정범도 직접정범과 마찬가지로 마치 자신의 행위에 의해 결과
가 발생하는 경우인 것처럼 생각하고 있었기 때문에, 간접정범으로 보
이는 사안에서 간접정범의 적용 검토가 배제되어 버리게 되었던 것인
가? 즉 간접정범의 성립요건은 직접정범의 구성요건과 동일하며 양자
에는 사실상의 차이밖에 없는 것이라는 생각을[16] 완전히 불식하지는

못했기 때문은 아닌가? 은연중에 간접정범을 기본적으로 직접정범과 동일한 것으로 이해하고 있었던 것으로 보인다. 즉 '간접적인 것을 직접적인 것으로 볼 수 있는지' 하는 관점에서 간접정범을 바라보았던 것이다.[17]

그러나 본 판결에서 대법원은 간접정범은 행위매개자의 실행행위를 배후자에게 귀속시키는 것이라는 이해, 즉 직접정범과는 다르다는 이해를 가지고 있다. 이와 같이 간접정범은 직접정범과 달리 어디까지나 타인의 실행행위(귀속의 대상)에 의하여 정범이 된다. 그런데 그 타인의 실행행위가 배후자에 의하여 영향을 받은 경우(귀속의 근거)에 간접정범성이 근거 지워진다. 이를 행위지배적 관점에서 표현하면 직접정범의 정범성은 구성요건해당 행위의 실행에 의하여 기초 지워지며(실행지배), 간접정범은 구성요건해당 행위의 실행 ─ 그것이 비자수범이든 자수범이든 ─ 은 결여되는 것이고 직접정범에 대한 우월적 의사를 근거로 직접정범의 실행행위가 간접정범에게 그 자신의 것으로서 귀속되어 정범성이 기초 지워지는 것이다(의사지배). 그리하여 양자는 구조적인 관점에서 본질적인 차이가 있는 것이다. 즉 '간접적인 것을 직접적인 것으로 볼 수 있는지'가 문제되는 것이 아니라, '간접적인 것을 직접적인 것으로 볼 수 없기 때문에' 이를 전제로 형법 총칙조문 제34조 제1항을 설정하여 그 요건을 충족했을 때 간접정범이 인정된다는 것이다. 형법총칙 제34조 제1항은 교사 방조행위를 각칙 구성요건상의 직접적인 실행행위로 볼 수 있다는 규정이 아니다.[18] 교사 방조행위는 실행행위가 아니다. 교사 방조행위는 실행행위가 아닌데, 어

---

16) 대법원 1983. 6. 14. 선고 83도515 판결은 간접정범에 관하여 "마치 도구나 손발과 같이 이용하여 간접으로 죄의 구성요소를 실행한 자를 간접정범으로 처벌하는 것"이라고 설시하고 있다. 이는 각칙 구성요건을 직접 실행하는 경우를 직접정범, 간접 실행하는 경우를 간접정범이라는 기본적 발상을 보여주는 듯하다.

17) 양랑해, 강제추행죄의 성립범위 확장과 성강요죄 입법 필요성에 대한 소고, 법학논고(경북대) 제65집, 2019, 158면 참조.

18) 그러나 양랑해, 상게논문, 158면은 그렇게 해석하고 있다.

찌 직접실행과 동등하게 볼 수 있는가 하는 관점이 등장할 수 있는지 이해할 수 없다.

(b) 타인행위의 귀속 구조 — 귀속의 대상과 귀속의 근거

범행매개자의 구성요건적 실행행위가 배후자에게 그 자신의 규범위반으로서 귀속된다. 여기에서 타인행위의 귀속은 — 그 타인이 배후자에 의하여 지배·조종되어 형사책임을 물을 수 없고 따라서 처벌할 수 없어서 — 형사책임을 배후자에게 이전 부과하는 것이다(귀속의 근거). 그런데 간접정범에 있어서 타인의 실행행위가 자신의 것으로서 귀속된다는 것은 어떠한 의미인가? 타인행위의 귀속은 어떠한 형태로 이루어지는 것인가? 조금 상세하게 보면 여기에는 두 가지 문제가 있다. (i) 간접정범에 대하여 도구인 범행매개자가 실행한 행위를 자신이 행한 것'처럼' 취급한다는 것인가? (ii) 타인행위의 귀속이라는 것은 그 범행매개자인 도구의 행위가 실행행위를 행했다는 것을 전제로 하는 것인데, 그렇다면 이는 해당범죄의 객관적 구성요건에 해당된다는 것 — 단지 자연적 의미에서의 실행행위가 아니라 — 을 말하는 것이 아닌가? 즉 타인의 행위에 의하여 무언가 형법적으로 중요한 것, 즉 객관적 불법이 야기되었다는 것을 전제로 하는 것이 아닌가? 그렇다면 피해자의 자손행위 사례는 간접정범의 타인행위의 귀속에 있어서 이미 귀속시켜야 할 대상 자체가 결여된 경우라고 해야 할 것이다.

(i) 도구가 실행한 행위를 간접정범 자신이 행한 것'처럼' 취급한다는 것인가? 배후자 갑이 착오나 강제를 이용하여 도구인 을에게 피해자 병을 살해하게 하였다는 3자구조의 경우를 살펴보자. 을 대신에 갑이 행한 것처럼 대체하는 것이라면, 갑이 병을 살해한 것이고 따라서 도구의 구성요건에 해당하는 실행행위를 아무런 문제없이 배후자에게 이전시킬 수 있다. 그런데 자손행위 사례에서는 을의 행위를 갑이 행한 것처럼 대체하면 아주 다른 결론에 이르게 된다. 갑은 장전되어 있는 총을 장전되지 않은 것으로 오인하게 하여 사정을 모르는 병이 방

아쇠를 당겨 사망하였다. 갑이 방아쇠를 당긴 것으로 대체하면, 여기에는 2가지 경우를 상정할 수 있을 것이다. 옵션 하나는 을을 대체하여 갑이 들어가서, 갑이 갑 자신에게 발사하게 된다. 이 경우 갑은 형법적으로 중요하지 않은 행위를 한 것이 된다. 둘째는 을의 발사행위만을 대체하여 갑이 을에게 발사한다. 이러한 갑의 타인살해행위를 갑에게 귀속한다면, 이것은 진정한 갑의 타인살해행위가 되는 것이다. 즉 갑이 실제로 타인을 살해하는 살해행위를 갑에게 귀속시킨다면, 이는 완전히 다른 행위를 귀속시킨 것이 된다. 간접정범은 타인이 실제로 결과를 발생시킨 실행행위를 실제로 실행행위를 하지 않은 갑에게 귀속시키는 것이기 때문이다.

다른 실례로서 갑은 을의 자동차 브레이크를 고장내고 이를 모르는 을은 운전하다가 브레이크 조절이 안 되어 벽에 부딪혀 부상을 입었다. 이 경우 갑이 을 대신 운전하였다고 대체하여 본다면, 그렇다고 하더라도 이 경우는 갑은 을을 부상시킬 수가 없다. 설사 갑이 을의 자동차를 을을 동승하여 운전한 것으로 대체하더라도, 을 자신이 운전하여 결과를 발생시킨 경우의 사고 진행을 행할 수는 없는 것이다. 이는 위에서 본 독주스 사례와 같이 덫을 놓은 사례(소위 덫 사례)의 경우인데, 이때 간접정범에게 마치 자신이 직접 실행한 것처럼 귀속한다면 이는 도구인 피해자의 실제의 행위를 변질시키는 것이다. 즉 간접정범이 직접 실행한 것처럼 귀속된다는 것은, 간접정범의 귀속이라고 그렇게 표현은 하지만 이는 실제로는 직접정범으로 환원시키는 것이다.19) 그러므로 '도구의 실행행위를 마치 간접정범 자신의 행위처럼 귀속한다'는 일상적 표현은 주의하여야 한다.

이러한 타인행위의 귀속의 방식은 아무래도 타인행위 귀속을 자연적 현상적인 수준에서 생각한 것으로 보인다. 물론 3인구조에서는 직관적으로 타당한 결론에 이르고 있지만, 도구인 범행매개자의 타인침해와 자기침해의 경우에 일관된 결론에 이르기 위해서는, 범행매개

---

19) Schumann, FS-Puppe, S.983.

자의 실행행위를 완전히 타인의 실행행위라고 보고 ─ 만약 그러한 타인의 실행행위에 대하여 배후자가 형사책임을 지는 근거가 있을 경우에는 ─ 규범적으로 그 타인의 행위가 간접정범에게 귀속되는 것으로 이해되는 것이다.

(ii) 귀속의 대상은 일반적으로 말하여 구성요건에 해당하는 결과이다. 여기에서 말하는 결과는 물론 '타인에 대한' '타인에 대해 발생시킨' 결과이다. 자손행위의 경우 이러한 타인에 대한 결과는 명백하게 항상 결여되고 있다. 벌써 이 하나만으로 도구인 범행매개자의 행위는 구성요건에 해당하지 않고 처벌되지 아니한다. 이렇게 진부하고 의심할 바 없는 점이 피해자의 자손행위를 이용한 간접정범의 성립여부에 지극히 중요성을 갖는다. 피해자의 자손행위를 이용하는 경우 도구의 자손행위는 ─ 더 이상 구체화하지 않고 ─ 구성요건에 해당하지 않는 행위다 라고만 하면, 이는 맞는 말이기는 하지만 부정확하다. 자손행위는 구성요건에 해당하지 않지만, 착오로 인하여 고의 없는 도구의 경우 구성요건해당성이 없다는 것과 서로 다른 것이다. 이 경우에는 '객관적' 구성요건해당성은 인정되는 것이다. 그러나 자손행위의 경우에는 이미 '객관적' 구성요건이 결여되는 것이다. 규범위반이 이미 없는 것이다. 형법적으로 불법이 존재하지 않는다.[20] 귀속되어야 할 불법 그 자체가 존재하지 않는다. 자손행위는 형법적으로 제로이다.[21] 그에게 자손행위 회피의무는 없다. 자손행위는 형법적으로 중립적인 것이다. 따라서 배후자에게 귀속시켜야 할 그 대상이 이미 존재하지 않는 것이다.[22] 이미 귀속대상으로서의 행위기여가 결여되어 있는 것이다. 그렇기 때문에 3자관계 간접정범 사례와는 범주가

---

20) Zaczyk, Strafrechtliches Unrecht und Selbstverantwortung des Verletzten, 1993, S.25ff.; Puppe, AT, 4.Aufl., 2019, §24 Rn.5; Bloy, Grenzen der Täterschaft bei fremdhändiger Tatausführung, GA 1996, 437.

21) Schumann, FS-Puppe, S.986. 또한 Herzberg, Vorsätzliche und fahrlässige Tötung bei ernstlichem Sterbebegehren des Opfers, NStZ 2004, 5.

22) Ingelfinger, §25 Rn.11, 32f. 그리고 Otto, AT, 7.Aufl., 2004, 21/102.

서로 다른 것이다. 그래서 어떤 형태의 귀속이든 간에 귀속이라는 것
은 이루어질 수 없다. 그렇다면 나아가 귀속의 근거도 존재하지 않게
되는 것이다.[23]

그러나 그렇다고 하여 배후자에게 형사책임을 부과할 수 없는 것
은 아니다. 2인관계에서 배후자의 조작행위와 자손과는 인과관계와
객관적 귀속관련성이 인정된다. 배후자의 형사책임의 근거는— 배후
자에게 귀속되어져야 할— 도구인 범행매개자의 행위가 아니라, 오로
지 한 사람의 행위인 배후자의 행위이다. 피해자의 행위가 행위자에
게 귀속되는 것이 아니라, 행위자는 이미 피해자를 직접 침해한 것이
다. 피해자가 범행을 매개한 역할은 간접정범에 있어서 도구의 그것이
아니다. 결국 직접정범으로서 타인을 살해, 상해, 강제추행 한 것이다.

(c) 개인적인 생각의 단초

(i) 도구와 피해자가 동일한 경우에, 행위자(범인)와 피해자 사이에
다른 누군가가 개입되어 있지 않은데 어찌하여 직접정범이 아니고 간
접정범이란 말인가? 이 경우 모든 사람에게 간접정범이 그토록 자명
한 것인데, 왜 나에게는 그런 생각이 들지 않는 것인가? 이것이 첫 번
째 단순한 의문이었다. (ii) 그리고 간접정범은 '의사지배'가 인정되는
경우라고 일반적으로 표현하고 있다. 간접정범은 구조적으로 <피해자
에 대한 실행지배>는 도구가 가지며, <도구에 대한 의사지배>는 배
후자가 가진다. 그러면 2인구조에서 도구와 피해자가 동일한 경우에
는, <도구에 대한 의사자배>는 배후자가 가지며, <피해자에 대한 실
행지배>도 배후자가 가진다. 배후자는 3인구조에서와 같이 의사지배
만 갖는 것이 아니다. 2인구조에서 배후자는 의사지배와 함께 실행지
배도 갖는 것이다. 그렇다면 3인구조의 <의사지배만 갖는 간접정범과
동일하게> 간접정범으로 볼 것이 아니다. 의사지배와 함께 '실행지배'
를 더 가지고 있으니까 <의사지배만 갖는 간접정범과 동일하지 않

---

23) Schumann, FS-Puppe, S.986f.

게> 직접정범으로 보는 것이 도식적으로는 오히려 타당하지 않은가
하는 것이 두 번째 황당한 의문이었다(동일과 비동일의 동일인가/동일과
비동일의 비동일인가). (iii) 3인구조에서는 도구에게는 법익침해행위가
존재하지만, 2인구조에서는 도구에게 법익침해행위가 존재하지 않는
다. 피해자가 누구의 법익을 침해한다는 말인가? 법익침해행위는 항상
타인을 전제로 하는 개념이고, 자신의 법익에 대해서는 개념상 침해라
고 말할 수는 없는 것이다. 외형적으로는 침해라고 보일지 모르지만
형법적으로는 자신의 법익을 '침해'하는 것이 아니라 '처분'하는 것
뿐이다. 그렇다면 법익침해행위를 행한 사람은 누구인가? 행위자 한
사람뿐이다. 그렇다면 그 행위자는 직접정범이 될 수밖에 없다. 이것
이 세 번째 무지한 의문이었다. (iv) 예컨대 사기죄와 공갈죄는 피해자
의 자손행위를 이용한 사례로서 직접정범이 아닌가? 아동청소년위계
간음죄도 피해자의 자손행위를 이용한 직접정범은 아닌가? 하는 것이
네 번째 무지한 의문이었다.

C. 직접정범으로 보는 경우의 실행행위성 인정 ― 적극적 관여

직접정범과 간접정범의 구별기준은 '실행'측면의 문제냐/'귀속'측
면의 문제냐, '실행행위'의 직접실행이냐 간접실행이냐/타인의 직접실
행행위의 '귀속'이냐, '실행'이냐/'실행의 귀속'이냐 하는 것이다. 피해
자의 자손행위를 이용한 경우를 직접정범으로 보면, 배후자인 행위자
가 사태를 실행지배했다는 의미가 부여된다. 도구의 실행지배를 의사
지배하여 그 도구의 실행행위가 간접정범에게 귀속시킨다는 문제가
아니게 된다. 그리하여 직접정범의 경우라면 배후자의 강요행위가 나
아가 직접정범으로서 피해자에 대한 구성요건적 실행행위라고 평가되
어야 한다. 본 대상판결의 원심법원은 직접정범으로 보면서도 강제추
행죄의 실행행위성을 부정하고 강요죄의 성립만을 인정하였다. 피해
자를 도구화시키는 행위가 나아가 직접 실행하는 행위로 볼 수 있겠

는가 하는 점이 포인트이다. 결과발생의 구체적 위험성을 야기하는 행위라고 평가할 수 있느냐 하는 평가문제이다. 보호법익에 대한 구체적 위험을 직접 발생시켰는가 하는 문제이다. 물론 피해자의 자손행위를 이용한 경우 간접정범을 인정하는 입장에 의하더라도 도구피해자를 개입시키는 행위 자체가 개념적으로 구성요건에 해당하는 행위라고 파악될 수 있다면, 이미 구성요건해당성이 긍정되고 간접정범을 원용할 필요가 없게 된다.24) 특히 간접정범의 실행의 착수시기에 관한 이용행위시설은 사실상 직접정범으로 환원하는 것이라고 생각된다(간접정범으로 레떼르만 슬쩍 바꿔치기한 '레떼르사기 직접정범')('은폐된 직접정범'25)).

실행행위는 보호법익에 대한 구체적 위험을 발생시키는 행위라고 할 때, 이를 어떻게 판단할 것인가? 물론 정해진 판단방법이나 기준은 없다. 그런데 자살이나 자상의 경우와 자기추행의 경우는 이러한 구성요건에 해당하는 실행행위성 판단이 개별 구성요건의 특성에 따라 조금 달라질 수 있다고는 생각된다. 자살 자상의 경우에는 강요행위와 살인죄 상해죄 구성요건에 해당하는 살해행위 상해행위가 외부적으로는 그 구분이 어느 정도는 분명할 수 있다. 그러나 대상판결과 같은 강제추행죄의 경우에는 '강요행위로서의 협박'과 '강제추행죄 구성요건에서 말하는 실행행위로서의 협박'은 그 구분이 유동적이기 때문이다. 그렇지만 어떠한 자손행위의 경우든 구성요건적 실행행위를 인정하기 위해서는, '강요'수단으로서의 협박에 그치지 아니하고 그에 더하여 '적극적 관여'를 인정할 수 있어야 할 것이다. 즉 강요행위 이외에 자손행위에 나아가게 하기 위하여 적극적으로 행동한 사실이 인정되어야 할 것이다. 물론 이 적극적 관여의 유무를 판단하는 것도 명확한 것이 아니라는 점도 부인할 수 없다. [참고판례 1]은 자상의 경우인데 자상을 강요하는 협박에 그치지 않고 피고인은 소지하고 있던 면도칼

---

24) Fuhrmann, Das Begehen der Straftat gem.§25 Abs.1 StGB, 2004, S.338.
25) Vgl. Jakobs, Theorie der Beteiligung, 2014, S.37f.

을 주면서 상해의 구체적 방법을 제시하는 적극적 관여를 하고 있다. 또 자상하지 않으면 돌로서 죽이겠다고 협박하면서 또한 돌을 들었다 놓았다는 것은 적극적 관여라고 볼 수 있다. 그렇다면 피고인은 상해죄의 보호법익을 침해하는 구체적 위험을 직접적으로 야기하였다고 인정할 수 있을 것이다. 따라서 상해죄의 직접정범이라고 볼 수도 있다는 것이다.

　본 건 강제추행죄의 경우는 구성요건 실행행위 자체가 협박이다. 본 [대상판결]의 사안에서 피고인의 협박이 피해자의 반항을 억압할 정도의 협박으로서 강제추행죄에서 말하는 협박에 해당됨을 어느 누구도 부정하지 않는다. 그렇다면 이는 이미 강제추행죄의 실행에 착수하였음을 인정하는 것이 된다. 그러면서 본 사안을 강제추행죄의 간접정범이라고 하는 것은 이해할 수 없다. 강제추행죄의 구성요건에 해당하는 협박을 행하였는데 그리하여 성적 자기결정권에 대한 침해가 발생했음에도 불구하고, 이러한 협박이 강요의 수단이 되는 것에 그치는 협박이라고 말하는 것을 이해할 수 없다. 피고인은 강제추행죄의 구성요건에 해당하는 실행행위인 협박을 직접 실현한 것이다. 자기추행을 하기 위한 이유나 근거를 제공 부여하는 것에 그치지 않고 강제추행죄의 구성요건에 해당하는 실행행위인 협박을 행한 것이다. 그리하여 추행부분에 관하여는 피해자가 자기추행행위를 거부하거나 행하지 않았다면, 직접정범으로서 강제추행죄의 미수를 인정해야 할 것이다.

　[대상판결] 사안에서 강요수단으로서의 협박에서 더 나아가 강제추행죄의 실행행위로서의 협박을 인정할 수 있는 '적극적 관여'가 있었다고 평가할 수 있는가? 피고인은 자기추행의 구체적인 방법을 제시하고 명령했다는 점에서 적극적 관여가 인정된다고 보여진다. 또한 대면상황에서 돌을 들었다 놓았다 한 것은 아니지만, 비대면상황이지만 행위자와 피해자 사이에 인터넷이라는 사회적 수단을 개입시키는 적극적 관여를 인정할 수도 있다, 인터넷을 개입시키는 것은 결과발생의 개연성을 애매모호하지 않게 만드는 적극적 관여라고 할 수도 있

을 것이다.

그런데 자손행위를 이용하는 경우에 이를 직접정범으로 본다면, 강제추행죄의 실행행위인 협박은 직접 실행하여 실행의 착수가 인정되는데, 구성요건 실행행위의 일부를 부분적으로 타인의 손에 맡긴 것이다.[26] 직접정범이 인정되려면 구성요건 실행행위 '전부'를 직접 실행해야 하는가? 직접정범은 행위자가 항상 마지막 실행행위를 직접 해야 하는가? 직접정범은 결과발생 직전의 마지막 행위를 실행해야 인정되는 것은 아니다. 구성요건적 결과는 다른 사람에 의해 실현되어도 된다.[27] 직접정범이란 구성요건을 '전부' 실현하는 자라고 하는 것은 단지 용어적인 표현이다. 결코 일관되게 그런 것은 아니다.[28] 예컨대 인과과정의 착오의 경우 마지막 침해행위를 피해자가 실행한 경우에도 직접정범성은 당연히 그대로 인정이 된다. 또한 예컨대 사기죄나 공갈죄의 경우에도 결과를 발생시키는 행위는 피해자가 실행한다. 그러면 사기죄나 공갈죄는 피해자의 착오나 강요를 이용한 간접정범인가? 물론 아니다. 당연히 직접정범이다. 왜? 기망이나 폭행 협박이라는 구성요건적 실행행위의 일부를 직접 실행하였기 때문이다.

그리고 다른 범죄의 구성요건과 달리 강제추행죄 구성요건에 있어서는 특히 추행행위의 객체에는 제한이 없다고 해석될 수 있다. 이미 개념내재적으로 피해자에게 폭행 협박하여 피해자를 추행하는 경우 뿐만 아니라, — 이것은 매우 조심스러운데 — 피해자가 제3자에게든/행위자에게든/자기 자신에게든 추행하면, 이러한 경우도 강제추행죄 구성요건의 '추행하다'에 포섭된다고 할 수도 있다. 즉 다른 범죄의 구성요건과 달리 아주 특별하게 예외적으로 강제추행죄에서는 직접정범이 확대되고 이로 인해 오히려 간접정범이 축소 제한된다고 해석할 수도 있다. 즉 특별히 강제추행죄 구성요건에서만은 '추행하다'에 '추

---

26) Fuhrmann, Das Begehen der Straftat, S.54.
27) Wolters, Versuchsbeginn bei Einsatz eines sich selbstschädigenden Tatmittlers, NJW 1998, 579; Habenicht, Die Beteiligung an sexuellen Gewalttaten, 2009, S.35.
28) Wolters, NJW 1998, 579.

행하게 하다'를 포함시키는 해석이 예외적으로 가능할 것도 같다(물론 거꾸로 '하게 하다'에 '하다'를 포함시키는 해석은 할 수 없다). 즉 피해자 의 자신에 대한 추행행위도 또한 강제추행죄의 실행행위인 추행행위 자체에 내포된다고 볼 수 있는 경우라고 해석할 여지도 없지는 않다 는 것이다. 그렇다면 피해자로 하여금 행위자를 위하여 행동하도록 한 다는 그 구성요건의 실행행위를 직접정범으로 범한 것이다. 즉 강제추 행죄에서는 행위자가 강제추행죄의 실행행위인 폭행협박을 직접 실행 하고, 추행행위가 존재하면 족한 구성요건이라고 볼 여지가 없지 않다 는 것이다.

III. 피해자의 자손행위를 이용하는 경우 간접정범의 인정기준 — 공범과의 구별

A. 자기책임성의 원칙

피해자의 자손행위를 이용하는 사례를 간접정범이 성립될 수 있 다는 모든 학설과 판례의 입장에 의하면, 이제 어떠한 경우에 즉 어떠 한 기준에 의하여 배후자의 간접정범성을 근거지울 것인가 하는 점을 밝혀야 한다. 물론 [대상판결]에서 대법원은 이점에 관하여 밝히지는 않았다. 원심법원에 파기환송하면서 이를 살피라고 한 것이다. 환송 후 항소심은 대법원의 취지를 그대로 인용하는 데에 그치고 별다른 근거기준을 제시하지 않았다.[29]

자손행위를 하는 자는 이미 객관적 구성요건에 해당하지 않는다. 즉 이미 허용되지 않는 위험을 창출한 것이 아니다. 구성요건적 결과 를 발생시킨 것이 아니다. 그런데 배후자에게 간접정범을 인정하려면 귀속의 정당한 근거가 있어야 한다. 피해자가 구성요건에 해당하지 않 으니까 단순히 그것만을 근거로 모든 자손행위가 있기만 하면 배후자 에게 간접정범성을 인정할 수는 없는 것이다. 그러면 어떻게 할 것인

---

29) 서울고등법원 2018. 5. 14. 선고 (춘천)2018노30 판결.

가? 누가 잘못해서 이러한 자손행위가 이루어지게 되었는가를 평가해야 한다. 누구 탓으로 이러한 자손행위가 이루어지게 되었는가? 누가 형사책임을 져야 하는가? 배후자인가 피해자인가? 누가 형사책임을 져야 할 영역에서 자손행위가 발생한 것인가? 이와 같은 관점에서 간접정범 인정의 근거기준으로 자기책임성 여부가 나오게 된 것이다.[30] 즉 피해자의 자손행위를 이용한 경우에 배후자에게 간접정범의 성립 즉 의사지배를 인정하기 위한 근거요건이 자기책임성 여부인 것이다. 자기책임성 여부에 따라 형법상 책임영역이 구분되어진다. 경우에 따라서는 자기손상은 스스로에게 귀속될 수 있다.[31] 개인의 행동의 자유는 제한되어서는 안 되기 때문임을 근거로 한다.

　　피해자의 자손행위에 배후자인 타인의 행위(기망이나 강요)가 개입되었을 때 그 타인의 간접정범 성립여부 판단은 '기망이나 강요가 있었음에도 불구하고' 그 자손행위에 피해자의 자기책임성이 인정되는지 아니면 그 자손행위를 지배한 타인책임성이 인정되는가 하는 평가이다. 기망이나 강요가 있기만 하면 배후자에게 간접정범이 긍정되는가? '기망이나 강요가 있었음에도 불구하고' 그 자손행위가 도구인 범행매개자의 자유로운 의사결정 즉 자기가 책임질 영역에서의 의사결정이라고 평가되면(=귀속의 근거가 부정되어), 배후자에게 간접정범은 성립되지 아니한다(교사범 성립이 가능하지만, 정범에게 구성요건해당성이 인정되지 않으므로 공범종속성에 따라 불가벌이 된다)(자살의 경우에는 자살교사방조죄가 성립될 수 있다). 이러한 자기책임성원칙은 각자는 자기자신의 행위에 대하여 자기가 책임을 진다는 자율성의 원리에 기초한 것이다.[32]

---

30) 전지연, 간접정범의 기본구조와 자살관여에서의 간접정범, 형사법연구 제6권, 1993, 170면 이하는 자기귀책성이라고 표현하고 있다.

31) Küpper, Der Täter als Werkzeug des Opfers?, JuS 2004, 759.

32) 이상민, 전게논문, 225면은 성적 의사결정의 주체인 도구가 스스로 자신의 성적 의사결정의 자유를 침해한다는 것은 논리적으로 불가능하므로, 피해자의 자기추행행위를 통한 강제추행죄의 간접정범은 본래 인정될 수가 없다고 한다. 그러나 이는 '행위=자유로운 행위=선행요소와 무관한 것'이라고 고찰하는

기망이나 강제는 배제되어야 한다. 그러나 기망이나 강제가 있었
다고 해서, 모든 기망이나 강제가 있기만 하면 그것에 기한 모든 자손
행위는 피해자의 부자유한 의사결정인가? 기망이나 강제가 있더라도
그 의사결정에 자기가 책임을 져야 하는 자유로운 의사결정도 있는
것이 당연하다. 그런데 이점을 어떻게 판단할 것인가? 여기에서 중요
한 것은 '단순히 뭔가의 의미에서 피해자의 의사에 반하는가 아닌가'
가 문제되는 것에 그치는 것이 아니라, '배후자의 간접정범성 인정이
라는 관점에서 보아' 정당화될 수 있는 정도의 상황이 피해자 측에 있
지 않으면 안 된다는 것이다. 누가 정범책임을 지는 것이냐 하는 자기
책임성 영역의 구분을 위해서 학설은 상이한 길을 추구한다.

B. 자기책임성의 판단기준과 내용

1. 책임조각 여부 유추설(간접정범 예외적 인정설/엄격인정설)

면책성여부 기준설은 피해자를 자기 자신에 대하여 범죄를 행한
행위자로 보고, 그 자기책임성 여부를 책임조각사유 예컨대 책임무능
력(제9조, 제10조) 강요된 행위(제12조)의 요건에 따라 해결하려는 견해
이다. 그 중심이 되는 구별기준은 의사결정의 자유이다.[33] 그런데 자
신의 행위를 어떻게 결정하게 되었는지에 관하여 우리는 어떤 인과법
칙을 갖고 있지 않고 또한 인간의 자유의사 때문에 그런 근거를 제시
할 수가 없다. 그리하여 피해자는 원칙적으로 자기책임적으로 행위한
것으로 인정되고, 그 자신의 행위를 배후인 다른 사람에게 귀속시킬
수가 없다. 그러므로 피해자의 자기책임성은 단지 예외적으로만(즉 피
해자가 — 이때 피해자가 자기 자신이 아니라 제3자를 침해한 경우라고 가
정한다. 즉 구성요건에 해당하는 것으로 가정한다[34] — 심신장애나 미성숙

것으로, '자유'에 관한 이러한 높은 수준의 이해는 형법에서 개인의 형사책임
을 근거지우는 데에는 요구되지 않는다(Engländer, Der Versuchsbeginn bei der
Elektrofalle, JuS 2003, 335).

33) Hillenkamp, Anmerkung zum BGH, Urteil v. 3. 7. 2019, JZ 2019, 1055.

34) 이와 같이 피해자의 자손행위를 이용하는 경우 – 직접정범을 부정하고 – 간접

혹은 강요된 행위에 의하여 책임(비난)이 조각되는 경우에만 부정되고 따라서 배후자의 간접정범이 성립된다. 이 견해는 물론 책임조각에 관한 규정은 제3자를 침해하는 경우에만 즉 구성요건해당성을 전제로 해서만 적용되는 것이라는 점을 시인한다. 즉 책임무능력이나 강요된 행위는 타인에 대한 범죄행위를 전제로 하는 것이다. 그리하여 자손행위가 아니라 만약 제3자를 침해하여 구성요건에 해당하는 것을 가정하여 그때 피해자의 책임조각 여부를 가설적으로 물어보는 것이다.[35] 피해자의 자손행위는 책임조각 규정과는 관계가 없지만, 자기책임성과 타인책임성을 엄격히 구분하기 위한 '일반적인 법률적 기준'으로 책임조각사유 규정을 유추하여 원용할 수 있다는 것이다. 즉 입법자는 자신에 대한 행위에 관한 자기책임성 여부도 — 타인에 대한 행위의 경우와 마찬가지로 — 단지 이러한 '법률적' 요건하에서만 부정한다는 의미로 법률을 읽는 것이다. 생명 신체 자유 아닌 법익에 대하여 강요된 행위(제12조)에 미달되는 정도의 심리적 압박에 대해서는 피해자가 이를 견디고 수인해야 한다는 것이다.

그러나 이러한 견해에 대하여는 다른 경우에도 의사지배가 인정될 수 있기 때문에 간접정범의 성립이 너무 좁게 인정된다는 비판이 있다.[36] 즉 확실히 강요된 행위(제12조)의 경우라면 피해자의 자기책임성이 부정되어 배후자의 간접정범성을 인정하기에 충분할 것이다(충분조건). 그러나 그것이 반드시 그러한 경우에만 이용자의 간접정범성이 인정되는 것(필요조건)인지는 의문이라는 것이다. 피해자이용 강제의 경우에 피해자는 자신의 생각에 따라 보다 작은 해악을 선택하여 자기자신의 법익을 처분하는 것이다. 그렇기 때문에 이러한 경우 법질서는 피이용자에게 인내하도록 높은 요구를 하고 있지 않다고 볼 수 있

정범 인정설에서, 이때 다시 제3자를 끌어들이는 것을 보면, 간접정범은 구조적으로 3인을 전제로 하는 것임을 뒷문을 통해 인정하고 있는 것이라고 생각된다.

35) Koch, Grundfälle zur Mittelbare Täterschaft, §25 I Alt.2 StGB, JuS 2008, 496.
36) Eisele, Freiverantwortliches Opferverhalten und Selbstgefährdung, JuS 2012, 580.

다. 이는 자신에게 발생한 해악을 관계없는 타인의 법익을 침해함으로
써 타인에게 전가하는 제3자이용의 강제의 경우와 동일하게 자기책임
성을 인정할 수는 없다.

2. 피해자의 승낙 원용설(간접정범 완화인정설)

피해자의 자기책임성 인정에 좀 더 엄격하여 배후자의 간접정범
인정범위를 넓히려는 입장은 피해자의 승낙이라는 기준을 원용한다.
강요된 행위(제12조) 정도까지의 수준에 미치지 않는 강요라고 하더라
도 피해자의 자기책임성이 부정되고 배후자에게 간접정범을 인정할
수 있다는 것이다(거꾸로 상기한 면책여부 기준설은 자손의사가 무효라고
하여 반드시 간접정범이 성립한다고는 할 수 없는 경우가 있다는 데에 차
이가 있다. 즉 승낙이 의사에 반하여 무효라고 하더라도 배후자에게 간접정
범을 인정하기에 충분한 의사결함을 야기한 것으로 인정되지 않는 경우가
있을 수 있다는 것이다). 책임조각사유는 제3자에 대한 침해를 규율하
는 규정이고, 피해자 이용 간접정범 사례에서는 도구가 배후자에 의해
영향을 받아서 — 어떠한 요건하에 규범적으로 — 자신의 법익을 포기
당한 '피해자'라고 볼 수 있을까 하는 문제라고 본다.[37] 자손행위의 경
우에는 피해자의 자기 자신에 대한 책무가 문제화되는 규정들을 적용
해야 한다는 것이다. 피해자보호를 강조하여 피해자의 자기책임이 부
정되고 배후자의 간접정범이 되는 기준을 — 책임조각 기준설보다 —
낮추려는 것이다. 그리하여 중요한 것은 피해자의 자연적 통찰능력과
판단능력 그리고 의사형성의 자유라고 보게 된다.[38]

그런데 피해자이용 자손행위의 경우 피해자의 승낙의 유효 무효
를 어떻게 판단할 것인가? 피해자의 승낙은 본래 피해자의 승낙을 받
아 다른 사람이 피해자의 법익을 침해하는 행위를 하는 경우를 규율

---

37) Kubiciel, Strafbarkeit des Veranlassers eines Selbsttötungsversuches bei Täuschung
   des Opfers über die Tragweite des eigenen Tuns Sirius-Fall, JA 2007, 732.
38) Dorn-Haag, Exkulpations- und Einwilligungslösung in Fällen der Selbstschädigung
   und Selbstgefährdung, JA 2021, 28

하는 것이다. 그런데 본건 사례는 피해자가 배후자의 기망이나 강요에 의하여 승낙을 하고 자기 자신의 법익을 침해하는 행위를 한 경우이다. 따라서 본 견해를 주장하는 입장에서도 이때 피해자가 자신의 법익이 아니라 제3자의 법익에 대한 침해를 승낙하도록 강요받은 것처럼 가정하여 판단한다.[39] 즉 제3자에 대한 침해행위에 부여한 피해자의 승낙의 유효성을 묻고 있는 것이다. 그리하여 피해자이용 강제의 경우와 동일한 기준을 적용한다. 예컨대 갑이 정치가 을에게 "자살하지 않으면" (i) 너의 스캔들을 밝히겠다 혹은 수뢰사실을 밝히겠다 혹은 (ii) 너를 살해하겠다고 협박하여 을이 자살하였다고 한다면, 피해자 을의 승낙이 유효한가? 이를 판단함에 있어서, 자살을 타인살해로 대체하여 생각한다. '자살하지 않으면'을 "타인 병을 살해하지 않으면" (i) 너의 스캔들 혹은 수뢰사실을 밝히겠다 혹은 (ii) 너를 살해하겠다고 협박한 것으로 가정한다. 즉 제3자에 대한 침해행위를 가정하여 구성요건해당성을 전제한다. 그리하여 (ii) 자살하지 않으면 너를 죽이겠다고 협박하여 자살한 경우라면, "제3자를 살해하지 않으면 너를 죽이겠다고 하여 제3자를 살해하는 의사결정을 했다고 가정하면, 이러한 피해자의 승낙은 어쩔 수 없는 부자유한 것으로서 피해자에게 자기책임성이 부정되고 무효한 것으로 평가된다. 따라서 배후자의 간접정범성이 긍정된다. (i) 그러나 "자살하지 않으면" 스캔들이나 수뢰사실을 밝히겠다고 협박한 사례에서는, "제3자를 살해하지 않으면" 너의 스캔들이나 수뢰사실을 밝히겠다고 가정한다. 이에 승낙하여 제3자를 살해하였다면, 그러한 의사결정에 대한 책임은 스스로 져야 하며 승낙은 유효하고 자유로운 것이었다고 평가된다. 따라서 배후자의 간접정범

---

39) 피해자의 자손행위를 이용하는 2인구조의 경우 - 직접정범이 아니라 - 간접정범 인정설의 입장에서 이때 다시 제3자를 침해한 경우를 가정하여 판단한다는 것은 실제로는 간접정범의 3인구조를 인정하는 것이 아닌가 생각된다. 2인구조에서 이를 간접정범이라고 말은 하지만, 3인구조를 원용하여 간접정범의 성립을 판단하고 있다. 간접정범은 3인구조임을 뒷문을 통하여 우회적으로 인정하는 것이라고 생각된다.

성은 부정된다. 그러한 협박은 피해자 스스로 인수해야 하는 정도이다. 그렇다면 동일한 협박을 받아 자살을 한 경우에도 마찬가지로 그 피해자의 승낙은 유효하고 따라서 배후자의 간접정범성은 부정된다고 판단을 한다. 다시 말하자면 승낙의 유·무효를 판단하는 장면에 있어서 중요한 것은 단순히 피해자의 의사에 반하였는가 아닌가가 문제되는 것이 아니라, 배후자의 간접정범성 인정이라는 관점에서 보아 정당화될 수 있는 정도의 상황이 피해자에게 존재하지 않으면 안 된다는 것이다. 그런데 승낙설 내부에서도 제3자침해의 경우와 동일하게 보지 말고, 2인구조 자손행위의 경우는 좀 더 낮은 정도의 강제일 경우에도 이미 승낙을 무효라고 보아 배후자의 간접정범성 인정을 더욱 완화하자는 견해도 있다. 즉 제3자침해 유형과 자기침해유형에 있어서 자기책임성이 부정되는 강제의 정도를 동일하지 않게 보자는 것이다. 즉 자기침해의 경우에는 제3자침해의 경우보다 낮은 정도의 강요에 의해서도 좀 더 쉽게 자기책임성이 부정될 수 있다는 것이다. 그러나 그렇게 되면 강요만 있으면 배후자의 간접정범이 인정되는 결과가 되어버릴 수가 있어서 타당하지 않은 측면도 보인다.[40] 피해자를 이용하는 경우가 제3자를 이용하는 경우보다 간접정범의 성립범위가 좀 더 넓어져야 한다고 이해하는 입장은 이를 이론적으로 어떻게 설명하는가? 피이용자에게 있어 타자침해와 자기침해의 어느 쪽이 심리적 저항이 강한가?는 사실적으로 보면 판단이 곤란하다. 그러나 규범적으로 본다면 제3자를 이용하는 경우에는 이용되는 제3자에게 있어서 타인의 법익침해는 '범죄행위'로서 금지되는 행위이다. 강요에 의한 경우 제3자가 그 금지의 벽을 넘는다는 의미의 강한 강제력이 필요하며, 기망에 의하는 경우에는 동기의 착오를 발생시키는 것만으로는 불충분하다고 생각해 볼 수 있다. 이에 반하여 피해자를 이용하는 경우에는

---

40) Herzberg, Beteiligung an einer Selbsttötung oder tödlichen Selbstgefährdung als Tötungsdelikt, JA 1985, 340; Brandts/Sclehofer, Die täuschungsbedingte Selbsttötung im Lichte der Einwilligungslehre, JZ 1987, 443f.; Dorn-Haag, JA 2021, 28.

이용되는 피해자에게 있어서 자기법익침해는 구성요건해당성이 없으므로 '범죄행위'가 아니다. 그러므로 그에 대한 허들(장벽)은 낮고, 그에 필요한 강제력도 낮게 된다. 또 기망에 의한 경우도 중대한 동기의 착오를 발생시키면 족하다고 생각될 수 있다.[41]

실무상의 배경으로서는 처벌의 간극 혹은 법정형의 차이가 문제될 수 있을 것이다. 제3자이용의 경우에는 간접정범의 성립이 부정되어도, 이용자와 제3자를 공동정범으로 처벌하는 것이 가능한 여지가 있다. 그러나 피해자이용의 경우에는 간접정범의 성립이 부정된다면 배후자를 처벌할 수가 없다. 따라서 이를 처벌하기 위해서는 간접정범의 성립을 인정할 필요가 있다. 강요죄나 자살관여죄로 처벌하는 경우에는 (i) 강요죄는 기망을 수단으로 하는 경우에는 사용할 수 없으며 (ii) 자살관여죄는 살인죄에 비하여 법정형이 대폭적으로 경하게 되어 있으며, 사안에 따라서는 그것으로 불충분하다고 생각될 가능성이 있다. 따라서 피해자이용의 경우에 간접정범의 인정기준을 제3자이용의 경우 보다 완화하여 설정할 필요가 있다고 생각할 수 있다.

이러한 피해자의 승낙 원용설 전체에 대하여는 물론 피해자의 의사결정에 자율성이 상당한 정도로 박탈되어 있다(따라서 승낙 무효)라고 생각되더라도, 배후자의 영향력의 정도가 반드시 명확하지 않아서 배후자의 간접정범성을 긍정함에 지장이 되고 있다는 지적이 있다. 그리고 피해자의 승낙은 오로지 '타인이 자기에 대하여 하는 행위'에 대한 승낙이지, '자기자신의 행위'에 대한 승낙은 아니다. '자기자신의 행위'에 대한 책임성 여부는 항상 책임무능력이나 강요된 행위에 의하여 처리되는 것이라는 비판도 있다.[42]

---

41) Vgl. Herzberg, JA 1985, 229; Neumann, Die Strafbarkeit der Suizidbeteiligung als Problem der Eigenverantwortlichkeit des Opfers, JA 1987, 251; LK-Schünemann, 12.Aufl., 2007, §25 Rn.107.

42) Roxin, Abgrenzung der Tötungstäterschaft von Selbsttötungsteilnahme, NJW 1984, 71.

3. 자기책임성 원칙의 직접적용설 — 보다 작은 해악의 이성적 선택

이와 같이 피해자이용 간접정범 귀속의 척도로서 자기책임성 원칙은 — 구성요건해당성을 가정한 제3자이용의 경우를 유추하여 — 자기책임성 여부를 판단한다. 그런데 최근에는 객관적 구성요건해당성 단계에서 객관적 귀속이론에서 논의되는 자기위태화의 귀속척도를 본건 자기침해의 경우에도 적용하자는 견해가 늘어나고 있다.[43] 자기위태화 사례는 관여자들 사이에 책임영역의 분배에 관한 것이다. 그런데 자기위태화 논의에 있어서 '타인의 자기위태화에 가담한 사례'와 '양해있는 타인위태화 사례'는 (단지 외형적 형태만 다른 것이고) 피해자가 위태화에 자기책임성이 인정되면, 다른 관여자에게 귀속은 부정된다는 점에서는 양자 간에 차이가 없다.[44] 이러한 의미에서 자기위태화에서의 자기책임성원칙을 자기침해행위 자손행위에 원용하는 것이 가능할 것이다. 즉 다른 사람이 자손행위하도록 동기부여한 관여자는 피해자에게 자기책임성이 인정되는 경우에만 그에 대한 형사책임이 배제된다. 이러한 의미로 자기책임성원칙을 이해하면, 자기책임성 원칙은 피해자의 자손행위에 — 유추가 아니라 — 직접 적용이 가능하다. 그리하여 자손행위자에게 자기책임성은 단지 자신의 결정이 '자의적' 의사의 표현인 경우에만 인정된다. 반면에 피해자가 자기법익을 '관리한다'는 의미에서 — 이성적으로 강요자의 압박에 굴복함으로써 — 자신의 관점에서 이성적으로 더 작은 해악을 선택한 경우에는, 법적인 의미에서는 자유로운 것이라고 할 수 없고 따라서 그 자손행위에 대하여 법적으로 자기책임성이 없다.[45] 그리하여 자손행위로 보이는 외형적 법

---

43) Puppe, AT, §24 Rn.18.
44) Roxin/Greco,, AT I, 5.Aufl., 2020, §11 Rn.124; NK-Puppe, 5.Aufl., 2017, Vor §13 Rn.185, 196f.; Frisch, Selbstgefährdung im Strafrecht, NStZ 1992, 5.
45) Puppe, AT, §24 Rn.19; NK-Puppe, Vor §13 Rn.191; Frisch, NStZ 1992, 65; Rudolphi, Vorhersehbarkeit und Schuzzweck der Norm in der strafrechtlichen Fahrlässigkeitslehre, JuS 1969, 557.

익침해는 강요자에게 귀속되어 간접정범이 인정된다. 결국 피해자가 이성적으로 작은 해악을 선택한 상황이라고 피해자 측에 인정된다면, 배후자의 간접정범성 인정이 정당화될 수 있다고 보는 견해라고 할 수 있다. 결론에 있어서는 상기한 피해자의 승낙원용설에 가깝다고 할 수 있다.

그리하여 예컨대 정육점 상사직원이 불결한 곱창을 먹지 않으면 사람들에게 겁쟁이라고 말하겠다고 협박하여, 부하직원은 조롱당하지 않기 위해 이를 먹어서 상해를 입었다. 이러한 경우 부하직원의 의사결정은 비이성적인 것이고 따라서 부하직원 자신만의 자기책임성이 인정된다. 만약 불결한 곱창을 먹지 않으면 해고하겠다고 협박하여 자상행위를 하였을 경우에는, 행위당시 경제상황을 고려하여 이러한 해악에 대하여 효과적으로 대응할 수 없어서 피해자의 입장에서 이성적으로 더 작은 해악을 선택하였다고 평가된다면 이는 피해자의 자기책임성이 인정되고 배후자에게 간접정범이 인정된다.46)

4. 우리나라 판례의 입장

판례는 어떠한 학설을 따르지는 않지만, 그 기준들을 고려하는 것으로 보인다. [참고판례 2]에서 배후자의 간접정범을 인정하는 기준으로서 채용한 것은 '의사결정의 자유'이다. 이는 피해자가 자손행위의 의사결정에 자기책임성을 인정할 수 있는가 하는 학설의 입장과 다르지 않다. 판례는 의사결정의 자유가 탈락되고 있는가 어떤가 하는 점을 기준으로 하여 배후자의 간접정범성을 판단한다. 자기책임성 배제의 기초가 되는 사정으로는 피해자측의 결함상황과 행위자측의 강요협박 기망이 고려되고 있는 것으로 보인다.

[참고판례 2: 어린자식 익사사건]에 관하여는 어떤 학설이나 판례도 모두 피해자에게 자손행위의 의미를 숨긴 경우에는 배후자에게 간접정범성이 인정된다. 7세, 3세의 어린자식들은 통상의 의사결정능력

---

46) Puppe, AT, §24 Rn.20.

도 없고 자살이 무엇인가를 이해하지 못하고 있다. 어린아이는 아버지를 믿는다. 아버지가 손을 내밀면 아이는 무조건 따라간다. 아이는 걱정하지 않는다. 아버지가 어디로 가든 마냥 따라간다. 아이는 무슨 일이 생길지 걱정하지 않는다. 아이는 아버지를 무조건 믿는다. 피고인이 말하는 것은 무엇이나 자신을 믿고 따르고 복종한다는 것을 이용하여 피해자에게 자상행위로 나아가게 하였다. 어느 견해에 의하든 피해자의 자기책임성이 부정되고 배후자인 부친의 간접정법성이 인정된다(아빠는 나를 어디로 데려가는 거예요? 아빠를 믿으라니 그게 무슨 말이에요? 내가 어떻게 아빠를 믿을 수 있겠어요? 이렇게 평가할 수는 없다).

[참고판례 1: 코절단사건]에서 판례는 의사결정의 자유를 상실케 함에 족한 협박이 있었다고 판시함으로써 배후자의 간접정범성을 인정하고 있다. 즉 본 판례는 피해자의 '의사결정의 자유'를 기준으로 하면서도, 그 정도에 관하여 의사결정의 자유가 '상실'되었는가 하는 점을 기준으로 간접정범 성부를 판단하고 있다고 해석될 수 있다(의사결정 자유의 상실 기준설). 의사결정의 자유가 상실됨에 족한 높은 정도를 요구하고 있다.[47] 본 사건에서 피고인은 피해자를 뒷산으로 연행하여 소지하고 있던 칼을 건네주면서 자상행위의 구체적 방법을 지시하고 직접적으로 자상행위를 하도록 강하고 집요하게 압박하고 매우 적극적으로 관여하였다. 피고인 관여의 적극성과 피해자의 정신상태는 연동되는 것이 통례이므로, 관여가 적극적일수록 피해자는 압박을 받기가 쉽다. 자상하지 않으면 돌로서 죽이겠다고 돌을 들었다 났다 함으

---

47) 대법원 2008. 9. 11. 선고 2007도7204 판결은 '타인의 의사를 부당하게 억압하여야만 하는 간접정범에 해당하게 되는 것은 아니다'라고 하여, 양랑해, 전게 논문, 158면은 의사의 억압여부를 간접정범의 성립요건에서 배제하고 있는 판례도 보인다고 한다. 그러나 본 판례는 '자세한 내막을 알지 못하여 정치자금법 위반죄를 구성하지 않는 직원들의 기부행위를 유발하고 이를 이용하여 자신의 범죄를 실현한 것이어서' 정유회사 경영자에게 간접정범의 성립을 인정하고 있다. 본 판례는 착오를 이용한 간접정범의 사례로 보여지고, 따라서 의사의 억압여부가 문제되는 유형의 사례가 아니라고 보아야 할 것으로 생각된다.

로써 피해자는 자신의 생명 신체에 대하여 극도의 공포심에 빠졌다. 그러므로 의사결정의 자유를 상실하였다고 평가된다. 따라서 피해자의 자기책임성이 부정되고 배후자에게 간접정범이 인정된다. 이러한 결론은 책임조각사유 원용설에 의하더라도 마찬가지일 것이다. 피해자는 절박한 패닉상황으로 책임무능력상태에 빠진 것으로 평가될 수 있고 또한 자신의 생명 신체를 구하기 위하여 행위한 것이므로 제12조 강요된 행위를 유추할 수 있다. 피해자의 승낙원용설에 의하더라도 승낙에 중대한 결함이 존재한다고 판단된다. 자상하지 않으면 돌로서 죽이겠다고 협박하여 자상을 결정하였다면, 이는 부자유한 결정으로서 승낙은 무효이다. 따라서 피해자의 자기책임성은 부정되고 배후자의 간접정범이 긍정된다.

그러나 [대상판결: 자기추행사건]에서는 피해자의 의사결정의 자유가 상실되었다고는 보이지 않는다. 그럼에도 불구하고 피고인에게 간접정범의 성립을 인정할 수 있다고 평가한 것으로 보인다. 본 건 사안에서 경찰에 신고할 수도 있다는 점은 충분히 인정된다. 이점을 피고인도 잘 알고 있다. 그럼에도 불구하고 자기추행 이외의 다른 행위를 선택할 수 없었다고 평가되면 피해자의 자기책임성이 부정되고 배후자에게 간접정범을 인정할 수 있다는 것이 [대상판결]의 입장이라고 생각된다. 즉 본 판결은 피해자의 의사결정의 자유의 상실이라는 '종래판결의 기준보다 낮은 정도의 의사결정의 자유의 제한'에 의하여 간접정범의 성립을 인정할 수 있다고 보는 것으로 평가할 수 있다. 즉 의사결정의 자유가 상실될 것까지 요구하는 것이 아니라, 의사결정의 자유는 남아있더라도 자손행위 이외의 다른 행위를 선택할 수 없는 상황이 피해자 측에 있으면 배후자의 간접정범 성립을 정당하게 근거지울 수 있다는 것이다. 그러므로 본 판결은 피해자의 의사결정이 완전하게 제압되지 않았을지라도 자손행위 이외의 다른 행위를 선택할 수 없는 정신상태에까지 몰린 것을 근거로 배후자에게 강제추행죄의 간접정범을 인정할 수 있다는 점에서 극히 중요성을 가지고 있는 판

례이다. 원심은 결국 피해자가 의사결정의 자유를 완전히 상실한 상태
는 아니라고 하여 강요죄만의 성립을 인정한 것으로도 보여진다. 혹은
다른 행위를 선택할 가능성이 없는 것은 아닌 상태라고 본 것이라고
할 수도 있다. 그러나 [대상판결]은 피해자에게 의사결정의 자유가 상
실되지는 않았지만 자기추행이라는 자손행위 이외의 다른 행위의 선
택할 수 없을 정도로 자유로운 의사결정이 저지되고 있는 상황에 있
다는 것을 간접정범 인정의 기준으로 하고 있다고 말할 수 있다(다른
행위 선택할 수 없는 상황 기준설).

그런데 이러한 대법원의 입장은 상기한 학설 중에서 '보다 작은
해악의 이성적 선택 기준설'에 가까운 것이 아닌가 한다. 피고인은 신
체사진과 개인정보를 유포하겠다는 협박을 하여 피해자를 자기추행하
게 하였다. (i) 면책사유 유추설에 의하면 피해자에게 생명 신체 자유
에 대한 위협이 있었던 것은 아니므로, 강요된 행위(제12조)로 책임이
조각된다고 할 수 없다. 따라서 피해자의 자기책임성이 인정되고 피고
인에게 간접정범을 인정할 수 없다. 강요죄의 죄책만이 인정될 것이
다. (ii) 피해자의 승낙원용설에 의하면, 신체사진과 개인정보 등을 유
포하겠다고 협박하여 만약 피해자가 제3자에게 강제추행행위를 하였
다고 가정하면, 그러한 승낙은 영향력 있는 압박 때문에 결함이 없다
고는 할 수 없어서 무효라고 보여지고 따라서 피해자의 자기책임성은
부정되고 배후자에게는 간접정범이 인정될 것이다. (iii) 피해자는 경찰
에 신고하여 피고인의 요구를 거절할 수 있었을 것으로 충분히 보인
다. 그럼에도 불구하고 피해자는 자신의 관점에서 이성적으로 보다 작
은 해악을 선택할 수 있었을 뿐이다, 이는 법적인 의미에서 더 이상
자유로운 의사결정이라고는 할 수 없다. 따라서 피해자의 자기책임성
은 부정되고 배후자에게 간접정범성이 인정된다.

[대상판결]은 이러한 (iii)의 입장과 가까운 것으로도 볼 수 있지 않
을까 생각된다. 경찰에 신고하여 피고인의 요구를 거절하거나 상황을
피할 수 있었을 것으로 충분히 보이므로, 의사결정의 자유가 상실된

것은 아니라고 판단된다. 그럼에도 불구하고 추행행위 이외의 다른 행위를 선택할 수 없는 상황에 빠뜨린 결과 자손행위로 나아갔다고 판단하고 있다고 생각된다. 피해자는 정신적 압박과 고통을 피하기 위하여 자기추행 이외의 행위를 선택하는 것이 곤란하다. 그러므로 피해자의 의사결정의 자유는 현저히 박탈되었다고 평가할 수 있다. 이러한 경우 표면적으로는 피해자가 스스로 자기추행을 선택한 것처럼 보이지만, 실은 피해자의 자손행위를 이용하여 강제추행죄를 간접정범의 형태로 범하였다고 평가할 수 있는 경우가 될 수 있다.

종전의 판례인 [참고판례 1]은 피해자가 자손행위를 할 때 의사결정의 자유 내지 자율성을 상실하였는가 하는 것을 기준으로 간접정범의 성부를 판단하여, 피고인에 의한 의사결정의 자유를 침해하는 정도로서 의사결정의 자유의 상실이라는 극히 고도의 것을 엄격히 요구하였다고 말할 수 있을 것이다. [대상판결]도 의사결정의 자유 박탈 침해의 정도가 실질적으로 비상하게 고도일 것을 요구하는 것은 마찬가지이지만, 행위의 선택 실행에 있어서 피해자의 의사결정의 자유가 약간 남아있다고 하더라도 통상적인 의사결정이라면 채택하지 않았을 경우에는 간접정범성을 긍정함에 장애가 되지는 않는다는 것을 인정한 것이라고 말할 수 있을 것이다. 자손행위를 선택하는 의사결정 이외는 없는 상황으로 피해자를 압박한 자에게, 행위의 결과를 귀속시켜야 한다는 판단을 보이는 것으로 타당하다고 할 것이다.

IV. 강제추행죄의 자수범 인정 여부

A. 독일 자수범 이론의 맹신적 추종

자수범은 자수로 즉 자기 손으로 실행해야만 하는 범죄이다. 즉 자기가 직접 구성요건을 실행해야만 성립될 수 있는 범죄이다. 따라서 타수로는 즉 타인을 이용하여 범할 수 없는 범죄인 것이다. 그리하여 모든 교과서와 학설 판례는 자수범은 간접정범의 성립이 배제되는 범죄라고 정의한다(간접정범의 성립한계). 이러한 고찰방식에서 곧바로 우리가 명백하게 알 수 있는 것은 간접정범의 성립여부를 각칙 구성요건의 해석 즉 실행행위의 해석에 의하여 결정한다는 것이다. 총칙 제34조 제1항 간접정범 조문을 마치 없는 것처럼 존재하지 않는 것처럼 무시하는 이러한 간접정범과 자수범 이론은 이해할 수 없다. 이는 독일이론을 문자 그대로 그저 맹신적으로 받아들이고 있는 것이다. 이는 독일형법에 간접정범 규정(제25조 제1항)이 존재하지 않았던 시대의 간접정범과 자수범에 관한 이론을 완전 그대로 수용하고 있는 것이다. 물론 독일에서도 아직까지 ─ 자존심상! 오로지 자존심상![48] ─ 여전히 이러한 옛날이론을 전혀 불식하지 못하고 있다. 전통적 사고에 붙잡혀 있다.[49] 또한 일본은 아직도 총칙에 간접정범 규정이 없기 때문에 바로 그와 같이 해석하고 있다. 그러나 우리 형법은 처음부터 간접정범 규정을 총칙에 두고 있다. 그리하여 우리나라에서 간접정범의 성립여부는 당연히 각칙 해석의 문제가 아니라, 오로지 총칙 간접정범 규정의 성립요건 충족 여부에 따라 결정되는 것이다.

　예를 들어 갑이 을에게 권총을 머리에 대고 음주운전을 강제하여 을은 음주운전을 하였다. 음주운전죄를 자수범으로 보는 견해에 따르면,[50] 갑은 음주운전죄를 직접 자수로 실행하지 않아서 갑에게 음주운전죄의 간접정범은 성립할 수 없다고 보아, 간접정범의 성립문제를 단지 개별구성요건 실행행위의 해석의 문제라고 한다. 이것이 바로 독일의 자수범이론이다. 그러나 이러한 자수범이론은 우리형법에는 도저

---

48) Schubarth, Binnenstrafrechtsdogmatik und ihre Grenzen, ZStW 116 (1998), 839, 841.

49) 이에 대한 독일에서의 자기반성은 Jakobs, AT, 2.Aufl., 1991, S.604; Roxin, Täterschaft und Tatherrschaft, 11.Aufl., 2022, S.399ff., S.794; SK-Hoyer, §25 Rn.19f., 24; LK-Walter, 12.Aufl., 2007, vor §13 Rn.61; Puppe, Jedem nach seiner Schuld, ZStW 120 (2008), 518.

50) 자수범이라는 입장은 김성돈, 형법총론, 587면; 김혜경, 자수범에 관한 연구, 박사학위논문(연세대), 2006, 219면 이하. 자수범을 부정하는 입장으로 보이는 것은 이주원, 교통사고처리 특례법상 처벌특례의 인적 적용범위, 형사판례연구 [26], 2018, 526면; 최준혁, 동승자가 특가법상 도주차량죄의 공동정범이 될 수 있는가?, 비교형사법연구 제19권 제4호, 2018, 36면.

히 받아들일 수 없다. 격하게 저항해야 한다. 간접정범의 성립 문제는 ― 갑이 음주운전죄 자수범 구성요건 실행행위를 직접 실행할 수 있는 것이냐 아니냐 하는 문제가 아니라(비자수범인 살인죄 구성요건도 갑은 간접 실행할 수 없다) ― 을이 음주운전죄 구성요건 실행행위를 직접 실행하였음을 전제로(처벌받지는 않지만), 실행행위를 직접 행하지 않은 갑에게 형법 제34조 제1항 간접정범의 성립을 인정할 수 있는가 하는 문제이다. 즉 갑이 자수범 각칙 구성요건을 직접 충족할 수 없다는 문제가 아니라, 을의 자수범 각칙 구성요건의 충족을 전제로 ― 을에게 자기책임성을 인정할 수 없어서 ― 자수범 실행행위를 직접 하지 않은 갑에게 간접정범으로서 형사책임을 귀속시키는 것이다. 각칙 구성요건 실행행위를 갑이 직접 실행해야 하는가/간접 실행해도 되는가 하는 '실행'행위 차원의 문제가 아니라, 갑이 자수범 구성요건 실행행위를 직접 실행하지 않았음을 전제로(=을이 자수범 구성요건을 직접 실행하였음을 전제로) 하여 갑에게 총칙 제34조 제1항 간접정범의 성립이 문제되는 '귀속' 차원의 문제이다. 어떤 범죄가 자수범이라고 인정되면, (타인을 이용하여 자수범 구성요건을 타수로 실행하게 한) 배후자 갑에게 ― 간접정범 성립이 배제되는 것이 아니라 ― 당연히 자수범(의 직접정범) 성립이 배제되는 것이다. 자수범은 간접정범의 성립과는 아무런 관련이 없다. 양자는 차원을 달리하는 문제이다. 자수범은 타인을 이용하여 간접적으로는 범할 수 없으니까 → 갑에게 자수범의 간접정범 성립이 배제된다? 이러한 결론이 어떻게 도출될 수 있는가? 도저히 이해할 수 없다. 자수범은 간접적으로는 범할 수 없으니까 → 타인을 이용한 갑에게 바로 그 해당 자수범(의 직접정범) 성립이 배제되는 것이다. 당연히 이러한 결론이 도출되어야 하는 것이다.

바로 여기에 개념의 틈이 있다. 바로 이 지점에 개념의 간극이 존재한다. 자수범은 타수로 간접적으로는 실행할 수 없는 범죄니까, 이용자 갑에게 자수범(의 직접정범) 성립이 부정되고 자수범의 간접정범 성립이 긍정되는 것이다. 다시 말해보면 자수범은 간접적 형태로는 범할 수 없다고 말할 때, 간접적인 형태로는—도대체 무엇을—범할 수 없다는 것인가? 모든 구성요건은 자수범이든 비자수범이든 예컨대 비자수범인 살인죄의 경우에도 간접적으로 실행할 수 없다. 이러한 각칙에 의한 정범성의 제한을 총칙 제34조 제1항 간접정범 규정이 확대하는 것이다. 즉 간접적인 형태로는 바로 그 해당 자수범("의 직접정범")을 범할 수 없다. 간접적인 형태로는 (자수범의) 간접정범을 범할 수 있다. 간접적인 형태로는 직접적인 형태를 범할 수 없다. 간접적인 형태로는 간접적인 형태만을 범할 수 있다. 자수범과 간접정범은 아무런 관계가 없다(자수범은 직접정범 성부의 문제이다). 각칙 구성요건 문언은 자수성을 요구한다고 해석할 여지가 있을 수도 있겠으나, 바로 그 각칙 구성요건 자수성 규정이 총칙 간접정범 규정에 의하여 확대되는 것이다. 굳이 표현한다면 자수범이 간접정범을 배제하는 것이 아니라, 간접정범이 자수범을 배제하는 것이다.

B. 자수범의 간접정범 성립배제의 근거

1. 근거의 결여

간접정범의 성립여부는 무엇에 의하여 결정되나? 당연히 제34조 제1항 간접정범의 성립요건 충족여부에 의해 결정된다. 개별범죄 구성요건(예컨대 강제추행죄 제298조)의 해석에 의하여 결정되는 것이 아니다. 그런데 왜 제3자에 의하여 자수범의 간접정범 성립이 부정된다는 것인지[51] 그 근거를 전혀 발견할 수 없다.[52] 다시 말하면 왜 제34조 제1항 간접정범 조문의 적용이 배제되는지를 실질적으로 정당화하려는 근거가 없다(근거결여).[53] 자수범은 바로 그 자수범 근거찾기이다. 왜 간접정범이 성립되지 않는지를 실질적으로 근거짓는 일이다. 정확히 말하면 왜 간접실행하면 해당 자수범 구성요건의 불법과 책임이

---

51) 신동운, 형법총론, 제12판, 2020, 720면; 또한 신동운, 자수범. 월간고시 1993/11, 42면 참조.
52) 한정환, 지배범, 의무범, 자수범, 형사법연구 제25권 제2호, 2013, 17면 각주 54.
53) Mitsch, Mittäterschaftlich begangene Amtsanmaßung, NStZ 2021, 39.

감소되는지에 대한 근거를 밝히는 일이다. 그런데 그 근거를 전혀 제시하지 못하고 있다. 모든 교과서와 논문들은 ― 우리 형법의 간접정범 조문 규정과는 아무 관계없이 ― 그저 옛날 이론사적으로 독일의 자수범'이론'을 그대로 기술하고 있을 뿐이다. 즉 역사적으로 자수범은 간접정범이 배제되는 범죄라고 개념 정의 되어왔다는 논거뿐이다. 그러나 이는 단순히 동어반복이나 순환논법에 불과하다. 왜 자수범은 간접정범의 성립을 배제하는가? 왜냐하면 자수범은 간접정범의 성립이 배제되는 범죄이기 때문이다. 간접정범 조문의 성립요건과는 전혀 관계없이 자수범은 간접정범의 성립이 배제되는 범죄라고 미리 개념정의를 하고 그리고 나서 다시 그 개념 정의 자체를 논거로 제시한다. 결론을 먼저 내려놓고 다시 그 결론이 근거라고 한다. 형법 제34조 제1항 간접정범 조문규정은 자수범에 아무런 의미가 없게 되어버린다. 어떤 개념(자수범)을 정당화해야 하는데 이미 그 개념을 정당한 것으로 전제하고 있다. '자수범을 그렇게 정의해 왔으니까 그렇게 된 것이다'라는 것이다. 그렇다면 왜 그렇게 정의가 되었는가?

2. 우리 간접정범 조문규정과 무관한 독일의 간접정범과 자수범이론

왜 이런 개념정의가 나왔을까? 간접정범 규정이 존재하지 않았던 시절의 독일과 현재 간접정범 규정이 존재하지 않는 일본에서는 간접정범은 단지 각칙상의 개별구성요건 충족여부의 해석 문제로서 실행행위를 직접 실행한 것과 동등하게 평가할 수 있는 경우에 성립이 인정된다. 그리하여 자수범은 구성요건 실행행위의 그러한 동등평가가 인정되지 않는 경우의 범죄를 카테고리화한 것이다.[54] 그래서 자수범은 간접정범의 성립이 배제된다.[55] 이와 같이 간접정범과 자수범은 실행행위라는 동일한 차원의 문제라고 보았던 것이다.[56] 즉 간접정범을

---

54) Meyer, Ausschluß der Autonomie durch Irrtum, 1984, S.18.
55) Müller, Eigenhändige Verbrechen, 1928, S.37.
56) Habenicht, Die Beteiligung, S.66; Engelsing, Eigenhändige Delikte, 1926, S.8, 18.

구성요건적 실행행위의 측면에서 보아, 간접정범은 각칙 구성요건의 실행행위를 충족한 것으로 평가된다. 즉 이때 간접정범의 성립근거 조문은 바로 그 각칙 조문이다(직접정범의 근거조문도 동일한 그 각칙 조문이다). 간접정범은 오로지 제298조 위반이다. 그 해당 조문에서 간접정범의 성립이 긍정되거나 부정된다. 이러한 간접정범 개념을 굳이 표현하자면 '그 각칙조문에서의 간접정범' 혹은 '각칙상의 간접정범'이라고 부를 수 있지 않을까 생각해 본다. 그 각칙 조문 자체에서 간접정범이 성립되었던 것이다. 간접정범의 성립여부는 각칙조문의 구성요건을 충족되느냐에 근거하는 것이다. 그리하여 '간접정범의 성립이 긍정/부정/배제된다'는 의미는 '각칙 조문상의 간접정범 성립이 긍정/부정/배제된다'는 것이다.

현대적인 용어로 굳이 표현하자면 과거에는 간접정범을 실행정범으로 보아 각칙 구성요건에서 직접정범과 같이 실행지배를 한 것으로 내지 실행지배를 한 것과 동등하게 평가되었던 것이다. 간접정범은 총칙상의 간접정범 조문규정을 충족한 것이 아니었다(제34조 제1항 위반이 아니었다). 그것과는 아무런 관련성이 없는 것이다. 즉 의사지배를 한 것으로 평가되는 것이 아니었다. 즉 예전에 간접정범을 각칙구성요건 실행행위(실행정범)의 충족 문제로 다루었다는 것(각칙조문에서의 간접정범)은, 간접정범의 본질을 과거에는 실행지배의 일종이라고 보았던 것이라고 말할 수 있을 것이다. 오늘날에는 간접정범은 각칙의 구성요건 실행행위 요건을 충족한 것이 아니고 즉 실행행위를 행한 것이 아니라는 것을 전제로(=실행지배를 한 것이 아니고), (실행행위의 차원을 떠나서) 실행행위를 하지 않았지만 형벌확장사유인 총칙상의 간접정범 규정이 적용되어 그 총칙조문에서의 성립요건을 충족한 경우이다. 굳이 표현하자면 총칙조문에서의 간접정범 내지 총칙상의 간접정범이라고 부를 수 있지 않을까 생각해 본다. 오늘날에는 간접정범의 본질을 의사지배로 보고 있는 것이다. 이와 같이 행위지배설이 전개되어 확립되면서 간접정범의 본질이 실행지배에서 의사지배로 질적으로 변화되었던 것이다.

과거에는 자수범에 대하여 실행행위의 차원에서 각칙 조문상에서 간접정범의 성립이 배제되는 경우의 범죄로 개념설정되었던 것이다 (그래서 모든 논의가 각 개별구성요건의 분류에 집중되어 난립하고 있다). 자수범에서 간접정범의 성립이 배제된다는 의미는 간접정범은 각칙조문에서의 즉 자수범에서의 실행지배를 하지 못한다는 것이다(제34조의 의사지배를 하지 못한다는 것이 아니었다). 그러나 오늘날에는 자수범에 대하여 간접정범, 즉 의사지배의 차원에서 총칙상의 간접정범 성립이 인정되는 개념으로 질적 변화를 하게 된 것이다. 현대에서는 자수범과 간접정범은 차원을 달리하는 문제가 되었다. 각 구성요건 실행행위의 실행이라는 동일한 차원의 문제가 아니다. 그럼에도 불구하고 자수범에 관한 모든 이론과 판례는 여전히 잘못된 독일의 자수범이론을 그대로 반복하고 있다. 자수범이론만큼 독일이론을 그대로 가져다 쓰는 영역도 없을 것이다[57](문언설 신체거동설 3분설 등 모든 논의가 완벽히 그대로이다).

[대상판결]은 각칙 개별범죄 구성요건에 의하여 자수범이 아닌 경우에 간접정범이 될 수 있는 것이라고 판시한다(판시사항 가.). 여기에서 자수범은 당연히 총칙상의 간접정범 성립을 배제한다는 의미로 우리는 받아들인다. 그러나 각칙상의 자수범이 총칙상의 간접정범 성립을 배제할 수는 없는 것이다. 각칙상의 자수범은 굳이 표현하자면 각칙상의 간접정범 성립을 배제하는 것이라고 말할 수 있다. 그러한 각칙 구성요건 실행행위의 자연적 외형적 고찰에 의존하는 자수범과 간접정범 이해가 문언설과 신체거동설 그리고 3분설로 나타났던 것이다. 이와 같이 대법원판례도 모든 학설과 마찬가지로 옛날 독일의 자수범과 (각칙조문에서의) 간접정범이론을 그대로 받아들이고 있는 것이다. 그렇다면 오늘날 '자수범은 간접정범의 성립을 배제하는 범죄'라는 독

---

57) 독일 자수범론에 관하여는 김혜경, 비밀누설죄에서 대향자의 공범성립가능성, 형사판례연구 [20], 2012, 298면 이하.

일의 개념정의는 맞는 것일까? 독일 자수범이론은 잘못된 것이다. 틀린 것이다. 그 옛날 흘러간 시절 독일의 개념정의이다. 이미 존재하지 않는 개념정의이다. 그런데 아직도 출몰하고 있는 유령이다.

3. 간접정범은 다수인의 범죄참가형태에 관한 규정

(a) 자수범론에서 말하는 '간접정범'의 의미 = 각칙상의 간접정범/
단독정범으로서의 간접정범

　　종래 자수범 사고는 — 총칙상의 간접정범 규정이 존재하지 않았던 시대에 — 각칙상의 간접정범 성립 여부에서 출발하였다. 간접정범은 각칙 해석의 문제라고 보았다. 즉 간접정범은 각칙상의 간접정범이었던 것이다. 자수범은 그러한 '각칙상의 간접정범' 개념을 전제로 하여, 그 '각칙상의 간접정범' 성립이 배제되는 범죄라고 개념정의된 것이었다. 즉 오늘날 우리가 자수범은 일반적으로 간접정범의 성립이 배제되는 범죄라고 개념정의하고 있지만, 이는 정확히 말하면 '각칙조문에서 간접정범'의 성립이 배제된다는 의미이다. 자수범론에서 말하는 간접정범은 오늘날 일반적으로 말하는 '총칙상의 간접정범'의 성립이 배제된다는 의미가 아니다. 여기에 간접정범이라는 용어를 사용하고 있지만 개념의 간극이 존재하는 것이다. 그러한 각칙조문에서의 간접정범의 성립여부에 있어서는 각칙 구성요건 실행행위 문언의 한계문제가 결정적이었다.

　　이는 또한 간접정범을 단순히 각칙상의 '단독'정범으로만 보았던 것임을 말해준다. 간접정범을 다수인의 범죄참가라고 보아 타인행위의 귀속 문제라고 보지 않았던 것이다. 그러나 단독정범과 달리 총칙 제31조 공동정범 규정은 타인의 행위를 자신에게 귀속시키는 것을 조문을 두어 가능하게 해주는 불법 귀속규정이라고 누구나 인정하고 있다. 총칙 제34조 제1항 간접정범 규정도 마찬가지의 규정이다. 그런데 자수범이론의 주장자들은 바로 이 점을, 즉 간접정범은 — 단독정범과 다른 — 다수인의 범죄참가형태에 관한 법률적 조문에 근거하여 인정되는 것이라는 점을 인식하지 못하였던 것이다.[58] 오늘날 각칙상의 간접정범이라는 것 자체가 인정될 수 없는 개념인 것이다. 그런데 각칙상의 간접정범이 부정되는 것이 자수범이라고 정의되고 있다. 자수범에 관한 이러한 개념정의는 우리 형법조문 규정 하에서는 그 자체가 인정될 수 없는 것이다. 제34조 제1항 간접정범 규정의 존재로 인하여 각칙 구성요건 실행행위의 자수성이라는 논거는 개입할 수 없다. 개별적인 범죄들의 실행행위가 배후자에게는 맞지 않는다거나 어울리지 않는다는 문언설은 더 이상 적용될 수가 없다. 배후자의 간접정범 성립여부를 규율하는 제34조라는 총칙상의 명문의 규정이 존재하기 때문이다. 따라서 각칙 개별범죄의 구성요건 실행행위가 배후자에게 맞느냐 여부가 문제가 아닌 것이다. 개별범죄 강제추행죄의 각칙 구성요건인 제298조가 아니라, 총칙 제34조 간접정범 규정이 배후자에게 적용되는 것이다. 그런데 자수범이론은 — 제34조 조문규정과는 전혀 무관하게 오직 이론적으로 — 각칙상의 간접정범 배제이론으로 독자화된 것이다. 이것이 바로 독일의 자수범이론이고, 이것이 그냥 우리나라에 받아들여졌던 것이다. 간접정범은 오로지 제34조에 의하여 근거지워질 수 있을 뿐이다. 오늘날 각칙상의 간접정범 개념은 없다.

(b) 오늘날 일반적인 간접정범론에서 말하는 '간접정범'의 의미 =
총칙상의 간접정범 +다수인의 범죄참가형태로서의 간접정범

간접정범의 성립가능 여부는 각 개별범죄의 해석에 의하여 얻어지는 것이 아니다. 우리 형법은 간접정범을 위하여 제34조를 다수인의 범죄참가형태의 귀속규정으로 두고 있다. 형법 제34가 다수인의 범죄참가형태로서 형벌확장사유 규정을 두었기 때문에 총칙상의 간접정범의 성립이 비로소 가능한 것이 된다. 각칙규정이 간접정범에 맞는가 여부가 문제되는 것이 아니라, 총칙 제34조 규정이 충족되었는가가 문

---

58) 이점을 정확히 파악하고 있는 것으로는 신동운, 형법총론, 720면.

제될 뿐이다. 개별 구성요건의 문언은 더 이상 문제되지 않는다. 다수인에 의한 범죄참가 규정은 모든 개별범죄에 적용되는 것이다.[59] 특히 간접정범 공범설에 입장에서는 그러할 것이다. 따라서 형벌확장사유로서의 간접정범 규정이 자수범과 관련해서는 유지될 수 없다는 생각은 타당하지 않다. 그것은 간접정범의 명문규정이 없었던 독일에서의 학설사적 유산에 불과하다. 설사 각칙 개별구성건의 문언이 자수성을 요구한다고 해석할 여지가 있을 수도 있겠지만, 바로 그 각칙 자수범 규정이 제34조 제1항 총칙 간접정범 규정에 의하여 확대되는 것이다. 결국 자수범에 대하여도 간접정범의 성립이 배제되지 아니하는 것이다.[60] 간접정범은 각칙조문에서 성립/배제되는 것이 아니라, 총칙조문 간접정범 규정에서 성립/배제되는 것이다.

형법확장사유인 총칙상의 다수인의 범죄참가형태 규정의 적용을 배제하려면, 그에 관한 특별한 규정을 각칙조문에 별도로 두어야 한다. 각칙의 개별구성요건은 불법구성요건으로서 불법을 근거지우는 요건에 관하여 규정하고 있는 것이다. 다수인의 범죄참가형태 규정의 적용배제를 위해서는 — 불법구성요건의 해석을 통해서는 불가능하고 — 예컨대 필요적 공범규정과 같이 개별적으로 그리고 해당범죄의 불법구성요건과는 별도로 혹은 함께 다수인의 범죄참가형태 특칙을 규정해야 한다. 각칙 개별구성요건이 그 범죄의 '불법유형'을 기술할 뿐만 아니라 '정범의 구체적 형태'까지 규정하고 있는 구성요건이어야 한다.[61] 단지 구성요건적 실행행위를 규정하였는데 그 반사적으로 그렇게 해석될 수도 있는 정도를 넘어서 의도적으로 입법자가 개별구성요건을 그렇게 규정해야 한다. 그러나 결국 각칙 구성요건 규정

---

59) Gerhold/Kuhne, Über den bislang unbeachteten Einfluss des 2. Strafrechtsreformgesetzes auf die Eigenhändigkeitsdoktrin speziell im Rahmen der Straßenverkehrsdelikte, ZStW 124 (2012), 978.

60) Vgl. Kulhaneck, Kategorisierung einer Verbandsstrafbarkeit nach verschiedenen Deliktstypen und -formen, ZStW 127 (2015), 306.

61) Langrock, Das Eigenhändige Delikt, 2001, S.89.

은—다수인의 범죄참가가 아니라—단독범에 향한 것이다. 현행 형법각칙 개별구성요건들 중에서 어디에도 제34조 제1항의 적용을 배제하는 규정은 존재하지 아니한다. 또한 이와 관련된 어떠한 이론적 제시나 언급도 존재하지 아니한다.[62] 그렇기 때문에 이는 개별 구성요건을 도입할 때 자수범을 인정하거나 배제하려는 어떠한 노력이나 시도는 전혀 존재하지 않게 된다.[63] 일정한 구성요건이 자수범이라고 하는 것은 단지 우연이다. 각칙 개별구성요건의 문언에서 필연적으로 자수범을 근거지우는 결론은 도출될 수 없다.[64] 모든 범죄는 간접정범 성립이 가능하다. 이는 상세한 근거제시가 요구되지 않는다. 형법 제34조 제1항에서 나오는 것이기 때문이다. 논거제시 책임은 간접정범 적용배제를 주장하는 측에 있다.[65]

4. 간접정범 성립배제의 실질적 근거 — 처벌필요성의 결여

자수범 구성요건의 결정적 불법인 자수적 불법은 (총칙상의) 간접정범에 의하여 야기될 수 없다는 주장은 실질적 근거가 없는 것이다.[66] 이러한 주장은 자수범의 존재를 그냥 선험적으로 전제하고 있다.[67] 논거짓지 못하고 있다. 예컨대 음주운전죄를 자수범이라고 가정하고 갑이 을에게 권총으로 죽이겠다고 협박하여 음주운전을 하게 하였다면, 갑에게 음주운전죄의 간접정범 성립은 배제되고 교사방조만 성립될 수 있다. 그렇게 유리하게 취급하는 근거 내지 이유는 무엇인가? 형사정책적으로 불만족스럽다. 외부관여자가 해당 구성요건을 충

---

62) Mitsch, NStZ 2021, 40.

63) 그나마 이러한 문제의식은 김혜경, 자수범 유형의 재구성, 형사법연구 제25호, 2006, 214면.

64) Roxin, AT II, 2003, §25 Rn.290.

65) Gerhold/Kuhne, ZStW 124 (2012), 980; Mitsch, NStZ 2021, 40; Mitsch, Sexuelle Belästigung (§184i StGB) und Straftaten aus Gruppen (§184j StGB), KriPoZ 2019, 356.

66) Wohlers, Trunkenheitsfahrten als eigenhändige Delikte, ZStrR 116 (1998), 110; Herzberg, Akezessorietät der Teilnahme und persönliche Merkmale, GA 1991, 183f.

67) Schubarth, ZStW 116 (1998), 841.

족할 수 없다는 것은 당연한 것이고 자수범성과는 아무런 관련이 없다.[68] 또한 형법의 법익보호라는 관점에서 보면, 자수범은 합리적인 근거지움을 할 수가 없다.[69] 자수범에서 배후자는 법익을 침해 내지 위태화 하였는데 행위를 처벌하니까 혜택을 주겠다는 이유가 무엇인지 알 수 없다. 자수범이론은 순전히 사실적인 간접정범 범위의 제한이다.[70] 문언설이나 신체거동설은 간접정범 규정적용 배제에 대한 실질적 논거를 제공할 수 없다. 굳이 그러한 독일의 전통을 고수하고 포기하지 않으려 한다면, 자수범의 근거로 남아 있는 것은 형법의 '보충성원칙'을 원용할 수 있을지 모르겠다.[71] 그러나 보충성원칙이라는 논거는 가벌성의 심한 공백이라는 주장에 대해 반대하는 논거로 사용되는 것이다. 그렇다면 이제 자수범이 굳이 남아 있을 수 있다면 그 자수범의 위치지점은, 자수범에 대한 간접정범의 성립이 긍정됨을 전제로 하여 단지 간접정범으로의 '처벌필요성'은 없다는 정책적인 이유로 사후적 보충적으로 처벌만을 제한하는 원리로서 간신히 소멸하지 않을 수 있을지는 모르겠다.

5. 자수범 개념의 유령과 아포리아

이와 같이 자수범의 정체에 관한 (필자의) 오해는 밝혀졌다. 자수범은 간접정범의 성립이 배제되는 범죄를 말한다는 개념정의 자체에서 말하는 '간접정범'이라는 언어의 의미가 오해의 원인이었다. 예전에 간접정범은 '실행정범' 차원에서 논의가 시작되었다. 그런데 그 출발점이 의사지배로 변화되었다. 차원이 달라진 것이다. 그럼에도 불구하고 자수범이론은 여전히 거기에 고착되어 있다. 예전에 간접정범에서 '간

---

68) Mitsch, NStZ 2021, 40.
69) Schubarth, Eigenhändiges Delikt und mittelbare Täterschaft, ZStrR 114 (1996), 325; Gerhold/Kuhne, ZStW 124 (2012), 976. Vgl. Habenicht, Die Beteiligung, S.65.
70) Gerhold/Kuhne, ZStW 124 (2012), 953.
71) Schünemann, Die besonderen persönlichen Merkmale, FS-Küper, 2007, S.571; Schünemann, Vom kriminalpolitischen Nutzen und Nachteil eigenhändiger Delikte, FS-Jung, 2007, S.889.

접'이라는 말의 의미는 행위자와 피해자의 관계를 자연적 외형적, 즉
실행정범의 관점에서 '간접'이라는 의미로 포착하였던 것이다. 그래서
자수범은 간접정범으로 범할 수 없는 범죄라고 말하는 것이다. 그런데
오늘날 간접정범에서 '간접'은 행위자와 범행매개자의 관계를 규범적
관점에서 직접적인 의사지배라는 의미로 변화되었다. 그래서 자수범
은 간접정범으로 범할 수 없는 범죄가 더 이상 아니게 되었다. 자수범
은 오늘날 '간접'정범의 의미맥락에서는 간접정범으로 범할 수 있는
범죄이다. 그리하여 자수범개념은 죽었는데 또한 동시에 죽지 않았다.
죽은 자수범개념이 아직도 살아서 우리 주변을 배회하고 있다. 죽었으
면서도 죽지 않은 것 그것을 유령이라고 한다. 자수범의 정체는 바로
그러하다. 유령은 이제 보내주어야 한다. 결국 자수범이론은 옛날의
간접정범 개념이 완전히 불식되지 못하고 아직도 남아있는 시대착오
적 잔재이다.72) 자수범과 작별해야 한다. 자수범에게 아듀! 라고 말해
야 한다.73)

C. 강제추행죄는 자수범인가?

간접정범 공범설 내부에서도 자수범개념 자체를 부정하는 견해도
일부 있다. 자수범이론은 간접정범을 정범으로 처벌하는 것을 전제로
한 것으로서 간접정범 공범설에 따르면 간접정범의 방식으로 범할 수
없는 자수범은 존재하지 않는다는 것이다.74) 우리 형법의 해석상 자수
범 이론을 채택하고 있지 않다는 것이다.75) 이는 정확한 지적이다. 간
접정범 공범설에 의하면 자수범개념을 부정하는 것이 논리 일관된다
고 보인다.76) 그런데 나머지 모든 학설과 판례는 자수범개념을 인정하

---

72) Vgl. Roxin, AT II, §25 Rn.306, Rn.308.
73) Gerhold/Kuhne, ZStW 124 (2012), 990.
74) 김태명, 판례형법총론, 제3판, 2019, 504면.
75) 김태명, 판례형법총론, 505면.
76) 이승준, 간접정범에 의한 강제추행죄의 성부, 법조 제68권 제2호, 2019, 544면.
그리고 이창섭, 형법상 간접정범의 본질에 관한 새로운 관점의 제안, 형사법
연구 제25권, 2006, 188면에서도 자수범은 공범으로서의 간접정범의 성립한계

고 있다. 판례는 종래 자수범을 언급한 판결은 있지만 자수범의 개념을 구체적으로 설시하지는 않았다. [대상판결]은 자수범의 개념을 정범 자신이 직접 범죄를 실행하여야 하는 범죄라고 정의한 최초의 판결이다. 그러나 견해의 대립없이 자수범으로 인정되고 있는 개별범죄는 없다. 그런데 강제추행죄에 관하여 자수범성을 인정하는 견해는 없는 것으로 보인다.

그런데 자수범은 간접정범의 성립이 배제된다고 한다. 그러면 역으로 간접정범의 성립이 배제되면 모두 자수범인가? 간접정범의 성립이 배제되는 것은 자수범 뿐만 아니라 신분범의 경우도 간접정범의 성립이 배제된다. 신분범의 경우 간접정범이 성립되지 않는 것은 신분이 결여되기 때문이다. 예컨대 위증죄의 경우 신분없는 자에게 간접 '정범'의 성립이 부정되는 것은 신분이 없기 때문이다(위증죄의 신분을 갖추려면 선서를 해야 한다). 신분을 갖춘 자가 추가로 자수범요건까지 더 갖추어야 하는 성질의 범죄라고 할 필요가 없는 경우이다.[77]

그리고 판례가 자수범성을 부정한 양곡매매업자 판례(대법원 2005. 10. 28. 선고 2005도2754 판결)이나 자수범과 관련하여 인용되는 부정수표단속법상 허위신고죄 판례(대법원 1992. 11. 10. 선고 92도1342 판결)은 신분범의 경우이다. 간접정범 성립여부가 다투어진 국가모독죄 판례(83도515 판결)도 신분범 사례이다. 그런데 자수범판례로 인용되는 농업협동조합법상 호별방문죄 판례(대법원 2003도889 판결)는 "임원이 되고자 하는 자라고 하는 신분자가 스스로 호별방문을 한 경우만을 처벌하는 것으로 보아야 하고, 비록 신분자가 비신분자와 통모하였거나

가 되지 않는다고 한다. 그런데 이와 달리 신동운, 형법총론, 720면 이하는 간접정범을 공범으로 파악하면서도 자수범의 간접정범 성립을 부정하고 있다. 또한 신동운, 자수범, 김종원교수 화갑기념논문집, 1991, 519면; 신동운, 전게논문, 월간고시 1993/11, 50면도 마찬가지이다.

77) 김종구, 전게논문, 247면. 그리하여 246면 이하 또 257면 이하에서는 자수범의 개념을 인정할 필요가 있는지 의문이라는 입장을 보이고 있다. 또한 한정환, 전게논문, 19면 이하에서도 현재 우리 형법에서 자수범을 인정할 실익은 없거나 미미하다고 한다.

신분자가 비신분자를 시켜 방문케 하였다고 하더라도 비신분자만이 호별방문을 한 경우에는 신분자는 물론 비신분자도 같은 죄로 의율할 수 없다"고 판시하였다. 본 판례에서 호별방문죄는 신분자가 '스스로 호별방문을 한 경우만을' 처벌하는 것이라는 문구를 '호별방문죄는 신분범이면서 자수범이므로'라고 읽으면, 신분자가 스스로 방문한 것이 아니라면 신분자가 비신분자로 하여금 호별방문을 하게 하였더라도 신분자에게 호별방문죄의 공동정범이나 간접정범이 성립할 수 없다는 취지로 이해하여, 본 판례를 자수범 인정판례라고 해석할 수 있다는 것이다. 그러나 앞에서 누누이 말했지만 '자수범 구성요건을 직접 실행하지 않은 자는 자수범의 간접정범이 성립할 수 없다'고 말할 때, 이때의 간접정범이란 정확하게 말하면 바로 그 개별범죄 각칙상에서의 간접정범 성립이 부정된다는 당연하고도 불필요한 이야기를 한 것이다. 정확하게 말하면 제34조 제1항의 간접정범이 성립하지 않는다는 의미의 판례는 아닌 것이다. 너무 여러 번 말했지만 자수범은 본인이 직접 실행해야 성립되는 범죄이고 따라서 본인이 간접적으로는 그 자수범을 실행할 수 없는 범죄인데, 간접정범은 직접 실행한 타인의 자수범을 전제로 직접 실행하지 않은 배후자 본인에게 자수범의 간접정범이 성립되는 것이다. 자수범과 간접정범에서 말하는 간접정범이라는 말의 의미맥락은 전혀 다른 것이다. 누누이 말했지만 '자수범'(자체)과 '(자수범의) 간접정범'은 차원이 다른 개념이고 아무런 관계가 없는 것이다. 즉 자수범은 각칙상 강제추행죄를 간접적으로도 실행할 수도 있는가 하는 각칙 조문(제298조)의 해석 문제이고, 간접정범은 각칙상 강제추행죄를 직접 실행한 직접정범을 전제로 하여 직접 실행하지 않은 배후자에게 총칙 조문(제34조)이 성립하는가 하는 문제이다. 자수범은 각칙상의 간접정범 이야기이고, 간접정범은 총칙상의 간접정범 이야기다. 담론의 차원과 장(field)이 전혀 다른 것이다. [대상판결]에서 자수범은 각칙조문 제298조를 위반했는가 문제이고, 간접정범은 총칙조문 제34조를 위반했는가 문제이다. 간접정범으로 범할 수 없다는 것이

제298조인가 혹은 제34조인가를 구별해야 한다. 그리하여 강제추행죄
를 자수범으로 보는 입장에서 제298조는 범행매개자를 통하여 간접적
인 형태로 실현할 수 없기 때문에 제34조의 간접정범이 성립되지 않
는다는 결론도출은 어불성설이다. 이와 같은 모든 오류는 자수범에서
말하는 '간접정범' (각칙조문상의 간접정범)개념과 간접정범에서 말하는
'간접정범' (총칙상의 간접정범)개념과의 의미차이와 간극을 인식하지
못하였기 때문이다.

　종래의 자수범이론에 의하면 어떤 범죄가 자수범인가 아닌가를
어떻게 판단하는가? 실행행위의 형태라는 측면에 중점을 두어 판단하
면 자수범의 범위가 확대인정 될 것이고, 보호법익 침해의 관점에 중
범을 두면 자수범의 범위가 축소인정될 것으로 보인다.[78] 종래 자수범
론은 이와 같은 일반적 기준에 의해서 판단할 수 밖에 없기 때문에,
자수범여부가 문제되는 모든 개별범죄에 관하여 견해대립이 있을 수
밖에 없다. 이는 범죄의 법적 성격을 어떻게 보느냐 하는 것은 시대에
따라 달라질 수 있는데, 옛날과 달리 오늘날 성적 자기결정권이 핵심
으로 자리잡은 강간죄나 강제추행죄 같은 성범죄의 경우 자수범성을
긍정할 여지는 없다고 생각된다.

V. 결 어

　[대상판결]은 피해자를 이용한 간접정범과 자수범에 관한 근본판
례라고 할 수 있다. 그러나 피해자의 자손행위를 이용한 경우에 간접
정범과 자수범에 관한 독일이론을 아무런 비판적 성찰 없이 답습하고
있다. 종래의 고정관념을 단순히 반복하는 데 그치고 있다. 바로 필자
자신이 평생 그래왔다(독일산 앵무새). 독일이론에 대한 이러한 맹신적
추종은 도저히 받아들일 수 없다. 그에 대해서는 격렬하게 저항해야
한다. 그리하여 기존에 대해서는 항상 새롭게 만나야 한다. 단순히 고

---

78) 오영근, 피해자를 도구로 한 강제추행죄, 로앤비 2019. 05. 22 천자평석.

정관념을 반복하는 것이 아니라 새로움을 발명해야 한다. 그래서 한 문장으로 얘기할 수 있는 것인데 같은 말 하고 또 하고 중언부언 주저리주저리 너무도 길어졌다. 쓸 말이 없어서 길어졌다. 그리하여 본 연구는 이미 존재하고 있는 고정관념을 그대로 반복하는 필자 자신에 대하여 저항하는 악전고투이다. 간접정범과 자수범이론에 관한 필자 자신의 자신에 대한 자기해체이고 자기전복이다. 자기반성 자기비판 자기갱신이다. 기존과는 다르게 만날 수 있어야 한다.

간접정범은 행위자-도구(범행매개자)-피해자의 3인구조를 전제하고 있다. 그런데 도구(범행매개자)와 피해자가 동일한 경우(피해자의 자손행위를 이용하는 경우)에도 간접정범이 인정되는가? 모든 교과서와 학설 판례는 예외없이 간접정범의 성립을 — 아무 근거제시도 필요없는 — 너무도 자명한 것으로 인정한다. 그러나 독일형법과 달리 우리형법 제34조 제1항은 도구(범행매개자)와 피해자가 동일하지 않은 경우만을 간접정범으로 분명하게 규정하고 있다. 또 실질적 이론적으로 범행매개자와 피해자가 동일한 경우에 피해자의 자손행위는 객관적 구성요건에 해당하지 않아서 제34조 제1항에 간접정범 규정에 따라 배후자에게 귀속시켜야 할 행위(귀속의 대상) 자체가 없다. 배후자에게 귀속할 불법이 이미 결여되고 있다. 따라서 도구와 피해자가 동일한 경우에는 독일이론과 독일조문에 따라 간접정범으로 볼 수 없다. 우리 형법상으로는 범행매개자와 피해자가 동일한 2인구조의 경우는 직접정범으로 보아야 한다.

자수범은 간접정범의 성립이 배제된다고 한다. 예전에 간접정범 규정이 존재하지 않았던 시절에 간접정범은 각칙 조문에 근거하여 인정되었다. 즉 간접정범은 실행정범으로 보았던 것이다. 그리하여 각칙 구성요건 실행행위를 직접 실행한 것과 동등한 정도로 평가되면 해당 조문상에서 간접정범이 인정되었다. 그런데 자수범의 경우에 간접정범은 구성요건 실행행위의 직접실행과 동등성을 인정할 수 없어서 '그 조문상의 간접정범' 성립이 배제되는 범죄였다. 제34조 총칙상의 간접정범 성립배제와는 아무런 관계가 없는 문제였다. 의미 맥락이 전혀 다른 차원의 것이다. 독일과 달리 우리 형법은 처음부터 간접정범 규정이 존재하였다. 자수범은 각칙 자수범 구성요건을 직접 실행한 직접정범을 전제로, 배후자에게는 제34조 제1항에 의하여 간접정범이 성립되는 것이다. 자수범은 간접정범의 성립이 배제되는 범죄라는 것은 오로지 과거 독일형법이론의 산물이다. 이제는 독일 자수범이론과 작별해야 한다. 아듀 자수범! 굿바이 자수범! 자수범이 간접정범을 배제하는 것이 아니라, 간접정범이 자수범을 배제하는 것이다.

[주 제 어]
피해자를 이용하는 간접정범, 직접정범과 간접정범의 구별, 형법 제34조 제1항의 간접정범 구조, 자수범과 간접정범, 강제추행죄

[Key Words]
Mittelbare Täterschaft beim Opfer als Werkzeug, Unterscheidung zwischen mittelbare- und unmittelbare Täterschaft, Struktur der mittelbaren Täterschaft im Art. 34 kStGB, Eigenhändiges Delikt und mittelbare Täterschaft, Sexueller Übergriff

접수일자: 2022. 5. 08. 심사일자: 2022. 7. 25. 게재확정일자: 2022. 7. 26.

[참고문헌]

김성돈, 형법총론, 제7판, 2021.

김성돈, 형법각론, 제7판, 2021.

김태명, 판례형법총론, 제3판, 2019.

신동운, 형법총론, 제12판, 2020, 720면.

임웅, 형법각론, 제11정판, 2020.

김용욱, 직접정범과 간접정범의 구분, 오선주교수 정년기념논문집, 2001.

김종구, 직접정범과 간접정범의 구별 및 자수범에 관한 고찰, 홍익법학 제21
　　권 제4호, 2020.

김혜경, 자수범에 관한 연구, 박사학위논문(연세대), 2006.

김혜경, 비밀누설죄에서 대향자의 공범성립가능성, 형사판례연구 [20], 2012.

김혜경, 자수범 유형의 재구성, 형사법연구 제25호, 2006.

설동윤, 피해자를 도구로 삼아 추행행위를 한 경우 강제추행죄의 간접정범
　　에 해당하는지 여부, 재판과 판례 제27집, 2018.

신동운, 자수범, 김종원교수 화갑기념논문집, 1991.

신동운, 자수범. 월간고시 1993/11.

양랑해, 강제추행죄의 성립범위 확장과 성강요죄 입법 필요성에 대한 소고,
　　법학논고(경북대) 제65집, 2019.

오영근, 2018년도 형법판례 회고, 형사판례연구 [27], 2019.

오영근, 피해자를 도구로 한 강제추행죄, 로앤비 천자평석 2019. 05. 22.

이상민, 성적 의사결정의 자유의 의미와 간접정범 형태의 강제추행죄의 성
　　립여부, 형사판례연구 [27], 2019.

이승준, 간접정범에 의한 강제추행죄의 성부, 법조 제68권 제2호, 2019.

이주원, 교통사고처리 특례법상 처벌특례의 인적 적용범위, 형사판례연구
　　[26], 2018.

이창섭, 형법상 간접정범의 본질에 관한 새로운 관점의 제안, 형사법연구
　　제25권, 2006.

전지연, 간접정범의 기본구조와 자살관여에서의 간접정범, 형사법연구 제6

권, 1993.

최준혁, 동승자가 특가법상 도주차량죄의 공동정범이 될 수 있는가?, 비교형 사법연구 제19권 제4호, 2018.

한정환, 지배범, 의무범, 자수범, 형사법연구 제25권 제2호, 2013.

Bloy, Grenzen der Täterschaft bei fremdhändiger Tatausführung, GA 1996, 437.

Brandts/Sclehofer, Die täuschungsbedingte Selbsttötung im Lichte der Ein-willigungslehre, JZ 1987, 443f.

Dorn-Haag, Exkulpations- und Einwilligungslösung in Fällen der Selbstschädigung und Selbstgefährdung, JA 2021, 28.

Eisele, Freiverantwortliches Opferverhalten und Selbstgefährdung, JuS 2012, 580.

Engelsing, Eigenhändige Delikte, 1926.

Engländer, Der Versuchsbeginn bei der Elektrofalle, JuS 2003, 335.

Frisch, Selbstgefährdung im Strafrecht, NStZ 1992, 5.

Fuhrmann, Das Begehen der Straftat gem.§25 Abs.1 StGB, 2004.

Gerhold/Kuhne, Über den bislang unbeachteten Einfluss des 2. Strafrechts-reformgesetzes auf die Eigenhändigkeitsdoktrin speziell im Rahmen der Straßenverkehrsdelikte, ZStW 124 (2012), 978.

Habenicht, Die Beteiligung an sexuellen Gewalttaten, 2009.

Herzberg, Beteiligung an einer Selbsttötung oder tödlichen Selbstgefährdung als Tötungsdelikt, JA 1985, 340.

Herzberg, Akezessorietät der Teilnahme und persönliche Merkmale, GA 1991, 183f.

Herzberg, Vorsätzliche und fahrlässige Tötung bei ernstlichem Sterbebegehren des Opfers, NStZ 2004, 5.

Hillenkamp, Anmerkung zum BGH, Urteil v. 3. 7. 2019, JZ 2019, 1055.

Hippel, Strafrecht, Bd.2, 1930.

Ingelfinger, HK-GS, 4.Aufl., 2017.

Jakobs, AT, 2.Aufl., 1991.

Jakobs, Theorie der Beteiligung, 2014.

Johannes, Mittelbare Täterschaft bei rechtmäßigem Handeln des Werkzeugs, 1963, S.16ff.

Koch, Grundfälle zur Mittelbare Täterschaft, §25 I Alt.2 StGB, JuS 2008, 496.

Kubiciel, Strafbarkeit des Veranlassers eines Selbsttötungsversuches bei Täuschung des Opfers über die Tragweite des eigenen Tuns Sirius-Fall, JA 2007, 732.

Kulhaneck, Kategorisierung einer Verbandsstrafbarkeit nach verschiedenen Delikts-typen und -formen, ZStW 127 (2015), 306.

Küpper, Der Täter als Werkzeug des Opfers?, JuS 2004, 759.

Langrock, Das Eigenhändige Delikt, 2001.

LK-Schünemann, 12.Aufl., 2007.

LK-Walter, 12.Aufl., 2007.

Meyer, Ausschluß der Autonomie durch Irrtum, 1984.

Mitsch, Mittäterschaftlich begangene Amtsanmaßung, NStZ 2021, 38ff.

Mitsch, Sexuelle Belästigung (§184i StGB) und Straftaten aus Gruppen (§184j StGB), KriPoZ 2019, 356.

Müller, Eigenhändige Verbrechen, 1928.

NK-Puppe, 5.Aufl., 2017.

Neumann, Die Strafbarkeit der Suizidbeteiligung als Problem der Eigen-verantwortlichkeit des Opfers, JA 1987, 251.

Otto, AT, 7.Aufl., 2004.

Puppe, AT, 4.Aufl., 2019.

Puppe, Jedem nach seiner Schuld, ZStW 120 (2008), 504ff.

Roxin, Abgrenzung der Tötungstäterschaft von Selbsttötungsteilnahme, NJW 1984, 71.

Roxin, Täterschaft und Tatherrschaft, 11.Aufl., 2022.

Roxin/Greco, AT I, 5.Aufl., 2020.

Roxin, AT II, 2003.

Rudolphi, Vorhersehbarkeit und Schuzzweck der Norm in der strafrechtlichen

Fahrlässigkeitslehre, JuS 1969, 549ff.

Schubarth, Binnenstrafrechtsdogmatik und ihre Grenzen, ZStW 116 (1998), 839, 841.

Schubarth, Eigenhändiges Delikt und mittelbare Täterschaft, ZStrR 114 (1996), 325ff.

Schumann, Der Täter und sein Opferwerkzeug, FS-Puppe, 2011, S.975ff.

Schünemann, Die besonderen persönlichen Merkmale, FS-Küper, 2007, S.561ff.

Schünemann, Vom kriminalpolitischen Nutzen und Nachteil eigenhändiger Delikte, FS-Jung, 2007, S.881ff.

SK-Hoyer, 9.Aufl., 2017.

Spendel, Fahrlässige Teilnahme an Selbst- und Fremdtötung, JuS 1974, 751f.

Spendel, Zum Begriff der Täterschaft, FS-Lüderssen, 2002, S.605ff.

Spendel, Täter hinter dem Täter, FS-Lange, 1976, S.169.

Wohlers, Trunkenheitsfahrten als eigenhändige Delikte, ZStrR 116 (1998), 98ff.

Wolters, Versuchsbeginn bei Einsatz eines sich selbstschädigenden Tatmittlers, NJW 1998, 579.

Zaczyk, Strafrechtliches Unrecht und Selbstverantwortung des Verletzten, 1993.

[Abstract]

Mittelbare Täterschaft beim Benutzen der Selbstverletzung des Opferwerkzeuges

Lee, Yong-Sik*

Wie steht es mit dem Hintermann, der den Vordermann als Opferwerkzeug benutzt? Die koreanische Lehre und Rechtsprechung bejahen vollkommen einig die mittelbare Täterschaft. Zur Begründung wird angeführt, dass zum Werkzeug das Opfer auch zählt. Dies beruht darauf, dass die mittelbare Täterschaft auch aufgrund der zwei-Personen-Verhältnisse möglich ist.

Das ist gerade die deutsche Auslegung im §25 I StGB. Die koreanische Rechtsprechung und Lehre zieht diese Auffassung ohne weiteres heran. Das ist direkte Anwendung des deutschen StGB und dessen Auslegung. Aber Art. 34 I kStGB (mittelbare Täterschaft) lautet: Wer demjenigen anstiftet oder beihilft, der nicht bestraft oder fahrlässig bestraft wird, wird beispielsweise wie Anstifter oder Gehilfe bestraft. Mittelbare Täterschaft baut in Korea auf den drei-Personen-Verhältnissen auf, wie sie in Anstiftung oder Beihilfe gerade der Fall ist. Die koreanische Lehre und Rechtsprechung ignorieren offensichtlich den Wortlaut, der ganz anders als der deusche. Dieser vorliegende Fall muss im koreanischen Strafrecht als unmittelbare Täterschaft behandelt werden.

Eigenhängiges Delikt bezeichnet sich als Delikt, das durch mittelbare Täterschaft nicht begangen werden kann. Diese Definition stammt aus der Zeit, wo im Allgemeinen Teil mittelbare Täterschaft keine Regelung fand. Fast alle Tatbestände im Besonderen Teil kann man unmittelbar und mittelbar. In den einigen Tatbeständen verlangte man nur unmittelbare Tatbegehung. Hier sei die mittelbare Täterschaft von vornherein

---

* Emeritus Professor, Seoul National University Law School.

ausgeschlossen. Das sei eigenhändiges Delikt. All deise Diskussion findet im Besonderen Teil statt. Die mittelbare Täterschaft war ein Problem im Besonderen Teil. Von daher entstand das eigenhändige Delikt. Im Besonderen Teil werden deshalb beide ganz aufgrund Handlungsherrschaft unterschieden. Beide Begriffe sind auf der Ebene der Handlungsherrschaft.

Heute ist die mittelbare Täterschaft im Allgemeinen Teil gesetzlich geregelt. In Korea ist von Beginn an das ursprünglich der Fall. Mittelbare Täterschaft im Allgemeinen Teil wendet alle einzelnen Tatbestände im Besondern Teil an, gleichgültig ob sie eigenhändiges Delikt ist oder nicht. Mittelbare Täterschaft ist im Allgemeinen Teil ein Problem der Willensherrschaft. Eigenhändiges Delikt ist im Besonderen Teil ein Problem der Handlungsherrschaft. Beide sind heute unabhängiges Problem. Eigenhändiges Delikt war vor der Einführung der mittelbaren Täterschaft im Allgemeinen Teil in Deutschland gewesen. Diese vergangene, alte deutsche Rechtsfigur herrscht noch in Korea. Wir müssen adieu sagen.

이탈과 중지미수, 그리고 인과성

최 준 혁*

I. 판 결

1. 대상판결: 대법원 2010. 9. 9. 선고 2010도6924 판결

(1) 사실관계

피고인 甲은 다음의 공소사실로 기소되어 1심에서 유죄판결을 선고받았다.[1]

① 미성년자유인(형법 제287조)

甲은 乙과 공모하여 인터넷 채팅 사이트 '세이클럽'에 접속하여, 이를 통해 알게 된 가출청소년인 피해자 V(여, 16세)를 유인하여 성매매를 권유하기로 마음먹고, 2009.5.12. 07:00경 당시 V가 임신하여 궁박한 상태라는 점을 악용하여 V에게 "출장마사지를 하면 돈을 많이 벌수 있다. 돈을 벌면 아이를 지워주겠다"고 말하여, V를 乙의 감시하에 2009.5.12.경부터 같은 달 20.경까지 목포시 상동에 있는 ○○모텔 506호에 머물게 함으로써 V를 유인하였다.

② 청소년성보호법위반(청소년이용 음란물제작·배포 등)

甲은 乙과 공모하여 V의 나체사진을 찍어 홍보용 명함을 제작하

---

* 법학박사, 인하대학교 법학전문대학원 교수
1) 판례평석으로 오영근, "2010년도 형법판례 회고", 형사판례연구 [19], 박영사, 2011, 653면; 이창현, "공범관계의 이탈 주장과 공동정범의 성립 여부", 법률저널 2012. 3. 29.
사실관계는 광주지방법원목포지원 2010. 2. 4. 선고 2009고합169 판결과 이창현, 위의 글 참조.

기로 하고, 2009.5.12. 07:00경 甲은 V에게 영업을 위해 필요하다며 나체사진을 찍을 것을 요구하고, V로부터 승낙을 얻은 후, 乙이 디지털 카메라로 V의 가슴과 음부 등이 드러난 나체사진 약 20장 정도를 촬영함으로써 청소년이용 음란물을 제작하였다.

③ 청소년성보호법위반(강요행위 등)

甲은 乙과 공모하여, 甲은 V에게 출장마사지 명목으로 불특정 다수의 남성들과 성매매를 할 것을 요구하고, 乙은 V의 행적을 쫓아 감시하며 정해진 시간에 돌아오지 않을 때에는 빨리 돌아오라고 강요하고, V가 그만두고 싶다는 의사를 표시하면 "도망가면 잡아다 섬에 팔아버린다"는 말을 수시로 하는 등의 방법으로 V를 협박하여 V로 하여금 2009.5.14.경부터 같은 달 20.경까지 목포시 일원에 있는 모텔 등에서 불특정 다수의 남성들과 12회 정도 성매매를 하도록 한 후, 이들로부터 받은 10만원씩의 성매매대금을 V로부터 지급받음으로써 협박으로 청소년으로 하여금 청소년의 성을 사는 행위의 상대방이 되게 하고, 그 대가를 지급받았다.

甲은 1심공판정에서는 ①②③ 모두를 자백하였으나 사실은 V가 미성년자임을 알지 못했고 V의 동의를 받았으며 특히 성매매기간 동안 자신은 수원구치소에 수감되어 있어 성매매를 강요한 사실이 없다고 주장하며 항소하였다. 그러나 2심법원[2]도 甲이 乙과 공모하여 2009. 5. 12. V에게 낙태수술비를 벌도록 해 주겠다고 말하여 성매수 행위의 상대방이 되게 하였고, 홍보용 명함을 제작하기 위하여 乙로 하여금 V의 나체사진을 찍도록 하면서 자세를 가르쳐 주기도 한 사실, 甲은 V가 중도에 도망갈 것을 염려하여 V로 하여금 3개월간 乙의 관리를 받으면서 성매매를 하게 했으며 약속을 지키지 않을 경우에는 민형사상 책임을 진다는 내용의 각서를 작성하도록 한 사실, 甲이 별건으로 2009. 5. 13. 체포되어 수원구치소에 수감되었다가 2009. 5. 28.

---

2) 광주고등법원 2010. 5. 13. 선고 2010노78 판결.

석방되었는데(절도죄로 징역 6월에 집행유예 2년), 그 수감기간 동안 V
는 乙의 관리 아래 2009. 5. 14.부터 2009. 5. 20.까지 사이에 12회에 걸
쳐 불특정 다수 남성의 성매수 행위의 상대방이 되었고 그 대가로 받
은 금원은 V, 乙, 甲의 처가 나누어 사용하였음을 인정하였다.

(2) 대법원의 판단

공모공동정범에 있어서 공모자 중의 1인이 다른 공모자가 실행행
위에 이르기 전에 그 공모관계에서 이탈한 때에는 그 이후의 다른 공
모자의 행위에 관하여는 공동정범으로서의 책임은 지지 않는다 할 것
이나, 공모관계에서의 이탈은 공모자가 공모에 의하여 담당한 기능적
행위지배를 해소하는 것이 필요하므로 공모자가 공모에 주도적으로
참여하여 다른 공모자의 실행에 영향을 미친 때에는 범행을 저지하기
위하여 적극적으로 노력하는 등 실행에 미친 영향력을 제거하지 아니
하는 한 공모자가 구속되었다는 등의 사유만으로 공모관계에서 이탈
하였다고 할 수 없다.

2. 참고판결

(1) 대법원 2008. 4. 10. 선고 2008도1274 판결

1) 사실관계3)

A(학생, 14세), B(학생, 15세), C(종업원, 여, 20세), D(학생, 여, 14세)는
2007. 4. 25. 23시 경 강도모의를 하였는데, 이때 C는 삽을 들고 사람
을 때리는 시늉을 하는등 모의를 주도하였다. 2007. 4. 26. 01:30경 군
산시 월명동에 있는 X가 경영하는 상점에 이르러, C, D는 위 출입문
앞에서 망을 보고, A, B는 주변에 있던 돌로 위 상점 출입문 유리를
깨뜨린 후 상점 안까지 침입하여, 그곳 진열대에 있는 X 소유의 디스
담배 37갑, 레종담배 40갑, 던힐담배 1갑, 쥬시후레시껌 15통 시가 합

---

3) 사실관계는 이 판결의 사실심 판결과 서보학, "공모단계의 이탈 (2) — 기능적
 행위지배의 해소", 형법판례 150선(3판), 박영사, 2021, 134면.

계 184,700원 상당을 절취하였다. 그리고, 같은 날 04:30경 군산시 월명동에 있는 월명공원 산책길에서, A가 피해자 Y(남, 60세)를 발견하고 '저 사람이 어떠냐'고 말하자 B가 이에 동의하여 Y를 범행대상자로 선정한 후, B는 Y를 쫓아가 뒤쪽에서 Y의 다리 부위를 발로 차고, A는 비틀거리는 Y의 머리를 발로 차 바닥에 넘어뜨리고, 이어 함께 발로 넘어져 있는 Y의 얼굴, 다리 등 온몸을 수회 차 항거불능하게 한다음, Y의 바지 뒷주머니에서 Y 소유의 삼성 신용카드 1장, 주민등록증 1장, 운전면허증 1장, 현금 40,000원이 들어있는 지갑을 꺼내어 가이를 강취하고, Y에게 약 7주간의 치료를 요하는 우측 무릎뼈골절 등의 상해를 가하였다. C는 "어?"라고만 말하고 D에게 따라가라고 한후 자신은 비대한 체격 때문에 A, B를 뒤따라가지 못하고 범행현장에서 200m 정도 떨어진 곳에 앉아있었다.

이에 관하여 1심법원[4]은 A, B를 각 징역 장기 3년, 단기 2년에 처하였다. D는 전주지방법원 소년부에 송치하였으며, C에게는 징역 1년에 2년의 집행유예를 선고하고, 보호관찰과 80시간의 사회봉사를 명하였으나 C, D에 대하여 강도상해에 대한 부분은 무죄를 선고하였다. 그러나 2심법원[5]은 C에게 징역 3년 6월을 선고하였다. 2심법원은, 강도상해와 관련하여 다음의 근거를 제시하였다. ① 강도상해의 범행 대상을 물색하기 위하여 A, B, D와 함께 3시간 정도를 돌아다녔던 C가막상 범행 직전에 이르러 마음을 바꿀 만한 특별한 이유나 계기를 찾아보기 어렵다. ② A, B, D는 이 사건 각 공소사실 기재 범행 당시 14세 또는 15세의 중학생들이었고, C는 유일한 성인으로서 A, B, D에 대하여 지배적인 위치에 있었다(C가 A 등과 2007. 4. 25. 만나게 된 것도, D로부터 B가 C에 대한 나쁜 소문을 내고 다닌다는 이야기를 듣고 D에게 B를 데려오라고 하였기 때문이다), ③ 따라서 C가 이 사건 강도상해 범행에 동의하지 않았더라면 A, B, D 등이 범행에 나아가지 않았을 것

---

4) 전주지방법원 군산지원 제1형사부 2007. 10. 5. 선고, 2007고합54 판결.
5) 광주고등법원 전주부 2008. 1. 25. 선고 2007노171판결.

으로 보이며, A, B가 거짓으로 C에게 불리한 진술을 할 이유도 없다. ④ D에게 빨리 가서 A와 B를 데리고 오라고 했다고 C는 주장하나, D 가 강도상해 범행 현장에서 A, B에게 C의 뜻을 전달하였다고 인정할 아무런 자료가 없다. ⑤ A, B가 강도상해 범행 직후 C가 기다리고 있던 곳으로 돌아와서 빼앗은 지갑을 보여줬을 때 C는 A, B를 질책하였다는 등의 사실을 인정할 아무런 자료가 없고, 오히려 C의 가방에 A, B의 피 묻은 조끼를 보관하여 주었다.

2) 대법원의 판단

대법원은 원심판결을 확정하였으며 판시내용은 대상판결과 동일하다.

(2) 대법원 2011. 1. 13. 선고 2010도9927 판결

1) 사실관계

피고인이 ○○○투자금융에 입사하여 다른 공범들과 함께 공소외 1 주식회사 주식의 시세조정 주문을 내기로 공모한 후 시세조정행위의 일부를 실행하였으나 2005. 8. 18. 공소외 2로부터 해고를 당하였으며, 그 이후 다른 공범들이 2005. 8. 18. 이후의 나머지 시세조정행위를 계속하였다. 1심법원과 2심법원은 피고인이 2005. 8. 18. 이후에는 공소외 2로부터 해고되어 ○○○투자금융을 퇴사함으로써 기존의 공모관계에서 이탈하였다는 사정만으로 피고인이 이미 실행한 공소외 1 주식회사 주식의 시세조정행위에 대한 기능적 행위지배가 해소되었다고 보아 2005. 8. 18. 이후의 각 구 증권거래법 위반의 점에 대하여 무죄를 선고하였다.

2) 대법원의 판단

주식시세조종의 목적으로 허위매수주문행위, 고가매수주문행위 및 통정매매행위 등을 반복한 경우, 이는 시세조종 등 불공정거래의 금지를 규정하고 있는 구 증권거래법 제188조의4에 해당하는 수개의 행위를 단일하고 계속된 범의 하에서 일정기간 계속하여 반복한 범행

이라 할 것이고, 이 범죄의 보호법익은 유가증권시장 또는 협회중개시장에서의 유가증권 거래의 공정성 및 유통의 원활성 확보라는 사회적 법익이고 각각의 유가증권 소유자나 발행자 등 개개인의 재산적 법익은 직접적인 보호법익이 아닌 점에 비추어 위 각 범행의 피해법익의 동일성도 인정되므로, 구 증권거래법 제188조의4 소정의 불공정거래행위금지 위반의 포괄일죄가 성립하는 것이고, 피고인이 포괄일죄의 관계에 있는 범행의 일부를 실행한 후 공범관계에서 이탈하였으나 다른 공범자에 의하여 나머지 범행이 이루어진 경우, 피고인이 관여하지 않은 부분에 대하여도 죄책을 부담한다(대법원 2005. 4. 15. 선고 2005도630 판결6) 등 참조).

(3) 대법원 2012. 11. 15. 선고 2012도7407 판결

1) 사실관계7)

○○은행에서 면직되어 징계절차가 진행 중이던 甲은 ○○은행 노조위원장인 V의 불륜관계에 관한 소문을 듣고 V를 압박하여 자신의 복직의 수단으로 삼기로 마음먹었다. 甲은 2011. 11. 초순경과 2011. 11. 20.경 乙에게 전화하여 V의 불륜관계를 이용하여 공갈할 것을 교

---

6) 사실심 판결(서울중앙지방법원 제22형사부 2004. 9. 10. 선고 2004고합305 판결)에 의하면 증권회사 지점장인 피고인은 공동피고인과 함께 상장기업인 OO회사의 제3자배정 우선주 유상증자에 참여하기로 하면서 위 우선주의 주가관리를 위해 위 주식의 물량을 통제하기로 합의한 다음 6개의 증권계좌를 이용하여 통정거래매매 및 고가매수주문을 통한 시세변동매매를 하였다. 그런데 피고인은 고가매수주문이 공동피고인이 자신의 지시 없이 단독으로 한 것이라 공모책임이 없다고 주장하였다. 1심법원은 통정매매거래와 고가매수거래는 포괄일죄의 관계에 있으므로, 공동피고인이 피고인과의 논의 없이 고가매수주문을 하였다고 하더라도 피고인이 이를 제지하였음에도 불구하고 공동피고인이 단독으로 고가매수주문을 하였다는 등의 특별한 사정이 없는 한 피고인은 공동피고인과 공범으로서의 책임을 진다고 판단하였으며, 이러한 판단은 항소심 및 상고심에도 유지되었다.

7) 김정환, "교사범의 공범관계이탈과 관련한 대법원의 판단에 대한 비판", 서울법학 제22권 제1호(2014), 108면 이하; 류전철, "공범관계의 해소", 형사판례연구 [22], 박영사, 2014, 45면 이하.

사하였다. 이에 乙은 2011. 11. 24.경부터 V를 미행하여 2011. 11. 30.경 V가 여자와 함께 호텔에 들어가는 현장을 카메라로 촬영한 후 甲에게 이를 알렸다. 甲은 2011. 12. 7.경부터 2011. 12. 13.경까지 乙에게 여러 차례 전화하여 그 동안의 수고비로 500만 원 내지 1,000만 원을 줄 테 니 촬영한 동영상을 넘기고 V를 공갈하는 것을 단념하라고 하여 범행 에 나아가는 것을 만류하였다. 그럼에도 乙은 甲의 제안을 거절하고 2011. 12. 9.경부터 2011. 12. 14.경까지 촬영한 동영상을 V의 핸드폰에 전송하고 전화나 문자메시지 등으로 1억 원을 주지 않으면 여자와 호 텔에 들어간 동영상을 가족과 회사에 유포하겠다고 V에게 겁을 주어 2011. 12. 14.경 V로부터 현금 500만 원을 교부받았다.

  2) 대법원의 판단

  교사범이란 정범인 피교사자로 하여금 범죄를 결의하게 하여 그 죄를 범하게 한 때에 성립하는 것이고, 교사범을 처벌하는 이유는 이 와 같이 교사범이 피교사자로 하여금 범죄 실행을 결의하게 하였다는 데에 있다. 따라서 교사범이 그 공범관계로부터 이탈하기 위해서는 피 교사자가 범죄의 실행행위에 나아가기 전에 교사범에 의하여 형성된 피교사자의 범죄 실행의 결의를 해소하는 것이 필요하고, 이때 교사범 이 피교사자에게 교사행위를 철회한다는 의사를 표시하고 이에 피교 사자도 그 의사에 따르기로 하거나 또는 교사범이 명시적으로 교사행 위를 철회함과 아울러 피교사자의 범죄 실행을 방지하기 위한 진지한 노력을 다하여 당초 피교사자가 범죄를 결의하게 된 사정을 제거하는 등 제반 사정에 비추어 객관적·실질적으로 보아 교사범에게 교사의 고의가 계속 존재한다고 보기 어렵고 당초의 교사행위에 의하여 형성 된 피교사자의 범죄 실행의 결의가 더 이상 유지되지 않는 것으로 평 가할 수 있다면, 설사 그 후 피교사자가 범죄를 저지르더라도 이는 당 초의 교사행위에 의한 것이 아니라 새로운 범죄 실행의 결의에 따른 것이므로 교사자는 형법 제31조 제2항에 의한 죄책을 부담함은 별론 으로 하고 형법 제31조 제1항에 의한 교사범으로서의 죄책을 부담하지는 않는다고 할 수 있다.

Ⅱ. 들어가며

1. 검토할 내용

(1) '공모'의 문제?

대상판결은 공모공동정범에서의 공모관계의 이탈의 요건에 대한 2008도1274 판결의 입장을 재확인하였다. 대상판결에서 ②의 실행행위는 甲이 직접 하였고 ③에서도 甲이 V를 협박하였고 성매매의 상대방이 되는 A의 행위를 위해 甲의 별도의 행위가 반드시 필요하지는 않으며 甲의 협박과 A의 성매매 사이에 인과관계가 있으면 족하며, 성매매의 대가도 甲이 직접 받지 않았더라도 甲과 그의 처 사이에 의사연락이 있었다면 볼 수 있어 甲이 받은 것으로 볼 수 있다는 지적[8]은 수긍할 수 있다.

대법원은 공모공동정범의 성립 여부는 범죄실현의 전과정을 통하여 각자의 지위와 역할, 공범에 대한 권유내용 등을 구체적으로 검토하고 이를 종합하여 위와 같은 상호이용의 관계가 합리적인 의심을 할 여지가 없을 정도로 증명되어야 하며, 그와 같은 입증이 없다면 설령 피고인에게 유죄의 의심이 간다 하더라도 피고인의 이익으로 판단할 수밖에 없다고 판결한다.[9] 그런데, '공모에 의한 범죄의 공동실행은 모든 공범자가 스스로 범죄의 구성요건을 실현하는 것을 전제로 하지 아니하고, 그 실현행위를 하는 공범자에게 그 행위결정을 강화하도록 협력하는 것으로도 가능하며, 이에 해당하는지 여부는 행위 결과에 대한 각자의 이해 정도, 행위 가담의 크기, 범행지배에 대한 의지 등을 종합적으로 고려하여 판단하여야 한다'는 설명[10]은 사실 정범과

---

8) 오영근, 앞의 글, 655면.
9) 대법원 2005. 3. 11. 선고 2002도5112 판결 등.
10) 대법원 2006. 12. 22. 선고 2006도1623 판결 등.

공범의 구별에 대한 주관설을 따르는 독일의 판결과 차이가 없다.[11] 대법원의 입장은 공동정범의 요건판단을 가치판단이 아니라 증거를 통한 입증의 문제로 환원시키는 것이 아닌가 하는 의문[12]이 생기지만, 이러한 문제를 다룰 때 과연 행위자의 기여부분이 무엇인지에 대한 사실관계 확정은 매우 중요하다는 점은 2008도1274 판결이 잘 보여준다.[13][14] 그런데 공모공동정범이나 공모관계에서의 이탈 문제는 아예 발생할 여지가 없다는 지적[15]의 의미에 대해서는 조금 더 생각할 필요가 있다.

공모단계의 이탈을 논의하기 위해서는 먼저 '공모'가 인정되어야 하는데[16] 공모단계의 이탈이라고 해 버리면 결국 논란이 많은 공모공동정범 개념에 딸린 논의로 이 문제를 인식하게 된다.[17] 즉, 공모공동정범 개념을 인정하여 발생하는 부작용인 공동정범의 과도한 인정을 제한하거나 완화하기 위해서 대법원이 사용하는 도구가 공모관계의

11) 이창섭, "공모공동정범이론 유감", 비교형사법연구 제9권 제2호(2009), 356면; 한정환, "공동정범, 공모공동정범의 성립요건", 형사법연구 제21권 제1호(2009년 봄), 297면. 독일판례의 전체고찰설에 관하여 Murmann, Grundkurs Strafrecht, 5. Aufl., C.H.Beck 2019, 21/10ff.
12) 주관설을 따르는 독일의 판례에 대한 같은 취지의 비판으로 Puppe, Strafrecht Allgemeiner Teil im Spiegel der Rechtsprechung Band 2, Nomos 2005, 38/14.
13) 강도상해와 관련하여 C가 D와 함께 망을 보았다고 공소장에 기재되어 있으나, 1심법원의 현장검증에 따르면 범행장소인 공원 산책로는 약 3미터 폭의 오르막 포장도로로 3번의 굽이를 지나 4번의 굽은 지점이 사건현장인데, C가 앉아서 쉬고 있던 장소는 범행장소로부터 약 200미터 떨어진 아래 부분에 위치하고 있고, 숲과 굴곡 및 경사 때문에 C가 앉아있던 장소에서는 범행장소가 보이지 않았다. 같은 이유로 2심법원도 C가 강도상해의 실행행위 당시 망을 보고 있었다는 증거는 없다고 보았다.
14) 2008도1274 판결에서 피고인이 범행현장에 있다고 할 수 있거나 현장에 있지 않았더라도 강도상해범행을 지배하였다고 인정할 수 있으므로 공모공동정범이 아닌 공동정범을 인정해도 무방하다는 지적으로 오영근, 앞의 글, 655면.
15) 오영근, 앞의 글, 655면.
16) 류전철, "공모단계의 이탈 (1) — 실행의 착수 전", 형법판례 150선(3판), 133면.
17) 류전철, "공범관계의 해소", 49면. 그 예로 실행의 착수 이전의 이탈이 공모공동정범이 성립하는가의 문제라고 설명하는 이재상·장영민·강동범, 형법총론(11판), 박영사, 2022, 33/46.

이탈이라면[18] 기능적 행위지배로 이 문제를 해결하면 공모단계의 이탈에 관한 논의는 할 필요가 없는지 생각해야 한다.

  (2) '공동정범'과의 관련성, 또는 '공모단계에서의 이탈'과 '공범단
      계에서의 이탈'의 구별실익

  공모공동정범을 기능적 행위지배로 설명할 수 있다고 하더라도 이 논의가 공동정범을 전제한다면 공동정범이 아니면 이탈할 수 없는가? 라는 의문이 생길 수 있다. 그런데 2012도7407 판결은 교사범에서도 이탈 문제를 논의할 수 있다는 전제에서 공모관계에서의 이탈과 큰 차이가 없는 결론을 내리고 있다. 그렇다면 협의의 공범에서의 이탈을 인정할 수 있는지, 이탈을 인정한다면 그 요건에서 공동정범과의 차이는 무엇인지, 처벌된다면 가령 형법 제31조 제2항 및 제3항 등 공범의 처벌에 관한 규정과는 어떠한 관계가 있는지 생각할 필요가 있다.

  이 문제는 '공모단계에서의 이탈'과 '공범관계의 이탈'이 이탈의 시점에서 구별되는지, 아니면 범죄가담형태로 구별되는지의 문제와 연결된다. 전자의 입장을 취하는 견해[19]는 공범관계의 이탈은 공모단계에서의 이탈과 다르게, 행위자가 다른 행위자가 실행의 착수로 나아간 이후에 이탈한 경우를 말하며 이 때에는 이탈자가 실행분담으로 나아가지 않았다고 하더라도 다른 행위자에 의해 이루어진 범행에 대하여 공동정범이 성립한다고 설명한다. 참고판결로 제시한 2010도9927 판결이 공범관계의 이탈이라는 표현을 쓰고 있다는 점이 근거가 되겠으나, 이 판결의 피고인이 포괄일죄의 관계에 있는 범행의 일부를 실행한 후 공범관계에서 이탈하였으나 다른 공범자에 의해 나머지 범행이 이루어졌는데 실행의 착수 후에 이루어진 피고인의 이탈에 대해 법적 효과를 부여하지 않음에도 대법원은 이탈이라는 단어를 사용해 혼란을 초래하고 있을 뿐이다.[20] 그리고, 공동정범에서 이탈의 시점을

─────────

  18) 이용식, 현대형법이론 II, 박영사, 2009, 355면.
  19) 최호진, 형법총론, 박영사, 2022, 649면.

통해 공모단계에서의 이탈과 공범관계에서의 이탈이 구분된다는 입장
은 공범관계에서의 이탈에 대한 독자적 설명을 하는 것이 아니라 공
범의 중지미수에 관한 사례군에 대한 설명을 이 단어를 통해 하고 있
다고 보인다. 그러므로, 공모단계에서의 이탈과 공범단계의 이탈의 구
별기준은 다른 공범의 실행의 착수시기가 아니라 범죄가담형태가 공
동정범인지 협의의 공범인지로 보아야 할 것이다.[21]

(3) 중지미수와의 관련성

공모관계에서의 이탈에 관한 기존의 대법원 판결이 다른 공동정
범이 실행에 착수하기 전에 이탈하면 그 이후 공동정범으로의 죄책은
지지 않는다고 간략하게 판결하고 있었음에 반하여, 2008도1274 판결
과 대상판결 등이 제시하는 이탈을 인정하기 위한 기준은 중지미수를
인정하기 위한 요건과 접근한다.[22]

물론 이탈에 관한 판결들은 '자의성'에 관한 논의를 하고 있지 않
다는 점에서 중지미수와 차이가 있지만 그 외의 요건들, 특히 중지미
수에서의 중지행위의 요건이 여기에 적용될 수 있는지 살펴볼 필요가
있다. 대상판결과 참고판결에서 '적극적인 노력', '진지한 노력'을 어떻
게 이해해야 하는가 라는 질문이 이와 관련된다.

2. 비교법적 검토

중지미수에 관한 일본형법 제43조는 매우 간략하고 다수의 범행
가담형태에 관한 총칙규정에는 참고할 만한 내용이 없다. 일본의 논의
는, 기존에는 중지미수에 관한 제43조 단서를 공범에 어떻게 적용할
것인가라는 방향으로 진행되었다. 그러나 이 규정의 적용범위를 단독
범의 실행의 착수 이후로 한정하고 공범의 처벌근거에 대한 인식이
심화됨에 따라(소위 인과성차단설) 중지미수의 인정 여부 이전에 공범

---

20) 적절한 지적으로 김성돈, 형법총론(8판), SKKUP, 2022, 649면.
21) 같은 생각으로 김성돈, 형법총론, 650면.
22) 85도2831 판결에 대해 졸저, 중지미수의 이론, 경인문화사, 2008, 340면.

의 성립여부 문제라고 보게 되었다고 한다.23)

미수범에 대한 오스트리아의 논의는 독일과 크게 다르지 않고, 중지미수에 관한 오스트리아 형법 제16조도 독일형법과 비슷하기 때문에 해석론도 큰 차이가 없으며24) 공범의 미수에 관한 조문은 없다.

현재의 스위스형법 제23조25)는 독일형법과 비슷한 형태이다. 비록 스위스구형법은 착수미수와 실행미수의 구별을 미수범의 처벌조항에 두고 중지행위의 양태를 착수미수와 실행미수에 따라 구별하면서 효과도 서로 다르게 하였으나,26) 조문의 형태와 무관하게 해석론은 독일형법과 크게 다르지 않았기 때문에 형법개정 이후에도 기존의 해석론은 달라지지 않았다. 공범의 중지미수에서도 독일형법과 마찬가지로 범죄의 완성을 방지한 행위만을 중지행위로 인정한다.

독일형법 제24조 제2항은 다수인의 범행가담에서의 중지미수에 관한 규정으로, 단독범의 중지미수와는 달리 자신의 행위기여 부분의 포기로는 충분하지 않다고 하여 중지미수의 인정을 위한 요건을 강화하였다. 그리고 독일형법 제31조는 교사범과 방조범에 대하여 중지미수의 특례를 규정하였는데, 피교사자에게 영향을 미치려는 시도를 그만둠으로써 족하다고 하고 범행에 동참하겠다는 의사를 밝힌 경우에

---

23) 류전철, "공범관계의 해소", 55면; 이다 마코토(신양균 역), 형법총론의 이론구조, 진원사, 2009, 390면. 일본의 논의에 대해 졸저, 349면 이하도 참조.

24) 졸저, 76면.

25) 스위스형법 제23조(중지미수와 능동적 후회) ① 행위자가 자발적으로 가벌적인 행위를 그 종료로 이르게 하지 아니하거나 범죄가 완성되는 것을 방지하는데 기여한 자에 대하여 법원은 형을 감면할 수 있다.
② 수인의 정범 또는 공범이 행위에 가담한 경우에 자발적으로 범죄의 완성을 방지하는데 기여한 자에 대하여 법원은 형을 감면할 수 있다.
③ 법원은, 비록 다른 이유로 인하여 범죄가 완성하지 못하였다고 하더라도, 정범 또는 공범의 실행의 중지가 범죄의 완성을 방지하였을 것이라고 인정되는 때에는 형을 감면할 수 있다.
④ 수인의 정범 또는 공범 중 1인이 자발적으로 그리고 진심으로 범죄의 완성을 방지하려고 노력한 경우, 범죄가 그 자의 행위의 기여와는 무관하게 범해진 때에는, 법원은 그 자의 형을 감면할 수 있다.

26) 졸저, 28면.

도 범행계획의 포기로 족하다고 규정하였다.[27)

Ⅲ. 쟁점들

1. 중지미수와의 관련성

(1) '진지한 노력' 또는 '적극적 노력'의 의미

행위자가 결과발생방지를 위해 진지한 노력을 해야 하기 때문에 실행미수에서의 중지미수는 단순히 행위의 계속을 부작위하는 것만으로는 부족하고 행위자가 자의로 결과발생방지행위를 '적극적'으로 해야 중지미수에서의 중지행위로 볼 수 있다고 보는 견해가 통설이라고 한다.[28) 주체와 관련해서도, 중지행위는 원칙적으로 행위자 스스로 해야 하며, 타인의 도움을 받거나 타인을 시켜서 방지행위를 할 수 있으나 이때 타인은 행위자로 인하여 방지행위를 해야 하고, 타인에 의한 결과방지가 범인 자신이 결과발생을 방지한 것과 동일시할 수 있을 정도의 '진지한 노력'이 필요하다는 것이다.[29) 대상판결과 참고판결은 두 가지 표현을 나누어서 사용하고 있으나 '진지하게' '적극적으로' 노력해야 한다고 말할 수도 있을 것인데, '적극성'과 '진지성'의 의미는 무엇인지 확인할 필요가 있다.

'적극적'은 '소극적'과 대비될 것이며 '진지한'은 '진지하지 않은' 또는 '경박한' 등과 대응된다. 먼저, 적극적이라는 단어에 연결하여 능동적 작위가 필요하며 소극적 부작위는 중지미수로 보기에 충분하지 않다는 생각을 할 수 있다. 작위와 부작위의 구별은 착수미수(미종료미수)의 중지에서 문제가 된다. 더 이상의 실행행위를 하지 않음으

---

27) 졸저, 342, 351면.
28) 편집대표 박상옥·김대휘, 주석형법 총칙 2(3판), 한국사법행정학회, 2020, 45면. 김정환, 앞의 글, 125면도 참조.
29) 이용식, 형법총론(2판), 박영사, 2020, 124면; 이재상·장영민·강동범, 형법총론, 28/36. 일본의 통설과 판례의 입장도 마찬가지이다. 西田典之·山口 厚·佐伯 仁志[編], 注釋刑法 第1卷 總論, 有斐閣, 2010, 677頁.

로써 범행의 결과발생방지를 위해 충분한 상황에서 더 이상의 행위를 하지 않는 상황은 '실행의 포기'에 해당하는 경우이다. 행위자가 실행을 포기할 때까지 했던 행위가 어떠한 이유에서이든 범행실행에 충분하지 않았거나 행위자가 결과발생을 위해 필요한 행위를 다 하지 않은 경우가 여기에 해당한다. 예를 들어 하나의 구성요건이 여러 행위로 구성되어 있을 때(소위 다행위범) 행위자가 아직 실행하지 않은 부분행위를 포기한 경우가 전체 구성요건에 대한 중지미수로 볼 수 있다. 이렇게 이해하면 '적극적' 행위가 필요하다는 설명은 '소극적' 행위로서는 충분하지 않기 때문에 결과발생의 방지를 해야 중지미수에서의 중지행위로 인정할 수 있다는 의미로 볼 수 있으며, 이는 단독범의 중지에서는 물론 특히 다수행위자의 중지를 인정하기 위해 필요한 요건이다.[30]

반면에 '진지한 노력'이 필요하다는 설명은 의문이다. 일단 문언에 반한다. 우리형법은 중지미수의 요건으로 실행중지 또는 결과발생방지 둘 중 하나를 요구하고 있으며, 다수가담자의 중지미수에서 결과발생을 방지해야 중지미수라고 보는 이유는 형사정책적 고려 때문이라고 설명할 수 있다.[31] 그런데, 통설이 결과발생방지에서 추가적으로 요구하는 '진지성'의 의미가 무엇인지가 분명하지 않다. 먼저 주관적인 측면에서의 진지성, 즉 그야말로 노력을 성심성의껏 했는지의 문제라고 이해할 수도 있겠으나 통설의 입장은 그렇지 않다고 생각한다. 통설은 자의성의 의미에 대한 절충설을 취하고 있으니 '진지성'이 자의성과 비슷하게 중지행위를 하기로 결정한 동기에 윤리적인 측면이 있어야 한다는 요구라고 설명하지는 않을 것이며, 설령 이렇게 본다고 해도 그 결과는 하나의 요소를 자의성과 중지행위의 주관적 요소 양쪽에서 요구하여 평가하는 상황이 된다. 이 두 가지가 아니라면, 행위자에게 결과발생방지에 객관적으로 필요한 최소한의 행위 이상의 중

---

30) 졸저, 346면.
31) 이러한 해석이 문언에 반한다는 비판에 대해 졸저, 285면 참조.

지행위를 요구한다는 의미로 통설을 해석할 여지가 있다. 방화 후 불
길에 놀라 다른 사람에게 불을 꺼달라고 요청한 후 도망쳤다면 중지
로 볼 수 없으며, 부상자를 병원 앞에 방치하고 도주하거나 전화를 걸
어 치료를 부탁하거나 이웃에게 도움을 요청하는 메모를 남기는 등의
행위도 중지로 볼 수 없다는 설명[32]이 이러한 추측을 하게 하는 이유
이다. 진지성을 요구한다면 행위자도 중지미수로 인정받기 위해서 자
신의 노력이 진지하다는 점을 결과발생의 방지를 위한 일련의 행위를
통해 드러내야 할 것이다.[33]

하지만, 진지한 노력을 명시하는 외국의 입법례를 보면 이러한 노
력은 범죄실현이 객관적으로 불가능하거나 범죄시도가 객관적으로는
이미 실패했으나 행위자는 이를 인식하지 못하였거나 이미 발생한 범
행결과가 행위자에게 귀속될 수 없는 경우에 중지미수를 인정하기 위
한 요건이다.[34] 이러한 상황에서 범죄가 실현되지 않은 이유는 행위자
가 사후적으로 중지행위를 했기 때문은 아니며, 진지한 노력을 요구하
는 이유는 결과발생을 방지해야 한다는 일반적인 요구를 완전히 대체
하는 것이 아니라 불능미수에서 행위자의 생각이 처벌의 기초가 되는
것처럼 불처벌을 위해서도 실제와 합치하지 않는 행위자의 잘못된 생
각을 판단기초로 삼아서 기수방지가 불가능한 때에도 중지미수를 인
정하기 위해서이다. 중지미수의 인정을 위해 필요한 행위는 결과발생
방지에 충분한 정도이며 이러한 노력, 즉 결과의 불발생과 인과관계가
있는 최소한의 노력과 진지한 노력은 서로 일치하지 않음에도 불구하
고 통설의 설명은 이미 결과가치가 존재한다고 볼 수 있는 상황(=결
과방지)에서 행위가치(=결과방지를 위한 진지한 노력)을 추가적으로 요

---

32) 피해자에게 전화기를 가져다주는 것이 중지미수로 볼 수 있는지를 판단한 독
일판례에 대한 설명으로 Kühl, Strafrecht Allgemeiner Teil, 7. Aufl., Vahlen 2012,
16/86.
33) 신동운, 형법총론(10판), 법문사, 2017, 509면.
34) 진지한 노력의 전제는 행위자가 여전히 기수가 가능하다고 생각했다는 점이
며 제3자의 개입으로 인해 기수가 되지 않은 경우도 여기에 해당한다. Kühl,
aaO, 16/83f.

구하고 있다고 보이는데 이러한 설명이 불가능하지는 않다고 하더라도 우리형법의 문언에 합치하지 않음은 분명하다.

이와 관련하여, 독일형법이 결과발생방지와 진지한 노력을 구분하고 있음에도 불구하고 진지한 노력이 중지미수를 인정하기 위해 어떠한 행위가 요구되는지를 구체화하는 기준을 제공해 줄 수 있다는 이유로 이를 중지행위의 일반적인 요건으로 보는 견해35)를 살펴볼 필요가 있다. 이 견해는 결과발생방지를 위한 노력이 진지하지 않았다면 결과발생방지의 고의가 없어서 중지미수로 평가할 수 없다고 설명한다. 결과발생방지로 충분하다는 독일의 다수 설명이 부작위범의 이론과 합치하지 않는다는 지적36)은 흥미롭다. 이 견해는 행위자는 선행행위로 인한 보증인이 되며 결과발생방지에 불충분한 수단을 의식적으로 선택하면 그를 통해 법적으로 허용되지 않은 위험을 창출했다고 보아야 한다는 것이다.37) 이러한 사안에서 작위범에 의한 처벌로 한정하기 위해 보증인지위를 부정하는 독일연방대법원의 입장은 보증인지위의 요건과 죄수론을 뒤섞는 것이라고 이 견해는 비판하지만, 고의범에게 선행행위로 인한 보증인지위를 일반적으로 부정하면 자신처럼 설명하지 않을 것이라고 부연한다.38) 그러나 이 논의가 독일형법이 '진지한 노력'을 규정하고 있음에서 그 근거를 찾고 있는데, 규정이 다른 우리형법의 해석에서는 결과불발생과의 인과성 이외의 새로운 요건을 부과할 필요는 없으며 '진지한 노력'을 통한 결과불발생이 필요하다고 보면 유추해석금지에 반한다.39)

---

35) Frister, Strafrecht Allgemeiner Teil, 6. Aufl., C.H.Beck 2013 24/40.
36) 공모단계의 이탈자에게는 범죄사실에 대한 (부작위)고의가 부정되기 때문에 부작위에 의한 공동정범의 성립도 인정되어서는 안 된다는 설명으로 김성돈, 형법총론, 644면.
37) Frister, aaO, 22/37, 24/45. 다른 공범을 설득하려는 노력을 전혀 하지 않고 자신만 범행을 포기한 공범은 다른 공범이 실현한 결과에 대해 부작위에 의한 정범이라는 설명으로 이상돈, 형법강론(3판), 박영사, 2020, 290면.
38) Frister, aaO, 24/45 Fn. 94.
39) 졸저, 199면.

(2) 인과성의 제거와 중지미수 규정과의 비교

불능미수의 중지를 인정할 것인지에 관한 논의를 제외하면 중지행위가 결과의 불발생에 인과적이어야 중지미수를 인정할 수 있으며, 이는 단독범 및 다수행위자의 중지미수의 공통적인 기준이다. 중지미수를 유리하게 취급하는 이유는 중지행위를 통해 법익침해가 사라졌기 때문이며 중지미수의 본질에 관한 모든 논의의 바탕에는 법익보호사상이 깔려있다. 중지행위로 요구되는 행위가 무엇인지를 판단하기 위해서는 법익보호를 위해 무엇이 필요한지를 확인해야 하는데, 통상이는 행위자의 능동적인 행위이며 실행의 중지가 중지행위로 인정되는 이유는 부작위가 결과발생방지 및 그를 통한 중지미수의 인정에 충분하기 때문이다. 특히 형법 제26조에 따르면 중지행위가 범행의 결과방지와 인과적이어야 하며, 이는 결과발생을 방지하기 위한 진지한 노력도 중지행위로 인정하는 외국의 입법례와 구별된다.[40] 중지행위를 위한 주관적 측면으로서 중지의사는 중지행위에 대한 행위자의 생각으로서 결과발생방지에 대한 인식을 의미한다.[41] 결과발생방지에 대한 심사숙고 또는 윤리적 동기 등의 '진지한' 인식이 필요하지는 않으며, 진지성이란 '방지행위가 결과방지에 이르지 못하고 실제로 결과가 발생해 버리면 행위자의 방지행위가 아무리 진지하였어도 중지미수를 인정할 수 없다'[42]는 정도의 의미일 뿐이다.

후술하는 것처럼 대상판결은 이탈자가 이미 수행한 범행에의 기여가 다른 공범자의 범행에 인과적으로 작용했는가, 또 그렇다면 이탈자는 그러한 인과적 효력을 어떻게 차단 또는 제거했어야 하는가라는 관점에서 다룰 필요가 있다.[43] 실행의 착수 이전의 문제이기 때문에

---

40) 졸저, 206면, 267면.

41) 중지미수의 본질에 대한 모든 논의도 중지미수를 인정하기 위한 주관적 측면으로서 범행을 그만두겠다는 행위자의 의식적인 결정을 요구한다. 졸저, 296면.

42) 김성돈, 형법총론, 488면은 방지행위와 결과불발생의 인과관계라는 관점을 관철하여 불능미수의 중지도 부정한다.

중지미수가 적용될 수 없고 이러한 이유에서 중지미수의 핵심적 요건
이라고 흔히 설명하는 자의성 판단을 할 필요가 없다는 점은 분명하
나, 애초부터 상당히 중첩되고 있었던 공범의 중지미수에서의 중지의
요건과 공범관계에서의 이탈의 조건44)이 대상판결에서는 더욱 근접하
고 있다고 보인다. 그렇기 때문에 공모관계에서의 이탈이 중지미수와
개념적으로 구별된다는 점이 '중지미수론을 공범론에 응용하거나 공
모공동정범의 인정여부에 따라 문제를 해결하는 것'이 적절하지 않다
는 논거가 되기는 어렵다.

2. 공동정범에서의 쟁점

(1) 공모공동정범과 기능적 행위지배

대법원이 공동의사주체설이나 간접정범유사설에 따라 공모공동정
범을 인정하던 상황에서 학계는 기능적 행위지배설에 기반하여 대법
원의 입장을 비판하였다. 공동정범은 역할을 분담한 범죄실행을 통해
구성요건을 실현하며 공동정범의 행위지배는 실행단계에서의 분업적
공동행위라는 설명45)이며 기능적 행위지배설에 의하면 공동자 각자가
기능적·분업적 관점에서 분담한 역할과 실행행위가 범죄의 실현에 본
질적 기능을 수행하며 전체 행위를 함께 지배한다고 평가될 때 공동
정범이 성립한다.

사실 대부분의 공동정범은 사전공모가 존재하고 그 다음에 공모
내용에 따라 실행의 분담이 이루어지므로 어떻게 보면 공모공동정범
이 공동정범의 정형이다. 그러나, 여기서의 공모공동정범이란 실행행
위의 정도가 아니라 실행행위가 존재하는지에 관한 논의로서, 공모에
만 가담하고 실행행위에는 전혀 가담하지 않은 자, 즉 실행행위의 분
담이 없는 경우에도 공동정범성을 인정하려는 이론이다.46) 행위지배

---

43) 적절한 지적으로 이용식, 현대형법이론 II, 357면.
44) 이용식, 현대형법이론 II, 360면.
45) Roxin, Strafrecht Allgemeiner Teil Band II, C.H.Beck 2003, 25/188.
46) 이용식, 현대형법이론 II, 335면. 이는 일본에서도 마찬가지이다. 김용세, "일

론을 따르는 입장에서는 공모공동정범, 즉 공동의 실행행위가 없는 공동정범이란 이미 공동정범의 객관적 성립요건을 결여했다거나,[47] '한 공동정범이 실행행위에서 하나의 중요한 역할을 담당하는 것'을 내용을 하는 공모에 그 담당할 자가 참여함으로써 이미 중요한 역할을 했다는 것은 논리의 혼동이라고 지적하였다.[48]

그런데, 대법원이 기능적 행위지배라는 단어를 사용하고 있는 상황에서 이러한 비판이 유효한지에 대해서는 다시 생각해 볼 필요가 있다. 기능적 행위지배설을 따르는 많은 학자들은, 구성요건에 해당하는 실행행위의 일부를 분담하지 않더라도 다양한 형태로의 기능적 역할분담을 통해서 공동정범을 인정할 수 있고 이는 행위지배설에 따라 공동정범을 인정하는 본질에서 당연히 도출되는 결론이라고 설명하기 때문이다.[49] 공동정범을 규정한 형법 제30조에 따라 정범개념이 확장되며, 그에 따라 스스로 구성요건에 해당하는 행위의 전부 또는 일부를 실현하지 않은 자도 정범으로 인정하겠다는 것이 공동정범이라는 형상을 인정하는 이유라는 점에서이다. 공동정범의 본질 및 기능적 행위지배를 이유로 공동정범의 적용범위를 확대하는 이러한 설명은 특히 대법원이 공모공동정범을 인정하는 이유 중 하나인 범죄단체의 우두머리에도 적용된다.[50] 기능적 행위지배의 관점에서 범죄단체의 우두머리를 보면, 실행행위의 분담 없이 다만 범죄를 조직·지휘하는 본질적 역할수행자를 공동정범으로 인정함은 공동정범의 본질에 관한 이해에서 비롯되는 당연한 귀결이라고 하거나[51] 여러 명을 통한 범죄

본의 공모공동정범 이론", 형사법연구 제10호(1998), 390면.
47) 박상기, "우리나라 형법과 판례에 나타나는 공동정범의 문제점과 유형", 형사법연구 제13호(2000), 7면.
48) 이정원, "소위 공모공동정범과 독일형법에서의 공동정범", 형사법연구 제5호(1993), 41면.
49) 박상기, 앞의 글, 8면; Herzberg, Täterschaft, Mittäterschaft und Akzessorietät der Teilnahme, ZStW 99 (1987), 54.
50) 대법원 1998. 5. 21. 선고, 98도321 판결. 공동정범에서의 범행기여가 예비단계에 있어도 되나 그때의 범행기여는 중요해야 한다는 독일의 판례 및 일부 학설에 대하여 Murmann, aaO, 27/68.

실행을 목적으로 범행을 계획하거나 조직하는 것은 범죄의 완성을 위한 비중이 현저한 범죄기여라고 볼 수 있다는 설명이 그러하다.52) 다만, 단체관념을 토대로 하는 우두머리라는 지위 자체를 공동정범의 논거로 사용하면 책임주의의 관점에서 의문이 있을 뿐이다.53)

그렇다면, 실제로 공모공동정범에 대한 대법원과 학계의 설명은 생각만큼 멀리 떨어져 있지 않다고 정리할 수 있다.54)55) 다만 엄밀한 의미에서의 공모공동정범이란 공모만으로 공동정범이 성립한다는 의미이므로, 기능적 행위지배의 형태로 관여하는 공동정범은 공동정범이므로 공모공동정범이라고 부르는 용어사용은 적절하지 않다는 지적 또는 공모만 있고 실행분담이 없어도 공동정범이 성립한다는 이론의 일반화를 거부해야 한다는 지적56)은 남는다.

(2) 이탈과 공동정범

공범의 종속성의 귀결로서, 공범이 문제될 경우 항상 정범의 행위를 심사해야 하는데 이러한 심사는 정범행위가 행해지지 않은 경우, 행해졌으나 기수에 이르지 못한 경우, 기수에 이른 경우, 정범행위가 완료된 경우로 구별된다.57) 그런데 이러한 심사는 범행가담자가 다수인 상황에서 협의의 공범에서만 이루어지는 것은 아니라는 점을 공동정범에서의 공모단계의 이탈과 중지미수의 판단이 보여준다. 즉, 공범

51) 김일수, 한국형법 II(개정판), 박영사, 1996, 293면.
52) 이정원, 앞의 글, 53면.
53) 이정원, 앞의 글, 53면; 임웅, 형법총론, 413면. 공동정범과 책임주의의 관계에 대하여 박상기, 앞의 글, 25-26면.
54) 일본에서의 같은 경향에 대해 구즈하라 리키조(조병선 역), "일본판례의 정범개념이 공범이론의 학설에 미친 영향—공범관계에서의 이탈 사례를 계기로 -", 충북대학교 법학연구 제21권 제3호(2010), 22면.
55) 이용식, 현대형법이론 II, 338면은 전체적 해결설의 관점에서 볼 때 공동정범의 귀속은 현실적인 실행행위에서 어느 정도 자유로울 수 있으며, 이러한 시각을 확대하여 귀속의 근거를 공모에서 찾은 입장이 공모공동정범이라고 설명한다.
56) 김성돈, 형법총론, 653면.
57) 김일수, 한국형법 II, 328면.

관계의 해소라는 측면에서 보면 실행의 착수 이전에만 이탈이 가능한 것은 아니며58) 실행의 착수 전후인지가 이탈의 개념에서 논리필연적이거나 핵심적이지는 않지만 단계에 따라 이탈 전후의 요건을 달리 설정할 수 있다.59)

이미 밝혔듯이 대법원이 말하는 공모공동정범을 실행의 착수 이전의 기능적 행위지배 문제로 바꾸면, 예비음모단계에서의 행위기여도 기능적인 역할분담으로 볼 수 있는 경우가 있으며 대법원의 공모공동정범에 대한 비판은 예비음모단계의 기여가 그 이후의 행위부분에 대하여 어느 정도의 기여를 하였는지와 무관하게 공동정범을 인정하는 태도에 대한 것이다.60) 그리고 이탈론이란 이탈자가 공모에 의해 담당한 기능적 행위지배를 다른 공모자의 실행의 착수 이전 예비단계에서 인과적으로 제거한 때 공동정범이 인정되지 않는다는 이론이라면, 공모공동정범 개념의 인정 여부와 이탈론의 인정 여부는 큰 관계가 없다. 이 글은 공동정범의 실행의 착수시기에 대한 전체적 해결설61)을 취하고 있으나, 실행의 착수를 기능적 역할분담에 참가한 각자의 범행지배가 예비 단계를 지나 실행의 착수에 이르렀는가를 기준으로 하는 개별적 해결설에 따르면 예비단계에서 이탈한 자는 미수에 이르지 못한 것이니 공동정범으로 처벌되지 않으며 이탈을 논의할 필요가 없다.

이탈의 객관적 요건으로, 이탈자가 자신의 기여분을 이미 공동정범의 예비 단계에서 수행하였다면 범행사태의 진행은 이미 이탈자의 수중에서 떠났기 때문에 단순한 범행결의의 포기나 공모의 철회의사표시만으로 공동정범을 부정할 수는 없으며 인과성을 제거해야 한다

---

58) 류전철, "공범관계의 해소", 59면.

59) 이용식, 현대형법이론 II, 359면.

60) 김성돈, 형법총론, 653면; (공동의 범행결의라는) 공모 없이 실행행위만으로 처벌한다는 지적으로 이용식, 현대형법이론 II, 367면.

61) 졸저, 355면. 순수한 개별적 해결설은 공동정범의 본질에 반한다는 지적으로 Frister, aaO, 29/8.

는 설명(인과성 제거 필요설)62)이 타당하다고 생각한다. 반면에 이탈자가 자신의 범행기여를 부분적으로만 수행하였거나 아직 수행하지 않은 경우도 있는데, 기존의 기여행위의 인과성이 제거되었는지 여부에 대한 판단을 하기 위해서는 다수의 범행가담형태의 특성을 고려할 필요가 있다. 자신의 범행기여를 다 한 후 다른 공범을 위해 사건을 자신의 손에서 떠나보낸 행위자는 다른 공범의 의지에 따른 사후의 인과진행을 조종할 수 없다는 점이 공범의 특별한 요소이며 사후의 인과진행에 대한 조종은 다른 방법으로만 가능하다.63) 단독범의 중지미수에서는 자신이 한 행위의 무해화가 기수 또는 범행의 결과발생의 방지와 동일하나 다수인의 범행가담에서는 자신이 한 행위가 범행 전체에서 차지하는 부분이 각각 다르기 때문에 자신이 한 행위의 무해화는 기수의 방지 또는 범행의 결과발생의 방지와 동일하지 않다. 그리고 이탈의 요건은 '가담한 정도에 따라 나누어서'64) 검토할 필요가 있으므로 주모자와 평균적 일원 모두에게 인과성제거가 요구되기는 하나 그 행위기여의 정도에 따라서 인과성제거의 기준은 달라질 것이다.

이탈의 주관적 요건으로 범행결의의 포기가 필요한데 이러한 포기를 다른 공범자에게 표시해야 이탈로 볼 수 있는지에 대해서는 논의가 엇갈린다. 대법원은 '이탈의 표시는 명시적임은 요하지 않는다'고 하여 적어도 묵시적 의사표시는 필요한 것처럼 판결하는 반면에 실행의 착수 이전에는 범행의 결의를 단순히 포기함으로써 이탈이 허용된다는 입장도 있다. 주관적 요건에서 공동정범이 협의의 공범과 구별되는 핵심이 공동의 범행결의이며 이탈의사를 외부에 표시하지 않으면 다른 공모자와의 내적 연결고리가 끊어진 것이 아니라는 지적65)도 있

---

62) 김성돈, 형법총론, 646면; 이용식, 현대형법이론 II, 372면.

63) 졸저, 344면.

64) 이용식, 현대형법이론 II, 378면. 이다, 앞의 책, 392면; 今井猛嘉, 共犯關係からの離脱, in: 西田典之·山口 厚·佐伯仁志[編], 刑法の爭點, 有斐閣, 2007, 118-119頁도 참조.

65) 김성돈, 형법총론, 645면.

으나 범행결의의 강화는 전형적인 심리적인 방조에 해당하기 때문에 이것만으로 공동정범의 귀속을 근거지울 수는 없으며 정범성을 구성하는 주관적 요소가 실행의 착수 전에 탈락되면 공동정범이 인정되지 않는 것이며 이탈 그 자체가 다른 관여자의 범행실현을 어렵게 만든다고 볼 수 있기 때문에, 반드시 의사표시를 할 필요는 없다는 견해66) 가 낫다고 생각한다.

3. 협의의 공범에 대한 적용여부

실행의 이전에 인과성을 제거한 경우 이탈을 인정할 수 있는 상황은 공동정범에 한정되지 않음을 2017도7407 판결에서의 공범관계의 이탈이 보여준다. 이 판결은 교사자의 교사의 고의가 부존재하는 것과 피교사자의 범죄실행의 결의가 더 이상 유지되지 않는 것을 공범관계로부터의 이탈의 요건으로 제시한다. 구체적으로는 교사자가 피교사자에게 교사행위를 철회한다는 의사를 표시하고 피교사자가 이에 따르기로 한 경우, 교사자가 명시적으로 교사행위를 철회함과 아울러 피교사자의 범죄실행을 방지하기 위한 진지한 노력을 다하여 당초 피교사자가 범죄를 결의하게 된 사정을 제거한 경우 등을 예로 제시한다. 교사자는 피교사자가 실행행위를 해야 처벌되지만 그 이전에도 제31조 제2항, 제3항으로 처벌될 가능성이 있기 때문에 교사행위의 철회의사를 피교사자에게 표시해야 한다는 요건은 수긍할 만하다. 하지만 중지미수에서의 중지행위에서 '진지한 노력'을 요구하지 않는다면 여기에서도 노력의 '진지성'은 필요하지 않다.

교사범과 방조범의 중지미수 인정과 관련하여 정범이 실행에 착수하였다면 이들은 공범으로서의 행위를 이미 다 했다고 볼 수 있기 때문에 중지행위와 관련해서 보면 이들은 착수미수가 아니라 실행미수 단계에 있으며, 부작위로 중지행위에 충분하다고 볼 수는 없다. 그러므로 교사범과 방조범도 범행의 결과발생을 방지해야만 중지미수로

---

66) 이용식, 현대형법이론 II, 374면.

인정받을 수 있다.67)

4. 공범의 중지미수와 공모관계/공범관계의 이탈의 비교

공범의 중지미수와 공모관계의 이탈/공범관계의 이탈의 내용이
큰 차이가 없음은 아래가 보여준다.

	공범의 중지미수	공모관계/공범관계의 이탈	비고
인정근거	조문	판결 및 학설	구별됨
주관적 의사: 자의성	필요함 자의성은 자율성으로서, 스스로 결정해야 한다는 의미이며 윤리적 결정이 아님(다수설). 또는 사회통념상 장애가 없는 경우 (판례)	불필요함 다만 포기는 스스로 해야: 다른 공범이 거부한 경우(2005도630 판결)나 피고인이 다른 공범에게 맞아서 실신한 사례(일본 판례)68)는 스스로의 결정이 아님.	내용의 접근
대상	주로 공동정범이 논의됨. 그러나 협의의 공범에도 적용됨(학설)	공모단계: 공동정범 그러나 공범관계의 이탈은 협의의 공범의 문제 (교사범에 대한 2012도7407 판결)	〃
범죄성립 단계	실행의 착수 이후 기수 이전	주로 실행의 착수 이전에 대하여 논의됨(공모공동정범). 그러나 기수범에서도 가능하며, 제거되어야 할 '기여'가 무엇인지의 문제	조문의 유무에서 비롯된 차이
요구되는 행위	결과발생의 방지: 단순한 중지로는 부족(형사정책	범행기여의 제거: 공동정범은 기여부분의 확인 →	'인과성'의 요구

---

67) 졸저, 356면.

	공범의 중지미수	공모관계/공범관계의 이탈	비고
	적 고려) 중지행위와 결과발생방지와 인과적이면 충분하지, '진지한 노력' 등이 요구되지 않음.	제거(주모자/비주모자의 구별?) 교사범: 2017도7407 판결	중지미수에서의 포기의 종국성 판단 기준은 '그' 범행에 대한 기여가 제거되었는지 판단에 원용 가능

Ⅳ. 결론에 갈음하여: 대상판결에 대한 검토

1. 주모자와 비주모자의 구별

대상판결에서 대법원이 비주모자도 기능적 행위지배를 할 수 있는지, 그리고 비주모자도 이탈을 위해 기능적 행위지배를 해소해야 하는지 명확하게 밝히고 있지 않아, 주모자와 평균적 일원에 대해 차별적인 요건을 요구하는지는 분명하지 않다.[69] 적어도, 기능적 행위지배란 범행결의에 의해 포함된 전체 범행에 대한 지배인데 본질적인 범행기여를 하지 않았다면 공동정범으로 볼 수 없고[70] 공모관계의 이탈에 관한 기존의 대법원 판결과 비교해 보면 2008도1274 판결의 피고인의 범행기여가 본질적이라고 보아야만[71] 판결과 같이 설시할 수 있다는 점에서 대법원이 주모자와 비주모자를 구별하고 있다고는 생각할 수 있다.

---

68) 마에다 마사히데·호시 슈이치로(박상진·김잔디 역), 최신 중요 일본형법판례 250선 – 총론편-, 박영사, 2021, 182면. 28면.

69) 김성돈, 형법총론, 646면; 서보학, 앞의 글, 형법판례 150선(3판), 134면.

70) Kühl, aaO, 20/112.

71) C가 A와 B의 강도상해에 어떠한 기여도 하지 않아 공동정범의 기수범이 아니고 범행대상을 직접 물색하지 않아 미수범도 아니며 예비음모죄만 성립한다는 견해로 이상돈, 형법강론, 326면.

그러나 주모자와 비주모자를 구별해야 하는 이유는 그들이 '이탈'을 통해 제거해야 할 행위기여가 어느 정도인지를 확인하기 위함 이외의 이유는 없다고 보인다. 즉, 이탈을 논의하기 위해서는 대상자가 어느 정도의 범행기여를 했는지 여부를 미리 확인해야 한다.[72] '졸개'에 해당한다면 공모단계의 이탈에 대한 대법원의 과거의 판결처럼 단순한 이탈로 자신의 범행기여를 제거할 수 있다. 더 정확히 말하자면 실행의 착수 이전의 단계에서 그는 기여한 것이 없기 때문에 자신의 적극적인 행위를 통해 제거해야 할 대상이 존재하지 않으며, 그의 행위의 불법성은 예비죄 등 다른 방법으로 평가할 수 있다. 반면, 기능적 행위지배를 언급하는 대법원의 판결은—비록 대법원은 제거해야할 기여부분이 무엇인지 정확히 밝히지는 않지만—그의 범행기여 부분이 스스로 실행의 착수를 했는지와 무관하게 크다고 보이기 때문에 제거해야 한다는 의미이다.

2. 행위기여의 제거와 인과성

대상판결의 사안에서 이탈을 검토할 수 있다고 하더라도 피고인은 구치소에 수감되어 있었을 뿐 자신의 행위부분 기여를 제거하기 위한 어떠한 행위도 하지 않았다.

판결이 말하는 '적극적 노력', '진지한 노력'이라는 요건에 대해서는 위에서 설명하였다. 공범의 중지미수에서 자기책임의 원칙에 비추어 볼 때 행위자가 범행의 완수 이전에 자의적으로 범행방지를 위해 진지하게 노력하였다면 공범에 의해 결과가 야기되었다고 무조건 중지미수를 부정하기는 어렵다는 견해[73]도 있으나 이탈과 다수관여자의 중지미수는 그 인정을 위해 행위와의 '인과성'이 필요하다는 점에서 동일하며 그 대상이 자신의 기여부분과 범행의 결과라는 차이가 있을 뿐이다.

---

72) 적절한 지적으로 구즈하라 리키조(조병선 역), 앞의 글, 23면.
73) 그에 관하여 졸저, 339면.

[주 제 어]

공모단계에서의 이탈, 공범단계에서의 이탈, 다수가담자의 중지미수, 인과
성, 기수의 방지/범행기여의 제거

[Key Words]

Rücktritt des Tatbeteiligten, Abstandnahme von der Tat, Verhindern des
Erfolgseintritts, Beseitigung des Tatbeitrags, Kausalität

접수일자: 2022. 5. 30. 심사일자: 2022. 7. 25. 게재확정일자: 2022. 7. 26.

[참고문헌]

1. 한국문헌

김성돈, 형법총론(8판), SKKUP, 2022.

김일수, 한국형법 II(개정판), 박영사, 1996.

편집대표 박상옥·김대휘, 주석형법 총칙 2(3판), 한국사법행정학회, 2020.

성낙현, 형법총론(3판), 박영사, 2020.

신동운, 형법총론(10판), 법문사, 2017.

이상돈, 형법강론(3판), 박영사, 2020.

이용식, 현대형법이론 II, 박영사, 2009.

_____, 형법총론(2판), 박영사, 2020.

이재상·장영민·강동범, 형법총론(11판), 박영사, 2022.

최준혁, 중지미수의 이론, 경인문화사, 2008.

최호진, 형법총론, 박영사, 2022.

한국형사판례연구회, 형법판례 150선(3판), 박영사, 2021.

김경락, "공동가공의 의사형성 이후 실행의 착수 이전 단계에서 이탈한 자
    의 형사책임", 강원법학 제50권(2017), 869-907면.

김용세, "일본의 공모공동정범 이론", 형사법연구 제10호(1998), 387-408면.

김정환, "교사범의 공범관계이탈과 관련한 대법원의 판단에 대한 비판", 서
    울법학 제22권 제1호(2014), 105-138면.

류전철, "공범관계의 해소", 형사판례연구 [22], 박영사, 2014, 45-69면.

박상기, "우리나라 형법과 판례에 나타나는 공동정범의 문제점과 유형", 형
    사법연구 제13호(2000), 1-26면.

백정민, "공동정범에서의 이탈에 관한 연구", 형사법연구 제24권 제1호
    (2012), 63-99면.

오영근, "2010년도 형법판례 회고", 형사판례연구 [19], 박영사, 2011, 645-681면.

이정원, "소위 공모공동정범과 독일형법에서의 공동정범", 형사법연구 제5
    호(1993), 40-62면.

이창섭, "공모공동정범 이론 유감", 비교형사법연구 제9권 제2호(2009), 337-363면.

이창현, "공범관계의 이탈 주장과 공동정범의 성립 여부", 법률저널 2012. 3. 29.

최우찬, "다수 가담자의 예비단계에서의 범행이탈", 서강대학교 법과 기업 연구 제6권 제1호(2013), 193-215면.

한정환, "공동정범, 공모공동정범의 성립요건", 형사법연구 제21권 제1호 (2009년 봄), 279-302면.

2. 독일문헌

Frister, Strafrecht Allgemeiner Teil, 6. Aufl., C.H.Beck 2013.

Kühl, Strafrecht Allgemeiner Teil, 7. Aufl., Vahlen 2012.

Murmann, Grundkurs Strafrecht, 5. Aufl., C.H.Beck 2019.

Puppe, Strafrecht Allgemeiner Teil im Spiegel der Rechtsprechung Band 2, Nomos 2005.

Roxin, Strafrecht Allgemeiner Teil Band II, C.H.Beck 2004.

3. 일본문헌

구즈하라 리키조(조병선 역), "일본판례의 정범개념이 공범이론의 학설에 미친 영향—공범관계에서의 이탈 사례를 계기로—", 충북대학교 법학연구 제21권 제3호(2010), 17-31면.

마에다 마사히데·호시 슈이치로(박상진·김잔디 역), 최신 중요 일본형법판례 250선—총론편-, 박영사, 2021.

이다 마코토(신양균 역), 형법총론의 이론구조, 진원사, 2009.

今井猛嘉, 共犯關係からの離脱, in: 西田典之·山口 厚·佐伯仁志[編], 刑法の 爭點, 有斐閣, 2007, 118-119頁.

西田典之·山口 厚·佐伯仁志[編], 注釋刑法 第1卷 總論, 有斐閣, 2010.

[Zusammenfassung]

Rücktritt des Tatbeteiligten, Abstandnahme von der Tat und Kausalität

Choi, Jun-Hyouk*

Zum Rücktritt des Tatbeteiligten ist sein 'aufhören' als Rücktritts-handlung nicht genug nach korenischem StGB, sondern muss er freiwillig die Vollendung der Tat verhindern. Diese Forderung ist nach Wortlaut des Gesetzes nicht ganz unbedenklich, aber berechtigt. Geht man als Grundgedanken vom Rücktritt von den Rechtsgüterschutzgedanken aus, muss der Täter aufgrund der Gefährlichkeit der Tat deren Vollendung verhindern.

Im Gegensatz dazu hat der koreanische Oberste Gerichtshof unter dem Einfluss der japanischen Lehre und Praxis die Abstandnahme von der Tat unter relativ mildernden Bedingungen anerkannt. Die Voraussetzungen für die Annahme der Abstandnahme von der Tat, die in den jüngsten Rechtsprechungen gefordert wird, unterscheiden sich jedoch nicht wesentlich von denen für die Rücktrittshandlung der Tatbeteiligten.

Ihre Gemeinsamkeit lässt sich als Kausalität zusammenfassen: entweder Verhindern des Erfolgseintritts beim Rücktritt oder die Beseitigung des eigenen Täterbeitrags beim Abstandnahme von der Tat.

* Professor, School of Law, Inha University

정당행위에 대한 대법원 판단기준과 법이론적 분석

—대법원 2011.3.17. 선고 2006도8839 전원합의체 판결을 중심으로—

최 호 진*

I. 서 설

1. 들어가며

형법 제20조 정당행위의 세부 유형 중 사회상규에 위배되지 아니하는 행위는 가장 기본적인 일반적 위법성조각사유에 해당하며, 법령에 의한 행위와 업무로 인한 행위는 사회상규에 위배되지 아니하는 행위의 예시에 해당한다.[1] 결국 사회상규에 위배되지 않는 행위가 가장 기본적인 위법성조각사유이다.

사회상규는 외국의 입법례에서는 찾아보기 힘든 우리나라 형법에 있는 독특한 위법성조각사유이다. 일본 형법 제35조는 정당행위에 대해서 "법령 또는 정당한 업무로 인하여 행한 행위는 이를 벌하지 아니한다"라고 규정하고 있으며, 우리나라의 사회상규에 대한 개념은 규정하고 있지 않다. 독일 형법 제228조 상해죄에서 "피해자의 승낙하에 상해를 가한 자는, 피해자의 승낙에도 불구하고 상해행위가 선량한 풍

---

* 단국대학교 법과대학 교수
[1] 이정원, 형법 제20조의 법적 의미와 위법성조각사유로서의 정당행위, 중앙대학교 법학논문집 제31집 제1호, 2007, 246면.

속(die guten Sitten)에 반하는 때에 한하여 위법하다"고 규정하여, 상해죄에 관한 개별적인 위법성조각사유로서 이에 관한 규정을 두고 있을 뿐이다.

사회상규의 의미는 구체적이지 않으며 그 자체로 규범적이며, 개방적 개념에 해당한다. 그 구체적 의미는 개별적 사건에서 판단되는 여러 사정을 고려하여야만 그 의미내용이 확정될 수 있다. 우리나라 형법에 있는 사회상규라는 개념과 범죄체계론의 관점에 따른 법적 성격이 어떠한 것인가에 대하여 법이론적으로 다양하게 해석될 수 있다. 형법의 체계와 모순이 되지 않으면서 합리적으로 해석하고 이론구성을 하여 그 독자적 의미와 유형을 구체화하는 작업이 진행될 필요가 있다.

2. 사회상규의 개념에 대한 학설과 판례

사회상규 또는 사회상규에 위배되지 않는 행위의 개념 정의는 다양한 방면에서 전개되고 있다. 사회상규의 의미에 대하여 국내 학자들은 다음과 같이 설명하고 있다. "사회상규라 함은 공정하게 사유하는 평균인이 건전한 사회생활을 하면서 옳다고 승인한 정상적인 행위 규칙을 말하며, 사회상규에 위배되지 아니하는 행위란 법질서 전체의 정신이나 그 배후의 지배적인 사회윤리에 비추어 일반적으로 용인될 수 있는 행위, 즉 사회적으로 유용성이 인정되거나 적어도 사회적 유해성을 야기하지 않는 행위"라고 설명하는 견해,[2] "사회상규란 국가질서의 존엄성을 기초로 한 국민 일반의 건전한 도의감 또는 공정하게 사유하는 일반인의 건전한 윤리감정(Anstandsgefühl)을 의미하는 것으로, 따라서 사회상규에 위배되지 않는 행위란 법질서 전체의 정신이나 사회윤리에 비추어 용인될 수 있는 행위"라고 해석하는 견해,[3] "사회상

---

2) 김일수, 한국형법 Ⅰ, 박영사, 1996, 623-624면.
3) 이재상/장영민/강동범, 형법총론, 296면; 이 견해는 "합리적이고 공정하게 사유하는 일반인의 윤리감정"(Das Anstandsgefühl aller billig und gerecht Denkenden)이라는 독일연방대법원 판례의 입장과 거의 동일하다.

규란 국가질서의 존중이라는 인식을 바탕으로 한 국민 일반의 건전한
도의적 감정을 의미하며, 사회상규불위배행위란 법질서 전체의 정신
이나 그 배후에 놓여 있는 사회윤리 내지 사회통념에 비추어 용인될
수 있는 행위"라고 해석하는 견해4) 등 다양한 설명방식이 있다. 사회
상규 개념을 정의하는 것도 불가능하기 때문에 사회상규의 의미 내용
을 먼저 확정하고 난 뒤에 그것에 위배되지 않는 행위를 판단하는 방
법은 실패할 수밖에 없다는 견해도 있다.5)

　대법원 판례 역시 사회상규에 위배되지 않는 행위에 대하여 다양
한 표현으로 설명을 하고 있다. "사회일반통념상 의례(儀禮)나 정의(情
義)로 인정할 정도에 불과한 행위",6) "극히 정상적인 생활형태의 하나
로서 역사적으로 생성된 사회생활질서의 범위 안에 있는 것이라고 생
각되는 사회적 상당성이 있는 행위",7) "사회통념상 용인될 만한 정도
의 상당성이 있는 행위",8) "법질서 전체의 정신이나 그 배후에 놓여
있는 사회윤리 내지 사회통념에 비추어 용인될 수 있는 행위",9) "국법
질서 전체의 이념에 비추어 용인될 수 있는 행위",10) "사회적으로 용

---

4) 김성돈, 형법총론, 제7판, 2021, 360면.
5) 배종대, 형법총론, 2021, 232면; 사회상규의 의미를 밝히는 것을 시도하는 것은
　설명이나 개념정의가 될 수 없고 동어반복일 뿐이며, 오히려 이에 해당하는
　구체적 사례유형과 그에 대한 판단기준을 분석하는 것이 중요하다고 하여 개
　념 정의에 대하여 강한 비판적 태도를 가지고 있다.
6) 대법원 1992.9.25. 선고 92도1085 판결; 대법원 1994.11.11. 선고 93도3167 판결.
7) 대법원 1988.11.8. 선고 88도1580 판결; 대법원 1995.3.3. 선고 93도3080 판결; 대
　법원 1996.6.14. 선고. 96도405 판결; 대법원 1996.12.23. 선고. 95도1120 판결; 대
　법원 1996.5.10. 선고 95도2820 판결; 대법원 1996.12.10. 선고 96도1768 판결; 대
　법원 1997.12.26. 선고 97도2249 판결; 대법원 1999.5.11. 선고 99도499 판결; 대법
　원 1999.10.22. 선고 99도2971 판결 등 다수 판례의 표현이다.
8) 대법원 1989.10.10. 선고 89도623 판결; 대법원 1992.3.10. 선고 92도37 판결; 대법
　원 1996.3.22. 선고 95도2801 판결; 대법원 1997.10.14. 선고 96도1405 판결; 대법
　원 1997.11.11. 선고 97도2220 판결; 대법원 1997.11.14. 선고 97도2118 판결; 대법
　원 1998.3.10. 선고 98도70 판결; 대법원 1999.1.26. 선고 98도3029 판결; 대법원
　1999.2.5. 선고 98도4125 판결; 대법원 1999.10.12. 선고 99도3377 판결; 대법원
　2000.3.10. 선고 99도4273 판결 등 다수 판례의 표현이다.
9) 대법원 2000.4.25. 선고 98도2389 판결; 대법원 2001.2.23. 선고 2000도4415 판결.

인되어 보편화된 관례"[11] 등 이루 적시할 수 없을 정도로 다양한 방식으로 설명되고 있다.

대법원 판례는 어떤 법규정이 처벌대상으로 하는 행위가 사회발전에 따라 일반적으로 전혀 위법하지 않다고 인식되고 그 처벌이 무가치할 뿐 아니라 사회정의에 배반된다고 생각될 정도에 이르지 않은 경우 및 자유민주주의 사회의 목적가치에 비추어 이를 실현하기 위해 사회적 상당성이 있는 수단으로서 행해졌다는 평가가 가능한 경우라면 행위자의 행위에 대하여 사회상규에 위배되지 아니한다고 설명하고 있다.

사회상규의 의미에 대하여 학설과 판례는 기본적으로 사회윤리적으로 또는 사회통념상 용인될 수 있는 행위를 의미한다는 등 다양한 표현으로 그 내용을 설명하고 있지만, 사회상규는 포괄적이고 추상적인 불확정개념이므로 구체적 개별사례에 대하여 명백하고 합리적인 기준이 될 수 있을 정도의 구체적 개념을 도출한다고 보기 어렵다.[12]

3. 개념의 구체적 의미에 대한 법이론적 분석의 필요

사회상규 개념은 불확정개념이며, 법률외적인 집합개념에 불과하여 법을 적용하는 개념으로 적합하지 않기 때문에 입법론상 재고할 필요가 있다는 주장도 있다.[13] 그러나 위법성조각사유로 사회상규 개념을 사용하는 것이 불가능하거나 전면적으로 부정할 필요는 없다고 생각한다. 구체적 현실에서 개별적 타당성이 있는 해결을 하기 위해서는 법률 규정의 불명확성은 법률의 해석학적 문제에 속하는 것으로서 불가피한 현상이라고도 할 수 있고, 개념의 불명확성은 법이론적인 해

---

10) 대법원 1986.10.28. 선고 86도1764 판결.
11) 대법원 1990.2.23. 선고 89도2466 판결.
12) 소재용, 형법 제20조의 사회상규에 위배되지 아니하는 행위, 성균관법학 제21권 제1호, 2009, 215면.
13) 김영환, 형법 제20조 정당행위에 관한 비판적 고찰, 고시계 제36권 5호(1991.5), 60-61면 및 67-71면; 신양균, 소극적 방어행위에 대한 검토, 현대형사법의 쟁점과 과제, 동암 이형국교수 화갑기념논문집, 법문사, 1998, 196-197면.

석과 구체화를 필요로 하는 문제이기 때문이다.[14)]

하지만 사회상규개념은 가치충전을 필요로 하는 일반조항으로서의 성격을 가지고 있기 때문에 자의적 판단의 가능성이 있는 위험한 개념이 될 수 있다. 그 외연이 불분명하기에 그 개념이 내포하고 있는 의미를 구체화하는 작업이 필요하다. 구체적 사안에 따라 사회상규의 의미를 분석하고 그 의미를 탐구해나가는 과정이 현실적인 작업이다. 어떠한 행위가 사회상규에 위배되지 아니하는 정당한 행위로서 위법성이 조각되는 것인지는 구체적인 사정 아래서 합목적적, 합리적으로 고찰하여 개별적으로 판단하여야 할 것이다.

대법원은 구체적 사건에 있어서 정당행위를 판단하는 기준으로 ①그 행위의 동기나 목적의 정당성, ②행위의 수단이나 방법의 상당성, ③보호이익과 침해이익과의 법익균형성, ④긴급성, ⑤그 행위 외에 다른 수단이나 방법이 없다는 보충성 등의 요건을 모두 갖출 것을 요구하고 있다.[15)]

문제는 정당행위에 대한 구체적 판단기준으로 제시하고 있는 행위의 동기나 목적의 정당성, 행위의 수단이나 방법의 상당성, 법익균형성, 긴급성, 보충성의 구체적 의미가 무엇인지 불명확하다는 점과 판단기준 상호 간의 관계가 어떤 관계가 있는지에 대하여 전혀 언급이 없다는 점이다. 이러한 점을 판단하기 위해서는 먼저 대법원이 정당행위에서 제시하고 있는 각 판단기준에 대한 법이론적 분석을 시도해본다. 이러한 법이론 분석을 통하여 구체적 사건에 있어서 정당행위에 해당될 수 있는지에 대한 개별판단이 가능할 것으로 생각한다.

---

14) 소재용, 형법 제20조의 사회상규에 위배되지 아니하는 행위, 215면.
15) 대법원 2000.4.25. 선고 98도2389 판결.

Ⅱ. 행위의 동기나 목적의 정당성

1. 의 의

행위의 동기나 목적의 정당성 심사를 하기 위해서는 행위의 동기나 목적이 무엇인지, 즉 행위자의 행위를 통하여 추구하는 보호가치가 무엇인지를 먼저 확정하여야만 그 동기나 목적의 정당성 유무를 검토할 수 있다.16) 정당행위를 통해 보호하고자 하는 가치가 확정되면 본행위가 정당화될 수 있는 목적을 추구하고 있는지, 행위자가 선택한 수단이 정당행위가 목적하는 가치와의 관계에서 유효하게 기여하고 있는 수단인지, 동일한 결과를 얻으면서 덜 침해적인 다른 조치가 없었는지 여부를 판단하게 된다. 행위자의 행위에 의하여 얻어질 수 있는 이익이나 가치와 침해되는 이익이나 가치를 비교하여 전자의 가치가 후자의 가치를 초과할 수 없을 것이다.

행위의 동기나 목적의 정당성 쟁점에 있어서 확인되어야 할 것은 행위자가 목적으로 추구하는 가치가 무엇인지를 식별할 방법과 그렇게 식별된 가치가 행위자의 행위를 정당화할 수 있는 공익인지를 판별할 기준이 무엇인가라는 점이다. '이익이나 가치'를 '법익'이라는 형법적 보호가치와 인간의 존엄성, 자유권적 기본권과 같은 형법외적 가치로 구분하여 살펴본다.

2. 개인적 법익을 추구하는 경우

정당행위가 문제될 수 있는 경우 중 하나는 행위자의 개인적 법익을 지키기 위하여 상대방의 법익을 침해하는 경우일 것이다. 예를 들면 자신의 생명이나 신체의 안전을 지키기 위하여 상대방의 재산권을 침해하는 경우, 자신의 재산권을 지키기 위하여 상대방의 인격권을 침해하는 경우, 자신의 재산권을 지키기 위하여 상대방의 비교적 경미

---

16) 이후에 이루어지는 수단과 방법의 상당성과 균형성에 대한 판단 또한 마찬가지이다.

한 재산권을 침해하는 경우 등이 이에 해당할 것이다.

개인의 법익을 수호하기 위하여 정당행위로 나아간 것은 자기보호의 원리 또는 자기수호의 원리로 설명할 수 있을 것이다.[17] 자신의 법익을 희생하면서까지 타인의 침해행위를 수인하라고 요구할 수 없기 때문이다. 그렇기 때문에 정당행위를 통한 수호법익이 침해법익에 비해 절대적 혹은 본질적으로 우위에 있는 경우나, 상대방 법익에 대한 침해성이 경미한 경우와 같이 정당행위로 인한 침해보다 이를 통해 추구하고자 하는 이익의 보호가치가 더 큰 경우에는 원칙적으로 정당행위의 동기나 목적의 정당성이 인정된다.[18] 사소한 이익을 보호하기 위한 경우이지만 오히려 침해법익이 수호법익에 비해 우위에 있는 경우와 같이 법익간의 현저한 불균형이 있는 경우에는 행위의 동기나 목적의 정당성이 인정되기는 어렵다.

행위의 동기나 목적의 정당성 판단이 어려운 사례는 수호법익과 침해법익의 비례성이 확연히 구별되지 않는 경우이다. ①동가치의 법익이 충돌한 경우와 같이 법익의 종류만으로 수호법익과 침해법익의 상호간의 우열관계를 판단하기 어려운 경우, ②사소한 이익을 보호하기 위하여 타인의 법익을 침해하였지만 그 침해이익 또한 사소하거나 침해의 정도가 경미한 경우에는 행위의 동기나 목적의 정당성 판단이

17) 이런 점에서 정당방위나 긴급피난이 추구하는 위법성조각원리와 유사한 점이 있다.

18) 이러한 점을 기준으로 위법성을 판단한 사건으로는 이른바 '불법·감청 녹음 사건'이 있다. 방송사 기자인 피고인이, 구 국가안전기획부 정보수집팀이 타인 간의 사적 대화를 불법 녹음하여 생성한 도청자료인 녹음테이프와 녹취보고서를 입수한 후 이를 자사의 방송프로그램을 통하여 공개한 사안에서 대법원 판례는 "보도의 목적이 불법 감청·녹음 등의 범죄가 저질러졌다는 사실 자체를 고발하기 위한 것으로 그 과정에서 불가피하게 통신 또는 대화의 내용을 공개할 수밖에 없는 경우이거나, 불법 감청·녹음 등에 의하여 수집된 통신 또는 대화의 내용이 이를 공개하지 아니하면 공중의 생명·신체·재산 기타 공익에 대한 중대한 침해가 발생할 가능성이 현저한 경우 등과 같이 비상한 공적 관심의 대상이 되는 경우에 해당"하여야 한다고 판시하였다. 이른 바 '비상한 공적 관심의 대상을 행위의 목적으로 설정하여, 비교하였다(대법원 2011.3.17. 선고 2006도8839 전원합의체 판결).

어려울 것이며, 오히려 이 사례는 다음에 설명하는 법익균형성의 문제와 연결된다.

법익균형성의 판단에 있어서 해당되는 결론은 법익보호의 필요성이 개입할 수밖에 없다. 자기보호의 원리에 따라 개인적 법익의 보호 필요성에 대해서는 당연히 인정될 수밖에 없다. 국가적 법익, 사회적 법익에 대해서도 행위 동기나 목적의 정당성이 인정될 수 있는지 즉, 국가적·사회적 법익에 대한 보호필요성의 문제로 넘어가게 된다.

3. 국가적·사회적 법익을 추구하는 경우

구체적 사건에서 행위자가 '공익'을 추구하기 위하여 특정한 행위를 한 경우에는 개인적 법익을 추구하기 위하여 행위를 한 경우에 비하여 상대적으로 행위의 동기나 목적의 정당성이 인정될 가능성이 높다. 문제는 공익이란 무엇인가라는 점이다. 공익의 구체적 의미에 대해서는 아직 충분히 연구되지 않았기 때문에 헌법의 국가안전보장, 질서유지, 공공복리의 의미를 참고하여 판단할 수밖에 없다.

가. 헌법의 국가안전보장, 질서유지, 공공복리

헌법학에서는 '국가안전보장'의 개념에 대하여 다양한 견해가 제시되고 있다. 헌법재판소는 "헌법 제37조 제2항에서 기본권 제한의 근거로 제시하고 있는 국가의 안전보장의 개념은 국가의 존립·헌법 기본질서의 유지 등을 포함하는 개념으로서 결국 국가의 독립, 영토 보전, 헌법과 법률의 기능, 헌법에 의하여 설치된 국가기관의 유지 등의 의미로 이해될 수 있을 것이다."라고 판시하였다.[19]

'질서유지'란 공공의 안녕을 지키거나 사회의 평온을 유지하는 것을 말한다. 이 역시 국가안전보장개념과 같이 그 구체적 의미에 대하여 헌법학에서는 견해의 대립이 있다. 국가안전보장이 외부로부터 국가의 존립과 안전을, 질서유지가 내부로부터 국가의 존립과 안전을 확

---

19) 헌법재판소 1992.2.25. 선고 89헌가104 결정.

보하는 것으로 양자의 의미를 엄격히 구분하려는 시도도 있지만, 질서
유지가 사회 공공의 안녕질서를 뜻한다는 데 대해서는 견해가 일치하
고 있다.

'공공복리'는 개인의 수준을 넘어 공동체 구성원 전체를 위한 공
동의 이익이다.[20] 하지만 공공복리는 다의적이고 불확정개념으로 판
단자의 가치관이나 이념에 따라 그 의미가 달라질 여지가 많다.

국가안전보장, 질서유지, 공공복리는 모두 추상적이고 다의적인
개념일 뿐만 아니라 각 개념이 담고 있는 의미의 폭도 광범위하여 공
통적인 개념적 합의를 이끌어내기 어렵다. 더구나 국가안전보장, 질서
유지, 공공복리 사이의 개념적 상관관계의 측면에서 보아도 이 개념들
사이의 구분이나 전제사실을 탐구하여 그 포섭의 기준을 엄격히 하려
는 작업은 큰 도움이 되지 않는다. 행위자의 행위가 국가안전보장, 질
서유지, 공공복리 중 어느 하나에 선택적으로 포섭되든, 중복적으로
포섭되든, 공공복리에 포괄되는 위법성이 조각될 수 있는 정당화사유
에 해당한다는 점에서는 큰 차이가 발생하지 않기 때문에 상호간의
관계에 대한 논의는 상대적으로 실익이 없다.

그렇다면 문제는 다시 공익 개념이 무엇인지에 대한 것으로 회귀
할 수밖에 없다. 공익의 개념에 대해서는 다양한 이론들이 제시되었
다. 공익 개념은 매우 다의적 개념으로 국가의 정치이론에서 발전하였
고, 국가철학에 깊이 뿌리내리고 있다.[21] 이하에서는 버지니아 헬드
(Virginia Held)가 제시한 분류체계를[22] 기본 토대로 하여 각 이론모델
을 설명한다.[23]

---

20) 정종섭, 헌법학원론, 368면.
21) 성왕, 전기통신기본법 제47조 제1항 위헌소원, 헌법재판소 헌재결정해설집 제
    9집, 2010, 559면-583면 참조.
22) 1973년 저서 The Public Interest and Individual Interests에서 영미 공익론을 체계
    적으로 분류, 제시하였다.
23) 최규환, 인간존엄의 형량가능성, 헌법재판소 헌법재판연구원, 2017, 53면 이하
    참조.

나. 다수결 공익론

다수결 공익론(preponderance theories)은 최대 다수를 이루는 개인들의 이익의 양적인 총합을 공익으로 파악하는 이론을 말한다. 이에 따르면 공익은 공동체 구성원 전체의 이익이 아닐지라도 공동체 안에서 우세한 이익이라고 한다. 따라서 특정한 개인에게만 이익이 되는 것은 공익이 될 수 없지만, 공익은 사익의 집계적 우세와 같다고 볼 수 있다.24) 공익의 내용을 양적으로 측정할 수 있지만, 사익의 집합을 구성하고 산정하는 방식에 대해서는 견해가 나뉜다. 홉스(Hobbes)의 힘의 우세이론, 흄(Hume)의 여론의 우세이론, 벤담(Bentham)의 효용총합의 우세이론이 여기에 해당한다.25) 다수결 공익론은 인간을 자신의 이익이 최대한 실현되도록 추구하는 존재로 인정하고 무엇이 옳고 그른가를 판단할 때 개인의 이익이 결정적인 역할을 하며, 공익이 모든 개인들에게 이익이 되지 않기 때문에 공익과 사익의 충돌가능성을 인정한다.

다. 공통이익으로서의 공익론

공통이익으로서의 공익론은 하나의 정치적 공동체의 모든 구성원들이 공통되게 가지는 이익을 공익과 동일시하는 이론이다.26) 공익은 공동체의 모든 구성원이 공통적으로 소유하는 사익들로 구성되거나 이러한 사익들로 정의될 수 있다고 보는 이론이다. 공통이익(common interest)은 구성원들의 상이성을 제거하기 위한 특수한 결정방법의 공동이익 또는 각 개인이나 각 집단에 편익을 제공하는 모종의 타협·조정을 유지함으로써 갖는 공동이익을 말한다. 특히 이 이론들은 공익을 만장일치(unanimity)와 양립(compatibility) 이란 용어로 정의한다. 따라서

---

24) 여기서 '집계적 우세(preponderance, the aggregated sum)'란, 일종의 어떤 크기, 힘의 정도, 보다 큰 감정(sentiment)의 양, 효용(utility)의 산술적인 양, 견해의 강도 또는 쾌락이나 선호순위(preference ordering)상의 우선권(priority)을 나타내는 큰 수이거나 숫자를 의미한다.
25) 각 이론에 대한 구체적 설명으로는 최규환, 앞의 논문, 55면 이하 참조.
26) 김도균, 법원리로서의 공익: 자유공화주의 공익관, 서울대학교 법학, 제47권 제3호, 서울대학교 법학연구소, 2006, 174면.

모두의 이익에 공통되는 요소만을 공익이라고 하므로, 사익과 공익이
충돌할 가능성은 배제된다. 대표적인 예로 루소(Rousseau)의 공익론, 브
라이언 베리(Brian Barry)의 공유이익론을 들 수 있다.

라. 일원적 개념론

일원적 개념론은 최고의 도덕적 근본원리 또는 근본가치 체계들
로부터 공익을 도출하려는 견해이다. 이 이론들은 획일적인 가치체계
를 가정하거나 이것에 호소하는 것이 정당화될 수 있으며, 이런 가치
체계에 부합되는 것만이 정당하다고 주장한다. 즉 일원적 공익 개념에
서는 공익은 도덕적 개념이며, 일정한 시간과 장소에서 모든 개인을
이끌어주는 도덕적 판단의 일원적 체계가 존재한다는 것을 가정한다.
따라서 이 이론은 공익이 규범적 가치평가의 속성을 가지는 개념이라
고 파악한다. 일원적 개념론의 원시적 모델로 플라톤(Plato)의 공동선
(common good)과 아리스토텔레스(Aristotle)이 있으며 현대이론으로 리차
드 플래트먼(Richard Flathman)의 공익론이 있다.

4. 소 결

가. 행위목적 방향이 사익인 경우

행위목적의 방향이 개인적 이익을 추구하는 경우라도 그러한 개
인적 이익이 '생존에 관련된 이익'일 경우에는 생명의 절대성으로 인
하여 행위의 동기나 목적의 정당성이 인정된다. 생존은 개인의 존재에
있어서 공통적으로 필수적인 기본전제조건이기 때문이다. 따라서 자
신의 생명이나 신체를 수호하기 위한 목적으로 특정한 행위를 한 경
우에는 동기나 목적의 정당성을 인정할 수 있다. 신체의 안전과 정상
적인 기능유지, 심각한 고통으로부터의 해방과 안전 등이 이에 해당할
수 있을 것이다.

행위목적의 방향이 '행위자의 자유와 관련된 이익'일 경우에는 경
합의 문제가 발생할 수 있다. 행위자의 자유만이 절대적이고 상대방의

자유는 상대적이라고 평가할 수 없기 때문이다. 자신의 재산권을 지키기 위하여 상대방의 재산권을 일방적으로 훼손할 수는 없는 것이다. 헌법 제10조의 인간의 존엄성이 알려주는 것은 각 개인을 독립된 주체로 타인을 목적을 달성하기 위한 수단이나 객체로 삼지 말 것을 명령하고 있다.[27] 자신의 목적을 위하여 상대방의 법익을 일방적으로 침해하는 것은 상대방을 자신의 이익을 위하여 희생시키는 것과 마찬가지이기 때문이다. 이러한 경우에는 정당화되기 어려울 것이다.

다만 행위자의 개인적 이익이 상대방의 이익과 비교할 때 행위자의 이익이 본질적으로 우월한 경우에는 달리 볼 필요가 있다. 구체적 사건에서 행위자의 행위의 동기나 목적은 자신이 가지고 있는 개인적 법익을 실현하거나 보전하기 위한 경우일 것이다. 이러한 경우에는 침해되는 상대방의 법익과 비교하는 것이 필요하다. 결국 법익의 균형성의 문제에 해당하는 것이며, 양자 법익의 균형성 비교판단의 결과는 단순한 우월적 지위나 상황이 아닌 본질적 우월적 지위에 있어야 한다.

나. 공익으로 행위나 목적의 정당성이 인정될 수 있는 경우

행위자의 행위 동기나 목적이 '공익'으로 인정되어 정당화되기 위해서는 행위자의 행위가 국민 일반에 적용될 수 있는 문제와 연결되어 있는 경우이어야 한다. 행위자의 관계된 행위가 공동체로서 특정 개인이나 집단의 이익을 위해서가 아니라 사회구성원 모두가 추구하는 이익과 밀접하게 연결되어 있는 경우에는 행위나 목적의 정당성을 인정할 가능성이 높다. 공동체의 근본가치로서 헌법의 객관적 가치질서나 사회구성원들의 보편적 가치로 인정될 가능성이 있을 경우에는 행위자의 행위는 공익을 추구하기 위한 것이므로 행위의 정당성이 인정될 수 있을 것으로 생각한다.

물론 이미 살펴본 바와 같이 공익이 구체적으로 무엇을 의미하는지에 대하여 논란이 많지만, 사익의 단순한 집합체가 아닌 모든 국민

---

27) 최규환, 인간존엄의 형량가능성, 헌법재판소 헌법재판연구원, 2017, 8-9면, 49-51면.

을 공동체로 결합할 수 있는 일반적 이익을 의미하거나 현대 복지국
가사회에서 국가가 적극적으로 실현해야 할 적극적 공익을 사인이 대
리수행을 한 경우에는 공익성이 인정될 수 있을 것이다. 물론 이러한
공익은 국민의 일반적 이익 내지 일반의사의 확인을 통해 구체화될
수 있어야 한다. 특정인이나 특정 집단의 이익이 아니라 국민 전체의
이익과 의사에 부합해야 공익으로 볼 수 있다.

　구체적 판단기준을 설정하는 것은 보다 깊은 이론적 검토를 해야
될 것으로 생각하지만, 우선적으로 제시할 수 있는 기준으로 다음을
제시할 수 있다.

　① 행위자의 행위는 헌법적 객관적 가치질서유지를 위한 것으로
그 행위에 대하여 위헌적 요소가 없어야 한다. 행위자의 행위동기나
목적이 공익을 실현하기 위한 것으로 그 정당성이 인정될 여지가 있
다고 하더라도 행위자의 행위에 위헌적 요소가 들어 있다면 그 이익
을 실현하는 수단의 공익성은 인정되기 어렵다. 모든 기초적 법질서를
유지하기 위한 헌법의 가치는 유지되어야 하기 때문이며, 헌법이 예정
하고 있지 않은, 또는 예상하고 있지 않은 방법이나 목적을 실현시키
는 것은 정당화될 수 없다. 인질을 구하기 위하여 인질범을 살해하는
방법은 정당화될 수 없다.

　② 행위자의 행위는 자신의 이익 이외에도 공동체 구성원에게도
귀속될 수 있는 보편적 가치이어야 한다. 행위자 1인에게만 의미가 있
고 다른 공동체 구성원에게는 이익이 되지 않는 경우, 즉 보편적 이익
이 아닐 경우에는 공익으로서 정당화되기 어려우며, 이 경우에는 행위
목적 방향이 사익인 경우에 해당하기 때문에 법익비교의 단계로 넘어
가야 한다. 공익의 주체는 모든 국민이므로 일부 국민이 배타적으로
배제되거나 그들의 이익을 침해하는 방향으로 향유될 수 있는 이익은
공익이 될 수 없다.

　이러한 관점에서 안기부 X파일 사건 불법감청·녹음사건에서[28]

---

28) 대법원 2011.3.17. 선고 2006도8839 전원합의체 판결.

대법원 판례가 표현하고 있는 "보도의 목적이 불법감청·녹음 등의 범죄가 저질러졌다는 사실 자체를 고발하기 위한 것으로" "불법감청·녹음 등에 의하여 수집된 통신 또는 대화의 내용이 이를 공개하지 아니하면 공중의 생명·신체·재산 기타 공익에 대한 중대한 침해가 발생할 가능성이 현저한 경우 등과 같이 '비상한 공적 관심의 대상'이 되는 경우는 목적의 정당성이 인정되는 경우라고 할 수 있다. 정치인이나 공직자 등 공적인 인물의 공적 영역에서의 언행이나 관계와 같은 공적 관심사에 대한 명예훼손이 문제된 사건에서도 마찬가지이다. 공론의 장에 나선 전면적 공적 인물의 경우에는 비판과 의혹의 제기를 감수해야 하고 그러한 비판과 의혹에 대해서는 해명과 재반박을 통해서 이를 극복해야 하며 공적 관심사에 대한 표현의 자유는 중요한 헌법상 권리로서 최대한 보장되어야 한다.[29] 해당 표현이 국민이 알아야 할 공공성이나 사회성을 갖추었는지를 판단하여 형법 제310조 명예훼손죄의 위법성조각사유를 판단하여야 한다는 것도 동일한 법리이다.

다. 목적의 정당성의 심사와 다른 판단기준과의 관계

목적의 정당성 심사는 이후에 전개되는 다른 판단기준과 관련성이 단절되어 독립적으로 이루어지는 것은 아니다. 오히려 행위수단과 방법의 상당성 등 다른 판단기준과 논리필연적으로 결합되어 있어 하나의 심사체계를 구성한다. 즉 행위자의 행위가 추구하고자 하는 이익이 법률적 한계 내에 있는 정당한 공익인지, 그 공익을 실현하기 위해 선택한 수단이 되는 것인지, 적합하거나 최소한의 피해를 주는 것인지, 보호법익과 침해법익이 비례적으로 균형을 이루는 것이어서 형법이 정당화할 수 있는지를 판단하게 되는 것이다. 따라서 행위의 동기와 목적성의 정당성은 다른 판단기준의 연결고리가 되며, 그 출발점이 된다.

---

29) 대법원 2021.3.25. 선고 2016도14995 판결.

III. 행위수단과 방법의 상당성

1. 상당성 의미의 불명확성

행위수단과 방법의 상당성의 구체적 의미가 무엇인지에 대하여 대법원 판례는 분명히 밝히고 있지 않다. 특히 상당성의 의미가 '내용의 상당성'을 말하는 것인지 '효과의 상당성'을 의미하는 것인지가 불분명하다. 내용의 상당성을 의미하는 것으로 이해를 한다면 이는 결국 행위수단과 방법의 법률 적합성을 의미하는 것으로 볼 수 있다. 하지만, 효과의 상당성을 의미한다고 할 경우에는 이는 다시 효과의 '즉시성'을 의미하는 것인지 상대적 우월성을 의미하는 것인지가 문제될 수 있는데 그 구체적 의미에 대하여 전혀 밝혀지지 않고 있다.

개별법 영역에서 상당성은 침해되는 사익과 이로 인하여 얻을 수 있는 공익 사이의 합리적 비례관계를 의미하는 것으로 이해하며, 상당성의 의미에 대하여 국어적으로 적합성을 의미하기도 한다. 여기에서 비례적 관계는 정당행위의 판단기준 중 법익균형성의 원칙에서 이를 설명하고 있기에 상당성을 비례적 관계로 이해하는 것은 적절하지 않다. 결국 상당성의 의미는 다의적으로 해석할 수밖에 없다. 본 연구에서는 상당성을 2가지 의미로 구분하여 '내용의 상당성'에 대해서는 '수단의 법률적합성'으로 이해를 하고, '효과의 상당성'에 대해서는 '최소침해성'으로 이해를 하고 논의를 전개하고자 한다. 최소침해성으로 이를 이해한다면 이는 결국 필요성의 의미와 언어논리적 측면에서 중복될 수밖에 없다.

2. 수단의 법률 적합성

수단의 적합성은 행위자가 선택한 수단과 방법이 현행법체계 내에서 허용되는 방법이어야 한다는 것이다. 행위자의 행위 동기나 목적이 공익을 실현하기 위한 것으로 그 정당성이 인정될 여지가 있다고 하더라도 행위자의 행위에 위헌적 요소가 들어 있다면 그 이익을 실현하는 수단의 공익성은 인정되기 어렵다는 점은 이미 설명하였다. 예를 들면 백범 김구의 암살범으로 알려진 안두희를 살해한 행위자의 행위는 범행의 동기나 목적이 주관적으로는 정당성이 인정된다고 하더라도 법률상 허용되지 않는 방법인 살인이라는 방법을 사용하였다면 이는 수단의 적합성이 인정되지 않는 것이다.[30] 행위자가 선택한 수단은 법질서 전체의 관점에서 사회적으로 용인될 수 있는 정당성을 가져야 한다.

이른바 불법감청·녹음사건에서도 마찬가지이다. 언론기관이 불법감청·녹음 등의 결과물을 취득할 때 위법한 방법을 사용하거나 적극적·주도적으로 관여해서는 안 된다는 대법원 판례의 내용도 '수단의 적합성'이 있어야 그 행위가 정당화될 수 있다는 것을 의미한다.[31] 마찬가지로 인질범에 의하여 납치된 피해자를 구출하기 위하여 범인을 고문한 경우에는 피해자의 생명이라는 법익을 보호하기 위한 것이라고 하더라도 허용되지 않는 반인권적 방법인 고문이라는 불법적 방법을 선택하였다는 점에서 수단의 적합성이 인정되기는 어렵다. 이른바 '강제채혈사례'[32]의 경우 신체의 일부를 다른 목적을 위한 수단으로 사용하는 것은 인간의 자유로운 자기결정권을 침해 또는 인간의 존엄성에 반하는 것으로 허용될 수 없다.[33]

3. 최소침해의 원칙

법이론 판단에 있어서 행위의 수단과 방법의 상당성은 '최소침해'를 의미하는 것으로 이해한다. 이는 수단이나 방법이 상대방의 법익침

---

30) 대법원 1997.11.14. 선고 97도2118 판결.
31) 대법원 2011.3.17. 선고 2006도8839 판결.
32) 독일의 형법학자인 Gallas가 낸 사례로 이를 갈라스의 강제채혈사례라고 한다.
33) 손동권/김재윤, 형법총론, 215면; 이재상/장영민/강동범, 형법총론, 267면; 임웅, 형법총론, 235면; 정성근/박광민, 형법총론, 247면; 최호진, 형법총론강의, 280면.

해를 가능한 작게 침해하는 것이어야 한다는 의미로 이해한다. 결국 수단과 방법의 상당성은 더 작은 유해한 결과를 수반하면서 자신의 법익을 보호하기 위한 적합한 수단이어야 한다는 의미로 이해할 수 밖에 없다.

　최소한의 침해가 발생하도록 해야 한다는 침해의 최소성은 선택된 수단과 대안적 수단 상호간의 비교를 해야 하는 '비교판단'이다. 예를 들면 정당방위에 있어서 행위자가 선택할 수 있는 방어수단이 칼과 총이 있는 경우 행위자가 총을 선택하여 방어행위를 한 경우 대안적 수단인 칼을 방어수단으로 한 경우와 그 효과를 비교하는 것으로 최소침해에 대한 판단을 하여야 한다.

　이러한 침해최소성의 비교는 경험적 관점에서 이루어지는 비교이다. 이 단계에서는 과학적 증거와 경제학적 비용·편익분석이 활용될 수 있다. 이 경우에 어느 방법이 효과적이고 덜 효과적인가의 문제로 귀착되는 경우가 많을 것이므로 이에 대한 법이 요구하는 규범적 관점이 개입할 가능성은 적다고 생각한다.

　최소침해의 공식을 사용하였다면 효과의 비교가 필요하다. 선택수단과 대안적 수단에 따른 법효과의 비교가 필요하다. 대안적 수단으로도 동일한 효과를 거둘 수 있었다면 특정한 법목적에 따라 정당화되지 않는 한, 선택수단의 상당성은 인정되기 어렵다. 통상적으로 행위자가 선택할 수 있는 대안적 수단에 대해서는 이미 법제도상으로 구축되어 있는 경우가 대부분일 것이며, 법에 의하여 구축된 대안적 수단은 비교적 덜 침해적인 경미한 침해효과로 설정되어 있는 경우가 대부분일 것이기 때문이다. 목적달성에 필요한 최소한의 한도 내에서 이루어져야 한다는 것을 의미한다. 예를 들면 이른바 불법감청·녹음 사건에서 "보도가 불법감청·녹음 등의 사실을 고발하거나 비상한 공적 관심사항을 알리기 위한 목적을 달성하는데 필요한 부분에 한정되는 등 통신비밀침해를 최소화하는 방법으로 이루어져야 한다"는 대법원 판례의 취지도 이에 관련된 내용이다.[34]

Ⅳ. 법익균형성

1. 보호법익과 침해법익의 법익균형성

법익형량 또는 이익형량이란 충돌하는 이익 중 어느 이익이 더 우월한가를 밝혀내는 것으로 이익형량을 위법성 판단 내지 위법성조 각의 원칙으로 내세우는 견해를 이익형량설이라고 한다. 이익형량의 원칙은 전통적으로 우월적 이익의 원칙이다. 법적으로 보호되는 서로 다른 이익 사이에 충돌이 있는 경우 행위를 통하여 보전되는 이익이 침해되는 이익보다 우월하면 위법성이 조각된다는 것이다.

법익형량의 합리성을 도모하고 법익형량의 결과에 대한 객관적 설득력을 높이기 위해서는 법익형량의 대상을 체계적으로 확정하는 것이 필요하다. 법익형량은 일반조항을 매개로 형평을 실현하고 법흠 결을 보충하는 법적 사고방식이므로 법학방법론에서 법일반이론적 관 점에서 제시되고 있는 방법론적 도구이다. 법익형량을 통하여 판단기 준에 따른 심사가 자의적 판단으로 흐르지 않고 객관적이고 예견가능 한 판단이 될 수 있다.

법익형량이라는 사고방법이 중요한 법판단의 형식임에도 불구하 고 그 내용이 구체적으로 어떤 의미를 가지는지, 침해최소성과 구별될 수 있으며, 차이가 있는 사고방법인지, 법익균형성을 심사할 경우 규 범적 판단이라는 의미가 무엇인지 이러한 사고과정에서 법이론적으로 어떻게 설명되어야 하는지는 여전히 불분명한 상태에 있다. 또한 판단 자가 법익을 비교하는 과정에서 비교대상이 되는 여러 이익을 무분별 하게 투입하여 법익형량을 왜곡하는 위험성까지 존재하기 때문에 법 익형량의 문제는 간단한 문제가 아니다. 자의적인 가치판단을 객관적 법률용어를 빌어서 포장한 것에 불과하다는 비판도 가능하다. 하지만 이를 법논증적으로 설명하는 것은 간단한 작업이 아니다. 법익형량의 사고방법을 자주 사용하는 헌법재판소의 경우에도 침해의 최소성과

---

34) 대법원 2011.3.17. 선고 2006도8839 판결.

법익의 균형성은 성질상 구분되어야 함에도 불구하고 양자를 혼합하
여 논증하는 경향이 있었다.

법익균형성에 대한 판단은 언제나 '비교'를 통해 이루어지는 논리
적 속성을 가질 수밖에 없다. 구체적 사건에 상호 충돌하는 법익들 중
에서 우선순위를 결정하는 방법이기 때문이다. 즉 균형성 판단은 'X와
Y 중 어느 것이 이익주체에게 이득을 줄 것인가'라는 ①이익판단주체,
②현재 문제되는 행위·정책, ③대안이 되는 행위·정책의 3가지 변항
으로 이루어진 삼가관계(三價關係, triadic relation)의 비교판단으로 이루
어진다.[35] 이러한 사고방법은 개별 사건 안에서 이익형량을 하는 것이
며 이를 통하여 규범충돌을 해결하는 방법이다. 대법원 판례도 정당행
위를 판단함에 있어서 법익형량의 방법을 사용하고 있지만 그 정당성
뿐만 아니라 내용과 구조에 대하여 여전히 다툼이 많다.

2. 법익형량의 본질
가. 쟁 점

구체적인 사건에 있어서 하나는 어떤 행태를 금지하고 다른 하나
는 그 행태를 명령하는 것과 같은 경우가 법익형량이 필요한 경우이
다. 하나의 사태 속에서 둘 모두를 만족시킬 수는 없으며 법익형량은
이러한 충돌시 우선순위를 정하는 방법이 된다. 이처럼 구체적인 사안
에서 상호충돌하는 법익을 비교하여 그 중 어느 하나가 해당 사안에
서 다른 것보다 더 중요하다고 판단하고 이를 선택하는 실천적 법판
단의 방법이 '법익형량'이다. 예를 들면 양심적 집총거부 사례의 경우
충돌되는 여러 사항에서 양심실현의 자유는 헌법적 공익으로서 국가
안보보다 후순위에 놓인다고 판단하였으며, 국가안보가 더 중요하다
고 판단하고 이를 선택하였다.[36]

---

35) 자세한 설명은 Brian Barry, Political Argument: A Reissue with a New
Introduction, University of California Press, 1990, pp.173-186, p.193; 김도균, 법원
리로서의 공익: 자유공화주의 공익관, 서울대학교 법학, 제48권 제3호, 서울대
학교 법학연구소, 2006, 171면.

나. Alexy 중요도 공식

법익형량과 관련된 주요한 이론으로는 독일의 법학자인 Alexy 중요도 공식이 있다.[37] Alexy는 법익형량 방법론을 구체화하였는데, 그에 따르면 중요도 공식을 사용하여 법익형량의 구조를 표현하면서 법익형량에서 고려하여야 할 요소들을 제시한다.

첫째, 형량판단 과정에서는 한편으로는 실현하고자 하는 법원칙의 중요도와 더불어 다른 한편으로는 충돌하는 상대방 법원칙이 침해됨으로써 발생할 해악의 정도가 측정되어야 한다. 양심적 집총거부사례를 예로 들면, 입법수단이 양심의 자유를 제한하는 정도, 양심의 자유 실현시 국가안보에 미치는 해악의 정도가 측정되어야 한다.

둘째, 이렇게 충돌하는 법원칙이 갖는 추상적 중요도 또한 고려되어야 한다. 통상 헌법적 법익간에 추상적 중요도에는 차이가 없지만, '추상적' 수준에서 생명권이 갖는 중요성이 재산권보다 우월하다고 말할 수는 있다. 개인의 자유권이 개인의 재산권보다 더 중요하다고 보는 것도 같은 맥락이다.

셋째, 기본권 보호를 요청하는 전제들이나 공익을 실현하려고 하는 전제들에 대한 신뢰도를 판단하여야 한다. 신뢰도는 양심의 자유 비중을 높이 평가하는 논거들과 같은 규범적 전제에 관한 신뢰도와 병역거부를 인정하였을 경우 병역자원 손실이 발생될 개연성과 같은 경험적 전제에 관한 신뢰도로 나뉜다. 공익을 실현하는 것을 지지하는 전제들의 신뢰도가 높을수록 기본권에 강한 제한이 부과될 수 있다.

다. 구체적 사건에서의 사법 판단

Alexy는 이러한 공식을 통하여 법익형량의 합리적 판단기준을 제시하고자 하였으나 이러한 방법론은 모든 법익형량을 판단하기 위한

---

36) 헌법재판소 2011.8.30. 선고 2008헌가22 결정.
37) Robert Alexy, 정종섭/박진완(역), 중요도 공식, 서울대학교 법학 제44권제3호, 서울대학교 법학연구소 2003.9., 327면 이하 참조.

실질적 척도가 될 수 없다. 충돌되는 법익과 비교판단의 전제들은 규범적 가치를 내포하고 있다. 법가치의 판단을 비율(ratio)이라는 척도에 따라 객관적이고 정확한 결과치로 산출해내는 것은 사실상 불가능하다. 따라서 법익형량의 비교는 분석적이고 중립적인 외관을 가지고 있다고 하더라도 본질적으로 이는 가치관적·법철학적 배후를 가지게 된다. 결국 구체적 사건에서 법익형량의 비교판단은 법관이 가진 가치판단에 의하여 의존될 수밖에 없으며, 어떤 선택을 하게 될지는 법관의 주관적 판단으로 이어지게 된다.

이에 따르면 법익형량은 객관적인 척도를 결여하고 있으며 형량을 행하는 판단자의 주관적인 고려에 의존한다는 비판38)을 받을 수밖에 없으며, 유사한 사건들이 다른 취급을 받게 되고 사법판단은 자의적인 것이 되며, 이는 근본적으로 사법정의를 훼손하는 것이다.39) 결국 비교형량판단은 법관의 주관적 자의에 노출될 수밖에 없으며 합리적인 구조를 갖추지 못한다.

3. 이중효과의 원칙

가. 의 의

이중효과의 원칙(rule of double effect)이란, 어떤 행위가 '좋은' 결과와 '나쁜' 결과를 동시에 또는 연달아서, 이중의 결과를 낳는 경우 그 행위가 도덕적으로 허용되기 위해 갖추어야 할 요건에 관한 원칙이다. 이중효과의 원칙은 침해를 '의도'한 것인지 아니면 '의도 없이 단순히 예견한 것에 불과한 것인지'를 구분함으로써 행위의 허용가능성을 결정하고자 하는 이론이라고 할 수 있다.40)

---

38) Bernhard Schlink, "Der Grundsatz der Verhältnismäßigkeit", in Peter Badura und Horst Dreier(hrsg.), Festschrift 50 Jahre Bundesverfassungsgericht II, Mohr Siebeck, 2001, S. 445.

39) 강일신, 과잉금지원칙에서 법익형량, 헌법재판연구원, 2018, 12면-13면 참조.

40) 이중효과의 원칙은 토마스 아퀴나스가 가톨릭 교리의 과거 전통에서 금지되어 왔던 '정당방위에 의한 살인'을 허용하기 위해 『신학대전』에서 다룬 논의로부터 기원하는 것으로 보고 있다. 이중효과의 원칙은 전략폭격(tactical

이중효과의 원칙은 통상 다음과 같은 4가지 요건으로 설명된다.[41] ① 해당 행위는 도덕적으로 받아들일 만하거나 적어도 중립적이어야 한다. ② 행위자는 선한 효과를 의도해야지 나쁜 효과를 의도해서는 안 된다. 즉 선한 효과를 발생시킨 원인은 선하거나 적어도 악하지 않아야 한다. ③ 선한 효과는 직접적(immediate)이어야 한다. 선한 효과가 나쁜 효과에 의해 산출되어서는 안 된다. 달리 말해, 선한 효과를 달성하기 위한 수단이 나쁜 효과이어서는 안 된다. ④ 나쁜 효과를 허용해야 할 중대한 이유가 있어야 한다.

나. 전쟁범죄에 있어서 이중효과

전쟁범죄에 있어서 민간인 자체를 공격대상으로 삼은 경우에는 국제형사재판소에 관한 로마규정(ICC) 제8조 제2항 b호 I목에 의하여, 민간인 피해가 부수적으로 발생한 경우에는 제8조 제2항 b호 iv의 적용을 받게 된다. 양 경우 모두 군사공격을 통해 전쟁을 종식시킨다는 목적을 공통적으로 가지고 있다는 점에서 차이가 없지만, 전자의 경우는 민간인을 살상하려는 의도의 행위이고, 후자의 경우는 민간인 살상이 의도되지 않은 부수적 결과에 불과하다는 점에서 차이가 있다. 해당 공격의 정당성을 판단함에 나쁜 효과인 민간인에 대한 피해라는 것을 허용해야 할 중대한 이유가 있어야 한다. 나쁜 효과를 감수해야 할 중요한 이유가 없이 다소 방관적으로 무관심적으로 발생한 경우에는 법익균형성을 갖추었다고 볼 수 없다.

---

bombing)과 무차별폭격(terror bombing), 안락사와 의사보조자살, 낙태, 장기이식, 소수자에 대한 적극적 우대조치, 트롤리 사례 등에서도 다루어지는 도덕원칙이다(최규환, 기본권제한입법의 목적정당성 심사, 헌법재판연구원, 2020, 38면-40면).

41) Joseph M. Boyle, Jr., Toward Understanding the Principle of Double Effect, in: P. A. Woodward(ed.), The Doctrine of Double Effect-Philosophers Debate a Controversal Moral Principle, University of Notre Dame Press, 2001, p. 8.

4. 소 결

정당행위의 판단기준에 대한 다른 내용들과 마찬가지로 법익균형성의 원칙 또한 그 내용이나 구조가 분명하지 않으며, 구체적 사건에 있어서 사법부의 사법판단에 따라 결정될 가능성이 높으며, 유사한 사안임에도 불구하고 달리 판단될 여지는 있다. 사법판단이 된다고 하여 무조건 잘못된 결과가 도출된다고 볼 수는 없지만, 유사한 사건임에도 불구하고 다른 결론이 도출될 가능성은 충분히 존재한다. 비교판단을 해야 되는 상황에서 비교대상이 된 2가지의 법익만을 두고 판단할 수 있는 것이 아니라 판단함에 전제된 상황에 대한 분석이 논리적으로 연결되어 있기 때문에 이에 대한 판단이 더 어렵기 때문이다.

법익교량을 함에 있어서 그 의미와 구조에 대해서는 본 논문의 범위를 넘어서는 것이기에 이에 대해서는 추후의 연구과제로 남긴다. 다만 본 논문의 목적을 달성하기 위한 범위 내에서 몇 가지 기준을 제시해보고자 한다.

① 행위자의 행위에 대한 효과평가를 한 후 대안적 방안이 가질 수 있는 효과를 비교평가하여 상호간에 비례성이 유지되어야 한다.

② 상대적 최소의 원칙은 적용될 필요가 있다. 따라서 효과적인 모든 수단의 사용이 원칙적으로 가능하지만, 행위자는 자신의 법익을 보호하기 위하여 되도록 경미한 수단을 선택해야 한다. 또한 사용할 수 있는 여러 가지 효과적인 수단 중에서 행위는 즉시 효과적으로 방어하기 하기에 필요한 만큼의 정도를 넘어가서는 안된다.

③ 형량을 비교할 경우에는 보호하고자 하는 법익이 침해되는 법익에 비하여 본질적으로 우월해야 하며, 극히 경미한 법익침해에 대항하는 행위는 정당화될 수 없다. 공격당하는 법익과 침해당하는 법익 사이에 현저한 불균형이 있는 경우에는 법수호의 이익이 감소되어 정당화될 수 없다.

V. 긴급성

1. 의미의 불명확성

대법원 판례는 긴급성의 의미와 내용에 대해서 아무런 방향도 제시하고 있지 않다.[42] 국어사전적 의미로 긴급성은 긴요하고 급한 성질을 의미하지만, 이러한 내용만으로 정당행위에 대한 법적 판단을 함에 있어서는 유용하지 않다.

정당행위에 있어서 긴급성의 의미는 주어진 상황적 맥락에서만 이해할 수 있다. 긴급성이란 행위자의 법익에 대한 구체적 위험이 발생하였을 때 이를 즉시에 효과적으로 제거 또는 방어하지 않고 지체를 한다면 그의 법익이 실질적으로 침해되어 회복할 수 없는 상태가 되는 것을 의미하는 것으로 이해할 수밖에 없다. 즉 긴급성은 행위자의 '행위효과에 대한 즉시성'을 의미하는 것으로 이해할 수밖에 없다.

2. 긴급성과 절차적 단계

결국 시간적 지체로 인하여 효과적인 방어가 되지 않을 경우에 긴급성을 인정할 수 있을 뿐이다. 기업의 영업비밀을 직원이 누출한다는 합리적 의심이 있는 상황에서 해당 직원의 컴퓨터의 하드디스크를 떼내어 검색한 경우에는 긴급성을 인정할 수 있다.[43]

국가기관의 행위에 대하여 긴급성이 인정된다는 것은 법령에 의하여 주어진 절차나 방식에 따라 국가의 행위가 이루어져야 하지만,

---

42) 정당방위나 긴급피난의 '현재성'에서 도출된 개념이 아닌가 추측한다. 정당행위와 관련된 판례 중 '회사의 직원이 회사의 이익을 빼돌린다'는 소문을 확인할 목적으로, 비밀번호를 설정함으로써 비밀장치를 한 전자기록인 피해자가 사용하던 '개인용 컴퓨터의 하드디스크'를 떼내어 다른 컴퓨터에 연결한 다음 의심이 드는 단어로 파일을 검색하여 메신저 대화 내용, 이메일 등을 출력한 사안에서, <u>피해자의 범죄 혐의를 구체적이고 합리적으로 의심할 수 있는 상황에서 피고인이 긴급히 확인하고 대처할 필요</u>가 있었다는 것을 판시한 적이 있다(대법원 2009.12.24. 선고 2007도6243 판결).

43) 대법원 2009.12.24. 선고 2007도6243 판결.

이러한 절차나 방식을 거치면 의도된 효과가 발생하지 않는 경우를 의미한다. 예를 들면 긴급체포의 경우가 이에 해당한다. 피의자를 체포하는 경우 법관이 발부한 영장에 의하여 체포가 이루어져야 하는 것이 원칙이지만, 사회통념상 체포영장을 청구할 시간적 여유가 없는 경우가 이에 해당한다. 시간적 여유가 없었다는 것은 사후에 밝혀진 사정을 기초로 판단하는 것이 아니라 체포 당시의 상황을 기초로 판단하여야 한다는 것이 판례의 입장이다.[44]

3. 소 결

행위자의 행위에 대한 긴급성이 인정되기 위해서는 주어진 절차나 방식을 따를 경우 효과적인 법익보호가 되지 않을 뿐만 아니라 정해진 절차와 방식을 따를 시간적 여유가 없을 경우를 의미한다. 행위자가 즉시에 이에 대응하지 않을 경우 중요한 증거가 유실되거나, 범인의 체포·발견 등이 현저히 지체될 경우 또는 자신에 대한 법익침해가 현실화되는 경우에는 긴급성을 인정할 수 있을 것이다. 국가기관에 의한 통신비밀침해에 대해서도 통신비밀보호법에 의한 허가장을 받을 시간적 여유가 없을 경우에 위법성을 조각시킬 수 있는 긴급성이 인정된다고 볼 수 있다. 따라서 대상자의 구체적 범죄혐의가 밝혀진 경우에는 긴급성의 원리에 따라 정당화의 가능성은 있지만, 사전적·예방적 조치로 대상자의 정보처리장치에 프로그램을 설치하는 행위는 정당화되기 어렵다.

Ⅵ. 보충성

1. 의 의

보충성은 그 행위 이외에 다른 수단이나 방법이 없다는 것을 의미한다. 이는 최후수단성을 의미하는 것으로 행위자의 법익보호를 위

---

44) 대법원 2002.6.11. 선고 2000도5701 판결.

한 다른 대안적 수단이 있을 경우에는 그 수단을 선택하여야 하며, 허용되지 않는 수단을 선택해서는 안된다는 것을 말한다. 보충성의 원칙은 법치국가에서 시민의 자율성을 최대한 보장하기 위한 기본권 제한의 한계 역할을 담당하는 중요한 이론적 근거가 되고 있다. 특히 국가의 입법수단 중에서 개인의 자유를 최대한 보장해야 한다는 요구와 공동체의 안전과 평화를 달성하려는 공익적 요청이 가장 첨예하게 충돌하는 법이 형법이라는 점은 누구나 인정할 것으로 생각된다.

2. 자유주의적 법치국가의 원리

형법은 다른 사회규범이나 법규범의 제제와 달리 형벌이라는 가혹한 법익침해를 통하여 법익을 보호하기 때문에 국가형벌은 필요최소한에 그쳐야 한다. 만약 그렇지 않으면 형벌에 의하여 보호되는 법익보다 침해되는 법익이 더 커지게 되어 복수형법이 되는 야만적 형법이 될 수 있기 때문이다. 근대적 법치국가에서 국가 형벌권의 자의적인 발동으로부터 시민의 자유를 보장하기 위하여 그 행사에는 반드시 법적인 근거가 필요하다. 법치국가원리를 법에 의한 지배의 원리로 이해하는 경우에 법은 두 가지 기능을 수행하는데 국가권력발동의 근거인 동시에 국가권력의 제한기능이다. 자유주의적 법치국가의 원리에 의하여 보호되어지는 시민의 자유, 생명, 신체, 재산과 같이 구체화 가능한 실존적인 법익만을 형법상 보호함으로써 형법의 영역에서 공동생활의 유지를 위하여 필수 불가결한 법익만을 보호하려는 형법상의 보충성원칙은 결국은 자유주의적 법치국가원리를 이론적 근거로 하고 있다.

3. 형법의 최후수단성과 정당화사유로서 보충성

보충성의 원칙은 형법투입의 겸억성, 형법의 단편적 성격으로 인한 형벌투입의 자제로 표현되는 것이 일반적이다. 그럼에도 불구하고

판례는 특정한 행위자의 행위에 대한 정당화사유 또는 정당화근거로
도 보충성의 원칙을 요구하고 있다. 이러한 것은 보충성의 원칙에 대
한 소극적 형태의 내용이라고 볼 수 있다. 공동체의 자율성 보호라는
목적으로 하고 있는 보충성의 원칙은 개인이 스스로 문제를 해결할
수 있는 경우에는 개인의 자율성을 보호하고 개인에 대하여 국가의
개입을 적극적으로 자제하라는 의미를 가진다. 소극적 형태의 보충성
은 국가 개입의 자제를 통하여 시민의 자유가 최대한 보장된다는 것
을 의미한다.[45]

　　그러나, 정당행위에 있어서 보충성의 의미는 형법투입의 최후수
단성을 의미하는 보충성의 원칙으로 이해하기 어렵다. 이는 행위자의
행위의 정당화근거로 사용될 뿐이다. 정당화사유의 판단기준으로 보
충성을 인정하게 된다면 행위자는 자신의 행위투입을 결정하기 전에
먼저 자신이 선택한 수단과 방법이 목적의 실현을 위하여 적합하고
유용한 수단인지를 심사할 의무를 부담하게 되고 더불어 선택한 수단
이외에 다른 방법이 없는지를 심사할 의무를 진다고 볼 수 밖에 없다.

　　물론 법익보호의 적합성과 보충성이 분명하지 않을 경우가 충분
히 존재할 수 있다. 심사할 의무가 있다고 인정될 수 있다고 하더라도
의무의 엄격성이 불분명하며, 검증될 수 없는 경우가 많을 것으로 생
각한다. 이 경우에는 시민의 자유이익이 존중되어야 하므로 이른바 의
심스러울 때는 시민의 자유이익으로(in dubio pro libertate)의 원칙이 적
용되어야 할 것이다. 즉 행위자가 선택한 수단 이외에 다른 수단이 있
었다고 하더라도 그러한 보충적 수단을 시민에게 요구하는 것이 가장
적절한 것이며 효과적인 것인지에 대하여 추가적으로 논의할 필요가
있다.

4. 소 결

　　보충성의 원칙에 따라 행위자는 즉각적인 방어수단을 선택할 것

---

45) 이주일, 형법상 보충성의 원칙에 대한 소고, 비교법학연구 제5집, 2005.3., 187면.

이 아니라 법익보호를 위한 다른 대안적 수단이 있는지를 먼저 심사할 의무를 진다. 행위자가 발견한 다른 대안적 수단이 있을 경우에는 그 수단을 선택하여야 하며, 허용되지 않는 수단을 선택해서는 안된다. 예를 들어서 직장내 괴롭힘에 대응하기 위하여 행위자는 직장 내에서 마련한 절차 등에서 그 해결방법을 찾거나 국가가 제공하고 있는 법적 절차를 찾은 후 그에 따른 해결방법을 모색하여야 한다. 만약 행위자가 선택한 수단이 효과가 없었거나 그러한 효과가 무용하다고 판단될 여지가 있을 경우에는 보충성의 원칙이 어느 정도 양보될 가능성은 있다고 생각한다. 효과성에 대한 판단은 보충성의 원칙이 적용된 이후에 이루어지는 것이기에 먼저 보충성의 원칙은 유지되어야 한다. 보충성의 원칙이 적용되지 않는다면 힘이 있는 자들에 의한 우선적 자력구제를 허용하는 것이기 때문에 근대 법치국가원리에 적합하지 않다.

Ⅶ. 마치며

평가적·규범적 요소는 이미 구성요건에 많이 사용되고 있으며, 법률적·사회적·경제적 평가요소들이 구성요건과 결합되어 구성요건은 유연화되고 있다. 위법성의 영역에서도 마찬가지이다. 순수한 기술적 요소만으로 불법을 구성하는 것은 더 이상 가능하지도 않을 뿐만 아니라 바람직하지 않다.

형사입법에서뿐만 아니라 재판 실무와 학문의 연구 영역에서도 가치충전적 규범적 요소는 자주 활용된다. 신의성실의 원칙은 민법의 영역에서만 머물러 있는 것이 아니며, 형법의 영역에서도 각종 주의의무의 발생근거로 활용되고 있다. 민법과 같은 사법과는 달리 엄격성과 폐쇄적 특성이 두드러진 형법의 영역에서 불확정개념 또는 가치충전적 개념이 자주 활용되는 것은 연구자들뿐만 아니라 형사법정에 선 피고인에게도 당황스러운 일이다. 구체적 판단결과를 예상하기 어렵기 때문이다.

가치충전적인 규범적 요소와 재판관의 재량 사이에는 피하기 어려운 연관성이 존재할 수밖에 없다. 끊임없이 변화하는 사회생활상에 법이 영향력을 유지하고 행사하기 위하여 가치충전적 요소를 사용하고 적용하는 것이 불가피하다. 오히려 지금은 '법률에서 판례로' 그 무게의 중심이 이동되고 있는 모습이 관찰되기도 한다. 우리나라 형법에만 존재하는 사회상규는 개념의 포괄적·추상성으로 인하여 법관의 자의적 판단을 초래할 역기능이 있다고 우려하는 입장이 나타나는 것은 지극히 자연스러운 일이다.46) 하지만 재판 실무에서 사회상규 조항의 입지가 약화되었거나 축소될 기미는 보이지 않는다.47) 사회상규와 같은 가치충전적 개념은 또 다른 형태의 입법형태로도 보인다.

그럼에도 불구하고 가치충전적 요소가 입법과 재판실무에서 절대적으로 유해하며, 죄형법정주의를 위반하는 것이라고만 볼 수 없다. 이것은 '이중적 속성'을 가지고 있기 때문이다. 법관의 자의적 판단 가능성이라는 부작용도 있을 수 있지만 첨예하게 대립되고 있는 개별적 사례의 해결을 위한 적응성과 탄력성을 가지고 있기 때문이다. 사회상규 개념은 가치충전을 필요로 하는 일반조항으로서의 성격을 가지고 있기 때문에 개념 외연이 불분명한 것은 사실이다. 결국 구체적 사안에 따라 사회상규의 의미를 분석하고 그 의미를 탐구해나가는 과정을 거쳐 그것이 내포하고 있는 의미를 구체화하는 작업이 필요하다.

행위자 처벌에 대하여 적극적 요건을 규정하고 있는 구성요건은 형법의 자유보장적 과제와 죄형법정주의 원칙에 따라 명확성의 원칙이 적용되어야 하는 것과 마찬가지로 소극적으로 범죄 성립을 부정하

---

46) 김봉수, 위법성조각사유의 체계 및 경합에 관한 연구 -특히 정당행위와 피해자의 승낙의 경합에서 나타나는 사회상규의 기능적 모순을 중심으로-, 비교형사법연구 제10권 제2호, 2008, 52면 이하; 천진호, 사회상규에 위배되지 아니하는 행위에 대한 비판적 고찰, 비교형사법연구 제3권 제2호, 2001, 157면-158면.
47) 김성돈, 한국 형법의 사회상규조항의 기능과 형법학의 과제, 성균관법학 제24권 제4호, 2012, 247면-285면.

는 요소를 담고 있는 위법성조각사유와 책임조각사유에 대해서도 명확성의 원칙은 적용되어야 한다.[48] 대법원 판례는 구체적 사건에 있어서 정당행위를 판단하는 기준으로 행위의 동기나 목적의 정당성 등 다섯 가지 기준을 제시하고 있다. 1956년 '국민일반의 건전한 도의감'이라는 추상적 기준만을 제시한 후 1983년 이와 같이 다섯 가지 구체적 총합기준을 제시한 것은 발전적이라고 평가할 수 있다.

가벌성을 근거지우는 구성요건에 대한 해석과 가벌성을 배제하는 위법성에 대한 해석의 방향은 달라야 한다. 형법의 자유보장적 과제[49] 측면에서 보면 대법원이 사회상규를 구성요건 해석에도 동원하는 등 구성요건과 위법성이 독자적인 기준을 가진 독립된 체계요소를 인정하지 않고 양자의 경계를 모호하게 설정하고 있는 것을 알 수 있다. 대법원이 다섯 가지 기준을 제시할 때 위법성조각여부에 대하여 미리 결론을 낸 후 그 결론을 정당화하기 위한 수단으로 해당 기준을 제시하는 것이 아닌가라는 의심의 눈길 또한 설득력이 있다.[50] 일반적으로 판단기준을 제시한 후 '종합적으로' 고려한다는 총합판단을 하는 것이 아니라, 5가지 판단기준을 '모두' 충족하여야 한다는 대법원 판례는 위법성조각을 허용하지 않겠다는 의지를 밝힌 것이라고 볼 수 있다. 앞서 살펴본 바와 같이 대법원이 정당행위를 판단하는 기준으로 5가지 판단인자를 제시하였지만, 이를 통하여 개념이 구체화되었다기 보다는 오히려 더욱 불확실성을 강화하였다고 평가할 수 있다.

사회상규 개념이 지금과 같이 추상적으로만 이해되고 이것이 불법의 실질적 기준으로 활용되는 것을 방치하는 것은 형법의 법치국가성을 유지하는 것에 심각한 위협이 될 수 있다. 적법과 불법을 판단하는 과정에서 사용되는 사회상규 개념의 유동성과 무정형성을 방치하

---

48) 헌법재판소 2001.6.28. 선고 99헌바31 참조.
49) 김성돈, 한국사법의 근대성과 근대화를 생각한다. 2013, 세창출판사, 127면.
50) 김성돈, 앞의 책, 130면.

여 법관법으로 발전하는 것은 바람직하지 않다. 일반조항적 성격을 가진 사회상규 개념이 법관의 보충적 가치판단을 필요로 할 수밖에 없다고 하더라도 그 법이론적 논거에 대해서는 치밀하게 논증되어야 한다. 위법성조각사유로 사회상규 개념을 사용하는 것이 불가능한 것은 아니라고 생각한다. 개념의 불명확성은 이를 해석학적 문제로 이끌며, 법이론적인 해석과 구체화를 필요로 하는 문제라고 생각하기 때문이다. 본 논문의 결론이 완결되었다고는 결코 말할 수 없다. 이 물음에 대한 답은 여전히 현재 진행형이어야 한다.

[주 제 어]
정당행위, 사회상규에 위배되지 않는 행위, 사회상규, 형법해석, 불확정개념, 일반조항

[Key Words]
Justifiable Act, action which does not violate the social rules, the social rules, Criminal Law Interpretation, Undefined legal term, general clause

접수일자: 2022. 5. 13. 심사일자: 2022. 7. 25. 게재확정일자: 2022. 7. 26.

[참고문헌]

강일신, 과잉금지원칙에서 법익형량, 헌법재판연구원, 2018.

김도균, 법원리로서의 공익: 자유공화주의 공익관, 서울대학교 법학, 제47권
　　제3호, 서울대학교 법학연구소, 2006.

김봉수, 위법성조각사유의 체계 및 경합에 관한 연구 — 특히 정당행위와
　　피해자의 승낙의 경합에서 나타나는 사회상규의 기능적 모순을 중심
　　으로 —, 비교형사법연구 제10권 제2호, 2008.

김성돈, 한국사법의 근대성과 근대화를 생각한다. 2013, 세창출판사.

김성돈, 한국 형법의 사회상규조항의 기능과 형법학의 과제, 성균관법학 제
　　24권 제4호, 2012.

김영환, 형법 제20조 정당행위에 관한 비판적 고찰, 고시계 제36권 5호,
　　1991.5.

성왕, 전기통신기본법 제47조 제1항 위헌소원, 헌법재판소 헌재결정해설집
　　제9집, 2010.

소재용, 형법 제20조의 사회상규에 위배되지 아니하는 행위, 성균관법학 제
　　21권 제1호, 2009.

신양균, 소극적 방어행위에 대한 검토, 현대형사법의 쟁점과 과제, 동암 이
　　형국교수 화갑기념논문집, 법문사, 1998.

이정원, 형법 제20조의 법적 의미와 위법성조각사유로서의 정당행위, 중앙
　　대학교 법학논문집 제31집 제1호, 2007.

이주일, 형법상 보충성의 원칙에 대한 소고, 비교법학연구 제5집, 2005

천진호, 사회상규에 위배되지 아니하는 행위에 대한 비판적 고찰, 비교형사
　　법연구 제3권 제2호, 2001.

최규환, 인간존엄의 형량가능성, 헌법재판연구원, 2017.

최규환, 기본권제한입법의 목적정당성 심사, 헌법재판연구원, 2020.

Bernhard Schlink, "Der Grundsatz der Verhältnismäßigkeit", in Peter Badura und
　　Horst Dreier(hrsg.), Festschrift 50 Jahre Bundesverfassungsgericht Ⅱ, Mohr
　　Siebeck, 2001.

Brian Barry, Political Argument: A Reissue with a New Introduction, University of

California Press, 1990.

Joseph M. Boyle, Jr., Toward Understanding the Principle of Double Effect, in: P. A. Woodward(ed.), The Doctrine of Double Effect-Philosophers Debate a Controversal Moral Principle, University of Notre Dame Press, 2001.

Robert Alexy, 정종섭/박진완(역), 중요도 공식, 서울대학교 법학 제44권 제3호, 2003.

[Abstract]

The Supreme Court's Judgment Criteria for Just Acts and Legal Theoretical Analysis

Choi, Ho-Jin*

This thesis analyzes the concept of social norms in Korean criminal law and the legal characteristics from the point of view of the criminal system theory in a legal theory. It is a work to materialize the independent meaning and type of social norms. Since the concept of social norms has the nature of a general clause that requires value charging, it can be a dangerous concept with the possibility of arbitrary judgment, so it is necessary to materialize the meaning of the concept.

The Supreme Court stated that ① the motive or purpose of the act was justified, ② the appropriateness of the means or method of the act, ③ the balance between the interests of protection and the infringement, ④ urgency, and ⑤ the subsidiarity requirements as criteria for judging a just act. there is. This thesis analyzed the legal theory of each judgment standard suggested by the Supreme Court in the partisan act.

The frequent use of an indeterminate concept or a value-filled concept in criminal law is embarrassing not only to researchers but also to defendants in criminal courts. This is because it is difficult to predict specific judgment results. It is undesirable to develop into a judicial law by neglecting the fluidity and apathy of the concept of social norms used in the process of judging legality and illegality.

Even if the concept of social norms, which has a general clause character, inevitably requires a judge's supplementary value judgment, the rationale for the theory of law must be thoroughly demonstrated.

---

* Professor, College of Law, Dankook University

방조범의 인과관계

김 대 원*

【사실관계】

성명불상자들(정범)이 해외에 서버가 있는 동영상 공유사이트인 A 사이트 등에 공중이 개별적으로 선택한 시간과 장소에서 접근하게 할 목적으로 저작권자의 영상저작물인 드라마·영화 등의 동영상(이하 '이 사건 영상저작물'이라 함)을 임의로 업로드하고 계속하여 이를 게시하여 이용에 제공하고, 위 게시물에 접근한 이용자들이 이 사건 영상저작물을 클릭하면 개별적으로 송신이 이루어지게 하는 방법으로 저작권자의 전송권(공중송신권)을 침해하고 있었다.

甲은 성명불상자들이 이러한 방법으로 저작권자의 전송권(공중송신권)을 침해한다는 사실을 알고 있었음도 2015. 7. 25.부터 2015. 11. 24.까지 총 450회에 걸쳐, 甲이 개설하여 운영하면서 광고 수익을 얻는 이른바 '다시보기 링크 사이트'인 'B사이트' 게시판에 이 사건 영상저작물과 연결되는 링크를 게시하고, B사이트를 이용하는 사람들이 제목 등으로 이 사건 영상저작물을 검색하여 게시된 링크를 찾을 수 있게 한 뒤 이들이 링크를 클릭하면 성명불상자들(정범)이 이용제공 중인 이 사건 영상저작물의 재생 준비화면으로 이동하여 개별적으로 송신이 이루어지게 하였다. 이로써 甲은 영리를 목적으로 또는 상습으로 성명불상자들(정범)의 전송권(공중송신권) 침해행위를 용이하게 하여 방조하였다.

---

* 성균관대학교 과학수사학과 초빙교수

검사는 甲을 저작권법 위반 방조로 기소하였다. 이에 1심과 2심은 종전판례(2012도13748)¹⁾를 인용하여 甲의 링크행위는 저작권법이 규정하는 전송에 해당하지 않는다고 하며 무죄판결을 하였다. 이에 검사는 대법원에 상고하였다.

【종전판례】 대법원 2015. 3. 12. 선고 2012도13748 판결

[1] 이른바 인터넷 링크(Internet link)는 인터넷에서 링크하고자 하는 웹페이지나, 웹사이트 등의 서버에 저장된 개개의 저작물 등의 웹 위치 정보나 경로를 나타낸 것에 불과하여, 비록 인터넷 이용자가 링크 부분을 클릭함으로써 링크된 웹페이지나 개개의 저작물에 직접 연결된다 하더라도 링크를 하는 행위는 저작권법이 규정하는 복제 및 전송에 해당하지 아니한다.

[2] 형법상 방조행위는 정범의 실행을 용이하게 하는 직접, 간접의 모든 행위를 가리키는데, 링크를 하는 행위 자체는 인터넷에서 링크하고자 하는 웹페이지 등의 위치 정보나 경로를 나타낸 것에 불과하여, 인터넷 이용자가 링크 부분을 클릭함으로써 저작권자에게서 이용 허락을 받지 아니한 저작물을 게시하거나 인터넷 이용자에게 그러한 저작물을 송신하는 등의 방법으로 저작권자의 복제권이나 공중송신권을 침해하는 웹페이지 등에 직접 연결된다고 하더라도 침해행위의 실행 자체를 용이하게 한다고 할 수는 없으므로, 이러한 링크 행위만으로는 저작재산권 침해행위의 방조행위에 해당한다고 볼 수 없다.

---

1) 종전판례의 사실관계는 다음과 같다. "乙은 당시 회원수 21만명이 넘는 C사이트를 관리·운영하는 사람인데, C사이트의 일부 회원들이 그 사이트의 게시판에, 저작권자로부터 이용 허락을 받지 아니한 일본 만화 등 디지털콘텐츠(이하 '이 사건 디지털콘텐츠'라고 함)를 게시하여 인터넷 이용자가 이를 열람 또는 다운로드(download) 할 수 있도록 외국 블로그(blog)에 연결되는 링크 글을 게재하였음에도 乙이 이를 삭제하지 않고 방치하였다.
이에 대한 판례평석으로는 홍승희. "인터넷링크행위와 저작권침해 — 대법원 2015. 3. 12. 선고 2012도137판결 —", 형사판례연구24, 박영사, 2016, 587~611면.

【대상판결】 대법원 2021. 9. 9. 선고 2017도19025 전원합의체판결

[1] 공중송신권을 침해하는 게시물이나 그 게시물이 위치한 웹페이지 등(이하 통틀어 '침해 게시물 등'이라 한다)에 연결되는 링크를 한 행위라도, 전송권(공중송신권)[2] 침해행위의 구성요건인 '전송(공중송신)'[3]에 해당하지 않기 때문에 전송권 침해가 성립하지 않는다. 이는 대법원의 확립된 판례이다.

링크는 인터넷에서 링크하고자 하는 웹페이지나 웹사이트 등의 서버에 저장된 개개의 저작물 등의 웹 위치 정보 또는 경로를 나타낸 것에 지나지 않는다. 인터넷 이용자가 링크 부분을 클릭함으로써 침해 게시물 등에 직접 연결되더라도, 이러한 연결 대상 정보를 전송하는 주체는 이를 인터넷 웹사이트 서버에 업로드하여 공중이 이용할 수 있도록 제공하는 측이지 그 정보에 연결되는 링크를 설정한 사람이 아니다. 링크는 단지 저작물 등의 전송을 의뢰하는 지시나 의뢰의 준비행위 또는 해당 저작물로 연결되는 통로에 해당할 뿐이므로, 링크를 설정한 행위는 전송에 해당하지 않는다. 따라서 전송권(공중송신권) 침해에 관한 위와 같은 판례는 타당하다.

[2] [다수의견] (가) 공중송신권 침해의 방조에 관한 종전 판례는 인터넷 이용자가 링크 클릭을 통해 저작자의 공중송신권 등을 침해하는 웹페이지에 직접 연결되더라도 링크를 한 행위가 '공중송신권 침해 행위의 실행 자체를 용이하게 한다고 할 수는 없다.'는 이유로, 링크 행위만으로는 공중송신권 침해의 방조행위에 해당한다고 볼 수 없다는 법리를 전개하고 있다.

---

2) 저작권법 제2조(정의) 제7호 "공중송신"은 저작물, 실연·음반·방송 또는 데이터베이스(이하 "저작물등"이라 한다)를 공중이 수신하거나 접근하게 할 목적으로 무선 또는 유선통신의 방법에 의하여 송신하거나 이용에 제공하는 것을 말한다.

3) 저작권법 제2조(정의) 제10호 "전송"은 공중송신 중 공중의 구성원이 개별적으로 선택한 시간과 장소에서 접근할 수 있도록 저작물등을 이용에 제공하는 것을 말하며, 그에 따라 이루어지는 송신을 포함한다.

링크는 인터넷 공간을 통한 정보의 자유로운 유통을 활성화하고 표현의 자유를 실현하는 등의 고유한 의미와 사회적 기능을 가진다. 인터넷 등을 이용하는 과정에서 일상적으로 이루어지는 링크 행위에 대해서까지 공중송신권 침해의 방조를 쉽게 인정하는 것은 인터넷 공간에서 표현의 자유나 일반적 행동의 자유를 과도하게 위축시킬 우려가 있어 바람직하지 않다.

그러나 링크 행위가 어떠한 경우에도 공중송신권 침해의 방조행위에 해당하지 않는다는 종전 판례는 방조범의 성립에 관한 일반 법리 등에 비추어 볼 때 재검토할 필요가 있다. 이는 링크 행위를 공중송신권 침해의 방조라고 쉽게 단정해서는 안 된다는 것과는 다른 문제이다.

(나) 정범이 침해 게시물을 인터넷 웹사이트 서버 등에 업로드하여 공중의 구성원이 개별적으로 선택한 시간과 장소에서 접근할 수 있도록 이용에 제공하면, 공중에게 침해 게시물을 실제로 송신하지 않더라도 공중송신권 침해는 기수에 이른다. 그런데 정범이 침해 게시물을 서버에서 삭제하는 등으로 게시를 철회하지 않으면 이를 공중의 구성원이 개별적으로 선택한 시간과 장소에서 접근할 수 있도록 이용에 제공하는 가벌적인 위법행위가 계속 반복되고 있어 공중송신권 침해의 범죄행위가 종료되지 않았으므로, 그러한 정범의 범죄행위는 방조의 대상이 될 수 있다.

(다) 저작권 침해물 링크 사이트에서 침해 게시물에 연결되는 링크를 제공하는 경우 등과 같이, 링크 행위자가 정범이 공중송신권을 침해한다는 사실을 충분히 인식하면서 그러한 침해 게시물 등에 연결되는 링크를 인터넷 사이트에 영리적·계속적으로 게시하는 등으로 공중의 구성원이 개별적으로 선택한 시간과 장소에서 침해 게시물에 쉽게 접근할 수 있도록 하는 정도의 링크 행위를 한 경우에는 침해 게시물을 공중의 이용에 제공하는 정범의 범죄를 용이하게 하므로 공중송신권 침해의 방조범이 성립한다. 이러한 링크 행위는 정범의 범죄행

위가 종료되기 전 단계에서 침해 게시물을 공중의 이용에 제공하는 정범의 범죄 실현과 밀접한 관련이 있고 그 구성요건적 결과 발생의 기회를 현실적으로 증대함으로써 정범의 실행행위를 용이하게 하고 공중송신권이라는 법익의 침해를 강화·증대하였다고 평가할 수 있다. 링크 행위자에게 방조의 고의와 정범의 고의도 인정할 수 있다.

　(라) 저작권 침해물 링크 사이트에서 침해 게시물로 연결되는 링크를 제공하는 경우 등과 같이, 링크 행위는 그 의도나 양태에 따라서는 공중송신권 침해와 밀접한 관련이 있는 것으로서 그 행위자에게 방조 책임의 귀속을 인정할 수 있다. 이러한 경우 인터넷에서 원활한 정보 교류와 유통을 위한 수단이라는 링크 고유의 사회적 의미는 명목상의 것에 지나지 않는다. 다만 행위자가 링크 대상이 침해 게시물 등이라는 점을 명확하게 인식하지 못한 경우에는 방조가 성립하지 않고, 침해 게시물 등에 연결되는 링크를 영리적·계속적으로 제공한 정도에 이르지 않은 경우 등과 같이 방조범의 고의 또는 링크 행위와 정범의 범죄 실현 사이의 인과관계가 부정될 수 있거나 법질서 전체의 관점에서 살펴볼 때 사회적 상당성을 갖추었다고 볼 수 있는 경우에는 공중송신권 침해에 대한 방조가 성립하지 않을 수 있다.

　[대법관 조재연, 대법관 김선수, 대법관 노태악의 반대의견] 다음과 같은 이유로 다수의견에 동의할 수 없다. 첫째, 다수의견은 규제와 처벌의 필요성을 내세워 저작권 침해물 링크 사이트에서 침해 게시물에 연결되는 링크를 제공하는 링크 행위를 처벌하고자 형법 총칙상 개념인 방조에 대한 확장해석, 링크 행위 및 방조행위와 정범의 범죄 사이의 인과관계에 관한 확장해석을 통해 형사처벌의 대상을 확대하고 있는데, 이는 형사처벌의 과잉화를 초래하고 사생활 영역의 비범죄화라는 시대적 흐름에 역행하는 것이다. 둘째, 다수의견은 방조범 성립 범위의 확대로 말미암아 초래될 부작용을 축소하고자 영리적·계속적 형태의 링크 행위만을 방조범으로 처벌할 수 있다고 하나, 이는 일

반적인 방조범의 성립과 종속성, 죄수 등의 법리에 반하고, 법원으로 하여금 방조범의 성립이 문제 될 때마다 그 성립 요건을 일일이 정해야만 하는 부담을 지우며, 죄형법정주의 원칙에 따른 법적 안정성과 예측가능성에 커다란 혼란을 가져올 수밖에 없다. 셋째, 저작권 침해물 링크 사이트에서 침해 게시물에 연결되는 링크를 제공하는 링크 행위에 대하여 종전 판례를 변경하여 유죄로 판단할 정당성은 인정되기 어렵다. 비록 저작권 침해물 링크 사이트에서의 영리적·계속적 링크 행위의 폐해가 증가하고 있다고 하더라도 이에 대해서는 입법을 통해 대처하는 것이 바람직하다. 링크 행위의 유형화와 그에 따른 처벌의 필요성 및 근거 조항 마련을 위한 입법 논의가 이루어지고 있는 현시점에서 대법원이 구성요건과 기본 법리를 확장하여 종전에 죄가 되지 않는다고 보았던 행위에 관한 견해를 바꾸어 형사처벌의 범위를 넓히는 것(사실상 소급처벌에 해당한다)은 결코 바람직하지 않다. 충분한 논의를 통해 사회적 합의를 끌어내고, 그에 따른 입법적 결단을 기다려주는 것이 올바른 제도 도입을 위해서도 필요하다. 결론적으로 쟁점에 관한 종전 판례의 견해는 여전히 타당하므로 유지되어야 한다.

【연　　구】

I. 들어가는 말

형법 제32조 제1항은 "타인의 범죄를 방조한 자"를 종범(방조범)이라고 한다. 여기서 방조행위란 정범이 범행을 한다는 정을 알면서 구성요건의 실행을 가능하게 하거나 용이하게 하거나 또는 정범에 의한 법익침해를 강화하는 것을 말한다.[4]

기존의 대법원 판결은 "형법상 방조행위는 정범의 '실행행위'를

---

4) 김성돈, 형법총론(제6판), 2020, SSKUP, 683면; 이재상·장영민·강동범, 형법총론(제10판), 박영사, §35/1.

용이하게 하는 직접, 간접의 모든 행위를 가리키는 것으로서 그 방조
는 유형적, 물질적인 방조뿐만 아니라 정범에게 범행의 결의를 강화하
도록 하는 것과 같은 무형적, 정신적 방조행위까지도 이에 해당한다고
할 것이다"라고 판시하여 왔다.5)

그런데 대상판결에서 대법원은 "방조란 정범의 구체적인 범행준
비나 범행사실을 알고 그 '실행행위'를 가능·촉진·용이하게 하는 지
원행위 또는 정범의 범죄행위가 종료(필자 주: 범죄종료를 의미함)하기
전에 정범에 의한 법익 침해를 강화·증대시키는 행위로서, 정범의 범
죄 실현과 밀접한 관련이 있는 행위를 말한다"6)고 판시하여 학계에서
사용하는 의미와 동일하게 판단하고 있다.

【종전판례】는 링크행위자의 링크행위를 공중송신권 침해의 실행
행위가 종료된 후에 개입되는 행위이므로 공중전송권 침해행위의 실
행행위를 용이하게 하는 행위가 될 수 없으므로 방조범으로 처벌할
수 없다는 견해였다. 그러나 【대상판결】에서는 링크행위는 어떠한 경
우에도 공중송신권 침해의 방조범이 될 수 없다는 종전의 견해를 변
경하면서 방조범 성립을 위한 새로운 기준들을 제시하고 있다. 즉 방
조범 성립을 위하여 방조행위가 존재하여야 하는데, 링크행위도 일정
한 요건을 갖춘 경우에는 방조행위로 인정할 수 있다고 하고, 또한 이
러한 방조행위는 법익침해의 결과와 인과관계가 있는 경우에는 방조
범의 성립이 가능하다고 하면서 방조범의 성립을 위하여 인과관계가
필요함을 명시적으로 밝히고 있다.

기존에 대법원은 방조범의 인과관계에 관하여 명확한 견해를 표
시하지 않고 있었다. 따라서 학계에서는 대법원이 방조범의 인과관계
에 대하여 불요설을 취하고 있다는 견해도 있었고, 방조범의 인과관계

---

5) 대법원 2007. 4. 27. 선고 2007도1303 판결; 대법원 1995. 9. 29. 선고 95도456 판
결 등 참조
6) 대법원 1965. 8. 17. 선고 65도388 판결; 대법원 1995. 9. 29. 선고 95도456 판결;
대법원 2006. 4. 28. 선고 2003도4128 판결; 대법원 2012. 8. 30. 선고 2012도6027
판결 등 참조

에 대하여 필요설을 취하는 태도라는 견해도 있었다.[7]

본【대상판결】은 방조범의 성립요건 외에도 개정안에 대한 입법논의 중 판례를 변경하여 소급처벌 하는 문제 등의 여러 가지 쟁점이 문제되어 다수의견(10인)과 반대의견(3인)의 공방 후, 다시 다수의견에 대한 보충의견(2인) 및 반대의견(각자 3인)을 제시하는 치열한 공방이 이루어졌다. 이하에서는【대상판결】에서 논의된 쟁점 중 방조범의 성립요건과 관련하여 방조행위의 개념에 대하여 살펴보고, 방조범의 인과관계에 대하여 필요설의 입장을 취한 대법원의 견해에 대하여 검토해보고자 한다.

Ⅱ. 방조행위

방조범은 구성요건을 실현하는 피방조자(정범)의 존재가 전제되어야 하고, 피방조자의 불법에 종속하여 성립할 수 있다. 방조자의 불법이 피방조자의 불법에 종속될 수 있는 근거는 피방조자의 불법은 방조자에 의해 실현된 것은 아니지만 방조자의 방조행위 탓으로 귀속할 수 있는 불법측면이기 때문이다. 공범종속성의 인정에 따라 피방조자가 만들어내는 불법측면은 방조자에게는 비독자적인 불법이지만 방조자의 '방조행위'와 연관된 독자적인 불법내용과 함께 방조범의 불법내용(종속적 불법+독자적 불법)을 구성하게 된다. 결국 방조범의 구성요건은 '방조행위'와 '피방조자(정범)의 구성요건적 실행행위'라는 두 개의 큰 축을 중심으로 이루어져 있다. 이하에서는 먼저 본 사안에서 피방조자의 구성요건적 실행행위를 확인하고 이에 대한 방조행위를 살펴보고자 한다.

---

7) 대법원이 방조범의 인과관계와 관련하여 불요설의 입장이라는 견해로 이용식, "무형적·정신적 방조행위의 인과관계", 형사판례연구9, 2001, 220면. 필요설이라는 견해로 김성돈, 형법총론(제6판), 689면.

1. 피방조자(정범)의 구성요건적 실행행위

제한종속형식에 의할 경우 피방조자의 실행행위가 적어도 위법성은 인정되어야 하고 피방조자의 행위는 당해 범죄의 모든 객관적·주관적 구성요건요소를 실현하여야 한다. 본 사안에서는 성명불상자들이 피방조자(정범)인데, 이들의 저작권법 위반 행위, 구체적으로는 공중송신권 침해가 무엇인지 검토하여야 한다.

저작권법은 "저작자는 그의 저작물을 공중송신할 권리를 가진다."라고 정하고(제18조), 공중송신권을 저작재산권으로 명시하여(제10조 제1항) 공중송신권을 저작자의 저작재산권으로 보호하고 있다. 또한 저작권법은 벌칙 규정을 두어 저작재산권을 공중송신 등의 방법으로 침해한 자를 5년 이하의 징역 또는 5천만 원 이하의 벌금에 처하거나 이를 병과할 수 있도록 하고 있다(제136조 제1항 제1호). 저작물을 이용하려면 원칙적으로 저작재산권자의 이용허락을 받아야 한다(제46조). 저작재산권자의 이용허락이 없는데도 고의로 저작물을 공중송신하는 경우에는 저작권법에서 정한 저작재산권의 제한 규정(제23조부터 제35조의3까지) 또는 저작물 이용의 법정허락(제50조부터 제52조까지)에 해당하지 않는 한 공중송신권 침해행위가 되어 벌칙 규정이 적용된다.[8]

공중송신 중 전송에서 말하는 '공중의 구성원이 개별적으로 선택한 시간과 장소에서 접근할 수 있도록 저작물 등을 이용에 제공하는 것'의 전형적인 예로는, 공중의 구성원이 이용할 수 있는 상태로 저작물 등을 인터넷 웹사이트 서버에 업로드하는 경우를 들 수 있다. 공중의 구성원에게 저작물 등을 실제로 송신하지 않더라도 저작물

---

8) 구 저작권법(2016. 3. 22. 법률 제14083호로 개정되기 전의 것, 이하 '저작권법'이라 한다)은 제2조에서 공중송신 등에 관하여 정의하고 있다. '공중송신'은 저작물, 실연·음반·방송 또는 데이터베이스(이하 '저작물 등'이라 한다)를 공중이 수신하거나 접근하게 할 목적으로 무선 또는 유선통신의 방법에 의하여 송신하거나 이용에 제공하는 것을 말한다(제2조 제7호). '전송'은 공중송신 중 공중의 구성원이 개별적으로 선택한 시간과 장소에서 접근할 수 있도록 저작물 등을 이용에 제공하는 것을 말하며, 그에 따라 이루어지는 송신을 포함한다(제2조 제10호).

등을 업로드하여 접근할 수 있도록 하는 행위 자체만으로도 전송에
해당한다.

　문제는 이러한 공중송신권 침해행위의 기수시기와 범죄행위의 종
료시기이다. 다수의견은 "정범이 침해 게시물을 인터넷 웹사이트 서버
등에 업로드하여 공중의 구성원이 개별적으로 선택한 시간과 장소에
서 접근할 수 있도록 이용에 제공하면, 공중에게 침해 게시물을 실제
로 송신하지 않더라도 공중송신권 침해는 기수에 이른다. 그런데 정범
이 침해 게시물을 서버에서 삭제하는 등으로 게시를 철회하지 않으면
이를 공중의 구성원이 개별적으로 선택한 시간과 장소에서 접근할 수
있도록 이용에 제공하는 가벌적인 위법행위가 계속 반복되고 있어 공
중송신권 침해의 범죄행위가 종료되지 않았으므로, 그러한 정범의 범
죄행위는 방조의 대상이 될 수 있다."고 하면서 공중송신권 침해행위
를 계속범으로 판단하고 있다.

　계속범이란 객관적으로 법익이 침해된 사실이 어느 정도 계속된
때에 기수가 된다는 것이 종래의 다수설이다. 그러나 계속범의 계속성
의 의미는 기수가 되지 전까지의 시간적 계속을 의미하는 것이 아니
라 기수가 된 후에의 법익침해가(부작위의 방법 등으로) 일정한 시간
계속되는 것으로 이해하는 것이 타당하다.[9] 그러나 어떠한 견해에 의
하더라도 정범의 공중송신권 침해행위를 계속범으로 파악하는 다수의
견은 타당한 것으로 판단된다.

　따라서 계속범인 공중송신권 침해행위의 정범은 인터넷 웹사이트
서버에 업로드하여 공중이 이용할 수 있도록 제공하는 성명불상자들
이지 침해게시물에 연결되는 링크를 설정한 사람(甲)은 정범이 될 수
없는 것이다. 대법원 다수의견도 "침해 게시물이나 그 게시물이 위치
한 웹페이지 등(이하 통틀어 '침해 게시물 등'이라 한다)에 연결되는 링크
를 한 행위라도, 공중송신권 침해행위의 구성요건인 '공중송신'에 해당

---

　9) 김성돈, 형법각론(제6판), SKKUP, 2020, 163면; 오영근, 형법각론, 박영사, 2005,
　　§7/10; 임웅, 형법각론(4정판), 법문사, 2005, 130면.

하지 않기 때문에 전송권 침해가 성립하지 않는다. 이는 대법원의 확립된 판례이다(대법원 2009. 11. 26. 선고 2008다77405 판결, 대법원 2010. 3. 11. 선고 2009다4343 판결 등 참조)."라고 하여 이를 명확히 하고 있다.

결국 본 사안에서 甲의 링크행위는 공중송신권 침해행위의 정범이 될 수 없으므로 방조범의 성립 여부만 남게 되는 것이다.

2. 방조범의 방조행위('법익침해의 강화·촉진'의 포함 여부)

방조행위란 정범이 범행을 한다는 정을 알면서 구성요건의 실행을 가능하게 하거나 용이하게 하거나 또는 정범에 의한 법익침해를 강화하는 것을 말한다.[10]

기존의 대법원 판결은 "형법상 방조행위는 정범의 실행행위를 용이하게 하는 직접, 간접의 모든 행위를 가리키는 것으로서 그 방조는 유형적, 물질적인 방조뿐만 아니라 정범에게 범행의 결의를 강화하도록 하는 것과 같은 무형적, 정신적 방조행위까지도 이에 해당한다고 할 것이다"라고 판시하여 왔다.[11]

그런데 대상판결에서 다수의견은 "방조란 정범의 구체적인 범행 준비나 범행사실을 알고 그 실행행위를 가능·촉진·용이하게 하는 지원행위 또는 정범의 범죄행위가 종료하기 전에 정범에 의한 법익 침해를 강화·증대시키는 행위로서, 정범의 범죄 실현과 밀접한 관련이 있는 행위를 말한다"[12]고 판시하여 학계에서 사용하는 의미와 동일하

---

10) 이재상·장영민·강동범, 형법총론(제10판), 박영사, §35/1. 다만, 김성돈, 형법총론(제6판), 2020, SSKUP, 683면에서는 "방조행위란 피방조자가 범죄를 한다는 사실을 알면서 그 실행행위를 조장하거나 용이하게 하는 행위를 말한다."고 설명하고 있어서, 방조행위는 정범의 실행행위를 용이하게 하는 행위만 포함되고 법익침해를 강화하는 행위는 배제되는 듯한 설명을 하고 있다. 그러나 이러한 견해도 방조는 피방조자가 기수에 이를 후에도 그 범죄행위가 종료되기 전까지 성립할 수 있다고 하고 있으므로 기수 이후에 법익침해를 강화하는 행위도 방조행위의 개념에 포섭하고 있다고 할 수 있다.

11) 대법원 2007. 4. 27. 선고 2007도1303 판결; 대법원 1995. 9. 29. 선고 95도456 판결 등 참조

12) 대법원 1965. 8. 17. 선고 65도388 판결; 대법원 1995. 9. 29. 선고 95도456 판결;

게 판단하고 있다.

(1) 다수의견 — '법익침해의 강화·촉진'을 포함하는 입장

'다수의견은 공중송신권 침해행위의 방조를 다음과 같이 정의하고 있다. "전송권 침해를 방조하는 행위란 정범의 전송권 침해를 용이하게 해주는 직접·간접의 모든 행위를 말한다. 위와 같은 방조행위는 정범의 전송권 침해행위 중에 이를 방조하는 경우는 물론, 전송권 침해행위에 착수하기 전에 장래의 전송권 침해행위를 예상하고 이를 용이하게 해주는 경우도 포함한다. …… 저작권 침해물 링크 사이트에서 제공하는 링크가 없었더라면 정범이 게시한 저작권 침해물을 발견할 수 없었던 공중의 구성원까지 그 링크를 통해 원하는 시간과 장소에서 쉽게 저작권 침해물에 접근할 수 있게 되었다. 링크 행위로 말미암아 공중이 접근할 수 있도록 저작권 침해물을 이용에 제공하는 정범의 실행행위가 용이하게 되고 공중송신권이라는 법익의 침해가 강화·증대된다. 이와 같이 링크를 제공하는 행위가 공중의 구성원이 개별적으로 선택한 시간과 장소에서 침해 게시물에 쉽게 접근할 수 있도록 하는 정도에 이른다면, 침해 게시물을 공중의 이용에 제공하는 정범의 '범죄 실현'과 밀접한 관련이 있고 그 구성요건적 결과 발생의 기회를 현실적으로 증대함으로써 공중송신권이라는 법익의 침해를 강화·증대하였다고 볼 수 있다. 이러한 경우 단순히 공중송신권이 침해되고 있는 상태를 이용한 것에 지나지 않는다고 볼 수 없고 방조범 성립에서 요구되는 방조행위와 정범의 범죄 실현 사이의 인과관계를 인정할 수 있다. …… 요컨대, 저작권 침해물 링크 사이트에서 침해 게시물에 연결되는 링크를 제공하는 경우 등과 같이, 링크 행위자가 정범이 공중송신권을 침해한다는 사실을 충분히 인식하면서 그러한 침해 게시물 등에 연결되는 링크를 인터넷 사이트에 영리적·계속적으로 게시하는 등으로 공중의 구성원이 개별적으로 선택한 시간과 장소

대법원 2006. 4. 28. 선고 2003도4128 판결; 대법원 2012. 8. 30. 선고 2012도6027 판결 등 참조

에서 침해 게시물에 쉽게 접근할 수 있도록 하는 정도의 링크 행위를 한 경우에는 침해 게시물을 공중의 이용에 제공하는 정범의 범죄를 용이하게 하므로 공중송신권 침해의 방조범이 성립한다. 이러한 링크 행위는 정범의 범죄행위가 종료되기 전 단계에서 침해 게시물을 공중의 이용에 제공하는 정범의 '범죄 실현'과 밀접한 관련이 있고 그 구성요건적 결과 발생의 기회를 현실적으로 증대함으로써 정범의 실행행위를 용이하게 하고 공중송신권이라는 법익의 침해를 강화·증대하였다고 평가할 수 있다. 링크 행위자에게 방조의 고의와 정범의 고의도 인정할 수 있다."[13]

(2) 반대의견 — '법익침해의 강화·촉진'을 배제하는 입장

그러나 이러한 다수의견에 대하여 대법관 조재연, 대법관 김선수, 대법관 노태악은 반대의견을 개진하고 있다. "기존에 대법원은 방조의 개념 정의에서부터 정범의 실행행위와 관련성이 있는 행위만이 형법상 방조로 처벌된다는 점을 밝혀 왔고, 정범의 실행행위와 직접적이고

---

13) 인터넷 이용자들 사이에서 일상적으로 이루어지는 링크는 인터넷 공간의 본질적 가치인 정보의 자유로운 유통을 위한 핵심적이고 필수적인 수단이다. 따라서 침해 게시물 등에 연결되는 링크행위에 대하여 기계적으로 방조범 성립을 긍정하게 되면 헌법 제21조에 따라 보장되는 표현의 자유나 헌법 제10조에 내재된 일반적 행동의 자유가 침해될 가능성이 있다. 따라서 다수의견은 이러한 문제를 해결하기 위하여 (영리목적 또는 계속적이 아닌) 단순한 링크는 공중송신권 침해에서 배제하고 있다. 즉 다수의견은 "요컨대, 저작권 침해물 링크 사이트에서 침해 게시물로 연결되는 링크를 제공하는 경우 등과 같이, 링크 행위는 그 의도나 양태에 따라서는 공중송신권 침해와 밀접한 관련이 있는 것으로서 그 행위자에게 방조 책임의 귀속을 인정할 수 있다. 이러한 경우 인터넷에서 원활한 정보 교류와 유통을 위한 수단이라는 링크 고유의 사회적 의미는 명목상의 것에 지나지 않는다. 다만 행위자가 링크 대상이 침해 게시물 등이라는 점을 명확하게 인식하지 못한 경우에는 방조가 성립하지 않고, 침해 게시물 등에 연결되는 링크를 영리적·계속적으로 제공한 정도에 이르지 않은 경우 등과 같이 방조범의 고의 또는 링크 행위와 정범의 범죄 실현 사이의 인과관계가 부정될 수 있거나 법질서 전체의 관점에서 살펴볼 때 사회적 상당성을 갖추었다고 볼 수 있는 경우에는 공중송신권 침해에 대한 방조가 성립하지 않을 수 있다."고 하고 있다.

도 밀접한 관련성이 있다고 객관적으로 인정되는 행위만이 방조에 해당한다고 판시하여 방조와 정범의 실행행위 사이의 관련성 내지 인과관계를 특별히 강조하기도 하였다(대법원 1965. 8. 17. 선고 65도388 판결). 링크 행위는 저작권 침해행위 '자체'를 용이하게 하는 것이 아니어서 저작권 침해행위의 방조에 해당하지 않는다는 종전 판례도 방조와 정범의 실행행위 사이의 관련성 내지 인과관계를 방조 성립 요건의 하나로 인정하였다고 이해할 수 있다.

그런데 다수의견은 방조의 개념에 정범의 실행행위를 용이하게 하는 행위뿐만 아니라 '정범의 범죄행위가 종료되기 전에 정범에 의한 법익 침해를 강화·증대시키는 행위로서 정범의 범죄 실현과 밀접한 관련이 있는 행위'까지 포함된다고 한다. 다수의견은 방조 개념에 위 행위가 포함되는 것이 마치 대법원 판례인 것처럼 대법원판결들을 근거로 들고 있으나, 이는 대법원판결에서 단 한 번도 설시하지 않은 내용으로서 학설상의 논의를 비판 없이 받아들여 대법원이 확고하게 유지해 온 방조의 개념을 바꾸는 것이어서 동의할 수 없다. …… 특히 '범죄 실현'은 '범죄 실행'뿐만 아니라 그로 인한 '결과 발생'까지 포함하는 개념임에도, 다수의견은 정범의 '실행행위'가 아닌 정범의 '범죄 실현'과의 관련성만 있어도 방조가 성립할 수 있다고 보고 있다. 따라서 다수의견의 태도는 형법상 방조의 성립 범위를 예측 가능한 범위를 넘어 광범위하게 확장하는 결과를 초래하고, 방조의 개념에 관한 기존 판례 전부를 실질적으로 변경하는 것에 해당한다. 특수한 영역에서의 처벌 공백을 보충해야 한다는 필요성 때문에 형법 총칙상의 개념인 방조의 의미에 관한 견해를 변경하여 방조의 성립 범위를 확장하는 것은 본말이 전도된 것으로서 그로 인해 초래될 다양한 영역에서의 파장은 현재의 단계에서 그 범위를 예측할 수 없을 정도로 매우 심각하다고 하지 않을 수 없다."고 하면서 "해외 공유사이트에 이 사건 영상저작물을 업로드한 성명불상의 정범들은 저작권법 제136조 제1항 제1호에서 정한 복제, 공중송신의 방법으로 저작권자의 권리(복제권, 공중송신권)를 침해하였다. 이 사건 영상저작물을 공중의 이용에 제공하는 정범들의 행위는 업로드로써 종료되는데(정보통신망을 이용한 명예훼손 행위는 명예훼손적 글의 게시행위로써 종료된다는 대법원 2007. 10. 25. 선고 2006도346 판결 등 참조), 이 사건 링크 행위 당시 정범들의 업로드는 이미 종료된 상태였으므로, 이 사건 링크 행위는 이 사건 영상저작물을 공중의 이용에 제공하는 정범들의 행위를 용이하게 한다고 볼 수 없다."고 한다.

공중송신 중 전송은 그 개념자체에서 시간적 계속성을 예정하고 있으므로 전송의 방법에 의한 공중송신권 침해는 저작물(침해게시물)의 게시가 철회되기 전까지는 침해행위가 계속되는 계속범임에도 반대의견은 이를 간과하여 의견을 제시한 것으로 판단된다. 즉 방조는 피방조자가 기수에 이를 때까지 가능함은 물론이고, 기수에 이른 후에도 그 범죄행위가 종료(일반적으로 범죄종료)되기 전까지도 성립할 수 있다는 것이 통설과 판례라고 할 수 있다.[14)

(3) 다수의견에 대한 보충의견

이러한 반대의견의 문제점은 다수의견에 대한 대법관 김재형, 대법관 천대엽의 보충의견에도 볼 수 있다.

즉 보충의견은 "방조를 단지 정범의 '실행 자체'를 용이하게 하는 행위로 제한된다고 본 선례는 방조범에 관한 일반적인 대법원판결들에서는 찾을 수 없다. 대법원은 정범에게 범행의 결의를 강화하도록 하는 것과 같은 무형적, 정신적 방조행위까지도 널리 형법상 방조행위에 해당한다고 판단해 왔다(대법원 1995. 9. 29. 선고 95도456 판결, 대법원 2018. 9. 13. 선고 2018도7658, 2018전도54, 55, 2018보도6, 2018모2593 판결 등 참조). 종전 판례는 공중송신의 방법으로 저작재산권을 침해하는 범죄에 한하여 유독 방조의 성립 범위를 좁힌 것으로서 방조에 관한 대법원의 확립된 판례와 정합성이 없다"고 하고 있다. 또한 구체적으

---

14) 김성돈, 형법총론(제6판), 687면; 이재상·장영민·강동범, 형법총론(제10판), §35/7; 대법원 1982. 4. 27. 선고 82도122 판결 등.

로 학계의 논의와 자료를 제시하면서 반대의견을 비판하고 있다. 즉 "학계의 다수설은 방조의 개념을 '정범에 의한 구성요건의 실행을 가능하게 하거나 용이하게 하거나 또는 정범에 의한 법익 침해를 강화하는 것'이라고 정의하고 있다(다수의 형법 교과서나 주석서만 보더라도 이를 확인할 수 있다. 가령 김일수·서보학, 새로쓴 형법총론, 제13판, 박영사, 2018, 491면; 이재상·장영민·강동범, 형법총론, 제10판, 박영사, 2019, 520면 참조). 이것이 판례의 입장과 다르다거나 방조의 개념을 확장한 것이라고 주장하는 견해는 찾을 수 없다. 대법원이 여러 차례에 걸쳐 방조의 개념을 '정범의 실행행위를 용이하게 하는 직접·간접의 모든 행위'라고 하였는데, 이는 정범의 범죄 실현을 용이하게 하는 행위로서 정범에 의한 법익 침해를 강화·증대하는 행위와 다르지 않다. 다수의견은 침해 게시물을 공중의 이용에 제공하는 정범의 범죄행위 계속 중 피고인이 이 사건 링크 행위로 정범의 범죄를 용이하게 하였고 더 나아가 그에 따라 정범에 의한 공중송신권 침해가 강화·증대되어 방조범의 성립을 충분히 인정할 수 있다는 취지이지, 방조의 개념을 확장하여 방조가 아닌 사안을 방조로 포섭시킨 것이 아니다."고 하고 있다.

또한 "반대의견은 다수의견이 정범의 실행행위가 아닌 범죄 실현과 관련성만 있어도 방조가 성립할 수 있다고 보아 방조의 범위를 확장하였다고 한다. 그러나 다수의견은 어떠한 행위가 단지 정범의 범죄 실현과 관련성만 있어도 방조라고 한 것이 아니다. 다수의견은 "방조란 정범의 구체적인 범행준비나 범행사실을 알고 그 실행행위를 가능·촉진·용이하게 하는 지원행위 또는 정범의 범죄행위가 종료하기 전에 정범에 의한 법익 침해를 강화·증대시키는 행위로서, 정범의 범죄 실현과 밀접한 관련이 있는 행위를 말한다."라고 하였다. 다수의견은 방조행위와 정범의 범죄 실현 사이에 인과관계가 필요하다는 점을 분명히 하였다. 다수의견이 말하는 '정범의 범죄 실현과 밀접한 관련이 있는 행위'란 정범의 범죄 실현과 인과관계가 있는 행위여야 방조라고 할 수 있다는 점을 강조한 것으로서, 방조행위의 영향력이 정범의 범의 강화, 실행행위는 물론 정범 결과에까지 미쳐야만 방조범 성립을 위한 인과관계를 인정할 수 있다는 취지이다. 반대의견은 다수의견을 제대로 이해하지 못하고 있다. 공범의 처벌근거는 공범이 정범의 실행행위를 통해서 간접적으로 법익 침해라는 정범 결과의 발생을 야기하는 데 있는데도, 반대의견은 정범의 실행행위만을 방조행위의 결과라고 여기고 있을 뿐이다. 오히려 반대의견과 같이 방조행위와 정범 결과 사이의 인과관계를 무시할 경우에 방조범의 성립 범위가 지나치게 확대되는 문제가 발생한다. 다수의견이 방조의 개념을 확장하였다는 전제에서 나온 반대의견의 비판은 타당하지 않다."고 비판하고 있다.

결국 반대의견은 다수의견이 제시하는 "정범의 범죄행위가 종료하기 전에 정범에 의한 법익 침해를 강화·증대시키는 행위"의 의미를 실행행위 종료 기수 전으로 파악하지 못하고, 범죄종료 후로 해석하면서 사후방조를 인정하는 것으로 잘 못 판단한 것이다.

Ⅲ. 방조범의 인과관계

1. 기존의 논의

방조행위와 정범의 구성요건적 실행행위 또는 구성요건적 결과발생 사이에 인과관계를 필요로 하는가의 문제가 방조범의 인과관계의 문제이다.[15]

---

15) 국내에서는 방조범의 인과관계를 논함에 있어서 정범의 '실행행위'를 방조의 결과로 파악하는 견해와 정범의 '결과'를 방조의 결과로 파악하는 견해가 있다. 그러나 정범의 '실행행위'를 방조의 결과로 파악하는 것은 방조행위의 내용적 연관성에 관한 문제로서 '실행행위를 촉진하거나 용이하게 한다'는 것은 방조행위와 정범실행행위간의 인과관계 내용으로 파악할 것이 아니라, 방조범의 관여행위가 '방조행위'로 평가되기 위해 갖추어야 할 성질 내지 조건'으로 이해하여야 한다는 견해(김봉수, "방조에서의 『결과』개념과 인과관계 판단-공범의 처벌근거를 통한 방조의 결과개념 도출-", 형사법연구 제20권 제2호, 2008, 42면)가 타당하다고 생각된다. 결국 이러한 견해에 의하면 방조범의

인과관계란 결과범에 있어 결과를 발생하게 한 원인과 결과간의 관계를 다루는 것이다. 방조범은 방조행위가 정범의 구성요건적 실행행위를 방조하는 것에 불과하다. 따라서 방조행위와 정범에 의한 결과발생 사이에 인과관계를 필요로 하는가 하는 문제에 대해서는 불요설과 필요설이 있는데 이는 독일의 논의를 거의 차용하고 있는 실정이다.

(1) 불요설

불요설은 방조행위와 정범의 구성요건 실행행위 사이에 인과관계를 필요로 하지 않는다는 학설이다. 여기에도 몇 가지 견해가 있다.

하나는 방조행위는 정범의 실행행위를 촉진하게 하거나 용이하게 할 정도이면 족하고, 피방조자의 행위(결과)의 원인이 되어야 하는 것은 아니라고 한다.16) 따라서 방조행위와 정범에 의한 실행행위 사이에 인과관계는 불필요하며, 정범에 의한 결과 발생을 방조자의 작품으로 귀속시킬 수 없으므로 방조범의 가벌성은 반드시 정범의 영역에서 요구되는 인과관계와 관련이 없다는 것과 형법이 정범을 방조한 자라고만 규정하고 인과관계를 요한다는 규정이 없다는 점을 근거로 한다.

하나는 방조범을 위험범으로 보는 견해이다. 학자에 따라 구체적 위험범으로 보기도 하고, 추상적 위험범으로 보기로 한다. 방조행위는 정범의 실행행위에 의한 결과를 발생하게 하는 데 위범성을 증대하게 하는 행위일 뿐이라는 것이다.17)

성립을 위하여 '방조행위'와 '방조범의 인과관계'는 명확히 구분되어야 하고 방조범의 성립을 위하여 '방조범 의 인과관계'는 독자적으로 필요하다고 하여야 한다.(방조행위와 방조범의 인과관계를 독립적으로 요구하여야 한다는 견해로 조기영, "정신적 방조와 방조범의 인과관계", 형사법연구 제26권 제3호, 2014. 88면)

16) 김성천·김형준, 형법총론(제3판), 동현출판사, 2005, 550면.
17) 이외에도 방조범은 피방조자의 범행에 대한 인과적 원인이 될 필요는 없고 결과발생에 대한 위험을 증대시키기만 하면 충분하다는 위험증대설도 있다. (이러한 학설에 대한 자세한 설명은 이용식, "무형적·정신적 방조행위의 인과관계" 216-221면 참조)

(2) 필요설

필요설은 방조범의 성립을 위해서는 피방조자의 실행행위를 촉진하거나 용이하게 할 정도의 방조행위가 존재하기만 할 것이 아니라 방조행위가 실제로 영향을 미쳐 피방조자의 실행행위를 촉진하거나 용이하게 하여야 한다는 견해이다. 공범의 처벌근거가 타인의 불법을 야기·촉진하는 데 있으므로 방조행위가 피방조자의 실행에 아무런 영향을 미치지 못한 경우에는 처벌근거를 상실한다는 점을 이유로 든다. 여기에도 몇 가지 견해가 있다.

하나는 방조행위와 정범의 실행행위에 의한 결과발생 사이에 합법칙적 조건관계가 있어야 한다는 견해이다(결과야기설).[18] 여기서 말하는 합법칙적 조건관계는 방조행위 없이는 정범의 구성요건적 결과발생이 일어나지 않는다는 의미의 조건관계(c.s.q.n.)를 의미하는 것은 아니다. 다만 방조행위가 정범의 구성요건 실현에 영향을 미친 것만으로 충분하다고 보는 것은 아니다. 따라서 정범이 방조자가 제공한 도구를 이용하지 않고 다른 도구를 이용하여 범죄를 범한 경우에도 방조범의 성립을 인정한다. 물리적 방조는 없지만 정신적 방조는 있기 때문이라는 것이다.

다른 하나는 방조행위가 정범의 구성요건 실행행위의 기회를 증대시킨 경우에는 방조범이 성립한다고 보는 견해이다(기회증대설 또는 인과적 위험증대설).[19] 따라서 방조행위가 오히려 정범의 결과발생에 위험을 감소시킨 경우에는 방조범은 성립하지 않는다. 이 견해는 방조범의 성립에는 종래 단순히 방조행위와 정범의 구성요건실현 사이에 인과관계를 다루는 것만으로는 부족하고 객관적 귀속이 인정되어야 한다고 본다. 따라서 방조자의 방조행위가 정범의 구성요건 실행행위

---

18) 이재상·장영민·강동범, 형법총론(제10판), §35/11. 배종대, 형법총론(제7판), 홍문사, 2004, §141/6.
19) 김성돈, 형법총론(제6판), 690면. 김일수·서보학, 새로 쓴 형법총론(제10판), 박영사, 2004, 650면.

를 용이하게 하는가 혹은 강화하게 함으로써 구성요건 결과발생의 기회를 증대하여야만 방조범이 되는 것이다.

(3) 소 결

인과관계 불요설에 의하면 방조행위의 범위가 지나치게 넓어지게 되어 정신적 방조행위의 한계를 설정할 수 없고, 구성요건실현에 아무런 영향을 미치지 못한 촉진행위를 방조범의 기수로 처벌하게 되면 가벌적 방조의 기수와 기도된 방조(불가벌)의 구별이 불가능하게 되고, 피방조자에게 아무런 영향을 주지 않은 방조행위에 방조범의 성립을 긍정하면 결국 공범의 종속성에 반한다. 따라서 방조범에서도 인과관계는 필요하다고 하여야 한다.

다만 인과관계가 필요한 경우라도 합법칙적 조건관계로 충분하지 않고 방조행위가 피방조자의 실행행위를 용이하게 하거나 강화함으로써 결과발생의 기회를 증대한 경우만 방조행위로 인정해야 할 것이다. 왜냐하면 피방조자의 실행행위 및 결과는 방조범의 수정된 구성요건 요건적 결과에 해당하는 것이므로 그것과 방조행위와 사이에 합법칙적 연관성이 있어야 한다는 것은 방조행위의 본질이므로 합법칙적 연관성을 넘는 결과발생의 기회증대가 필요한 것이다.[20]

2. 다수의견

대상판결의 다수의견은 그 동안 판결에서 언급하지 않았던 방조범의 인과관계를 정면으로 요구하고 있다. 다수의견은 "방조범은 정범에 종속하여 성립하는 범죄이므로 방조행위와 정범의 **'범죄 실현'** 사이에는 인과관계가 필요하다. 방조범이 성립하려면 방조행위가 정범의 **'범죄 실현'**과 밀접한 관련이 있고 정범으로 하여금 구체적 위험을 실현시키거나 범죄 결과를 발생시킬 기회를 높이는 등으로 정범의 **'범죄 실현'**에 현실적인 기여를 하였다고 평가할 수 있어야 한다. 정범의

---

20) 김성돈, 형법총론(제6판), 690면.

범죄 실현과 밀접한 관련이 없는 행위를 도와준 데 지나지 않는 경우에는 방조범이 성립하지 않는다.

　…… 저작권 침해물 링크 사이트에서 제공하는 링크가 없었더라면 정범이 게시한 저작권 침해물을 발견할 수 없었던 공중의 구성원까지 그 링크를 통해 원하는 시간과 장소에서 쉽게 저작권 침해물에 접근할 수 있게 되었다. 링크 행위로 말미암아 공중이 접근할 수 있도록 저작권 침해물을 이용에 제공하는 정범의 실행행위가 용이하게 되고 공중송신권이라는 법익의 침해가 강화·증대된다. 이와 같이 링크를 제공하는 행위가 공중의 구성원이 개별적으로 선택한 시간과 장소에서 침해 게시물에 쉽게 접근할 수 있도록 하는 정도에 이른다면, 침해 게시물을 공중의 이용에 제공하는 정범의 '**범죄 실현**'과 밀접한 관련이 있고 그 구성요건적 결과 발생의 기회를 현실적으로 증대함으로써 공중송신권이라는 법익의 침해를 강화·증대하였다고 볼 수 있다. 이러한 경우 단순히 공중송신권이 침해되고 있는 상태를 이용한 것에 지나지 않는다고 볼 수 없고 방조범 성립에서 요구되는 방조행위와 정범의 '범죄 실현' 사이의 인과관계를 인정할 수 있다."고 하였는데, 이는 기존의 학계에서 논의되면 방조범의 인과관계의 필요성을 인정하면서 그 정도는 합법칙적 연관성을 넘어서는 결과발생의 기회증대까지 인정하는 것으로 평가할 수 있을 것이다.

3. 반대의견

　방조범의 인과관계가 필요하다는 다수의견에 대하여 반대의견에서는 "영리적·계속적 링크 행위와 그 밖의 링크 행위는, 공중송신권 침해행위와의 인과관계 존재 여부에서 차이가 나기 때문에 전자는 방조를 구성하나 후자는 그렇지 않다는 취지인 듯하다. 그러나 …… 링크 행위의 영리성이 링크 행위와 정범의 공중송신권 침해행위 사이의 관련성 내지 인과관계의 존재 여부를 결정할 핵심적인 기준이 된다고 보기도 어렵다. 더욱이 링크 행위의 영리성은 링크 행위자가 행위 당시에 가진 '목적'에 관한 사항일 뿐인데, 행위 당시 행위자가 가진 목적에 따라 그 행위와 다른 행위 사이의 관련성 내지 인과관계가 달라진다고 볼 수 없다. …… 이렇듯 다수의견은 영리적·계속적 링크 행위와 그 밖의 링크 행위 사이에 정범의 공중송신권 침해행위와의 인과관계 존재 여부가 달라지는 이유에 대해서 구체적이고도 설득력 있는 논증을 하지 못하고 있다."고 비판하고 있다.

4. 다수의견에 대한 보충의견

영리적 또는 계속적 링크행위와 그 밖의 링크 행위와의 인과관계 존부가 달라지는 이유를 논증하지 못한다는 반대의견에 대하여 보충의견은 다수의견을 좀 더 구체적으로 설명하고 있다.

"다수의견을 다시 설명하자면 다음과 같다. 링크 행위가 전송의 방법에 의한 공중송신권 침해의 개념이나 방조범의 일반 법리에 비추어 그 성립 요건을 충족하는 경우에는 공중송신권 침해의 방조범에 해당할 수 있다. 다만 방조범 성립 여부를 판단할 때에는 인터넷에서 링크가 가지는 정보 유통의 기능, 표현의 자유나 일반적 행동의 자유의 일환으로서 링크 행위의 자유를 충분히 보장할 필요성 등을 고려하여 고의나 인과관계에 관한 요건을 엄격하게 적용하여 합리적인 범위 내에서 방조범의 성립을 제한하여야 한다.

방조범은 정범 범행의 성립과 계속, 강화와 증대 등에 실질적으로 기여하는 사실이 인정되어야 성립할 수 있다. 이 사건에서 피고인이 단지 일상적인 정보 교환을 위한 링크 행위의 수준에 그쳤다면 공중송신권 침해라는 정범 범행의 성립이나 강화 등에 실질적으로 기여하는 사실이나 고의를 인정하기 어려울 것이다.[21] 그러나 피고인이 저작

---

21) 보충의견에서는 이러한 경우 구체적으로 방조범의 어떠한 성립요건을 충족 못하는지 설명하고 있지 않고 있어서 반대의견 또는 독자들에게 독해의 어려움을 제공하고 있다. 지금까지 다수의견의 논지에 의하여 필자가 판단할 때 일상적인 정보 교환을 위한 링크의 경우는 공중송신권 침해의 방조행위

권 침해물 링크 사이트를 운영하면서 확정적인 고의로 그 링크를 영리적·계속적으로 제공하여, 전송의 방법으로 공중송신권을 침해하는 정범의 범죄 실현에 현실적으로 기여한 사실이 증명되었으므로 방조범 성립 요건을 구비하였다고 인정할 수 있다.[22]"

또한 "다수의견은 이와 같이 방조범의 고의, 정범과 방조범 사이의 인과관계와 그 증명을 엄격히 요구함으로써 방조범의 성립을 합리적인 범위 내에서 제한적으로 인정할 필요가 있다고 보았다. 특히 인과관계 문제는 이 사건에서 중요한 부분이다. 종래의 판례는 방조행위와 정범의 범죄 실현 사이의 인과관계를 명시적으로 언급하지 않았고, 다만 학설상 인과관계 필요설에 입각하고 있다는 평가를 받아 왔을 뿐이다. 방조행위와 정범의 범죄 실현 사이에 인과관계가 있어야 하는지 여부와 그 정도에 대해서는 다양한 견해가 있는데, 단순한 위험의 창출이나 증대가 아니라 정범의 구체적 위험의 실현이나 결과 발생의 기회를 증대시킨 경우에 한하여 방조범을 인정할 수 있다는 구체적·인과적 기회증대설 또는 인과적 위험증대설이 국내의 일반적인 견해이다. 이에 따르면, 방조행위가 정범의 실행행위 또는 법익 침해의 결과 발생과 밀접하게 관련되어 정범의 범죄 실현에 현실적으로 기여하였다고 인정할 수 있는 행위, 즉 정범의 '실행행위' 또는 '구성요건적 결과 발생'의 기회를 현실적으로 증대시킨 경우에 한하여 방조범이 성립하고, 이러한 정도에 이르지 않으면 방조행위가 성립하지 않는다.[23]

다수의견은 방조행위와 정범의 범죄 실현 사이에 인과관계가 필요하다는 점을 명시적으로 긍정하고 있다. 이는 일체의 기회증대가 아

에는 해당하지만 정범의 법익침해를 강화시킨 바 없으므로 방조행위와 법익 침해 결과 사이에 인과관계가 인정되지 않는다고 판단된다.

22) 이 경우에도 필자가 구체적으로 판단해 보면 영리적·계속적 링크의 경우는 공중송신권 침해의 방조행위해당하고 정범의 법익침해를 강화시킨 바도 있으므로 방조행위와 정범의 법익침해 결과 사이에 인과관계가 인정된다고 판단된다.

23) 좀 더 구체적으로는 방조행위는 인정되지만 방조범의 인과관계가 인정되지 않는다는 표현이 좀 더 정확한 표현이라고 판단된다.

니라 실질적 인과관계 있는 인과적 기회증대의 경우로 방조범의 성립을 제한할 필요가 있음을 분명히 한 것이다.

다수의견이 이 사건 링크 행위에 의한 방조범 성립의 주요 정황의 하나로 들고 있는 사정, 즉 저작권 침해물 링크 사이트에서 침해 게시물 등에 연결되는 링크를 영리적·계속적으로 제공하는 경우 등과 같은 링크 행위의 유형은 공중의 구성원이 침해 게시물에 쉽게 접근할 수 있도록 하는 정도로 정범의 범죄 실현에 대한 구체적·인과적 기회증대를 인정할 수 있거나 방조범의 확정적인 고의를 추단할 수 있는 하나의 지표이다. 그러나 이것이 인과관계의 존재나 고의 또는 이를 전제로 하는 방조범의 성립을 인정하기 위한 절대적인 기준은 아니다. 이와 다른 전제에서 나온 반대의견의 비판은 타당하지 않다." 고 한다.

Ⅳ. 나오는 말

기존의 대법원 판례는 방조범의 인과관계에 대하여 명시적으로 언급하지 않고 있었다. 그러므로 학계의 다수 견해는 (다수의견에 대한 보충의견에서 생각하는 것과 달리) 대법원은 방조범의 인과관계와 관련하여 불요설의 입장에 있다고 판단하였다. 따라서 대법원이 방조범 성립과 관련하여 방조행위만 인정되면 방조범을 쉽게 인정하는 문제점을 지적하면서 방조범 성립을 위하여는 방조행위와 방조범의 인과관계를 명확히 구분하여 방조범 성립에 신중을 기하여야 한다고 주장하였던 것이다.

이제 이러한 학계의 지적에 대하여 대법원은 명시적으로 방조범의 인과관계가 필요하다고 하였으며, 또한 그 정도에 대하여 인과적 기회증대설을 택하고 있음을 밝히고 있으므로 그 동안의 대법원 입장과 비교하여 진일보한 판결이라고 할 수 있다. 물론 반대의견이 있었지만 반대의견의 제시된 주요 이유는 5년 여만에 대법원이 처벌되지 않는다고 판단하였던 사례를 급하게 변경하는 것에 대한 우려였다고 생각된다. 따라서 다수의견도 반대의견의 이러한 이유에 대하여 심도 있게 고민하여야 한다고 생각된다.

이제 대법원의 남은 과제는 방조범의 성립과 관련하여 방조행위를 인정하기 위한 세밀한 요건을 만드는 것과 방조범의 인과관계를 인정하기 위한 구체적 기준들을 계속 제시함으로써 방조범이 너무 쉽게 인정되어 인권을 침해하는 일이 없도록 하는 것이다.

끝으로 대상판결에서 다수의견에 대한 대법관 김재형, 대법관 천대엽 보충의견은 학계의 의견을 구체적으로 제시하면서 참고자료 또는 출처를 명시적으로 밝히고 있는데, 이 또한 옳은 방향성이라고 생각된다. 앞으로의 대법원 판결에서도 이러한 현상이 꾸준히 증가되길 바랍니다.

[주 제 어]
방조범, 방조행위, 인관관계, 링크행위, 공중송신권

[Key Words]
accomplice, facilitating behaviour, causality, Linkage behavior, the right to transmit to the public

접수일자: 2022. 5. 22. 심사일자: 2022. 7. 22. 게재확정일자: 2022. 7. 25.

[참고문헌]

김일수·서보학, 새로 쓴 형법총론(제10판), 박영사, 2004.

김성돈, 형법총론(제6판), SSKUP, 2020.

배종대, 형법총론(제7판), 홍문사, 2004.

이재상·장영민·강동범, 형법총론(제10판), 박영사, 2019.

김성돈, 형법각론(제6판), SKKUP, 2020.

오영근, 형법각론, 박영사, 2005.

임 웅, 형법각론(4정판), 법문사, 2005, 130면.

김성천·김형준, 형법총론(제3판), 동현출판사, 2005, 550면.

김봉수, "방조에서의 『결과』개념과 인과관계 판단 — 공범의 처벌근거를 통
    한 방조의 결과개념 도출 —", 형사법연구 제20권 제2호, 한국형사법학
    회, 2008.

이용식, "무형적·정신적 방조행위의 인과관계", 형사판례연구9, 한국형사판
    례연구회, 2001.

조기영, "정신적 방조와 방조범의 인과관계", 형사법연구 제26권 제3호, 한
    국형사법학회, 2014.

홍승희. "인터넷링크행위와 저작권침해 — 대법원 2015. 3. 12. 선고 2012도137
    판결 —", 형사판례연구24, 한국형사판례연구회, 2016.

[Abstract]

Causality of accomplice

Kim, Dae-Won*

In the past, Supreme Court precedents did not explicitly mention the causal of accomplice. The majority opinion of academia judged that the Supreme Court was in a position of unnecessary theory in relation to the causal of accomplice. Therefore, academia pointed out the problem of the Supreme Court, which easily recognizes aiding abetter if only aiding act is recognized. In other words, it was argued that caution should be exercised in establishing an accomplice by clearly distinguishing the causal between an facilitating behaviour.

The Supreme Court explicitly stated that a causal between the accomplice is necessary in response to the academic criticism. Now, the remaining task of the Supreme Court is to create detailed requirements for acknowledging an facilitating behaviour in relation to the establishment of an accomplice. By continuing to provide specific criteria for acknowledging the causal of accomplice aggressors, it is to prevent human rights violations from being recognized too easily.

---

* Visiting professor, Forensic science, Sungkyunkwan University, Ph.D in Law

직권남용과 성폭력 2차가해
- 대법원 2020.1.9. 선고 2019도11698 판결
(직권남용권리행사방해)

김 한 균*

Ⅰ. 대상판결

1. 사안 개요

(1) 전제사실

본 사안의 문제된 전제사실은 다음과 같다.

첫째, 2010년 10월 피고인은 당시 법무부 간부로서 장관을 수행하여 조문하던 중, 다수 검사들과 같은 테이블에 앉아 있는 상황에서 나란히 앉아있던 검사 甲을 강제추행했다.

둘째, 법무부 감찰담당관은 2010년 12월 피고인의 성추행 첩보를 접하고, 감찰담당관실 검찰공무원 비위감찰담당 검사에게 진상확인을 지시하였으며, 다시 담당검사는 법무심의관실 검사 乙에게 확인을 부탁하였다.

셋째, 검사 甲은 고소 등 문제를 제기할 경우 2차 피해를 우려하여 고민하던 중 법무부 검사 乙로부터 사실 확인 연락을 받게 되자, 우려가 현실화된 상황에 당황하여 별다른 확인을 해주지 아니한 채 당시 소속 부장검사에게 강제추행 피해사실과 2차 피해 우려에 관하여 말하였다.

---

* 한국형사·법무정책연구원 선임연구위원, 법학박사

넷째, 이에 당해 부장검사는 즉시 소속 지방검찰청 검사장에게, 검사장은 당시 검찰국장에게 보고하였고, 검찰국장은 검사 乙을 불러 피해자가 가만히 있는데 문제를 만들지 말라는 취지의 발언을 하였다. 이에 검사 乙은 감찰담당관실 담당검사에게 '검사 甲이 피해사실을 드러내길 원하지 않는 상황' 및 '검찰국장로부터 질책을 받은 상황'을 전달하였다.

다섯째, 이러한 과정을 거쳐 감찰담당관실은 검사 甲이 더 이상 문제 삼고 싶어 하지 아니한다고 판단하여 피고인이나 목격자 조사하지 아니한 채 피고인 '성추행 비위' 감찰을 종결하였으며, 감찰담당관은 피고인에게 사실을 확인하고 주의를 주었다.

여섯째, 이후 검사 乙은 피고인의 강제추행 및 감찰 종결사실을 지속적으로 주변 검사, 기자, 변호사 등에게 알렸다.

(2) 범죄관련 사실

본 사안의 (전제사실 관련 2차가해로서) 직권남용 범죄관련 문제된 사실관계는 다음과 같다.

첫째, 피고인은 2015년 2월부터 법무부 검찰국장으로 재직하면서, 그 직무상 검찰인사위원회를 담당하는 검찰과를 총괄하고 일반검사 인사에 대하여는 사실상 최종결정 권한을 가지게 되었다. 검찰국장, 검찰과장, 검사인사담당 검사 모두 검사인사의 공정성 원칙과 검찰인사위원회를 통하여 정립된 '검사에 대한 인사원칙과 기준'에 따라 인사안을 작성해야 한다.

둘째, 2015년 하반기 검사 인사이동안 작성과정에서 검찰과 인사담당검사는 인사원칙과 기준에 따라 검사 甲을 본인 희망대로 수도권 지청에 유임시키거나, 차치지청 이상 검찰청 배치하는 내용의 기안을 하였을 뿐 부치지청 배치는 검토한 적이 없었고, 검찰인사위원회 개최 무렵 피고인에게 보고된 인사안은 사실상 확정된 상태로서 이후 인사발표 직전 검사 甲을 경남지역 지청으로 변경하여 배치하여야 할 객관적인 인사안 변동요인도 없었다.

셋째, 피고인은 강제추행 상황을 목격한 다수 검사가 있고, 법무부 감찰관실에서 진상확인까지 하는 과정에서 주의를 받았으며, 강제추행 사실 및 감찰 종결사실이 목격자들과 검사 乙 등을 통해 확산되어 불안감을 느끼던 중, 인사안을 보고받고 검사 甲에 대한 배치 내역을 알게 되자, 향후 자신의 보직관리에 장애가 초래될 것을 우려한 나머지 검사 甲의 생활근거지와 원거리여서 육아와 업무를 병행하기 곤란한 임지로 전보시키는 안을 만들도록 지시하여 검사 甲의 사직을 유도하기로 마음먹었다.

넷째, 이에 피고인은 인사담당검사에 인사상 불이익을 가하는 인사안을 작성하도록 지시하였고, 검사 甲을 경남지역 지청에 배치하는 2015년 하반기 검사인사가 발표되었다. 그러나 검사 甲을 부치지청인 통영지청으로 다시 전보시키는 인사안은, 부치지청에서 근무한 경력검사에 대하여 다음 인사에서 우대한다는 취지의'경력검사 부치지청 배치제도'에 반하는 전례 없는 인사일 뿐만 아니라 이에 검사 甲이 곧바로 사직서를 제출할 정도로 인사상 불이익에 해당하여, 검찰인사의 공정성을 훼손하고 검사인사 원칙과 기준에 반한다.

다섯째, 이로써 피고인은 인사안 결정과 관련한 검찰국장의 업무권한을 남용하여 검사인사담당 검사로 하여금 검사인사의 원칙과 기준에 반하여 검사 甲에 대한 인사안을 작성하게 함으로써 의무 없는 일을 하게 하였다.

2. 원심 및 대법원 판결의 주요 내용과 쟁점

(1) 사안의 주요쟁점

본 사안은 법무부 검찰국장인 피고인이 검사인사안 결정과 관련한 직무권한을 남용하여 검사인사 담당검사로 하여금 특정 내용의 인사안을 작성하게 한 것이 피고인 직무집행을 보조하는 담당검사로 하여금 지켜야 할 직무집행 기준과 절차를 위반하여 법령상 의무 없는 일을 하게 한 때에 해당하여 형법 제123조 직권남용죄상'사람으로 하여금 의무 없는 일을 하게 한 때'에 해당하는지의 여부가 쟁점이다. 개별 쟁점은 다음과 같다.

첫째, 검사인사에 관한 직무집행 기준과 절차가 법령에 구체적으로 명시되어 있는지, 그리고 이에 따라 검사인사담당 검사에게 직무집행 기준을 적용하고 절차에 관여할 고유한 권한과 역할이 부여되어 있는지의 여부

둘째, 당해 인사안 작성이 검사인사 원칙과 기준에 위배되는 등 직무집행의 기준과 절차를 위반하였는지 여부

셋째, 피고인이 강제추행 사실과 관련하여 피해자(전제사실인 강제추행의 피해자)에게 인사상의 불이익을 줄 동기에서 당해 인사안을 지시했는지의 여부.

(2) 제1심 판결1)의 주요내용

① 실무담당검사의 인사원칙 준수의무

첫째, 검찰인사위원회 심의 및 의결을 통하여 축적된 검사 임용·전보 원칙과 기준에 관한 사항 등은 법무부 검찰국장과 검찰과장을 비롯한 검사인사담당 검사가 준수하여야 하는 검사인사 원칙과 기준이 되므로, 담당 검사는 검사인사안을 작성함에 있어서 이를 따를 의무가 있다.

---

1) 피고인은 검사 인사안 결정과 관련한 검찰국장의 업무권한을 남용하여 검사인사담당 검사로 하여금 검사인사의 원칙과 기준에 반하여 피해자를 통영지청에 전보시키는 인사안을 작성하게 함으로써 의무 없는 일을 하게 하였다. 피고인은 강제추행 비리를 덮기 위하여 법무부 검찰국장으로서 검사에 대한 인사권을 실질적으로 행사하는 지위에 있음을 이용하여 보호받아야 하는 피해자에게 오히려 부당하게 인사상 불이익까지 주었다. 나아가 피고인이 검사에 대한 인사권을 실질적으로 행사하는 지위를 남용함으로써, 공정한 검찰권 행사에 대한 신뢰의 토대가 되는 검사인사가 올바르게 이루어진다는 데 대한 국민의 믿음과 검찰 구성원의 기대를 저버리는 결과가 초래되었으므로, 엄한 처벌이 필요하다(서울중앙지방법원 2019. 1. 23. 선고 2018고단2426 판결).

둘째, 따라서 검사인사담당 검사에게도 인사안을 작성함에 있어 직무집행 기준을 적용하고 절차에 관여할 고유한 권한과 의무가 부여되어 있다.

② 법령상 명시된 의무

첫째, 검찰청법 제35조 제1항, 제4항에 따라 법무부 검찰국장과 검찰과장을 비롯한 검사인사담당 검사는 직무집행 기준과 절차에 따라야 하는 의무 이행과 관련하여 검찰인사위원회 심의 및 의결을 통하여 축적된 검사 임용·전보 원칙과 기준에 관한 사항 준수의무를 부담한다.

둘째, 직무집행 기준과 절차를 이루는 내용인 검사 임용·전보 원칙과 기준에 관한 사항 등이 비록 법령에 구체적으로 규정되어 있지 아니하고 검찰인사위원회 심의 및 의결을 통하여 형성되는 것이라고 하더라도, 검사 인사에 관한 직무집행 기준과 절차가 법령에 구체적으로 명시되어 있지 아니하다고 할 수 없다.

③ 직권의 남용 여부

첫째, 피고인은 경력검사 부치지청 배치제도가 다른 인사원칙에 우선하는 것이 아니어서 인사평정과 근무실적이 나쁘면 부치지청에서 경력검사로 일한 후 다음 인사에서 다시 부치지청에 경력검사로 배치될 수 있으며, 피해자에 대한 검찰총장 경고와 부정적인 세평을 이유로 든다. 그러나 2013년부터 2016년까지 동일한 검찰총장 경고를 받은 평검사들 가운데 2015년 하반기 인사에서 부치지청에 경력검사로 배치된 사람은 없었으며, 오히려 피해자가 대검우수사례로 4차례 선정되는 등 실적과, 2015년 상반기 법무부장관 표창으로 인한 상훈가점 사정은 감안되지 아니하였다.

둘째, 피고인은 인사안 배치 이유의 하나로 해당 지청 인력 수급 사정을 들고 있다. 그러나 피해자는 해당 지청으로 인사발령을 받은 직후 육아휴직을 하였는데, 그 공석이 경력검사로 보충되지 아니하였다. 이러한 사정들에 비추어 보면, 당해 인사안은 검사인사 원칙과 기

준의 하나에 해당하는 경력검사 부치지청 배치제도를 실질적으로 위
반하는 것으로서 인사담당 검사는 직무집행의 기준과 절차를 위반하
였다.

④ 부당한 지시를 통해 인사담당 검사에게 의무없는 일을 하게 한 행위

본래 차치지청 이상 검찰청에 배치하는 인사안이 검찰인사위원회
개최 무렵 검찰국장인 피고인에게 보고가 된 것으로 보이는 이상, 인
사담당 검사가 검사인사 업무를 총괄하는 피고인의 지시 없이 독자적
으로 검사인사의 원칙과 기준의 하나에 해당하는 경력검사 부치지청
배치제도를 실질적으로 위반하는 인사안을 작성하여 피고인 결재를
받는다는 것은 수긍하기 어렵다. 따라서 피고인 지시를 받고 당해 인
사안을 작성하였다고 봄이 타당하다.

⑤ 부당한 지시의 동기

첫째, 법원이 적법하게 채택하여 조사한 각 증거들에 의하면 피고
인은 피해자를 강제추행한 사실, 피고인이 이와 같은 행위를 인식하고
있었던 사실, 그리고 피고인이 강제추행한 사실이 검찰 내외에 널리
알려지고 있다는 것을 인식하였던 사실을 인정할 수 있다.

둘째, 피고인은 문제가 계속 불거질 경우 향후 자신의 보직관리에
장애가 초래될 것을 우려하여 인사상 불이익을 주는 방식으로 피해자
의 사직을 유도하고자 하는 동기가 충분히 있었다고 할 수 있다.

(3) 항소심 판결[2]의 주요내용

① 범행의 동기

첫째, 본 범행 동기와 관련하여 피고인은 사건발생 당시 혹은 적
어도 법무부 감찰관실에서 진상조사에 나섰던 시점에서 강제추행 사
실을 확실히 인식하였을 것으로 판단한다.

둘째, 피고인으로서는 강제추행한 문제 사실이 검찰 구성원들에

---

2) 제1심이 적법하게 채택하여 조사한 증거들을 종합하여 공소사실을 유죄로 인
   정하는 판단은 정당한 것으로 수긍이 가고, 직권남용권리행사방해죄에 관한
   법리를 오해한 위법은 없다(서울중앙지방법원 2019. 7. 18. 선고 2019노424 판결).

게 이미 알려지게 되었고 감찰관실에서 진상조사까지 하였던 사실을 인식한 이상, 향후 조직 내에서 강제추행 사실이 계속 불거질 경우 자신의 보직관리에 장애가 초래될 것을 당연히 예상할 수 있다. 그러므로, 피해자에게 인사상 불이익을 주는 방식으로 사직을 유도하고자 하는 동기는 충분히 인정된다.

② 직권의 남용 여부

첫째, 피고인은 피해자를 사직케 한다해도 강제추행사실이 덮일 것이라는 인과관계를 상정할 수 없으므로 그러한 계획 하에 행동한 바 없다고 주장한다. 하지만, 실제 사직하여 조직 내 피고인에 대한 평가에 관여할 수 없게 되면 피고인으로서는 더 이상 우려할 바가 없게 되는 것이고, 설령 사직을 하지 않더라도 이같은 정도의 인사상 불이익은 그 자체로 피해자에 대한 검사로서의 평가를 결정적으로 저하시켜 피해자를 조직 내에서 위축시킬 뿐 아니라 그의 주장에 관한 신뢰도나 영향력을 떨어뜨리는 효과가 있게 될 것이라는 점에서 이유 없다.

둘째, 피고인은 자신이 가해자라는 인식이 있었다면 문제를 해결하기 위하여 조용한 수습을 위한 조치를 취하였을 것이고, 이 사건처럼 당사자 반발 등 논란을 자초하는 비합리적인 인사를 하였을 리가 없다는 취지의 주장을 하지만, 피해자는 평검사로서 피고인을 상대로 인사상 불이익 관련 이의를 쉽게 제기하기 힘든 것은 분명하다. 또한 실제로 피해자는 해당 인사로 사직서를 제출하였다가 결국 철회하고 인사조치에 따라 근무하면서, 피고인이 검찰국장 재임하는 동안에는 별다른 인사 관련 이의를 제기한 바 없었다는 점에서 이유 없다.

③ 인사원칙과 기준 위반

첫째, 피고인은 경력검사 부치지청 배치제도는 1999년 검찰인사위원회 심의에 따라 도입된 이래 현재까지 '검사인사원칙집'에 기재되어 있어 명백히 효력을 유지하고 있는 검사인사 원칙과 기준이다. 피고인은 근무실적이 나쁜 경우까지 경력검사를 우대하는 제도가 아니고, 부치지청에서 부치지청으로 배치하는 것을 금지한다는 규정도 없으며, 2010년 이후 사실상 유명무실화되었다는 취지의 주장을 한다. 하지만, 우대제도 취지를 고려하면 굳이 부치지청에서 부치지청으로의 전보를 금지시키는 규정은 불필요한 것이고, 모든 부치지청에 경력검사가 배치되는 것도 아니며 당해 인사 대상 경력검사는 그보다 적어서, 인사 희망 고려가 어렵게 되었다고 볼 사정도 없기 때문에 이유 없다.

둘째, 피고인은 검사인사원칙집상 인사원칙과 기준이 여러 개여서 모두 충족하기란 사실상 곤란하므로 재량여지를 주장하지만, 인사 요소들을 종합적으로 고려함에 있어서는 원칙을 고려하되 상황에 따라 상호 보완적 혹은 우선적으로 적용할 수 있다 하더라도, 각 원칙에 명백히 어긋나는 인사배치까지 용인된다고 보기는 어렵다. 또한 피해자 희망대로 현 근무지에 유임케 할 경우 또 다른 '수도권청 3회 근무 제한원칙'을 위반하게 될 수밖에 없다는 주장을 하나, 특별한 사유가 있는 경우 가능했었고, 타 검사들과의 형평에 문제가 없는 한 객관적으로 당사자에게 유리한 인사배치는 위법 논란 가능성이 거의 없으므로 이유 없다.

셋째, 인사자료라고 주장하는 피해자에 대한 세평, 복무평정, 보직경로 등 각종 인사요인들은 초기 인사배치 시점부터 고려되어야 했던 것이지 피해자를 해당 지청에 배치하기 위하여 새로이 참작되어야 할 사유는 아니며, 인사안 작성 당시까지 피해자에 대한 공식적인 검찰 세평 자료는 존재하지 않았다.

④ 부당한 지시를 통해 인사담당 검사에게 의무없는 일을 하게 한 행위

제1심은 피고인이 인사담당 검사에게 피해자를 해당 지청으로 배치하도록 지시하였음을 인정하였고 이에 더하여, 당심이 적법하게 채택하여 조사한 증거에 의하여 알 수 있는 사정을 종합하면, 피고인의 지시가 없이는 인사담당 검사가 독자적인 판단과 결정으로 피해자를 해당 지청에 배치한 것이라고는 보기 어렵다.

(4) 대법원 판결3)의 주요내용

대법원은 공소사실과 원심판결의 이유에 의하더라도 피고인이 인사담당 검사로 하여금 인사안을 작성하게 한 것을 두고 법령이 정한 검사 전보인사의 원칙과 기준을 위반하여 직권남용죄에서 말하는 '의무 없는 일을 하게 한 때'에 해당한다고 볼 수는 없다고 보아, 항소심 판결을 파기하고 무죄취지로 환송하였다.

① 직권의 남용여부

첫째, 검사에 대한 전보인사는 검찰청법 등 관련 법령에 근거한 것으로서 법령상 원칙과 기준에 따라야 하지만, 한편 전보인사는 인사권자(법무부장관) 권한에 속하고, 인사권자는 법령의 제한을 벗어나지 않는 한 여러 사정을 참작하여 전보인사 내용을 결정할 필요가 있고 이를 결정함에 있어 상당한 재량을 가진다. 인사권자의 지시 또는 위임에 따라 검사인사에 관한 직무집행을 보조(검찰국장) 내지 보좌(검사 인사담당 검사)하는 자도 그 범위에서 일정한 권한과 역할이 부여되어 재량을 가진다.

둘째, 인사기준 역시 다양한 기준과 고려사항들을 종합적으로 참작할 것을 전제로 하고 있으며, 검사의 전보인사는 다수 인사대상자들의 보직과 근무지를 일괄적으로 정하는 방식으로 이루어져 상호 연쇄적인 영향을 미치는 등의 사정에 비추어 보면, 인사권자의 지시나 위임에 따라 인사안을 작성하는 실무 담당자는 인사대상자 전원에 대하여 여러 기준 또는 고려사항을 종합하여 인사안을 작성하는 과정에 각 기준 또는 고려사항을 모두 충족할 수 없는 경우에는 재량 범위 내에서 우열을 판단하여 적용할 수 있다.

② 의무 없는 일을 하게 한 때

첫째, 공무원이 자신 직무권한에 속하는 사항에 관하여 실무 담당자로 하여금 직무집행을 보조하는 사실행위를 하도록 하더라도 이는

---

3) 대법원 2020. 1. 9. 선고 2019도11698 판결 [직권남용권리행사방해] [공2020상,503]

공무원 자신 직무집행으로 귀결될 뿐이므로 원칙적으로 의무 없는 일을 하게 한 때에 해당한다고 할 수 없다.

둘째, 다만 직무집행의 기준과 절차가 법령에 구체적으로 명시되어 있고 실무 담당자에게도 직무집행 기준을 적용하고 절차에 관여할 고유한 권한 및 역할이 부여되어 있다면 실무 담당자로 하여금 그러한 기준과 절차를 위반하여 직무집행을 보조하게 한 경우에는 '의무 없는 일을 하게 한 때'에 해당한다.

셋째, 이는 공무원의 직무집행을 보조하는 실무 담당자에게 직무집행 기준을 적용하고 절차에 관여할 고유한 권한 및 의무가 부여되어 있는지 여부와, 공무원의 직권남용행위로 인하여 실무 담당자가 한 일이 그러한 기준이나 절차를 위반하여 한 것으로서 의무 없는 일인지 여부는 관련 법령 등의 내용에 따라 개별적으로 판단하여야 한다.

넷째, 이 사건 인사안 작성 당시 경력검사 부치지청 배치제도가 인사기준 내지 고려사항의 하나로 유지되고 있었다 하더라도, 관련 법령이나 검찰인사위원회의 심의·의결사항 등을 전제로 한 여러 인사기준 또는 다양한 고려사항들 중 하나로서, 검사인사담당 검사가 검사의 전보인사안을 작성함에 있어 지켜야 할 일의적·절대적 기준이라고 볼 수 없고, 다른 인사기준 내지 다양한 고려사항들보다 일방적으로 우위에 있는 것으로 볼 만한 근거도 찾기 어렵다.

따라서 이 사건 공소사실과 원심판결의 이유에 의하더라도 피고인의 직무집행을 보조하는 실무담당검사로 하여금 문제의 인사안을 작성하게 한 것을 두고 법령에서 정한 검사 전보인사 원칙과 기준을 위반하여 직권남용죄에서 말하는 '의무 없는 일을 하게 한 때'에 해당한다고 볼 수는 없다.

(5) 파기환송심 판결[4]의 주요내용

공소사실에 의하더라도 피고인이 인사담당검사로 하여금 문제의

---

4) 서울중앙지방법원 2020. 9. 29. 선고 2020노156 판결.

인사안을 작성하게 한 것을 두고 법령에서 정한 검사 전보인사의 원칙과 기준을 위반하여 직권남용죄에서 말하는 '의무 없는 일을 하게 한 때'에 해당한다고 볼 수는 없다.

첫째, 공무원의 행위가 직권남용에 해당한다고 하여 그러한 이유만으로 상대방이 한 일이 '의무 없는 일'에 해당한다고 인정할 수는 없다. 의무 없는 일에 해당하는지는 직권을 남용하였는지와 별도로 상대방이 그러한 일을 할 법령상 의무가 있는지를 살펴 개별적으로 판단하여야 한다.

둘째, 행정기관의 의사결정과 집행은 다양한 준비과정과 검토 및 다른 부서나 공무원과의 협조를 거쳐 이루어지는 것이 통상적이다. 이러한 협조 또는 의견교환은 행정의 효율성을 높이기 위하여 필요하고, 이러한 관계에서 일방이 상대방 요청을 청취하고 자신 의견을 밝히거나 협조하는 등 요청에 응하는 행위를 하는 것은 특별한 사정이 없는 한 법령상 의무 없는 일이라고 단정할 수 없다.

셋째, 검사는 검찰청법 제35조의2, 제35조에 따른 전보 대상이고, 지방공무원법과는 달리 국가공무원법은 전입·전출에 있어 공무원 본인 동의를 전제로 하고 있다고 보기 어렵다. 따라서, 피고인이 피해자를 해당 지청에 전보시켜 근무하게 한 사실이 있다고 보더라도 이를 법령에서 정한 직무범위를 벗어나거나 법령에서 정한 의무에 위배되는 행위를 하게 하였다고 볼 여지 없다.

(6) 손해배상 판결5)의 관련내용

첫째, 피고인이 검사의 인사원칙과 기준, 경력검사 부치지청 배치제도 등에 위반하여 이 사건 인사안을 작성지시했다는 상당한 의심이 들고, 또한 그러한 지시가 다소 부적절하다고 볼 여지가 있다. 하지만 피고인이 문제된 인사안을 작성하도록 지시하였다고 하더라도, 인사담당 검사가 작성 당시 그에 관한 재량권을 일탈·남용하여 객관적 정

---

5) 서울중앙지방법원 2021. 5. 14. 선고 2018가단5231447 판결.

당성을 상실하였음이 명백하다는 등 사회통념이나 사회상규상 도저히
용인될 수 없음이 분명한 경우에 해당한다고 인정할 증거가 없다.

둘째, 검사의 전보인사에 광범위한 재량이 인정되고, 인사기준 역
시 다양한 기준과 고려사항들을 종합적으로 참작할 것을 전제로 하고
있으며, 검사 전보인사는 다수 인사대상자들의 보직과 근무지를 일괄
적으로 정하는 방식으로 이루어져 상호 연쇄적인 영향을 미치는 등의
사정에 비추어 보면, 인사권한자나 그의 지시나 위임에 따라 인사안을
작성하는 실무 담당자는 인사대상자 전원에 대하여 여러 기준 또는
고려사항을 종합하여 인사안을 작성할 재량이 있고, 그 과정에서 각
기준 또는 고려사항을 모두 충족할 수 없는 경우에는 재량 범위 내에
서 우열을 판단하여 적용할 수 있다.

따라서 이 사건 인사안이 부치지청에 근무하고 있던 경력검사를
또 다른 부치지청으로 전보시키는 내용을 담고 있다고 하더라도 그러
한 사정만으로 경력검사 부치지청 배치제도의 본질에 반한다거나 검
사인사의 원칙과 기준에 반하는 것이라고 단정할 수 없다.

Ⅱ. 사안과 판례 분석

본 판례 사안은 법무부 검찰국장인 피고인이, 검찰국 인사안 결정
과 관련한 직무권한을 남용하여 인사담당 검사로 하여금 인사상 불이
익을 내용으로 하는 안을 작성하게 하여 의무 없는 일을 하게 함으로
써 직권남용권리행사방해죄에 해당하는지 여부를 다룬다.

대상 대법원 판례는 대체로 공무원 상하관계, 직무권한자와 실무
보조자 사이에서는 직권남용죄 성립을 인정하지 아니하는 기존 대법
원 판례 입장을 재확인한데 지나지 않는 경우로 볼 수 있지만, 직권을
남용하여 의무 없는 일을 하도록 강요한 불법의 실체가 성폭력 2차가
해라면, 다시 살펴볼 의미가 있다. 특히 제1심과 항소심은 공히 본 직
권남용죄 판단과 관련될 수밖에 없는 성폭력 2차가해에 대해서도 구

체적이고 상세한 검토와 판단을 제시하였는데 비해, 대법원은 직권남
용죄의 법리에 한정된 판단을 하였다는 점에서 차이를 보인다.

1. 직권남용죄의 법리와 판례의 태도

(1) 직권남용의 의미와 성립요건의 종합적·실질적 판단

형법 제123조 직권남용권리행사방해죄의 목적은 공무원이 공직
수행을 위해 부여된 직권을 부당하게 사용하여 국민의 자유를 억압하
고 권리행사를 방해하는 행위를 처벌함으로써 국가기능 행사에 대한
사회 일반의 신뢰와 개인의 자유 및 권리를 보호하려는데 있다.[6]

직권남용죄가 성립하려면, 공무원이 일반적 직무권한에 속하는
사항에 관하여 직권을 행사하는 모습이지만 실질적, 구체적으로는 위
법·부당한 행위를 하여 현실적으로 다른 사람이 법령상 의무 없는
일을 하게 하였거나 다른 사람의 구체적인 권리행사를 방해하는 결
과가 발생하여야 하고, 그 결과발생은 직권남용 행위로 인한 것이어
야 한다.

따라서 첫째, 공무원이 그 직무상 권한을 위법·부당하게 행사함
으로써 직권남용죄가 성립하려면, 공무원의 일반적 직무권한에 관한
법령상 근거가 필요하다. 하지만 법령상 근거는 반드시 명문 규정을
요하지 아니하며, 법령과 제도를 종합적, 실질적으로 살펴보아 해당
공무원의 직무권한에 속한다고 해석되고, 이것이 남용된 경우 상대방
으로 하여금 사실상 의무 없는 일을 하게 하거나 권리를 방해하기에
충분하다 인정되는 경우에는 직권남용죄에서 말하는 일반적 직무권한
에 포함된다.[7]

둘째, 직권남용에 해당하는지는 ①구체적인 공무원의 직무행위가
본래 법령에서 그 직권을 부여한 목적에 따라 이루어졌는지, ②직무행
위가 행해진 상황에서 볼 때 필요성·상당성이 있는 행위인지, ③직권

---

6) 대법원 2020. 1. 30. 선고 2018도2236 전원합의체 판결
7) 대법원 2020. 2. 13. 선고 2019도5186 판결.

행사가 허용되는 법령상의 요건을 충족했는지 등을 종합하여 판단하여야 한다.[8]

(2) 의무 없는 일을 하게 한 경우에 대한 개별적 판단

공무원의 행위가 직권남용에 해당한다는 이유만으로 그 행위에 따라 상대방이 한 일이 '의무 없는 일'에 해당하는 것은 아니다. 의무 없는 일을 하게 하였는지 여부는 직권 남용 여부와 별도로 상대방이 그러한 일을 할 법령상 의무가 있는지를 살펴 개별적으로 판단하여야 한다. 직권을 남용한 행위가 위법하다는 이유로 곧바로 그에 따른 행위가 의무 없는 일이 된다고 인정하면 '의무 없는 일을 하게 한 때'라는 범죄성립요건의 독자성을 부정하는 결과가 되고, '권리행사를 방해한 때'의 경우와 비교하여 형평에도 어긋나게 되기 때문이다.[9]

첫째, 직권남용 행위의 상대방이 일반인인 경우 특별한 사정이 없는 한 직권행위에 따라야 할 의무가 없으므로 어떠한 행위를 하게 하였다면 '의무 없는 일을 하게 한 때'에 해당할 수 있다. 둘째, 상대방이 공무원이거나 법령에 따라 일정한 공적 임무를 부여받고 있는 공공기관 임직원인 경우에는 법령에 따라 임무를 수행하는 지위에 있으므로 그가 직권에 대응하여 어떠한 일을 한 것이 의무 없는 일인지 여부는 관계 법령 등의 내용에 따라 개별적으로 판단하여야 한다.[10]

(3) 행정조직 공무원 관계에서의 직권남용

현대 행정조직은 통일된 계통구조를 갖고 효율적으로 운영될 필요가 있고, 행정목적을 달성하기 위하여 긴밀한 협동과 합리적인 조정이 필요하다. 또한 행정기관 의사결정과 집행은 다양한 준비과정과 검토 및 다른 공무원, 부서 또는 유관기관 등과 협조를 거쳐 이루어지기 마련이며, 협조 또는 의견교환은 동등한 지위 사이뿐만 아니라 상하기

---

8) 대법원 2020. 12. 10. 선고 2019도17879 판결.
9) 대법원 2020. 1. 30. 선고 2018도2236 전원합의체 판결.
10) 대법원 2020. 12. 10. 선고 2019도17879 판결.

관 사이에서도 이루어질 수 있다. 이러한 관계에서 일방이 상대방 요
청을 청취하고 응하는 행위를 한다면 특별한 사정이 없는 한 법령상
의무 없는 일이라 할 수 없다. 따라서 공무원이 직권을 남용하여 공무
원 또는 유관기관 임직원으로 하여금 어떠한 일을 하게 한 때에 상대
공무원이 한 일의 형식과 내용이 직무범위에 속하는 사항으로서 관련
법령규정에 따라 직무수행 과정에서 준수하여야 할 원칙이나 기준, 절
차 등을 위반하지 않는다면 특별한 사정이 없는 한 법령상 의무 없는
일을 하게 한 때에 해당하지 아니한다.[11]

또한, 공무원이 자신 직무권한에 속하는 사항에 관하여 실무 담당
자로 하여금 그 직무집행을 보조하는 사실행위를 하도록 하더라도 이
는 공무원 자신 직무집행으로 귀결될 뿐이므로 원칙적으로 직권남용
권리행사방해죄에서 말하는 '의무 없는 일을 하게 한 때'에 해당한다
고 할 수 없다. [12]

반면, 직무집행 기준과 절차가 법령에 구체적으로 명시되어 있고
실무 담당자에게도 직무집행 기준을 적용하고 절차에 관여할 고유한
권한과 역할이 부여되어 있다면 실무 담당자로 하여금 그러한 기준과
절차에 위반하여 직무집행을 보조하게 한 경우에는 '의무 없는 일을
하게 한 때'에 해당한다.[13]

(4) 직권남용과 지위를 이용한 불법행위의 구별

공무원이 그 지위를 이용하여 일반적 직무권한에 속하지 않는 위
법행위를 한 경우인 '지위를 이용한 불법행위'는 일반적 직무권한에
속하는 사항에 관하여 그 권한을 위법·부당하게 행사한 경우와 달리
직권남용죄의 처벌 대상이 아니다.[14] 지위를 이용한 불법행위를 직권
남용에 해당한다고 해석한다면 죄형법정원칙에 반하는 확장해석 또는

---

11) 대법원 2020. 1. 30. 선고 2018도2236 전원합의체 판결.
12) 대법원 2017. 10. 31. 선고 2017도12534 판결.
13) 대법원 2017. 10. 31. 선고 2017도12534 판결.
14) 대법원 1991. 12. 27. 선고 90도2800 판결; 대법원 2008. 4. 10. 선고 2007도9139
    판결; 대법원 2019. 8. 29. 선고 2018도14303 전원합의체 판결.

유추해석이 되기 때문이다. 공무원이 그 직무권한의 행사로 인해 불이익을 받을 것을 우려하는 사람을 상대로 직무권한을 넘어서는 위법·부당한 행위를 하여 그 사람으로 하여금 의무 없는 일을 하게 하거나 그 사람의 권리행사를 방해하는 것은 자신에게 속하는 직무권한을 위법·부당하게 행사하는 것 못지않게 국가기능의 공정한 행사에 대한 사회 일반의 신뢰를 떨어뜨리고 개인의 자유와 권리를 침해할 위험도 크다. 그러나 별도의 입법이 없는 이상 현행법 해석만으로 공무원의 직무권한에 속하지 않는 행위를 직권남용죄로 처벌하기는 어렵다.15)

즉 형법상 직권의 남용은 전제된 권한 범위 내에서 남용을 뜻하며, 권한범위 내에서의 권한행사는 우선 재량의 문제인데, 이러한 재량권 남용이 형법상 직권남용이 된다. 그렇다면 직무권한을 벗어난 권한행사(월권)이나 공무원 지위나 직위를 이용하여 권한을 넘은 불법행위를 한 경우는 형법상 직권남용의 의미범위에 들어오지 아니하게 된다. 그런데 대법원의 태도는 직권남용죄 인정과 관련하여 '남용'의 개념을 구체화하지 않고 단지 위법·부당한 권한 행사로 해석할 뿐이고, 외형적·형식적으로 직무집행이지만 실질적·구체적으로는 위법·부당한 행위인지 여부를 실질적으로 판단한다는 것이다. 때문에, 재량권으로 보아 직권남용죄를 부인하거나, 반면 월권도 직권남용죄로 인정할 수 있게 되어 법적 불안정성을 오히려 높일 수 있는 셈이다. 16)

뿐만 아니라 현행 형법상 직권남용죄가 공무원의 직무권한 범위 내에서의 재량남용은 처벌하면서도, 공무원 지위나 직위를 이용하여 직무권한을 넘는 월권적 남용은 처벌하지 못하다면 처벌의 공백임은 분명하다.17)

---

15) 대법원 2021. 3. 11. 선고 2020도12583 판결.
16) 김성돈, 직권남용죄, 남용의 의미와 범위, 법조 68(3), 2019, 210, 213-214, 223면.
17) 같은 논문, 221면.

2. 최근 판례와 학설상의 직권남용 판단에 관한 논의

(1) 직권남용의 제한적 해석론

2020년 이른바 문화체육관광부 블랙리스트 사건에서 대법원은 대통령비서실장을 비롯한 피고인들이 직권을 남용하여 각종 사업에서 특정인에 대한 지원배제를 지시함으로써 한국문화예술위원회 등 직원들로 하여금 의무 없는 일을 하게 하였다는 사안에서 다음과 같이 판단하였다.[18]

첫째, 지원배제 지시는 헌법에서 정한 문화국가원리, 표현의 자유, 평등의 원칙, 문화기본법의 기본이념인 문화의 다양성·자율성·창조성 등에 반하여 헌법과 법률에 위배되므로 직권남용에 해당한다.

둘째, 지원배제 지시에 기해 문체부 공무원이 한국문화예위원회 등 직원들로 하여금 지원배제 방침이 관철될 때까지 사업진행 절차를 중단하는 행위, 지원배제 방침을 심의위원에게 전달하면서 지원배제 대상자 탈락을 종용하는 행위 등을 하게 한 것은 모두 위원들의 독립성을 침해하고 자율적인 절차진행과 운영을 훼손하는 것이며, 직원들이 준수해야 하는 법령상 의무에 위배되므로 '의무 없는 일을 하게 한 때'에 해당한다.

본 판결은 남용된 직무권한의 법적 근거를 헌법 원칙과 문화기본법 이념에서 찾았다. 그리고 피고인의 지시를 받은 공무원이 한국문화예술위원회 등 직원과 심의위원에게 전달하여 심의위원의 업무를 침해하고, 직원이 준수할 법령상 의무에 위배되는 의무없는 일을 행하게 하였다고 인정하였다.

그러나 본 판결에 대한 별개의견에 따르면, 형법상 직권남용죄 구성요건해당성을 충족하기 위하여는 공무원의 직권 남용 사실과 그로 인하여 의무 없는 일을 하게 한 사실이 모두 증명되어야 하는바, 직권, 남용, 의무와 같이 광범위한 해석 여지를 두고 있는 불확정개념을 구성요건으로 하고 있으므로 이를 해석·적용할 때에는 죄형법정원칙

18) 대법원 2020. 1. 30. 선고 2018도2236 전원합의체 판결.

상 엄격해석 원칙 및 최소침해 원칙이 준수되어야 한다.19)

그렇다면, 첫째 피고인들의 행위가 재량권을 일탈·남용한 행위로 평가되거나 그에 따른 법령상 책임을 지는 것을 넘어 정책목적이 헌법에 부합하지 아니하거나 부당하다는 이유만으로 형법 제123조상 직권을 남용한 것으로 보아 형사책임을 묻는 것은 형사법 기본 원리에 반한다. 특히 직무권한의 범위가 넓은 고위공무원의 경우 정치적 변화에 따라 추상적인 기준인 헌법 위반을 이유로 형사처벌을 받게 되어 명확성 원칙 등 죄형법정원칙에 위반될 우려가 있다. 따라서 피고인들 행위가 위헌적이라는 이유로 직권 남용이라고 본 다수의견 결론은 문제 있다.

둘째, 피고인들의 지원배제 지시로 각 법인(한국문화예술위원회 등)의 직원들이 공소사실과 같은 행위를 하였더라도, 다수의견이 전제하는 각 법인 직원들의 법령상 의무의 근거가 없고, 각 심의위원들의 지원배제 심의·결정에 관한 증거자료가 존재하지 않으므로 의무 없는 일을 한 것으로 평가할 수 없다.

이와 같은 별개의견의 태도는, 직권남용의 구성요건표지가 불확정적인 점을 고려할 때 제한적으로 해석해야 한다는 취지로 보인다. 일반적으로 국가공무원법상 징계사유로서 공무원의 법위반이나 직무상 의무위반20)은 위법부당한 행위이지만, 형법상 직권남용죄 적용을 위해서는 이보다 중한 불법이 인정되어야 한다.21)

---

19) 대법관 박상옥의 별개의견(대법원 2020. 1. 30. 선고 2018도2236 전원합의체 판결) 박 대법관은 본 평석 사안 판결의 재판장이기도 하다.
20) 국가공무원법 제78조(징계 사유) ① 공무원이 다음 각 호의 어느 하나에 해당하면 징계 의결을 요구하여야 하고 그 징계 의결의 결과에 따라 징계처분을 하여야 한다.
   1. 이 법 및 이 법에 따른 명령을 위반한 경우
   2. 직무상의 의무(다른 법령에서 공무원의 신분으로 인하여 부과된 의무를 포함한다)를 위반하거나 직무를 태만히 한 때
   3. 직무의 내외를 불문하고 그 체면 또는 위신을 손상하는 행위를 한 때
21) 조기영, 직권남용과 블랙리스트, 비교형사법연구 20(2), 2018, 36, 38면.

(2) 행정기관 인사권재량의 존중

마찬가지로, 2020년 대법원 판결에 따르면 공무원 인사에 관련하여, 인사권자에게 일반 국민에 대한 행정처분이나 공무원에 대한 징계처분에서와는 비교할 수 없을 정도의 매우 광범위한 재량이 부여되어 있으므로 승진임용자의 자격을 정한 관련 법령 규정에 위배되지 아니하고 사회통념상 합리성을 갖춘 사유에 따른 것이라는 증명이 있다면 쉽사리 위법하다고 판단하여서는 안 된다.22) 행정청의 전문적인 정성적 평가 결과는 그 판단 기초가 된 사실인정에 중대한 오류가 있거나 그 판단이 사회통념상 현저하게 타당성을 잃어 객관적으로 불합리하다는 등의 특별한 사정이 없는 한 법원이 그 당부를 심사하기에는 적절하지 않으므로 가급적 존중되어야 한다23)는 것이다.

따라서 지방자치단체장이 인사위원회의 사전심의·의결 결과를 참고하여 승진후보자명부상 후보자들에 대하여 승진임용 여부를 심사하고서 최종적으로 승진대상자를 결정하는 것이 아니라, 미리 승진후보자명부상 후보자들 중에서 승진대상자를 실질적으로 결정한 다음 그 내용을 인사위원회 간사를 통해 인사위원회 위원들에게 '승진대상자 추천'이라는 명목으로 제시하여 인사위원회로 하여금 자신이 특정한 후보자들을 승진대상자로 의결하도록 유도하였다는 사안에서도 직권남용죄의 직권남용 또는 의무 없는 일을 하게 한 경우로 볼 수 없다고 판단하였다. 인사위원회 사전심의 제도 취지에 부합하지 않다는 점에서 바람직하지 않다고 볼 수 있을지언정 위법하다고는 보기 어려우며, 또한 지방공무원 임용령상 관련규정24)도 있지만, 법의 구체적인 위임 없이 만들어진 규정으로써 임용권자의 인사재량을 배제한다고까지는 볼 수 없기 때문이다.25)

---

22) 대법원 2020. 12. 10. 선고 2019도17879 판결.
23) 대법원 2018. 6. 15. 선고 2016두57564 판결.
24) 제38조의5 임용권자는 특별한 사유가 없으면 소속 공무원의 승진임용을 위한 인사위원회의 사전심의 또는 승진의결 결과에 따라야 한다.
25) 대법원 2020. 12. 10. 선고 2019도17879 판결.

따라서 형법은 행정재량권 남용을 형사처벌화하지 않도록, 직권남용죄를 직권남용뿐만 아니라 권리행사 방해나 의무없는 일을 행하게 할 요건을 추가한 것이다. 형법상 직권남용 개념과 행정법상 재량권 남용개념을 차별화할 뿐만 아니라, 추가적 가벌성요건의 제한적 해석론이 중요한 의미를 갖게 되는 것이다. 26)

(3) 합리적인 제한 해석론

물론 직권남용의 제한적 해석취지는 인정하되, 직권남용의 문언을 합리적 방향으로 해석할 필요가 있다. 27) 이러한 합리적 제한해석론은 공무원직권남용죄를 중한 강요죄로 규정한 독일형법의 예28)를 참고하여, 직권남용의 목적과 수단관계를 고려할 때 비난가능한지에 따라 판단하려는 입장이다.

우리 대법원도 목적-수단 관계를 고려하여 직권남용의 불법을 판단하는 입장이라 볼 수 있다.29) 대법원에 따르면 직권남용에 해당하는지는 ① 구체적인 공무원의 직무행위가 본래 법령에서 그 직권을 부여한 목적에 따라 이루어졌는지, ② 직무행위가 행해진 상황에서 볼 때 필요성·상당성이 있는 행위인지, ③ 직권행사가 허용되는 법령상의 요건을 충족했는지 등을 종합하여 판단하여야 한다30)고 하므로, 행위의 목적과 수단 관계를 고려한다. 그리고 직권남용은 직권을 행사하는 외형·형식을 통해 실질적·구체적으로 위법·부당한 행위를 하는 것이므로,31) 외형상의 직권행사는 수단이나 방법에 해당하며, 실질적·

---

26) 김성돈, 앞의 논문, 213면.
27) 조기영, 앞의 논문, 37면.
28) 독일형법 제240조(강요) ② 의도한 목적을 위하여 폭행을 사용하거나 해악을 고지한 행위가 비난받아야 할 것으로 인정되는 경우에 그 행위는 위법하다.
④ 특히 중한 경우에 6월 이상 5년 이하의 구금형에 처한다. 특히 중한 경우란 특별한 사정이 없는 한, 행위자가 다음 각호에 해당하는 경우이다. 3. 공무원으로서 권한 또는 지위를 남용하는 경우
29) 조기영, 앞의 논문, 39-40면.
30) 대법원 2020. 12. 10. 선고 2019도17879 판결.
31) 대법원 2020. 2. 13. 선고 2019도5186 판결.

구체적 위법·부당 여부는 목적을 고려해서 판단하게 되는 것이다.[32]

그렇다면 외형상 위법부당한 수단으로 실질상 위법부당한 목적을 실현했다면 마땅히 직권남용죄가 성립할 것이다. 이에 비해 외형상 적법한 수단으로 실질상 위법부당한 목적을 실현했다면 직권남용죄 성립검토가 가능할 것이다.[33] 직권남용 성립을 인정한 판례로서, 대검찰청 차장검사 지위를 이용하여 내사중단을 지시하고 이로써 담당 검사로 하여금 구체적인 혐의 사실을 발견하여 정상적인 처리절차를 진행 중이던 내사를 중도에서 그만두고 종결처리토록 한 행위는 직권을 남용하여 담당 검사로 하여금 의무 없는 일을 하게 한 행위에 해당한다고 인정한 사례[34]가 바로 이에 해당되는 경우다. 또한 상급 경찰관이 직권을 남용하여 부하 경찰관들의 수사를 중단시키거나 사건을 다른 경찰관서로 이첩하게 한 경우, 부하 경찰관들의 수사권 행사를 방해함과 동시에 부하 경찰관들로 하여금 그러할 의무가 없음에도 불구하고 수사를 중단하게 하거나 사건을 이첩하게 한 것에도 해당된다고 인정된다.[35]

또한 합리적인 제한적 해석론에서 비난가능성의 표지는 사회적으로 용인될 수 없는 행태다.[36] 이러한 표지에 대해 우리 대법원은 앞서 행정기관 인사권재량에 관한 판례에서 "사회통념상 현저하게 타당성을 잃어 객관적으로 불합리하다는 등의 특별한 사정"[37]이라 언급한다. 문화체육부 블랙리스트 사안에서는 정부에 비판적인 사람이나 단체를 차별적으로 배제함으로써 얻을 수 있는 우월한 법익은 생각할 수 없는 반면, "직권남용 범행으로 인해 헌법질서가 훼손되고 법치주의가 후퇴했으며, 정부의 문화예술계 지원의 공정성에 대한 국민의 신뢰가 크게 훼손되었다"는 점에서, 직권남용행위는 사회적으로 용인될 수 없

32) 조기영, 앞의 논문, 41면.
33) 같은 논문, 42면.
34) 대법원 2007. 6. 14. 선고 2004도5561 판결.
35) 대법원 2010. 1. 28. 선고 2008도7312 판결.
36) 조기영, 앞의 논문, 49면.
37) 대법원 2018. 6. 15. 선고 2016두57564 판결.

는 행태로서 직권남용죄에 해당된다는 판단에 이르게 된다.[38]

본 평석대상 사안에 적용해 보면, 검찰국장의 지시는 외형상 적법한 권한행사라는 수단이라 할지라도, 실질적으로 위법부당한 목적을 실현했는지 판단할 필요가 있다. 제1심 법원은 "강제추행 비리를 덮기 위하여 법무부 검찰국장으로서 검사에 대한 인사권을 실질적으로 행사하는 지위에 있음을 이용하여 보호받아야 하는 피해자에게 오히려 부당하게 인사상 불이익까지 주었고, 피고인이 검사에 대한 인사권을 실질적으로 행사하는 지위를 남용함으로써, 공정한 검찰권 행사에 대한 신뢰의 토대가 되는 검사인사가 올바르게 이루어진다는 데 대한 국민의 믿음과 검찰 구성원의 기대를 저버리는 결과가 초래되었다"[39] 고 판단하였으므로 사회적으로 용인될 수 없는 행태로서 직권남용죄에 해당된다고 판단할 수 있게 된다.

3. 본 사안의 쟁점 분석과 평가

본 사안에서 피고인은 검사인사에 대한 실질적인 직무권한자인 검찰국장이다. 검찰국 검사인사담당 검사는 검찰국장의 직권행사를 보조하는 실무자다. 인사담당 검사는 해당 직무에 관하여 법령상 인사기준과 원칙을 준수하여 행사할 권한과 의무가 따로 없다면, 공무원으로서 상사의 지시에 복종할 의무가 있을 뿐이다. 따라서 인사에 관하여 직무권자의 지시내용이 인사기준과 원칙상 재량범위에 속한다면 이를 이행한 인사담당 검사는 당연히 의무에 따른 일을 행한 것이기 때문에 의무 없는 일을 행한 것이 아니다. 이는 대법원이 인정하고 판단한 내용이다. 이처럼 기본적으로 직권상 재량으로 보는 판단에는 부당성이 문제된 인사조치 지시의 전제사실에 대한 고려의 여지가 없다.

반면 직무권자의 지시내용이 법령상 정립된 인사기준과 원칙에 반하기 때문에, 인사담당 검사로서도 정립된 인사기준과 원칙에 반하

---

38) 서울고등법원 2018. 1. 23. 선고 2017노2425, 2017노2424 판결.
39) 서울중앙지방법원 2019. 1. 23. 선고 2018고단2426 판결.

여 이를 따를 의무가 없다면, 피고인 검찰국장이 직권을 남용하여 인사기준과 원칙에 반하는 지시를 하였고, 지시에 따른 인사담당 검사에게는 의무 없는 일을 하게 한 때가 된다. 이는 제1심과 항소심이 인정하고 판단한 내용이다. 이처럼 기본적으로 법령상 기준과 원칙에 반하여 직권을 남용하였다는 판단에는 부당성이 문제된 인사조치 지시의 전제사실에 대한 적극적 고려가 깔려 있다.

본 사안에서 직권남용죄 성립여부와 관련하여 종례 판례가 제시한 두 가지 기준에 따라 본 판례에 대해 살펴볼 쟁점은 다음과 같다.

첫째, 공무원(검찰국장)이 일반적 직무권한에 속하는 사항에 관하여 직권을 행사하는 외형·형식으로 실질적·구체적으로 위법·부당한 행위를 하였는지, 아니면 재량범위내에서 부적절할지언정 위법·부당한 행위는 아니었는지의 여부(직권남용)다.

둘째, 직권행사의 상대가 된 공무원(검사인사담당 검사)이 지시에 따른 일의 형식과 내용이 관련 법령규정에 따라 직무수행 과정에서 준수하여야 할 원칙이나 기준, 절차 등을 위반하였는지, 그리하여 의무 없는 일을 하게 한 경우에 해당하는지의 여부(의무없는 일을 하게 함)다.

(1) 직권행사가 법령에 구체적으로 명시된 직무집행 기준과 절차를 위반하여 위법·부당했는지의 여부

직권행사가 남용에 해당하는지는 ①구체적인 공무원의 직무행위가 본래 법령에서 그 직권을 부여한 목적에 따라 이루어졌는지, ②직무행위가 행해진 상황에서 볼 때 필요성·상당성이 있는 행위인지, ③직권행사가 허용되는 법령상의 요건을 충족했는지 등을 종합하여 판단하여야 한다.[40] 그렇다면 실질적·구체적으로 위법·부당한 행위인지의 여부는 ①법령상 목적과 ③법령상 요건뿐만 아니라 ①법령상 목적에 따른 직무수행 여부 ②직무수행의 필요성·상당성 여부에 대하여

---

40) 대법원 2020. 12. 10. 선고 2019도17879 판결.

제도적으로 정립된 직무집행 기준과 절차까지 포함해서 판단해야 할 것이다. 즉 단순히 법령에 의해 일반적 직무권한이 부여되어 있기만 하다면, 법령상 직권부여의 목적에 따른 직무수행인지 여부나 필요성과 상당성을 기한 직무수행인지 여부는 재량에만 맡겨져 있는지, 아니면 ①,②,③을 아울러 정립된 원칙과 기준을 따라야 하는 것인지의 문제다.

그래서 직권남용죄 성립에는 공무원의 일반적 직무권한에 관한 법령상 근거가 필요하지만 반드시 명문 규정을 요하지 않고, 명문 규정이 없더라도 법령과 제도를 종합적·실질적으로 살펴보아 해당 공무원의 직무권한에 속하는지 해석해야 한다는 판례41)의 취지에 비추어 볼 때도, 본 사안에서 검사인사에 관한 원칙과 기준은 법령상 구체적 명시되지 아니하여서 재량사항일뿐으로 볼 것인지, 명시적으로 정립된 제도로서 그 기준 위반도 직권남용으로 볼 것인지 여부를 종합적·실질적으로 판단해야 할 것이다. 본 사안에서는 경력검사 부치지청 배치제도를 포함한 검사인사 원칙과 기준에 위반할 경우 그러한 직권 행사가 위법·부당하게 되는 경우인지가 문제된다.

첫째, 본 사안에서 검찰인사위원회의 인사기준은 검찰청법42)에 근거한 기준이다. 또한 검사인사규정43) 제2조에 따르면, 검사인사의 기본원칙은 성별 등에 의한 차별 없이 검사의 복무평정 등 근무성적, 업무능력, 리더십 및 청렴성 등에 따라 공정하게 하고, 적재적소에 임용해야 한다는 것이다. 동 규정 제10조에 따르면 검사의 전보는 검사가 업무를 효율적이고 안정적으로 수행하는 데 도움이 되고, 인적 자원을

---

41) 대법원 2020. 2. 13. 선고 2019도5186 판결.
42) 제35조(검찰인사위원회) ① 검사의 임용, 전보, 그 밖의 인사에 관한 중요 사항을 심의하기 위하여 법무부에 검찰인사위원회를 둔다.
　④ 인사위원회는 다음 각 호의 사항을 심의한다.
　　1. 검찰인사행정에 관한 기본계획의 수립 및 검찰인사 관계 법령의 개정·폐지에 관한 사항
　　2. 검사의 임용·전보의 원칙과 기준에 관한 사항
43) 대통령령 제29371호, 2018. 12. 18. 제정; 대통령령 제31380호, 2021. 1. 5. 개정.

균형 있게 배치할 수 있도록 직위의 직무요건, 각급 검찰청별 인력 현황 및 고려사항44)에 따라 이루어져야 한다. 본 사안에서 검찰인사위원회의 심의를 거쳐 정립된 경력검사 부치지청 배치제도는 인사원칙과 기준의 일부다. 또한 특별히 성희롱·성폭력 근절을 위한 공무원 인사관리규정45)은 피해자에 대한 인사상 불이익 조치 금지규정을 별도로 두고 있다.46)

둘째, 법령에 구체적 명시라 함이 명문 문구에만 한정되지 않는다면 유관 법률과 대통령령, 법무부규칙뿐만 아니라, 조직 내에서 장기간에 걸쳐 조직구성원간에 합의·형성되고 그에 대한 기대가 특별한 예외적 사정없으면 인정될 만하기에 이른 내부관행까지도 종합해서 판단해야 할 것이다. 특히 인사기준과 절차에 관하여 구체적 명시 여부에 대한 실로 구체적인 법원의 판단이 필요한 것은, 바로 전보인사는 검사의 특수성을 감안하더라도 당사자와 그 가족의 삶의 조건과 형편에 마땅히 감내하기 쉽지 않은 상당한 변화와 부담을 주는 것이기 때문이다. 특히 '양성평등, 일·가정의 양립'은 검찰조직과 검사인사의 특수함을 아무리 감안한다 하더라도, 우리 사회와 검찰 조직이 존중해야 할 보편적 가치라는 점은 분명하다. 최우선적인 인사기준은 아니더라도, 우선적으로 고려해야 할 기준이 되는 것을 부인하기 어렵다. 바로 그러한 이유 때문에 2004년부터 검사인사 심의기구를 설치하고, 그 심의에 따라 정립한 '검사인사원칙집'을 두었으며, 2018년부터

44) 1. 법 제35조의2에 따른 근무성적 등의 평정 결과
    2. 검사의 능력, 성과, 전문성 및 청렴성
    3. 검사의 희망 근무지
    4. 그 밖에 수도권과 지방 교류, 인력의 균형 있는 배치, 양성평등, 일·가정의 양립 등의 사항
45) 대통령령 제29317호, 2018. 11. 27. 제정.
46) 제7조 임용권자등은 피해자등 또는 신고자에게 그 피해 발생 사실이나 신고를 이유로 다음 각 호의 인사상 불이익 조치를 하여서는 아니 된다.
    2. 본인의 의사에 반하는 전보 조치, 직무 미부여 또는 부서 내 보직 변경
    6. 그 밖에 피해자등 또는 신고자의 의사에 반하는 인사상 불이익 조치

는 검사인사규정을 대통령령으로 둔 것이다. 문제된 경력검사 부치지 청 배치제도는 1999년부터 시행되어 온 것이다.47)

2015년 인사시점의 직권남용 부분을 판단할 때, 2018년의 검사인 사규정이나 성희롱·성폭력 근절을 위한 공무원 인사관리규정을 소급 할 수는 없는 것이라 하더라도, 법령상 구체적 명시의 의미를 판단할 때는 검사인사위원회가 정립한 기준의 상당한 의미와, 법원의 판단 당 시 법령화한 검사인사규정의 취지를 고려할 수 있을 것이다. 대법원 판결에서는 이에 대한 고려는 보이지 아니한다.

(2) 직권행위의 상대방 공무원으로 하여금 법령상 직무수행 과정 에서 준수하여야 할 원칙이나 기준, 절차 등을 위반하게 함으 로써 의무없는 일을 하게 한 경우에 해당하는지의 여부

판례48)에 따르면, 직무집행 기준과 절차가 법령에 구체적으로 명 시되어 있고 실무 담당자에게도 직무집행 기준을 적용하고 절차에 관 여할 고유한 권한과 역할이 부여되어 있다면 실무 담당자로 하여금 그러한 기준과 절차에 위반하여 직무집행을 보조하게 한 경우, 의무 없는 일을 하게 한 때에 해당한다. 본 사안에서 검사인사담당 검사는 인사절차와 관련하여 고유의 권한과 의무가 부여된 경우는 아니다. 실 질적 인사권한과 그에 따른 인사원칙과 기준준수의무는 검찰국장에게 있다. 그러나 판례의 기준49)에 따라 볼 때, 직권행위의 상대방 공무원 인 인사담당검사에게 법령상 준수할 일반적 직무수행 원칙이나 기준 에 위반하여 의무없는 일을 행하게 한 경우에 해당하는지 여부 판단 의 문제는 남는데, 법령상 준수할 원칙이나 기준인지의 여부 판단 역 시 명문 규정뿐만 아니라 법령과 제도를 종합적·실질적으로 보아 판 단해야 할 것이다.50)

---

47) 서울중앙지방법원 2019. 7. 18. 2019노424 판결.
48) 대법원 2017. 10. 31. 선고 2017도12534 판결.
49) 대법원 2020. 1. 30. 선고 2018도2236 전원합의체 판결.
50) 앞서 살펴본 판례(대법원 2020. 2. 13. 선고 2019도5186 판결)에서 직권남용죄 성립에 공무원의 일반적 직무권한에 관한 법령상 근거가 필요하지만 명문 규

현행 검찰청법 제7조(검찰사무에 관한 지휘·감독)에 따르면 검사는 검찰사무에 관하여 소속 상급자의 지휘·감독에 따르되, 구체적 사건과 관련된 지휘·감독의 적법성 또는 정당성에 대하여 이견이 있을 때에는 이의를 제기할 수 있다.[51] 그러나 검찰국장의 지시에 따라 실무를 담당하는 검사는 검사의 직무[52]를 수행한다고는 볼 수 있으나, 검찰사무를 행하는 경우는 아니다. 그렇다면 법무부 공무원으로서 국가공무원법 제57조(복종의 의무)[53] 공무원은 직무를 수행할 때 소속 상관의 직무상 명령에 복종하여야 한다. 다만 대통령령인 공무원행동강령[54]제13조의3(직무권한 등을 행사한 부당 행위의 금지)에 따르면 공무원에게 직무와 관련이 없거나 직무 범위를 벗어나 부당한 지시·요구를 하는 행위는 금지된 부당행위이기 때문에 직무상 명령에 복종할 의무가 없다. 따라서 검찰국장의 부당한 지시인 경우라면 실무검사는 복종할 의무가 없고, 부당한 지시에 따르게 되었다면 의무없는 일을 하게 한 경우에 해당된다.

정이 없더라도 법령과 제도를 종합적·실질적으로 살펴보아 해당 공무원의 직무권한에 속한다고 해석되고, 이것이 남용된 경우 상대방으로 하여금 사실상 의무 없는 일을 하게 하거나 권리를 방해하기에 충분하다는 점에 비추어 그러하다.

51) 검찰청법 제7조 ① 검사는 검찰사무에 관하여 소속 상급자의 지휘·감독에 따른다.
  ② 검사는 구체적 사건과 관련된 제1항의 <u>지휘·감독의 적법성 또는 정당성에 대하여 이견이 있을 때에는 이의를 제기할 수 있다.</u>

52) 검찰청법 제4조(검사의 직무) ① 검사는 공익의 대표자로서 다음 각 호의 직무와 권한이 있다.
  6. 다른 법령에 따라 그 권한에 속하는 사항

53) 국가공무원법 제57조 공무원은 직무를 수행할 때 소속 상관의 직무상 명령에 복종하여야 한다.

54) 공무원행동강령(대통령령 제30607호, 2020. 4. 7.일부개정) 제13조의3(직무권한 등을 행사한 부당 행위의 금지) 공무원은 자신의 <u>직무권한을 행사하거나 지위·직책 등에서 유래되는 사실상 영향력을 행사하여</u> 다음 각 호의 어느 하나에 해당하는 부당한 행위를 해서는 안 된다.
  2. <u>직무관련 공무원에게 직무와 관련이 없거나 직무의 범위를 벗어나 부당한 지시·요구를 하는 행위</u>

(3) 직권남용의 피해자는 누구인가?

공무원 직무범죄는 단일 보호법익을 전제한 규정으로 파악하기 어려울 정도로 이질적 요건들로 구성되어 있다.[55] 직권남용죄의 보호법익이 국가기능의 공정한 행사에 대한 사회적 신뢰와 사람의 의사결정의 자유라면,[56] 국가나 사회가 피해자일 수는 없으므로, 공무원 직권행사의 상대방으로서 의무없는 일을 하게 되었거나 권리행사를 방해받은 자가 될 것이다. 그런데 앞서 문화체육부 블랙리스트 사건에서 블랙리스트 작성지시와 실행이라는 직권남용행위로 인해 결국 피해를 입은 자는 각종 지원사업에서 배제된 예술인일 것이다. 하지만 이들을 피해자로 보려 한다면 지원사업 선정은 일정한 심사를 거친 재량행위일 것이기 때문에 예술인들의 어떠한 권리행사를 방해한 사실도 없어 외형상 적법한 직권행사의 상대방이 될 뿐이고 직권남용죄는 인정되기 어렵다. 한편 피해자를 한국문화예술위원회 임직원으로 본다면, 그래서 이들의 권한을 침해하여 권리행사를 방해하거나 의무없는 일을 하게 하였다면 이들의 독립된 법적 권한사실을 입증하는 한에서 직권남용죄가 인정될 수 있을 것이다.[57]

그렇다면 본 평석 대상 사안에서 검찰국장의 부당한 인사안 지시의 직권남용이 인정될 때 그 피해자는 누구인가? 인사안의 내용으로 결국 피해를 입은 자는 성폭력 2차피해자라는 점에 의문없다. 지시를 받고 이행한 인사담당 검사는 피해자인가, 가담자인가? 법적 인사권자는 법무부장관이고, 실질적 인사권자는 검찰국장이며, 인사담당 검사는 검찰국장의 지시를 받는 보조자로서 독자적인 인사권한이나 의무가 없다고 본다면 피해자가 아니다. 다만 공무원으로서 부당한 지시를 따를 의무가 없는데 그러한 일을 행하도록 강요되었다면 직권남용의

---

55) 이재상, 형법각론 제9판, 2013, 703면.
56) 대법원 1978. 10. 10. 선고 75도2665 판결; 대법원 2020. 1. 30. 선고 2018도2236 전원합의체 판결.
57) 조기영, 앞의 논문, 48-49면.

피해자가 될 수 있다. 대법원은 제1심 및 항소심과 달리 성폭력과 부당한 인사내용의 2차 가해 피해자는 전혀 보지 아니하였고, 검찰국장 직권행사가 외형상 적법한지 여부와, 그 상대방인 인사담당 검사가 피해자인지 여부만 판단하여 직권남용죄가 성립하지 않는다고 본 것이다.

(4) 보론적 평가

생각건대, 본 사안에서 대법원이 제1심 및 항소심과 달리, 직권남용죄에 한정하여 무죄판단에 이르게 된데는 두 가지 가능성이 있다고 본다.[58] 첫째는 직권남용죄의 요건을 엄격히 해석하여 직권남용죄 해석론으로는 포섭되기 어려운 문제라는 점에서 소극적 판단을 한 경우, 둘째는 성폭력 2차가해의 문제를 단절적으로 보는 논리에 따라 소극적 판단을 한 경우다.

1) 제1심과 대법원의 판단차이 문제

「성폭력 사건 담당 1,2심은 아우성이다. 부담 갖지 말고 유죄 판결해서 대법원으로 올리라, 무죄 판결해 봐야 대법원에서 파기된다는 자조가 난무한다. 대법원이 유죄 판결 법원이 됐다고도 한다. 대법원이 사실인정 문제를 자꾸 경험칙이라는 이유로 건드리면 1,2심이 무슨 의미가 있습니까? 피고인과 증인, 당사자를 직접 만나 그들의 억울함 호소와 눈물, 표정을 본 판사와 그렇지 않고 조서를 비롯한 소송기록만 판사가 있다면 누구의 의견을 더 존중해야 할까요? 사실인정 문제에 관한 한 대법관님들 생각이 옳다는 믿음을 잠깐 내려놓으시고 하급심 판사들을 믿어달라. 대법원에서 생각하는 경험칙과 실제 세상의 경험칙이 다를 수 있다.」[59]

---

58) 하급심과 상급심의 판단차이나, 대법원의 소극적 태도 내지 의도적인 침묵에 담긴 의미 또한 긍정적이든 부정적이든 판례평석 대상이 된다 할 것이다.

59) 현직 부장판사가 법원 내부전산망 대법원 형사법연구회 자유토론장 게시판에 대법원의 성폭력 사건 판결 경향에 대해 '유죄 판결 법원'이 됐다며 대법관들을 향해 하급심 판사들을 믿어달라는 글을 내부 게시판에 올렸다. ("현직 부장판사, 대법원, 성폭력 사건 '유죄 판결 법원' 됐다" 법률신문 2021년 5월 18

하급심이 증거조사와 사실관계 확정에 충실해야 상고심이 법률심 본연의 판단에 집중할 수 있다는 논리[60]는 법원내에서 상당한 정도로 공유되는데, 다름아닌 성폭력 사안에서 하급심 강화정책방향에 반한다는 취지의 비판이 나오니 흥미로운 현상이다. 그간 대법원 판례 때문에 하급심에서 보수적이고 소극적인 판결을 할 수 밖에 없었다며 책임을 대법원에 돌리던 비판[61]과 비교해봐도 그렇다.

그런 점에서 오히려 성폭력 사건에서 제1심 판사가 피고인과 상호신뢰(rapport)를 형성하는 과정에서 피해자는 소외되는게 현실이라는 비판도 나온다. 피고인과 성폭력가해자 전문변호인들은 다양한 양형 자료를 만들어 제출하고, 판사에게 호소하기 위해 본인에게 유리한 말과 눈물을 흘리는 방법 등을 적극적으로 활용하는데, 그 결과 일부 판사는 피고인에게 몰입해 오히려 피해자에 대한 이해부족을 숨기지 않게 된다는 것이다. 즉 "강제추행을 당한 피해자라고 하기에 수긍하기 어려운 측면이 있다.[62]""사건 발생 뒤 2년 넘게 별다른 조처를 취하지 않았다.[63]""피해자가 추행행위를 5분 동안이나 몰랐다는 건 믿기 힘들다.[64]" "적극적이고 용감한 성격인 피해자가 일정 시간 공소사실과 같은 피해에 대해 이의를 제기하지 않고 참았다는 것은 믿기 어렵다.[65]"라는 판결문이 나오는 이유다. 그래서 성폭력 사건과 관련해 대법원의 경험칙을 문제 삼기에 앞서 하급심 판사들이 내세우는 경험칙과 상식에 대한 성찰도 필요하다는 비판이 제기된다.[66]

실상 성차별과 성폭력 문제에 있어서 우리 법원뿐만 아니라 우리 사회의 '경험칙과 상식'이 상당부분 바뀌고 있거나 바뀌어야 하는

일자)
60) 국회입법조사처, 상고심 제도 개선 정책세미나 자료집, 2015, 30면.
61) 임우정, 성폭력 사건은 단심제로 하든지요?, 한겨레21, 2021년 5월 29일자
62) 대법원 2021. 5. 17. 선고 2020도18225 판결에서 원심판결 파기
63) 대법원 2021. 5. 17. 선고 2020도18225 판결에서 원심판결 파기
64) 대법원 2021. 3. 11. 선고 2020도15259 판결에서 원심판결 파기
65) 대법원 2021. 3. 11. 선고 2020도15259 판결에서 원심판결 파기
66) 임우정, 성폭력 사건은 단심제로 하든지요?, 한겨레21, 2021년 5월 29일자

최근 현실의 문제로 보인다. 그렇기 때문에 성폭력 사건에 대해서 이른바'성인지감수성'에 입각한 대법원의 유죄판단[67]과 하급심의 무죄판단이 맞서는 듯한 양상이 나타나고 있다면, 본 사안과 같이 성폭력이 전제된 2차 가해 관련문제 사안에서는 오히려 하급심의 유죄판단과 대법원의 무죄판단이 맞서는 듯한 반대되는 양상도 나타나고 있는 것이다.

2) 직권남용으로서 성폭력 2차가해 – 사안의 단절화 문제

물론 본 사안 직권남용죄는 국가기능의 공정한 행사와 사람의 의사결정의 자유를 보호법익으로 하는 범죄이며, 2차가해로서의 성폭력을 범죄로 구성한다면 성적 자기결정의 자유를 보호법익으로 할 것이므로 마땅히 분별하여 볼 수 밖에 없다. 성폭력'2차가해'라 함은 현행 여성폭력방지기본법 제3조 제3호 다목[68]에 규정된 2차피해를 의도적으로 가하는 행위를 뜻한다.

문제는 가해자와 피해자가 모두 공무원이고, 검찰, 경찰과 같은 엄격한 업무분장과 상하관계가 존재하는 기관내에서 공무원 가해자가 직권을 남용하여 피해자에게 공무원으로서의 불이익을 가하는 2차가해 행태를 다룰 적절한 형법적 틀이 분명치 않다는데 있다.

입법적 문제해결은 별론으로 하고, 대법원은 본 사안에 대하여 권력남용의 전제사실인 성폭력 사안과 권력남용의 불가분 사실인 2차가해에 대하여 하급심 판단과 태도를 달리한다. 가장 차이가 나는 부분은 제1심과 항소심에서 다룬 본 사안 직권남용의 동기에 대한 판단이

---

67) 대법원 2018. 10. 25. 선고 2018도7709 판결
68) 3. "2차 피해"란 여성폭력 피해자가 다음 각 목의 어느 하나에 해당하는 피해를 입는 것을 말한다.
　　다. 사용자(사업주 또는 사업경영담당자, 그 밖에 사업주를 위하여 근로자에 관한 사항에 대한 업무를 수행하는 자를 말한다)로부터 폭력 피해 신고 등을 이유로 입은 다음 어느 하나에 해당하는 불이익조치
　　　3) 전보, 전근, 직무 미부여, 직무 재배치, 그 밖에 본인의 의사에 반하는 인사조치

생략되어 있다는 점이다. 대법원은"공소사실과 원심판결의 이유에 의하더라도"라는 간단한 판단으로 이를 무시하고 있다.

그런데 제1심과 항소심은 피고인이 직무상 권한을 재량범위내에서 행사한다는 의사가 아니라, 성폭력 2차가해의 동기에 기해 의도적으로 부당한 인사상 불이익조치의 지시를 한 것으로 판단하였다. 이러한 판단에는 검찰조직과 인사의 구체적 특수성, 상급자와 하급자의 업무관계, 조직내 성폭력 가해자와 피해자의 관계에 대한 현실 논리와 경험칙이 작동하였다고 볼 것이다.

최근 개별적 구체적 사건이 발생한 맥락에서 성차별 문제를 이해하여야 한다는 '성인지감수성'을 강조하기 시작한 대법원의 '논리와 경험칙'이 본 사안에서는 고려되지 아니한 차이를 두고, 부정적으로 보면 대법원의 '성인지감수성' 관점이 아직은 자의적·선택적으로 작동하고 있음을 드러내는 현상이라 할 수 있다. 반면 긍정적으로 보면 우리 법원의 성폭력법리(jurisprudnece of sexual violence)가 발전적으로 형성되는 과정의 한단계를 보여주는 현상이라고도 할 수 있다.

본 사안에서 대법원의 무죄판단에 이르는 형식적 논리와 그 배후의 실질적 논리를 어떻게 평가해야 할 것인가?

첫째 가능성은 대법원 판례 별개의견[69]이 강조하는 바, 엄격한 해석의 관점에서 보면 법적용의 문제가 아니라 입법의 문제가 된다는 논리다. 직권남용죄와 별개로 2차가해의 문제를 현행 성폭력방지법상 피해자에 대한 불이익조치 금지위반[70]으로 규율할 수 없다. 문언과 취지 등을 고려하면, 성폭력피해자를 고용하고 있는 자를 그 수범자로 하고 있는데, 피고인은 이 사건 인사안의 작성, 확정 당시 법무부 검

---

69) 대법관 박상옥의 별개의견(대법원 2020. 1. 30. 선고 2018도2236 전원합의체 판결)

70) 제8조(피해자에 대한 불이익조치의 금지) 누구든지 피해자를 고용하고 있는 자는 성폭력과 관련하여 피해자에게 다음 각 호의 어느 하나에 해당하는 불이익조치를 하여서는 아니 된다.
    3. 전보, 전근, 직무 미부여, 직무 재배치, 그 밖에 본인의 의사에 반하는 인사조치

찰국장의 지위에 있었을 뿐 원고를 고용한 주체는 아니었으므로 성폭력방지법 제8조의 적용대상이라고도 볼 수 없다.[71] 2차가해로서 직권남용을 규율하려면, 현행 직권남용죄의 해석론으로는 한계가 있다. 살피건대 타당한 점이 있다. 그러나 단지 엄격한 해석론의 유지인지, 2차가해의 문제를 인정하지 않으려는 것인지 의문은 남는다.

그렇다면 둘째 가능성은 단절화의 논리다. 본 사안은 제1심과 항소심이 거듭 인정한 바, 성폭력 가해(전제사실로서의 강제추행)와 2차가해(직위와 직권을 남용한 강제추행 피해자에 대한 인사상 불이익 조치)이 객관적으로 연결된 경우인데, 대법원과 같이 전제된 성폭력 가해와 결과된 2차가해를 분리하고, 2차가해의 외형적 사실인 직권남용죄 요건에 한정된 판단만을 진행한다면, 이는 사실관계들의 연관성을 의도적으로 단절하는 판단이다. 대법원이 원심판결을 파기할 때의 전형적 문구를 원용하여 논하자면 '경험칙과 논리법칙에 어긋나는 판단'이며, '사실을 오인'하는 것이라 볼 여지가 있다.

다만, 이러한 단절화 이유를 추론해 보면, 다시 첫째 가능성으로 돌아가서 우리 법원은 성폭력에 이어진 2차가해 자체도 별도의 성폭력이라는 점을 이해한다 하더라도 2차가해의 가벌적 근거가 명확하지 않은 경우 기존 범죄규정에 적극적으로 포섭하여 가벌적 판단을 내리는데는 신중하거나 소극적이기 때문이라 생각한다. 본 사안의 경우 역시 전제사실로서의 성폭력이 인정된다 하더라도, 직권남용의 법리를 엄격하게 적용한다면 2차가해로서의 직권남용죄라는 적극적 해석에는 이르지는 못하게 될 것이다.

4. 결론적 검토

결론적으로 살펴보면, 대법원의 판단은 피고인 검찰국장은 인사업무 총괄의 직무상 권한을 가진 자로서, 그 직무상 평검사 인사에 대해서는 사실상 권한을 행사하므로, 인사원칙과 기준내에서 재량이 있

---

71) 서울중앙지방법원 2021. 5. 14. 선고 2018가단5231447 판결.

지만, 인사담당 검사는 보조자에 불과하여 자신이 고유하게 법령상 인사원칙과 기준에 따를 의무는 없고 검찰국장의 지시에 따를 의무만 있을 뿐이라는 것이다. 따라서 피고인이 자신의 지위와 직권을 남용하는 행위로서 보조자를 이용하여 2차가해를 행하였으나, 그러한 남용행위가 형법상 직권남용죄 성립요건으로서 따져볼 실무보조자에게 의무없는 일을 하게 하였거나, 또는 관련자의 권리행사를 방해하였다고는 인정되지 않는다는 것이다. 결국 피고인의 검찰국장으로서 직권남용의 불법행위에 해당하는 성폭력 2차가해 사실은 대법원 판단에서 아예 실종되어 버린다.

그런 점에서 본 사안은 최근 성폭력 가해와 피해에 대해 적극적으로 인정하려는 대법원의 태도와 종래 직권남용죄에 대해 소극적으로 인정해온 대법원의 태도가 성폭력 2차가해 문제에서 부딪히는 사례를 보여준다. 그러나 이른바 블랙리스트 사건에서 직권남용죄에 관하여 최근 대법원의 '의무없는 일을 하게 한 때'에 대한 적극적 해석의 태도 변화와 비교해 볼 때, 본 판례는 대법원이 단지 엄격한 해석론을 유지하거나, 입법론의 문제로 돌렸다기 보다는, 성폭력 2차가해 문제에 대한 판단에 아직은 신중함을 보여주는 사안으로 판단된다. 혹은 판단하지 아니함으로써 판단을 내린 결과라고도 볼 수 있다.

생각건대 제1심의 "피고인은 강제추행 비리를 덮기 위하여 법무부 검찰국장으로서 검사에 대한 인사권을 실질적으로 행사하는 지위에 있음을 이용하여 보호받아야 하는 피해자에게 오히려 부당하게 인사상 불이익까지 줌으로써, 공정한 검찰권 행사에 대한 신뢰의 토대가 되는 검사인사가 올바르게 이루어진다는 데 대한 국민의 믿음과 검찰 구성원의 기대를 저버리는 결과가 초래되었다"[72]는 판단과, 항소심의 "중대한 범죄의 동기가 피해자에게 인사상 불이익을 줌으로써 자신의 강제추행 사실을 은폐하려는 것이었다는 점에서 조직내 성범죄 피해자들로 하여금 피해사실의 이야기를 금기시하거나 위축되게 만들 우

---

72) 서울중앙지방법원 2019. 1. 23. 선고 2018고단2426 판결.

려가 있다"[73)]는 판단은 주목할 만하다. 직권남용죄 법리판단에 한정되지 아니하고 성폭력 2차가해로서 직권남용행위가 검찰조직과 검찰권 행사의 공정성에 대한 국민의 신뢰와 기대에 얼마나 부정적 영향을 끼쳤고 또한 앞으로도 그러할지 마땅하게 살폈기 때문이다.

[주 제 어]
직권남용, 의무 없는 일을 하게 한 때, 성폭력 2차 가해, 검사인사원칙

[Key Words]
Abuse of official authority, Causing a person to perform the conduct which is not to be performed by the person, Secondary victimization of sexual violence, Personnel principle for public prosecutors

접수일자: 2022. 5. 08. 심사일자: 2022. 8. 01. 게재확정일자: 2022. 8. 01.

---

73) 서울중앙지방법원 2019. 7. 18. 선고 2019노424 판결.

[참고문헌]

김성돈, 직권남용죄, 남용의 의미와 범위, 법조 68(3), 법조협회, 2019.

국회입법조사처, 상고심 제도 개선 정책세미나 자료집, 국회입법조사처, 2015.

이재상, 형법각론 제9판, 박영사, 2013.

임우정, '성폭력 사건은 단심제로 하든지요', 한겨레21, 2021년 5월 29일자.

조기영, 직권남용과 블랙리스크, 비교형사법연구 20(2), 한국비교형사법학회,
    2018.

[Abstract]

Abuse of Official Authority and Secondary Victimization of Sexual Violence
- Supreme Court's Decison 2019do11698 on the Crimes of Abusing Official Authority

Kim, Han-Kyun*

This essay aims to review the decison of the Supreme Court on the Crimes of abusing official authority. According to the article 123 of the Criminal Act, a public official who, by abusing his or her official authority, causes a person to perform the conduct which is not to be performed by the person, or obstructs the person from exercising a right which the person is entitled to exercise, shall be punished by imprisonment for not more than five years, or fine not exceeding ten million Korean won.

In the year of 2020, the Supreme Court ruled by its decision 2019do11698, that the director of Directorate of Public Prosecutors, Ministry of Justice, did not abused his offcial authority to causes the person under his command to make personnel decision against the victim of sexual assault by the very director, because the decision had not violated any principles or provisions on the personnel management of public prosecutors, and thus had not cause any person to perform the conduct which is not to be performed by the person.

Such not positive decision on the criminality of the secondary victimization, or strict interpretation on the provision of he Crimes of abusing official authority does have a problem that did not consider what

---

* Senior Research Fellow, Korean Institute of Criminology and Justice, Ph.D.

lies behind the improper but not-illegal personnel decision against the victim : the secondary victimization in the case of sexual violence.

임용권 행사와 직권남용권리행사방해죄
— 대법원 2019도17879 판결을 중심으로 —

윤 영 석*

[대상판결의 흐름]

Ⅰ. 공소사실의 요지

　　지방자치단체 공무원이 6급에서 5급으로 승진하려면 다음 그림과
같은 절차가 필요하다.

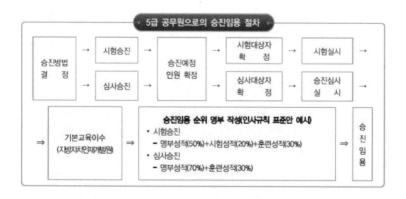

　　피고인 1은 지방자치단체장(군수)으로, 소속 지방공무원들에 대한
인사업무가 공정하고 적정하게 이루어지도록 지휘·감독할 권한만 있
을 뿐, 승진임용에 관하여 부당한 영향력을 행사하여서는 아니 된다.

* 충북대학교 강사, 변호사

그런데 피고인 1은 2015. 7. 말경 군청 인사실무 담당자인 피고인 2로부터 승진후보자 49명의 순위를 보고받은 다음, 49명 중 17명의 이름 옆에 V표시를 하는 방식으로 5급 승진대상자를 특정하고, 피고인 2에게 V표시를 한 사람을 인사위원회에서 추천하도록 하였다.

이에 따라 피고인 2는 2015. 7. 말경 인사위원장인 부군수 A[1] 등에게 피고인 1이 5급 승진대상자 17명을 승진추천자로 결정하였음을 보고하였고, 피고인 1이 특정한 17명이 승진대상자로 의결되도록 인사위원회 간사가 위 17명을 승진추천자로 호명하고 이에 따라 인사위원들이 결의하여 인사위원장이 확정 발표를 하는 시나리오를 사전에 작성한 뒤, 위원장과 간사에게 건네주었다. 피고인 2는 인사위원회에 서기로 참석하였고, 간사는 시나리오대로 "우리 군에서는 승진후보자명부, 조직기여도, 업무실적, 경력 등을 종합적으로 고려하여 승진자를 추천하고자 합니다. 행정 5급 승진자 17명은 명부순위 1번 B, 3번 C, 4번 D, 5번 E, 6번 F, 7번 G, 10번 H, 11번 I, 13번 J, 15번 K, 28번 L, 30번 M, 33번 N, 35번 P, 37번 Q, 39번 R, 49번 S 등을 추천합니다"라고 발언하였다. 인사위원장은 "과장직위는 군정 운영에 있어 핵심적인 보직이므로 임용권자와 보조를 맞추는 것이 무엇보다 중요하다"라는 취지로 발언하여 5급 승진 추천자가 군수인 피고인 1의 의사이므로 그대로 의결되어야 한다고 결의를 유도하였으며, 인사위원회에 참석한 다른 인사위원들로 하여금 승진후보자 명부의 순위와 달리 평가할 구체적인 근거가 없음에도 위와 같이 호명된 17명을 각 5급 승진자로 의결하도록 하였다.

이로써 피고인들은 공모하여 군 소속 지방공무원 인사업무에 대한 군수인 피고인 1의 지휘·감독권을 남용하여 인사위원회 위원들로 하여금 법령에 정한 절차를 위반하여 피고인 1의 의사에 따라 사전에 선정된 자들을 의결하게 함으로써 의무 없는 일을 하게 하였다.

---

1) 지방공무원법 제9조 제1항에 의하여 해당 군의 부군수는 인사위원회의 당연직 위원장이 된다.

검사는 위와 같은 사실관계를 바탕으로 피고인 1, 2를 위계공무집행방해, 직권남용권리행사방해, 허위공문서작성, 허위작성공문서 행사죄로 기소하였다. 이 사건에서 피고인들은 혐의 대부분을 부인하였고 특히 피고인 2는 공모관계 자체를 부인하였다. 법원은 이 주장들에 관해서도 판단하였으나 본 글에서는 다른 부분은 생략하고 직권남용권리행사방해죄에 관한 사항을 중심으로 살펴보기로 한다.

Ⅱ. 1심 진행

가. 피고인들의 변소

피고인 1(군수)은 승진대상자 17명의 이름 옆에 표시한 것은 임용권자인 자신의 의사를 표명한 것에 불과하고, 위 표시된 승진대상자의 승진을 지시하려 한 것은 아니며, 자신의 의사를 관철하기 위해 인사위원에게 부당한 영향력을 행사한 적이 없다고 주장하였다. 피고인 2는 상급자인 피고인 1의 지시를 어길 수 없어 실무 차원에서만 활동하였다고 주장하였다.

나. 1심 법원의 판단(부산지방법원 동부지원 2018고단419 판결)

1심 법원은, 직권남용죄는 공무원이 그 일반적 직무권한에 속하는 사항에 의하여 직권의 행사에 가탁하여 실질적, 구체적으로 위법·부당한 행위를 한 경우에 성립하고, 그 직무권한은 반드시 법률상 강제력을 수반할 것임을 요하지 아니하며, 그것이 남용될 경우 직권행사의

상대방으로 하여금 법률상 의무 없는 일을 하게 하거나 정당한 권리
행사를 방해하기에 충분한 것이면 된다2)고 보았다. 또한 형법 제123
조의 직권남용권리행사죄에 있어서 직권의 남용은 공무원이 일반적
직무권한에 속하는 사항을 불법하게 행사하는 것, 즉 형식적·외형적
으로는 직무집행으로 보이나 그 실질은 정당한 권한 이외의 행위를
하는 경우를 의미한다고 판시하였으며3), 위 죄에 해당하려면 현실적
으로 다른 사람이 의무 없는 일을 하였거나 다른 사람의 구체적인 권
리행사가 방해되는 결과가 있어야 한다고 보았다.4)

   결론에 있어서 1심 법원은, 피고인(들)은 근무평정이나 승진자 결
정에 부당한 영향을 미칠 수 있는 어떤 행동도 하여서는 아니 되며,
인사위원회에서 객관적이고 공정한 판단을 내릴 수 있도록 노력할 책
임이 있고, 이와 달리 피고인 1(임용권자) 자신이 스스로 특정인을 승
진자로 추천하는 방법으로 승진자 결정에 부당한 영향력을 미쳐서는
아니된다고 하였다. 이 사건에서 피고인 1은 본래의 승진후보 순위 명
단을 그대로 인사위원회에 제출하지 아니하고, 특정인에게 V자를 그
려 넣는 방식으로 자신의 의중을 드러내어 인사위원회에 부당한 압력
을 가한 점이 인정된다고 보았다. 특히 1심 법원은 피고인(들)이 인사
위원회에 참여한 공무원 등을 이용해 인사위원회 회의과정에서 자신
의 뜻을 관철하기 위한 분위기 조성을 하였다고 하고, 따라서 피고인
1 자신이 독자적으로 인사를 결정하는 것과 다름없는 결과가 초래되
었다고 판시하였다.5)

---

2) 대법원 2004. 5. 27. 선고 2002도6261 판결.
3) 대법원 2013. 9. 12. 선고 2013도6570 판결.
4) 대법원 2005. 4. 15. 선고 2002도3453 판결.
5) 한편 본건에서 직권남용권리행사죄와 함께 기소된 위계공무집행방해죄, 허위
   공문서작성죄, 허위작성공문서행사죄에 대해서는 모두 무죄판결이 선고되었다.

Ⅲ. 2심 법원의 판단(부산지방법원 4-3 형사부 2019노876 판결)

피고인 1은 1심에서와 마찬가지로, 승진후보자에 대한 의견을 표시한 것뿐이고 직권남용의 고의가 없다고 변소하였다.[6] 피고인 2 역시 1심과 같이 피고인 1과 공모한 사실이 없고 피고인 1의 지시를 따른 것 뿐이라고 주장하였다.

이에 대해 항소심법원은, 본래 5급 승진인원은 16명이 예정되어 있었으나 군수인 피고인 1이 임의로 위 승진인원을 17인으로 증원하면서 특정인 X를 승진후보자명단에 포함한 사실과, 피고인 1이 특정인을 승진후보자로 표시하여 피고인 2로 하여금 승진후보자명단을 인사위원회에 제시한 사실을 인정하면서 피고인들은 공모하여, 직권을 남용하여 인사위원회로 하여금 의무 없는 일을 하게 하였다고 보았다.[7]

Ⅳ. 대법원의 판단(대법원 2020. 12. 10. 2019도17879 판결, 대상판결)

대법원은 지방공무원의 승진임용에 관해서는 임용권자에게 광범위한 재량이 부여되어 있고 결원 보충의 방법과 승진임용의 범위에 관한 사항을 선택할 수 있는 권한이 있다고 전제하였다. 따라서 승진임용자의 자격을 정한 관련 법령 규정에 위배되지 아니하고 사회 통념상 합리성을 갖춘 사유에 따른 것이라는 일응의 주장·증명이 있다면 임용권자의 임용권 행사가 쉽사리 위법하다고 판단하여서는 아니 된다고 하였다.[8]

더불어 지방공무원 임용령 제38조의5에서 임용권자는 특별한 사

---

[6] 1심 판결에 대해 일부 무죄판결이 선고되었던바, 검사 또한 1심 판결 무죄부분에 대하여 사실오인과 법률위반의 잘못이 있고 전체 형량도 가볍다는 이유로 항소하였다.

[7] 검사의 항소 또한 모두 기각되었다.

[8] 대법원 2018. 3. 27. 판결 등.

정이 없는 한 인사위원의 결정에 따라야 한다고 규정되어 있으나 이 문구 자체에서 이미 예외를 인정하고 있고, 위 지방공무원 임용령 제 38조의5는 상위법률의 위임이 없는 상태에서 제정된 것이므로 임용권 자의 권한행사를 제한하는 근거가 될 수 없다고 하였다.

[연   구]

Ⅰ. 서   론

형법 제123조의 직권남용권리행사방해죄는 얼마 전까지만 하더라도 실무상 큰 비중을 차지하는 범죄는 아니었다.[9] 직권남용권리행사방해죄는 주로 수사나 재판 과정에서 불만을 품은 당사자가 담당 수사기관이나 사법기관을 고소·고발함으로써 시작[10]되는데 통상적 사건에서 수사기관이나 사법기관이 고의로 직권을 남용하는 사례를 별로 찾아보기 어렵고, 따라서 대부분이 불기소에 이르기 때문이다. 2019년을 기준으로 할 때 검찰의 직권남용죄 처리인원은 총 844건인데 이 중 3.8%인 32명만이 기소되었다. 혐의는 인정되지만 기소하지 않는 기소유예 처분도 1.2%(10명)에 불과하다. 나머지 95%가량의 인원은 혐의없음이나 죄가 안 됨 등의 사유로 불기소 처분이 내려진다.[11] 이는 우리나라만의 특수한 경향은 아닌 것으로 보이는데, 우리와 직권남용권리행사방해죄의 법리가 비슷한 일본의 경우에도 2019년 기준 직권남용죄 종국처리건수 916건 중 기소는 3건, 기소유예는 8건으로 혐의가 인정되는 경우가 11건에 불과하고 이 중에서도 기소율은 27%에 그친다.[12]

---

9) 이종수, "공무원의 부당한 직무수행과 직권남용죄의 관계", 「법조」 제70권 제 1호, 법조협회, 2021, 213면.
10) 장진환, "독일형법의 직권남용 규정에 대한 연구", 「비교형사법연구」 제23권 제2호, 한국비교형사법학회, 2021, 1면.
11) 대검찰청, 『2020 범죄백서』 2021, 292면.

그러나 최근 몇 년 사이 직권남용권리행사방해죄의 성부가 쟁점이 되는 대형 사건이 많아지면서 동죄에 관한 논의의 필요성은 점점 커지고 있다. 대통령을 피고인으로 한 직권남용권리행사방해죄, 문화체육계 전반에 영향을 미친 이른바 "문화계 블랙리스트 사건", "사법부 사법농단 사건" 등이 이에 해당한다. 개별 사건의 중대성은 차치하더라도, 국가기관의 정당한 법집행에 대한 국민적 기대가 날로 커지고 있는 현실에서 향후 직권남용권리행사방해죄가 문제되는 사례는 점증하리라 여겨진다.

본 사건에서 군수인 피고인 1은 직권남용권리행사방해죄 등의 죄명으로 기소되었고, 1심에서 직권남용권리행사방해죄를 제외한 나머지 혐의에 대하여는 유죄판결을 받았다. 이에 피고인들과 검사는 모두 항소하였으나 2심 법원은 쌍방항소를 모두 기각하였다. 2심 판단에 대하여도 피고인들과 검사가 모두 상고하였다. 대법원은 검사의 상고는 기각하고, 피고인 1의 혐의 중 1, 2심 통틀어 유일하게 유죄로 인정된 직권남용권리행사방해죄에 대해서도 무죄 취지로 파기 환송하였다.

이처럼 두 하급심 판례와 하나의 대법원 판례가 다른 입장을 폈다는 것은 직권남용권리행사방해죄가 무엇이고 그 한계가 어디인지가 아직 정확히 결정되지 않은 점에 기인한다고 본다. 즉 직권남용죄의 구성요건은 당초부터 추상적으로 규정되어 있으며, 이에 대한 명확한 해석도 정립되지 않은 상태라고 생각된다. 본 글에서는 대상판결을 중심으로 하여 법원이 직권남용권리행사방해를 어떻게 해석하는지 살펴보고, 나아가 대상판결의 적부에 대한 의견을 덧붙이고자 한다.

---

12) 신은영, "일본의 공무원직권남용죄에 관한 검토", 「비교형사법연구」 제23권 제2호, 한국비교형사법학회, 2021, 53면.

Ⅱ. 직권남용의 의미

1. 일반적 직무권한

직권남용권리행사방해죄의 해석에 있어 일차적인 문제가 되는 것은 법조문 자체의 모호성이다. 직권남용권리행사방해죄를 규정한 형법 제123조는 "공무원이 직권을 남용하여 사람으로 하여금 의무없는 일을 하게 하거나 사람의 권리행사를 방해"한 때에 동죄가 성립한다고 명시하고 있다. 이 중에서 먼저 직권남용의 의미를 검토해 보기로 한다.

직권남용의 의미에 대하여 판례는 "직권남용권리행사방해죄에서 '직권의 남용'이란 공무원이 일반적 직무권한에 속하는 사항을 불법하게 행사하는 것, 즉 형식적, 외형적으로는 직무집행으로 보이나 그 실질은 정당한 권한 이외의 행위를 하는 경우를 의미"한다고 판시한다.13) 정당한 권한 이외의 행위는 위법한 행위뿐 아니라 부당한 행위도 포함한다.14) 또한, 판례는 어떠한 직무가 "공무원의 일반적 직무권한에 속하는 사항이라고 하기 위해서는 그에 관한 법령상 근거가 필요하다. 법령상 근거는 반드시 명문의 규정만을 요구하는 것이 아니라 명문의 규정이 없더라도 법령과 제도를 종합적, 실질적으로 살펴보아 그것이 해당 공무원의 직무권한에 속한다"라고 한다.15) 대법원은 공무원의 행위가 위법한 경우뿐만 아니라 부당한 경우도 직권남용에 해당한다고 하여 직권남용의 개념을 매우 광범위하게 보면서도, 이 죄의 성립을 판단할 때는 직권부여의 목적, 행위의 필요성 및 상당성, 법령상 요건 충족 여부 등을 종합하여 판단하라는 판단요소만 제시하고 구체적 판단기준을 제시하지는 못하고 있다.16) 또한, 직권남용권리행

---

13) 대법원 2011. 2. 10. 선고 2010도13766 판결.
14) 한석훈, "공무상비밀누설, 직권남용 및 '부정한 청탁'의 개념", 「법조」 제70권 제3호, 법조협회, 2021, 510면.
15) 대법원 2019. 8. 29. 선고 2018도14303 전원합의체 판결.
16) 한석훈, 510면.

사방해죄가 성립하려면 행위자인 공무원에게 일반적 직무권한이 있어야 하고, 일반적 직무권한이 있다고 하려면 법령상 근거가 필요하다고 하면서도, 동시에 반드시 법령상 명문의 규정까지는 필요 없다고 하고 있다.

이 부분에 대한 대법원의 태도는 다소 혼란스럽지만, 일단 행위자인 공무원이 자신과 아무런 관련이 없고 어떠한 직무권한도 없는 사항에 대하여 유·무형력을 행사한다면 직권남용권리행사방해죄가 성립할 수 없다는 결론을 내린다는 점만큼은 비교적 명확하다. 이때는 공무원이 주체가 되는 범죄가 아니라 일반적인 폭행, 협박 또는 강요죄가 성립할 따름이다. 위 판례가 설시한 바와 같이, 동죄가 성립하려면 "행위자의 일반적 직무권한에 속하는 사항"이라는 구성요건이 필요하기 때문이다. 위 사안과는 반대로 공무원이 자신의 일반적 권한범위 내에서 법령 등에 어긋나지 않는 행위를 하였다면, 직권남용권리행사죄는 성립할 수 없다. 요컨대 직권남용권리행사방해죄는 공무원이 자신의 직무권한 내에서 적법하게 행동하면 성립하지 않는데, 그와 정반대로 공무원이 적정선을 크게 넘어 자신의 직무권한과 아무 관련없는 분야에서 위법·부당한 행위를 저질렀다면 이때도 직권남용권리행사죄가 성립하지 않게 된다는 것이다.[17] 예컨대 집행관이 채무자를 체포하는 것은 직권남용죄가 아니라 단순히 체포죄를 구성한다.[18] 직권남용권리행사방해죄는 공무원이 적어도 자신의 일반적 권한 내에서 표면적으로는 적법하게 권한을 행사하는 것처럼 보일 것을 전제로 하므로, 공무원이 직무권한을 완전히 이탈하여 위법·부당한 행동을 한다면 후자의 불법이 전자의 불법보다 더 큼에도 불구하고 직권남용권리행사방해죄가 성립할 수 없는 불합리가 생긴다.[19]

예컨대 교통단속에 관한 권한을 지닌 경찰관이 직무를 수행하면

17) 대법원 1991. 12. 27. 선고 90도2800 판결.
18) 임웅, 『형법각론(제5정판)』, 법문사, 2013, 869면.
19) 최병천, "직권남용권리행사방해죄 - 공무원의 직권남용을 중심으로", 「경찰법연구」 제17권 제2호, 한국경찰법학회, 2019, 41-42면.

서 신호를 위반한 차량을 불러세운 다음, 단속을 무마시켜 주는 조건으로 금품을 요구한 경우를 생각해 보자. 이 경찰관에게 직권남용권리행사방해죄가 성립하는 점에는 별다른 의문이 없다. 그런데 경찰관이 자신의 일반적 직무권한과 전혀 무관한 소방시설점검을 하며 금품을 요구한 경우에는 직권남용권리행사방해죄가 성립할 수 없게 되는 것이다. 이 예에서 전자의 사안은 최소한 행위자가 교통단속에 관한 권한을 가지고 있었으나, 후자의 경우에는 그 권한조차 없다. 그럼에도 불구하고 형식논리적 해석을 하면[20] 전자의 경우에는 직권남용권리행사방해죄가 성립하고 후자의 경우에 성립하지 않는다는 모순이 생기게 된다. 결론적으로 직권남용권리행사방해죄는 "완전한 합법(일반적 권한 + 적절한 업무처리)"과 큰 불법(일반적 권한 없음 + 부적절한 업무처리) 사이의 어딘가에 위치하게 된다.

한편 직권남용권리행사방해죄는 행위자가 공무원일 것을 요하는 신분범이므로, 여기에서 직무권한이란 당연히 "공무원의 직무권한"을 의미한다고 보아야 할 것이다. 또한, 공무원이 공적으로 부여된 권한 이외의 힘을 사용하였다면(예컨대 공무원이 상대방에게 완력을 행사하는 경우) 직권남용권리행사방해죄가 성립한다고 보기 어렵다. 판례가 설시한 "형식적, 외형적으로는 직무집행으로 보이는"이라는 문장에도 이러한 함의가 있다고 볼 수 있다.

형식적, 외형적으로는 직무집행이어야 한다는 것은 몇 가지 의미로 나누어 볼 수 있다. 우선 법령에서 직접적으로 특정 공무원의 직무를 정해 놓은 경우가 있을 것이다. 예컨대 경찰관 직무집행법 제2조 제1호는 경찰관이 국민의 생명·신체 및 재산의 보호라는 직무를 수행한다고 규정하고 있다. 같은 법 제3조는 좀 더 구체적인 직무로써 경찰관에게는 불심검문의 권한이 있다고 명시하고 있다. 같은 법 제4조 이하에도 보호조치, 위험발생방지, 범죄의 예방과 제지 등이 경찰관의

---

20) 김성돈, "법이해, 법발견 방법, 그리고 직권남용죄", 「형사법연구」 제33권 제4호, 한국형사법학회, 2021, 131면.

직무로 명시되어 있다. 결론적으로 경찰관 직무집행법에 기재된 불심검문, 보호조치 등은 경찰관의 직무집행이 된다. 그런데 경찰공무원이 아니라 일반 행정직 공무원이 불심검문을 하거나 보호조치를 한다면 그 공무원의 일반적인 직무집행이 있었다고 볼 수 없다. 보다 특수한 업무와 권한을 지닌 공무원도 있다. 공소제기권을 지닌 검사나 전쟁업무를 수행하는 군인을 예로 들 수 있다. 이러한 경우에는 일반적 직무권한을 판단하기가 상대적으로 쉽다.

그 외에 법령에서 명시적으로 정해진 것은 아니지만 공무원 내부 규칙이나 계급, 서열, 관행, 상급자의 판단 등에 의하여 부여되는 권한도 있다. 일반적인 행정청 부서(과 혹은 팀)에서는 부서장 등이 휘하 직원들의 직무를 지정해 준다. 일단 업무분장표(業務分掌表)에 이름이 쓰여 있다면 그 사람은 해당 업무에 대한 권한이 있다고 볼 수 있다. 맡은 업무분장을 수행하는 데 필요한 보조적 업무도 직무권한에 포함된다고 볼 수 있다. 주무관급 일반행정직 공무원은 그야말로 매우 다양한 일을 할 권한이 있고, 그러한 의무도 있다. 사실 주무관급 공무원은 직렬이나 기능을 가리지 않고 거의 모든 일을 해야 한다. 이러한 주무관급 공무원은 권한의 수는 많으나 각각의 권한이 크지는 않다. 이 부류의 공무원들은 수시로 직무이동을 하게 되고 그때마다 권한 및 책임도 달라진다.

이처럼 현실을 보면 각 공무원이 맡은 업무나 행사할 수 있는 권한이 형식적, 외형적으로라도 항상 명확한 것은 아니다. 특히 소규모 기초지방자치단체의 경우 통상 관할하는 면적이 넓은 반면 이를 담당할 공무원의 수는 매우 부족하기 때문에, 어떤 보직을 맡은 공무원이 상황에 따라 (원래 보직은 유지하면서도) 다른 업무에 급히 투입되는 경우가 빈번하게 발생한다. 예를 들어 서무 업무를 담당하고 있는 공무원이 민원고충처리실의 업무에 과부하가 걸리자 서무 업무를 맡은 채 민원고충처리실에서도 일을 하게 되는 현상이 자주 나타나는 것이다.

공무원 사회의 현실에 이런 어려움이 있으므로 모든 공무를 매뉴얼이나 지침, 훈령, 예규 등에 정확히 맞게 처리하는 것에는 현실적 어려움이 따른다. 그러므로 직권남용권리행사방해죄의 성부를 따질 때, 당해 피의자가 일반적 직무권한 내에서 행위한 것인지, 그렇지 않은지 결정하는 것은 지극히 주관적인 판단일 수밖에 없다. 또한, 현재와 같이 사회구조가 복잡해지고 여러 국가적·사회적 문제가 산적해 있는 현실에서는 부서나 부처 간에 긴밀하면서도 신속한 협조가 필요한바, 타 부서 혹은 부처 간에 업무협조나 지원요청, 서류의 요청 등이 동시다발적으로 이루어질 수 있고, 이러한 모든 경우에 각 행정청의 업무처리가 정확하게 법규대로 이루어져야 한다면 조직의 존속 자체가 조직의 목적이 되고, 사무처리가 경직될 우려가 있다고 할 것이다. 앞선 예와 같이 다른 보직을 맡은 공무원이 임시로 다른 공무원의 일을 돕거나, 조직도상의 보직과 실제 맡은 업무가 서로 다르게 되어 있는 등의 사실이 있다면 이러한 업무들 모두에 대하여 "일반적 직무권한"을 갖는다고 보아서는 안 될 것이다. 즉 직권남용권리행사방해죄의 성립요건인 "일반적 직무권한의 부당한 행사" 중에서 적어도 "일반적 직무권한"을 해석할 때는 매우 신중을 기하여야 한다.

이 사건은 1심에서 3심에 이르기까지 피고인 1의 행위가 일반적 직무권한에 속하는지 직접적 쟁점은 되지 아니하였던 것으로 보인다. 아마도 지방자치단체의 임용권은 원칙적으로 그 장에게 있고, 따라서 임용권을 행사하는 과정에서 거쳐야 할 인사위원회의 의결절차에 의견을 개진하는 것은 임용권의 행사를 보조하는 행위로서 지방자치단체장의 일반적 직무권한에 당연히 속한다는 전제에 있기 때문일 것이다. 그런데 지방공무원법상 인사위원회를 주관하는 위원장은 부단체장으로 되어 있으므로(지방공무원법 제9조 제1항) 지방자치단체장이 직접 인사위원회에 출석하는 것은 예정되어 있지 아니하다. 게다가 인사위원회의 존재 자체가 지방자치단체장의 임용권을 제한·견제하는 데 있다고 할 것이다. 형식적으로 보면 인사위원회가 지방자치단체장이 원하는 방향으로 심의·의결을 하지 않을 수도 있다. 인사위원회가 지방자치단체장의 임용권 행사를 방해할 가능성이 있다면, 지방자치단체장이 인사위원회의 심의나 의결에 대하여 "권한"을 갖고 있다고 말하기는 어려울 수 있다.

만일 대상판결의 경우에 피고인인 지방자치단체장이 간사에게 자신의 의중을 내비치면서 간사가 인사위원장에게 피고인의 의사를 전달하는 방식이 아니라, 인사위원회에 직접 참여하면서 특정인을 추천하거나 배제하는 등 자신의 의사를 스스로 주장하였다고 가정하여 보자. 이러한 경우에 피고인측은 지방자치단체장이 지방공무원법상 인사위원회에서의 심의·의결권을 갖지 못함을 내세워, 직권남용권리행사방해죄의 요건인 "일반적 직무권한"이 없는 상태였다고 주장할 수 있다. 판결의 결과를 섣부르게 예측할 수는 없으나, 위와 같은 주장이 받아들여질 가능성이 전혀 없다고는 말할 수 없을 것이다.[21] 본 사건이 이 점에 대하여 특별히 판단하지 아니한 점은 아쉬움으로 남는다.[22]

2. 남 용

"남용"을 국어사전에서 찾아보면 "1. 일정한 기준이나 한도를 넘어서 함부로 씀. 2. 권리나 권한 따위를 본래의 목적이나 범위를 벗어나 함부로 행사함"이라고 되어 있다.[23]

사전상 뜻풀이 중 2번에 의하면 "남용"을 하기 위해서는 특정한 권리나 권한을 보유하고 있을 것을 요한다. 갖고 있지 않은 권한은 애

---

[21] 물론 실제 이와 같은 개입을 하면 직권남용권리행사방해죄가 성립하지 않더라도 다른 조항으로 처벌받거나 적어도 정치적 책임은 부담해야 할 것이다.

[22] 대상판결의 원심인 부산지방법원 2019. 11. 21. 선고 2019노876 판결을 보면 피고인 2가 "헌법상 권한과 직무는 직권남용권리행사방해죄의 구성요건인 직무에 해당하지 않는다"라는 취지의 주장을 하였음이 기재되어 있다. 이는 일응 자신의 행위가 직무범위 내의 것이 아니라는 변소로 보인다. 대법원은 이 부분에 대해 명시적으로 판단하지 아니하였다.

[23] 네이버 국어사전, https://ko.dict.naver.com/#/entry/koko/dfe4b4ecb096426ebd2c382a1ef5b33e

초에 남용할 수도 없기 때문이다. 그런데 국어사전 중 1번의 뜻풀이는 2번과 다소 궤를 달리한다. 이에 의하면 권리나 권한을 애초에 보유하고 있는지를 묻지 아니하고, 단지 특정 범위를 넘어서 함부로 무언가를 사용하는 것이 남용이라고 보고 있다. 1번 뜻풀이에 의하면 구체적으로 갖고 있지 않은 권리나 권한이라도 일정한 기준을 넘어서면 남용에 해당할 여지가 있다.[24]

앞서 살펴본 교통경찰 사례로 돌아가 본다. 교통경찰이 교통단속과 관련한 권한을 행사하여 피단속자에게 의무 없는 일을 시키거나 권리행사를 방해하였다면 직권남용권리행사방해죄가 성립한다. 반면 교통경찰이 소방법 위반사항을 단속하면서 위와 같은 행동을 하였다면 뜻풀이 2번에 따르는 경우 직권남용권리행사방해죄가 성립할 수 없다. 그런데 "남용"을 1번의 뜻풀이로 사용한다면 직권남용권리행사방해죄가 성립될 수 있어 보인다. 1번의 "남용"범위가 2번의 것보다 포섭범위가 다소 넓기 때문이다. 교통경찰이 소방법 위반사항을 단속하는 것은 명백한 위법이므로, 법에서 정한 기준이나 한도를 넘어선 행동이 확실한바 위 1번의 "남용"에 해당한다고 할 것이다.

근래 수 개의 하급심 판결은 남용의 의미를 2번에 한정하여 사용한 바 있다. 예컨대 서울고등법원은 임성근 전 부장판사의 재판개입 혐의에 대한 판결에서 다른 재판에 관여하는 행위는 임 전 부장판사의 직무범위에 속하지 아니하므로 동 피고인에게 직권남용권리행사죄가 성립하지 않는다고 보았다.[25] 이에 반해 이민걸 법원행정처 기획조정실장 및 이규진 대법원 양형위원회 상임위원의 재판개입 및 사법정보 수집은 위 각 직책의 직무권한 범위에 속한다고 하여 일부 유죄를 선고하였다.[26] 각 사건의 항소심은 1심의 유죄판결 일부를 파기하였지

---

24) 김성돈, 158면.
25) http://news.bbsi.co.kr/news/articleView.html?idxno=3041233 (최종방문일 2021. 3. 25.)
26) https://www.hani.co.kr/arti/society/society_general/988107.html (최종방문일 2021. 3. 25.)

만, 이는 직무권한 범위에 관하여 1심과의 의견이 달랐기 때문이고, "직권 없이는 남용 없다"라는 법리는 그대로 유지되었다.[27)]

한편 대상판결은 직권남용권리행사방해죄의 상대방이 일반인인 경우와 공무원인 경우를 나누어 보아야 한다는 점을 지적하고 있다. 즉 일반인이 직권남용의 상대방이라면 일반인에게는 통상 그 공무원의 지시를 따를 필요가 없으므로 그에게 어떠한 행위를 하게 하였다면 특별한 사정이 없는 한 의무 없는 일을 하게 한 것이 된다. 이와 달리 직권남용의 상대방이 공무원이라면 법령 등에 의해 그 남용된 직권을 따라야 할 의무가 있을 수 있고, 이때는 직권남용권리행사방해죄가 성립하지 않는다고 하였다. 그러므로 대상판결은 직권남용권리행사방해죄의 상대방이 일반인인 경우와 공무원인 경우를 나누어 판단하되 전자의 경우 후자의 경우보다 직권남용권리행사방해죄가 성립할 여지가 크다고 보고 있다. 대상판결이 인용하고 있는 대법원 2018도2236 전원합의체 판결(이른바 '문화계 블랙리스트 사건')도 같은 취지로 판시한 바 있다.

남용의 의미에 대해서는 공무원의 직권행사가 일반인을 대상으로 하는 것과 공무원을 대상으로 하는 것 둘로 나누어 살펴볼 필요가 있다는 대법원 판례의 결론에는 충분히 수긍할 수 있다. 위 판시된 이유 이외에 근거를 덧붙여 보기로 한다. 원칙적으로 공무원의 직권이 사인에 대해서 행하여지는 경우 그 권한행사가 위법·부당하다면 사인이 이를 따를 필요는 없다. 그런데 공무원조직 일원이 아닌 사인은 그 권한행사의 위법·부당성을 인지하지 못할 개연성이 높으므로 막연히 공무원의 직권남용에 수긍할 위험이 오히려 (피해자가) 공무원인 경우보다 더 크다. 사인과 달리 공무원은 공무원조직의 위계서열과 업무분장, 계급 등을 기초로 비교적 명확하게 파악하고 있으므로 특정 공무원의 지시나 명령이 그 권한 내에 속하는지를 일반인보다 정확하게 판단할 수 있다. 이런 불균형이 존재한다면 직권남용권리행사방해죄

---

27) https://www.yna.co.kr/view/AKR20220127196900004 (최종방문일 2021. 3. 25.)

의 상대방(피해자)이 누구인지에 따라 동죄의 구성요건을 달리 해석할 필요가 있다.

즉 상대적으로 공무원의 직권행사 또는 직권남용 행사에 취약한 일반인이 피해자로 되는 경우, "직권 없으면 직권남용 없다"라는 원칙을 굳게 견지하는 것은 부당하다. 일반인은 공무원의 직권보유 여부를 판단하기 어려우므로 권리행사가 방해되거나 의무 없는 일을 하게 될 때도 그 위법이나 부당을 판단하기 어려워 쉽게 피해를 당할 수 있다. 이때는 직권남용의 의미를 위 국어사전 2번의 뜻처럼 한정시키기보다는 1번의 뜻처럼 해석하는 것이 합당하다. 이와 달리 공무원은 다른 공무원의 직권범위를 비교적 잘 파악할 수 있고 특정한 공무원의 행위가 직권범위 안쪽인지 바깥쪽인지 판단하여 자신의 다음 행동을 정할 수 있다. 이러면 남용의 의미를 기존의 "직권 없으면 직권남용 없다"로 유지하더라도 크게 부당하지 않다. 또한, 어떤 공무원이 자신 혹은 타인의 직무권한 범위를 모르고 있다면 그 자체가 직무를 태만히 한 것으로 볼 수 있으므로 이러한 공무원을 피해자로 보호할 필요성도 그리 크지 않다.

이 사건으로 돌아와 살피건대, 인사위원회는 공무원인 위원과 공무원이 아닌 위원(지방공무원법 제7조 제5항 각호의 위원. 이하 "외부위원"이라 하며, 외부위원이 아닌 인사위원은 "내부위원"으로 약칭한다)이 혼재되어 있으므로 직권남용권리행사방해의 상대방이 사인인지 공무원인지 검토될 필요가 있다. 생각건대, 위원회 자체는 법정기구이나 위원회를 구성하는 각각의 자연인은 독립된 심의·의결권을 가지고 있다. 또한, 관계 법령에서 공무원 아닌 외부위원의 비율이 일정 수 이상을 유지하도록 한 것은 인사위원회가 공무기관으로부터 독립된 사적기관 혹은 제3의 기관으로서 기능하도록 하기 위함이었으리라 추측된다. 아울러 직권남용권리행사방해죄의 직권남용 행위가 실제로 행하여질 경우 그로 인해 의사결정에 영향을 받는 것은 위원회 자체가 아니라 각 개인이다.[28] 또한, 지방공무원법 제14조 제6항은 인사위원

중 공무원이 아닌 위원은 그 직무상 행위와 관련하여 형법이나 그 밖의 법률에 따른 벌칙을 적용할 때 공무원으로 본다고 규정한다. 이는 공무원 아닌 외부인원은 본래 사인이기 때문에 형법 적용이 어려울 수 있는 점을 고려한 특별규정으로 볼 수 있다.

그러므로 종합하여 보건대 이 사건은 직권남용권리행사방해죄의 상대방이 사인인 경우에 준해서 판단할 필요가 있고, 앞서 살핀 이유 및 대상판결의 판시에 의할 때 상대적으로 동죄의 성립이 수월하게 이루어질 것이다. 위 대법원 2018도2236 판결의 후속 판결인 대법원 2020. 2. 13. 선고 2019도5186 사건도 "대통령비서실 소속 공무원이 그 지위에 기초하여 사인인 전국경제인연합회에 특정 정치성향의 시민단체에 대한 자금지원을 요구한 행위"가 그 자체로 직권남용죄는 될 수 있다고 보고 있어[29] 사인에 대한 직권남용권리행사방해죄의 성립을 비교적 쉽게 인정하는 취지에 있다고 보인다.

Ⅲ. 직권남용으로 인한 결과의 발생

1. 지방자치단체장의 임용권

직권남용권리행사방해죄는 단순히 공무원이 직권을 남용하는 행위를 하였다는 것만으로 곧바로 성립하는 것이 아니다. 직권을 남용하여 현실적으로 다른 사람이 법령상 의무 없는 일을 하게 하였거나 다른 사람의 구체적인 권리행사를 방해하는 결과가 발생하여야 하고, 그 결과의 발생은 직권남용 행위로 인한 것이어야 한다.[30]

이 사건에서 피고인 1의 의도가 인사위원회 자체의 무력화에 있다고 보기는 어렵다. 대상판결이 인정한 사실관계를 보더라도 피고인

---

28) 대상판결이 인정한 사실관계도 인사위원회 자체가 아닌 인사위원회 위원들로 하여금 의무 없는 일을 하게 하였다는 내용이다.

29) 오병두, "직권남용죄의 성립요건에 관한 검토", 「형사법연구」 제32권 제2호, 한국형사법학회, 2020, 164면.

30) 대법원 2005. 4. 15. 선고 2002도3453 판결 등

1은 인사위원회가 열릴 것을 전제로 하여 특정인물을 특정하고, 피고인 2로 하여금 이를 인사위원회에 알릴 것을 지시하고 있기 때문이다. 나아가 피고인들은 인사위원회에서 피고인 1의 의사가 더욱 견고하게 관철되도록 승진추천자를 호명하고, 시나리오를 작성하는 등의 적극적인 행위를 하였다. 즉 이 사건에서 인사위원회는 장식적으로나마 정상적으로 열렸고, 이는 피고인들의 의사에 합치한다. 그렇다면 형식적으로라도 열린 인사위원회에서 인사위원들의 발언이나 심의·의결이 있었다면 인사위원회가 스스로의 권한행사를 전적으로 포기한 것은 아니고, 불충분하게나마 행사하였다고 보는 것이 타당하다. 이 사건의 1심, 2심은 피고인들이 인사위원회로 하여금 "의무 없는 일을 하게 하게 하였"다고 표현하고, 3심은 인사위원들이 자신들의 권한을 "소극적으로 행사"하였다고 표현하고 있다. 즉 1심과 2심은 불충분한 권한행사는 사실상 의무 없는 일을 한 것과 동격으로 보고 있는 반면, 3심은 불충분한 권한행사라 하더라도 의무 없는 일을 한 것까지는 아니라고 보고 있다. 그렇기 때문에 1심과 2심은 피고인이 인사위원들에게 의무 없는 일을 하도록 하는 결과가 발생한 것으로 판단하였고, 3심은 이와 다른 입장을 취하게 된 것으로 생각된다.

대상판결은 본질적으로 지방자치단체의 임용권은 지방자치단체의 장에게 있으며 그 권한행사에는 매우 넓은 재량이 허용된다는 전제에 있다. 대법원은 이에 관하여 상당히 확고한 입장을 갖고 있는 것으로 보이는데, 종전 교육공무원의 승진에 관한 판결에서 "공무원 승진임용에 관해서는 임용권자에게 일반 국민에 대한 행정처분이나 공무원에 대한 징계처분에서와는 비교할 수 없을 정도의 광범위한 재량이 부여되어 있다"[31]고 판시한 바 있다. 한편 형법상 직권남용권리행사방해죄가 아니고 지방공무원법 제42조의 규정 "누구든지 시험 또는 임용에 관하여 고의로 방해하거나 부당한 영향을 미치는 행위를 하여서는 아니 된다"위반으로 기소[32]된 사안에서도 "임용권자의 인사와 관련한

---

31) 대법원 2018. 3. 27. 선고 2015두47492 판결.

행위에 대하여 형사처벌을 하는 경우에는 임용권자의 광범위한 인사재량권을 고려하여 해당 규정으로 인하여 임용권자의 인사재량을 부당히 박탈하는 결과가 초래되지 않도록 처벌규정을 엄격하게 해석·적용하여야 한다"는 전제하에, 동법 위반의 유죄판결을 선고한 원심을 무죄 취지로 파기 환송하였다.[33]

위와 같이 임용재량권을 넓게 본다면 승진대상자를 결정할 최종결정권자가 지방자치단체장이고 인사위원회의 의결사항은 지방자치단체의 장을 기속하지 않는다는 논리(대상판결의 논리)가 힘을 받는다. 한편 지방자치단체장이 인사위원회에서 자신의 의사를 표현(특정인을 승진대상자로 추천)하는 것은 인사위원회의 의결내용을 전적으로 부정하고 임의로 승진대상자를 결정하는 것보다 인사위원회의 권한을 침해하는 정도가 더 약하다. 그러므로 대는 소를 포함한다는 원칙에 의거, 후자의 행위가 적법하다면 전자의 행위도 당연히 적법하게 된다.

그런데 지방자치단체장의 임용권에 폭넓은 재량권을 부여한다는 것이 무제한의 재량을 허용하는 의미가 아님은 분명하다. 지방공무원법은 제6조 제1항에서 지방자치단체장이 그 소속 공무원의 임명·휴직·면직과 징계를 하는 권한이 있다고 선언하지만, 그 전제로서 "이 법에서 정하는 바에 따라"야 한다고 규정하고 있다. 즉 지방자치단체장의 임용권이 적법하게 행사되려면 동인이 임용권을 행사할 때 지방공무원법상 제반 규정을 준수하여야 한다. 이로써 입법자는 지방자치단체장의 임용권을 폭넓게 인정하되, 다만 그 재량을 임의로 행사하는 경우 발생할 부작용에 대비해 임용권 행사절차도 엄격하게 규정하여 두었다고 볼 것이다. 지방공무원법 제1조 역시 이 법률은 지방자치행

---

32) 지방공무원법 제83조(벌칙) 제42조·제43조 또는 제58조를 위반한 자는 다른 법률에 특별히 규정된 경우 외에는 1년 이하의 징역 또는 1천만원 이하의 벌금에 처한다.

33) 대법원 2022. 2. 11. 선고 2021도13197 판결. 본 사건은 원심이 파기환송되어 2022. 3. 26. 현재 춘천지방법원 강릉지원 2022노49로 공판이 진행되고 있다. 따라서 위 사건이 완전히 확정된 것은 아니다.

정의 민주적이며 능률적인 운영을 도모함을 목적으로 한다고 규정한다. 이 중에서 능률적 운영은 지방자치단체장의 넓은 인사재량권을, 민주적 운영은 그 인사재량권에 대한 절차적 통제를 의미한다고 볼 수 있다. 현행법상 지방자치단체장의 임용권을 견제·감시할 수 있는 대표적 기관이 지방공무원법 제7조 소정의 인사위원회이다. 따라서 인사위원회가 실질적인 역할을 수행할 수 있는 제도적 장치가 마련되어 있는지 살펴볼 필요가 있다.

2. 인사위원회의 권한과 한계

지방공무원법 제7조는 각 지방자치단체에는 임용권자별로 인사위원회를 두도록 한다. 지방자치단체에 인사위원회를 두는 것은 지방공무원법에 명시되어 있으므로 하위법령인 대통령령이나 규칙으로 위원회를 없애거나 그 권한을 제한할 수 없음이 명백하다. 인사위원회는 지방자치단체 공무원 충원계획의 사전심의 및 임용시험의 실시, 승진임용의 사전심의, 임용권자의 인사운영에 대한 개선 권고 등 인사 전반에 관한 폭넓은 권한을 갖고 있다(지방공무원법 제8조). 따라서 지방자치단체장의 임용권은 인사위원회가 위 법률 제8조에 따라 행사하는 권한을 벗어나지 않는 한도에서만 가능하다. 바꾸어 말하면 지방자치단체장이 인사위원회의 통제를 무시하고 임용권을 행사한다면 그것은 지방공무원법 제6조 제1항 소정의 "이 법에서 정하는 바에 따라"의 전제조건을 위반한 것으로 위법한 임용권 행사라 할 것이다.

다음으로 제기되는 물음은 인사위원회가 지방자치단체장의 임용권을 어느 범위까지 통제할 수 있는가이다. 인사위원회의 권한을 지나치게 확대한다면 거꾸로 지방자치단체장의 임용권이 침해당할 수 있고 이는 지방공무원법의 취지에 반한다. 일응의 기준은 지방공무원법 제8조 제1항 각호에 규정되어 있다고 볼 수 있다. 예컨대 지방자치단체장이 소속공무원을 승진시키려면 인사위원회의 사전심의가 필요하다(지방공무원법 제8조 제3호). 그리고 본건과 같이 6급 공무원을 5급으로 승진시키려면 일반적인 승진절차와 구별되는 특별절차를 거쳐야 한다. 지방공무원 임용령 제38조 제1항이 여기에 해당하는 바, 이 조항은 6급 공무원을 5급 공무원으로 승진임용시키기 위해서는 일반승진시험, 공개경쟁승진시험 또는 인사위원회의 승진의결을 거쳐야 한다는 내용을 담고 있다. 이 중에서 인사위원회 승진의결을 거치는 경우에는 인사위원회 개최 3일 전을 기준으로, 승진후보자명부의 순위가 높은 사람 순으로 승진의결 대상이 된다(지방공무원 임용령 제38조 제3항). 승진후보자명부는 임용권자가 작성하되, 근무성적평정점을 70퍼센트로 하고 경력평정점을 30퍼센트로 한 비율에 따라 승진후보자 명부를 작성하여야 한다(지방공무원법 제38조 제4항, 지방공무원 임용령 제32조 제1항). 아울러 지방공무원 임용령 제38조의5에 의하면 임용권자는 특별한 사유가 없으면 법 제38조, 제39조 및 이 영 제30조, 제38조, 제38조의3에 따른 소속 공무원의 승진임용을 위한 인사위원회의 사전심의 또는 승진의결 결과에 따라야 한다.

위 영 제38조의5는 좀더 자세히 살펴볼 필요가 있다. 이 조항을 따른다면 임용권자는 원칙적으로 인사위원회의 심의·의결내용을 존중하여 임용권을 행사하여야 하고 특별한 사정 없이 그 내용과 다르게 임용권을 행사하면 위법하게 된다. 나아가 본건과 같이 형식적으로만 위원회의 심의·의결이 있고 실제로는 지방자치단체장이 결정한 명단에 의하여 심의·의결이 이루어짐으로써 위원회가 유명무실해지는 경우도 지방공무원 임용령 제38조의5를 위반한 것으로 위법하다 해석될 소지가 크다. 그런데 대상판결은 이 규정이 모법의 구체적 위임 없이 만들어진 규정이므로 이로써 임용권자의 인사재량이 배제된다고 볼 수 없고, 그 문언 자체로도 특별한 사유가 있으면 임용권자가 인사위원회의 심의·의결 결과를 따르지 않을 수 있음을 전제한다고 판시하였다. 요컨대 위 조항은 임용권자로 하여금 가급적 인사위원회의 심의·의결결과를 존중하라는 취지의 훈시규정으로 보고 있다. 이렇게

볼 때 해당 지방자치단체장이 실제로 인사위원회의 심의·의결내용을
존중하면서 임용권을 행사한다면 별다른 문제가 없으나, 그렇지 아니
한 경우에는 막강한 임용권을 무기로 삼아 자의적인 행정을 할 위험
이 있음을 간과하기 어렵다. 지방자치단체장은 지방행정의 최고위직
이면서도 국가행정의 최고위직인 대통령에 비하면 외부의 시선을 덜
받기 때문에 각종 부적절한 행위의 유혹을 받기 쉽다. 특히 소규모 지
방자치단체일수록 소위 혈연·학연·지연이 강력한 힘을 받을 수 있다.
직접적으로 언급하고 있지는 않으나, 대법원도 이러한 문제점이 있음
은 충분히 인지하고 있다고 생각된다. 지방자치단체장이 미리 승진후
보자명부상 후보자들 중에서 승진대상자를 실질적으로 결정한 다음,
그 내용을 인사위원회에 통보하여 인사위원회로 하여금 자신이 선정
한 후보를 승진시키도록 하는 것이 "바람직하지 않다"라고 표현하고
있기 때문이다. 지방공무원 임용령 제38조의5가 훈시규정에 불과하다
면 인사위원회가 임용권자의 임용권행사를 견제할 수 있는 폭이 대폭
축소될 것이다.

여기서 지방자치단체의 인사위원회는 애초에 임용권자의 권한으
로부터 완전히 독립되기 어렵다는 문제를 짚고 넘어가기로 한다. 구조
적으로 볼 때 인사위원회는 지방자치단체장으로부터 온전히 독립된
협의체라고 보기 어렵다. 인사위원을 임명하거나 위촉할 권한이 지방
자치단체장과 지방의회 의장에게 있기 때문이다(본 법률 제7조 제5항).
또한, 인사위원회의 위원장은 당연직으로 해당 지방자치단체의 부단
체장(본 사건의 경우 부군수)이 맡게 된다. 직급과 직무상 단체장의 하
급자인 부단체장이 단체장의 의사로부터 자유롭게 위원회를 운영할
수 있다고 상상하기란 쉽지 않다. 위원장은 지방자치단체장으로부터
의 독립성이 충분하지 않음에도 불구하고 회의의 소집권(본 법률 제10
조 제1항), 당해 회의의 참석자 지정권(동조 제2항), 위원회 사무 총괄권
(동 법률 제15조 제1항)을 갖는다. 특히 참석자 지정권한이 중요하다. 인
사위원회는 상설기구가 아니고 필요가 생겼을 경우 구성되는 비상설

기관34)이다. 따라서 회의마다 참석하는 위원이 달라질 수 있는데, 위원장은 회의마다 본 법률 제7조 제5항 각호의 위원이 2분의1 이상이어야 한다는 조건을 제외하면 별다른 제약 없이 참석자를 지정할 수 있다. 회의마다 위원장이 자의로 위원회참석자 전원을 임의로 구성하는 것은 어려울 수 있어도, 특정 위원을 장기간 또는 영구적으로 회의에서 배제하는 것은 충분히 가능하다.35)

　이러한 위험이 있음에도 대법원은 "인사위원회 회의에서 위원들은 자신의 독자적인 심의권한을 행사하여 여러 후보자 중에서 누가 승진임용에 더욱 적합한지에 관한 의견을 개진"할 수 있다고 하며 "구성원 2/3이상의 출석과 출석위원 과반수의 찬성으로 의결하는 방식으로 인사위원회 차원에서 승진대상자를 선정"할 수 있다고 판시하여 인사위원회의 권한을 넓히는 해석론을 전개한다. 나아가 대법원은 인사위원회는 "신분이 보장되는 외부위원이 1/2 이상 참여하는 회의"라고 판시하기도 한다. 이를 종합하여 보면 대법원은 인사위원회의 권한이 실질적으로 충분히 보장되고 있고, 따라서 인사위원회의 지방자치단체장으로부터의 독립성에 큰 문제는 없다는 전제에 있다고 보인다.

　대법원은 일정 비율 이상의 외부인원 존재를 위원회 독립성의 핵심으로 보는 것으로 생각된다. 지방공무원법이 인사위원회의 독립성을 높이기 위해 외부위원이 일정 비율 이상으로 유지되어야 한다는 조항을 삽입한 것은 사실이다. 지방공무원법 제7조 제5항은 ① 법조인 ② 교육자 ③ 전직공무원 ④ 민간단체조직의 장 ⑤ 기업조직의 장이 전체 인사위원회의 2분의1 이상이 되어야 함을 명시하고 있다. 그러나 외부위원이라 하더라도 인사위원회에서 적극적으로 행동하기에는 현실적 한계가 있다. 인사위원회의 위원들을 지방자치단체장·지방의회

---

34) 행정안전부, 『2021년도 지방공무원 인사실무』, 2020, 19면.

35) 법무부장관이 특정 사건에 대한 특정 검사의 수사를 저지하기 위한 목적으로 인사제청권을 행사하여 해당 검사의 근무지를 변경하는 것은 직권남용이 될 수 있다는 점에 이창섭, "직권남용죄의 성립요건에 대한 고찰", 「아주법학」 제15권 제2호, 아주대학교 법학연구소, 2021, 248면.

의 의장이 임명·위촉하기 때문에 위원회의 독립성이 훼손될 수 있음은 이미 앞에서 본 바와 같다. 그리고 본 법률 제7조 제5항 제3호는 20년 이상 근무한 퇴직공무원, 제4호는 민간단체 조직단위의 장, 제5호는 상장법인의 임원 또는 공기업의 지역단위조직의 장을 인사위원으로 위촉할 수 있도록 규정하고 있다. 이 중 제3호의 경우 과거 오랫동안 공직을 수행하였던 사람이므로 지방자치단체 운영을 되도록 방해하지 않는 방향으로 활동할 개연성이 크다. 제4호와 제5호도 통상 해당 지방자치단체에서 잘 알려져 있거나, 공직사회와 밀접한 관련이 있는 사람일 가능성이 상당히 크다. 그렇다면 현직 공무원 혹은 지방자치단체장을 강하게 견제하는 방향으로 행동하리라 기대하기가 쉽지 않다.

그리고 본 법률 제7조 제3항의 반대해석상, 외부위원 아닌 내부위원이 당해 인사위원회에서 최대 2분의1까지 활동할 수 있다. 그런데 내부위원의 경우 통상 현직 공무원으로 구성될 것으로 보이는바, 이들의 의견이 서로 첨예하게 대립할 가능성은 별로 없다. 바꾸어 말하면 각 사안에 대하여 내부위원들은 대체로 일치된 의견을 낼 가능성이 크나, 외부위원들은 상대적으로 의견이 일치될 가능성이 작다. 즉 외부위원들은 위원회에서 통일된 의견을 제시하기 어려우므로 위원회 안건의 상당수 결론은 (비록 소수이더라도) 내부위원들이 주도하게 될 것으로 보인다. 이는 인사위원회를 둔 취지에 맞지 않는다.

그러므로 대상판결의 판시와는 달리, 현재의 법령상 인사위원회는 본질적으로 지방자치단체장으로부터 완전히 자유로울 수는 없다는 결론에 이른다. 당장 대상판결이 인정한 사실관계 자체가 인사위원회의 취약성을 적나라하게 보여주고 있다. 대상판결의 피고인 1은 지방자치단체장으로서 상위공무원 직위에 있으며, 당초의 승진후보자 순위표와는 무관하게 개인적으로 선호하는 승진후보자가 있었다. 이 사건의 1심에서 인정한 사실관계에 의하면, 피고인 1이 선호하는 승진자(순위)와 승진후보명부에 있는 이름은 큰 차이가 있었던 것으로 보인

다. 49명의 승진후보자 중 17명을 선정하는 자리이므로 승진후보자명
부의 순위를 존중한다면 대략 승진후보자명부 순위 20번 내외를 벗어
나는 사람이 호명되지는 않았을 것이다. 그러나 실제로는 49명 중에서
49순위인 공무원까지 추천자로 호명되었고 그대로 승진자로 의결되었
다. 이로써 승진후보자명부의 순위는 아무런 의미가 없게 되었으며,
지방자치단체장이 직권으로 승진자를 선정하는 것과 별로 다를 바 없
는 결론이 도출되었다. 그 결과, 이 사건에서는 (1심의 표현에 따르면)
인사위원회가 형해화되었다고 볼 수 있을 정도로 지방자치단체장의
뜻이 관철되었다.

이 사건에서 지방자치단체장이 유형력을 행사하거나 직접 인사위
원회에 출석하여 자신의 입장을 주장한 바는 없다. 단지 특정 인원을
"추천"하는 것만으로도 인사위원회는 쉽게 형해화될 수 있음을 본 사
안이 잘 보여준다. 그러므로 강제력을 행사하지 아니하였다 하여 직권
남용권리행사죄의 성립에 직접적인 방해가 초래되는 것은 아니라고
보는 것이 합리적이다.[36]

아울러 대법원은 지방공무원 임용령 제38조의5가 상위법령의 위
임 없이 제정된 것으로 임용권자의 권한행사를 제한할 수 없다고 보
고 있다. 그러나 대법원은 종래 "법률의 시행령이나 시행규칙은 그 법
률에 의한 위임이 없으면 개인의 권리·의무에 관한 내용을 변경·보
충하거나 법률이 규정하지 아니한 새로운 내용을 정할 수는 없지만,
법률의 시행령이나 시행규칙의 내용이 모법의 입법 취지와 관련 조항
전체를 유기적·체계적으로 살펴보아 모법의 해석상 가능한 것을 명시
한 것에 지나지 아니하거나 모법 조항의 취지에 근거하여 이를 구체
화하기 위한 것인 때에는 모법의 규율 범위를 벗어난 것으로 볼 수
없으므로, 모법에 이에 관하여 직접 위임하는 규정을 두지 아니하였다
고 하더라도 이를 무효라고 볼 수는 없다"[37]고 하여 모든 시행령의

---

36) 조기영, "직권남용과 블랙리스트", 「비교형사법연구」 제20권 제2호, 비교형사
    법학회, 2018, 36-37면.

제정에 법률의 위임이 필요한 것은 아니라고 보고 있다. 위 판례에 의하면 개인의 권리·의무에 관한 사항이라 하더라도 모법의 입법 취지와 관련 조항 전체를 살펴볼 때 모법의 해석상 가능한 범위 내라면 모법이 그 시행령에 직접 위임하는 규정을 두지 않더라도 무효는 아니라고 한다. 이처럼 개인의 권리·의무에 관한 시행령도 언제나 모법의 위임이 필요한 것은 아닌 바, 본건과 같이 개인이 아닌 단체장의 권한행사에 관한 모법의 위임은 개인의 권리·의무에 관한 위임보다 더욱 유연하게 해석하여도 부당하지 아니하다. 본 법률 제7조가 인사위원회를 필수적 기관으로 두고 있으며, 법정되어 있는 다수 권한을 행사할 수 있고(동법 제8조) 제한된 범위에서나마 위원의 신분을 보장하고 있는 점(동법 제9조의2) 등에 비추어 본다면 입법자는 인사위원회의 심의·의결을 임용권자가 최대한 준수하게 하려는 의도가 있었다고 생각된다. 그러므로 지방공무원 임용령 제38조의5 기재처럼 "특별한 사정"을 당사자가 입증하지 못하는 한, 모법의 구체적 위임이 없었다거나 상위법령의 해당 조항이 명시되지 않았다는 이유만으로[38] 임용권자가 인사위원회의 심의·의결을 만연히 무시할 수는 없다고 사료된다. 대법원이 이 부분을 너무 형식논리적으로 파악하여 지방공무원 임용령 제38조의5 효력을 사실상 무력화시킨 것은 재고가 필요하다.

3. 사안의 재검토

앞의 논의를 종합하면 현행법상 인사위원회는 구성과 운영에서 구조적으로 지방자치단체장으로부터 독립되어 있기 어렵다. 그럼에도 불구하고 대상판결은 인사위원회가 권한을 행사하여 특정 내용의 심의·의결을 하더라도 임용권자는 그에 기속되지 않는다고 본다. 대상판결의 판시대로라면 임용권자의 임용권행사는 재량이 대단히 크면서도 독립된 기관에 의한 실질적 감시·감독도 받지 않게 되어 그 권한

---

37) 대법원 2014. 8. 20. 선고 2012두19526 판결.
38) 대법원 1999. 12. 24. 선고 99두5658 판결.

행사가 잘못된 방향으로 향할 수 있다.

이 사건의 1심 법원이 인정한 사실관계[39])에 의하면 본건 인사위원회가 실질적인 역할을 전혀 수행하지 못하였다고 볼 수 있다. 본 사건에서 인사위원회의 모습을 요약하면 다음과 같다(괄호 부분은 필자가 추가한 것이다).

① 한 위원이 선순위자 2번이 (승진대상으로) 호명되지 않은 것에 의문을 표현하였으나, 인사위원회의 내부위원들은 군수가 지정한 승진대상자들이 군 정책을 잘 이끌어 나갈 것이라 대답하고 이로써 곧바로 위원회가 속행되었다.

② 위원들은 (인사위원회가) 참석해서 이야기 듣고 그대로 추인하는 형식으로 인사위원회가 이루어졌다. 사실 (안건을) 건성으로 보고 넘어갔다. (인사위원회에서 다루어지는 사안들은) 그렇게 신경을 쓰고 매달리는 사안이 아니다.

③ 인사위원에 참석하라고 하면 가서 정족수 맞춰 주고, 서류 보고 교육 충족·미충족 이런거 보고, 개월 수나 한번 따져 보고 했다.

④ 외부위원들이 누가 뭐라 한다고 해서 사안이 바뀌는 것은 아니다. 외부위원들은 대상자들이 어떤 사람인지 전혀 알 수 없으므로 군에서 추천하는 사람들을 그대로 의결할 수밖에 없다.

⑤ 5급 사무관은 군수와 함께 군정을 이끌어 갈 중요한 보직이므로 그 대상자들은 총무파트에서 사전에 군수가 추천을 하였던 사람들로 알고 있었다.

⑥ 집행부에서 상정해서 올리면 위원들이 그대로 의결하는 것으로 느꼈고, 승진대상자가 이미 정해져 있는 것 같았다.

⑦ 인사위원회 개최 전 피고인 2로부터 추천자에 대한 보고를 받고 군수가 17명을 추천한 것을 알고 있었다. 군수의 추천이 없었다면 상당히 시간이 많이 걸리면서 하나하나 따져보면서 검토했을 것이다.

⑧ 이 사건 인사위원회 심의과정에서 위원들 사이에 승진후보자

---

39) 이 사실관계 자체는 항소심 및 대법원에서도 변경되지 아니하였다.

들의 자질이나 직무수행능력, 결격 내지 부적격 사유 등에 실질적 논의가 이뤄지지 않았고, 승진에서 탈락한 선순위자들에게 어떠한 승진 결격 내지 부적격 사유가 있고 추천된 후순위자들은 어떠한 이유로 더 적합한 사정이 있는 등을 판단할 자료가 제공되지 않았다.

⑨ 피고인 2는 그동안 인사위원회가 형식적으로 운영되어 왔으므로 본건 인사위원회에서도 마찬가지로 인사위원들은 피고인 1이 특정한 사람들을 승진자로 의결할 것임을 알고 있었다고 보인다.

위 정황사실들을 종합하여 보면 이 사건 지방자치단체의 인사위원회가 이상적인 방식으로 진행되지 않은 것은 명백하다. 각 승진후보자에 대한 정보도 제대로 제공되지 아니하였고, 위원들 간에 토론이 있지도 아니하였으며, 대부분의 인사위원들은 어차피 군수가 추천한 17인이 승진대상이 될 것임을 인식하고 있었다. 여타 이유로 인해 인사위원들은 회의에서 군수가 추천한 17인이 승진대상으로 결정되는 것에 반대하지 않는 방식으로 소극적 태도를 보인 것으로 생각된다.

당초에 피고인 1의 "추천"행위가 없었다면 인사위원회 위원들은 승진후보자명부 순위를 바탕으로 하여 승진의결에 관한 논의를 원점에서부터 진행하였을 개연성이 충분하다.40) 최소한 승진후보자명부상의 승진순서가 거의 의미없을 정도로 변경되지는 않았을 것이다. 즉 피고인 1의 "추천"행위가 인사위원회의 전체 결론을 바꾸었는지는 별론으로 하더라도, 최소한 논의의 방향이나 주제는 한정시켰을 가능성이 매우 크다. 직권남용권리행사방해죄에서 "의무 없는 일을 하게 함"은 의무가 전혀 없는 일을 하게 하는 것 이외에 의무의 모습을 변경하게 행하는 경우도 포함된다고 할 것이다.41) 그러므로 피고인 1의 "추천"행위가 전적으로 인사위원회의 결론을 변경하는 정도에 이르지 아니하였다 하더라도 그 의사결정에 상당한 영향을 미쳤다면 분명히 자유로운 의사결정이 방해되는 결과가 발생되었다고 보아야 할

---

40) 김성돈, 135-136면.
41) 신동운, 『형법각론(제2판)』, 법문사, 2018, 86면.

것이다.[42)]

IV. 결   어

공무원조직은 상급직으로 갈수록 보직 숫자가 급격히 줄어드는 하후상박 구조를 띠고 있다. 공무원은 정년이 보장되어 있으므로 승진은 현재의 상급직이 사직하거나 여타 범죄로 공무원 사회에서 퇴출당하였을 때, 혹은 상급보직의 수 자체가 증가하였을 때만 가능하다. 따라서 다수의 인원은 승진의 좁은 문을 뚫기 어렵고 비교적 낮은 직위에서 퇴직하거나 보직을 받지 못하는 경우가 필연적으로 발생하게 된다. 한편으로 공무원조직의 인사조치 과정은 기본적으로 밀행성을 띠고 있고 공무원 업무의 특성상 각 공무원의 실적이나 발생시킨 이익을 평가에 반영하는 것도 적절하지 않으며 하급자의 인사분배가 상급자에 의해 즉석에서 변경되는 경우가 많다. 한마디로 말해 공무원의 인사조치는 변수가 매우 많으며, 변수가 많은 만큼 임용권자의 재량범위는 - 굳이 법령이나 판례로 지지를 해 주지 않더라도 - 매우 넓다고 할 수 있다. 넓은 재량을 방치하면 부패나 권한남용으로 이어질 수 있으므로 별도의 견제와 감시가 필수적이다.

이 사건 지방자치단체의 임용권자가 인사위원회에 특정 인물의 승진을 사실상 요청하는 것은 임용권자가 그 감시·감독자에게 영향력을 행사할 수 있으므로 위법함은 별론으로 하더라도 최소한 부적절한 행위에는 해당한다. 그러나 대법원은 위와 같은 행위가 적절하지는 않다고 보면서도 직권남용권리행사방해죄의 성립은 부정하고 있다. 이는 지방자치단체의 자율성과 중앙정부로부터의 독립성을 존중하였다는 의미는 있으나, 반대로 지방자치단체장의 임명권 남용 행위를 제어하기 어렵게 함으로써 지방자치단체의 민주적 운용을 저해할 위험이 있다. 대법원이 지방자치단체의 자율성·능률성과 민주적

---

42) 김성돈, 137-138면.

정당성의 관계를 다른 시각에서도 종합적으로 고찰해 보았으면 하는 아쉬움이 있다.

규모가 작고 폐쇄적인 집단일수록 소수의 인원이 권력을 독점하여 남용할 가능성이 큼은 역사가 증명하고 있다. 지방자치단체의 운영에 자율성을 부여할 때도 이러한 위험성은 상시 고려되어야 한다. 지방자치단체의 인사위원회는 인사위원의 임명과 위원회의 운영에서 이미 지방자치단체장으로부터 완전히 독립되기 어렵다. 비록 강제력은 없더라도 지방자치단체장이 인사위원회에 특정한 요청이나 부탁을 한다면 해당 위원회가 이를 전적으로 거부하기란 쉬운 일이 아니다. 앞서 보았듯이, 인사위원 중 내부위원은 직급상·직무상 상급자인 지방자치단체장의 의사를 거스르기 어렵다. 이 문제를 보완하기 위해 지방공무원법은 외부위원의 비율을 일정 정도 이상으로 유지하도록 하는 듯 하다. 그러나 본건 위원회와 같은 비상설위원회에서 외부위원은 다른 생업에 종사하면서 따로 시간을 내어 위원회에 참석하는 경우가 많고 서로 만날 기회가 적으며 공무원 조직 내부 사정이나 하마평을 알 수 없어 인사위원회에서 주도적 역할을 하기 어렵다. 이는 결과적으로 인사위원회의 내부위원, 나아가 지방자치단체장의 의사가 인사위원회를 좌우하는 현상을 나타나게 할 수 있다.

과거 권위주의 정부 시절을 지나 민주적 정당성에 대한 국민적 요구도 점차 커지고 있으며 이에 따라 우리나라의 정치사회구조는 점점 민주화되는 방향으로 바뀌고 있다. 법해석은 현실을 사후적으로 반영하므로 국민이 실질적으로 원하는 법판단은 문제가 발생된 시점보다 늦을 수밖에 없다. 대상판결이 직권남용죄의 법리와 대한 기존의 입장 재정리에 그치지 아니하고, 시대의 변화와 국민적 이상을 조금 더 선제적으로 고려하였으면 하는 생각이 남는다.

[주 제 어]

직권남용, 직권남용권리행사방해죄, 공무원, 지방자치단체, 인사위원회, 재량권

[Key Words]

Abuse of Authority, Public Official, Local Government, Personnel Committee, Discretionary Power

접수일자: 2022. 4. 18. 심사일자: 2022. 7. 25. 게재확정일자: 2022. 7. 26.

[참고문헌]

김성돈, "법이해, 법발견 방법, 그리고 직권남용죄",「형사법연구」제33권 제
	4호, 한국형사법학회, 2021.

대검찰청,『2020 밤죄백서』, 2021.

신동운,『형법각론(제2판)』, 법문사, 2018.

신은영, "일본의 공무원직권남용죄에 관한 검토",「비교형사법연구」제23권
	제2호, 한국비교형사법학회, 2021.

오병두, "직권남용죄의 성립요건에 관한 검토",「형사법연구」제32권 제2호,
	한국형사법학회, 2020.

이종수, "공무원의 부당한 직무수행과 직권남용죄의 관계",「법조」제70권
	제1호, 법조협회, 2021.

이창섭, "직권남용죄의 성립요건에 대한 고찰",「아주법학」제15권 제2호,
	아주대학교 법학연구소, 2021.

임웅,『형법각론(제5정판)』, 법문사, 2013.

장진환, "독일형법의 직권남용 규정에 대한 연구",「비교형사법연구」제23권
	제2호, 한국비교형사법학회, 2021.

조기영, "직권남용과 블랙리스트",「비교형사법연구」제20권 제2호, 비교형
	사법학회, 2018.

최병천, "직권남용권리행사방해죄 - 공무원의 직권남용을 중심으로",「경찰
	법연구」제17권 제2호, 한국경찰법학회, 2019.

한석훈, "공무상비밀누설, 직권남용 및 '부정한 청탁'의 개념",「법조」제70
	권 제3호, 법조협회, 2021.

행정안전부,『2021년도 지방공무원 인사실무』, 2020.

http://news.bbsi.co.kr/news/articleView.html?idxno=3041233 (최종방문일 2021. 3.
	25.)

https://www.hani.co.kr/arti/society/society_general/988107.html (최종방문일 2021.
	3. 25.)

https://www.yna.co.kr/view/AKR20220127196900004 (최종방문일 2021. 3. 25.)

[Abstract]

Exercise of Authority for Appointment and Abuse of Authority
- Focusing on Ruling in Supreme Court 2019do17879 -

Yun, Young Suk*

Recently, abuse of authority has attracted strong social attention. Discussions and arguments about this offence are becoming more active as they are involved in various political events. The purpose of this study was, therefore, to explores abuse of authority from a new perspective, focusing on the exercising authority for appointment by head of local government.

A case law determined that the abuse of authority is established when "a public official who has a general job duty abuses one's authority." A general job duty is a fairly abstract concept, and the Supreme Court has not provided clear guidelines on its interpretation. This ambiguity brought the risk of being subject to arbitrary judgment in the application of the offense of abuse of authority. And based on the logic of "No authority, no abuse," the case law determined that the illegal and unjust acts of public officer without authority did not constitute abuse of authority. The logic of case law has a problem that the exercise of the authority of a person without authority is not punishable even though it is a more serious crime than the exercise of the authority of a person with authority. The redefinition of the abuse is needed.

Meanwhile, the case law interprets the exercise of authority targeting private individuals has a greater chance of establishing an offense of abuse

---

* Lecturer of Chungbuk University, Attorney.

of authority than in the case of those targeting public officials.

In the case of the Supreme Court 2019do17879, the subject of this study, the head of the local government ordered a working staff to "recommend" a specific person for promotion, and the personnel committee made a decision following the recommendation. This is because the independence of the Personnel Committee is structurally vulnerable. The specific expression by the head of the local government puts a considerable pressure on the members of the Personnel Committee and disables the committee practically.

In this case, the Supreme Court accepts the existing interpretation for offense of authority of abuse. In addition, the Supreme Court says authority of head of local government is very wide. So the Supreme Court rejected the establishment of abuse of authority. This ruling, however, failed in reflecting the reality and more forward-looking ruling in the future is expected.

강간죄에서 법원의 피해자 동의에 대한 해석 권한

이 근 우*

검토 대상은 대법원 2019. 6. 13. 선고 2019도3341 판결[심신미약자 추행]이다. 이 사례에서 제1심은 유죄, 제2심은 무죄, 대법원은 다시 유죄 취지로 파기환송하였다. 이에 수원지법 2019. 11. 21. 2019노3244 판결은 이 대법원의 파기환송 취지대로 유죄를 인정하였고, 파기환송 판결에 대한 피고인의 상고는 2020. 1. 17. 2019도18250으로 상고기각 결정되어 확정되었다.

【공소사실의 요지】

피고인은 2018. 3. 11. 01:35경부터 같은 날 03:50경까지 사이에 광명시 소재 '○○호텔' △△△호실에서 피해자에게 필로폰을 제공하여, 약물로 인해 사물을 변별하거나 의사를 결정할 능력이 미약한 상태에 빠진 피해자가 제대로 저항하거나 거부하지 못한다는 사정을 이용하여 피해자를 추행하기로 마음먹고, 화장실에서 샤워를 하고 있던 피해자에게 다가가 피해자에게 자신의 성기를 입으로 빨게 하고, 피해자의 항문에 성기를 넣기 위해 피해자를 뒤로 돌아 엎드리게 한 다음, 피해자의 항문에 손가락을 넣고, 샤워기 호스의 헤드를 분리하여 그 호스를 피해자의 항문에 꽂아 넣은 후 물을 주입하였다. 이로써 피고인은 약물로 인하여 사물을 변별하거나 의사를 결정할 능력이 미약한 심신

---

* 법학박사, 가천대학교 법과대학 교수

미약자를 위력으로 추행하였다.

【원심의 판단】

　　원심은 기록에 의하면 다음과 같은 사정들을 인정할 수 있다고
한 다음, 검사가 제출한 증거들만으로는 피고인이 심신미약자를 위력
으로 추행한 사실을 인정하기에 부족하다고 보아 무죄를 선고하였다.

　　(1) 피해자는 법정에서 "이 사건 당일은 피고인과의 세 번째 만남
　　　이었고, 성매매를 하기로 하고 만났다. 피고인과 그 이전의 만
　　　남에서도 돈을 받고 스타킹을 팔거나, 성매매를 했다."라고 진
　　　술하였는데, 이 사건 당일 피해자와 피고인의 만남은 애초에
　　　성매매 대가를 지불하고 합의하에 성관계를 하기 위한 것이었
　　　다. 피해자는 모텔에서 나온 후 피고인으로부터 실제로 30만
　　　원을 지급받았다.

　　(2) 필로폰 투약과 관련하여, 피해자는 수사기관에서 "이 사건 당
　　　일 피고인을 만났을 때 피고인이 자꾸 술을 같이 마시자고 해
　　　서, 혹시 내가 생각하고 있는 그 술이냐라고 물었더니 맞다고
　　　하였다. 처음에는 싫다고 했는데 피고인이 한 번만 해보자고
　　　설득하였고, 저도 연예인들도 하니까 큰일이 날 거라고 생각
　　　하지 않고 호기심에 해보기로 하였다. 피고인에게 저의 팔에
　　　주사를 하게 한 후 고개를 돌리고 있었다."라고 진술하였고,
　　　법정에서도 같은 취지로 진술하였다. 피해자는 피고인과 모텔
　　　에 들어가기 전부터 '술을 마신다.'는 표현이 필로폰 투약행위
　　　를 의미하는 은어라는 것을 알고 있었을 뿐만 아니라, 필로폰
　　　투약을 묵시적으로 승낙 내지 동의하였다고 할 것이다.

　　(3) 피고인은 피해자의 팔 혈관에 필로폰을 주사하였는데, 이 사건
　　　당일 촬영된 피해자의 오른팔 주사바늘 자국 사진에 의하면,
　　　주사 부위를 여러 차례 찌른 흔적 또는 혈관이 터져서 멍이
　　　들어 있는 모습이 없다. 만약 피해자가 팔을 빼거나 조금이라

도 움직이는 등으로 협조하지 않았다면 위와 같은 혈관 주사
방식의 투약은 어려웠을 것이다.

【대법원의 판단】

　가. 형법 제302조는 "미성년자 또는 심신미약자에 대하여 위계
또는 위력으로써 간음 또는 추행을 한 자는 5년 이하의 징역에 처한
다."라고 규정하고 있다. 형법은 제2편 제32장에서 '강간과 추행의 죄'
를 규정하고 있는데, 이 장에 규정된 죄는 모두 개인의 성적 자유 또
는 성적 자기결정권을 침해하는 것을 내용으로 한다. 여기에서 '성적
자유'는 적극적으로 성행위를 할 수 있는 자유가 아니라 소극적으로
원치 않는 성행위를 하지 않을 자유를 말하고, '성적 자기결정권'은
성행위를 할 것인가 여부, 성행위를 할 때 그 상대방을 누구로 할 것
인가 여부, 성행위의 방법 등을 스스로 결정할 수 있는 권리를 의미
한다. 형법 제32장의 죄의 기본적 구성요건은 강간죄(제297조)나 강제
추행죄(제298조)인데, 이 죄는 미성년자나 심신미약자와 같이 판단능
력이나 대처능력이 일반인에 비하여 낮은 사람은 낮은 정도의 유·무
형력의 행사에 의해서도 저항을 제대로 하지 못하고 피해를 입을 가
능성이 있기 때문에 그 범죄의 성립요건을 보다 완화된 형태로 규정
한 것이다.

　이 죄에서 '미성년자'는 형법 제305조 및 성폭력범죄의 처벌 등에
관한 특례법 제7조 제5항의 관계를 살펴볼 때 '13세 이상 19세 미만의
사람'을 가리키는 것으로 보아야 하고, '심신미약자'라 함은 정신기능
의 장애로 인하여 사물을 변별하거나 의사를 결정할 능력이 미약한
사람을 말한다. 그리고 '추행'이란 객관적으로 피해자와 같은 처지에
있는 일반적·평균적인 사람으로 하여금 성적 수치심이나 혐오감을 일
으키게 하고 선량한 성적 도덕관념에 반하는 행위로서 구체적인 피해
자를 대상으로 하여 피해자의 성적 자유를 침해하는 것을 의미하는데,
이에 해당하는지 여부는 <u>피해자의 의사</u>, 성별, 연령, 행위자와 피해자

의 관계, 그 행위에 이르게 된 경위, 피해자에 대하여 이루어진 구체적 행위태양, 주위의 객관적 상황과 <u>그 시대의 성적 도덕관념</u> 등을 종합적으로 고려하여 판단하여야 한다(대법원 2010. 2. 25. 선고 2009도13716 판결 등 참조). 다음으로 '위력'이란 피해자의 성적 자유의사를 제압하기에 충분한 세력으로서 유형적이든 무형적이든 묻지 않으며, 폭행·협박뿐 아니라 행위자의 사회적·경제적·정치적인 지위나 권세를 이용하는 것도 가능하다. 위력으로써 추행한 것인지 여부는 피해자에 대하여 이루어진 구체적인 행위의 경위 및 태양, 행사한 세력의 내용과 정도, 이용한 행위자의 지위나 권세의 종류, 피해자의 연령, 행위자와 피해자의 이전부터의 관계, 피해자에게 주는 위압감 및 성적 자유의사에 대한 침해의 정도, 범행 당시의 정황 등 여러 사정을 종합적으로 고려하여 판단하여야 한다(대법원 2008. 7. 24. 선고 2008도4069 판결, 대법원 2013. 1. 16. 선고 2011도7164, 2011전도124 판결 등 참조).

나. (1) 이 사건이 문제가 된 것은 피해자의 어머니가 경찰에 112 신고를 하면서부터이다. 피해자가 범행 전날 밤 11시경 친구를 만난다고 나갔다가 새벽 4시에 귀가하였는데, 성인 남자를 만난 것 같고 술에 취하지 않았음에도 횡설수설하고 팔에 주사 자국이 있는 것으로 보아 마약을 한 것 같다는 내용이었다. 당시 피해자는 고등학교에 재학 중인 16세의 학생으로 「아동·청소년의 성보호에 관한 법률」(이하 '청소년성보호법'이라 한다)상의 '아동·청소년'이자 아동복지법상의 아동에 해당하였다. 검사는 피고인을 마약류 관리에 관한 법률 위반(향정), 심신미약자추행, 절도, 도로교통법 위반 등 죄로 기소하였다. 이 부분 공소사실에 대하여 아동·청소년의 성을 사는 행위를 처벌하도록 규정한 청소년성보호법 제13조를 적용하지 않고 이 죄를 적용한 것은 당시 피해자가 아동·청소년이라는 사실을 몰랐다는 피고인의 변소를 받아들였기 때문으로 보인다. 제1심 제2회 공판기일에 피고인과 변호인은 공소사실을 전부 인정하지만 피고인에게는 우울증 등의 심신장애 사유가 있었다고 주장하면서, 검사가 제출한 증거들에 대하여도 전부

동의하였다. 제1심은 공소사실 전부를 유죄로 인정하였다. 제1심판결
에 대하여 변호인은 항소이유를 제출하여 이 부분 공소사실은 사실오
인과 법리오해의 위법이 있다고 주장하였다. 원심은 앞에서 본 것처럼
피해자가 성매매에 합의하였고 필로폰 투약에도 묵시적으로 승낙 내
지 동의한 사정 등에 비추어 보면 피고인이 심신미약자를 위력으로
추행하였다고 인정하기 어렵다고 판단하였다.

(2) 원심의 판단이, 검사가 상고이유에서 지적하고 있는 것처럼 ①
'피해자가 스스로 본인의 항문에 샤워기를 꽂는 등 공소사실 기재 행
위를 하였다'는 변호인의 주장을 받아들인 것인지, ② 피해자가 성매
매 및 필로폰 투약에 동의하였으므로 그 후에 있었던 피고인의 공소
사실과 같은 행위에 대해서도 동의한 것으로 보아야 한다는 것인지
반드시 분명하지는 않다. 만약 위 ①의 취지라고 한다면 원심판결은
증거법칙을 위반하여 판결에 영향을 미친 위법을 저질렀다고 보아야
한다. 즉, 피고인은 제1심에서 공소사실을 인정하였다. 피해자도 원심
에서 증인으로 출석하여 공소사실에 부합하는 취지의 진술을 하였고
제1심판결이 들고 있는 그 밖의 증거들 역시 피고인의 자백을 진실한
것이라고 인정하기에 충분함을 알 수 있다. 그럼에도 불구하고 원심이
피해자가 성매매 및 필로폰 투약에 동의하였다는 사정만을 근거로 피
고인이 공소사실 기재 행위를 하였음을 인정할 증거가 없다고 단정하
였다면 이는 도저히 받아들일 수 없다.

(3) 다음으로 원심의 판단이 위 ②의 취지라고 한다면 그 판단에
위법이 있는지를 본다. 성폭력 범죄에서 피해자의 동의가 있었다고 할
때에는 보통 그 의미를 '다른 사람의 행위를 승인하거나 시인'한다는
뜻으로 사용한다. 피해자에게 이루어진 행위에 대하여 피해자의 동의
가 있다는 이유로 범죄의 성립을 부정하는 이유는 그러한 행위는 피
해자의 성적 자유 또는 성적 자기결정권을 침해한 것으로 보지 않기
때문이다. 그런데 피해자가 사전에 성매매에 동의하였다 하더라도 피
해자는 여전히 그 동의를 번복할 자유가 있을 뿐만 아니라 자신이 예

상하지 않았던 성적 접촉이나 성적 행위에 대해서는 이를 거부할 자유를 가지는 것이다. 그러므로 피해자에 대하여 이루어진 행위에 대하여 피해자의 동의가 있었는지 여부는 그 행위의 경위 및 태양, 피해자의 연령, 범행 당시의 정황 등 여러 사정을 종합적으로 고려하여 볼 때 그 행위로 인하여 피해자의 성적 자유 또는 성적 자기결정권이 침해되었는지를 기준으로 삼아 구체적·개별적으로 판단하여야 한다.

이러한 법리에 따라 살펴보면, 이 부분 공소사실과 같은 피고인의 행위는 피해자에 대하여 위력으로써 추행을 한 경우에 해당한다고 볼 여지가 충분하다. 그 이유는 다음과 같다. 무엇보다도 피고인의 행위는 그 경위 및 태양, 피해자의 연령 등에 비추어 볼 때 피해자와 같은 처지에 있는 일반적·평균적 사람이 예견하기 어려운 가학적인 행위로서 성적 수치심이나 혐오감을 일으키는 데에서 더 나아가 성적 학대라고 볼 수 있다. 피해자가 성매매에 합의하였다 하더라도 이와 같은 행위가 있을 것으로 예상하였다거나 또는 이에 대하여 사전 동의를 하였다고 보기 어렵다. 또한 피해자가 필로폰 투약에 동의하였다 하여 이를 들어 피해자에게 어떠한 성적 행위를 하여도 좋다는 승인을 하였다고 볼 수도 없다. 피해자는 수사기관 및 원심법정에서 필로폰 투약을 한 상태에서 피고인의 행위에 적극적으로 저항할 수 없었다고 진술하고 있다. 심신미약의 상태에 있는 피해자가 원치 않는 성적 접촉 또는 성적 행위에 대하여 거부의사를 명확히 밝히지 않았다 하여 동의를 한 것으로 쉽게 단정해서는 안 됨은 물론이다.

다. 그런데도 원심은 그 판시와 같은 이유로 이 부분 공소사실에 대하여 무죄를 선고하였다. 이러한 원심판결에는 논리와 경험의 법칙에 반하여 자유심증주의의 한계를 벗어나거나, 형사재판에서 유죄를 인정하기 위한 증거의 증명력의 정도에 관한 법리 및 심신미약자추행죄에 관한 법리를 오해하여 판결에 영향을 미친 잘못이 있다.

4. 결 론

그러므로 원심판결 중 무죄 부분을 파기하고, 이 부분 사건을 다시 심리·판단하도록 원심법원에 환송하기로 하여, 관여 대법관의 일치된 의견으로 주문과 같이 판결한다.

대법관   박정화(재판장) 권순일(주심) 이기택 김선수

I. 판결의 검토

1. 들어가며

최근 '성폭력범죄'로 묶여 논의되는 사안에 대해 쉽게 이해하기 힘든 판결이 다수 나오고 있고 각자의 입장에 따라 그에 대한 찬반이 나뉜다. 물론 시대의 변화에 따라 법리가 변화할 수도 있고, 동시대의 법감정, 정의감정이 변화할 수 있기 때문에 판례가 변하는 것은 자연스러운 일이다. 일반인들이 대법원에 기대하는 것은 구체적 사건에 사회적으로 수용가능한 판결주문을 선고하는가 하는 것일 것이다. 그러나 이론가의 입장에서는 해당 판결은 향후 하급심을 기속하는 것이고, 최근 들어 더 심해지고 있는 경찰, 검찰의 수사 실무의 판례종속성을 생각하면, 그 주문에 이르게 되는 판결이유의 타당성까지도 보다 섬세하게 논증되어야 한다. 그렇지 않다면 매우 예외적으로만 정당화될 수 있는 판결이 일반적으로 적용될 법리로 오해되고, 일종의 리딩 케이스처럼 향후의 형사실무를 지배하게 될 것이기 때문이다.

평석 대상 판결도 그 결론은 수긍할 면이 있지만, 각 심급마다 판결이유에 설시된 논리 전개 과정에는 이해하기 힘든 부분들이 여러 군데 보인다. 형사판결이 유·무죄만 직관적 상식에 부합하면 되는 것이라면, 상당수의 형사법관은 고도의 법률전문가이기 보다 건전한 상식을 가진 중년의 사람으로 대체되어도 될 것이다. 다시 말해서 대상

판결은 소위 건전한 상식에 결론을 맞추기 위해 면밀히 검토되어야 할 선행쟁점을 건너 뛴 것은 아닌가 하는 의심을 지울 수 없다.

특히 성범죄 분야에는 피해자 중심의 사회학적 관점에서 경청할 만한 외국의 새로운 논의가 많이 소개되고 있고, 이러한 시각을 법리에 적극적으로 반영하면 종전에 처벌하지 못했던 행위를 용이하게 처벌할 수 있을 지도 모른다. 또한 현실의 형벌체계는 미학, 철학적 완결성을 추구하는 것이 아니라 현실에서 작동하는 제도여서 비록 흠결이 있을지라도 이것 없이 우리의 일상이 유지되기는 힘들다는 점도 고려될 필요가 있다. 그러나 이때에도 "한 가지 문제를 해결하려고 하다가 우리가 해결했다고 생각했던 다른 문제에 대한 결론이 뒤흔들릴 수 있다."[1]는 점도 생각해야 한다. 과거로부터 견고하게 구축되어온 우리의 이론체계가 오늘날에도 여전히 일점일획의 오류도 없는 것은 아니지만, 눈앞의 문제를 해결하기 위해 너무 쉽게 그 기초를 흔들어 버리면 새로운 법리가 우리의 생활세계에서도 공인받고 안정화되기까지 혼란이 불가피하기 때문이다. 당장의 상식적 결론을 위해 기존 체계를 너무 쉽게 버리는 것은 또다른 문제를 가져올 수 있다.

우리 형법에서 강간과 추행의 죄에 대한 사회 일반 및 학계의 인식이 변화하면서 이 범죄유형의 보호법익이 성적 '자기결정권'을 침해하는 범죄라는 인식은 이제 보편화된 것으로 보인다. 그래서 본 장의 제명을 강간과 추행의 죄에서 성적 자기결정권을 침해하는 죄로 바꾸어야 한다는 주장이 보편화되어 버렸다. 이렇게 보면 성적 자기결정권 침해의 기본구성요건으로서 '비동의간음죄'의 신설은 너무도 당연한 것으로 보인다. 이미 많은 형법 교과서에서 본장의 죄를 정조에 관한 죄가 아니라 성적 자기결정권을 침해하는 죄로 달리 보지만, 그 편제나 설명에서는 과거 교과서의 설명과 큰 차이를 보이지 않는다. 그러나 이제는 동의 배제 수단으로서의 폭행, 협박, 위력 등을 중심에 놓

---

1) 조지 카텝/이태영 옮김, 인간의 존엄-인간 존엄성에 관한 세속적인 탐색, 말글빛냄, 2012, 5면의 저자 서문.

을 것이 아니라, 성적 자기결정권의 행사 혹은 쌍방의 의사합치로서의 '동의'가 논의의 중심에 있어야 한다.

그런데 이렇게 보호법익을 달리 보는 경우에도 여전히 이 章의 범죄 목록 가운데 미성년자의제강간·의제강제추행, 피구금자간음죄를 본장에 그대로 두어야 할 것인지를 진지하게 검토하여 보아야 한다. 형법 자체가 대상자의 (적극적) 성적 자기결정권을 부정하는 범죄유형도 구체적 개인의 성적 자기결정권 침해 범죄로 파악할 수 있을지는 의문이다. 물론 이론적으로는 이 범죄유형의 피해자들(?)에게는 성적 자기결정권의 행사로서의 동의능력이 전적으로 배제된다고 설명할 수는 있지만, 이들 범죄는 가해자/피해자를 구별할 수 없는 상호간의 완전한 동의상태에도 적용되기 때문에 이를 과연 성적 자기결정권 침해 범죄로 볼 수 있을까 하는 것이다. 이들 범죄는 피해자를 보호한다기보다 그의 완전한 성적 자기결정권 행사의 상대방을 강간범으로 만든다는 점에서 구체적 피해자의 적극적 성적 자기결정권을 제약하는 범죄구성요건으로 보아야 한다. 미성년자의제강간·의제강제추행의 경우에는 성적 행위의 주체가 아니라 그 보호자의 정조권 혹은 양육권을 보호법익으로, 피구금자간음의 경우에는 국가의 구금자관리권을 보호법익으로 보는 것이 타당하지 않을까?[2]

또한 이를 우리 형법 제24조에서 '피해자의 승낙'이라고 하지만, 엄밀하게 말하면, 특별히 범죄적 양태가 아닌 한, 대상자간에 동의가 있는 성관계에서 어느 일방은 타방에 대한 관계가 '피해자'라는 개념에 부합하는 것이 아니므로, 당해 성행위에 관련된 자들 모두의 '상호 동의'를 판단의 중심에 놓아야 한다. 물론 여전히 인간의 가장 내밀한 사생활 영역에서 발생하는 사건의 성격 상 동의의 존재 여부를 외부적, 객관적으로 확인하는 것이 쉽지 않다. 그래서 설사 어느 정도 동

---

[2] 친고죄 폐지 이전의 형법 제306조(고소)는 '제297조 내지 제300조와 제302조 내지 제305조의 죄는 고소가 있어야 공소를 제기할 수 있다.'고 규정하고 있어서 일단 범죄는 성립하더라도 고소권의 행사 여부를 통하여 피해자의 자기결정권이 소송법적으로 반영될 여지는 있었다.

의로 볼 수 있는 사실관계를 확인하였다고 해도, 그 동의가 미치는 범위 나아가 하자 여부에 대한 문제는 사실판단 문제라기보다 이를 판단, 평가하는 법원의 규범적 판단에 의존하고 있다는 측면도 중요하게 고려할 수도 있을 것이다. 그런데 심지어 아동, 장애인 등의 경우에는 피해자(?)의 동의 의사로 보이는 사실을 확인하였다고 하더라도, 자기결정권의 이름으로 이를 부정하는 법원의 규범적 해석이 나오기도 한다. 과연 이는 어느 정도까지 허용될 수 있는 것인가? 성적 자기결정권을 보호한다는 범죄의 적용에 있어서 법원이 국가가 후견적, 사후적으로 행위 당시에 존재한 것으로 여겨진 현실 동의를 배제할 수 있는 것인지는 의문이다.

이 글은 성적 자기결정권을 보호법익의 중심에 놓는 경우 성관계 당사자의 의사합치 여부 판단과 그 일치의 정도 혹은 불일치된 경우의 허용범위의 문제가 앞으로도 오랫동안 논의되고 확정되어야 할 문제라는 시각에서 지금처럼 법원의 전단적 판단에 의존해서는 안 된다는 문제의식으로 시론적 접근을 수행하고자 한다. 다만 원심이나 대법원 판결에 나타난 자료만을 기초로 판단할 수밖에 없어서 사실관계판단에 있어서도 일정한 제약이 있음을 고려해야 한다.

2. 대상 사건의 쟁점 정리

[대상판결의 사실관계 정리]

1. 피고인과 '피해자' 간에는 성매매의 합의가 있었고, 이전에도 성매매가 특별한 문제없이 실행된 바가 있다.

2. 피고인이 말하는 '술'이 '필로폰'을 의미함을 알고도 '피해자'는 투약에 동의하여 피고인과 피해자 모두 필로폰을 투약한 상태였다.

3. 피고인은 피해자에게 (최협의의) 폭행·협박을 하지는 않았다.

4. 피고인과 '피해자'간에 공소사실에 나타난 구강성교, 항문성교

(유사성교 포함)에 대해서는 명시적으로 합의하였는가에 대해서
는 알려진 바 없다.

5. 양자 모두 필로폰을 투약한 상태에서 피고인이 '피해자'의 항문
   에 물체를 투입할 당시에 '피해자'의 명시적 거부는 없었다.
6. 피고인은 위 5의 행위 외의 별도의 유형력을 행사한 바는 없다.
7. 피고인은 피해자가 미성년자임을 몰랐다고 주장하였고, 이 점
   은 다투어지지 않았다.

[원심의 판단]

1. 성매매와 필로폰 투약의 합의 인정
2. 항문 삽입시에 저항 없음
3. 공소사실 무죄

[대법원의 판단]

1. 성행위의 동의는 언제든지 철회될 수 있고, 이는 성행위의 방
   법에까지 미침을 명시
2. 심신미약자, 위력 개념에 대한 일반적 설시
3. 원심의 무죄 부분을 파기환송
4. 추정적 동의 철회, 혹은 동의 철회의 추정

[대상사안의 분석]

사안의 특수성

1. 피고인과 피해자 사이에 (성매매에 따르는) 통상적 성행위에 대
   해서 동의한 것으로 보아야 함. 정상적(?) 성행위는 범죄구성요
   건에 해당하는 것이 아니기 때문에 가해자와 피해자가 따로
   있는 것이 아니다. 이때 미성년자도 '완전한' 동의능력이 있는
   가? 양해를 인정하는 견해에 의하면 자연적 의사로도 족함. 기
   존의 형법 해석상 13세 이상의 사람은 성행위에 대한 동의능

력은 있다고 보아야 함. 물론 13세 미만의 사람들 사이의 합의
에 의한 성교의 경우 모두 성행위에 대한 동의능력이 없어서,
비록 완전한 합의가 있더라도 서로가 가해자가 된다.

사안에서 명확하게 나타나 있지 않지만, 성매매 대가가 그대로
지급된 것으로 보아 공소사실에 해당하는 행위 이외의 통상적
성교도 이루어졌다고 할 때, 이 점에 대해서는 기소되지도 않
았고, 법원이 이를 직권으로 판단하지도 않았으므로 검사나,
법원 모두 '동의'의 효력을 인정한 것이라고 할 수 있다.

2. 상호 동의 하의 필로폰 투약은 마약류 관리에 관한 법률 제60
조 제1항 제2호 등에 해당하는 경우를 별론으로 하고, 그 투약
으로 인한 심신상태의 변화는 피해자(?)의 자손(自損)행위로서
주사행위나 투약 이후의 심신미약 상태 초래의 결과에 대해서
는 폭행이나 상해에 해당할 수 없다고 보아야 한다. 피고인과
피해자 모두 필로폰 투약을 하였는데(제1심 판결에 나타나 있음),
피고인의 심신미약은 부정하고 피해자의 심신미약 상태는 인
정해야 하는 이유는 무엇일까?(제10조 제3항을 적용한 것인가? 파
기환송 후의 원심의 적용 법조에 없음. 대법원의 참조조문은 형법
제297조, 제298조, 제302조, 제305조, 성폭력범죄의 처벌 등에 관한
특례법 제7조 제5항일 뿐이다.) 형법 제302조의 심신미약자의 범
위에 이후의 사정을 예견할 수 있었음에도 스스로 심신미약 상
태를 초래한 자도 포함할 것인가 하는 문제가 발생한다.(당연히
필로폰이든, 술이든 처음부터 이를 항거불능의 수단으로 사용하려
한 경우에는 단순 강간으로 보아야 함. 필로폰이 아니라 술의 경우
로 바꾸어보면, 성행위를 합의한 후 함께 술을 마시고 성행위를 시
작하였으나, 상대방이 합의 밖의 성적 행동을 하였고, 당시에는 거
부의 표현이 없었으나 술에 취해서 미처 저항할 수 없었다고 주장
하는 경우와 유사) 만약 피고인에게 처음부터 필로폰 투약을 통

하여 피해자를 저항불가능하게 하여 항문성교할 고의가 있었
음을 인정한다면, 법정형이 더 중한 유사강간죄(제297의2를 적용
하여 2년 이상의 유기징역이 됨)로 기소했어야 논리적인 것은 아
닌가? 나아가 항문성교 이외에 성기삽입을 의도하였던 것이라
면 강간죄에 해당하는 것이지만 성기 삽입에 대해서는 법원도
언급하지 않지만 사전 합의의 효력을 유효하다고 본 것은 아닌
가?

'위력'에 대해서 일반적 위력 개념을 그대로 설시함. 즉 대법원
은 성범죄에 대해서도 다른 범죄유형에서와는 다른 특수한 위
력 개념을 별도로 구상하지는 않는데, 이 사례에서 무엇을 위
력으로 보았는지는 불분명하지만, 필로폰 투약을 위력으로 보
았다면 항문에 이물질을 삽입하는 행위 외에도 성교나 구강성
교, 성기 이외의 신체접촉 모두가 위력 하의 행위로 보아야 한
다. 그밖에 위계를 검토하지는 않았는데, 피고인이 처음부터 이
러한 행위를 할 의도를 감추고 성매매를 제의하고 히로뽕을 투
약하게 한 것이라면, 일종의 '속임수'가 있는 것으로 보는 것이
자연스럽지만, 대법원은 일관되게 성범죄에서 '위계'를 '성행위
자체의 의미'에 대한 것이어야지 그 전제가 되는 대가관계 등
에는 확장하지 않았다. 최근에는 위계 개념을 성행위에 따르는
대가 지급 여부에까지 확장하였지만, 평석대상 사례에서 통상
의 성매매에 따르는 성교방식이 아닌 성행위가 있었다고 하더
라도 이를 '성행위 자체에 대한 착오'라고 보기는 힘들다는 판
단 혹은 단순히 검찰의 기소에서 다루지 않았기 때문일 수도
있다.

3. 피해자가 비록 연령으로는 법령상의 아동 혹은 미성년자에 해
   당하지만, 피고인의 변소를 인정한 탓인지 판결에서는 이 점은
   다투어지지 아니하고, 심신미약자로서만 판단하면서도, 피고인

의 행위를 (미성년자인) 피해자에게 '학대'에 해당한다고 평가하는 부분에 간접적으로 반영되어 있는 것은 아닌가 한다.

4. 동의의 완전성 문제

동의 혹은 합의 자체가 자연적 판단을 넘어서 법적 영역에서 판단되는 경우는 결국 법률행위의 해석처럼 법원에 의하여 판단대상이 될 수밖에 없다. 당사자 사이의 완전무결한 합의라는 것은 관념으로서만 존재할 뿐, 각 당사자 내심의 의사가 완벽하게 일치하는 경우는 상상하기 힘들다. 변호사 자문까지 받고 수백 페이지의 계약서를 작성해도 그 해석상 차이에 의한 분쟁은 발생하기 마련이다. 사후에 동의 하자를 주장하는 자도 언제나 있기 마련이다.

형사적으로도 양해나 승낙은 사실적 행위이지만, 당사자간의 불일치가 있는 경우 결국 법정에서 평가의 대상이 될 수밖에 없는 것이다. 물론 동의는 세부 모두 항목에 대해 이루어질 수 있는 것이지만, 현실적 성행위에서 세세한 부분 모두에까지 합의가 이루어지기 보다는 '통상적 수준, 방법'이라고 하는 암묵적 규칙이 존재한다고 보아야 한다. 이때의 통상적 수준은 사회 일반의 관점도 있겠지만, 당사자의 내심의 의사를 중시하는 경우에는 이러한 사회적 평가보다는 행위자 상호간에 이전에 수행된 방식에 준하는 것으로 보는 것이 선행될 필요가 있다.

대상판결처럼 양자 사이에 성행위에 대하여 명시적 동의가 선행하여 존재하더라도 이것이 후행하는 동의 밖의 성행위에 이어지지 않는다는 논지를 전개하기 위해서는 두 가지 경우로 나누어 볼 수 있다. 최초의 동의에 하자가 있다고 판단한 것인지, 아니면 최초의 동의는 유효하나, 성행위 중의 사정변경에 따라 새로운 동의가 요구되는 것으로 보아야 하는지 하는 것이다. 민사의 경우 법이 없다는 이유로 판결을 회피해서는 안 되기 때문에 법원은 조리에 따라서라도 판단해야 하지만, 형사에 있어서는 그럴 수 없다. 의심스러우면 무죄를 선고하여야 한다. 그러나 대상판결은 이 점을 검토하지 않았다.

5. 대법원의 파기환송 취지는 당사자 간에 성매매 및 필로폰 투약에 대한 합의가 있음을 인정하면서도 성매매에 따르는 통상적 성행위나 피고인-피해자간에 이전의 성매매에서 수행된 방식은 아니라고 보이는 피고인의 행위에 대하여 '피해자'의 명시적 거부가 없었던 상황을 최초의 동의의 효력 밖의 행위로 보고 있다. 이렇게 본다면 새로운 동의가 요구되는 상황이라고 보아야 할 것인데 피고인이 동의를 구하였거나 피해자가 동의하였다는 점도 나타나지 않는다. 더구나 일부 행위(구강성교)에는 동의 효력을 인정하고 일부 행위(항문성교)에는 인정하지 않는 것인지도 불분명하다. 대법원의 설시와 마찬가지도 이러한 경우에 '동의가 있었다고 쉽게 단정할 수 없는 것'처럼, '동의 없음'도 쉽게 단정되어서는 안 된다. 그러나 대법원은 심리미진이 아니라 경험칙, 채증법칙 위반을 이유로 환송함으로써 성행위에 있어서 동의의 내용에 대한 판단권한이 법원의 직권 혹은 직관에 있는 것처럼 판단하고 있다. 제1심, 제2심의 판단자료에는 '피해자가 당시에는 저항할 수 없었다.'는 진술만 있을 뿐 다른 판단 자료가 없기 때문이다. (피고인에게 유리한 여관종업원의 진술 역시 사후적 자료로 파악)

6. 피해자의 명시적 동의 하에 수행된 일부 행위에 대해 명시적 동의철회가 없음에도 사전동의의 효과를 부정하는 것은 사실상 '비동의추행'이나 승낙의 '추정적 철회'를 판결로서 창설하고 있는 것은 아닌가. 이는 피고인에게 유리한 위법성조각사유

의 적용 범위를 법원이 새로운 조건을 창설하여 배제하는 것은 아닌가 하는 것이다. '초원복집 사건'(1997. 3. 28. 선고 95도 2674)에서 주거침입죄에서 외형적으로 존재하는 피해자의 명시적 승낙을 추정적으로 배제하는 것과 마찬가지의 논리와 마찬가지가 아닌가 한다. 그런데 주거침입죄에 대해서는 최근 본죄의 보호법익인 사실상의 평온 침해가 없다는 이유에서 주거침입죄가 성립하지 않는다고 보았다. (2022. 3. 24. 선고 2017도 18272)

대법원 판결의 3. 부분

"무엇보다도 피고인의 행위는 그 경위 및 태양, 피해자의 연령 등에 비추어 볼 때 피해자와 같은 처지에 있는 일반적·평균적 사람이 예견하기 어려운 가학적인 행위로서 성적 수치심이나 혐오감을 일으키는 데에서 더 나아가 성적 학대라고 볼 수 있다. 피해자가 성매매에 합의하였다 하더라도 이와 같은 행위가 있을 것으로 예상하였다거나 또는 이에 대하여 사전 동의를 하였다고 보기 어렵다. 또한 피해자가 필로폰 투약에 동의하였다 하여 이를 들어 피해자에게 어떠한 성적 행위를 하여도 좋다는 승인을 하였다고 볼 수도 없다. 피해자는 수사기관 및 원심법정에서 필로폰 투약을 한 상태에서 피고인의 행위에 적극적으로 저항할 수 없었다고 진술하고 있다. 심신미약의 상태에 있는 피해자가 원치 않는 성적 접촉 또는 성적 행위에 대하여 거부의사를 명확히 밝히지 않았다 하여 동의를 한 것으로 쉽게 단정해서는 안됨은 물론이다."

Ⅱ. 기존 성범죄 해석론의 변화 추이

1. 강간과 추행의 죄의 적극적 성립요소로서의 강제력

(1) 강간 등의 죄의 성립에 요구되는 폭행, 협박의 정도(적극적 요소)

종래에는 강간과 추행의 죄에 해당하는 죄를 '정조에 관한 죄'로 지칭하였고 이론적 설명도 그러한 이해 위에서 전개되었다.[3] 즉 남녀 간의 성행위에 있어서 주도적 행위를 하는 자(남성)에 의하여 어느 정도의 강제가 행사되고, 수동적 역할을 하는 자(여성)의 경우 어느 정도 거부가 있는 것이 자연스러운 일이므로 이를 넘어서는 수준의 폭행, 협박이 있는 경우에만 범죄가 된다는 사회적 선이해가 내재되어 있었던 것은 아닌가 한다. 그래서 지금까지의 교과서적 설명에서는 강간 등의 죄의 성립 여부가 폭행의 정도에 따라 좌우된다는 생각이 지배적이었던 것으로 보인다. 이 점을 가장 간명하게 보여주는 것이 강간죄의 성립에 요구되는 폭행, 협박이 어느 정도의 것이어야 하는 가에 대한 설명이 강간죄에 대한 교과서적 설명의 대부분을 차지하고 있다는 점에서 드러난다.

형법전의 法文에는 단순히 '폭행'이라고 적혀 있음에도 교과서적 설명으로는 4단계의 폭행 개념 가운데 가장 강한 정도인 '반항을 억압할 정도' 즉 강도죄의 성립에 요구되는 폭행과 동일하게 해석하여 왔고, 대법원이 이를 다소 완화하여 '반항을 현저히 곤란'하게 할 정도라고 파악하고 있다(1979. 2. 13. 78도1792). 그래서 강간죄의 성립에 요구되는 폭행의 정도가 폭행죄에서의 폭행 정도로는 부족하다는 이유로는 "피해자의 참된 抵抗이 있었는가 없었는가를 결정하는 것은 역시 폭행행위의 정도와 서로 상대적으로 결정되는 것이기 때문에, 이것이

---

3) 대표적으로 유기천, 형법학[각론강의] 전정신판(영인본), 법문사, 2012, 119면 이하 참조. 하지만 이 책에서도 우리 형법 규정이 대부분 구형법(일본형법)의 형기만 연장한 것이거나, 일본형법가안규정을 계수한 것임을 지적하고 있고, 특히 본죄가 여전히 친고죄로 되어 있음을 강하게 비판하고 있다.

중요한 것이다. 소위 감추어진 合意(verdeckte Bereitwilligkeit der Frau), 즉 vis haud ingrata가 있었는가 없었는가를 정확히 구별하는 표준을 정함에는 본문에서 논한 바와 같은 의사의 반항을 불가능하게 할 정도의 폭행을 필요로 하게 되는 것이다. 만약에 이러한 vis haud ingrata가 있는 경우에는 구성요건해당성이 없다."4)고 설명하게 되는 것이다. 물론 이 논리는 오래된 미국 형법상의 이론이어서, 우리 형법에서 '저항 여부'가 이론적으로는 검토의 대상이 아니었지만, 법원의 판단에 내재된 논리였던 것으로 보인다.

오늘날에도 교과서적으로도 최협의의 폭행, 협박이 필요하다는 입장이 다수의 입장으로 보인다. 협의의 폭행, 협박만으로도 강간죄에서 요구되는 폭행, 협박에 충분하다는 학설을 비판하면서, *"이것은 강간죄의 폭행, 협박을 매우 낮게 잡는 결과가 되고, ① 피해자 측면에서는 환영할 만한 일이 될지 모르나 행위자입장에서는 억울한 일이 발생할 수 있는 가능성을 그만큼 높이게 된다. ② 성적 자결권은 강도죄, 준강도죄 등 재산죄보다 훨씬 중요한 의미가 있음에도 오히려 그 경우보다 폭행, 협박의 정도를 낮게 잡는 것도 해석의 일관성이라는 측면에서 문제가 있다. ③ 반항이 현저하게 곤란하지 않은 상황에서 성적 자결권을 포기한다는 전제는 오히려 사람(부녀)의 인격을 폄하하는 것이라 할 수 있다."5)* 특히 '2) 강간과 화간의 경계'라는 항목을 별도로 두면서 *① 폭행/협박의 정도를 낮게 잡을수록 강간죄에 해당하는 사람의 범위는 그만큼 넓어지게 되고, 강간과 화간의 경계 또한 분명치 않게 된다. 강간 사건에서 가해자가 화간이었다고 주장하는 경우가 적지 않다는 사실도 무시해서는 안 된다. 그리고 실제로 법원이 이런 주장을 받아들인 예도 많이 찾아볼 수 있다.(1990.9.28., 90도1526) ② 사람의 성적 자유도 보호되어야 하지만 피해자의 마음먹기에 따라서 화간이 강간으로 둔갑되는 일 또한 있어서는 곤란하다. "반항의 현저한 곤란"*

---

4) 유기천, 앞의 책, 123면, 각주 1197.
5) 배종대, 형법각론 제11전정판, 170면.

은 *"단순한 거부적 언동"*(1979.2.13. 78도1792)*과 구별되는 내용으로서 강간죄 성립의 최하한선을 구성한다*6)고 설명하고 있다.

그런데 성행위의 당사자들이 완전한 합의 하에 성적 행위를 하였음에도 사후에 합의를 부정하면서 강간, 강제추행 등의 피해자로 자처하는 것은 대부분 소송상 입증의 문제이지 이를 구성요건 해석의 본질적 근거로 삼기에는 미흡한 측면이 있는 것으로 보인다. 또한 재산죄에서 최협의의 폭행, 협박이 요구되는 범죄인 강도죄의 경우 그에 미치지 못하는 폭행, 협박의 정도로도 성립되는 공갈죄가 있음에 비하여 성범죄에서는 완전한 동의와 절대적 강제 사이에 존재하는 半강제적 성적 접촉에 일반적으로 적용될 수 있는 구성요건이 없다는 점에서 성적 자기결정권 보호에 있어서 형법적 공백상태가 발생한다. 종전의 해석에서는 특히 취약한 피해자나, 가해자-피해자 간에 특별한 관계가 있는 경우에만 최협의의 폭행, 협박이 아닌 '위계, 위력'등으로서 성범죄가 성립할 수 있도록 되어 있기 때문이다. 이것을 입법자의 의사로 보아 오늘날에도 여전히 유지하여야 할 것인지 고민해 보아야 할 시점에 이른 것으로 보인다.

즉 본죄의 보호법익을 성적 자기결정권으로 보는 한, 그 의사결정에 영향을 미치기 위하여 행사되는 협의의 폭행에 해당하는 낮은 수준의 강제력 행사가 있고, 그에 영향 받아 피해자의 성적 행위에 대한 승낙의 의사결정이 내려지는 경우에 일정한 수준의 성적 자기결정권의 침해가 있음에도 이 경우에 적용될 구성요건이 없기 때문이다. 물론 사용된 폭행, 협박의 정도에 따라서 강도죄-공갈죄의 관계처럼 감축된 법정형으로 처벌할 것인지 동일한 법정형으로 처벌할 것인지7)는 별도로 입법적으로 검토되어야 할 것이다. 그런데 이미 대법원은 특정 사안에서 제303조에서의 감독관계나 위력 개념을 확장8)하여 우회적

---

6) 배종대, 같은 책, 171면
7) 강간죄 등에 적용되는 '폭행' 개념을 협의설로 완화하는 경우의 직접적 효과이다.
8) 미장원 사장의 남편을 본조의 주체로 인정한 사건에서부터 이미 보호관계를

방식으로 이 공백을 메우고 있다. 당연히 이러한 법원의 태도는 허용되지 않는 법창조로 보인다.

Ⅲ. 형법이론학에서 피해자의 동의의 성격

1. 피해자의 동의

(1) 개 관

전통적인 형법이론에서는 피해자가 전면에 등장하지 않았다. Binding이 범죄를 '규범 위반'으로 정의한데서 암시되듯, 사회 일반의 관념과는 달리 범죄는 규범형성권한이 있는 자가 형성한 규범의 위반이라는 중립적 상태 개념이며, 구체적 피해자는 친고죄, 친족상도례처럼 소송법적 효과에 관련된 매우 제한된 제도에서만 의미 있는 주체로 등장했고, 다만 형법 제24조 피해자의 승낙에 있어서만 처분할 수 있는 자의 승낙에 의하여 그 법익을 훼손한 행위는 법률에 특별한 규정이 없는 한 행위자를 벌하지 않는 근거가 되는 것으로 드러날 뿐이다. 이 제도를 다른 위법성조각사유의 일종에 불과한 것으로 파악되기도 하지만, 범죄의 본질을 (개인적) 법익침해를 중심으로 보는 입장에서는 피해자의 승낙은 법익침해 자체를 배제하는 중심 요소로 파악될 수 있는 것이다. 물론 3단계 범죄체계론을 취하는 경우에도 피해자의 승낙이 구성요건해당성을 배제하는 효과를 가지는 것인지, 위법성을 조각하는 것인지에 대한 견해의 대립이 있고, 개별 구성요건의 성격에 따라서 양자의 효과를 구별할 수 있음을 전제로 전자를 '양해'로 후자를 '승낙'으로 설명하는 것이 우리나라에서는 다수의 입장이라고 할 수 있다. 하지만 양해와 승낙의 대상이 되는 구성요건을 구별하는 것이 개념적으로는 가능할지 모르나 실제에 있어서는 용이하지 않다는 지적도 유력하다.

법적 의미가 아니라 사실상의 관계까지 확장하여 범행주체성을 인정한 셈이다.

여기에 대하여 형법 제24조에서 '피해자가 처분할 수 있는 법익'을 그 법익이 오로지 그 법익주체의 자율적 처분권에만 맡겨져 있는 법익과 그 밖에 사회적 차원에서도 의미를 가지는 법익으로 나누어서 전자의 경우에는 피해자의 승낙에 기하여 그러한 법익에 대한 침해가 있게 되면 처음부터 보호할 이익이 존재하지 않는 것으로 보아 구성요건해당성이 인정되지 않는다고 본다. 후자의 경우에는 피해자의 승낙이 있더라도 그 법익이 가지고 있는 법적·사회적 관련성이 여전히 남아 있는 경우 구성요건해당성은 여전히 인정되고 위법성조각의 여지가 있을 뿐이고, 이 경우에는 승낙 이외에 사회적 관련성까지 제거할 수 있는 강화된 유효성 요건이 갖추어져야 한다고 보기도 한다.[9] 나아가 형법 제24조의 문언상 다른 위법성조각사유인 정당방위, 긴급피난, 자구행위 규정과는 달리 사회적 관점이 투사된 요건인 '상당한 이유'가 별도로 규정되어 있지 않다는 점에 착안하여, 형법 제24조는 기본적으로 '상당성' 판단을 받을 필요가 없는 승낙(구성요건해당성배제사유)을 말하지만, 위법성조각사유에 관한 규정의 체계를 볼 때 상당성 판단과 유사한 제약을 받아야 할 승낙(위법성조각사유)도 제24조의 피해자의 승낙에 내포되어 볼 수 있다고 한다.[10]

기본적으로 이러한 이해가 타당한데 보다 엄밀하게 말하면 전자의 경우에는 특정 행위의 상대방의 완전한 동의가 있는 경우에는 '피해자', '침해'라는 개념을 사용할 수 없을 정도로 일상화된, 사회적으로 정상적 활동에 해당하는 것, 예를 들면 대상자간의 합의에 의한 이발이나 문신 시술이 처음부터 폭행 혹은 상해의 구성요건에 해당하지 않는 것이라고 할 수 있다.

(2) 양해와 승낙에 대한 기본적 이해

가. 양 해

양해와 승낙을 구별하는 견해에서는 양해와 승낙으로 인정되는

---

9) 대표적으로 김성돈, 형법총론 제4판, 323-324면
10) 김성돈, 앞의 책, 324면

요건을 달리 본다. 먼저 양해의 순수한 사실적 성질을 가진 의사표시임을 강조하는 견해에서는 양해에 해당하는 의사표현이 착오에 기한 것이든 당사자가 당해 법익의 의미를 파악하지 못하고 있는 경우, 표의자가 행위능력 내지 판단능력이 없는 경우에도 '양해'로서의 효과가 발생하고 나아가 양해가 외부로 표시되지 않거나 행위자가 상대방의 양해를 인식하지 못한 경우에도 양해는 유효하다고 본다. 반면에 양해의 경우 사실적 성질을 가진 경우도 있지만, 행위능력 내지 판단능력까지 필요로 하는 경우도 있어서 개별 구성요건 마다 달리 보아야 한다는 견해가 우리나라에서는 다수의 입장으로 보인다.

　　양해가 인정되는 구성요건은 개인의 자유권이나 재산권을 보호법익으로 하는 것인데, 판례와 일부 견해는 사회적 법익에 속하는 사문서위조죄에서도 양해가 인정된다고 한다. 양해의 유효요건으로는 양해하는 자가 당해 법익을 임의로 처분할 수 있는 자로서 적어도 자연적 의사능력이 있으면 되므로 행위능력이나 판단능력이 없는 미성년자나 정신병자라도 양해의 주체가 될 수 있다고 한다. 이러한 자연적 의사능력만으로 유효한 양해가 될 수 있는 구성요건의 예로 강간죄, 감금죄, 절도죄, 감금죄 등을 든다.11) 이러한 경우에는 양해의 의사가 외부에 표시될 필요가 없고, 행위자가 상대방의 양해사실을 인식하지 못하였더라도 그 묵시적 의사 내지 명시적 의사에 반하지 않으면 유효한 양해가 된다고 한다. 반면에 행위능력, 판단능력을 요하는 구성요건의 경우에는 양해의사가 외부에 표시되어야 하고 행위자도 상대방의 양해가 있음을 인식하고 행위하여야 유효한 양해가 되는데, 강간죄, 감금죄, 절도죄는 전자에 모욕죄, 강도죄, 사기죄 등은 후자에 속하는 범죄로 본다.12) 반면에 양해의 법적 성격을 '사실적 성격'으로 보는 입장에서는 양해는 순수한 사실행위로서 거기에 하자가 있어도 구성요건해당성이 배제될 수 있다고 보지만, '개별적 취급설'에서는 구성

11) 김성돈, 앞의 책, 327면; 이재상, 형법총론, §20/6 등
12) 김성돈, 앞의 책, 328면

요건별로 나누어 파악하는데, 절도죄13)나 주거침입죄14)에 있어서는 하자가 개입하더라도 양해는 여전히 유효하지만, 미성년자유인죄15), 강간죄 등 성적 자유에 관한 죄에 있어서는 하자가 개입된 경우의 양해에 대해서는 그 효력이 인정될 수 없다고 한다.16) 그런데 최근의 사회변화에 신속하게 호응하는 대법원 판결 취지를 고려해 보면 종래 교과서에서 일반적으로 받아들여졌던 이러한 설명이 적어도 성범죄에 있어서는 폐기되어야 하는 것은 아닌가 하는 심각한 의문이 든다.

나. 승 낙

피해자의 동의가 위법성을 조각시키는 경우를 승낙이라고 하는데, 앞서 언급한 바와 같이 구성요건배제사유인 양해와 구별되는 승낙을 인정하는 견해와 우리 형법 체계상 양해 개념을 부정하고 승낙만을 인정하는 견해가 있다. 주로 피해자의 승낙이 문제가 되는 법익, 구성요건으로는 생명, 신체, 명예 등이 있고, 개인적 법익과 사회·국가적 법익이 중첩된 경우를 어떻게 파악할 것인가에 대한 입장 대립이 있다.

그런데 승낙에 있어서는 승낙하는 자는 승낙의 의미와 내용, 즉 자신이 포기하려는 법익에 대한 이해능력이 있어야 하는데, 민법상 행

---

13) 1990.8.10., 90도1211 소위 밍크 45마리 사례

14) 1997.3.28., 95도2674 소위 초원복국 사례. 견해 대립은 있다. 이를 개별적 취급설을 택한 견해(이재상, 앞의 책, §15/18로 보는 견해와 추정적 승낙을 부정한 것으로 보는 입장(김성돈, 앞의 책, 328면)이 있다.

15) 1976.9.14. 76도2072. 그런데 미성년자유인죄의 경우 피유인자인 미성년자 본인만 피해자인 것이 아니라 부차적 법익보유자로서 부모 등 감호자권자도 피해자로 보고 있기 때문에, 직접 피해자인 미성년자 본인 승낙의 하자 문제인지, 부차적 피해자인 감호권자의 승낙이 없었기 때문인지는 이 판례로서는 알 수 없다. 종교인 등의 감언이설로 미성년자와 그 감호자 모두의 승낙 하에 유인된 사례라면 그 승낙의 하자 여부를 검토해야 할 것이다. 이 글의 대상판결의 취지로 보면, 어떠한 명시적 승낙이 있었더라도 그 승낙의 유효성을 판단할 권한이 법관에게 있는 셈이어서 이제는 피유인자의 명시적 승낙, 자발적 출가가 있었더라도 그 승낙의 효력을 부정할 수 있을 것이다.

16) 김성돈, 앞의 책, 328면. 이렇게 본다면 자연적 의사설과는 조금은 다른 입장이라고 보아야 한다.

위능력과는 달리 미성년자라도 자신의 승낙의사의 의미와 효력범위를 통찰할 수 있는 변별능력이 있으면 유효한 승낙을 할 수 있다고 본다.17) 이때 피해자의 자유로운 판단에 의한 진지한 승낙이어야 하므로 기망, 착오, 강제 등 의사의 흠결이나 하자가 있으면 유효한 승낙이 될 수 없다고 한다.18) 다만 법률행위의 중요부분의 착오가 아닌 단순한 동기의 착오는 승낙의 유효성에 영향을 미치지 않는다고19) 보는 견해도 있다. 나아가 의료적 수술과 같이 전문적 지식을 바탕으로 하는 결정의 경우 '충분한 설명에 의한 동의'(informed content)가 필요하다는 법리도 발전되어가고 있다. 이 경우에는 행위자는 대상자가 충분한 이해 하에 결정을 내릴 수 있도록 충분한 정보를 제공하고, 설명할 법적 의무를 지는 자로 보아야 한다.

이러한 승낙은 법익침해 행위 이전에 존재하여야 하므로 민법상 추인 제도와 같은 사후적 승낙은 고소권의 포기로서는 몰라도 승낙으로서는 유효하지 않다. 이처럼 승낙은 행위 이전에 표시되어야 하고 행위 당시에, 나아가 일정 시간의 경과가 있는 행위에 있어서는 그 행위의 종료시까지 유지되어야 한다. 또한 승낙은 언제든지 철회될 수 있지만, 철회 이전의 행위에 대해서는 승낙의 효력이 유지된다.

나아가 형법 제24조의 요건 이외에 추가적으로 그 승낙이 사회상규에 위배되지 않을 것을 별도의 추가적 요건으로 하는가에 대해서 대법원은 안수기도 과정에서의 폭행치사에 대한 1985.12.10., 85도1892 판결에서 "형법 제24조의 규정에 의하여 위법성이 조각되는 소위 피해자의 승낙은 해석상 개인적 법익을 훼손하는 경우에 법률상 이를 처분할 수 있는 사람의 승낙을 말할 뿐만 아니라 그 승낙이 윤리적, 도덕적으로 사회상규에 반하는 것이 아니어야 한다고 풀이하여야 할 것"이라고 판시하여 이를 인정하고 있다.

17) 김성돈, 앞의 책, 331면
18) 김성돈, 앞의 책, 332면
19) 박광민, "피해자의 승낙과 정당화의 원리", 심경정성근교수화갑기념논문집 (상), 495면; 김성돈, 앞의 책, 332면

행위자가 피해자의 법익을 침해하는 행위를 하였더라도 그것이 피해자의 승낙으로 인정되는 경우에는 위법성이 조각되나, 객관적으로 피해자의 승낙이 존재하는 경우에도 행위자가 이를 알지 못한 채 행위한 경우에는 주관적 정당화요소가 결여된 경우로서 불능미수로 처벌될 수 있고, 그 반대의 경우 즉 객관적으로 존재하지 않는 승낙이 있다고 행위자가 오인한 경우에는 위법성조각사유의 전제사실의 착오의 문제로 다루어지게 된다고 설명한다. 그런데 이러한 설명도 유독 성범죄에 있어서는 일관성을 상실하게 된다.

(3) 승낙에 대한 특별한 법률적 규정이 있는 경우

형법 제24조에 나타나 있듯, 이는 '법률에 특별한 규정이 없는 경우'에 적용되는 것이므로 특별한 규정이 있는 경우에는 제24조의 효과가 발생하지 않는다. 이러한 규정은 먼저 승낙이 존재하는 경우에는 특별한 감경적 구성요건으로 처벌하는 경우 예를 들면 살인죄에 대한 촉탁·승낙살인죄, 타인소유일반물건(건조물)에 대한 자기소유일반물건(건조물)방화죄, 부동의낙태죄에 대한 동의낙태죄 등이 있다. 다음으로는 승낙의 효과를 전적으로 부정하는 특별 규정으로서 미성년자의제강간·강제추행죄, 피구금부녀간음죄, 미성년자약취·유인죄, 아동혹사죄 등이 있다. 이러한 범죄의 경우 행위의 객체 혹은 '피해자'의 양해, 승낙 모두 범죄성립에 아무런 효과를 미칠 수 없는 것이다.

(4) 사 견

개인적 견해로는 구성요건배제사유인 양해와 위법성조각사유인 승낙의 구별 문제는 일종의 언어학적 문제로 보인다. 절도죄에서 피해자의 허락을 얻어 가져가는 것은 취(取)함은 있더라도 (몰래) 훔친다고 하는 의미인 절(竊)에 해당할 수 없기 때문에 애초에 절도죄의 구성요건에 해당할 수 없다는 식이다. 이렇게 대상자(이러한 경우에는 엄밀하게는 '피해자'라고 부를 수 없을 것이다.) 혹은 그 행위로 인하여 침해될 수도 있는 법익 보유자의 허락이 있으면 그 행위를 범죄적 행위로 파악할 수 없는 구성요건이 있는 반면에, 이러한 허락이 있더라도 일단 구성요건적 행위의 언어범위에 포섭되어 일단 구성요건해당성이 인정되는 것이지만, 피해자의 승낙이 있을 때에는 그 반가치가 탈락되는 것으로서 그것을 우리 법질서가 정상적인 행위의 범주에서 파악할 수 있을 때 이러한 것은 형법 제24조가 규정하는 바, 피해자의 승낙으로 정당화되는 것이라고 할 수 있다.

그러나 이렇게 이론적 설명은 가능하더라도 실제의 개별 구성요건에서 어떤 구성요건에는 양해가 가능하고 어느 것에는 승낙만 가능한 경우라고 획정하는 일반적 기준을 찾기는 매우 어렵다.[20] 형벌구성요건에서 사용되는 언어는 법률 혹은 형법적 용어로서만 존재하는 것이 아니라, 일상생활에서 그 법공동체가 사용하는 바의 사회, 문화적 맥락 안에서 받아들여지기 때문이다.[21] 법익 혹은 권리, 의무의 체계를 개인주의적으로 파악하는 입장에서는 개인적 법익의 경우에 법익보유자의 허용이 있으면, 이를 인식하고 행위한 행위자의 행위반가치를 인정할 수 없고, 법익포기가 있으므로 전적으로 결과반가치가 탈락된다고 보아 매우 광범위하게 양해를 인정하게 될 것[22]이지만, 개인적 법익에도 그 자유로운 처분을 허용하지 않는 내재적 한계 혹은 사회 문화적 제한이 광범위하게 내재되어 있다고 보는 입장에서는 보다 엄

---

20) 한정환, "범죄구성요건의 실현에 대한 양해와 승낙", 형사법연구 제14권(2000), 121쪽; 배종대, 형법총론 제14판, 김성돈, 형법총론 제4판, 성균관대학교 출판부, 2015, 325쪽

21) 지금은 폐지된 구성요건인 '혼인빙자간음'죄에서 이러한 일면을 볼 수 있다. 종전 제304조 (혼인빙자등에 의한 간음) 혼인을 빙자하거나 기타 위계로써 음행의 상습없는 부녀를 기망하여 간음한 자는 2년이하의 징역 또는 500만원 이하의 벌금에 처한다고 규정하였었는데, 비록 이 죄에서 '간음'이라는 단어가 사용되기는 했지만, 이는 혼인 외의 성교를 당연히 금지하는 것으로 여기던 사회문화적 맥락에서나 '간음'이 가지는 부정적 뉘앙스에 부합하는 것이지, 혼인 관계가 없더라도 당사자 간의 합의가 있으면 자유로운 성관계가 가능하고 이것이 종교나 윤리적 비난을 받을 수는 있을지언정 법적 비난의 대상이 되지 않는 환경에서는 혼인 외의 성관계를 '간음'이라는 부정적 언어로 지칭할 대상은 될 수 없는 것이다.

22) 김일수, 한국형법 총론 I, 박영사, 1995, 472-473쪽

격한 요건에 의해서만 위법성을 조각하는 승낙으로서 허용 여부를 판단하게 될 것이다. 특히 이 문제는 강간과 추행의 죄에 있어서 승낙 — 정확하게 말하면 당사자간의 합의 — 를 해석, 평가하는 데에서 극적으로 드러난다.

2. 소거(消去)적 요소로서의 동의

(1) 강간등의 죄에서 동의의 성격

본죄는 피해자의 의사에 반하는 성행위를 처벌하는 것이므로 당사자들 사이에 완전한 의사합치가 존재하는 경우에는 가담자들을 가해자/피해자라고 구별할 수 없을뿐더러, 설사 이후 성적 접촉의 과정에서 가담자들이 합의한 범위 내에 있는 폭행, 협박, 모욕이 행사되었더라도 이를 특이한 성적 기호라고 말할 수는 있어도, 형법적으로는 그 결과가 가벌적 상해에 해당하고, 그것이 사회윤리적 가치에 반하는 것으로 평가되지 않는 한 범죄로 파악해서는 안 된다. 대상자의 의사에 기하지 않은 성적 자기결정권 침해를 형벌로 처벌하는 것과 같은 이유로, 특별한 법률규정이 없는 한 대등한 당사자끼리의 합의된 성관계를 그 수행방식이 사회일반의 관점에서 통상적이지 않다는 이유로 형벌로 처벌할 수는 없기 때문이다. 이처럼 강간과 추행의 죄에 있어서는 법률적으로 특별히 금지되지 않는 한, 당사자의 합의 범위 내에서 행하여지는 성적 행위의 일부를 따로 떼어내어 폭행, 체포, 모욕 등 별개의 범죄로 파악할 수는 없다. 이 점은 우리 형벌체계에 처벌규정이 존재하지 않는 근친상간[23], (일반인의)동성애[24], 집단성교에서도

---

23) 정상적 의사능력 있는 성년의 자녀에 대한 강제력 행사 없는 성교를 의미함. 만약 앞으로 이러한 경우까지 보호, 감독관계와 위력 개념의 범위를 넓힌다면 처벌하지 못할 바도 없다.

24) 군형법상 (의제)추행죄(종전의 소위 계간죄) "제92조의6(추행) 제1조제1항부터 제3항까지에 규정된 사람에 대하여 항문성교나 그 밖의 추행을 한 사람은 2년 이하의 징역에 처한다."에 대한 논쟁을 참조할 것. 물론 이 문제도 우리 군형법의 체계와 문언 상의 문제도 있지만, 논쟁 상대방의 입장이 서로 다른 문제 평면 위에 존재하는 것으로 보인다. 추후에 별도로 논의하고자 한다.

마찬가지이다. 이처럼 특히 강간과 추행의 죄에 있어서 당사자 간의 합의는 범죄의 성립을 저지하는 강력한 효과를 가지는 것이다. 그럼에도 불구하고 본죄에 있어서 합의의 문제를 이러한 관점에서 특별히 검토한 연구는 많지 않다.

앞서 언급한 바와 같이 우리 형법상 구성요건배제사유로서의 양해와 위법성조각사유인 승낙으로 구별하여 파악하는 견해와 양해만으로 보는 견해, 위법성조각사유로서의 승낙으로만 보는 견해 등으로 나누어지고, 제24조 피해자의 승낙의 해석에 대해서도 차이를 보인다. 여하튼 대부분의 교과서에서는 강간(强姦), 강제추행(强制醜行)의 경우 이를 양해가 인정되는 구성요건의 예로서 제시하고 있다. 强과 强制를 제외한 姦과 醜行에는 漢字語 자체가 부정적 뉘앙스를 가지고 있다.[25] 이러한 姦과 醜行 개념은 오늘날의 성 관념으로 보아 양자간의 상호 허락 혹은 의사합치에 의한 성적 행위들을 포괄하기에는 너무 협소하다. 즉 이들 한자어는 피해자의 의사를 제압하는 수단으로서의 강제력 이외에도 성교나 성적 행위들이 사회윤리적으로 부정적 평가를 받는 모든 경우를 가리키는데, 오늘날 형법적으로 금지되어 있지 않은 성적 행위들은 법적으로는 이러한 부정적 평가를 받을 이유가 없다. 이러한 맥락에서는 당사자들 사이에서 자유로운 의사로 상대방의 성적 행위를 허용하는 상호승인이 있는 경우에는 그러한 성적 행위를 姦과 醜行이라는 불법적 행위로 볼 수 없으므로 양해가 인정될 수 있는 구성요건으로 볼 수도 있다.

(2) 성적 접촉에서 동의 판단의 특수한 문제

'동의'는 사실문제인가 법률문제인가? '동의'의 있음/없음의 문제

25) 국어사전에서 간음(姦淫)은 [명사] 부정한 성관계를 함. 주로 배우자 이외의 사람과의 성관계 따위를 이른다. [유의어] 간통2, 사통3, 야합이라고 소개하고, 영어로는 adultery, commit adultery (with), 한자사전에서는 姦淫을 '夫婦 아닌 男女가 性的 關係를 맺음'이라고 설명하고 있어서 오히려 넓은 범위를 가지나 '부부 아닌'이라는 부분은 오늘날 貞操라는 개념을 부정하는 것이 다수인 상황에서 법적 개념으로서 그대로 활용할 수 있는 것은 아니다.

는 일견 사실문제로 보이지만, 일상적으로 행하여지는 수준에서 어느 정도의 표현을 동의로 볼 것인지 그 표현으로서 범죄성립이 저지될 수 있는 범위는 어느 것인지는 애매한 문제다. 특히 이를 해당 언동의 상대방 혹은 가해자가 해석하는 바와 사후적, 사회적으로 결국 법원이 해석하는 바가 다른 경우는 허다하다. '성적 행위' 안에서도 다양한 구성요건이 적용되기 때문에 특정 행위에 대한 동의로 평가된다고 하여도 그것이 후행하는 다른 행위의 동의로 인정될 수 있을 것인지는 다른 문제이다. 강제'키스'는 강제 추행이 될 수 있지만, '키스'를 동의했다고 해서 그것이 유방이나, 성기에 대한 접촉까지 '동의'한 것이라고 할 수는 없다.[26]

    그래서 어떤 행위에 대한 동의가 인정된다고 하더라도 동의 밖의 행위에 대한 것까지 동의한 것으로 볼 수 없다면 그때부터 완전히 새로운 동의가 필요한 것으로 보아야 할 것인지, 아니면 기존의 동의의 효력을 (일부)인정하여 '거부'가 없었다면 '기존 동의'의 범위 내에 있는 것으로 보아야 할지는 미묘한 문제다. 사전 동의의 범위가 명백하다면, 후행 행위의 동의 없음은 명백한 것이고, 다만 이 행위가 우리 형법이 (최협의의) 폭행, 협박을 수반하여야 한다고 규정한 강간이나 강제추행이 성립하는 것으로 볼 것인지 아니면, 비록 삽입이 있었더라도 이는 요구되는 행위의 태양이 결여되어 있으므로, 강간으로는 볼 수 없고, 기습추행에 준하는 것으로 보아야 할 것인지 다른 문제다. 물론 케케묵은 도그마틱적 견해라고도 비판받을 수는 있다.

    물론 동의에 의한 허용의 범위가 외부적으로 명확히 분리될 수 있는 경우에는 동의의 범위 문제는 비교적 용이하게 판단될 수 있다. 예를 들면 성폭력처벌법상 카메라등이용 촬영죄처럼 성행위의 동의가 촬영이나 배포에 대한 동의로 확장될 수 없고, 촬영에 대한 동의가 배포에 대한 동의로도, 배포범위를 한정한 동의가 그 밖의 유포 등에 대

---

26) 중앙선데이, 윤혜인/오유진 기자, 2022.07.23 11:32, 20대 남성 53% "키스·애무는 성관계 동의한 것" 성문화 왜곡 심해(https://www.joongang.co.kr/article/25089032)

한 동의로 해석될 수 없는 점은 분명하다. 또한 소위 '기습강간' 사례에 있어서 추행(이지만 대상자의 동의-적극적으로 그 행위를 원했던 것은 아니지만, 수인한다는 의사로서의-가 있었으므로 그 자체로는 구성요건 해당성이 배제되는)에 대해서는 불가벌이지만, 성기 삽입에 대해서는 사전에 피해자의 거부 의사가 명시된 상태였으므로 추행에 대한 동의는 여기에 확장적용될 수가 없다는 점은 명백하다.

이처럼 강간 등의 죄에서 당사자간의 동의가 범죄 성립을 저지하는 효과가 있다는 점에는 학자들 대부분이 동의하고 있고, 다만 그 동의 성격을 어떻게 파악할 것인가에 따른 차이가 있다. 양해 개념 부정설27)이나 승낙의 외부적 표시방법에서 절충설에 따를 때, 묵시적 승낙28)을 부정하는 견해에 따르면, 구체적이고 명시적 승낙 범위 밖의 행위는 범죄성립을 인정하여야 한다. 그러나 단순한 침묵을 묵시적 승낙으로 해석할 수는 없지만, 동거남이 동거녀의 지갑에서 돈을 가져간 사건(85도1487)의 경우처럼 성행위에 대한 동의에 있어서도 간접사실로부터 충분히 이를 묵시적 승낙으로 인정할 만한 자료가 있는 경우에는 묵시적 승낙이 인정될 수도 있다. 그러면 나아가 과연 성범죄에도 '추정적 승낙'도 인정될 수 있을까?

좀 더 깊게 살펴보면 성적 접촉에 있어서의 동의는 양해와 승낙이라고 논해지는 범죄체계론적 성격에 따르는 차이 이외에도 사람들 사이의 성적 관계의 특성상 동의는 추상적, 포괄적인 수준만으로도, 반대로 매우 세부 사항까지 미치는 엄밀한 것일 수도 있다. 또한 표면적으로는 양당사자의 의사가 합치한 것으로 보이지만, 상호간의 내심의 허용 범위가 불일치한 경우에는 이를 완전한 의사의 합치와 동일하게 보기 힘들고, 상대방의 내심의 의사에 반하는 행동을 한 가해자

---

27) 배종대, 형법총론 제14판, 288-289쪽. 양해의 예가 되는 어린이에 대해 만 원권 1매를 천 원권 5매로 바꾸자고 제안하여 어린이의 양해를 얻어내는 방식의 금전 교환도 양해긍정설에서는 자연적 처분의사로 족하므로 양해의 예로 보겠지만, 이는 전형적인 준사기에서의 이용행위에 해당하게 된다.

28) 배종대, 형법총론 제14판, 292쪽

(?)에게는 착오29) 상태가 발생한다. 또 하나의 문제는 처음부터 강제력을 통해 대상자의 의사제압을 시도하는 범죄적 형태가 아닌 통상적 성적 접촉은 진행형이라는 데에서 발생하는 문제도 있다. 행위를 주도하는 행위자도 수동적 행위자도 이 접촉이 일련의 흐름에 따라 더 강한 접촉으로 이어질 수 있는 사건이므로 양자 모두 최초 접촉에서의 동의가 어디 수준까지 미칠지, 가장 강한 강도의 접촉, 혹은 원치 않는 접촉까지 이어질지 행위 당시에는 인식하지 못하는 경우도 있는 것이 아닌가 하는 것이다. 사전동의의 범위 자체가 불확정 상태인 경우이다.

이처럼 상호간에 동의의 범위에 대한 의사불일치가 있는 경우에 사실상 '동의'는 그 존재 여부에 대한 사실인정의 문제를 넘어서 법원에 의한 해석에 전적으로 내맡겨지고 있다. 어떤 의미에서 '추정적 승낙'과도 유사한 기준으로 불분명한 동의를 해석, 판정하게 되는 것이다. 결국 이렇게 되면 사실적으로 존재했던 동의의 불일치 혹은 불일치의 주장이 있는 경우 법원이 그 동의에 대한 확장 혹은 배제를 사후에 판정해야 하는 문제가 발생한다. 비록 이 사건에서는 '심신미약자'인 피해자에 대한 것이지만, 이러한 동의의 해석은 굳이 심신미약자에 국한될 필요가 없어서 적어도 성범죄에 관한 한 성년인 자라도 자기결정의 흠결로 판단될 가능성을 내재하고 있는 셈이다. 본래는 피해자의 승낙을 규정한 형법 제24조가 정당방위, 긴급피난, 자구행위에서와는 달리 '상당한 이유'라고 하는 사회적 혹은 평가적 관점에서의 제한이 법문상 명시적으로 규정되지 않은 점을 적극적으로 파악하면, 처분가능한 법익의 경우에 법익보유자의 처분(=승낙)이 있으면, 불법성이 완전히 탈락된다고 보아야 했던 것이다.30)

---

29) 기본적으로 양해에 대한 착오는 구성요건 착오(사실의 착오)로, 승낙의 착오는 위법성조각사유의 착오로 보아야 하지만 문제는 그리 간단치 않다.

30) 김성돈, 형법총론 제4판, 324쪽에서는 이를 '형법 제24조의 이원적 구조'라고 표현하면서 전자와 같은 것은 구성요건해당성배제사유로 파악하고, 상당성 판단과 유사한 제약 하에 있는 위법성조각사유로서의 승낙이 우리 형법 제24

나아가 다른 개인적 법익에서 인정되는 것처럼 성적 접촉의 경우에도 사전승낙의 철회는 결과발생 전에는 언제든지 가능하다. 그러나 이 사안에서는 피해자가 승낙을 철회한 것으로 여겨질 외부적 정황이 나타나 있지 않고, 가해자로서도 철회사실을 알고도 성적 접촉을 지속했다고 하는 계기가 전혀 드러나지 않음에도 법원이 직권으로 철회를 인정함으로서 우리 형법 이론에서 아직 한 번도 검토된 바 없는 '승낙의 추정적 철회'라고 부를 수 있는 사유로 피고인의 유죄를 인정하였다는 문제가 있다. 또한 승낙과 마찬가지로 철회도 외부에서 인식할 수 있을 정도로는 표시되었어야 하는 것이다. 명시적 철회가 아니라 묵시적 철회로 볼 정황조차 나타나 있지 않음에도 대법원은 대담하게도 철회를 단정하였다.

대상사건에서 대법원의 판시 3.의 인용부분에서는 외형상 동의의 효력 부정 혹은 명시적 동의에 대한 철회의 간주를 당연한 듯이 법원이 직권으로 인정하는 표현을 엿볼 수 있다. 이처럼 불가피하게 일종의 동의해석의 권한이 법원에 부여된 것으로 보더라도, 이 사건의 판결에서는 원심, 대법원 모두 너무 쉽게 이 부분을 수사적 어휘만으로 인정하고 있는 것은 아닌가 하는 의문이 있다. 피해여성의 최초의 동의 범위를 추정해보려는 시도조차 없이 논리를 비약하여 동의 범위를 임의로 축소, 배제하고, 그 철회를 간주하는데, 그 모든 근거는 단지 법관의 건전한 상식인 것으로 보인다.

(3) 사전 동의의 일부 부정의 경우

일련의 성적 접촉에서 장차 이루어질 모든 항목에 대하여 사전에 명시적으로 동의해야 하는가? 다른 시각에서 볼 때 성적 접촉 이전에 행하여지는 '완전한 동의'라는 것은 가능한가? 소위 '스텔싱'의 경우처럼 성교 자체에는 완전한 합의를 하였지만, 삽입시에 '콘돔'을 끼기로 했는데 노콘(돔)성교를 한 경우, 앞서의 대법원의 논리라면, 동의 범위

조에 내포되어 있다고 하는 견해이다.

를 벗어나는 것이므로 전체 행위 모두를 '강간'으로 보게 되는 셈이다. 물론 기습강간의 예처럼 삽입 자체를 폭행으로 본 경우라면 사실상 강간죄 성립에서도 요구되는 폭행/협박의 정도를 질적으로 낮은 '협의의 폭행'개념으로 전환하는 것이므로 小部가 아니라 전원합의체가 결정해야 한다. 혹은 폭행은 없으나 동의에 의하지 않은 삽입행위를 강간으로 전환한 것이 된다면, 이는 사법권의 권능을 넘는 입법권을 행사한 것이므로 위헌적 판결이 될 것이다. 이처럼 법원은 근래에 선행쟁점을 검토하지 않고, 직관에 의한 결론으로 직행하는 것은 아닌가 하는 우려를 가지게 한다.

만약 입법적 해결 없이 법원이 계속 이렇게 파악한다면, 결국 법정에 끊임없이 이제 성적 접촉에 있어서 동의 대상의 명확화를 요청하는 기소가 이어지고, 판결에 의해 세분화될 것이다. 통상적 범주에서 머리카락, 손등에 대한 접촉을 묵인 내지 동의하는 것은 키스에 대한 동의가 될 수 있을까? 그러면 키스의 동의는 다른 신체 부위에 대한 접촉에 대해서도 동의가 확장될 수 있을까? 성기를 제외한 신체 접촉 전부에 대한 접촉에는 동의하였더라도, 이를 성기에 대한 성기 아닌 신체 일부의 삽입 즉 유사강간에는 동의하지 않은 경우처럼 동의의 대상이 명확화 요구는 무한히 확장될 수 있다. 심지어 70~80년대 한국소설에서 등장하는 것처럼 성매매시에 성매매 여성이 성기 삽입에는 동의하나 키스는 허용하지 않은 경우도 생각해 볼 수 있다. 물론 이러한 신체접촉의 유형에 따라 구별된 동의 여부가 사전에 명시된 경우에는 이러한 명시적 동의를 넘는 행위를 시도하거나 혹은 즉각적 거부에도 불구하고 멈추지 않고 신체접촉행위를 계속한 것은 불법적이며, 지금의 체계에서도 그 거부를 제압하기 위한 유형력이 어느 강도로 행사되었는가에 따라 죄명이 좌우되기는 하지만, 후행하는 성적 접촉은 당연히 처벌될 수 있다.

그런데 대상 판결에서 성행위 그 자체에 대한 일응의 '동의'는 입증되었지만, 그 철회 혹은 최초의 동의 범위 밖의 성행위이므로 이에 대한 새로운 동의가 요구된다는 점이 검사에 의하여 '주장'된 것인지는 모르겠지만, 그 근거를 찾아볼 수 없음에도 법원에 의한 '평가'의 결론처럼 숨어 있다. 그러나 법원은 그 '평가의 근거'를 제시하지 않는다. 대상 판결에서 피고인의 명시적 동의 밖에 있는 후행행위에 대하여 '폭행, 협박'의 여부를 검토하는 대신, 피해자를 '심신미약자'로 본 후 '위력'의 행사를 인정하는 방식으로 논증되고 있을 뿐, 피해자 동의 없음을 별도로 확인, 판단하는 심리가 이루어졌음이 나타나지 않는다. 대상 사례에서는 어느 것도 등장하지 않는다. 원심은 기왕의 사정과 사후의 배경적 사실로부터 그 전체 동의를 추정하였을 뿐이고, 동일한 방식으로 대법원은 일반적 설시만으로 전체 동의 없음을 선포할 뿐이다. 이 사건에서 대법원이 원심을 파기하였어야 함에는 동의하지만, 이는 '유죄 취지 파기'가 아니라, '동의 없음'에 대한 확인 과정에 대한 심리미진으로서 파기 환송했었어야 한다. 같은 이유로 이 대법원 판결 역시 현행법적으로 불복방법이 존재하지 않지만 심리미진으로 파기되어야 할 판결이다.

Ⅳ. 결론을 대신하여

오늘날과 같은 민주주의 절대 우위의 시대에 법원의 판단이 동시대 일반인의 정의감으로부터 자유롭기를 바라는 것은 쉽지 않다. 그렇다고 해서 오래된 형사법원칙으로서 죄형법정 원칙은 가볍게 폐기할 수 있는 원칙은 아니다. 여전히 헌법재판소, 대법원은 이를 근거로 자신들의 결론을 정당화하고 있다. 그렇다면 대상 판결과 같이 결과적 타당성을 근거로 형벌 문언의 한계를 넘는 새로운 해석을 전개하는 것을 어떻게 평가해야 할 것인가? 지금과 같은 상태라면 죄형법정 원칙은 헌법, 형사법의 절대적 원칙이 아니라 필요한 경우에 적절히 원용될 뿐인 수사학적 도구에 지나지 않게 된다.

강간과 추행의 죄를 피해자의 성적 자기결정권 침해로 관념하는 한, 그의 동의는 범죄 성립을 좌우하는 결정적 요소이다. 그를 동등한 시민으로 인정하는 한 그의 동의가 일반적 통념에 비추어 부적절하다고 하더라도, 법원이 이를 후견적으로 보충하는 것은 억제될 필요가 있다.[31] 특별히 동의의 흠결을 처벌할 필요성이 있다면 법률에 새로운 구성요건을 두고 그 불법에 적합한 법정형을 두어 처벌하여야 한다. 따라서 법원이 일부 구성요건에서의 불명확 개념을 확장하여 입법사항에 해당하는 사실상의 비동의간음죄를 판결에 의해 창설하는 방식으로 처벌 범위를 확장하는 것은 비판받아 마땅하다.

[주 제 어]
성적 자기결정권, 동의의 해석, 미성년자의제강간, 정조권, 죄형법정원칙

[Key Words]
sexual self-determination right, interpretation of consent, rape of minors, right to chastity, principle of criminal legalism

접수일자: 2022. 5. 28. 심사일자: 2022. 7. 25. 게재확정일자: 2022. 7. 25.

---

31) 형법 제304조 위헌소원 [전원재판부 2008헌바58, 2009. 11. 26.] 여성이 혼전 성관계를 요구하는 상대방 남자와 성관계를 가질 것인가의 여부를 스스로 결정한 후 자신의 결정이 착오에 의한 것이라고 주장하면서 상대방 남성의 처벌을 요구하는 것은 여성 스스로가 자신의 성적자기결정권을 부인하는 행위이다. (중략) 결국 이 사건 법률조항은 남녀 평등의 사회를 지향하고 실현해야 할 국가의 헌법적 의무(헌법 제36조 제1항)에 반하는 것이자, 여성을 유아시(幼兒視)함으로써 여성을 보호한다는 미명 아래 사실상 국가 스스로가 여성의 성적자기결정권을 부인하는 것이 되므로, 이 사건 법률조항이 보호하고자 하는 여성의 성적자기결정권은 여성의 존엄과 가치에 역행하는 것이다.

[참고문헌]

조지 카텝/이태영 옮김, 인간의 존엄-인간 존엄성에 관한 세속적인탐색, 말
　　글빛냄, 2012.

유기천, 형법학[각론강의] 전정신판(영인본), 법문사, 2012.

배종대, 형법각론 제11전정판, 홍문사, 2020.

김성돈, 형법총론 제4판, 성균관대학교출판부 2015.

박광민, "피해자의 승낙과 정당화의 원리", 심경정성근교수화갑기념논문집
　　(상).

한정환, "범죄구성요건의 실현에 대한 양해와 승낙", 형사법연구 제14권,
　　2000.

김일수, 한국형법 총론 I, 박영사, 1995.

[Abstract]

Court's Power to Interpret Victim Consent in Rape

Lee, Keun-woo*

In today's era of absolute supremacy of democracy, it is not easy to hope that the judgment of the courts will be free from the sense of justice of the common people. However, as an old criminal law principle, the criminal court principle is not a principle that can be easily discarded. Still, the Constitutional Court and the Supreme Court justify their conclusions based on the principle of the criminal court. If so, how should we evaluate the development of a new interpretation that goes beyond the limits of penal texts based on the consequent validity of the judgment as a result? Under the current state, the principle of the criminal court is not an absolute principle of the Constitution or criminal law, but only a tool that is appropriately invoked when necessary.

Insofar as the crimes of rape and sexual harassment are regarded as violations of the victim's right to sexual self-determination, his consent is a decisive factor in establishing a crime. Even if his consent is inappropriate in the light of common sense as long as it recognizes him as an equal citizen, the court's custodial supplementation needs to be suppressed. If there is a need to specifically punish the lack of consent, it should be punished by setting a new element in the law and providing a statutory punishment suitable for the illegality. Therefore, it will be criticized for extending the scope of punishment in a way that the court expands the unclear concept in some components to create a de facto crime of nonconsensual adultery that falls under the legislative matter.

---

* Professor, Gachon University, Ph.D in Law.

사실 적시 명예훼손죄와 표현의 자유
― 헌재 2021. 2. 25. 2017헌마1113등 결정 ―

승 이 도*.**

Ⅰ. 서   설

1. 헌법 제21조는 제1항에서 언론·출판에 관한 표현의 자유를 보장하면서도, 제4항 전문에서 타인의 명예를 침해하여서는 아니된다고 규정함으로써 표현의 자유의 한계를 규정한다. 다만 제4항 후문에서 언론·출판이 타인의 명예를 침해한 때에 피해자는 배상을 청구할 수 있다고 규정함으로써 명예 침해의 구제수단으로 민사배상을 명시할 뿐, 형사처벌을 명시하고 있지 아니한다.

헌법제·개정권자가 표현의 자유를 국민의 기본권으로서 보장하도록 헌법에 규정한 것은, 표현의 자유는 민주주의의 근간이기 때문이다. (허위가 아닌) 진실한 사실의 적시에 관한 표현의 자유 행사는 알 권리의 전제가 되고, 이러한 진실한 사실을 토대로 숙의와 토론을 통해 공동체가 자유롭게 의사와 여론을 형성하는 것은 민주주의의 실현에 필수적 요소라는 점을 고려하면, 진실한 사실 적시 표현행위도 형

* 헌법재판소 헌법연구관.
** 제342회 형사판례연구회(2021. 10. 12.)에 발표기회를 주신 여훈구 회장님, 이용식 前회장님, 발표에 도움을 주신 이주원 상임이사님, 류부곤 간사님, 허황 간사님께 감사드린다. 아울러 형법 제307조 제1항과 표현의 자유의 의미에 관하여 숙의와 조언을 아끼지 않으셨던 이영진 재판관님, 문형배 재판관님께도 지면을 빌려 감사드린다.

사처벌하도록 규정한 형법 제307조 제1항은 위헌적인 법률조항일 수 있다. 하지만, 형법 제310조는 진실한 사실 적시 표현행위에 공익성이 인정되는 경우 위법성이 조각될 수 있도록 규정하고 있으므로, 이러한 위법성 조각사유에도 불구하고 처벌되는 행위는 '공익성이 인정되지 아니함에도 타인의 약점과 허물을 드러내는 행위'로서 표현의 자유를 기본권으로 인정한 취지와 무관한 채 타인의 인격권과 사생활의 비밀을 침해하는 결과를 초래할 수 있으므로, 이를 처벌하도록 규정한 형법 제307조 제1항은 합헌적인 법률조항일 수 있다.

2. 헌재 2021. 2. 25. 2017헌마1113, 2018헌바330(병합) 결정(이하 '대상결정'이라 함)은 형법 제307조 제1항의 위헌 여부를 판단한 최초의 결정이다. 이 사건에서 헌법재판소는, 재판관 5대4의 의견으로 형법 제307조 제1항을 합헌으로 결정하면서, 사실 적시 명예훼손죄와 표현의 자유에 관한 다양한 쟁점들에 대한 헌법재판관의 고민과 결론을 압축적으로 기재하였다.

이하에서는 대상결정의 내용을 바탕으로(Ⅱ), 명예훼손죄에 관한 외국 입법례와(Ⅲ) 최근 학계의 논의를 소개하고(Ⅳ), 형법 제307조 제1항에 관한 국회 입법 논의와(Ⅴ) 형법 제310조의 의미·기능·한계를 살펴본 다음(Ⅵ), 대상결정에서 청구인·법무부장관·참고인의 변론과(Ⅶ) 헌법재판소의 법정의견·반대의견의 논리구조를 분석함으로써(Ⅷ), 대상결정의 의미를 모색하도록 한다(Ⅸ).

Ⅱ. 대상결정의 내용[1]

1. 사건개요

(1) [2017헌마1113] 청구인 이○○은 2017. 8. 27. 반려견의 치료를 받았는데, 당시 부당한 진료를 받아 반려견이 불필요한 수술을 하고

---

1) 헌재 2021. 2. 25. 2017헌마1113등 결정(헌법재판소, 헌법재판소공보 제293호, 2021, 425면 이하).

실명 위기까지 겪게 되었다고 생각하여 반려견의 치료를 담당하였던 수의사의 실명과 잘못된 진료행위 등을 구체적으로 적시하고자 하였다. 그런데 위 청구인은 형법 제307조 제1항으로 인하여 이를 공연히 적시할 경우 형사처벌을 받게 됨을 알게 되자, 위 법률조항으로 인하여 표현의 자유가 침해된다고 주장하면서 2017. 10. 6. 헌법재판소법 제68조 제1항에 의한 헌법소원심판을 청구하였다.

(2) [2018헌바330] 청구인 김○○은 2016. 2. 14.경 공연히 사실을 적시하여 김ㅁㅁ의 명예를 훼손하였다는 이유로 기소되어, 2018. 1. 26. 부산지방법원에서 명예훼손죄로 벌금 50만원을 선고 받았다. 위 청구인은 상고하여 대법원에서 재판 계속 중 형법 제307조 제1항에 대해 위헌법률심판제청을 신청하였으나 기각되자, 위 법률조항이 표현의 자유를 침해하여 헌법에 위반된다고 주장하면서 2018. 7. 30. 헌법재판소법 제68조 제2항에 의한 헌법소원심판을 청구하였다.

2. 심판대상

대상결정의 심판대상은 형법(1995. 12. 29. 법률 제5057호로 개정된 것) 제307조 제1항이 청구인 이○○의 기본권을 침해하는지 여부 및 헌법에 위반되는지 여부이다.

■ 형법 제307조(명예훼손) ① 공연히 사실을 적시하여 사람의 명예를 훼손한 자는 2년 이하의 징역이나 금고 또는 500만원 이하의 벌금에 처한다.

3. 결정주문

(1) 청구인 이○○의 심판청구를 기각한다.

(2) 형법(1995. 12. 29. 법률 제5057호로 개정된 것) 제307조 제1항은 헌법에 위반되지 아니한다.

4. 재판관 5인의 법정의견 요지[2)]

(1) 오늘날 매체가 매우 다양해짐에 따라 명예훼손적 표현의 전파 속도와 파급효과는 광범위해지고 있으며, 일단 훼손되면 완전한 회복이 어렵다는 외적 명예의 특성상, 명예훼손적 표현행위를 제한해야 할 필요성은 더 커지게 되었다. 형법 제307조 제1항은 공연히 사실을 적시하여 사람의 명예를 훼손하는 자를 형사처벌하도록 규정함으로써 개인의 명예, 즉 인격권을 보호하고 있다. 명예는 사회에서 개인의 인격을 발현하기 위한 기본조건이므로 표현의 자유와 인격권의 우열은 쉽게 단정할 성질의 것이 아니며, '징벌적 손해배상'이 인정되는 입법례와 달리 우리나라의 민사적 구제방법만으로는 형벌과 같은 예방효과를 확보하기 어려우므로 입법목적을 동일하게 달성하면서도 덜 침익적인 수단이 있다고 보기 어렵다. 형법 제310조는 '진실한 사실로서 오로지 공공의 이익에 관한 때에 처벌하지 아니'하도록 정하고 있고, 헌법재판소와 대법원은 형법 제310조의 적용범위를 넓게 해석함으로써 형법 제307조 제1항으로 인한 표현의 자유 제한을 최소화함과 동시에 명예훼손죄가 공적인물과 국가기관에 대한 비판을 억압하는 수단으로 남용되지 않도록 하고 있다.

(2) 만약 표현의 자유에 대한 위축효과를 고려하여 형법 제307조 제1항을 전부위헌으로 결정한다면 외적 명예가 침해되는 것을 방치하게 되고, 진실에 부합하더라도 개인이 숨기고 싶은 병력·성적 지향·가정사 등 사생활의 비밀이 침해될 수 있다. 형법 제307조 제1항의 '사실'을 '사생활의 비밀에 해당하는 사실'로 한정하는 방향으로 일부위헌 결정을 할 경우에도, '사생활의 비밀에 해당하는 사실'과 '그렇지 않은 사실' 사이의 불명확성으로 인해 또 다른 위축효과가 발생할 가능성은 여전히 존재한다. 헌법 제21조가 표현의 자유를 보장하면서도 타인의 명예와 권리를 그 한계로 선언하는 점, 타인으로부터 부당한 피해를 받았다고 생각하는 사람이 법률상 허용된 민·형사상 절차에

---

2) 재판관 이선애, 재판관 이은애, 재판관 이종석, 재판관 이영진, 재판관 이미선.

따르지 아니한 채 사적 제재수단으로 명예훼손을 악용하는 것을 규제
할 필요성이 있는 점, 공익성이 인정되지 않음에도 불구하고 단순히
타인의 명예가 허명임을 드러내기 위해 개인의 약점과 허물을 공연히
적시하는 것은 자유로운 논쟁과 의견의 경합을 통해 민주적 의사형성
에 기여한다는 표현의 자유의 목적에도 부합하지 않는 점 등을 종합
적으로 고려하면, 형법 제307조 제1항은 과잉금지원칙에 반하여 표현
의 자유를 침해하지 아니한다.

5. 재판관 4인의 반대의견 요지3)

(1) 다양한 사상과 의견의 교환을 보장하고 국민의 알권리에 기여
하는 표현의 자유는 우리 헌법상 민주주의의 근간이 되는 핵심적 기
본권이므로, 표현의 자유에 대한 제한이 불가피하더라도 그 제한은 최
소한으로 이루어져야 한다. 헌법 제21조 제4항 전문은 '타인의 명예'를
표현의 자유의 한계로 선언하고 있으나 같은 항 후문에서 명예훼손의
구제수단으로 민사상 손해배상을 명시할 뿐이므로, 헌법이 명예훼손
에 대한 구제수단으로 형사처벌을 당연히 예정하고 있다고 보기 어렵
다. 표현의 자유의 중요한 가치는 공직자에 대한 감시와 비판인데, 감
시와 비판의 객체가 되어야 할 공직자가 진실한 사실 적시 표현행위
에 대한 형사처벌의 주체가 될 경우 국민의 감시와 비판은 위축될 수
밖에 없다. 형사처벌이 정당화되기 위해서는 행위반가치와 결과반가
치가 있어야 하는데, 진실한 사실을 적시하는 것은 행위반가치와 결과
반가치를 인정하기 어렵다. 사실 적시 표현행위로부터 외적 명예를 보
호할 필요성이 있더라도, 피해자는 형사처벌이 아니더라도 정정보도
와 반론보도 청구, 손해배상 청구와 명예회복에 적당한 처분을 통해
구제받을 수 있다. 형법 제307조 제1항은 친고죄가 아닌 반의사불벌죄
이므로, 제3자가 이 점을 이용하여 공적인물·공적사안에 대한 감시·
비판을 봉쇄할 목적으로 고발을 남용함으로써 진실한 사실 적시 표현

3) 재판관 유남석, 재판관 이석태, 재판관 김기영, 재판관 문형배.

에 대해서도 형사절차가 개시되도록 하는 '전략적 봉쇄소송'마저 가능
하게 되었다. 향후 재판절차에서 형법 제310조의 위법성조각사유에 해
당된다는 판단을 받을 가능성이 있겠지만, 일단 형법 제307조 제1항의
구성요건에 해당되는 것이 확실한 이상, 자신의 표현행위로 수사·재
판절차에 회부될 수 있다는 사실만으로 위축효과는 발생할 수 있으며,
이후 수사·재판절차에서 마주하게 될 공익성 입증의 불확실성까지 고
려한다면 표현의 자유에 대한 위축효과는 더욱 커지게 된다. 진실한
사실이 가려진 채 형성된 허위·과장된 명예가 표현의 자유에 대한 위
축효과를 야기하면서까지 보호해야 할 법익이라고 보기 어려운 점을
고려하면, 형법 제307조 제1항은 과잉금지원칙에 반하여 표현의 자유
를 침해한다.

　(2) 진실한 사실은 공동체의 자유로운 의사형성과 진실발견의 전
제가 되므로, '적시된 사실이 진실인 경우'에는 허위 사실을 바탕으로
형성된 개인의 명예보다 표현의 자유 보장에 중점을 둘 필요성이 있
다. 헌법 제17조가 선언한 사생활의 비밀의 보호 필요성을 고려할 때,
'적시된 사실이 사생활의 비밀에 관한 것이 아닌 경우'에는 허위 사실
을 바탕으로 형성된 개인의 명예보다 표현의 자유 보장에 중점을 둘
필요성이 있다. 법률조항 중 위헌성 있는 부분에 한하여 위헌선언하는
것이 입법권에 대한 자제와 존중에 부합하는 점을 종합적으로 고려하
면, 형법 제307조 제1항 중 '진실한 것으로서 사생활의 비밀에 해당하
지 아니한' 사실 적시에 관한 부분은 헌법에 위반된다.

Ⅲ. 명예훼손죄에 관한 외국 입법연혁과 입법례

1. 명예훼손죄에 관한 외국 입법연혁

　명예훼손죄는 고대 로마법과 게르만법에서 유래하였다. 로마법에
서 명예침해는 법적·도덕적 생활에서 객관적인 인격 침해를 중시하였

음에 반하여, 게르만법에서 명예침해는 명예감정을 침해하여 피해자에게 모욕을 주는 주관적 측면을 중시하였다. 이와 같은 로마법의 객관적 관점과 게르만법의 주관적 관점은 18세기 독일에서 명예훼손죄와 모욕죄에 관한 상세한 규정을 둠으로써 서로 접근하게 되었고, 이후 독일 형법의 영향을 받은 일본 형법도 이러한 객관적 관점과 주관적 관점을 받아들여 명예훼손죄와 모욕죄를 규정한 것으로 이해되고 있다.[4]

2. 명예훼손죄에 관한 외국 입법례

(1) 미국에서 명예훼손은 일반적으로 불법행위로 인한 손해배상책임, 즉 민사적 구제를 기본으로 한다. 일부 주에서 명예훼손에 관한 형사처벌 규정이 존재하기도 하지만 실질적으로 형사처벌에 이르는 경우는 거의 찾아볼 수 없고 대부분 민사절차를 통해 해결된다. 민사절차인 경우에도 명예훼손은 그 진술이 허위일 경우에 주로 문제된다.

먼저, <u>New York Times v. Sullivan 결정</u>은 허위사실 적시와 불법행위 책임에 관한 미국연방대법원의 대표적 사례이다.[5] 흑인 민권운동(Civil Rights movement)이 한창이었던 1960. 3. 29. New York Times에는 한편의 전면광고가 게재되었다. 이는 Martin Luther King Jr. 목사를 변호하기 위한 기부금 모집에 대한 신문 광고이었는데,[6] 여기에는 King 목사가 주도하는 비폭력시위에 가담한 흑인들에 대한 Montgomery시 경찰의 가혹한 진압(mistreat)을 비판하는 내용과 함께 그 구체적인 사실관계에 있어 일부 부정확한 내용이 담겨있었다. 예컨대, 광고에는 시위하는 학생들이 "My Country, 'Tis of Thee"라는 노래를 불렀다고 기재되어 있었으나 실제로는 국가를 불렀고, 경찰이 시위대를 굶겨 굴복시킬 목적으로 학교식당(dining hall)을 폐쇄(padlock)하였다고 기재되

---

4) 편집대표 김대휘·김신, 주석 형법: 형법각칙(4)(제5판), 한국사법행정학회, 2017, 443-445면(심담 집필부분).

5) New York Times v. Sullivan, 376 U.S. 254 (1964).

6) The New York Times, "Heed Their Rising Voices", March 29, 1960.

어 있었으나 실제로는 미등록자나 식권이 없는 사람의 출입을 막았을 뿐이며, 경찰이 속도위반(speeding)과 어슬렁거림(loitering) 등의 사유로 King 목사를 7번이나 체포했다고 기재되어 있었으나 실제로는 4번 체포하였다는 것이다. 이에 Montgomery시의 3명의 선출직 경찰국장(elected commissioner) 중 한 명이었던 L. B. Sullivan은, 비록 자신의 이름이 위 광고에 기재되지는 않았으나 위 광고는 경찰(police)을 지칭하였고 이것은 해당 경찰을 감독하는 자신을 언급하는 것이라고 주장하면서, New York Times 등을 상대로 손해배상을 청구하였다. Alabama 주 법원은 명예훼손으로 인한 불법행위 책임을 인정하여 손해배상금(50만$)을 지급하도록 결정하였고, 같은 주 대법원도 이를 유지하였다. 그러나 연방대법원은 1964. 3. 9. 그러한 불법행위 책임(tort liability)을 인정하는 것은 수정헌법 제1조를 위반한다고 판단하여 이를 파기하였다.[7]

　연방대법원은, New York Times v. Sullivan 결정에서, 공적 문제에 대한 토론은 억제되어서는 아니되며 활발하고 넓게 열려있어야 하고(debate on public issues should be uninhibited, robust, and wide-open), 여기에는 정부와 공무원에 대한 격렬하고 신랄하며 때로는 유쾌하지 않은 날카로운 공격이 당연히 포함될 수 있다(it may well include vehement, caustic, and sometimes unpleasantly sharp attacks on government and public officials)고 보았다. 그리고는 잘못된 진술은 자유로운 토론에서 불가피한 것이며(erroneous statement is inevitable in free debate), 표현의 자유가 생존하기 위한 숨 쉴 공간을 가지기 위해서는 그것이 보호되어야 한다(it must be protected if the freedoms of expression are to have the breathing space that they need to survive)고 설명하였다. 따라서 연방대법원은, '현실적 악의(actual malice)'가 없는 한, 즉 진술자가 그것이 허위임을 알았거나 혹은 허위일지 모른다는 것을 무모하게 무시했다는 것이 증명되

---

7) Stone · Seidman · Sunstein · Tushnet · Karlan, Constitutional Law(eighth edition), Wolters Kluwer, 2018, pp.1114-1119.

지 않는 한, 공무원은 자신의 공무수행에 관한 명예훼손에 대하여 손해배상을 받을 수 없다고 결론을 내렸다.[8] 이후 현실적 악의의 입증을 요구하는 New York Times v. Sullivan 결정의 판시는 공적 인물(public figure)로 확장되어 간다.[9] 반면 사적 인물(private figure)에 불과하고, 공적 관심사(matters of public concern)도 아닌 경우에는, 그에 관한 표현의 자유에 대한 헌법적 가치는 감소된다는 점에서, 현실적 악의에 대한 입증은 요하지 않는 방향으로 나아가게 된다.[10]

한편, Cox Broadcasting Corp v. Cohn 결정과 Florida Star v. B.J.F. 결정은 사적 영역에서 진실한 사실 적시에 관한 연방대법원 사례이다.[11] 사적인 사실(private fact)은 그것이 진실한 사실이라 하더라도 일단 대중에 공개되면 피해가 발생하므로 불법행위 책임이 성립할 수 있다. 다만, 연방대법원은 사적인 사실의 공개라 하더라도, 그 정보가 공적인 기록에서 합법적으로 입수되어 진실하게 보도된 것이라면, 수정헌법 제1조에 의하여 그로 인한 책임을 지지 않는다고 판시하여 왔다.

사건을 구체적으로 살펴보면, Cox Broadcasting Corp v. Cohn 결정에서 Martin Cohn은 Georgia주에서 강간살해당한 피해자(여, 17세)의 아버지였다. TV방송국의 기자는 공중이 이용 가능한 법원 기록에서 피해자의 이름을 입수하여 이를 보도하였다. 당시 Georgia주의 프라이버시에 관한 법률은 강간피해자의 이름을 공개하는 것을 금지하고 있었고, 이에 피해자의 아버지는 위 보도로 인한 프라이버시(privacy) 침해를 이유로 소송을 제기하였는데, 이러한 Georgia주의 법률이 수정헌법이 보장한 표현의 자유를 침해하는지 문제되었다. 이에 연방대법원은, 개인의 프라이버시와 표현의 자유의 형량에 대해 고민하였으나, ㉠ 언

---

8) Erwin Chemerinsky, Constitutional Law: Principles and Policies(sixth edition), Wolters Kluwer, 2019, pp.1139-1141.

9) Curtis Publishing Co. v. Butts, 388 U.S. 130 (1967); Associated Press v. Walker, 389 U.S. 28 (1967).

10) Dun & Bradstreet, Inc. v. Greenmoss Builders, Inc., 472 U.S. 749 (1985).

11) Cox Broadcasting Corp v. Cohn, 420 U.S. 469 (1975); Florida Star v. B.J.F., 491 U.S. 524, (1989).

론에 의한 정보 제공이 없다면 우리는 지적으로 투표할 수 없을 것이고 정부에 대해 의견을 표명할 수 없을 것이며, 특히 사법절차와 관련하여 언론은 재판의 공정성을 보장하고 사법행정에 대한 공개조사에 유익한 효과를 가져오는 역할을 하는 점, ⓛ 프라이버시에 관한 이익은 관련된 정보가 이미 공공의 기록에 나타나면 사라진다는 점(the interests in privacy fade when the information involved already appears on the public record)을 근거로, 1975. 3. 3. 위 Georgia주 법률이 헌법에 위반된다고 결정하였다. 역시 Florida Star v. B.J.F. 결정에서도, 신문 기자는 접근이 제한되지 않은 경찰 보고서(police report)를 통해 강간사건의 피해자의 이름을 포함한 모든 정보를 입수하여 이를 보도하였는데, 당시 Florida주 법률은 강간피해자의 이름을 공개하는 것을 금지하고 있었다. 이에 피해자가 소를 제기하였고, Florida주 법원은 해당 법률의 위반을 확인하고 신문사로 하여금 보상적 손해배상($75,000 in compensatory damages)과 징벌적 손해배상($25,000 in punitive damages)을 지급하도록 선고했다. 이후 연방대법원에서는, 정부 기록에서 합법적으로 획득한 진실한 사실을 보도한 언론에 대해 주가 민사상 재제를 가할 수 있는지 문제되었다. 이에 연방대법원은, 해당 정보는 합법적으로 획득되고 진실한 것이기 때문에 이를 보도한 언론에 부과된 손해배상은 수정헌법 제1조를 위반한 것이라 판단함으로써, 선례와 같은 취지로 결정하였다.[12]

결국 미국의 경우에는, 표현의 자유를 보장하는 수정헌법 제1조[13]의 강력한 효력으로 인하여 공무원 등의 명예 보호보다 개인의 표현의 자유 보장에 무게중심을 두고 있으므로 명예훼손을 형사처벌이 아

---

12) Erwin Chemerinsky, Constitutional Law: Principles and Policies(sixth edition), Wolters Kluwer, 2019, pp.1153-1156; Stone·Seidman·Sunstein·Tushnet·Karlan, Constitutional Law(eighth edition), Wolters Kluwer, 2018, pp.1134-1136.

13) [수정헌법 제1조] 의회는 … 언론·출판의 자유 …를 제한하는 법률을 제정할 수 없다. (Congress shall make no law … abridging the freedom of speech, or of the press …)

닌 민사책임으로 다루고 있으며, 심지어 그 표현에 허위 사실이 포함
되어 있더라도 '현실적 악의'가 입증되지 않는 한 불법행위로 인한 손
해배상책임도 인정하지 아니하는 것으로 이해할 수 있다. 한편 사적인
사실의 공개로 인한 프라이버시 침해 문제에 있어서도, 그것이 공적
기록에서 입수된 진실한 사실인 경우에는 범죄 피해자의 이름이 공표
되는 것까지 책임에서 면제하고 있는데, 연방대법원이 판시한 구체적
인 이유 하나하나에 대해서는 이해되는 측면이 있기도 하지만, 그 결
과로서의 전체 결론에 대해서는 납득하기 어려운 측면이 있음을 부인
하기 어렵다.14)

   (2) 독일 형법은 제14장에서 ㉠ 명예에 관한 기본적 구성요건으
로 모욕죄를 규정하고(제185조 Beleidigung), ㉡ 진실임을 입증할 수 없
는(nicht erweislich wahr ist) 사실의 주장·유포(Tatsache behauptet oder
verbreitet)에 의한 명예훼손죄(제186조 Üble Nachrede)와 허위사실의 주장·
유포(unwahre Tatsachebehauptet oder verbreitet)에 의한 명예훼손죄(제187조
Verleumdung)를 규정함으로써, 모욕죄와 명예훼손죄를 구분하고 진실한
사실 적시는 명예훼손죄에 해당되지 않도록 정하고 있다.

   다만, ㉢ 진실한 사실임이 입증된다고 하더라도 해당 표현행위의
형식(Form) 또는 상황(Umstand)으로부터 모욕을 인정할 수 있는 경우에
는 모욕으로 처벌하도록 규정함으로써(제192조), 원칙적으로 불가벌인
진실한 사실 적시라도 경우에 따라서는 모욕죄로 처벌될 수 있도록

---

14) 가령 범죄 피해자의 구체적인 이름을 언론보도를 통해 널리 알리는 것에 어
   떠한 구체적인 공익이 있는 것인지, 가사 그로 인해 달성할 수 있는 공익이
   있다 하더라도 그 공익의 크기가 그로 인해 인격적으로 심각한 피해를 받게
   될 피해자의 사익 침해보다 더 크다고 할 수 있는 것인지, 이처럼 피해자의
   구체적 신원이 언론보도를 통해 널리 알려지는 것이 합법화된다면 앞으로 다
   른 피해자들은 그러한 공개의 두려움 때문에 신고를 꺼리게 될 것인데 이것
   이 사회 전체의 공익에도 부합하는 것인지, 피해자의 구체적 신원은 밝히지
   아니하고 다른 사실관계와 처벌 결과를 보도하는 것만으로도 사건의 진실을
   알리고 사회적 경종을 울린다는 언론보도의 공익적 목적은 달성할 수 있는
   것은 아닌지, 피해자의 구체적 신원을 알리는 것이 그러한 공익적 목적 달성
   에 불가결한 요소인지 등.

정하고 있다.

한편, ㉣ 학문적·예술적·영업적 업적에 대한 비판, 권리의 행사
나 방어 또는 정당한 이익의 주장 등을 목적으로 하는 비판적 의사표
명, 상관의 부하에 대한 징계·견책, 공무원의 직무상 지적·평가와 같
은 '정당한 이익의 주장(Wahrnehmung berechtigter Interessen)'인 경우에는
(모욕죄가 인정되는 경우를 제외하고는) 처벌할 수 없도록 규정한다(제
193조).15)

요컨대 독일 형법의 경우에는, 진실한 사실이 입증된다면 명예훼
손죄로 처벌하지 아니하나, 경우에 따라서는 모욕죄로 처벌될 수 있음
을 알 수 있다. 또한 정당한 이익의 주장이 인정되는 상황을 구체적으
로 열거함으로써, 우리 형법 제310조보다 위법성 조각사유에 포섭되는
사안을 더 명확히 하고 있는 것으로 이해된다.

(3) 일본 형법은 제34장에서 (진실 여부에 관계 없이) 공연히 사실을
적시하는 명예훼손죄를 기본적 구성요건으로 규정하고(제230조 제1항),
사자(死者) 명예훼손의 경우에는 허위 사실을 적시하는 경우에만 처벌
하도록 규정하며(제230조 제2항), 그 명예훼손 행위가 공공의 이해에
관계되고 그 목적이 오로지 공익을 위함에 있는 경우에는 진실한 사
실이라는 증명이 있는 때 벌하지 아니하도록 규정한다(제230조의2 제1
항). 한편 사실을 적시하는 것이 아닌 모욕죄의 경우에는 감경적 구성
요건으로 규정한다(제231조).16)

이러한 일본 형법의 내용은 모욕 뿐만 아니라 사실 적시와 허위
사실 적시로 인한 명예훼손을 모두 형사처벌하도록 규정함으로서, 전
체적으로 우리 형법과 유사한 체계를 취하고 있음을 알 수 있다. 다
만, 일본 형법의 경우에는, 명예훼손 행위가 공무원 또는 공직선거에
의한 공무원 후보자에 관한 사실에 관계되는 경우에는 진실한 사실이
라는 증명만 있으면 위법성이 조각되도록 함으로써(제230조의2 제3항)

---

15) 법무부, 독일형법, 2008, 154-155면, 447-449면.
16) 법무부, 일본형법, 2007, 93-94면, 184-185면.

우리 형법의 위법성 조각사유(형법 제310조) 보다 그 요건을 완화하고 있다는 점에서 차이가 있다.[17] 또한 일본 형법의 경우에는 명예훼손죄와 모욕죄를 모두 친고죄로 정하고 있음에 반하여(제231조), 우리 형법의 경우에는 사자 명예훼손죄와 모욕죄만 친고죄로 규정하되(제312조 제1항) 그 밖의 명예훼손죄는 모두 반의사불벌죄로 정하고 있다는 점에서 차이가 있다(제312조 제2항).[18]

Ⅳ. 사실 적시 명예훼손의 처벌 이유와 최근 학계의 논의

1. 사실 적시 명예훼손의 처벌 이유

(1) 일반적으로 명예훼손죄와 관련하여 제기되는 비판의 핵심은, 진실한 사실을 적시했는데도 명예훼손죄로 형사처벌을 받을 수 있다는 형법 제307조 제1항을 이해할 수 없다는 데 있을 것이다. 표현의 자유는 자유로운 논쟁과 의견의 경합을 통해 민주적 의사형성에 기여하므로 보장되어야 하는 바, '허위사실 적시'는 이러한 자유로운 논쟁과 민주적 의사형성에 반할 수 있으므로 명예훼손에 대한 형사처벌 필요성을 십분 이해할 수 있더라도, 공동체의 자유로운 의사형성과 진실발견의 전제가 되는 '진실한 사실의 적시'마저도 형사처벌의 대상으로 삼는 것은 납득할 수 없다는 것이다. 또한 부정부패에 대한 내부고발의 경우에도 그 사실을 말하는 행위는 명예훼손죄의 구성요건에 해당될 수 있기 때문에 위축될 수밖에 없고, 최근 문제되고 있는 미투

---

17) 황태정, "형법에 의한 인격권보호와 명예훼손법제", 비교형사법연구 14-2, 한국비교형사법학회, 2012, 369면.

18) 1953년 형법 제정에 주도적으로 참여한 효당 엄상섭은, 1948년 형법요강해설에서 '점잖은 신사일수록 폭행을 당하였다고 하여서 고소할 수도 없고 결국 이를 인수(忍受)치 아니할 수 없어서 불합리한 결과에 빠지는 일이 많은 까닭에 폭행죄를 비친고죄로 하되 피해자의 의사에 반하여 처벌치 못할 것으로 할 것'이라고 밝혔다고 하는데, 이와 같은 생각이 우리 형법에서 그 밖의 명예훼손죄를 반의사불벌죄로 정한 것에도 영향을 미쳤을 것임. [윤동호, "피해자의 의사와 형사절차", 피해자학연구 14-1, 한국피해자학회, 2006, 18면]

(Me Too) 운동의 경우에 피해자들의 용기 있는 고백도 명예훼손죄의 구성요건에 해당될 수 있기 때문에 위축효과를 야기한다는 점도 지적된다.

이에 국제연합 인권이사회(Human Rights Council), 자유권규약위원회(Human Rights Committee), 여성차별철폐위원회(Committee on the Elimination of Discrimination against Women) 등의 국제인권기구들은 지속적으로 대한민국 정부에 명예훼손죄를 폐지할 것을 권고해 왔고, 유럽평의회(Council of Europe)도 표현의 자유가 민주주의의 근간인 기본권임을 인식하여 여러 차례에 걸쳐 회원국들에게 명예훼손의 비범죄화를 촉구해 왔다. 즉, 이러한 국제기구에서도 명예훼손은 형사처벌보다 민사상 손해배상으로 처리하는 것이 바람직하고, 특히 명예훼손에 대해 자유형을 부과하는 형사법 규정은 폐지되어야 한다고 지적하고 있는 것이다.[19]

(2) 우리 형법상 사실 적시 명예훼손죄는 1953. 9. 18. 법률 제293호로 형법이 제정될 당시부터 존재하였으며, 1995. 12. 29. 법률 제5057호로 형법이 개정되면서 법정형 중 벌금형 부분이 '1만5천환 이하'에서 '500만원 이하'로 개정되었을 뿐 다른 큰 변화 없이 오늘날에 이르고 있다.

국회 의안정보시스템에 접속하여 1953. 9. 18. 형법 제정과 관련된 '형법초안(의안번호 020104)' 및 1995. 12. 29. 형법 개정과 관련된 '형법중개정법률안(의안번호 141388)'을 확인해 보았으나, 사실 적시 명예훼손 행위를 형사처벌해야 할 필요성 내지 그 이유에 관한 명확한 논의는 발견하지 못하였다. 다만, 사실 적시 명예훼손 행위를 형사처벌하는 이유는 형법상 명예훼손죄의 보호법익에서 도출되는 것으로 이해된다.

형법상 명예훼손죄의 보호법익으로서의 '명예'는 인격적 가치와

---

19) 윤해성·김재현, 사실적시 명예훼손죄의 비범죄화 논의와 대안에 관한 연구, 한국형사정책연구원, 2018, 3-4면.

그의 도덕적·사회적 행위에 대한 사회적 평가인 '외적 명예'를 의미한다는 것이 통설·판례이다. 즉, 형법 제307조는 적시된 사실이 허위인 경우뿐만 아니라 진실인 경우에도 형사처벌하도록 규정하고 있으므로 실체적 내용 없는 외관상의 평판이라고 하더라도 보호할 필요는 있는 것이고, 이는 특히 개인의 프라이버시 보호라는 측면에서 더욱 그렇다는 것이다.[20]

　이러한 외적 명예설에 따르면, 명예훼손죄에서의 명예란 사람의 인격적 가치와 그의 도덕적·사회적 행위에 대한 사회적 평가인 외적 명예를 의미하는 것이므로, 명예주체의 악업·추행 등 적시되는 사실이 진실한 것이라고 하여도 그것이 공연히 적시된다면 명예주체의 외적 명예는 훼손되는 것이므로 원칙적으로 이를 보호할 필요성이 있게 된다. 특히 사람이라면 누구나 가질 수밖에 없는 약점과 허물을 단지 그것이 진실이라는 이유만으로 아무런 공익관련성 없이 들추어내고 공개하는 행위는 헌법이 보장하는 표현의 자유를 남용한 것으로서 기본권 보호의 필요성이 현저히 약화된다는 점도 그 처벌 이유를 뒷받침한다.[21]

　이를 종합하면, 사람의 외적 명예를 훼손할 수 있는 사실의 적시가 공연하게 이루어진다면 그 표현이 진실 또는 거짓인지를 불문하고 그 사람의 외적 명예(타인에 의한 평판, 사회적 평가)는 침해될 수 있으므로, 형법은 그 보호법익(외적 명예)을 보호하기 위하여 표현된 사실의 진실성 여부를 불문하고 처벌하는 것을 원칙으로 하되(형법 제307조 제1항), 다만 그것이 허위사실인 경우에는 불법성이 더욱 무거워지는 사정을 고려하여 가중처벌하는 것으로 이해할 수 있다(형법 제307조 제2항).

---

20) 편집대표 박재윤, 주석형법: 형법각칙(4)(제4판), 한국사법행정학회, 2006, 378-381면(박홍우 집필부분).
21) 황태정, "형법에 의한 인격권보호와 명예훼손법제", 비교형사법연구 14-2, 한국비교형사법학회, 2012, 364-365면.

2. 명예훼손죄와 관련된 최근 학계의 논의

(1) 명예훼손죄의 존치 또는 폐지 여부는 민감한 논쟁사항이며, 이를 다루고 있는 문헌도 많다. 최근 5년(2016-2020)간 발간된 논문을 중심으로 살펴보면, 크게 '현행 명예훼손죄의 문제점을 지적하며 그 폐지에 방점을 두는 논문'과 '명예훼손죄의 존치에 방점을 두며 새로운 형태의 사이버 명예훼손에 대한 대응 필요성을 강조하는 논문'으로 나누어 볼 수 있다.

(2) 먼저 현행 명예훼손죄의 문제점을 지적하며 그 폐지에 방점을 두는 논문의 요지를 정리하면 아래와 같다.

① 형법 제307조 제1항은 추상적 위험범과 전파가능성 이론의 결합을 통하여 '말한 자'의 형사책임을 '들은 자'의 미래 행동에 좌우되도록 만들었다. 그 결과 진실된 사실을 밝히는 경우에도 자신의 말의 결과에 대한 예견가능성이 사라지게 되었으며, 향후 형사절차에서 마주하게 될 공익성과 진실성 증명의 불확실성으로 인하여 표현의 자유에 대한 위축효과는 커지게 되었다.[22]

② 사실 적시 명예훼손죄는 사회적 불이익을 감수하면서 자신의 범죄 피해사실을 적시하려는 피해자들에게 상당한 부담으로 작용한다. 그러므로 표현의 방법과 내용에 있어 오로지 가해자를 비방하기 위한 현저히 상당성을 잃은 악의적 공격이 아닌 이상, 범죄 피해자가 피해사실을 적시하는 행위는 피해자의 인격권이라는 관점에서 접근해야지, 이를 가해자의 명예에 대한 침해로 관념하여서는 아니된다. 보다 근본적으로는 진실한 사실을 적시하는 행위를 형사처벌하는 것은 표현의 자유에 대한 위축효과를 발생시키고 형벌의 보충성에 반하므로, 사실 적시 명예훼손죄는 폐지하고 그에 대한 다양한 민사적 구제수단을 구축하는 것이 타당하다.[23]

---

22) 권순민, "명예훼손죄의 비범죄화에 대한 논의와 그 대안에 대한 연구: 형법 제307조 제1항의 사실 적시 명예훼손죄를 중심으로", 법학논총 40-2, 단국대학교 법학연구소, 2016, 156면.

23) 김선화, "피해자의 범죄피해 사실적시와 명예훼손죄의 성립: 성폭력 피해자를

③ 사실 적시를 통해 손상될 가능성 있는 것은 진실한 사실의 은폐에 가려진 과장된 명예에 불과하므로 사실 적시 명예훼손죄로 보호되는 명예가 형법적으로 보호가치 있는 법익인지 의문이다. 진실한 사실의 적시는 사회 일반인의 정상적인 생활형태의 하나이므로 그 자체로 행위반가치성도 없고, 그로 인한 가벌성의 한계를 예측하기 곤란하다. 사실 적시 명예훼손죄는 '남의 말을 좋게 합시다'라는 단순한 예의수준의 사회구호를 구성요건화한 것에 다름없으므로 폐지되어야 한다.[24]

④ 민주주의의 근간인 표현의 자유와 언론의 자유를 최대한 보장하고, 특히 진실한 사실을 토대로 한 자유로운 의사형성을 가능하게 하는 사이버 토론 문화의 활성화를 위해서는 표현의 자유를 최대한 확대해야 한다. 그러나 표현의 자유를 남용하여 인격권을 침해하는 사이버 명예훼손이 발생한 경우에는 그에 부합하는 적절한 규제방안이 마련되어야 하는데, 법적 규제 중에서도 민사법적 분쟁해결이 우선이므로 형사법적 규제는 보충성·최후수단성에 부합되도록 최대한 자제됨이 옳다.[25]

⑤ 미투 운동에 참여해 성범죄를 당했다고 주장하는 경우에도 형법상 사실 적시 명예훼손죄 규정으로 인해 오히려 역고소를 당하고 있는 실정이다. 형법 제307조 제1항은 소위 '허명'까지 보호되는 문제점을 가지고 있으나, 개인에 대한 진정한 사회적 평가에 있지 않은 허명은 형벌로써 보호할 가치가 있는 이익이라 할 수 없으므로, 형법의 보충성과 최후수단성에 부합하지 아니한다. 세계적으로 명예훼손죄를 비범죄화하거나 최소한 비구금형으로 하고 있음을 고려할 때, 장기적으로는 사실 적시 명예훼손죄를 폐지하는 방향으로 나아가는 것이 타

중심으로", 젠더법학 11-1, 한국젠더법학회, 2019, 86-89면.

24) 김성돈, "진실적시 명예훼손죄 폐지론", 형사정책연구 27-4, 한국형사정책연구원, 2016, 128-129면.

25) 김신규, "사이버명예훼손·모욕행위에 대한 형사규제의 개선방안", 비교형사법연구 19-4, 한국비교형사법학회, 2018, 624면.

당하다.26)

⑥ 유럽인권재판소는, 진실한 사실의 적시는 비범죄화되고 있고, 재판 중의 사건들에 대하여도 언론이 활발한 토론을 할 수 있으며, 기업을 공적 존재로 인정하여 기업이 명예훼손에 관대해야 함을 인정하고 있고, 취재원 비익권도 인정하고 있는바, 이러한 세계적 흐름에도 불구하고 우리나라에서는 명예훼손죄의 사용빈도가 증가하고 있어 문제이다.27)

⑦ 진실한 사실의 적시도 명예훼손죄로 형사처벌하고 있는 현실에서는 '비위생적 급식을 하는 학교, 환자를 학대하는 병원, 의뢰인을 속이는 변호사, 뇌물을 주고받은 정치인' 등 사회적으로 물의를 일으키는 사건에 대해서도 익명으로 보도할 수밖에 없기 때문에 선량한 국민에게 피해가 발생하는 부작용이 있다. 대법원 판결과 헌법재판소 결정을 통해 진실한 사실 적시에 대한 명예훼손죄는 실질적으로 처벌 대상이 되지 않는다고 하지만, 그 근거로 제시되고 있는 공적 존재, 공공의 이익, 상당성 등에 대한 해석기준이 명확하지 않다는 문제점이 있다. 그러므로 명예훼손죄 규정을 삭제하고 민사상 손해배상을 통해 해결하는 방안이 설득력 있다.28)

⑧ 공직선거법상 허위 사실 공표죄나 형법상 허위 사실 적시 명예훼손죄에서 허위성은 구성요건요소이므로 검사가 입증해야 하지만, 여기서 허위성이 입증되지 않았다고 하더라도 공직선거법상 후보자 비방죄나 형법상 사실 적시 명예훼손죄는 성립될 수 있다. 그런데 이러한 경우 위법성 조각사유인 진실성과 공익성에 대한 입증책임은 피고인에 있다는 것이 판례의 태도이므로, '피고인이 진실성 입증에 실

---

26) 김재현, "사실적시 명예훼손죄 존폐론", 고려법학 93, 고려대학교 법학연구원, 2019, 180-184면.
27) 김훈집·정태호, "유럽인권협약상의 언론매체의 표현의 자유와 명예훼손의 법리", 경희법학 53-3, 경희법학연구소, 2018, 43면.
28) 원혜욱·김자경, "명예훼손죄의 비범죄화와 민사상 손해배상책임", 비교형사법연구 18-4, 한국비교형사법학회, 2016, 23-24면.

패'하면 '허위성 인정'과 같이 되어 진실성에 대한 입증책임도 사실상 피고인에게 있게 되는 부당한 결과를 초래한다.29)

(3) 다음으로 명예훼손죄의 존치에 방점을 두는 논문, 더 나아가 새로운 형태의 사이버 명예훼손에 대한 대응 필요성을 강조하는 논문의 요지를 정리하면 아래와 같다.

① 알권리, 표현의 자유는 반드시 보장되어야 할 헌법적 가치이지만, 그로 인하여 개인의 인격권과 프라이버시가 침해되어서는 아니된다. 징벌적 손해배상제도와 같이 형사처벌을 대체할 만한 민사상 손해배상제도가 없는 우리나라의 현실에서 사실 적시 명예훼손죄를 전면적으로 비범죄화하는 것은 부적절하다. 다만, 형사처벌의 강화만이 능사는 아니므로, 다의적 해석의 여지가 많은 공연성·전파성에 대한 예측가능하고 구체적인 적용기준을 명시적으로 제시할 필요가 있다. 또한 공적 인물의 공적 영역에 대한 진실한 사실 적시 명예훼손은 비범죄화되어야 할 것이나, 그것이 사적인 영역에 관한 것이라면 명예훼손죄로 보호하여야 한다.30)

② 정보통신망법에서는 사이버 명예훼손죄만을 규율하고 있으나, 형법상 사자명예훼손죄(제308조)·모욕죄(제311조)·위법성조각사유(제310조)에 대응하는 새로운 규정의 도입이 필요하다. 물론 사이버 모욕죄 등의 도입으로 인해 자유로운 사이버 토론 문화가 위축될 위험성과 그에 대한 비판의 목소리도 있으나 표현의 자유도 제한적 범위 내에서 보장될 수 있는 기본권임을 잊지 말아야 하며, 가해자에 대한 형사책임을 인정하는데서 한 걸음 더 나아가 타인의 명예훼손 글이 인터넷 게시판에 올려진 것을 보고도 이를 계속 방치하는 정보통신서비스제공자에 대해 형법적 책임을 물을 수 있는 장치도 필요하다.31)

29) 정한중, "허위사실공표죄와 허위사실적시 명예훼손죄 해석의 문제점: 조OO 서울시교육감 항소심 판결을 중심으로", 법학연구 26-2, 연세대학교 법학연구원, 2016, 112-113면.
30) 김형준, "명예훼손죄 비범죄화에 대한 비판적 검토", 법학논문집 43-3, 중앙대학교 법학연구원, 2019, 83-84면.

③ 인격권의 일종인 명예권은 사회적 동물인 사람이 인간답고 행복하게 살 수 있기 위하여 반드시 보호되어야 하는 중요한 기본권이므로 생명권·재산권 보다 열위에 있다고 볼 수 없다. 각종 SNS의 발달로 명예훼손의 전파 범위와 파급효과가 넓어져 일종의 정신적 살인까지 이르고 있는 점을 고려할 때, 명예훼손 행위를 완전히 형사처벌밖의 영역에 두는 것은 바람직하지 않다. 또한 아무리 진실이라 하더라도 개인의 사생활과 관련된 내용을 공개하는 것은 사생활의 비밀과자유를 침해하는 것이며, 표현의 자유와 알 권리의 대상이 된다고도할 수 없다. 다만, 공인의 공적 영역에 관한 진실을 공표하는 행위를무조건 명예훼손죄에 해당한다고 규정하고 소극적으로 위법성 조각만을 검토하는 현행 법제는 타당하지 않다.32)

④ 명예권과 표현의 자유는 동전의 양면과 같아 항상 충돌의 부분이 존재하므로, 각 기본권의 조화를 이루어 나아가는 것이 요구된다. 그러므로 사실 적시 명예훼손죄는 존치하되, 형법 제310조의 위법성 조각사유의 인정범위를 넓혀 형법 제309조 제1항의 출판물에 의한명예훼손죄에도 이를 적용할 수 있도록 함으로써, 비방 목적이 인정되어도 공익을 위한 행위라는 것이 인정되면 위법성이 조각되도록 해야한다. 또한 명예훼손죄를 모두 친고죄로 규정함으로써 국가 형벌권이쉽게 작용하지 못하도록 해야 한다.33)

⑤ 사실 적시 명예훼손죄를 처벌하는 외국 입법례는 거의 없고형벌의 최후수단성 및 보충성을 고려해 이를 삭제하자는 의견이 있다.그러나 인격권의 핵심으로 인정되는 개인의 사생활 보호가 공연한 사실의 적시로 침해될 수 있고, 미국과 같이 형벌을 대체할 만한 징벌적

---

31) 박수희, "사이버명예훼손에 대한 형사법적 규제 및 개선방안", 한양법학 27-1,
    한양법학회, 2016, 161-162면 참조.
32) 박정난, "사실적시 명예훼손죄의 비범죄화에 관한 입법론적 검토", 법학논총
    31-3, 국민대학교 법학연구소, 2019, 277-278면.
33) 박호현·장규원, "법률개정(안)을 통한 명예훼손죄의 비범죄화에 대한 논의",
    홍익법학 20-3, 홍익대학교 법학연구소, 2019, 332-333면.

손해배상도 부재하므로, 법적 안정성 및 치안 유지의 측면에서 명예훼
손죄의 폐지보다는 위법성 조각사유를 확대시키는 등의 개선 방향으
로 접근해야 한다.34)

⑥ 대법원은 명예훼손의 피해자가 공적 존재이거나 표현행위자가
언론기관·정치인인 경우 등에서는 공적 존재에 대한 언론과 국민의
감시·비판·견제의 기능을 보장하기 위하여 '악의적이거나 심히 경솔
한 공격으로서 현저히 상당성을 잃은 경우에 해당하지 않는 한 표현
의 자유의 정당한 한계에 있는 것으로서 위법성이 없다'고 보는 법리
를 판례이론으로 확립하였다. 이러한 형량-추정의 법리를 통하여 공적
영역에서의 명예훼손 사건에서 표현의 자유 보호는 적절한 수준으로
유지되고 있다.35)

⑦ 스마트폰의 보급과 함께 사이버 명예훼손의 피해사례는 증가
하고 있다. 기존 사이버 명예훼손의 양상이 한 개인이 익명을 이용하
여 여러 포털사이트 게시판이나 인터넷 기사의 댓글에 산발적으로 명
예훼손적 내용의 글을 올리는 것이었다면, SNS의 등장 이후에는 익명
으로 계정을 만든 후 그 계정의 타임라인에 명예훼손적 글을 집중적
으로 작성하고 집적하는 형태(강남패치 사건)까지 등장하여 피해자들에
게 양적인 측면에서나 질적인 측면 모두에서 차원을 달리하는 피해를
입히고 있다. 그러므로 소위 '패치류' 사이버 명예훼손의 특징을 세밀
히 파악하여 그에 부합하는 새로운 규제들이 절실히 요구된다.36)

34) 배상균, "사실적시 명예훼손행위의 규제 문제와 개선방안에 관한 검토", 형사
   정책연구 29-3, 한국형사정책연구원, 2018, 185-186면 참조.
35) 이상윤, "공적 영역에서 표현의 자유와 인격권의 충돌: 명예훼손 소송에서의
   위법성 판단기준을 중심으로", 저스티스 168, 한국법학원, 2018, 54-56면 참조.
36) 이정원, "사이버 명예훼손의 새로운 유형과 대응방안", KHU 글로벌기업법무
   리뷰 9-2, 경희법학연구소, 2016, 246면, 258-259면 참조.

V. 형법 제307조 제1항에 관한 국회의 입법 논의

1. 명예훼손죄에 관한 입법론적 논의

명예훼손 범죄와 관련된 입법론은 크게 3가지로 구분할 수 있다.

그 하나는 표현의 자유 보장의 관점에서, 명예훼손 행위는 원칙적으로 민사상 불법행위 책임 등으로 규율하는 것으로 충분하며, 특히 '사실 적시 명예훼손 행위'의 경우에는 이를 형사처벌 영역에서 배제해야 한다는 논의이다(비범죄화 논의).

나머지 둘은 절충적 관점에서, 명예훼손 행위에 대한 형사처벌을 유지하더라도 이를 반의사불벌죄가 아닌 친고죄로 규정함으로써 피해자의 고소가 있기 전에는 수사기관의 개입을 배제하고 당사자 사이의 사적인 분쟁해결을 존중해야 한다는 논의(친고죄 논의)와, 명예훼손죄의 처벌범위를 축소하고 법정형을 낮춰야 한다는 논의(구성요건 축소 및 형벌 완화 논의)이다.

이하에서는 제19대 국회(2012-2016)와 제20대 국회(2016-2020)에서 논의된 명예훼손죄에 관한 주요 개정안의 내용을 살펴보도록 한다.

2. 2012. 6. 22.자 형법 일부개정법률안

(1) 박영선 의원 등 11인은 2012. 6. 22. 형법 일부개정법률안(의안번호 1900286)을 국회법제사법위원회에 제출하였다. 그 주요 내용은 기존의 사실 적시 명예훼손죄 및 출판물 등에 의한 사실 적시 명예훼손죄 처벌조항(안 제307조 제1항, 제309조 제1항)을 삭제하고, 남아 있는 허위사실 적시 명예훼손죄의 경우에도 고소가 있어야 공소를 제기할 수 있도록 개정하는 것이다(안 제312조). 그 구체적인 제안이유를 인용하면 다음과 같다.

「헌법이 규정하고 있는 언론·출판의 자유가 보장되기 위해서는 '타인이 듣기 좋은 말을 할 자유'만을 보호하는 것이 아니라 '타인이 듣기 싫어하는 말도 할 수 있는 자유'를 보장하는 것이 핵심이고 또한 진실이 누군가에게 불리하거나 불편하다고 하여 그 사실의 공개를 금지한다면 민주주의 근간을 이루는 언론출판의 자유 및 알권리를 실질적으로 보장하기 어렵다고 할 것임. 형사상 명예훼손을 처벌하는 규정은 정치적으로 악용되는 사례가 많고, 권력자에 대한 비판이 사라지면 그 사회는 더 부패한다는 부패와 언론의 자유가 반비례 관계에 있음은 매년 국제기구들의 조사에서 재확인되고 있는 바, 부패를 방지하고 사회의 투명성 제고를 위해서도 최소한 진실과 허위를 구분하지 않고 명예훼손 행위를 형사 처벌하는 우리 형법은 개정되어야 함. … 이에 사실을 적시한 경우의 명예훼손죄를 삭제하여 가처분 또는 손해배상 등 민사책임은 별론으로 하더라도 형사처벌은 받지 않도록 함으로써 헌법 제21조가 보호하는 언론·출판의 자유를 실질적으로 보호하고자 함. … 검찰이 자의적으로 수사를 착수하는 등 정치적으로 악용되지 않도록 고소가 있어야 공소를 제기할 수 있도록 친고죄로 개정함」[37]

(2) 대한변호사협회는 2012. 7. 20. 위 법률안에 대한 의견을 밝히면서, 형법 제307조 제1항 및 제309조 제1항에 규정된 사실 적시 명예훼손죄의 삭제를 반대하고, 형법 제312조의 반의사불벌죄를 친고죄로 개정하는 것에 반대하였는데, 그 구체적인 검토의견을 인용하면 다음과 같다.

「명예훼손죄에서의 명예란 사람의 인격적 가치와 그의 도덕적·사회적 행위에 대한 사회적 평가인 '외적 명예'를 의미하는 것으로서, 명예주체의 악행, 추업 등 적시되는 사실이 진실한 것이라고 하여도 그것이 공연히 적시되면 명예주체의 외적 명예는 손상되는 것이므로 이를 보호할 필요가 있다고 할 것입니다. 나아가, 공연히 사실을 적시하여 타인의 명예를 훼손하는 행위는 표현의 자유를 남용한 경우에 해당하므로 위법성조각사유, 책임조각사유가 없는 한 처벌하는 것이 타

---

37) 국회, 형법 일부개정법률안(박영선 의원 대표발의), 의안번호 286, 2012. 6. 22., 제안이유 1-4면.

당하다고 할 것입니다. … 형법 제307조와 제309조의 명예훼손죄는 반의사불벌죄로 규정하는 것이 적절하다고 사료됩니다.」[38]

(3) 위 법률안은 2012. 7. 9. 법제사법위원회에 회부되었다. 위 법률안에 대해서는 2012. 9.경 법제사법위원회 수석전문위원의 검토보고서가 제출되었는데, 이 보고서에서는 사실 적시 명예훼손죄의 비범죄화 및 명예훼손죄의 친고죄화 여부는 여러 사정을 감안하여 입법정책적으로 결정할 사안이라고 평가하고 있다.

「명예훼손 행위에 대한 처벌 문제는 … 다음 사항을 감안하여 입법정책적으로 결정할 사안임. 첫째, 형법상 명예훼손죄의 보호법익이 개인적 법익인 사람의 사회적 평가로서의 외적 명예이고 이러한 명예가 법 공동사회에서 당사자의 인격적인 실존적 의미를 뜻하는 것이라면 이러한 인격적인 실존적 의미는 자기존재의 본질적인 부분을 구성함. 이러한 자기존재의 본질적인 구성부분은 허위사실의 적시에 의해서 뿐만 아니라 진실한 사실의 적시에 의해서도 침해될 수 있으며 그 침해결과의 정도도 후자가 전자에 비하여 경하다고 볼 수 없음. 둘째, 명예의 실제적인 보호이익은 적시된 사실이 진실임에도 불구하고 그 내용이 당사자의 공적인 생활과 관련된 것이 아니라 사생활과 직접적으로 관련된 경우에 더욱 부각됨. 셋째, 악의로 비방할 목적으로써 피해자에게 회복할 수 없는 정신적인 고통을 주는 행위를 행위자의 언론·출판·표현의 자유의 테두리 안에서 인용할 것인지 그리고 이 때 피해자에게는 명예훼손에 관한 부분에 대해서는 손해의 전보만으로 (실질적으로는 위자료청구) 만족할 것을 요구하는 것이 타당한지에 대한 검토가 요망됨. 마지막으로 성폭력범죄에 대하여 엄벌주의를 취하고 성폭력 피해자보호에 많은 형사정책적인 배려와 노력을 기울이고 있는 형사법이 성폭력피해자의 명예훼손에 대해서 그 보호를 전적으

---

38) 대한변호사협회, 형법 일부개정법률안(박영선 의원 대표발의)에 대한 의견서, 2012. 7. 20. [대한변호사협회 홈페이지 ⇒ 자료실 ⇒ 법률안 의견서 ⇒ 제목: 형법 일부개정법률안(박영선 의원 대표발의, 의안번호 286호).]

로 포기하는 것이 적절한 것인지에 대해 검토가 요망됨. 참고로 외국의 경우를 살펴보면 영미법계 국가에서는 명예훼손 문제를 민사상 손해배상 문제로 파악하고 있으나 대륙법계 국가에서는 사실 적시 명예훼손을 포함하여 명예훼손행위를 형사처벌하고 있음. … 친고죄란 범죄의 피해자 기타 고소권자의 고소가 있어야만 공소제기를 할 수 있는 범죄이고, 반의사불벌죄란 국가기관이 수사와 공판을 독자적으로 진행할 수 있지만 피해자의 의사에 반하여 처벌할 수 없는 범죄임. 친고죄와 반의사불벌죄의 본질은 유사하나 피해자의 의사표시가 적극적 기능을 하는 친고죄와 달리 소극적 기능을 하는 반의사불벌죄는 국가 형벌권의 행사가능성을 넓혀 사익적 관점을 재제하지 않으면서도 공익적 관점을 강화하려는 측면이 있음. 즉, ① 친고죄로 규정하는 것은 개인적 법익을 적극적으로 당해 개인의 처분권에 일임함으로써 국가 형벌권의 개입을 가능한 한 제한한다는 의미이고, ② 반의사불벌죄로 규정하는 것은 명예훼손에 따른 피해의 심각성과 사회적 해악성을 고려하여 피해자 보호에 더욱 충실한다는 의미임. 어떤 범죄를 친고죄로 규정할 것인지 반의사불벌죄로 규정할 것인지 여부는 범죄 피해의 중대성과 사회적 해악성, 피해자의 의사 존중 여부 등을 감안하여 입법정책적으로 결정할 사항임.」[39]

(4) 위 법률안은 2012. 9. 19. 국회 법제사법위원회에 상정되었다. 2012. 9. 19. 법제사법위원회 회의에서 수석전문위원은 "제14항 박영선 의원의 대표발의하신 개정 내용에 있어서 사실 적시 명예훼손죄 삭제는 입법정책적 판단이 요망됩니다. … 명예에 관한 죄를 친고죄로 변경하는 것은 입법정책적 판단이 요망됩니다."라고 검토보고를 하였다.[40]

이후 2012. 11. 14. 법제사법위원회 회의에서 위 법률안은 법안심사제1소위원회에 회부되었고,[41] 2015. 12. 4. 법제사법위원회 법안심사

39) 국회, 형법 일부개정법률안(박영선 의원 대표발의) 검토보고, 법제사법위원회 수석전문위원 이한규, 2012. 9., 8-9면, 13-14면.
40) 국회, 제311회 국회(정기회) 제5차 법제사법위원회회의록, 2012. 9. 19., 17면(이한규 발언 부분).

제1소위원회 회의에서 법무부 차관은 "지금 기존에 있는 명예훼손죄를 삭제, 사실 적시 명예훼손죄를 삭제하는 부분에 대해서는 개인 명예나 인격권에 큰 침해가 발생할 소지가 있어서 신중 검토 의견입니다. 더구나 우리나라의 경우 지금 인터넷 또는 소셜 미디어의 급속한 발달로 정보의 전파, 파급력, 신속성 측면에서 개인의 사생활 침해 정도가 매우 심각한데 사후 수습이 거의 불가능한 정도에 이르는 사례가 많이 있습니다. 따라서 사실 적시 명예훼손을 삭제할 경우에 개인 명예권을 보호하는 데 심각한 공백이 발생할 우려가 있다는 말씀을 드리겠습니다. … 그리고 명예훼손이나 모욕죄를 폐지하는 것도 대륙법계의 대부분 국가에서 명예훼손이나 모욕죄는 형사처벌하는 것으로 규정이 운영되고 있고 우리나라에서도 형법 제정 당시부터 지금까지 쭉 운영도 오고 있는 것이라서 지금 현재 폐지하는 데 대해서는 신중 검토 의견입니다. 그리고 친고죄화 하는 부분에 대해서도 모두 다 신중 검토 의견입니다."라는 의견을 밝혔다.[42] 법원행정처차장도 같은 날, "일단 사실 적시 명예훼손이나 사실 적시 출판물에 의한 명예훼손 삭제에 대해서는 공적 관련성이 없음에도 타인의 허물을 들추는 행위가 급증될 우려가 있고 … 인터넷이나 SNS를 통한 개인의 프라이버시 침해가 지금 점증하고 있는 사회현실을 고려할 때 신중 검토 그리고 우리나라 국민들은 법감정상 명예를 중시하기 때문에 더더욱이 그렇지 않나 생각이 듭니다. … 그 다음에 친고죄로 변경하는 것도 신중 검토하는 것이 좋겠다라는 생각을 하고 있습니다."라는 의견을 밝혔다.[43]

이후 위 법률안은 제19대 국회가 임기만료됨에 따라 2016. 5. 29. 폐기되었다.

---

41) 국회, 제311회 국회(정기회) 제12차 법제사법위원회회의록, 2012. 11. 14., 8면.

42) 국회, 제337회 국회(정기회) 제7차 법제사법위원회회의록(법안심사제1소위원회), 2015. 12. 4., 22-23면(김주현 발언 부분).

43) 국회, 제337회 국회(정기회) 제7차 법제사법위원회회의록(법안심사제1소위원회), 2015. 12. 4., 23면(임종헌 발언 부분).

3. 2016. 7. 22.자 형법 일부개정법률안

(1) 이찬열 의원 등 10인은 2016. 7. 22. 형법 일부개정법률안(의안 번호 2001090)을 국회법제사법위원회에 제출하였다. 그 주요 내용은 기존의 사실 적시 명예훼손죄의 처벌대상을 '사생활의 비밀을 침해하는 사실을 적시하여 사람의 명예를 훼손한 자'로 축소하고 명예훼손죄의 징역형을 폐지하며(안 제307조 제1항), 고소가 있어야 공소를 제기할 수 있도록 개정하는 것이었는데(안 제312조), 구체적인 제안이유를 인용하면 다음과 같다.

「현행법은 허위사실 뿐 아니라 사실을 공연히 적시하여 사람의 명예를 훼손한 사람을 처벌할 수 있도록 하고, 다만 적시된 사실이 진실한 사실로 오로지 공공의 이익에 관한 때에만 처벌하지 않도록 규정하고 있음. 이에 최근 명예훼손으로 기소된 인원수가 증가하였고, 정치적·사회적으로 악용된 사례도 발생하고 있어 민주주의의 근간을 이루는 언론·출판의 자유와 알권리가 침해되고 있다는 우려가 있음. 따라서 헌법에서 보장하고 있는 표현의 자유를 보다 실질적으로 보장하기 위하여 사실 적시 명예훼손죄를 사생활의 비밀을 침해하는 사실을 적시하여 사람의 명예를 훼손한 자로 대상을 축소하고, 명예훼손죄의 징역형을 폐지하며, 고소가 있어야만 공소를 제기할 수 있도록 하며, 모욕죄를 삭제하려는 것임.」[44]

(2) 위 법률안은 2016. 7. 25. 법제사법위원회에 회부되었다. 위 법률안에 대해서는 2016. 11.경 법제사법위원회 수석전문위원의 검토보고서가 제출되었는데, 이 보고서에서는 개정안이 사실 적시 명예훼손죄의 구성요건 중 적시 대상을 '사생활의 비밀을 침해하는 사실로 축소'함으로써 사인의 인격권·명예권과 표현의 자유의 조화를 도모한 것으로 이해되나, '사생활의 비밀을 침해하는 사실'과 그 외의 사실을 명확히 구분할 수 있을지가 명확하지 않아 신중 검토가 필요하며, 명

---

44) 국회, 형법 일부개정법률안(이찬열 의원 대표발의), 의안번호 1090, 2016. 7. 22., 제안이유 1면.

예훼손죄의 법정형에서 자유형을 삭제하되 벌금형만 존치시키는 것은 사회적 공감대 형성이 전제되어야 할 것으로 보이고, 명예훼손죄의 친고죄 전환 여부는 범죄 피해의 사회적 해악성과 피해자 의사 존중 필요성을 형량하여 결정해야 할 사항으로 평가하고 있다.

「개정안은 사실 적시 명예훼손죄의 구성요건 중 적시 대상을 사생활의 비밀을 침해하는 사실로 축소함으로써 사인의 인격권·명예권과 표현의 자유의 조화를 도모한 것으로 이해됨. 공적 영역과 사적 영역에 대한 언론의 자유의 제한 정도는 구분되어야 한다는 헌법재판소와 대법원의 해석 태도에 비추어 볼 때에도, 사실 적시 중 개인의 인격권 침해 가능성이 높다고 할 수 있는 사생활의 비밀 부분에 한하여 구성요건을 규정한 개정안의 입법취지에 공감할 수 있음. 다만, 이 경우 사생활의 비밀을 침해하는 사실과 그 외의 사실을 명확히 구분할수 있을지 여부 등의 해석에 곤란이 발생할 수 있음. 개정안에 대하여법무부는 명확성 원칙에 반할 우려가 있어 신중검토가 필요하다는 입장임. … 이를 친고죄로 개정할 것인지 여부는 해당 범죄 피해의 사회적 해악성과 피해자 의사의 존중 필요성을 형량하여 결정해야 할 사항임. 명예훼손죄를 친고죄로 전환하는 것은 개인적 법익을 적극적으로 당해 개인의 처분권에 일임함으로써 국가형벌권의 개입을 가능한 한 제한한다는 의미가 될 것임.」[45]

(3) 위 법률안은 2016. 11. 8. 국회 법제사법위원회에 상정되었다. 같은 날 법제사법위원회 회의에서 수석전문위원은 위 검토보고를 속기사에게 주어 회의록에 게재하는 방식으로 보고하고, 위 법률안은 법안심사제1소위원회에 회부되었다.[46]

이후 2017. 11. 29. 법제사법위원회 법안심사제1소위원회 회의에서 수석전문위원은 "이 부분[47]과 관련돼서는 명예훼손죄나 모욕죄에 대

---

45) 국회, 형법 일부개정법률안(이찬열 의원 대표발의) 검토보고, 법제사법위원회 수석전문위원 남궁석, 2016. 11., 검토의견 5-12면.
46) 국회, 제346회 국회(정기회) 제5차 법제사법위원회회의록, 2016. 11. 8., 22면(남궁석 발언 부분).

한 존치·폐지론이 있다는 점과 함께 다른 명예훼손죄에 미치는 영향 또는 비교 부분을 하실 필요가 있다고 보이고 …, 이 개정안48)과 관련 돼서는 반의사불벌죄와 친고죄의 성격을 고려하시고 아울러서 해당 범죄 피해의 사회적 해악성과 피해자 의사의 존중 필요성 등을 비교 형량하셔서 위원님들께서 입법정책적으로 결정할 사항으로 보입니다."라는 의견을 밝혔다.49)

한편, 같은 회의에서 법무부차관은 "결론부터 말씀드리면 의원님들의 입법 취지에는 공감합니다만 세 분 의원님께서 발의한 여러 가지 개정 부분에 대해서 모두 다 신중검토 의견입니다. 간단히 말씀드리면 최근 인터넷, SNS 발달 등으로 인해서 명예훼손이나 모욕으로 인한 피해가 더욱 확산되는 그런 추세에 있습니다. 그리고 사실 적시 명예훼손이나 모욕죄를 폐지할 것인지 여부에 대해서 논의가 있습니다만 결국 이것을 폐지할 경우에 표현의 자유도 중요합니다만 피해자 보호에 공백이 생길 수 있기 때문에, 특히 인터넷 SNS를 생각하면요, 외국의 입법례, 헌법재판소 결정 등을 종합적으로 고려해서 신중히 검토할 필요가 있다고 보이고요. 또한 우리 형법 자체가 표현의 자유와 개인의 명예 보호라는 두 가치를 조화할 수 있도록 적시된 사실이 진실이고 공익을 위한 경우 처벌하지 않는 점도 고려할 필요가 있다고 생각을 합니다."라는 의견을 밝혔다.50) 같은 날 법원행정처차장도 "저희도 이게 오랫동안 유지되어 온 법이고 기본적인 범죄들인데 이걸 이렇게 변경하는 것에 대해서 신중한 검토가 필요하다고 생각합니다." 라는 의견을 밝혔다.51)

---

47) 명예훼손죄 구성요건 축소와 법정형 변경을 의미함.
48) 친고죄 변경을 의미함.
49) 국회, 제354회 국회(정기회) 제5차 법제사법위원회회의록(법안심사제1소위원회), 2017. 11. 29., 14면(박수철 발언 부분).
50) 국회, 제354회 국회(정기회) 제5차 법제사법위원회회의록(법안심사제1소위원회), 2017. 11. 29., 14면(이금로 발언 부분).
51) 국회, 제354회 국회(정기회) 제5차 법제사법위원회회의록(법안심사제1소위원회), 2017. 11. 29., 14면(김창보 발언 부분).

위 법률안은 2018. 9. 13. 법제사법위원회 법안심사제1소위원회 회의에 상정되었으나,52) 이후 제20대 국회가 임기만료됨에 따라 2020. 5. 29. 폐기되었다.

Ⅵ. 형법 제310조의 의미, 기능과 한계

1. 형법 제310조의 의미

(1) 형법 제310조는 "제307조 제1항의 행위가 진실한 사실로서 오로지 공공의 이익에 관한 때에는 처벌하지 아니한다."라고 규정함으로써, 사실 적시 명예훼손죄에 관한 위법성 조각사유를 정하고 있다.

(2) 여기서 '진실한 사실'이란 그 내용 전체의 취지를 살펴볼 때 중요한 부분이 객관적 사실과 합치되는 사실이라는 의미로서, 세부에 있어 진실과 약간 차이가 있거나 다소 과장된 표현이 있더라도 무방하다는 것이 통설 및 판례이다.53)

이와 관련하여 대법원은 "자유로운 견해의 개진과 공개된 토론과정에서 다소 잘못되거나 과장된 표현은 피할 수 없다. 무릇 표현의 자유에는 그것이 생존함에 필요한 숨 쉴 공간이 있어야 하므로54) 진실에의 부합 여부는 표현의 전체적인 취지가 중시되어야 하는 것이고 세부적인 문제에 있어서까지 완전히 객관적 진실과 일치할 것이 요구되어서는 안된다."라고 판시한 바 있다(대법원 2002. 1. 22. 선고 2000다37524등 판결).

헌법재판소도 "중요한 내용이 아닌 사소한 부분에 대한 허위보도는 모두 형사제재의 위험으로부터 자유로워야 한다. 시간과 싸우는 신

---

52) 국회, 제364회 국회(정기회) 제1차 법제사법위원회회의록(법안심사제1소위원회), 2018. 9. 13., 5면.

53) 편집대표 김대휘·김신, 주석 형법: 형법각칙(4)(제5판), 한국사법행정학회, 2017, 551면(심담 집필부분).

54) 앞서 서술하였던 New York Times v. Sullivan 결정의 "it must be protected if the freedoms of expression are to have the breathing space that they need to survive"와 같은 취지의 내용으로 보임.

문보도에 오류를 수반하는 표현은, 사상과 의견에 대한 아무런 제한없
는 자유로운 표현을 보장하는데 따른 불가피한 결과이고 이러한 표현
도 자유토론과 진실확인에 필요한 것이므로 함께 보호되어야 하기 때
문이다. 그러나 허위라는 것을 알거나 진실이라고 믿을 수 있는 정당
한 이유가 없는데도 진위를 알아보지 않고 게재한 허위보도에 대하여
는 면책을 주장할 수 없다."라고 판시한 바 있다(헌재 1999. 6. 24. 97헌
마265 결정).55)

　한편, 형법 제310조가 진실한 사실의 경우로 한정하여 위법성이
조각된다고 규정하고 있음에도 불구하고, 판례는 더 나아가, 진실한
사실이 아니거나 진실한 사실이라는 증명이 없더라도 행위자가 그것
을 진실이라고 믿을 상당한 이유가 있는 경우에는 위법성이 없다고
판시하는데, 이를 '상당성의 법리'라 한다.56) 대법원은 적시된 사실이
진실이라고 믿을 만한 상당한 이유가 있는가의 여부는 적시된 사실의
내용, 진실이라고 믿게 된 근거나 자료의 확실성, 표현방법 등 여러
사정을 종합하여 판단하여야 한다고 판시한다(대법원 1998. 2. 27. 선고
97다19038 판결).

　(3) 형법 제310조의 '공공의 이익'이란, 문언상으로 국가나 사회의
다수 사람의 이익을 의미하겠지만, 판례는 특정한 사회집단이나 그 구
성원 전체의 관심과 이익에 관한 것도 포함한다고 판시한다. 예컨대
특정 종교단체의 구성원들, 아파트 입주민들, 개인택시운송조합의 조
합원들, 특정 교육기관의 교직원 학생 학부모 전체도 여기에 해당할
수 있는 것이다.57)

　한편, 형법 제310조는 사실 적시가 '오로지' 공공의 이익에 관한
것으로 규정하나, 통설은 '오로지'가 유일하다는 의미가 아니라 '주로'

---

55) 헌법재판소, 헌법재판소판례집(1999) 제11권 1집, 1999, 768-769면.
56) 편집대표 김대휘·김신, 주석 형법: 형법각칙(4)(제5판), 한국사법행정학회,
　　 2017, 552면(심담 집필부분).
57) 편집대표 김대휘·김신, 주석 형법: 형법각칙(4)(제5판), 한국사법행정학회,
　　 2017, 568면(심담 집필부분).

라는 의미로 해석하고, 판례도 주요한 동기 내지 목적이 공공의 이익을 위한 것이라면 부수적으로 다른 사익적 목적이나 동기가 내포되어 있더라도 형법 제310조의 적용을 배제할 수 없다고 보고 있다.58)

(4) 법원은 형법 제310조의 위법성 조각사유는 피고인(표현행위자)이 증명하는 것으로 판단하고 있다(대법원 1996. 10. 25. 선고 95도1473 판결, 대법원 2003. 9. 2. 선고 2002다63558 판결).59)

2. 사실 적시 명예훼손죄에서 위법성 조각사유의 기능과 한계

(1) '외적 명예'를 보호법익으로 하는 우리 형법상 명예훼손죄는, 적시된 사실이 진실인 경우에도 명예훼손죄의 구성요건에 포함되도록 정하고 있다. 즉, 형법은 사실 적시로 인해 타인의 외적 명예가 훼손될 추상적 위험성이 있는 경우 이를 모두 제307조 제1항의 구성요건에 포함시키고 있기에 표현의 자유는 상당부분 제한될 수밖에 없는

---

58) 편집대표 김대휘·김신, 주석 형법: 형법각칙(4)(제5판), 한국사법행정학회, 2017, 569면(심담 집필부분).

59) "공연히 사실을 적시하여 사람의 명예를 훼손한 행위가 형법 제310조의 규정에 따라서 위법성이 조각되어 처벌대상이 되지 않기 위하여는 그것이 진실한 사실로서 오로지 공공의 이익에 관한 때에 해당된다는 점을 행위자가 증명하여야 하는 것이나, 그 증명은 유죄의 인정에 있어 요구되는 것과 같이 법관으로 하여금 의심할 여지가 없을 정도의 확신을 가지게 하는 증명력을 가진 엄격한 증거에 의하여야 하는 것은 아니므로, 이 때에는 전문증거에 대한 증거능력의 제한을 규정한 형사소송법 제310조의2는 적용될 여지가 없다."(대법원 1996. 10. 25. 선고 95도1473 판결)

"방송 등 언론 매체가 사실을 적시하여 개인의 명예를 훼손하는 행위를 한 경우에도 그것이 공공의 이해에 관한 사항으로서 그 목적이 오로지 공공의 이익을 위한 것일 때에는 적시된 사실이 진실이라는 증명이 있으면 그 행위에 위법성이 없다 할 것이고, 그 증명이 없더라도 행위자가 그것을 진실이라고 믿을 상당한 이유가 있는 경우에는 역시 위법성이 없다고 보아야 하지만, 명예훼손의 피해자가 공직자라고 하여 위 진실성이나 상당한 이유의 입증책임을 피해자가 부담하여야 한다고 볼 수는 없으므로, 원심이 이 사건 각 방송의 내용이 진실하거나 피고들이 이를 진실이라고 믿은 데에 상당한 이유가 있다는 점의 입증책임이 피고들에게 있음을 전제로 하여 판단한 조치는 정당하고"(대법원 2003. 9. 2. 선고 2002다63558 판결)

바, 국회는 이를 완화하기 위한 수단으로 형법 제310조의 위법성 조각 사유를 도입한 것이다.

이에 법원은, ㉠ 형법 제310조의 '진실한 사실'이란 그 내용 전체의 취지를 살펴볼 때 중요한 부분이 객관적 사실과 합치되는 사실이라는 의미로 세부에 있어 진실과 약간 차이가 있거나 다소 과장된 표현이 있더라도 무방하며, ㉡ 가사 진실한 사실이 아니거나 진실한 사실이라는 증명이 없더라도 행위자가 그것을 진실이라고 믿을 상당한 이유가 있는 경우에는 위법성이 조각되며, ㉢ 주요한 동기 내지 목적이 공공의 이익을 위한 것이라면 부수적으로 다른 사익적 목적이나 동기가 내포되어 있더라도 무방하다는 취지로 '오로지'를 넓게 해석함으로써, 형법 제307조 제1항으로 인한 표현의 자유 제한을 완화하기 위해 노력하고 있음은, 앞서 살펴본 바와 같다.

(2) 그럼에도 불구하고, 어떤 특정한 사실 적시 표현행위가 형법 제310조의 '진실한 사실로서 오로지 공공의 이익에 관한 때'에 사후적으로 포함될 것인지 여부는 여전히 불확실하다. 특히 형법 제307조 제1항은 사실 적시 명예훼손죄의 구성요건을 폭넓게 설정하고 있음에 반하여 제310조의 위법성 조각사유는 추상적이기 때문에, 어떠한 사실을 적시하려는 사람으로서는 일단 형법 제307조 제1항의 처벌대상에 포함될 것임을 인식하고 이후의 재판절차에서 자신의 행위가 제310조의 위법성 조각사유에 해당됨을 입증해야 할 부담을 안게 될 수밖에 없다.

그 결과, 법리상으로 형법 제310조를 통해 표현자가 최종적으로 구제받을 가능성이 있더라도, 사후적인 재판절차에서 자신의 표현행위가 공익에 부합함을 입증하고 평가받아야 할 부담과 그 결과의 예측불가능성으로 인하여 필연적으로 자기검열(self censorship)과 위축효과(chilling effect)가 발생할 수밖에 없다. 이러한 리스크로 인하여, 자신의 표현행위에 따라오게 될 비용과 편익을 고려하여 의사결정을 하는 합리적인 인간이라면, '진실한 사실로서 공공의 이익에 부합하는 사실'

에 대한 표현행위마저도 포기하게 될 위험성이 있다.

이러한 사정을 고려한다면, ㉠ 일단 명예훼손죄의 구성요건을 넓게 설정한 뒤(제307조 제1항) 위법성 조각사유의 평가를 통해 사후적으로 처벌을 면할 수 있도록 하는 접근방식(제310조) 보다는, ㉡ 처음부터 구성요건을 최소한으로 설정함으로써 일반적으로 허용되는 표현의 자유의 폭을 넓혀주는 접근방식이 보다 합리적일 수 있다는 문제제기도 충분히 가능하다.

3. 형법 제310조가 문제된 실제 사례

형법 제307조 제1항의 명예훼손죄로 2017년부터 2019년까지 유죄판결을 받은 사례 중, 해당 표현행위가 형법 제310조의 위법성 조각사유에 해당되지 않음이 판시된 주요 사례의 요지를 정리하면 아래와 같다. 범죄사실만 읽으면 해당 사건이 형법 제310조의 위법성 조각사유에 해당될 것인지 법률전문가로서도 예측하기 어려운 사안도 있기에, 이를 입증해야 할 피고인(표현행위자)과 판단해야 할 법원에 상당한 부담이 있을 것으로 생각된다.

사건번호	제307조 제1항 범죄사실 요지	법원의 제310조 판단 요지
① 수원지법 2019. 3. 12. 선고 2019고정8 판결	피고인과 김○영은 교회의 교인이고, 피해자는 김○영의 母임. 피해자는 김○영과 종교적 문제로 갈등을 겪으면서 위 교회에 찾아가 딸을 찾겠다고 항의함. 피고인은 위 교회가 있는 이마트 1층 엘리베이터 앞에서, "니 딸이라고 머리채를 잡고 후드려 패고 그래?", "애를 두드려 팬 걸 안 팼다고 하느냐, 애를 머리채 후려잡고 두	피고인이 적시한 사실은 피해자가 자신의 딸을 폭행하였다는 취지로서 그 표현행위의 상대방인 불특정 다수의 사람들에 대한 관계에서 객관적으로 공공의 이익에 관한 것이라고 보기 어려우므로, 형법 제310조로 위법성이 조각되어야 한다는 피해자의 주장을 받아들이지 아니함.

사건번호	제307조 제1항 범죄사실 요지	법원의 제310조 판단 요지
	드려 패고."라고 큰소리로 말함으로써, 공연히 사실을 적시하여 피해자의 명예를 훼손함.	
② 부산지법 동부지원 2019. 2. 20. 선고 2018고정673 판결	피고인은 아파트 재활용 집하장에서 작업 중이던 입주자 대표 회장인 피해자와 시비가 되어, 다른 주민이 있는 가운데 피해자에게 "너 왜 관리비로 주유 기름 넣었어. 토요일 일요일 공휴일 차 운행하고. 차량 관리비 관리비에서 기름 넣고. 토요일 일요일 왜 운행하느냐 이 말이야. 공적인 일도 없는데."라고 공연히 사실을 적시하여 피해자의 명예를 훼손함.	피고인과 피해자의 평소 관계, 이 사건 발언 전후의 사정, 발언의 계기·장소·내용, 피해자와 주민의 관계 등에 비춰보면, 형법 제310조에 따라 위법성이 없다는 주장을 인정하기 어려움.
③ 의정부지법 2019. 1. 24. 선고 2018고정1023 판결	피고인들은 ○치과의 원무부장·경리실장이고, 피해자는 과거 ○치과의 직원으로 근무한 자로서 ○치과 앞에서 부당해고에 따른 복직을 요구하는 1인 시위를 하는 자임. 피고인들은 ○치과 앞에서 피해자가 1인시위를 하고 있는 것을 발견하고, "현재 업무방해 및 명예훼손으로 형사고소 중입니다. 중앙노동위원회의 판결은 현재 행정소송중이며 추후 재판부의 현명한 판결이 있을 겁니다. ○치과 앞 1인시위하는 자는 절도	이 사건 게시물과 현수막에 기재된 내용 중 '피해자가 절도(횡령)로 형사고소되었다'는 내용은 피해자의 1인시위 내용과 직접적인 관련이 없는 점, 위 현수막은 ○치과 앞을 지나가는 불특정 다수가 볼 수 있는 위치에 게시된 점, 그 밖에 이 사건 당시 피고인들과 피해자의 관계 등을 고려하면, 이 사건 각 공소사실 기재 행위가 형법 제310조에 따라 위법성이 조각되거나 정당행위에 해당한다고 보기 어려움.

사건번호	제307조 제1항 범죄사실 요지	법원의 제310조 판단 요지
	(횡령)으로 형사고소되었고 현재 포천경찰서에서 수사중입니다."라고 적힌 글을 ○치과 외벽에 게시하는 방법으로, 공연히 사실을 적시하여 피해자의 명예를 훼손함.	
④ 대구지법 포항지원 2019. 1. 9. 선고 2018고정106 판결	피고인은 ○○종합특수강 포항공장 파견직원임. 피고인은 위 회사 사무실에서 "○○종합특수강의 공익을 위해 회사 자산의 임의 집행과 횡령 정황에 관한 자료를 첨부드립니다"라는 내용을 적은 후, '바에서 이용한 술값을 외주 프로젝트 예산으로 지급했다'는 피해자의 메신저 대화내용을 첨부하여, 이를 회사 직원 320명에게 이메일로 전송함. 이로써 피고인은 공연히 사실을 적시하여 피해자들의 명예를 훼손함.	피고인은 회사의 공익을 위한 것이므로 위법성이 조각된다고 주장하나, 피고인은 2년의 계약기간이 종료되어 퇴사하게 되었는데 자신의 계약이 연장되지 못한 것이 피해자 때문이라 생각하였고, 퇴사하기 직전에 무단으로 피해자의 메신저 대화내용을 촬영한 후 회사 인원 전체에게 이메일을 보내는 방식으로 피해자의 비위사실을 폭로한 점, 피고인이 폭로한 시점은 위 회사를 퇴사하는 시점이었는데 피고인이 특별히 회사의 이익을 위해 행동할 만한 다른 사정을 찾기 어려운 점(오히려 근로계약을 갱신하지 않은 회사에 나쁜 감정을 가졌을 가능성이 더 컸을 것으로 보임) 등에 비추어 보면, 당시 피고인의 주된 취지는 회사의 이익을 위한 것이 아니라 피해자에 대한 복수심이 주된 것으로 보이므로, 피고인의 위 주장은 이유

사건번호	제307조 제1항 범죄사실 요지	법원의 제310조 판단 요지
		없음.
⑤ 대구지법 2018. 10. 26. 선고 2017고정2043 판결	피고인은 피해자가 운영하는 ○○병원 앞 도로에서 "천만원이 넘는 카디스템 수술을 받았습니다. 3개월이면 낫는다는 말만 믿고, 일년이 넘게 지났습니다. 그러나 여전히 십분 이상을 걸을 수도 계단을 오르내릴 수도 통증 때문에 잠을 잘 수도 없습니다. 심지어 대학병원에서는 이런 수술을 왜 했냐고까지 합니다. 기가 찰 노릇입니다. 그런데 또 이런 불만을 표했다고 형사고소까지 당했습니다. 너무 분하고 억울합니다."라는 내용의 배너 1개를 걸어 놓고 1인 시위를 함으로써, 공연히 사실을 적시하여 피해자의 명예를 훼손함.	피고인과 피해자의 관계, 피고인의 범행 동기, 이 사건 배너에 피고인이 사용한 문구와 그 내용 등을 종합해 보면, 피고인의 이 사건 행위는 피해자의 잘못된 시술을 일반 국민들에게 알리기 위한 공공의 이익을 위한 것이라기보다는 피고인의 수술 경과가 제대로 되지 않은 것에 대하여 피해자에게 피해보상과 사과를 요구하였으나 적절한 조치가 취해지지 않자 주로 피해자를 비난하거나 피해보상을 받기 위한 목적에 기인한 것으로 보이므로, 형법 제310조가 정한 오로지 공공의 이익에 관한 때에 해당한다고 볼 수 없음.
⑥ 부산지법 2017. 8. 9. 선고 2017고정1117 판결	피고인은 ○○그린빌 204호 앞 벽면에, 당시 관리비를 체납하고 있던 피해자들로부터 관리비를 납부받기 위해, "102호, 103호 오○○, 신○○은 관리비 미납금을 납부하라"는 내용의 현수막을 부착하는 방법으로, 공연히 사실을 적시하여 피해자들의 명예를 훼손함.	피고인은 피해자들이 관리비를 납부하지 않자 이 납부를 독촉하기 위한 방법의 하나로 도로가를 향하여 위 ○○그린빌 벽면에 피해자들의 이름을 매우 크게 기재한 이 사건 현수막을 건 사실이 인정되는 바, 이와 같은 피고인의 행위 동기 및 목적, 당해 사실의 공표가 이루어진 상대방의 범위, 그 표현의 방법 등에 비추어 볼 때,

사건번호	제307조 제1항 범죄사실 요지	법원의 제310조 판단 요지
⑦ 수원지법 2017. 4. 13. 선고 2016고정26 17 판결	이○○은 피해자가 운영하는 피부과 병원에서 3차례에 걸쳐 피해자로부터 페이스리프팅 시술을 받은 후 안면마비 증세를 호소하게 되었음. 이○○의 딸들과 그 남자친구인 피고인들은 피해자를 찾아가 치료비 등의 보상을 요구하였으나, 피해자는 피고인들이 예상하는 보상금보다 적은 200만원을 지급하겠다고 함. 이에 피고인들은 피해자의 시술로 인한 부작용이 발생하였으며, 치료비 보상 등에 성의 없는 태도를 보였다는 취지로 기재된 피켓을 들고 1인시위를 함으로써, 공연히 사실을 적시하여 피해자의 명예를 훼손함.	피고인의 판시 행위를 공공의 이익을 위한 것으로 볼 수 없음. 피고인들의 이 사건 행위는, 피해자의 잘못된 시술을 일반 국민들에게 알리기 위한 공공의 이익을 위한 것이라기 보다는, 이○○에게 안면마비의 증세가 발생한 것에 대하여 피해자에게 피해보상과 사과를 요구하였으나 적절한 조치가 취해지지 않자 주로 피해자를 비난하기 위한 목적에 기한 것으로 보이므로, 형법 제310조가 정한 오로지 공공의 이익에 관한 때에 해당한다고 볼 수 없음.
⑧ 대구지법 2017. 1. 25. 선고 2016고정16 50 판결	피고인은 노인회 회장이고, 피해자는 직전 노인회 회장임. 피고인은 "직전 회장인 피해자가 피고인에게 노인회 업무 인수인계를 하면서 공금 276만원 중 일부인 88만원만 경로당 통장에 입금시키고, 나머지 잔금 188만원 상당을 돌려주지 않고 있다."는 내용이 기재된 '동민에게 드리는 진정서'를 작성한	이 사건 진정서의 내용은 전체적으로 피해자가 장부를 제대로 작성하지 않았을 뿐만 아니라 기재된 내용도 조작하여 부족금이 발생하였다는 취지이고, 이 사건 사례집도 결국 피해자가 공금을 횡령했다고 간주한다는 취지여서 이를 읽은 사람들로서는 피해자가 공금을 횡령하였다고 이해할 수밖에

사건번호	제307조 제1항 범죄사실 요지	법원의 제310조 판단 요지
	후, 이를 경로회 회원들과 마을주민의 집 우편함에 가져다 놓음. 또한 피고인은 피해자가 경로회 공금을 횡령하였다는 내용의 부정부패사례집을 발간하여 경로당에 비치하였음. 이로써 피고인은 공연히 사실을 적시하여 피해자의 명예를 훼손함.	없는 점, 피해자가 노인회 회장으로서 전체적인 업무를 총괄하는 지위에 있었기는 하나 실제로 금전출납부를 작성하는 것은 총무이고, 실제 전 총무인 윤호중은 금전출납부 중 일부를 사후에 수정하였음을 인정하면서 88만원을 입금하였음에도 피고인은 피해자만 특정하여 회계부정 의혹을 제기한 점, 피고인은 진정서 및 사례집을 노인회 회원이 아닌 사람들에게도 배포한 점 등을 종합하면, 이 사건 진정서 및 사례집의 내용은 객관적으로 볼 때 공공의 이익에 관한 것이라거나 피고인이 공공의 이익을 위하여 적시한 것이라고 볼 수 없음.

Ⅶ. 청구인, 이해관계인, 참고인의 변론

1. 변론 준비

헌법재판소는 2017헌마1113 사건에 대한 변론을 2020. 9. 10. 14:00 대심판정에서 열기로 결정하고,[60] 청구인과 이해관계인 법무부장관에게 변론예정 사실을 2020. 6. 30. 통지하면서, 해당 쟁점에 대한 전문

---

60) 참고로, 헌법재판소의 5가지 심판사건 중 탄핵심판(헌나), 정당해산심판(헌다), 권한쟁의심판(헌라)만 필요적 변론사건임(헌법재판소법 제30조 제1항). 위헌법률심판(헌가)과 헌법소원심판(헌마)는 서면심리를 원칙으로 하되, 재판부가 필요하다고 인정하는 경우에 임의적으로 변론을 열어 당사자, 이해관계인, 참고인의 진술을 들을 수 있음(헌법재판소법 제30조 제2항).

적 견해를 진술할 참고인에 대한 추천서를 각 제출하도록 하였다.

이에 청구인(국선대리인 변호사 김병철)은 충북대학교 법학전문대학원의 김재중 교수를 청구인측 참고인으로 추천하였고, 이해관계인 법무부장관(대리인 정부법무공단)은 고려대학교 법학전문대학원의 홍영기 교수를 이해관계인측 참고인으로 추천하였다.

2. 청구인, 청구인측 참고인의 변론 요지

(1) 헌법의 존재이유는 기본권 보장을 위한 국가사회의 동화적 통합에 있고 진실한 사실의 적시는 이에 기여한다. 표현의 자유의 핵심은 진실을 말할 수 있는 자유이고 이는 원칙적으로 현재 또는 미래 세대의 인류를 위한 공공의 이익에 부합한다. 표현의 자유를 중시하는 자유민주적 기본질서에서는 진실을 말하는 것 자체는 죄가 되어서는 아니된다.

만약 적시된 사실이 진실이라면, 공공의 이익에 부합하는 것으로 법률상 추정되어 원칙적으로 범죄를 구성하지 아니해야 한다. 다만, 그 사실의 적시가 공공의 이익과 무관하게 오로지 피해자의 명예를 훼손할 목적이라는 점이 검사의 엄격한 증명에 의해 입증된다면 형사처벌될 수 있다.

그런데 형법 제307조 제1항은 진실한 사실을 적시한 경우에도 원칙적으로 명예훼손죄의 구성요건에 포함시킴으로써, 수사개시와 형사처벌의 위험성에 따르는 위축효과로 표현의 자유를 침해하고 있으므로 헌법에 위반된다.[61]

(2) 형사처벌이 정당화되기 위해서는 행위반가치와 결과반가치가 있어야 하는데, 진실한 사실의 표현행위는 결과반가치가 약할 뿐만 아니라 행위반가치는 없다. 이에 형법은 공연성 요건을 구성요건에 추가하나, 대법원은 전파가능성 이론을 채택하여 이를 확대하고 있고, 그

---

61) 청구인의 2020. 7. 20.자 변론요지서, 헌법재판소의 2020. 9. 10.자 변론조서(청구인 국선대리인의 진술 부분) 참조.

해석 또한 명확하지 않은 상황이다.

기본적으로 민주국가에서는 진실을 말하는데 제한을 두어서는 아니된다. 만약 진실이 가려진 채 형성된 외적 명예, 즉 평판이나 세평이 있다면 이는 많은 사람들이 진실을 몰라서 얻게 된 허명(虛名)에 불과하다. 진실한 사실의 적시로 손상되는 것은 잘못되거나 과장되어 있는 허명으로서 진실에 의하여 바뀌어져야 할 대상일 뿐이다. 그로 인해 외적 명예가 손상된다고 하여 이를 형사처벌한다면, 이는 보호필요성 없는 허명을 보호하기 위해 진실의 입을 막는 것에 불과하다.

형법 제310조는 명예훼손죄의 위법성 조각사유를 규정하고 있으나, 어떤 사실의 적시가 공공의 이익에 해당하는지는 예측하기 어렵기 때문에 검사·판사와 같은 법률전문가들 사이에서도 유·무죄 판단이 어려운 상황이며, 일반 국민은 말할 것도 없다. 결국 일반 국민으로서는 어떤 표현행위가 형사처벌에서 제외될 수 있는지 예측하기 어려워, 진실한 사실의 적시를 스스로 자제할 수밖에 없다. 그런데 허명을 표현의 자유에 대한 위축효과를 야기하면서까지 보호해야 할 법익으로 보기는 어렵다.

가사 과장된 명예, 잘못된 세평을 바로잡기 위해 진실한 사실을 적시하는 행위에 대한 규제의 필요성이 있다 하더라도, 이를 형사처벌로 의율하는 것은 과잉금지원칙에 반한다. 명예훼손의 피해를 호소하는 사람은 민사상 손해배상을 청구하거나, 언론관계법상 반론 및 정정보도청구 등을 통하여 이를 바로잡을 수 있다.[62]

3. 이해관계인 법무부장관, 이해관계인측 참고인의 변론 요지

(1) 형법상 명예에 관한 죄의 보호법익은 사람의 가치에 대한 사회적 평가인 외적 명예이므로, 비록 진실한 사실의 적시라도 그로 인해 외적 명예의 치명적 훼손이 가능하다. 공표된 사실이 객관적 진실

---

62) 청구인측 참고인의 2020. 8. 4.자 의견서, 헌법재판소의 2020. 9. 10.자 참고인 진술조서 참조.

에 부합하더라도 개인이 숨기고 싶은 병력, 성적 지향, 가정사 등 사생활인 경우, 이를 공표하는 것은 사생활의 비밀과 자유에 대한 중대한 침해가 될 수 있다. 공익 관련성이 없음에도 불구하고 단순히 타인의 명예가 허명(虛名)임을 드러내기 위해 감추고 싶은 약점과 허물을 공개하는 것은 표현의 자유에 포함되지 아니한다.

사실 적시 명예훼손행위를 비범죄화할 것인지 여부는 표현의 자유뿐만 아니라 피해자 보호에 공백이 생기는지 여부를 종합적으로 고려해야 한다. 명예훼손죄는 피해자의 사생활 보호의 기능을 하고 있으며, 형법은 표현의 자유와 개인의 명예보호라는 가치가 조화될 수 있도록 적시된 사실이 진실이고 공익을 위한 경우 처벌하지 않도록 함으로써(형법 제310조) 표현의 자유 제한을 최소화하고 있다. 동물병원에서 황당한 체험을 했다는 비방 내용을 인터넷 카페에 게시하여 정보통신망법 제70조 제1항의 명예훼손죄로 기소되었으나 무죄 취지로 판시된 사례와, 성형시술 결과가 만족스럽지 못하다는 주관적 평가를 주된 내용으로 하는 한 줄의 댓글을 인터넷 포털사이트의 지식검색 질문·답변 게시판에 게시하여 역시 구 정보통신망법 제61조 제1항의 명예훼손죄로 기소되었으나 무죄 취지로 판시된 사례 등이 그 예이다.

민사상 손해배상과 같은 사후적 구제방안은 형벌과 같은 예방효과가 없으며, 헌법 제21조 제4항이 타인의 명예나 권리를 표현의 자유의 한계로 규정하고 있음을 고려할 때, 형법 제307조 제1항은 표현의 자유를 침해하지 아니한다.[63]

(2) 오늘날 명예는 대화의 장에서 소외되지 않도록 우리의 실존을 지켜주는 핵심적 권리라 할 것인바, 사실 적시 명예훼손죄가 형법전에서 사라진다면 그와 같은 삶의 근본적 조건은 불안정해질 것이다.

사실 적시 명예훼손죄에 대한 비범죄화 논의의 이론적 근거는 표현의 자유와 알 권리 보장이다. 그런데 표현의 자유는 참여와 대화를

---

63) 이해관계인(법무부장관)의 2020. 8. 13.자 변론요지서, 헌법재판소 2020. 9. 10.자 변론조서(법무부장관 대리인의 진술 부분) 참조.

할 수 있다는 허용을 통해 보장되는 것이므로, 누군가를 대화마당에서 소외되게 만드는 표현의 자유는 인정되기 어렵다. 어느 개인의 명예를 안중에 두지 않고 특정한 정보를 불특정·다수에게 전달하여 그 개인을 대화의 장으로부터 축출하려는 시도는 금지할 필요성이 있다. 또한 알권리는 의사소통에 참여하기 위한 전제로 보장되는 것인바, 특정 정보전달을 통해 의사소통에 관여할 수 없음에도 이를 알고자 하는 사람이 있다면, 이러한 관심은 알 권리가 아니라 단순한 호기심에 불과한 것이므로 보호의 필요성이 없다.

어떤 피해를 당한 일반 시민은 민사소송 또는 형사고소와 같은 민·형사상 절차에 따라야 할 것인데, 그러한 법적 절차의 높은 벽을 실감한 일반인은 자신에게 피해를 가한 사람의 악행을 널리 알림으로써 그를 사회에서 매장시키는 방법으로 문제를 해결하기 쉽다. 그러나 사실을 적시한 사람이 겪었던 피해의 정도나, 그 사실 적시의 대상이 된 사람이 져야 할 책임의 정도에 비추어 볼 때, 이와 같은 결과는 비례적이지 않다. 어느 누군가를 의사소통의 장으로부터 절연시켜 쫓아버리는 사적 제재수단이 이용되는 상황을 국가가 용인해서는 안 된다.

민사상 손해배상만으로 명예훼손 행위에 대해 충분히 제재할 수 있다는 의견이 있으나, 명예훼손 행위에 형사처벌 이외의 조치를 취하는 것은 그만큼의 일반예방효과를 거두기 힘들다. 징벌적 손해배상이 대안으로 논의되고 있으나, 이 역시 명예훼손 행위에 대해 어떠한 예방도 할 수 없다는 점에서 형사제재와 민사제재의 단점만 공유하는 것에 불과하다.[64][65]

---

64) 이해관계인측 참고인의 2020. 8. 18.자 의견서, 헌법재판소 2020. 9. 10.자 참고인 진술조서 참조.

65) 홍영기, "형법이 보호하는 명예: 사실적시 명예훼손죄 비범죄화논의와 관련하여", 헌법재판연구 7-2, 헌법재판연구원, 2020, 171면 이하 참조.

Ⅷ. 대상결정의 법정의견과 반대의견

1. 이 사건의 쟁점

(1) 헌법재판소의 판단

「헌법 제21조 제4항 전문은 "언론·출판은 타인의 명예나 권리 또는 공중도덕이나 사회윤리를 침해하여서는 아니 된다."라고 규정한다. 이는 언론·출판의 자유에 따르는 책임과 의무를 강조하는 동시에 언론·출판의 자유에 대한 제한의 요건을 명시한 규정일 뿐, 헌법상 표현의 자유의 보호영역에 대한 한계를 설정한 것이라고 볼 수는 없으므로, 공연한 사실의 적시를 통한 명예훼손적 표현 역시 표현의 자유의 보호영역에 해당한다. 그런데 심판대상조항(형법 제307조 제1항)은 공연히 사실을 적시하여 사람의 명예를 훼손한 자를 형사처벌하도록 규정함으로써 표현의 자유를 제한하고 있으므로, 심판대상조항이 과잉금지원칙에 반하여 표현의 자유를 침해하는지 여부가 문제된다.」[66]

(2) 검 토

헌법 제21조 제1항은 "모든 국민은 언론·출판의 자유와 집회·결사의 자유를 가진다."라고 규정하여 표현의 자유를 보장한다. 형법 제307조 제1항은 공연한 사실 적시에 의한 명예훼손적 표현행위를 한 경우 2년 이하의 징역·금고 또는 500만원 이하의 벌금으로 처벌하도록 규정하고 있으므로, 헌법이 보장하는 표현의 자유를 제한한다.

이때 형법 제307조 제1항이 규제하려는 '타인의 명예를 훼손하는 표현행위' 마저도 헌법이 보장하는 표현의 자유의 보호영역에 포함되는 것인지 의문이 제기될 수 있다. 그러나 해당 표현의 내용이나 수준(質)에 상관없이 표현의 자유의 보호범위에 포함된다는 것이 헌법재판소의 선례이다. 만일 표현의 내용과 수준에 따라 기본권의 보호범위 단계에서 배제한다면, 표현의 자유 제한에 관한 헌법상 기본원칙(검열

---

66) 헌법재판소, 헌법재판소공보 제293호, 2021, 428면.

금지원칙, 본질적 내용 침해 금지원칙, 명확성원칙, 과잉금지원칙 등)이 적용되지 못하는 결과, 해당 표현행위에 대한 최소한의 헌법상 보호마저도 부인하게 될 위험성이 크기 때문이다. 이에 헌법재판소는 1998년 결정에서, '음란'이란 인간존엄 내지 인간성을 왜곡하는 노골적이고 적나라한 성표현으로서 오로지 성적 흥미에만 호소할 뿐 전체적으로 보아 하등의 문학적·예술적·과학적·정치적 가치를 지니지 않은 것으로서 사회의 건전한 성도덕을 크게 해칠 뿐만 아니라 사상의 경쟁메커니즘에 의해서도 그 해악이 해소되기 어려워 표현의 자유에 의해 보호되지 않는 반면, '저속'은 이러한 정도에 이르지 않는 성표현 등을 의미하는 것으로서 헌법적인 보호영역 안에 있다고 판시한 바 있으나 (헌재 1998. 4. 30. 95헌가16 결정),[67] 이후 2009년 결정에서 위 결정을 변경함으로써(헌재 2009. 5. 28. 2006헌바109등 결정),[68] 저속한 표현뿐만 아니라 음란한 표현도 일단 표현의 자유의 보호영역에 포함되는 것이나, 다만 그 표현의 제한이 헌법적으로 정당화되는지 여부는 다르게 판단될 수 있음을 선언한 바 있다.

또한, 헌법 제21조 제4항은 "언론·출판은 타인의 명예나 권리 … 를 침해하여서는 아니된다."라고 규정하는바, 이는 표현의 자유에 대한 제한이 타인의 명예와 권리 보호를 위하여 일정 범위에서 정당화될 수 있음을 규정한 것일 뿐, 헌법상 표현의 자유의 보호영역의 한계를 설정한 것으로 볼 수 없다. 즉 헌법 제21조 제4항은 표현의 자유에 대한 제한을 정당화할 수 있는 구체적인 법익을 제시함으로써 헌법 제37조 제2항의 일반적 법률유보를 구체화하는 것으로 보아야 한다.

한편, 헌법 제21조 제2항은 "언론·출판에 대한 허가와 검열 …은 인정되지 아니한다."라고 함으로써, 사상·의견 등이 발표되기 이전에 국가기관이 이를 제출받아 그 내용을 심사·선별하여 해당 표현을 사전에 억제하는 것을 금지하고 있다. 그러나 형법 제307조 제1항은 해

---

67) 헌법재판소, 헌법재판소판례집(1998) 제10권 1집, 1998, 327면 이하.
68) 헌법재판소, 헌법재판소판례집(2009) 제21권 1집(하), 2009, 545면 이하.

당 표현행위를 국가기관이 사전에 심사·선별하여 그 허용 여부를 개별적으로 결정하는 것이 아니라, 표현행위가 이루어진 후에 비로소 형사처벌하는 사후적인 규제에 해당되므로, 헌법 제21조 제2항의 규제대상에 해당되지 아니한다. 그러므로 다른 기본권에 대한 제한과 마찬가지로 헌법 제37조 제2항의 과잉금지원칙 위반 여부가 문제된다.

재판소가 '형법 제307조 제1항이 과잉금지원칙에 위반하여 표현의 자유를 침해하는지 여부'로 이 사건의 쟁점을 정리한 것은 이러한 맥락에서 이해된다.

2. 목적의 정당성, 수단의 적합성

(1) 헌법재판소의 판단

「명예훼손적 표현이 표현의 자유의 한 내용으로 인정된다고 하더라도, 명예를 훼손할 수 있는 사실의 적시가 공연히 이루어진다면 그 사람의 가치에 대한 사회적 평가로서 외적 명예는 훼손되고, 그로 인해 상대방의 인격권이 침해될 수 있다. 특히 현대사회에서 개인의 외적 명예는 의사소통에 참여할 수 있게 만들어주는 최소한의 자격으로 작용하는 측면이 있기 때문에, 사회적 대화의 장에서 소외되지 않도록 우리의 실존을 지켜주는 핵심적 권리로 이해할 수 있다. 오늘날 사실적시의 매체가 매우 다양해짐에 따라 명예훼손적 표현의 전파속도와 파급효과는 광범위해지고 있으며, 일단 훼손되면 그 완전한 회복이 쉽지 않다는 외적 명예의 특성에 따라 명예훼손적 표현행위를 제한해야 할 필요성은 더 커지게 되었다. 심판대상조항은 공연히 사실을 적시하여 타인의 명예를 훼손하는 행위를 금지함으로써 개인의 명예, 즉 인격권을 보호하기 위한 것이므로 입법목적의 정당성이 인정된다. 또한 위와 같은 금지의무를 위반한 경우 형사처벌하는 것은 그러한 명예훼손적 표현행위에 대해 상당한 억지효과를 가질 것이므로 수단의 적합성도 인정된다.」[69]

---

69) 헌법재판소, 헌법재판소공보 제293호, 2021, 428면.

(2) 검 토

기본권을 제한하는 법률조항에 대해 위헌심사를 할 때, 그 출발점
은 해당 조항의 입법목적을 확인하고 그것을 위해 기본권을 제한하는
것이 정당한가를 확인하는 것이다. 헌법 제21조 제4항은 표현의 자유
의 한계로서 '타인의 명예나 권리'를 명시적으로 선언하고 있고, 사람
의 명예는 인격권의 한 내용으로 인정되는 것이므로, 입법자가 이를
위하여 명예훼손적 표현행위를 제한하는 것은 목적의 정당성이 어렵
지 않게 인정될 수 있다.

한편 입법자가 선택한 수단은 그 정당한 입법목적을 달성하는데
적합해야 한다. 이때 수단의 적합성은, 수단이 목적을 달성하기에 가
장 적합한 수단인지를 심사하는 것이 아니라, 그 수단이 해당 목적 달
성에 일정 정도 기여할 수 있는지를 평가하는 것이다. 사실 적시 표현
행위로 타인의 명예를 훼손한 경우 2년 이하의 징역·금고 또는 500만
원 이하의 벌금으로 형사처벌하는 것은 그에 따르는 억지효과를 통하
여 타인의 명예 보호에 기여할 것임은 어렵지 않게 예측할 수 있으므
로, 수단의 적합성도 인정된다.

목적의 정당성과 수단의 적합성 단계에서 법률조항이 위헌결정을
받는 사례는 극히 드물다. 대상결정의 법정의견과 반대의견 모두 이를
인정한 것은 이러한 맥락에서 이해된다.

3. 피해의 최소성

(1) 쟁 점

입법목적 달성에 적합한 수단이 복수인 경우, 입법자는 그로 인
한 기본권 제한이 최소화되는 수단을 선택해야 한다(less restrictive
alternative). 입법목적을 동등하게 달성할 수 있는 대안이 해당 법률조
항보다 기본권을 덜 제한하는 경우, 해당 법률조항은 피해의 최소성을
충족하지 아니한다.

대상결정에서 법정의견과 반대의견은 형법 제307조 제1항의 피해의 최소성 충족 여부에서 견해를 달리하였는데, 그와 같이 다른 결론에 이르게 된 주요 쟁점은 ① 형사처벌의 헌법적 정당화 여부, ② 형사처벌 이외의 대안 존재 여부, ③ 형법 제310조를 통한 기본권 제한 최소화 여부이다.

(2) 형사처벌의 헌법적 정당화 여부

먼저, 타인의 명예를 보호하기 위해 사실 적시에 관한 표현의 자유 행사를 형사처벌하는 것이 헌법적으로 정당화되는지 문제된다.

㉠ 법정의견은, 외적 명예에 관한 인격권 보호 필요성, 한번 훼손되면 완전한 회복이 어렵다는 보호법익의 특성, 명예를 중시하는 우리 사회의 특수성, 명예훼손죄 비범죄화에 대한 국민적 공감대 부족을 고려하여, 사실 적시 명예훼손행위를 형사처벌하는 것 그 자체가 과도한 제한이라고 단언하기 어렵다고 판단하였다.

「[법정의견] 명예는 사회에서 개인의 인격을 발현하기 위한 기본조건이므로, 명예의 보호는 인격의 자유로운 발전과 인간의 존엄성 보호뿐만 아니라 민주주의의 실현에 기여한다. 명예의 보호가 제대로 이루어지지 않는 경우에는 개인이 다수 의견과 다른 견해를 공적으로 표명하는 것에 큰 부담을 느끼게 되어 오히려 표현의 자유가 위축될 수도 있기 때문이다. 그러므로 표현의 자유와 인격권의 우열은 쉽게 단정할 성질의 것이 아니다. / 개인의 외적 명예는 일단 훼손되면 완전한 회복이 어렵다는 특징이 있으므로, 사실을 적시하였더라도 그러한 명예훼손적 표현행위가 공연히 이루어지는 이상 개인의 인격을 형해화시키고 회복불능의 상황으로 몰아갈 위험성이 있다. 더욱이 명예와 체면을 중시하는 우리 사회에서는 명예훼손적 표현행위로 피해를 입은 개인이 자살과 같은 극단적 선택을 하는 사례도 발생하는 등, 그 사회적 피해가 매우 심각한 상황이다. 그러므로 한편으로는 표현의 자유의 보장 필요성을 인정하더라도, 다른 한편으로는 … 타인의 명예를 훼손하는 표현행위를 규제함으로써 인격권을 보호해야 할 필요성을 포기할 수 없다. / 사실 적시 명예훼손죄를 비범죄화하기 위해서는 개개인이 표현의 자유의 무게를 충분히 인식하고, … 형사처벌이라는 수단을 활용하지 아니하여도 개인의 명예 보호라는 가치가 희생되지 아니할 것이라는 국민적 공감대가 형성되어야 한다. 그러나 명예훼손죄로 기소되어 처벌되는 사례는 점차 증가하고, 명예훼손적 표현이 유통되는 경로도 다양해짐에 따라 그 피해가 더 커지고 있는 상황에서, 사실 적시 명예훼손죄를 형사처벌하지 아니하여야 한다는 점에 국민적 합의나 공감대가 형성되어 있다고 보기 어렵다.」[70]

    ⓒ 한편 반대의견은, 사실 적시 표현행위의 표현의 자유와 알권리에 대한 기여, 헌법 제21조 제4항 전문과 후문의 구조 차이, 형사처벌로 인한 국가·공직자에 대한 감시·비판의 위축, 진실한 사실 적시 표현행위에 행위반가치·결과반가치의 부존재를 근거로, 사실 적시 명예훼손행위를 형사처벌하는 것은 헌법적으로 정당화되기 어렵다고 판단하였다.

    「[반대의견] 다양한 사상과 의견의 교환을 보장하고 국민의 알권리에 기여하는 표현의 자유는 우리 헌법상 민주주의의 근간이 되는 핵심적 기본권이므로, 명예의 보호를 위해 표현의 자유에 대한 제한이 불가피한 경우라도 최소한의 제한이 이루어져야 할 것이다. / 헌법 제21조 제4항 전문은 … '타인의 명예'를 표현의 자유의 한계로 선언하고 있다. 그런데 헌법 제21조 제4항 후문은 … 명예훼손의 구제수단으로 민사상 손해배상을 명시하고 있을 뿐 형사처벌을 그 구제수단으로 제시하지 않고 있다. 그러므로 헌법 제21조 제4항이 타인의 명예에 대한 침해를 표현의 자유의 헌법적 한계로 명시하고 있다고 하여, 명예훼손에 대한 구제수단으로 형사처벌을 당연히 예정하고 있다고 보기 어렵다. / … 표현의 자유의 중요한 가치는 강제력을 독점하는 국가 및 그 국가를 운영하는 공직자들에 대한 감시와 비판이라 할 수 있는데, 이처럼 감시와 비판의 객체가 되어야 할 국가·공직자가 국민의

---

70) 헌법재판소, 헌법재판소공보 제293호, 2021, 428-429면.

진실한 사실 적시 표현행위에 대한 형사처벌의 주체가 될 경우, 국가·
공직자에 대한 건전한 감시와 비판은 위축될 수밖에 없다. … / … 허
위가 아닌 진실한 사실을 적시하는 것이 일반적으로 법질서에 의해
부정적으로 평가되는 행위로 보기 어렵다는 점에서, 진실한 사실 적시
표현행위에 대한 행위반가치를 인정하기 어렵다. 또한 … 진실한 사실
의 적시로 손상되는 것은 잘못되거나 과장되어 있는 허명으로서 진실
에 의하여 바뀌어져야 할 대상일 수 있다는 점에서, 진실한 사실 적시
표현행위에 대한 결과반가치도 인정하기 어렵다. 허명을 보호하기 위
해 진실한 사실을 적시하는 표현행위를 형사처벌하는 것은 헌법적으
로 정당화되기 어려운 것이다.」71)

(3) 형사처벌 이외의 대안 존재 여부

다음으로, 형사처벌 이외에 입법목적을 동등하게 달성할 수 있는
대안이 존재하는지 문제된다.

㉠ 반대의견은, 어떠한 표현행위에 대해서는 다른 표현행위로 이
에 대응할 수 있는 기회를 보장하는 것이 가장 바람직한 점, 대응하는
표현행위로 명예훼손의 결과가 제거되기 어려운 경우를 대비하여 민
법상 구제방법이 마련되어 있는 점, 이러한 대안에도 불구하고 형법
제307조 제1항이 명예훼손적 표현행위에 대해 형사처벌하도록 규정하
는 것은 명예 보호에 필요한 한도를 넘어 표현의 자유에 대한 지나친
위축효과를 야기하는 점, 반의사불벌죄인 사실 적시 명예훼손죄로 인
하여 공적 감시와 비판이 봉쇄될 수 있는 점을 지적하였다.

「[반대의견] 공연한 사실 적시 표현행위로 훼손될 수 있는 개인
의 '외적 명예'를 보호할 필요성이 있더라도, 형사처벌 이외에 덜 제
약적인 대안이 현실적으로 존재한다. / 원칙적으로 어떤 표현행위에
대해서는 다른 표현행위로 이에 대응할 수 있는 기회를 보장하는 것
이 가장 바람직하다. 오늘날 표현행위의 매체는 다양해지고 정보통신

---

71) 헌법재판소, 헌법재판소공보 제293호, 2021, 431-432면.

망을 통한 정보의 유통은 활발해지고 있는데, 이러한 매체와 정보통신망은 개방성과 상호작용성을 그 특징으로 하고 있으므로, 피해자는 동일한 매체·정보통신망에 직접 반박문을 게재하는 등의 방법으로 자신에 대한 사실 적시 표현행위에 대해 적극적으로 대응할 수 있다. 또한, 자신에 대한 사실 적시 표현행위가 언론사 등의 보도 등에 의하여 이루어진 경우, 피해자는 그 언론보도 등의 내용에 관한 정정보도나 반론보도 등을 청구함으로써 이에 대응하는 방법도 있다(언론중재 및 피해구제 등에 관한 법률 제14조 내지 제17조의2). / 만약, 어떠한 사실 적시 표현행위로 발생한 명예훼손의 결과가 이에 대응하는 다른 표현행위로 충분히 제거될 수 없는 경우, 피해자는 민법 제751조의 불법행위에 기한 손해배상청구를 통해 금전으로 그 손해를 배상받을 수 있다. 또한, 민법은 제764조에서 "타인의 명예를 훼손한 자에 대하여는 법원은 피해자의 청구에 의하여 손해배상에 갈음하거나 손해배상과 함께 명예회복에 적당한 처분을 명할 수 있다."라는 특칙도 마련하고 있으므로, 이를 통해 피해자는 가처분 등 명예회복에 적당한 처분을 구할 수도 있다. / 명예훼손에 대해 이처럼 덜 제약적인 구제수단이 존재함에도 불구하고 심판대상조항을 통해 형사처벌하는 것은, 명예 보호를 위해 필요한 범위를 넘어 표현의 자유에 대한 지나친 위축효과를 발생시킬 수 있다. 가령 어떠한 공적인물이나 공적사안에 대해 감시·비판하기 위한 글이나 기사를 작성하는 경우, 그 내용에 감시와 비판의 근거가 된 진실한 사실이 적시될 수 있다. 그런데 형법은 심판대상조항의 명예훼손죄를 친고죄도 아닌 반의사불벌죄로 정하고 있으므로(제312조 제2항), 피해자의 고소뿐만 아니라 일반 국민의 고발에 의해서도 명예훼손죄에 관한 수사가 개시될 수 있다. 그 결과, 피해자가 명예훼손에 대한 피해를 회복하는 것을 목적으로 하는 것이 아니라 공적인물과 공적사안에 대한 감시와 비판적 보도를 봉쇄하기 위한 목적으로 제3자의 고발에 따라 진실한 사실 적시 표현행위에 대해서도 형사절차가 개시되도록 하는 '전략적 봉쇄소송'(strategic lawsuit against public participation)마저 가능하게 되었고, 이를 통해 심판대상조항의 명예훼손죄로 형사절차에 휘말릴 가능성이 더욱 커짐에 따라 진실한 사실 적시에 관한 표현의 자유는 심대하게 위축되게 되었다.」[72]

ⓒ 한편 법정의견은, 최근 매체의 다양화로 인해 피해자가 명예훼손적 표현행위에 대해 일일이 대응하기에는 현실적 어려움이 존재하는 점, 민사 절차에 따를 경우 피해 구제까지 상당한 기간과 비용의 부담이 피해자에게 요구되는 점, 징벌적 손해배상이 인정되지 않는 이상 민사상 구제방법으로는 형벌과 동등한 예방효과를 달성하기 어려운 점을 근거로, 형사처벌 이외에 대안이 존재하지 않는다고 판단하였다.

「[법정의견] 공연히 사실을 적시한 명예훼손 행위의 피해자는 민사상 손해배상을 청구할 수 있고(민법 제751조 제1항), 법원은 피해자의 청구에 의하여 손해배상에 갈음하거나 손해배상과 함께 명예회복에 적당한 처분을 명할 수 있다(민법 제764조). 그러나 징벌적 손해배상(punitive damages)이 인정됨에 따라 민사상 손해배상을 통해 형벌을 대체하는 예방이나 위하효과를 달성할 수 있는 입법례와 달리, 우리나라의 민사적인 구제방법만으로는 형벌과 같은 예방이나 위하효과를 확보하기 어렵다. 또한, 민사상 구제수단의 경우 소송비용의 부담이 있고, 소송기간이 장기화될 수 있어, 비록 민사소송에서 승소하더라도 그 사이 실추된 명예 및 그로 인한 손해를 회복하는 것은 쉽지 않다. / 최근에는 명예훼손적 표현이 유통되는 경로가 단순히 언어, 문서, 도화나 출판물 등에 국한되지 않고 정보통신망을 통하여서도 광범위하게 이루어지고 있다. 정보통신망에서의 정보는 신속하고 광범위하게 반복·재생산되기 때문에 피해자가 명예훼손적 표현을 모두 찾아내어 반박하거나 일일이 그 삭제를 요구하는 것은 사실상 불가능하므로, 가처분 등을 명예훼손에 대한 실효적 구제방법으로 보기 어렵다. 나아가 '언론중재 및 피해구제 등에 관한 법률' 제14조 내지

---

72) 헌법재판소, 헌법재판소공보 제293호, 2021, 432면.

제17조의2가 정하고 있는 정정보도청구, 반론보도청구, 추후보도청구 등의 구제수단 역시 언론사 등이 아닌 일반 개인이 행한 명예훼손적 표현에 대하여는 적합한 구제수단이 될 수 없다. / 이처럼 명예훼손적 표현행위에 대한 실효적인 구제방법이 마련되어 있지 않은 상황에서, 피해자로서는 그 행위의 즉각적인 중단, 출판물 등의 자발적 폐기, 정보통신망 게시물의 자발적 삭제 등을 유도하기 위한 수단으로 형법상 명예훼손죄에 의지할 수밖에 없는 것이 오늘날의 현실이다. / 이러한 사정을 고려하면, 공연히 사실을 적시하여 타인의 명예를 훼손하는 행위를 금지하고 이를 위반할 경우 형사처벌하도록 한 심판대상조항을 대체하여, 입법목적을 동일하게 달성하면서도 덜 침익적인 다른 수단이 있다고 보기도 어렵다.」[73]

(4) 형법 제310조를 통한 기본권 제한의 최소화 여부

형법이 제307조 제1항을 통해 사실 적시 명예훼손 표현행위를 형사처벌하도록 규정함으로써 표현의 자유를 제한하고 있음에도 불구하고, 제310조의 위법성 조각사유를 통해 그 제한이 최소화되고 있는지 문제된다.

㉠ 법정의견은, 헌법재판소와 대법원의 판례를 통해 형법 제310조의 위법성 조각사유의 적용범위가 폭넓게 해석되고 있고, 이를 통해 공적인물과 공적관심사항에 대한 감시·비판이 위축되지 않도록 적절히 운영되고 있다고 판단하였다.

「[법정의견] 형법 제310조는 심판대상조항이 금지하는 행위가 진실한 사실로서 오로지 공공의 이익에 관한 때에는 처벌하지 아니하도록 규정한다. / 이와 관련하여 헌법재판소는 … 형법 제310조의 탄력적 적용을 통해 표현의 자유에 대한 위축을 최소화하여야 함을 선언하고 있다. 대법원도, "형법 제310조의 '진실한 사실'이란 그 내용 전체의 취지를 살펴볼 때 중요한 부분이 객관적 사실과 합치되는 사실

73) 헌법재판소, 헌법재판소공보 제293호, 2021, 429면.

이라는 의미로서 세부에 있어 진실과 약간 차이가 나거나 다소 과장
된 표현이 있더라도 무방하고, '오로지 공공의 이익에 관한 때'라 함은
적시된 사실이 객관적으로 볼 때 공공의 이익에 관한 것으로서 행위
자도 주관적으로 공공의 이익을 위하여 그 사실을 적시한 것이어야
하는 것인데, 여기의 공공의 이익에 관한 것에는 널리 국가·사회 기
타 일반 다수인의 이익에 관한 것뿐만 아니라 특정한 사회집단이나
그 구성원 전체의 관심과 이익에 관한 것도 포함한다. 행위자의 주요
한 동기 내지 목적이 공공의 이익을 위한 것이라면 부수적으로 다른
사익적 목적이나 동기가 내포되어 있더라도 형법 제310조의 적용을
배제할 수 없다."라고 판시함으로써(대법원 2007. 12. 14. 선고 2006도2074
판결), 형법 제310조의 적용범위를 넓게 해석하여 심판대상조항으로
인한 표현의 자유 제한을 최소화하고 있다. / 또한, 공연히 사실을 적
시하여 사람의 명예를 훼손하는 행위를 형사처벌하는 것이 자칫 공적
인물이나 국가기관에 대한 비판을 제한하고 억압하는 수단으로 남용
될 가능성을 우려하여, 헌법재판소는 심판대상조항과 형법 제310조에
관한 해석·적용론을 통해 그 위험성을 최소화하고 있는데 그 구체적
기준은 다음과 같다. 즉, 명예훼손 관련 실정법을 해석·적용할 때에는
당해 표현으로 인한 피해자가 공적인물인지 아니면 사인인지, 그 표현
이 공적인 관심 사안에 관한 것인지 순수한 사적인 영역에 속하는 사
안인지, 피해자가 당해 명예훼손적 표현의 위험을 자초한 것인지, 그
표현이 객관적으로 국민이 알아야 할 공공성·사회성을 갖춘 사실(알
권리)로서 여론형성이나 공개토론에 기여하는 것인지 등을 종합하여
구체적인 표현 내용과 방식에 따라 상반되는 두 권리를 유형적으로
형량한 비례관계를 따져 표현의 자유에 대한 한계 설정을 할 필요가
있다. 공적인물과 사인, 공적인 관심 사안과 사적인 영역에 속하는 사
안 간에는 심사기준에 차이를 두어야 하고, 공적인물의 공적활동에
대한 명예훼손적 표현은 그 제한이 더 완화되어야 한다. 공직자의 공
무집행과 직접적인 관련이 없는 개인적인 사생활에 관한 사실이라도

일정한 경우 공적인 관심 사안에 해당할 수 있다. 공직자의 자질·도 덕성·청렴성에 관한 사실은 공직자 등의 사회적 활동에 대한 비판 내 지 평가의 한 자료가 될 수 있고, 업무집행의 내용에 따라서는 업무와 관련이 있을 수도 있으므로, 이에 대한 문제제기 내지 비판은 허용되 어야 한다(헌재 1999. 6. 24. 97헌마265; 헌재 2013. 12. 26. 2009헌마747 참 조). 대법원도 … 사실 적시 명예훼손죄가 공적인물이나 국가기관에 대한 비판을 억압하는 수단으로 남용되지 않도록 해석하고 있다.」[74]

ⓒ 한편 반대의견은, 일단 제307조 제1항의 구성요건에 해당되는 이상 표현행위를 하는 경우 수사 및 재판절차에 회부될 위험성이 있 고, 제310조의 공익성 입증에 성공할 것인지에 대한 불확실성으로 인 해 표현의 자유에 대한 위축효과는 여전히 발생할 수 있으며, 법무부 장관이 합헌의 근거로 제시한 법원 사례도 실질적으로는 공익성 입증 의 불확실성에 대한 반박논거로 사용될 수 있음을 지적하였다.

「[반대의견] 형법 제310조는 … 심판대상조항에 관한 위법성 조각 사유를 규정하고, 헌법재판소와 대법원은 이러한 위법성 조각사유를 가 능한 넓게 해석함으로써, 명예훼손죄로 인한 표현의 자유 제한이 일정 범위에서 경감되고 있는 것은 사실이다. 그러나 어떤 사람이 공공의 이 익에 관한 진실한 사실을 밝히려는 경우에도 그것이 타인의 외적 명예 를 훼손할 만한 사실이면 그러한 행위는 심판대상조항에 따라 일단 명 예훼손죄의 구성요건에 해당되므로, 고소·고발이 있거나 수사기관의 직권에 의해 수사를 받거나 형사재판에 소추될 위험성에 놓이게 된다. 그러므로 향후 재판절차에서 그러한 표현행위가 형법 제310조의 위법 성 조각사유에 해당된다는 판단을 받을 가능성이 있다 하더라도, 자신 의 표현행위로 인해 수사 및 재판절차에 회부될 수 있다는 사실만으로 도 표현의 자유에 대한 위축효과는 발생할 수 있다. 나아가 형법 제310 조는 '진실한 사실로서 오로지 공공의 이익에 관한 때'에 처벌하지 않 는다고 규정하는데, 수사 및 형사재판 절차에서 마주하게 될 공익성 입

---

74) 헌법재판소, 헌법재판소공보 제293호, 2021, 429-430면.

증의 불확실성까지 고려한다면, 표현의 자유에 대한 위축효과가 발생할 가능성은 더욱 커지게 된다. / 이와 관련하여, 이해관계인 법무부장관은 형법 제310조를 통해 사실 적시 명예훼손죄가 표현의 자유에 대한 위축효과로 이어지지 않는다고 주장하면서, 이를 뒷받침하는 대표적 사례로 ① 동물병원에서 황당한 체험을 했다는 비방 내용을 인터넷 카페에 게시하여 '정보통신망 이용촉진 및 정보보호 등에 관한 법률' 제70조 제1항의 명예훼손죄로 기소되었으나 무죄 취지로 판시된 사건과, ② 성형시술 결과가 만족스럽지 못하다는 주관적 평가를 주된 내용으로 하는 한 줄의 댓글을 인터넷 포털사이트의 지식검색 질문·답변 게시판에 게시하여 역시 구 '정보통신망 이용촉진 및 정보보호 등에 관한 법률' 제61조 제1항의 명예훼손죄로 기소되었으나 무죄 취지로 판시된 사건을 제시하였다. / 두 사건 모두 대법원이 무죄 취지로 판시한 사건은 맞다. 그러나 관련 자료에 의하면, 두 사건 모두 검사가 위 법률의 명예훼손죄가 성립하는 것으로 판단하여 기소하였고, 원심법원도 공공의 이익을 위한 사실 적시가 아닌 '비방의 목적'이 있었던 것으로 판단하여 위 법률의 명예훼손죄를 인정하였으나(① 서울동부지방법원 2010. 6. 11. 선고 2009노1721 판결; ② 서울중앙지방법원 2008. 9. 11. 선고 2008노1719 판결), 대법원에서 '공공의 이익'을 위한 것임을 인정하여 무죄 취지로 파기환송하였던 사실이 확인된다(① 대법원 2012. 1. 26. 선고 2010도8143 판결; ② 대법원 2009. 5. 28. 선고 2008도8812 판결). / 이러한 사례들은, 법률전문가인 검사와 판사 사이에서도, 법원의 심급 사이에서도, 명예훼손죄의 유무죄 판단 즉 '공공의 이익' 판단이 매우 어렵다는 것을 방증하는바, 하물며 일반 국민으로서는 자신의 표현행위가 형법 제310조의 '공공의 이익'에 포함될 것인지 여부를 정확히 예측할 수 없을 것이다. 그렇다면 진실한 사실의 적시도 일단 심판대상조항의 구성요건에 포함시킨 다음, 사후에 형법 제310조의 '공공의 이익'에 해당되는지 여부를 따져 예외적으로 위법성을 조각시킬 수 있도록 한 현행 형법의 구조는, 일반 국민으로 하여금 어떤 표현행위가 형사처벌될지 예측하기 어렵게

함으로써 정당한 표현행위마저도 위축시킨다는 문제점을 내포하고 있
다. 이처럼 심판대상조항의 명예훼손죄가 '원칙적 금지, 예외적 허용'의
구조로 형성되어 있고 그 예외적 허용마저 불명확하게 규정되어 있는
상황에서, '합리적 인간'이라면 수사 및 재판절차에 회부될 위험과 고통
을 회피하기 위하여 자신이 알고 있는 사실을 표현하지 않게 될 것인
바, 그로 인하여 공익에 관한 진실한 사실마저도 공적 토론의 장에서
사라지게 될 우려가 있음을 지적하지 않을 수 없다.」75)

4. 법익의 균형성

(1) 검 토

법익의 균형성은 정당한 입법목적 달성을 위하여 필요한 수단이
초래하는 기본권 제한의 정도가 적절한 비례관계에 놓여야 한다는 요
청이다. 이처럼 심판대상조항이 추구하는 공익과 그로 인한 사익(기본
권) 제한을 법익형량하는 것은 비례원칙의 핵심이다. 다만 목적의 정
당성과 수단의 적합성 단계에서 추구하는 공익의 무게를 이미 검토하
였고, 피해의 최소성 단계에서 그로 인해 제한되는 사익의 무게를 실
질적으로 검토하였으므로, 이를 저울에 올려놓고 그 비례관계를 형량
하는 법익의 균형성 단계는 다소 형식적인 검토가 될 수 있다.

법정의견은, 명예의 보호를 표현의 자유의 한계를 규정한 헌법 제
21조 제4항, 형법 제307조 제1항의 인격권 보호 기능, 사실 적시 표현
행위를 모두 허용할 경우 사적 제재로 악용될 위험성, 형법 제310조의
공익성이 인정되지 않는 사적 제재를 허용하는 것은 헌법이 제21조
제1항에서 표현의 자유를 보장하고 있는 취지에 부합하지 않는 점을
근거로, 법익의 균형성이 인정된다고 판단하였다.

한편 반대의견은, 공적인물·공적관심사항에 관한 진실한 사실 적
시 표현행위도 형사처벌의 구성요건에 포함시키면 표현의 자유와 알
권리가 형해화될 위험성, 진실한 사실 적시 표현행위는 공동체의 의사

75) 헌법재판소, 헌법재판소공보 제293호, 2021, 432-433면.

형성에 기여하는 점, 허위·과장된 외적 명예가 진실한 사실 적시에
관한 위축효과를 야기하면서까지 보호해야 할 법익으로 보기 어려운
점, 헌법 제21조 제4항의 구조와 형법 제310조의 불확실성을 근거로,
법익의 균형성이 인정되지 않는다고 판단하였다.

(2) 헌법재판소의 판단
「[법정의견] 헌법 제21조는 제1항에서 표현의 자유를 보장하면서
도, 제4항에서 '타인의 명예나 권리를 침해하여서는 아니된다'고 규정
함으로써 표현의 자유의 한계로서 타인의 명예와 권리를 선언하고 있
다. 진실한 사실은 건전한 토론과 논의의 토대가 되므로 사회구성원
상호 간에 자유로운 표현이 보장되어야 할 것이나, 진실한 사실이라는
이유만으로 특정인에 대한 명예훼손적 표현행위가 무분별하게 허용된
다면 개인의 명예와 인격은 제대로 보호받기 어려울 것이다. 타인으로
부터 어떤 부당한 피해를 받았다고 생각하는 사람은 손해배상청구 또
는 형사고소와 같은 민·형사상 절차에 따라 이를 해결하는 것이 바람
직하다. 이러한 법적 절차를 거치지 아니한 채 공연히 사실을 적시하
여 가해자의 명예를 훼손하려는 것은 가해자가 져야 할 책임에 부합
하지 아니하는 사적 제재수단으로 악용될 수 있으므로, 심판대상조항
을 통해 그러한 악용 가능성을 규제할 필요성이 있다. 형법 제310조의
공익성이 인정되지 않음에도 불구하고 단순히 타인의 명예가 허명(虛
名)임을 드러내기 위해 감추고 싶은 개인의 약점과 허물을 공연히 적
시하는 것은, 자유로운 논쟁과 의견의 경합을 통해 민주적 의사형성에
기여한다는 표현의 자유의 목적에도 부합하지 않는 측면이 있다. 또
한, 앞서 살펴본 바와 같이, 형법 제310조의 위법성 조각사유와 그에
관한 헌법재판소와 대법원의 해석을 통해 심판대상조항으로 인한 표
현의 자유 제한은 최소화되고 있다. 이러한 사정을 고려하면, 심판대
상조항이 개인의 명예를 보호하기 위해 표현의 자유를 지나치게 제한
함으로써 법익의 균형성을 상실하였다고 보기 어렵다.」[76]

「[반대의견] 사실 적시 표현행위가 타인에 대한 사적 제재수단으로 이용되어서는 안 된다는 취지에 공감하지만, 이 점만을 지나치게 강조하여 공적인물·공적사안에 있어서도 진실한 사실 적시 표현행위를 명예훼손죄의 구성요건에 포함시키면 국민의 표현의 자유와 알권리가 형해화될 수 있다. 진실한 사실을 토대로 토론과 숙의를 통해 공동체가 자유롭게 의사와 여론을 형성하는 것이 민주주의의 근간인데, 진실한 사실 적시 표현행위를 명예훼손죄로 처벌하는 것은 이러한 민주주의의 원리와 표현의 자유 보장에 반할 수 있다. 진실한 사실은 사람의 사회적 평가를 형성하는데 기초가 되는 사실이므로 그 적시로 인해 외적 명예가 저해되는 것을 부당한 결과로 보기 어려우며, 진실한 사실이 가려진 채 형성된 허위·과장된 명예가 표현의 자유에 대한 위축효과를 야기하면서까지 보호해야 할 법익이라고 보기 어렵다. 헌법 제21조 제4항은 표현의 자유의 한계로 타인의 명예를 규정하나 그에 대한 구제수단으로 민사배상을 명시할 뿐 형사처벌까지 명시하고 있지 아니하고, 형법 제310조가 정한 위법성 조각사유의 불명확성으로 인해 표현의 자유는 여전히 위축되고 있다. 이러한 사정을 고려하면, 심판대상조항이 법익의 균형성을 충족하고 있다고 보기 어렵다.」[77]

5. 일부위헌 결정 여부

(1) 검 토

법정의견은 형법 제307조 제1항이 표현의 자유를 제한하는 점을 인정하나 그것이 전부위헌으로 결정될 경우 타인의 외적 명예가 침해될 수 있고, 특히 진실한 사실 적시 표현행위를 모두 허용한다면 사생활의 비밀과 자유가 침해될 수 있음을 우려한다. 한편 반대의견은 형법 제307조 제1항이 피해의 최소성과 법익의 균형성을 충족하지 못하여 과잉금지원칙에 반한다고 판단하나, 사실 적시 표현행위를 제한 없

---

76) 헌법재판소, 헌법재판소공보 제293호, 2021, 431면.
77) 헌법재판소, 헌법재판소공보 제293호, 2021, 433-434면.

이 허용하도록 전부위헌으로 결정해야 한다는 입장은 아니다.

결국 법정의견은 형법 제307조 제1항에 관한 전부위헌론을 비판하고, 반대의견은 그 대안으로 '진실한 사실로서 사생활의 비밀에 해당하지 아니한' 사실 적시 표현행위를 허용하는 일부위헌론을 제시한다.[78] 이에 법정의견은 일부위헌론이 제시하는 사생활의 비밀의 불명확성으로 인해 새로운 위축효과가 발생할 수 있음을 지적하고, 반대의견은 일부위헌론이 구성요건 단계에서 명예훼손죄의 범위를 축소함으로써 표현의 자유에 대한 위축효과는 현재의 상태보다 줄어들 것이라고 반박한다.

(2) 헌법재판소의 판단

「[법정의견의 전부위헌론 비판] 만약 표현의 자유에 대한 위축효과를 우려하여 심판대상조항을 전부위헌으로 결정한다면, 사람의 가치에 대한 사회적 평가인 외적 명예가 침해되는 것을 방치하게 된다. 특히 어떠한 사실이 진실에 부합하더라도 그것이 개인이 숨기고 싶은 병력·성적 지향(性的 志向)·가정사 등 사생활에 해당되는 경우, 이를 공연히 적시하는 것은 사생활의 비밀과 자유에 대한 중대한 침해가 될 수 있기에, 심판대상조항을 전부위헌으로 결정하는 것은 위험성이 매우 크다.」[79]

「[반대의견의 일부위헌론 제시] 헌법은 제21조 제1항에서 '모든 국민은 언론·출판의 자유를 가진다.'라고 규정하여 표현의 자유의 보장을 선언하지만, 같은조 제4항 본문에서 '언론·출판은 타인의 명예나 권리를 침해하여서는 아니된다.'라고 규정함으로써 타인의 명예와 권리를 표현의 자유의 한계로 명시하고 있다. 따라서 표현의 자유를 보장함과 동시에 그것이 타인의 명예·권리라는 한계와 조화를 이루는

---

78) 반대의견의 취지에 따라 일부위헌론 주문을 구성하면 다음과 같음: "형법 제307조 제1항 중 진실한 것으로서 사생활의 비밀에 해당하지 아니한 사실 적시에 관한 부분은 헌법에 위반된다."

79) 헌법재판소, 헌법재판소공보 제293호, 2021, 430면.

방안을 모색해야 한다. / 적시된 사실이 객관적 진실에 부합하더라도 개인이 숨기고 싶은 병력, 성적 지향, 가정사 등 사생활의 비밀에 관한 내용인 경우, 이를 적시하는 것은 헌법 제17조가 선언한 사생활의 비밀과 자유에 대한 중대한 침해가 될 수 있다. 특히 그것이 공익과 무관한 단순한 개인의 사생활의 비밀인 경우, 이를 공개하는 것은 토론과 숙의를 통한 공동체의 합리적인 의사결정과 공적사안에 대한 건전한 비판·개선을 위함이라는 표현의 자유 보장의 본래 취지에도 부합하지 않을 수 있으므로, 심판대상조항이 표현의 자유를 침해하더라도 그 위헌선언의 범위를 최소화할 필요성이 있다. / … 진실한 사실은 공동체의 자유로운 의사형성과 진실발견의 전제가 되므로, '적시된 사실이 진실인 경우'에는 허위 사실을 바탕으로 형성된 개인의 명예보다 진실한 사실에 관한 표현의 자유 보장에 중점을 둘 필요성이 있다. 또한 공동체의 자유로운 의사형성과 민주주의의 발전을 위하여, '적시된 사실이 사생활의 비밀에 관한 것이 아닌 경우'에는 허위 사실을 바탕으로 형성된 개인의 명예보다 진실한 사실에 관한 표현의 자유 보장에 중점을 둘 필요성이 있다.」[80]

「[법정의견의 일부위헌론 반박] 이러한 일부위헌론은, 형법 제310조의 '오로지 공공의 이익에 관한 때'가 지나치게 포괄적이고 모호하기 때문에, 사실을 적시하려는 개인으로서는 자신의 표현행위가 그 위법성 조각사유에 해당할 것인지 여부를 미리 예측하기 어렵다는 점에 주목한다. … 일부위헌론은 이러한 위법성 단계에서의 예측불가능성 문제를 해소하기 위해서는 구성요건 단계에서 '사생활의 비밀에 해당하지 아니한 사실 적시'를 제외해야 한다고 본다. / 그러나 개인의 행위를 사적 영역과 공적 영역으로 명백히 구분하기 어려운 경우가 많기 때문에, '사생활의 비밀에 해당하는 사실'이 무엇인가에 대해서도 명확히 판단하기 어려운 측면이 있다. 일부위헌론에 따르더라도 처벌되어야 할 '사생활의 비밀에 해당하는 사실'의 적시와 처벌되지 않아

---

80) 헌법재판소, 헌법재판소공보 제293호, 2021, 434면.

야 할 '사생활의 비밀에 해당하지 아니하는 사실'의 적시 사이의 불명확성에 따르는 위축효과가 발생할 가능성은 여전히 존재한다.」[81]

「[반대의견의 일부위헌론 재반박] 물론 '사생활의 비밀'이란 용어가 다소 추상적이라고 볼 수 있으나, '사생활의 비밀'은 헌법 제17조에 명시되어 있는 헌법상 기본권이다. 현재 … 등 다수 법률에서도 '사생활의 비밀'을 법률용어로 사용하고 있다. 이에 따라 헌법 및 개별 법률의 실무 영역에서 이에 대한 구체적이고 종합적인 해석기준이 제시되고 있으므로, 그 용어로 인해 표현의 자유가 위축된다고 보기는 어렵다. / 만약 일부위헌을 통해 '진실한 것으로서 사생활의 비밀에 해당하지 아니한' 사실 적시가 심판대상조항의 구성요건에서 제외된다면, 어떠한 진실한 사실 적시에 대한 고소·고발이 있더라도 수사단계에서 그 사실 적시가 '사생활의 비밀'에 해당하는지 검토될 것이고, 사생활의 비밀에 해당되지 않는 경우에는 범죄가 성립하기 위한 첫 단계인 구성요건해당성부터 인정되지 않아 수사가 더 진행되지 않거나 기소되지 않는 사례가 많아질 것이다. 그러므로, 일부위헌 결정을 통해 표현의 자유에 대한 위축효과는 분명히 현재의 상황보다 감소하게 된다. / 결국, … 종합적으로 고려하면, 심판대상조항 중 '진실한 것으로서 사생활의 비밀에 해당하지 아니한' 사실 적시에 관한 부분은 헌법에 위반된다고 할 것이다.」[82]

IX. 결   어

1. 표현의 자유와 알권리 보장을 위해 사실 적시 표현행위를 폭넓게 허용하면서 동시에 개인의 명예와 사생활의 비밀을 충분히 보호하는, 모두에게 이로운 결정이 있으면 더할 나위 없이 좋겠지만, 그와 같은 결정은 현실에서 구현되기 어렵다. 표현의 자유와 알권리 보장을

---

81) 헌법재판소, 헌법재판소공보 제293호, 2021, 430면.
82) 헌법재판소, 헌법재판소공보 제293호, 2021, 434-435면.

위해 명예훼손죄를 위헌으로 결정하면 개인의 명예와 사생활의 비밀 보호의 정도는 줄어들게 되고, 그렇다고 개인의 명예와 사생활의 비밀 보호를 위해 이를 합헌으로 결정하면 표현의 자유와 알권리는 제한받기 때문이다.

지금까지 살펴본 명예훼손죄에 관한 외국 입법례, 명예훼손죄에 관한 우리 학계의 논의, 형법 제307조 제1항에 관한 국회의 입법 논의, 형법 제310조의 의미와 한계에 관한 해석론, 이 사건 헌법소원심판의 청구인·법무부장관·참고인의 변론을 바탕으로 대상결정을 살펴보면, 합헌의견을 밝힌 재판관과 일부위헌의견을 밝힌 재판관이 구체적 쟁점에 관한 서로의 공방을 바탕으로 그 법리(reasoning)와 결론(ruling)을 구성하였음을 알 수 있다.

2. 헌법재판소에는 2020년말까지 형법 제307조 제1항에 대한 이 사건 헌법소원심판·위헌소원심판 사건 이외에도, 형법 제307조 제2항에 대한 위헌소원심판 사건(2016헌바84), 정보통신망법 제70조 제2항에 대한 위헌소원심판 사건(2015헌바438, 2018헌바475, 2019헌마116), 정보통신망법 제70조 제3항에 대한 위헌소원심판 사건(2018헌바113)이 접수되어 모두 미결인 상태로 계속되고 있었다.

이는 명예훼손죄에 관한 기본적 구성요건조항인 형법 제307조 제1항의 위헌 여부에 관한 재판관들의 의견이 정해진 이후에야, 가중적 구성요건조항인 형법 제307조 제2항, 정보통신망법 제70조 제2항과 관련조항인 정보통신망법 제70조 제3항에 대한 의견이 정리될 수 있었기 때문이었을 것이다.

실제로 헌법재판소는 2021. 2. 25. 대상결정을 통해 형법 제307조 제1항의 위헌 여부를 결정하면서, 같은 날 형법 제307조 제2항의 위헌 여부를 결정한 다음(헌재 2021. 2. 25. 2016헌바84 결정, 전원일치 합헌),[83] 그 다음 달 정보통신망법 제70조 제2항의 위헌 여부를 결정하고[헌재 2021. 3. 25. 2015헌바438, 2018헌바475, 2019헌마116(병합), 전원일치 합

---

83) 헌법재판소, 헌법재판소공보 제293호, 2021, 379면 이하.

헌/기각],84) 다시 그 다음 달 정보통신망법 제70조 제3항의 위헌 여부를 결정함으로써(헌재 2021. 4. 29. 2018헌바113 결정, 전원일치 합헌),85) 명예훼손죄와 관련조항에 관한 헌법재판소의 판단을 정리한 바 있다. (참고로 정보통신망법 제70조 제1항의 위헌 여부는 헌재 2016. 2. 25. 2013헌바105등 결정에서 재판관 7대2의 의견으로 합헌으로 결정된 바 있다.)86)

3. 사실 적시 명예훼손죄를 바라보는 시각에 따라 재판소의 법정의견(합헌)을 당연한 결론으로 평가하는 사람도 있고, 법정의견이 위헌으로 귀결되지 못하였음을 안타까운 판단으로 평가하는 사람도 있을 수 있다. 그러나 명예훼손죄의 위헌 여부는 법정의견(합헌) 또는 반대의견(일부위헌) 중 어느 견해에 따르더라도 논리적 정합성과 한계를 동시에 가지고 있으므로 어느 한쪽이 반드시 정답이라고 평가하기 어렵다.

명예훼손죄의 폐지를 주장하는 입장에서는 미국과 같이 명예훼손 행위를 형사처벌에서 배제하는 것은 물론이고 민사상 손해배상도 극히 제한적으로 인정해야 한다고 주장할 수 있으나, 표현의 자유 보장을 강조하고 이를 제한하는 법률을 제정할 수 없도록 한 미국 수정헌법 제1조의 문언과 달리 우리 헌법 제24조 제4항은 명예의 보호를 표현의 자유의 한계로 명시하고 있으므로, 이와 같이 서로 다른 헌법을 준거규범으로 하는 헌법재판의 결론은 미국과 대한민국이 서로 다를 수 있다.

4. 대상결정의 심판대상조항이었던 형법 제307조 제1항은 1995. 12. 29. 개정되었다. 헌법재판소법 제47조에 따르면 위헌으로 결정된 법률조항은 헌법재판소의 결정이 있는 날부터 장래로 효력을 상실하는 것이 원칙이나(제2항), 형벌조항인 경우 소급하여 그 효력이 상실된다(제3항 본문). 한편, 헌법재판소는 형법 제307조 제1항의 위헌 여부를 대상결정 이전에 판단한 바 없다. 그러므로, 만약 대상결정에서 위헌으로 결정되었다면, 형법 제307조 제1항은 그 개정시점인 1995. 12. 29.

---

84) 헌법재판소, 헌법재판소공보 제294호, 2021, 477면 이하.
85) 헌법재판소, 헌법재판소공보 제295호, 2021, 569면 이하.
86) 헌법재판소, 헌법재판소판례집(2016) 제28권 1집(상), 2016, 26면 이하.

자로 소급하여 실효되었을 것이고, 그렇다면 1995. 12. 29. 이후 약 25년 동안 형법 제307조 제1항에 근거한 유죄 확정판결은 모두 재심의 대상이 되므로(제4항), 그로 인해 상당한 법적 혼란이 초래될 수 있는 상황이었다.[87]

다만 헌법재판소법 제47조 제3항 단서는, 해당 형벌조항에 대하여 종전에 합헌으로 결정한 사건이 있는 경우에는 그 결정이 있는 날의 다음 날로 소급하여 효력을 상실하도록 정하고 있으므로, 만약 향후의 사건에서 헌법재판소가 법정의견을 변경하여 형법 제307조 제1항을 위헌으로 결정한다면 대상결정이 이루어진 2021. 2. 25.의 다음 날로 소급하여 그 효력이 상실될 것이므로, 그로 인한 법적 안정성의 영향은 제한적일 것으로 보인다. 앞으로 헌법재판소 7기 또는 8기 재판부에서 형법 제307조 제1항에 대한 판단이 어떻게 이루어질 것인지 기대하며 글을 마무리한다.

[주 제 어]
헌법재판소 결정, 2017헌마1113, 명예훼손죄, 위법성 조각사유, 외적 명예, 사생활의 비밀과 자유, 표현의 자유, 알 권리, 형법 제307조 제1항, 제310조, 헌법 제21조 제1항, 제4항.

[Key Words]
Korean Constitutional Court decision, 2017hun-ma1113, criminal defamation on true statement, justification, external reputation, privacy, freedom of expression, right to know, Korean Criminal Act article 307 paragraph 1, article 310, Korean Constitution article 21 paragraph 1, 4.

접수일자: 2022. 4. 18. 심사일자: 2022. 7. 25. 게재확정일자: 2022. 7. 26.

---

87) 대상결정은 헌법소원심판(헌마)와 위헌소원심판(헌바)의 병합사건이므로, 심판 대상조항이 위헌으로 결정될 경우 헌법재판소법 제75조 제6항에 따라 제47조가 준용됨.

[참고문헌]

1. 논문

권순민, "명예훼손죄의 비범죄화에 대한 논의와 그 대안에 대한 연구: 형법
　　제307조 제1항의 사실 적시 명예훼손죄를 중심으로", 법학논총 40-2, 단
　　국대학교 법학연구소, 2016.

김선화, "피해자의 범죄피해 사실적시와 명예훼손죄의 성립: 성폭력 피해자
　　를 중심으로", 젠더법학 11-1, 한국젠더법학회, 2019.

김성돈, "진실적시 명예훼손죄 폐지론", 형사정책연구 27-4, 한국형사정책연
　　구원, 2016.

김신규, "사이버명예훼손·모욕행위에 대한 형사규제의 개선방안", 비교형사
　　법연구 19-4, 한국비교형사법학회, 2018.

김재현, "사실적시 명예훼손죄 존폐론", 고려법학 93, 고려대학교 법학연구
　　원, 2019.

김형준, "명예훼손죄 비범죄화에 대한 비판적 검토", 법학논문집 43-3, 중앙
　　대학교 법학연구원, 2019.

김훈집·정태호, "유럽인권협약상의 언론매체의 표현의 자유와 명예훼손의
　　법리", 경희법학 53-3, 경희법학연구소, 2018.

박수희, "사이버명예훼손에 대한 형사법적 규제 및 개선방안", 한양법학
　　27-1, 한양법학회, 2016.

박호현·장규원, "법률개정(안)을 통한 명예훼손죄의 비범죄화에 대한 논의",
　　홍익법학 20-3, 홍익대학교 법학연구소, 2019.

박정난, "사실적시 명예훼손죄의 비범죄화에 관한 입법론적 검토", 법학논
　　총 31-3, 국민대학교 법학연구소, 2019.

배상균, "사실적시 명예훼손행위의 규제 문제와 개선방안에 관한 검토", 형
　　사정책연구 29-3, 한국형사정책연구원, 2018.

원혜욱·김자경, "명예훼손죄의 비범죄화와 민사상 손해배상책임", 비교형사
　　법연구 18-4, 한국비교형사법학회, 2016.

윤동호, "피해자의 의사와 형사절차", 피해자학연구 14-1, 한국피해자학회,
　　2006.

이상윤, "공적 영역에서 표현의 자유와 인격권의 충돌: 명예훼손 소송에서
　　의 위법성 판단기준을 중심으로", 저스티스 168, 한국법학원, 2018.

이정원, "사이버 명예훼손의 새로운 유형과 대응방안", KHU 글로벌기업법
　　무리뷰 9-2, 경희법학연구소, 2016.

정한중, "허위사실공표죄와 허위사실적시 명예훼손죄 해석의 문제점: 조OO
　　서울시교육감 항소심 판결을 중심으로", 법학연구 26-2, 연세대학교 법
　　학연구원, 2016.

황태정, "형법에 의한 인격권보호와 명예훼손법제", 비교형사법연구 14-2, 한
　　국비교형사법학회, 2012.

홍영기, "형법이 보호하는 명예: 사실적시 명예훼손죄 비범죄화논의와 관련
　　하여", 헌법재판연구 7-2, 헌법재판연구원, 2020.

2. 단행본

윤해성·김재현, 사실적시 명예훼손죄의 비범죄화 논의와 대안에 관한 연구,
　　한국형사정책연구원, 2018.

편집대표 박재윤, 주석형법: 형법각칙(4)(제4판), 한국사법행정학회, 2006.

편집대표 김대휘·김신, 주석 형법: 형법각칙(4)(제5판), 한국사법행정학회,
　　2017.

Erwin Chemerinsky, Constitutional Law: Principles and Policies(sixth edition),
　　Wolters Kluwer, 2019.

Stone·Seidman·Sunstein·Tushnet·Karlan, Constitutional Law(eighth edition),
　　Wolters Kluwer, 2018.

3. 자료

국회, 형법 일부개정법률안(박영선 의원 대표발의), 의안번호 286, 2012. 6. 22.

국회, 형법 일부개정법률안(박영선 의원 대표발의) 검토보고, 법제사법위원
　　회 수석전문위원 이한규, 2012. 9.

국회, 제311회 국회(정기회) 제5차 법제사법위원회회의록, 2012. 9. 19.

국회, 제311회 국회(정기회) 제12차 법제사법위원회회의록, 2012. 11. 14.

국회, 제337회 국회(정기회) 제7차 법제사법위원회회의록(법안심사제1소위원

회), 2015. 12. 4.

국회, 형법 일부개정법률안(이찬열 의원 대표발의), 의안번호 1090, 2016. 7. 22.

국회, 형법 일부개정법률안(이찬열 의원 대표발의) 검토보고, 법제사법위원회 수석전문위원 남궁석, 2016. 11.

국회, 제346회 국회(정기회) 제5차 법제사법위원회회의록, 2016. 11. 8.

국회, 제354회 국회(정기회) 제5차 법제사법위원회회의록(법안심사제1소위원회), 2017. 11. 29.

국회, 제364회 국회(정기회) 제1차 법제사법위원회회의록(법안심사제1소위원회), 2018. 9. 13.

대한변호사협회, 형법 일부개정법률안(박영선 의원 대표발의)에 대한 의견서, 2012. 7. 20.

법무부, 독일형법, 2008.

법무부, 일본형법, 2007.

헌법재판소, 헌법재판소공보 제293호, 2021.

헌법재판소, 헌법재판소공보 제294호, 2021.

헌법재판소, 헌법재판소공보 제295호, 2021.

헌법재판소, 헌법재판소판례집(1998) 제10권 1집, 1998.

헌법재판소, 헌법재판소판례집(1999) 제11권 1집, 1999.

헌법재판소, 헌법재판소판례집(2009) 제21권 1집(하), 2009.

헌법재판소, 헌법재판소판례집(2016) 제28권 1집(상), 2016.

헌재 2017헌마1113 사건기록

- 청구인의 2020. 7. 20.자 변론요지서
- 청구인측 참고인의 2020. 8. 4.자 의견서
- 이해관계인(법무부장관)의 2020. 8. 13.자 변론요지서
- 이해관계인측 참고인의 2020. 8. 18.자 의견서
- 헌법재판소의 2020. 9. 10.자 변론조서
- 헌법재판소의 2020. 9. 10.자 참고인 진술조서

The New York Times, "Heed Their Rising Voices", March 29, 1960.

[Abstract]

A Study on Criminal Defamation and Freedom of Expression
— focusing on Constitutional Court Decision 2017hun-ma1113 (Feb 25, 2021) —

Seung, Lee-Do*

1. It would be supreme, if we could not only allow statements on fact broadly in order to guarantee the freedom of expression and the right to know, but also protect external reputation and privacy sufficiently. However, it is almost impossible to incarnate such a condition in reality. If the Constitutional Court decides the Criminal Defamation(Criminal Act article 307 paragraph 1) unconstitutional, then the level of protection on individual's external reputation and privacy will decrease. Though, if the Court decides the Criminal Defamation constitutional so as to increase protection on reputation and privacy, then the freedom of expression and the right to know will be restricted.

2. Korean Constitution article 21 paragraph 1 announces that all citizens shall enjoy freedom of expression. The paragraph 4 of the article stipulates that the freedom of expression shall not violate reputation of others in order to limit the freedom of expression. Even hough it stipulates that the claims for damage are allowed when the expression violates others' reputation, it never mentions about criminal defamation.

The reason why Sovereign people enacted the Constitution to protect the freedom of expression is that it is the foundation of our democracy. Exercising the freedom of expression on true fact is the premise of the

---

* Rapporteur Judge(Constitutional Court of Korea).

right to know. It is the prerequisite of fulfilling our democracy that we can freely form our opinions through deliberation and discussion via true statement. Considering these grounds, Criminal Act article 307 paragraph 1 which stipulates the Criminal Defamation on true statement might be unconstitutional.

Meanwhile, Korean Criminal Act article 310 stipulates that if the fact is true and the statement is solely for the public interest it shall not be punishable. Through this justification article, only the statement which is irrelevant to public interest and exposing others' weakness as a private sanction is punishable. Such a statement can result in infringing personal right and privacy, without fulfilling the purpose of freedom of expression. In these regards, Criminal Defamation on true statement might be constitutional.

3. On Feb 25, 2021, the Constitutional Court of Korea made a first decision(2017hun-ma1113) that the Korean Criminal Act article 307 paragraph 1 is constitutional. But there was a strong Dissent Opinion which is supported by 4 Justices out of 9 Justices. In this decision, Justices wrote their thoughts and conclusions of various issues on Criminal Defamation and freedom of expression. The decision on Criminal Defamation carries significant meaning in deliberating a feasible solution for protecting reputation as well as expression.

주거침입의 보호법익과 침입의 태양
─ 대법원 2021. 9. 9. 선고 2020도12630 전원합의체 판결 ─

이 창 온*

Ⅰ. 대상판결의 소개

1. 사실관계

이 사건은 피고인은 피해자 공소외 1의 아내인 공소외 2와 내연 관계에 있는 사람인데, 2019. 7. 30. 09:21경 피해자와 위 공소외 2가 공동으로 거주하는 집에 이르러, 위 공소외 2가 열어 준 현관 출입문을 통해 피해자의 주거에 3차례에 걸쳐 피해자의 주거에 침입한 사안을 대상으로 한다(울산지방법원 2020. 1. 30. 선고 2019고단4061 판결).

2. 대법원 전원합의체의 판단[1]

대법원 전원합의체의 다수의견(이하 다수의견)은 종래 남편의 일시 부재중에 혼외 성관계를 가질 목적으로 그 처의 승낙을 받아 주거에 들어간 사안에서 주거침입죄의 성립을 인정하였던 입장을 변경하고, 외부인이 공동거주자의 일부가 부재중에 주거 내에 현재하는 거주자

---

* 이화여자대학교 법학전문대학원 교수
1) 대상 판결에 관하여는 대법관 김재형의 별개의견1, 대법관 안철상의 별개의견 2, 대법관 이기택, 이동원의 반대의견, 대법관 박정화, 대법관 노태악의 다수의 견에 대한 보충의견 및 대법관 이기택의 반대의견에 대한 보충의견이 있었으나 지면의 분량을 고려하여 소개를 생략하였다.

의 현실적인 승낙을 받아 통상적인 출입방법에 따라 공동주거에 들어
간 경우라면 그것이 부재중인 다른 거주자의 추정적 의사에 반하는
경우에도 주거침입죄가 성립하지 않는다고 보아야 한다는 이유로 검
사의 상고를 기각하였다. 그 구체적인 논거는 다음과 같다.

① 주거침입죄의 보호법익

주거침입죄의 보호법익은 사적 생활관계에 있어서 사실상 누리고
있는 주거의 평온, 즉 '사실상 주거의 평온'으로서, 주거를 점유할 법
적 권한이 없더라도 사실상의 권한이 있는 거주자가 주거에서 누리는
사실적 지배·관리관계가 평온하게 유지되는 상태를 말한다.

② 공동주거의 특성

공동주거의 경우에는 여러 사람이 하나의 생활공간에서 거주하는
성질에 비추어 공동거주자 각자는 다른 거주자와의 관계로 인하여 주
거에서 누리는 사실상 주거의 평온이라는 법익이 일정 부분 제약될
수밖에 없고, 공동거주자는 공동주거관계를 형성하면서 이러한 사정
을 서로 용인하였다고 보아야 한다. 부재중인 일부 공동거주자에 대하
여 주거침입죄가 성립하는지를 판단할 때에도 이러한 주거침입죄의
보호법익의 내용과 성질, 공동주거관계의 특성을 고려하여야 한다.

③ 부재중인 공동거주자에 대하여 주거침입이 인정되는 경우

공동거주자 개개인은 각자 사실상 주거의 평온을 누릴 수 있으므
로 어느 거주자가 부재중이라고 하더라도 사실상의 평온상태를 해치
는 행위태양으로 들어가거나 그 거주자가 독자적으로 사용하는 공간
에 들어간 경우에는 그 거주자의 사실상 주거의 평온을 침해하는 결
과를 가져올 수 있다.

④ 현재 거주자의 승낙과 통상적인 출입방법

그러나 공동거주자 중 주거 내에 현재하는 거주자의 현실적인 승
낙을 받아 통상적인 출입방법에 따라 들어갔다면, 설령 그것이 부재중
인 다른 거주자의 의사에 반하는 것으로 추정된다고 하더라도 주거침
입죄의 보호법익인 사실상 주거의 평온을 깨트렸다고 볼 수는 없다.

⑤ 평온의 침해 내용의 주관화, 관념화

만일 외부인의 출입에 대하여 공동거주자 중 주거 내에 현재하는 거주자의 승낙을 받아 통상적인 출입방법에 따라 들어갔음에도 불구하고 그것이 부재중인 다른 거주자의 의사에 반하는 것으로 추정된다는 사정만으로 주거침입죄의 성립을 인정하게 되면, 주거침입죄를 의사의 자유를 침해하는 범죄의 일종으로 보는 것이 되어 주거침입죄가 보호하고자 하는 법익의 범위를 넘어서게 되고, '평온의 침해' 내용이 주관화·관념화된다.

⑥ 가벌성의 확장

출입 당시 현실적으로 존재하지 않는, 부재중인 거주자의 추정적 의사에 따라 주거침입죄의 성립 여부가 좌우되어 범죄 성립 여부가 명확하지 않고 가벌성의 범위가 지나치게 넓어지게 되어 부당한 결과를 가져오게 된다.

⑦ 보호법익에 따른 '침입'의 해석

따라서 주거침입죄의 구성요건적 행위인 침입은 주거침입죄의 보호법익과의 관계에서 해석하여야 한다. 따라서 침입이란 '거주자가 주거에서 누리는 사실상의 평온상태를 해치는 행위태양으로 주거에 들어가는 것'을 의미하고, 침입에 해당하는지 여부는 출입 당시 객관적·외형적으로 드러난 행위태양을 기준으로 판단함이 원칙이다. 사실상의 평온상태를 해치는 행위태양으로 주거에 들어가는 것이라면 대체로 거주자의 의사에 반하는 것이겠지만, 단순히 주거에 들어가는 행위 자체가 거주자의 의사에 반한다는 거주자의 주관적 사정만으로 바로 침입에 해당한다고 볼 수는 없다. 앞서 보호법익에서 살펴본 바와 같이 외부인이 공동거주자 중 주거 내에 현재하는 거주자로부터 현실적인 승낙을 받아 통상적인 출입방법에 따라 주거에 들어간 경우라면, 특별한 사정이 없는 한 사실상의 평온상태를 해치는 행위태양으로 주거에 들어간 것이라고 볼 수 없으므로 주거침입죄에서 규정하고 있는 침입행위에 해당하지 않는다.

⑧ 판례변경의 범위

공동거주자 중 주거 내에 현재하는 거주자의 현실적인 승낙을 받아 통상적인 출입방법에 따라 주거에 출입하였는데도 부재중인 다른 거주자의 추정적 의사에 반한다는 사정만으로 주거침입죄가 성립한다는 취지로 판단한 앞서 본 대법원 83도685 판결을 비롯한 같은 취지의 대법원판결들은 이 사건 쟁점에 관한 이 판결의 견해에 배치되는 범위 내에서 모두 변경한다.

3. 대상판결의 쟁점

대상판결과 관련한 쟁점은 크게 세 가지 차원으로 나눠서 살펴볼 수 있다. 첫 번째는 주거침입죄의 보호법익 그리고 그 보호법익과 행위태양인 침입 사이의 관계에 관한 개념적 차원의 논의이고, 두 번째는 이러한 개념을 공동주거의 문제에 관하여 어떻게 적용·포섭할 것인지에 관한 포섭 차원의 문제이며, 세 번째는 법적 안정성이라는 법철학적 내지 형사정책적 차원이다.

여기서 첫 번째와 두 번째 차원의 쟁점을 나눈 이유는 주거침입죄의 보호법익을 어떻게 바라보느냐 하는 것과 공동주거에 있어서의 침입을 언제, 어떻게 파악할 것이냐 하는 것 사이에 논리적 연결관계가 반드시 존재한다고 보기 어렵기 때문이다. 세 번째 차원은 다수의견이 종래 판례의 '침입'개념을 변경하면서도 그 적용범위는 대상판결의 특수한 사실관계에만 한정함으로써, 대상판결의 여파가 어디까지 미칠지 명백하지 않기 때문에 발생하는 문제이다. 만약 대상판결이 '침입'의 의미에 관하여 종래의 입장을 전면적으로 바꾼 것이라면 지난 수십 년간 다양한 사실관계에 적용되던 판례법리를 변경한 것이 될 터인데, 그것이 법철학적, 형사정책적으로 타당한 것인가에 관한 것이다. 먼저 주거침입죄의 보호법익과 침입의 태양과의 관계에 관하여 우리나라의 학설과 판례를 개관하고, 외국의 입법례를 살펴본 다

음, 위의 세 가지 차원과 관련하여 차례대로 개인적인 견해를 개진하
고자 한다.

Ⅱ. 학설과 기존 판례의 입장

1. 주거침입죄의 보호법익과 침입의 의미에 관한 학설 개관

(1) 구주거권설

주거권을 본죄의 보호법익으로 보되 오직 가장 또는 호주만이 주
거의 출입에 대해 허락권을 가지고 있다고 이해하는 견해로서 구법시
대 판례가 취한 입장이다.[2]

(2) 신주거권설

주거침입죄의 보호법익을 주거권으로 보면서 주거권은 '사람이
주거의 평온을 확보하고 권한 없는 타인의 침입에 의하여 이를 방해
받지 않을 권리' 또는 '주거 안에서 권한 없는 사람의 존재에 의하여
방해받지 않을 이익'으로 본다. 그 내용의 핵심은 '개인이 그의 보호구
역 안에 다른 사람이 들어오거나 체류해도 되는가를 결정할 수 있는
자유'이다.[3] 구 주거권설의 견해와 달리 여기서 주거권은 가장이나 호
주만의 허락권이 아니라 모든 구성원의 권리가 된다. 이 견해는 주거
의 자유는 헌법상 기본권으로 보장되므로 주거의 평온을 내용으로 하
는 권리를 인정할 수 있으며, 주거에서의 사실상의 평온이 유지되는가
는 법익 주체의 의사와 관계없이는 판단할 수 없다는 것을 근거로 한
다. 주거권은 주거의 평온에 대한 결정의 자유를 내용으로 하는 고유
한 성질의 인격적 자유권이므로 그 내용이 반드시 불분명하다고 할

---

2) 김대휘, 김신 편, 주석형법(이우철 집필부분)(2017), 사법행정, 141~142면. 구 주
   거권설에 관한 일본 판례와 학설의 유래와 동향에 관하여는 김준호, 간통 목
   적의 주거침입을 둘러싼 일본의 형법이론 변천에 관한 연구, 법학연구 제31권
   제3호(2021.9.), 연세대학교 법학연구원 448~449면.
3) 이재상, 장영민, 강동범, 형법각론 제12판(2021), 박영사, 236면.

수는 없으며, 만약 주거침입죄의 보호법익을 사실상의 평온이라고 해석할 경우 주거침입죄가 공공의 질서에 대한 죄로서의 성질이 강조된다고 하면서 사실상 평온설을 비판한다.4) 일본에서의 다수설이며, 독일의 통설이다.

주거권설에서 '침입'이란 타인으로 하여금 주거에 들어오게 할 것인지 여부를 결정할 수 있는 '주거권자'의 의사에 반하여 들어가는 것을 의미하게 된다.5) 주거권자는 주거에의 출입과 그 체재를 결정할 권리가 있는 사람이며, 반드시 소유자이거나 직접점유자임을 요하지 않는다. 주거에 거주함으로써 그 장소에 대하여 privacy의 이익을 가진 사람이 주거권자가 되기 때문이다. 적법하게 점유를 개시하여 사실상 주거에 거주하는 이상 점유할 권리가 있는가는 문제 되지 않는다.6)

주거권자의 의사에 반하여 침입하였는지 여부를 판단함에 있어서 반드시 침입자가 물리적으로 출입을 제지당하였을 것을 요하지 않는다.7) 침입 여부를 판단함에 있어서도 반드시 주거권자의 명시적인 의사를 요하지 않으며, 출입 상황에 비추어 주거권자의 동의 또는 반대 의사가 추정될 수도 있다. 따라서 범죄를 행할 목적으로 들어가거나 정상적인 출입 방법이 아닌 방식으로 들어간 때에는 주거권자의 의사에 반하는 것으로 볼 수 있다.8) 그러나 뇌물을 제공하기 위하여 공무원의 주거에 들어간 때에는 주거권자의 의사에 반하여 들어갔다고 할 수 없으며, 공중에게 개방된 관공서의 청사나 역, 백화점, 은행 등에 범죄의 목적으로 들어간 경우에도 특별히 개인적으로 내려진 출입금지에 위반하거나 침입 방법 그 자체가 일반적인 허가에 해당되지 않는 것이 명백하게 나타난 때가 아닌 이상 관리권자의 동의에 반하여 침입하였다고 볼 수 없다고 본다.9)

---

4) Id, 237~238면.
5) Id, 239면.
6) Id, 241면.
7) Id, 239면.
8) Id, 243~244면.
9) Id, 244~245면.

강제에 의하여 동의를 받은 때에는 주거권자의 의사에 반하므로 당연히 주거침입죄가 성립한다. 그러나 기망에 의하여 주거권자의 동의를 받은 때에는 주거권자의 현실적인 의사에 반하였다고 할 수 없다고 본다. 주거권자의 진의를 기준으로 침입 여부를 판단할 경우 이미 주거권을 보호하는 범죄로 볼 수 없으므로 주거침입죄가 성립되지 않는다는 것이다.[10]

한편, 주거에 수인이 같이 거주하는 때에는 각자가 모두 주거권을 가지게 되므로 그 공동사용 부분에 대하여는 각자가 완전한 주거권을 가지고 다른 사람의 출입과 제재에 동의할 수 있다. 다만 이 경우에 각자의 주거권은 다른 사람의 권리를 침해해서는 안 된다는 제한을 받게 되므로 다른 주거권자의 동의를 기대할 수 없는 때에는 단독으로 출입을 허락할 수 없다. 따라서 부부는 일방이 부재중에 손님을 초대할 수는 있지만, 간통을 하기 위해서 다른 사람이 들어오도록 할 수는 없고 따라서 그 타인이 그 부부 일방의 승낙을 받고 들어가더라도 주거침입죄가 성립하게 된다.[11]

(3) 사실상의 평온설

주거침입죄의 보호법익을 권리로서의 주거권이 아니라 주거를 지배하고 있는 사실관계 즉 주거에 대한 공동생활자 전원의 사실상의 평온이라고 보는 견해이다.[12] 주거권설을 비판하는 근거는 다양하다. 신주거권설은 형법적 보호가치가 적법한 권리에서 나오는 것이 아니라 실질적인 정당성에서 나오는 것이라는 점을 올바로 파악할 수 없다고 비판하거나,[13] 주거 등에 출입을 허용하는 자유라는 것이 권리로서의 성격을 가지고 있는지 분명하지 않고 공공건조물에는 개인이 출입 여부를 결정할 수 없으므로 이론의 타당성에 의문이 있다고 비판

---

10) Id, 244면.
11) Id, 242면.
12) 김성돈, 형법각론 제6판(2021), 성균관대학교 출판부 274면. 배종대, 형법각론 제11전정판(2021), 홍문사, 251면.
13) 김성돈, 각주 12) 274면. 김일수/서보학, 새로쓴 형법각론 제9판(2021), 200면.

한다.14) 주거침입죄의 목적은 주거 그 자체가 아니며 그 안에 사는 사람들의 평온한 삶을 위한 것으로서 주거권의 보호는 이를 위한 수단에 지나지 않는다거나,15) 주거권의 내용이 애매하고 누가 주거권의 주체인가의 문제가 생기며 주거권설은 범죄란 권리의 침해라는 낡은 사고방식의 잔재라고 비판하기도 한다.16) 우리나라의 다수설이며, 일본의 소수설에 해당한다.

여기서는 사실상의 평온이 침해될 위험성이 있을 때 주거침입죄가 성립된다고 보게 되므로 주거의 범위를 획정하는 것이 문제 된다. 주거에는 항상 사람이 현존할 필요가 없다고 보며, 주거용 차량, 정원, 복도, 계단 등 부속건물과 위요지도 주거에 포함되게 된다. 다만 위요지가 되기 위해서는 건조물에 인접한 그 주변 토지로서 관리자가 외부와의 경계에 문과 담 등을 설치하여 그 토지가 건조물의 이용을 위하여 제공되었다는 것이 명확히 드러나야 한다.17) 관리하는 건조물에 있어서 관리란 사실상 지배, 보존하는 것을 말하며 타인의 침입을 방지할 수 있는 인적, 물적 설비가 있으면 충분하고 반드시 출입을 불가능하게 하거나 곤란하게 할 설비임을 요하지 않고 건조물에 사람이 현존할 필요도 없으므로 빈집, 폐쇄된 별장, 창고, 공장, 관공서의 청사, 학교, 극장 등도 이에 해당한다. 그러나 단지 출입금지의 입찰을 세워둔 것만으로는 관리라고 할 수 없다고 본다.18)

여기서는 어느 정도 사실상의 평온을 침해될 위험이 발생한 때에 '침입'으로 볼 수 있는지 여부가 핵심적인 문제가 된다. 이 입장을 취하는 다수의 견해는 '침입'이란 기본적으로 주거자 또는 관리자19)의 의사 또는 추정적 의사에 반하여 주거 안으로 들어가는 것으로 본다.

14) 신동운, 형법각론 제2판(2018), 법문사, 821면.
15) 배종대, 각주 12) 252면.
16) 주석형법 각주 2) 142~143면.
17) 배종대, 각주 12) 254면; 신동운, 각주 14) 827면.
18) Id; 김성돈, 각주 12) 278면.
19) 다만, 배종대 각주 12) 256면은 사실상 평온설을 취하고 있으면서도 '침입' 여부를 판단함에 있어서는 주거권자, 관리권자라는 개념을 사용하고 있다.

따라서 침입방법의 공개성, 폭력성 등은 요건이 아니며 피해자의 의사에 반하여 평온하게 들어갔더라도 주거침입죄가 성립할 수 있다고 본다.[20] 그러나 사실상 주거자 또는 관리자의 승낙을 받고 들어가는 것은 주거의 평온을 해하는 것이 되지 않으므로 침입에 해당하지 아니하여 주거침입죄를 구성하지 않는다.[21]

한편, 절도, 강도, 폭행 등 범죄의 목적으로 타인의 주거에 들어간 경우에 주거침입죄가 성립하는가 여부에 관해서는 주거자가 그 진의를 알았더라면 동의를 하지 않았을 것이라고 판단될 때에는 주거침입죄가 성립된다고 보는 견해(이하에서 ① 사실상 평온설로 지칭하기로 한다)와[22] 이때 주거자나 관리자의 의사는 결과에서 확인된 실질적인 의사가 아니라 주거출입 자체에 대한 의사에 근거하여야 한다는 이유로 주거침입죄가 성립하지 않는다고 보는 견해(이하에서 ② 사실상 평온설로 지칭하기로 한다)[23]로 나뉜다.

관공서의 청사, 음식점, 백화점과 같이 일반적 출입이 허용된 장소에 범죄 목적을 숨기고 들어간 경우에는 ① 사실상 평온설 내에서도 이는 동의권자의 실질적 의사에 반하는 것이며 범죄 목적으로 주거에 들어간 경우와 달리 취급하는 것은 사례의 평등취급에 어긋나는 것이므로 주거침입죄가 성립한다는 견해[24]와 범죄의 목적으로 주거에 들어간 경우에는 침입을 인정할 수 있지만 공중에게 출입이 일반적으로 허용된 경우에는 그 목적이 불법하다는 것만으로는 침입이라고 볼 수 없다는 이유로 일반적이지 않은 시간이나 방법으로 출입하지 않은 이상 주거침입죄는 성립하지 않는다는 견해[25]로 나뉘어져 있다. 그러나 출입 그 자체에 관한 관리자의 의사를 중시하는 ② 사실상 평온설

20) 배종대, 각주 12) 255면; 김성돈, 각주 12) 278면. 김일수/서보학, 각주 13) 203면.
21) 주석형법, 각주2) 142~143면.
22) 김성돈, 각주 12) 280면; 배종대, 각주 12) 256면; 신동운, 각주 14) 830면.
23) 김일수/서보학, 각주 13) 205~206면.
24) 김성돈, 각주 12) 281면.
25) 배종대, 각주 12) 257면.

의 입장에서는 침입을 인정하지 않는다.26)

대리시험을 보기 위해 고사장에 출입하거나 위조된 입장권을 이용하여 들어가거나 경찰이 염탐을 목적으로 외판원을 가장하여 들어온 경우와 같이 주거자가 기망에 의하여 출입을 승낙한 경우에는 주거자가 전후사정을 알았을 경우에는 허락하지 않았을 것이라는 이유로 주거침입을 긍정하는 견해가 사실상 평온설 내에서 다수의 입장을 차지한다.27) 그러나 ② 사실상 평온설에서와 같이 출입 자체에 대한 의사표시가 있는 경우에는 주거의 사실상 평온이 침해되었다고 볼 수 없다거나, 단순한 동기의 착오는 승낙의 유효성에 영향을 미치지 않는다는 이유로 침입을 부정하는 입장도 있다.28)

여러 사람이 함께 거주하는 동일한 주거에 공동주거자 중 한 사람의 동의를 받고 들어간 경우에는 주거자 각자가 동의권자가 되어 외부인의 출입과 체재를 통제할 수 있으므로 외부인이 위법한 목적을 가지고 들어가더라도 사실상 주거의 평온이 침해된 것으로 볼 수 없기 때문에 침입이라고 보지 않는다는 견해가 사실상 평온설 중 다수의 입장을 점한다.29) 다만 다른 주거자의 현재하는 명시적인 반대의사가 있는 경우에는 일부의 동의를 받고 들어가더라도 주거침입이 된다고 보는 견해도 있고,30) 나아가 공동주거자가 부재중인 경우에도 그의 추정적 의사에 반한다면 주거침입죄가 성립한다고 보는 견해도 존재한다.31)

사실상 평온설 중 출입 그 자체에 대한 거주자나 관리자의 승낙

---

26) 김일수/서보학, 각주 13) 206면.
27) Id.
28) Id, 205면; 김성돈, 각주 12) 280면.
29) 배종대, 각주 12) 256면; 김일수/서보학, 각주 13) 207면.
30) 김일수/서보학, 각주 13) 207면.
31) 김성돈, 각주 12) 282면; 신동운, 각주 14) 822면. 다만 신동운 822면에서는 동업자가 공동점유하는 건물에서 분규가 발생하여 공동점유자 중 1인이 다른 공동점유자의 의사에 반하여 들어간 경우에는 건조물침입죄가 성립하지 않는다고 본다.

여부에 따라 침입 여부를 판단하여야 한다고 보는 견해(② 사실상 평온
설)에서도 여전히 주거자나 관리자의 의사가 침입 여부를 판단하는데
있어서 핵심적인 기준으로 작용한다. 따라서 침입이 공연히 행하여졌
는가, 은밀히 행하여졌는가, 폭력적으로 행하여졌는가를 불문하고 주
거자나 관리자의 의사나 추정적 의사에 반하여 들어가면 주거침입이
된다고 본다.32)

　　그런데 이러한 입장에서 한 걸음 더 나아가 목적의 위법성이나
행위태양을 중심으로 사실상 평온 침해 여부를 판단하자는 견해(이하
에서 ③ 사실상 평온설로 지칭하기로 한다)도 존재한다. 주거침입죄의 보
호법익을 주거의 사실상 평온으로 보면서, 주거침입죄는 목적의 위법
성이나 행위의 태양이 주거의 사실상 평온을 해하는지 여부에 의해
결정되고 주거자의 의사나 승낙 유무는 그 판단자료가 되는데 불과하
다고 보는 것이다.33) 이러한 견해에서는 침입 여부를 판단하는 기준이
되는 것은 주거자가 아니라 사실상 거주자라고 본다. 예컨대 집주인이
외출 중이고 가정부가 집을 지키고 있을 때 침입 여부를 판단하는 기
준은 가정부의 의사에 반하여 들어갔느냐가 된다.34)

　　이러한 입장에서는 복수의 거주자 중 일부의 승낙이 다른 거주자
의 의사에 직, 간접으로 반하는 경우에도 일단 현존하는 거주자의 동
의를 받고 들어간 경우에는 언제나 주거침입이 성립되지 않는다고 보
게 된다.35) 범죄의 목적으로 주거나 관공서, 은행 등의 장소에 들어간
경우에도 거주자의 의사에 반하는 것은 들어가는 것 자체가 아니라

---

32) 김일수/서보학, 각주 13) 201, 203면.
33) 오영근, 형법각론 제6판(2021), 박영사 212면; 주석형법, 각주 2) 142~143면. 배
　　종대, 각주 12) 252~253면은 복수주거자가 있는 경우 행위불법은 행위 그 자
　　체로 평가되어야지 목적의 적법 여부로부터 영향을 받아서는 안되므로 어느
　　한 사람의 승낙만 있으면 주거의 사실상 평온이 침해되었다고 보기 어렵다고
　　하는데, 이러한 견해도 동일한 취지로 볼 수 있다. 다만, 복수주거자 사례 이
　　외의 다른 사실관계에 관한 침입 여부 판단에 있어서는 고전적인 사실상 평
　　온설의 입장을 그대로 유지하고 있는 것처럼 보인다.
34) 오영근, 각주 33) 216면. 211~212면.
35) Id, 217면.

범죄행위를 하는 것이므로 침입 자체는 거주자의 의사에 반하지 아니하여 주거침입죄가 성립되지 않는다고 본다.36) 반면 전기검침원을 가장하고 주거에 들어간 경우와 같이 기망으로 거주자의 승낙을 받고 들어간 경우에는 거주자의 진정한 의사에 의한 것이 아니므로 주거침입죄가 성립한다고 한다.37)

이상에서 살펴본 것처럼 사실상 평온설에는 크게 ①, ②, ③의 세 가지 견해가 공존하고 있으며, 각 견해가 '침입'의 의미를 해석하는 구체적인 입장에 따라서 다양한 사실관계에 대한 각각의 포섭이 상당히 다르다는 것을 알 수 있다.

(4) 구분설

주거침입죄의 입법 취지는 개인의 사생활 보호에 있으므로 그 보호법익은 주거 내지 건조물의 종류를 구분하여 고찰하여야 한다고 보는 견해이다. 주거를 개인의 사적 장소인 주택, 연구실, 하숙방 등과 공중이 자유로이 출입할 수 있도록 개방된 장소인 백화점, 관공서, 공공도서관, 극장, 음식점 등으로 구분하여 전자의 장소는 개인의 사생활을 보호할 필요성이 있으므로 그 보호법익은 주거의 사실상 평온으로 보아야 하나, 후자의 장소는 개인의 사생활과는 무관한 영역이므로 그 보호법익은 업무상의 평온과 비밀이라고 함이 타당하다고 본다.38) 그런데 이 견해에서도 '침입'은 주거자 또는 관리자의 의사에 반하여 들어가는 것으로 보며, 절도, 도청시설설치 등 범죄 목적으로 주거에 들어간 경우에는 개인의 사생활보호를 위하여 주거침입죄가 성립한다고 보고 있으므로 ① 사실상 평온설과 동일한 입장을 취하고 있다고 볼 수 있다. 그러나 공중이 출입할 수 있는 백화점 등 개방된 장소의 경우에는 업무상 평온과 비밀이 보호법익이 되므로 범죄목적을 가지고 출입하는 행위만으로는 주거침입죄가 성립되지 않는다고 본다.39)

---

36) Id, 218면.
37) Id, 217면.
38) 임웅, 형법각론 제11판(2020), 법문사, 247면.

여기서는 복수의 주거자 중 1인의 허락을 받은 경우에는 다른 주
거자가 부재 중인 경우에는 부재자의 주거의 사실상의 평온이 깨어질
이유가 없으므로 침입이 성립하지 않으나, 다른 주거자가 현장에 있는
경우에는 주거침입죄가 성립한다고 한다.40)

2. 종래 판례의 태도

대법원은 일관해서 주거침입죄는 사실상의 주거의 평온을 그 보
호법익으로 한다고 판시하여 왔다.41)

> "주거침입죄는 사실상의 주거의 평온을 보호법익으로 하는 것으
> 로 그 주거자 또는 간수자가 그 건조물 등에 거주 또는 간수할
> 권리를 가지고 있는가의 여부는 범죄의 성립을 좌우하는 것이
> 아니며 점유할 권리 없는 자의 점유라 하더라도 그 주거의 평온
> 은 보호되어야 할 것이므로, 권리자가 그 권리를 실행함에 있어
> 법에 정하여진 절차에 의하지 아니하고 그 건조물 등에 침입한
> 경우에는 주거침입죄가 성립한다."

한편, 대법원은 '침입'의 개념과 관련해서 공중화장실의 용변칸에
노크하여 남편으로 오인한 피해자가 용변칸 문을 열자 강간할 의도로
들어간 경우에 피해자가 명시적 또는 묵시적으로 이를 승낙하였다고
볼 수 없다는 이유로 주거침입죄의 성립을 인정하였다.42) 일반인의 출
입이 허용된 음식점이라고 하더라도 도청장치를 설치할 의도로 들어
간 경우에는 영업주의 명시적 또는 추정적 의사에 반하여 들어간 것
이므로 주거침입죄가 성립된다고 본 바 있었다.43) 공동주거자의 경우
에도 대법원은 남편의 부재 중 처와 간통을 하기 위해 집에 들어간

---

39) Id, 248면.
40) Id, 249면.
41) 대법원 2008. 5. 8. 선고 2007도11322; 대법원 1983. 3. 8. 선고 82도1363 등.
42) 대법원 2003. 5. 30. 선고 2003도1256.
43) 대법원 1995. 9. 15. 선고 95도2674.

경우에도 이번 전원합의체 판결 전까지는 공동주거자의 추정적 의사에 반한다는 이유로 주거침입죄의 성립을 인정하였다.44)

　종래 대법원은 ① 사실상 평온설과 유사한 용어를 사용하고 있었으나, 실제 침입 여부를 판단함에 있어서는 신주거권설과 유사한 입장을 취하여 왔다고 평가할 수 있을 것이다.45) 대법원은 ① 사실상 평온설에 속하는 학설의 다수 견해와 달리 공동주거자 1인의 승낙을 받은 경우에도 부재하는 공동주거자의 추정적 의사에 반하는 경우에는 주거침입죄의 성립을 긍정하였기 때문이다. 원래 일본에서 등장하기 시작한 사실상 평온설은 남편의 부재 중 처와 간통을 하기 위하여 출입한 상간남에 대하여 주거침입죄의 성립을 부정하기 위하여 제시된 이론인데, 우리 대법원은 표면적으로는 ① 사실상 평온설의 입장에 서면서도 그러한 사실관계에 대해서는 주거침입죄를 인정하였다. 이는 일본에서는 신주거권설 중 소수설에 가까운 입장이다.

　이번 전원합의체 판결을 전후하여 이러한 대법원의 입장이 근본적으로 변화하였는지는 아직 불투명하다. 다수의견은 그 판결의 적용범위를 공동주거자 중 1인이 부재한 경우 현재하는 공동주거자의 승낙을 받고 출입한 사실관계에 한정하였기 때문이다. 그런데 대법원은 대상판결을 선고하던 같은 날에 일시가출한 남편과 그와 동행한 부모가 아내와 공동으로 거주하던 공동주거에 현 공동거주자의 의사에 반하여 침입한 사건에 대하여 그 출입이 사실상 평온을 해친 경우라고 하더라도 일시가출한 공동주거자의 공동주거에 대한 정당한 이용행위의 범위46) 내에 있다면 주거침입죄가 성립되지 않는다고 판시하였

---

44) 대법원 1984. 6. 26. 선고 83도685.

45) 류부곤, 공동주거에 대한 주거침입죄의 성립여부, 형사법연구 제33권 제3호 (2021 가을), 104면은 대법원의 입장은 주거침입죄가 주거에 대한 '권리'를 보호하고자 하는 것은 아니라고 명확히 설시하였으므로 주거권설이라고 할 수 없고, 내용을 자세히 들여다보면 사실상의 평온을 평가의 대상으로 하는 것도 아니기 때문에 사실상 평온설이라고도 할 수 없어서 제3의 입장이라고도 평가할 수 있다고 한다.

46) 판시 내용을 살펴보면 '주거권'이라는 용어를 의식적으로 피하고 있는 것처럼

다.47)

"주거침입죄의 객체는 행위자 이외의 사람, 즉 '타인'이 거주하는 주거 등이라고 할 것이므로 행위자 자신이 단독으로 또는 다른 사람과 공동으로 거주하거나 관리 또는 점유하는 주거 등에 임의로 출입하더라도 주거침입죄를 구성하지 않는다. 다만 다른 사람과 공동으로 주거에 거주하거나 건조물을 관리하던 사람이 공동생활관계에서 이탈하거나 주거 등에 대한 사실상의 지배·관리를 상실한 경우 등 특별한 사정이 있는 경우에 주거침입죄가 성립할 수 있을 뿐이다... 주거침입죄가 사실상 주거의 평온을 보호법익으로 하는 이상, 공동주거에서 생활하는 공동거주자 개개인은 각자 사실상 주거의 평온을 누릴 수 있다고 할 것이다. 그런데 공동거주자 각자는 특별한 사정이 없는 한 공동주거관계의 취지 및 특성에 맞추어 공동주거 중 공동생활의 장소로 설정한 부분에 출입하여 공동의 공간을 이용할 수 있는 것과 같은 이유로, 다른 공동거주자가 이에 출입하여 이용하는 것을 용인할 수인의무도 있다. 그것이 공동거주자가 공동주거를 이용하는 보편적인 모습이기도 하다. 이처럼 공동거주자 각자가 공동생활의 장소에서 누리는 사실상 주거의 평온이라는 법익은 공동거주자 상호 간의 관계로 인하여 일정 부분 제약될 수밖에 없고, 공동거주자는 이러한 사정에 대한 상호 용인하에 공동주거관계를 형성하기로 하였다고 보아야 한다. 따라서 공동거주자 상호 간에는 특별한 사정이 없는 한 다른 공동거주자가 공동생활의 장소에 자유로이 출입하고 이를 이용하는 것을 금지할 수 없다.
공동거주자 중 한 사람이 법률적인 근거 기타 정당한 이유 없이 다른 공동거주자가 공동생활의 장소에 출입하는 것을 금지한 경우, 다른 공동거주자가 이에 대항하여 공동생활의 장소에 들어갔

보이나, 이미 퇴거한 남편이 가지는 '공동생활의 장소에서 누리는 사실상 주거의 평온이라는 법익'은 주거권을 의미한다고 볼 것이다.

47) 대법원 2021. 9. 9. 선고 2020도6085 전원합의체 판결. 다수의견에 대하여 대법관 조재연, 대법관 민유숙, 대법관 이동원의 반대의견(주거침입죄 성립)과 대법관 이기택의 별개의견(거주자의 진정한 의사를 기준으로 사실판단해야 함)이 있다.

더라도 이는 사전 양해된 공동주거의 취지 및 특성에 맞추어 공동생활의 장소를 이용하기 위한 방편에 불과할 뿐, 그의 출입을 금지한 공동거주자의 사실상 주거의 평온이라는 법익을 침해하는 행위라고는 볼 수 없으므로 주거침입죄는 성립하지 않는다. 설령 그 공동거주자가 공동생활의 장소에 출입하기 위하여 출입문의 잠금장치를 손괴하는 등 다소간의 물리력을 행사하여 그 출입을 금지한 공동거주자의 사실상 평온상태를 해쳤더라도 그러한 행위 자체를 처벌하는 별도의 규정에 따라 처벌될 수 있음은 별론으로 하고, 주거침입죄가 성립하지 아니함은 마찬가지이다... 공동거주자 각자가 상호 용인한 통상적인 공동생활 장소의 출입 및 이용행위의 내용과 범위는 공동주거의 형태와 성질, 공동주거를 형성하게 된 경위 등에 따라 개별적·구체적으로 살펴보아야 한다. 공동거주자 중 한 사람의 승낙에 따른 외부인의 공동생활 장소의 출입 및 이용행위가 외부인의 출입을 승낙한 공동거주자의 통상적인 공동생활 장소의 출입 및 이용행위의 일환이자 이에 수반되는 행위로 평가할 수 있는 경우에는 이러한 외부인의 행위는 전체적으로 그 공동거주자의 행위와 동일하게 평가할 수 있다. 따라서 공동거주자 중 한 사람이 법률적인 근거 기타 정당한 이유 없이 다른 공동거주자가 공동생활의 장소에 출입하는 것을 금지하고, 이에 대항하여 다른 공동거주자가 공동생활의 장소에 들어가는 과정에서 그의 출입을 금지한 공동거주자의 사실상 평온상태를 해쳤더라도 주거침입죄가 성립하지 않는 경우로서, 그 공동거주자의 승낙을 받아 공동생활의 장소에 함께 들어간 외부인의 출입 및 이용행위가 전체적으로 그의 출입을 승낙한 공동거주자의 통상적인 공동생활 장소의 출입 및 이용행위의 일환이자 이에 수반되는 행위로 평가할 수 있는 경우라면, 이를 금지하는 공동거주자의 사실상 평온상태를 해쳤음에도 불구하고 그 외부인에 대하여도 역시 주거침입죄가 성립하지 않는다고 봄이 타당하다."

또한 대상판결 다수의견에 포함된 대법관들로 구성된 소부에서

선고된 대법원 2021. 1. 14. 선고 2017도21323 판결에서도 다음과 같이
관리권자의 의사를 기준으로 건조물침입죄 성부를 판단하였다.

"이러한 규정 내용 등에 비추어 보면, 입주자대표회의는 구 주택
법 또는 공동주택관리법에 따라 구성되는 공동주택의 자치의결
기구로서 공동주택의 입주자 등을 대표하여 공동주택의 관리에
관한 주요사항을 결정할 수 있고, 개별 입주자 등은 원활한 공동
생활을 유지하기 위하여 공동주택에서의 본질적인 권리가 침해
되지 않는 한 입주자대표회의가 결정한 공동주택의 관리에 관한
사항을 따를 의무가 있다. 공동주택의 관리에 관한 사항에는 '단
지 안의 주차장 유지 및 운영에 관한 사항'도 포함된다. 따라서
입주자대표회의가 입주자 등이 아닌 자(이하 '외부인'이라 한다)
의 단지 안 주차장에 대한 출입을 금지하는 결정을 하고 그 사
실을 외부인에게 통보하였음에도 외부인이 입주자대표회의의 결
정에 반하여 그 주차장에 들어갔다면, 출입 당시 관리자로부터
구체적인 제지를 받지 않았다고 하더라도 그 주차장의 관리권자
인 입주자대표회의의 의사에 반하여 들어간 것이므로 건조물침
입죄가 성립한다.
설령 외부인이 일부 입주자 등의 승낙을 받고 단지 안의 주차장
에 들어갔다고 하더라도 개별 입주자 등은 그 주차장에 대한 본
질적인 권리가 침해되지 않는 한 입주자대표회의의 단지 안의
주차장 관리에 관한 결정에 따를 의무가 있으므로 건조물침입죄
의 성립에 영향이 없다. 외부인의 단지 안의 주차장 출입을 금지
하는 입주자대표회의의 결정이 개별 입주자 등의 본질적인 권리
를 침해하는지 여부는 주차장의 유지 및 운영에 관한 관계규정
의 내용, 주차장의 본래 사용용도와 목적, 입주자 등 사이의 관
계, 입주자 등과 외부인 사이의 관계, 외부인의 출입 목적과 출
입 방법 등을 종합적으로 고려하여 판단하여야 한다."

대법원은 이번 대상판결에서 주거자의 의사를 기준으로 하던 종
래 입장을 일응 바꾼 것처럼 보이나, 유사한 시기에 이루어진 위 판결

들을 고려할 때 주거자의 의사를 기준으로 하는 기존 입장을 완전히 포기하였는지 여부는 아직 더 기다려보아야 할 것으로 보인다.[48]

Ⅲ. 비교법적 검토

1. 독 일

독일 형법 제123조 제1항은 '타인의 주거, 사무실, 울타리가 쳐진 토지, 또는 공적인 업무나 거래를 위하여 정해진 폐쇄된 공간에 불법 침입한 자 또는 권한 없이 그 장소에 체류하는 자로서 권리자의 퇴거 요구를 받고 이에 응하지 아니한 자는 1년 이하의 자유형 또는 벌금 형에 처한다'고 규정한다.[49] 동조 제2항은 이를 친고죄로 하고 있다. 독일에서 주거침입죄는 공공질서에 대한 제7장에서 제125조의 소요죄 와 나란히 편성되어 있다. 그러나 통설적인 견해는 주거침입죄는 그 규정 위치에도 불구하고 개인적 법익에 관한 죄로서 주거권 내지 관리권(Hausrecht)을 보호법익으로 한다고 본다.[50]

---

48) 이 글을 발표한 이후 2022. 3. 24. 선고된 대법원 2022. 3. 24. 선고 2017도18272 전원합의체 판결은 "일반인의 출입이 허용된 음식점에 영업주의 승낙을 받아 통상적인 출입방법으로 들어갔다면 특별한 사정이 없는 한 주거침입죄에서 규정하는 침입행위에 해당하지 않는다. 설령 행위자가 범죄 등을 목적으로 음식점에 출입하였거나 영업주가 행위자의 실제 출입 목적을 알았더라면 출입을 승낙하지 않았을 것이라는 사정이 인정되더라도 그러한 사정만으로는 출입 당시 객관적·외형적으로 드러난 행위 태양에 비추어 사실상의 평온상태를 해치는 방법으로 음식점에 들어갔다고 평가할 수 없으므로 침입행위에 해당하지 않는다"고 판시하면서 종래 일반인의 출입이 허용된 음식점이더라도 음식점의 방실에 도청용 송신기를 설치할 목적으로 들어간 것은 영업주의 명시적 또는 추정적 의사에 반한다고 보아 주거침입죄가 성립한다고 인정한 대법원 1997. 3. 28. 선고 95도2674 판결을 비롯한 같은 취지의 대법원 판결들을 변경하였다. 주거자의 추정적 의사에 반하더라도 통상적인 출입방법으로 들어간 경우에 주거침입죄가 성립하지 않는다는 대상판결의 입장을 넘어서서 이 판결은 설사 주거자의 진정한 의사에 반하여 범죄 목적으로 출입하더라도 마찬가지로 주거침입이 성립하지 않는다는 입장까지 나아갔다. 이 판결을 고려할 때 대법원의 입장 전환은 어느 정도 명확해진 것처럼 보인다.

49) 법무부, 독일 형법(2008), 115면.

여기에서 주거권 내지 관리권은 특정하게 보호된 영역 내에서 누구를 체류하게 할 것인지 여부를 결정할 수 있는 자유를 의미하며,[51] 재산상 이익을 보호하고자 하는 것이 아니다.[52] 독일에서도 우리 학계에서와 같이 주거, 사무실, 토지 등 제123조 제1항의 건물과 공간의 사회적 기능에 따라 상이한 보호법익이 대응된다는 구분설이 주장되고 있으나, 이에 대해 제123조 제1항은 통일적이고 형식적인 규율방식을 취하고 있으며 각각의 사회적 기능을 특정하기 어렵다는 비판이 있다.[53]

'침입'의 의미는 정당한 주거권자 내지 관리권자의 의사에 반하여 들어가는 것을 의미한다.[54] 정당한 주거권자 내지 관리권자의 묵시적 의사에 반하는 것으로 충분하며, 그가 부재하는 경우에는 추정적 의사에 반하는 것으로도 침입이 성립한다. 주거는 사적이고 비밀한 영역이고 원칙적으로 주거권자에게만 출입이 허용되므로 타인이 출입하기 위해서는 주거권자의 동의가 필요하며, 그러한 동의가 없이 출입하는 것은 침입에 해당한다.[55] 이 경우 주거권자의 동의는 진정한 의사에 기하여야 하며, 기망이나 강압에 의한 경우에는 침입이 성립한다.[56] 그러나 백화점 등과 같이 일정한 그룹의 사람들에게 일반적으로 출입이 승인되어 있는 경우에는 출입자가 설사 범죄의 목적을 가지고 있었다고 하더라도 그 출입방법이 그 일반적으로 승인된 범위 내에서 이루어지는 때에는 그 출입자가 사전에 개별적으로 출입금지 조치를 당한 것이 아니라면 침입은 성립되지 않는다고 본다.[57]

주거권은 정당하게 점유를 개시한 경우에만 인정되나, 정당하게

---

50) Feilcke, Münchener Kommentar StGB(4. Aufl)(2021), §123 Rn. 1.(Beck-online).
51) Id, Rn. 2.
52) Id, Rn. 4.
53) Id, Rn. 3.
54) Id, Rn. 25.
55) Id, Rn. 27.
56) Id, Rn. 29.
57) Id, Rn. 32, 33.

점유를 개시한 이상 임대차계약이 종료한 후에도 실제로 퇴거할 때까지 그대로 유지된다. 따라서 그 소유자는 임차인의 동의 없이 임차인의 주거에 들어갈 수 없다.

주거권은 원칙적으로 임차인에게 있으나, 소유자는 임차인의 동의를 받았다고 하더라도 그의 권리를 침해할 방문자의 출입을 금지할 수 있으며, 범죄를 저지르려고 하거나 건물의 다른 주거자에게 중대한 위험을 초래할 수 있는 방문자의 출입을 금지할 수 있다.58) 따라서 주거권은 복수로 존재할 수 있으며 상대적으로 존재할 수도 있다.

공동주거의 경우 공동주거권자는 각자 동등한 주거권을 가지며 단독으로 이를 행사할 수 있다. 다만, 다른 공동주거권자와의 관계에서 그 행사가 남용에 해당할 정도로 불합리한 경우에는 그 행사가 제한된다고 본다. 공동주거권자는 제3자와 관련하여 중대한 이유가 있거나 법률위반이 있는 경우 그 제3자의 체류를 수인할 필요가 없다. 임대차계약서에 배우자 중 한 명만이 서명한 경우라도 배우자 사이에서는 동등한 주거권을 가지지만, 배우자는 자신이 원하지 않으면 다른 배우자의 의사에 반하여도 제3자가 아파트에 출입하는 것을 금지할 수 있다. 다만, 그러한 금지는 합리적인 범위 내에서만 가능하다. 배우자의 연인이 체류하는 것을 금지하는 것은 합리적인 범위 내로 평가된다.59)

2. 프랑스

프랑스 형법 제226-4조는 '기망, 협박, 폭행 또는 강제를 이용하여 타인의 주거에 침입하거나 또는 체류하는 자는 1년의 구금형 및 15,000유로의 벌금에 처한다. 다만, 법률이 허용하는 경우는 그러하지 아니하다'고 규정한다. 동조는 프랑스 형법전의 제6장 인격에 대한 침해 범죄 아래에 사생활 침해에 관한 제1절에 포함되어 있으며 사생활

---

58) Id, Rn. 36.
59) Id, Rn. 37, 38.

의 비밀을 침해하는 도청 등의 범죄와 나란히 규정되어 있다.[60] 다만, 군 건물에 관하여는 제413조-5, 제413조-7에서, 교도소 건물에 관하여 는 제434조-35-1에서, 학교시설에 관하여는 제R645조-12에서 각각 침 입죄를 규정하고 있고, 공무원의 주거침입에 관하여는 제432조-8에서 별도로 규율하고 있다.

여기에서 주거는 실제로 거주하는지 여부와 상관없이 주거할 권 리가 있는 것으로 볼 수 있는 장소나 개인적 영역을 의미하며 그 점 유의 법률상 자격을 묻지 않는다. 이는 부동산에 대한 재산적 권리를 일반적으로 보장하기 위한 것이 아니다.[61] 주거는 건물 이외에 그 위 요지도 포함하는 개념이며, 산업용, 상업용 및 사무실용 건물도 여기 에 포함된다.[62]

주거침입죄가 성립하기 위해서는 주거권자(점유자)의 승인을 받지 않고 그 의사에 반하여 들어가야 한다. 친권자나 후견인의 감독을 받는 미성년자의 승인만으로는 주거권자의 승인이 있었다고 볼 수 없다.[63]

프랑스의 주거침입죄에서 특별한 점은 보호법익을 주거권으로 보 면서도 행위태양을 기망, 협박, 폭행, 강제로 제한하고 있다는 점이다. 따라서 주거침입죄가 성립하기 위해서는 주거권자의 저항이나 반대에 도 불구하고 침입이 이루어져야 한다. 만약 문이 잠겨 있지 않거나 주 거권자가 명시적으로 저항하거나 반대하지 않은 경우에 주거에 들어 간 경우에는 주거침입죄는 성립되지 않는다.[64] 여기에서 기망행위는 빌딩관리를 빙자하여 열쇠를 복사하여 소지하거나 잠겨진 병실에 침 입하기 위하여 간호사복과 훔친 마스터키를 이용하는 것과 같은 행위 를 말한다.[65]

공동주거권자 중 1인의 승낙을 받은 경우에는 이러한 행위 태양

---

60) 법무부, 프랑스 형법(2008), 163면.
61) Yyes Mayaud, Carole Gayet, Code Penal Annote, 118th (2021), 885면.
62) Id, 886~887면.
63) Id, 888~889면.
64) Id, 889면.
65) Id.

이 존재하기 어려우므로 주거침입죄가 성립하기 어려울 것이다.

3. 일 본

일본 형법 제130조는 '정당한 이유 없이 사람의 주거 또는 사람이 간수하는 저택, 건조물이나 함선에 침입하거나 또는 요구를 받았음에도 불구하고 이러한 장소에서 퇴거하지 아니한 자는 3년 이하의 징역 또는 10만엔 이하의 벌금에 처한다'고 규정한다.66) 위 조문의 위치는 제12장 주거를 침범하는 죄에 놓여있는데, 제11장은 왕래를 방해하는 죄이며, 제13장은 비밀을 침해하는 죄로 되어 있으나 제14장이 아편에 관한 죄이므로 사회적 법익을 규율하는 장들 사이에 규정되어 있다고 볼 수 있다. 그러나 일본의 통설적 견해는 주거침입죄를 개인적 법익에 관한 죄로 본다.67)

주거침입의 보호법익에 관한 2차대전 전의 학계와 판례의 주류적인 입장은 구주거권설에 입각한 것이었다. 그러나 전후에 신헌법이 가부장제도를 해체하고 성별 간의 차별금지와 부부 간의 권리의 동등을 명문화한 후에는 구주거권설은 더 이상 허용될 수 없는 견해가 되었으며,68) 이를 지지하는 견해나 판례는 존재하지 않게 되었다. 구주거권설을 반박하기 위하여 대두된 견해가 평온설이다. 평온설은 구주거권설에 대하여 주거권의 내용 자체가 불명확할 뿐아니라 범죄의 본질을 권리의 침해라고 생각했던 유물적 사상에 유래하는 견해이고, 주거권이라는 개념에 구애되면 주거권이 누구에게 귀속하는가 하는 불필요한 논의에 휘말리게 되며, 주거권이 가장의 지위에 있는 자에게 귀속하게 된다고 비판하였다.69) 그런데 평온설은 출입이 주거의 평온을 침해하는지 여부를 판단함에 있어서 주거자의 의사 또는 추정적 의사

---

66) 법무부, 일본 형법(2007), 57면.
67) 西田典之, 山口厚, 佐伯仁志 編集, 注釋刑法 第2卷(2016), 有斐閣, 288면.
68) 일본에서 구주거권설, 평온설, 신주거권설의 변천사와 관련하여는 김준호, 각주 2) 논문 참조.
69) Id, 455면.

에 반하는가에 중심을 두고 심사한다. 따라서 결국은 명목만 주거의 평온을 내세울 뿐 실질에 있어서는 주거권설과 다를 바 없는 모습을 보인다. 유의미한 차이는 간통 목적의 주거출입 사안에서 처에게 주거 침입죄를 인정하지 않는 것에 있을 뿐이었다.[70] 그러나 간통 목적의 출입은 부재하는 남편의 추정적 의사에 반하므로 그의 편에서는 주거 의 평온이 침해되었다고 볼 여지가 없는 것도 아니다. 따라서 주거자 의 의사 또는 추정적 의사에 따라 주거의 평온의 침해 여부를 판단하 는 평온설(우리나라의 ① 사실상 평온설)은 간통 목적 출입 사안을 주거 의 평온이 사실적으로 침해되었는지 그렇지 않은지를 판단하는 문제 가 아니라 부재하는 남편과 현재하는 처의 경합하는 주거권자 사이의 의사결정 우열의 문제로 보게 되어 결국 주거권설과 동일한 논리구조 에 이르게 되었으며, 이는 그 이론 자체로는 해결할 수 없는 문제가 되고 말았다.[71] 따라서 신주거권설 측에서는 평온설이 내세우는 주거 의 평온이라는 개념이 지나치게 모호하며 주거권자의 의사를 중심으 로 그 침해 여부를 판단할 경우에는 신주거권설을 넘는 실질적인 내 용이 없다는 비판을 제기한다.

　주거권의 침해 여부와는 별개로 주거의 평온이라는 개념을 관념 할 수 있다는 견해(우리나라의 ③ 사실상 평온설)도 이론상 가능하다. 주거침입죄는 주거권이라는 법적 권리가 아니라 주거의 지배라는 사 실관계를 보호하는 범죄라는 것이다. 이는 남편이 부재하는 경우 아내 가 주거의 지배자가 되므로 아내의 허락을 받고 들어간 상간남에게는 주거침입죄가 성립하지 않는다는 논리에 근거한다.[72] 1968년 2월 29일 아마가사키 간이재판소 판결은 이러한 이론 구성을 받아들여 '주거침 입죄의 보호법익이 사실상의 주거의 평온인 점에 미루어 주거자의 승 낙이 있으면 사실상의 주거의 평온이 침해되지 않았다고 생각되기 때

---

70) Id, 456면.
71) Id, 458~459면.
72) Id, 450면.

문이어서 그 중점은 피해자의 승낙의 유무가 아니라 사실상의 주거의 평온이다'라고 판시하면서 상간남에 대하여 주거침입죄를 인정하지 않았다.[73] 이에 대해서는 그렇게 되면 주거침입죄는 개인의 의사를 넘는 사회 안전이라는 사회적 법익에 관한 죄가 될 것인데, 주거는 원래 개인이 지배할 수 있는 영역임에도 사회가 간섭하여 그 출입의 적합성을 판단하여야 한다고 보는 것은 개인의 자유를 지나치게 제한하는 것이라는 비판이 제기된다.[74] 주거권 침해와 별개로 순수하게 사실상 평온의 침해를 관념하는 입장에서는 주거권자가 출입을 승낙한 경우에도 경우에 따라서는 주거침입죄가 성립하게 되며, 극단적으로는 주거권자 자신도 주거침입죄의 공범이 될 수 있는 여지까지 생기게 되어 부당하다는 비판을 받는다.[75]

일본에서의 현재 통설적 지위를 차지하고 있는 것은 신주거권설이다. 이러한 입장에서는 주거권은 과거의 가부장적인 제도에서 유래되는 것이 아니라 주거를 지배하고 있다는 사실상태로부터 주거에 대한 출입을 통제할 수 있는 권리가 발생한다고 본다. 일본 최고재판소도 '침입'이란 '타인이 간수하는 건조물 등에 관리권자의 의사에 반해서 들어가는 것'이라고 판시하여 신주거권설과 유사한 설시를 하고 있다.[76] 그렇게 보면 일본의 통설도 독일의 통설과 유사한 입장에 서 있는 것으로 이해할 수 있다.

신주거권설의 입장에서 보면 침입이란 주거권자의 동의가 없는 출입을 의미하고 주거권자의 동의가 있는 경우에는 침입이 성립되지 않는다.[77] 여기서 동의가 진실하고 임의에 의한 것이어야 하는지, 출입자의 기망에 의한 것이거나 범죄의 목적을 숨기고 출입하는 경우에도 주거침입죄가 성립되는지 여부에 관해서는 우리나라에서와 유사하

---

73) Id, 453~454면.
74) 西田典之, 山口厚, 佐伯仁志 編集, 각주 67) 289면.
75) Id, 290면.
76) Id, 291면.
77) Id, 292면.

게 견해가 나뉘어 있다.[78]

주거권이 경합하는 경우에 공동주거권자 1인의 동의를 받아 들어
가는 경우에도 주거침입죄가 성립하는지에 관하여도 견해가 나뉘어
있다. 동일한 주거 내에서도 특정한 부분에 관하여 독립된 주거권을
관념할 수 있다는 입장에서는 아내가 남편의 의사에 반하여 제3자를
남편의 서재에 들어가게 한 경우에는 주거침입죄의 성립을 긍정할 수
있게 되는데, 일본의 판례는 이러한 입장에 서 있다.

한편, 주거권과는 별개로 독자적인 주거의 평온을 관념할 수 있다
는 견해에 서게 되면 배우자가 간통을 목적으로 상간자를 출입하게
한 경우에도 주거침입죄는 성립하지 않는다. 그러나 신주거권설이나
평온설 중 주거권을 기준으로 주거의 평온의 침해 여부를 판단하는
입장에서는 공동주거권의 경합 사안은 주거권자들 사이에서 의사의
우열 문제가 되며 보호법익론 만으로는 해결되지 않는 문제가 된다.
일본에서는 이러한 사안에 관하여 세 가지 해결방법이 제시되는데, 현
재 어느 쪽도 통설적 지위를 차지하지는 못하고 있다. 첫 번째 방법은
주거에 체류하는 사람의 주거권을 우선시키는 것이다. 이러한 관점에
서는 배우자가 간통을 목적으로 상간자를 출입하게 한 경우 주거침입
죄는 성립되지 않게 될 것이다. 여기에 대하여 주거권자 사이의 의사
대립이 있는 경우 체류하는 주거권자에게 아무런 제한 없이 우선적으
로 주거권을 행사하도록 하여야 할 합리적 근거가 없다는 비판이 제
기된다. 두 번째 방법은 1명의 주거권자라도 반대의사를 표명하면 다
른 주거권자가 승낙한 경우에도 주거침입죄가 성립한다고 보는 것이
다. 이는 재물의 공동점유의 경우 공동점유자의 1인이 다른 공동점유
자의 점유를 침해한 경우에는 절도죄가 성립될 수 있다는 점, 그리고
복수의 주거권자는 각각 공동주거권을 보유하며 독립적인 보호가치를
가진다는 점에 근거한다. 여기에 대해서는 공동주거권자 자신은 다른
공동주거권자의 반대에도 불구하고 출입이 가능하며 주거권은 공동점

---

78) Id, 295~296면.

유와는 달리 각각 단독으로 자유롭게 행사할 수 있다는 비판이 제기
된다. 세 번째 방법은 공동주거권자 중 1인이라도 제3자의 출입에 동
의한 경우에는 주거침입죄가 성립되지 않는다고 보는 것이다.[79] 세 번
째 방법이 이번 대상판결 다수의견의 입장과 유사하게 된다.

4. 미 국

전통적인 common law에서는 타인 소유의 토지나 영역에 무단으
로 침입하는 것을 민사적인 문제로 인식하고 사회적 평온에 대한 침
해(breach of peace)가 수반되지 않는 이상 형사처벌을 문제삼지 않았다.
그러나 오늘날 미국의 대부분의 주에서는 형사처벌하고 있으며 권리
자의 의사에 반한 침입이나 체류를 형사처벌함으로써 주거침입죄
(criminal trespassing)를 인정한다. common law상 형사범죄화의 원칙은
공중의 안전을 보호하기 위한 것이므로 주거침입죄의 보호법익 또한
기본적으로는 타인의 재산을 떠나지 않을 경우 발생할 수 있는 폭력
의 예방이라는 사회적 법익이 된다. 그러나 이와 동시에 재산권의 보
호 및 그로부터 유래하는 privacy권을 보호하는 것도 보호법익에 포함
된다. 다수의 주에서 주거침입죄는 주거침입절도(burglaries)에 포함된
예비단계의 범죄로 인식되고 있으므로 이를 예방하기 위해 개입이 필
요한 정도로 충분히 위험한 행위는 침입으로 인식된다.[80]

일반적으로 주거침입죄에 있어서 '침입(intrusion)'이란 타인의 재산
이나 영역에 대하여 위법하게 들어가는 것을 의미하므로 그 권리자로
부터 승인을 받거나 권리를 부여받거나 초대되지 않은(not authorized,
licensed or invited) 등의 경우에 침입이 인정된다.[81] 통상 주거용 건물이
나 관리된 건조물의 경우에는 출입자가 자신에게 권리자의 승인이나
초대나 권리부여가 없다는 사실을 인식한 채 들어가는 것으로도 충분

---

79) Id, 294~295면.
80) Wayne R. LaFave, Substantive Criminal Law(3d ed.)(2021), §21.2. Criminal trespass,
   Thomson Leuters West Law(online).
81) Id, § 21.2(a) Nature of the intrusion.

히 침입이 인정된다. 그러나 토지의 경우는 일반적으로 출입금지 표지, 통지나 경계펜스 등을 이용하여 출입이 금지된 사실을 표시할 것을 요구한다.[82]

법률상 제한이나 출입자에게 출입을 뒷받침하는 권리가 존재하지 않으면 재산이나 영역에 대한 권리자는 요구만으로 출입을 금지하거나 퇴거시킬 권한이 있다. 일부를 제외한 대부분 주에서는 대중에게 일반적으로 출입이 허용된 사업장의 경우에도 사업주는 특별한 근거 없이도 출입을 거부하거나 퇴거 요구를 할 수 있는 권한이 있으며 이에 응하지 않을 경우 주거침입죄가 성립될 수 있다. 여기서는 전형적으로 주거권자의 의사를 중심으로 침입 여부가 판단된다고 볼 수 있다.

그러나 하나의 재산이나 영역에 관하여 공동의 권리가 경합하는 경우에는 일률적으로 침입 여부를 판단할 수는 없으며 관여자들 사이의 법적 관계를 구체적으로 검토하여야 한다. 예컨대 아파트 건물 소유주는 세입자가 출입을 허락한 제3자가 그 건물의 공용복도에 들어오는 것을 금지할 수 없다. 농장소유주는 그곳에 거주하는 농장 이주노동자들에 대한 서비스와 지원 인력이 농장 구내에 오는 것을 금지할 수 없다. 한편, 십대 미성년자가 부모의 금지에도 불구하고 친구를 주거에 들어오게 한 경우 주거침입이 될 수 있는지 여부에 관하여는 판례가 일치하지 않는다.[83] 한 판례는 부모의 출입금지 명령이 공동거주자인 자녀의 승인보다 우선한다고 결론을 내린 반면,[84] 다른 판례는 15세 미성년자는 충분히 성숙한 판단력을 가지고 출입을 승인할 수 있다는 이유로 부모의 금지명령에도 불구하고 유효하게 초대할 수 있다고 보았다.[85] 부부나 사실혼관계의 공동거주자 사이에서 1인의 승인이 다른 거주자의 반대에도 불구하고 유효한지 여부에 관한 판례는

---

82) Id, § 21.2(b) Protected property.

83) Id,§ 21.2(a) Nature of the intrusion.

84) People v. Long, 283 Ill.App.3d 224, 218 Ill.Dec. 711, 669 N.E.2d 1237 (1996).

85) Hutson v. State, 220 Ga.App. 609, 469 S.E.2d 825 (1996).

발견되지 않으나, 위 판례들의 입장에서 유추해보면 성인인 부부나 사실혼관계의 공동거주자들은 각자 다른 거주자들의 반대에도 불구하고 제3자를 유효하게 출입하게 할 수 있을 것으로 보인다. 그러나 형사소송절차에서 경찰이 부부 중 1인으로부터만 동의를 받아서 다른 배우자의 물건에 관하여 임의수색을 할 수 있는지 여부에 관하여 미국의 실무는 상당히 엇갈리는 견해를 제시하고 있으므로 공동거주자의 1인이 다른 공동거주자의 독립된 이익을 침해하는 경우에까지 언제나 유효하게 제3자의 출입이나 수색에 동의할 수 있다고 단정하기는 어렵다고 생각된다. 미국 연방대법원에 의하면 호텔 관리자는 객실 사용자의 동의 없이 호텔 객실에 대한 경찰의 수색에 동의할 수 없다.86) 왜냐하면 객실 사용자는 자신 또는 자신의 대리인을 통해서만(directly and through agent) 주거의 권리를 포기하고 수색에 동의할 수 있기 때문이다. 반면, 주거지를 소유하는 조모는 자신의 주거에 거주하는 손자의 물건에 대한 수색에 동의할 수 있다.87) 또한 자신의 물건을 사촌에게 맡기면서 사촌으로 하여금 사용할 수 있도록 승인한 경우에도 경찰은 그 사촌의 동의만으로 그 물건을 수색할 수 있다. 이는 자기 물건에 대한 위험을 감수(assumption of risk)하였기 때문이다.88) 나아가 침실을 함께 사용하는 공동주거자는 다른 공동주거자에 관하여 그 침실에 대한 경찰의 수색에 동의할 수 있다(United States v. Matlock). 이러한 경우 그 공동주거자는 당해 영역이나 물건에 대하여 공동의 권리나 충분히 밀접한 관계(common authority over or other sufficient relationship to the premises or effects)를 가지기 때문이다. 미연방대법원은 이러한 공동권리는 단순히 재산권으로부터 유래되는 것은 아니며 일반적으로 공동으로 사용하는 재산에 관하여 공동의 접근권한이나 공동의 통제권한을 가진다는 점에서 유래하며, 공동거주자는 자신의 권

---

86) Stoner v. California, 376 U.S. 483 (1969).
87) Bumper v. North Carolina, 391 U.S. 543 (1968).
88) Frazier v. Cupp, 394 U.S. 731 (1969).

한으로 경찰의 수색을 승낙할 수 있다고 본다. 그러나 아내가 남편의
가정폭력을 경찰에 고발하면서 남편이 주거지에 보관하고 있던 불법
주류에 대한 수색에 동의한 경우에는 아내의 동의는 유효하지 않다는
주법원 판례[89]가 존재하며, 남편으로부터 명시적으로 경찰의 수색에
동의하지 말라는 지시를 받은 경우에는 이에 반하는 아내의 동의는
유효하지 않다는 주법원 판례[90]도 존재한다.[91] 그런데 주거침입죄와
같은 형사법은 주법원의 소관이므로 따라서 공동주거자 1인의 승인을
받고 위법한 목적으로 출입한 경우 주거침입죄가 성립될 가능성을 배
제할 수 없을 것이다. 또한 관리자의 동의만으로 주거권자의 의사에
반하여 출입 및 수색을 할 수 없다는 점은 미연방대법원의 견해에서
도 명백하다.

Ⅳ. 대상판결에 관한 비판적 검토

1. 주거침입의 보호법익

(1) 대상판결의 이론적 근거

이번 대상판결의 다수의견은 ① 사실상 평온설에서 ③ 사실상 평
온설로 이행하는 과정에 있는 것으로 평가할 수 있다. 종래 대법원은
주거침입죄의 보호법익을 '사실상 주거의 평온'이라고 보면서도 주거
자의 의사나 추정적 의사를 중심으로 침입 여부를 판단하여 왔는데,
이번 대상판결은 침입 여부의 판단기준을 주거자의 의사에 두지 않고,
침입의 행위태양이 주거침입죄의 보호법익인 사실상 평온을 깨뜨렸는

---

89) Kelly v. State, 824 S.W.2d 568 (1992), Barry Dean KELLY, Appellant, v. The
    STATE of Texas, Appellee. No. 969-90. Court of Criminal Appeals of Texas, En
    Banc.

90) People v. Fry, 875 P.2d 222 (1994), The PEOPLE of the State of Colorado,
    Complainant, v. Jeffry L. FRY, Attorney-Respondent. No. 94SA185. Supreme Court
    of Colorado, En Banc.

91) Wayne R. LaFave, Jerold H. Israel, Nancy J. King, Criminal Procedure 4th(2004),
    Thomson West, 255~256면.

지 여부에 두는 것으로 전환한 것처럼 보이기 때문이다. 다수의견은 침입에 해당하는지 여부는 출입 당시 객관적·외형적으로 드러난 행위 태양을 기준으로 판단하여야 하며, 출입행위가 거주자의 의사에 반하는 것만으로 판단해서는 안 된다고 설시하였다.

반면 대법관 안철상의 별개의견 2(이하 별개의견 2)와 대법관 이기택, 이동원의 반대의견(이하 반대의견)은 주거침입죄의 보호법익에 있어서는 종래 대법원의 입장인 ① 사실상 평온설을 그대로 유지하면서 주거자의 의사나 추정적 의사를 중심으로 침입 여부를 판단하여야 한다고 보았다. 다만 별개의견 2는 공동주거자 1인의 승낙이 있는 경우 침입이 성립할 것인가에 관한 포섭의 측면에서는 다수의견과 같은 결론을 내림으로써 반대의견과 차이를 보이는 것으로 평가할 수 있다.

대법관 김재형의 별개의견 1(이하 별개의견 1)은 종래 대법원이 취하고 있던 ① 사실상 평온설은 사실상 신주거권설과 다를 바 없고 오히려 주거권설을 취할 때 합리적으로 해명이 가능하다고 하면서 주거침입죄의 보호법익에 관하여는 다수의견과 달리 신주거권설과 같은 입장을 취하였다. 다만 공동주거자 1인의 승낙이 있는 경우 침입이 성립할 것인가에 관한 포섭에 있어서는 동등한 공동주거자들 사이에서 그 주거권은 동등하므로 각자 개별적으로 외부인을 출입시킬 수 있고, 따라서 공동주거권자 중 1인의 승낙이 있는 경우에는 주거침입죄가 성립하지 않는다고 본다. 이는 일본의 신주거권설 중 세 번째 입장과 동일하다.

그런데 주거침입죄의 보호법익에 관한 이론적 입장이 공동주거권자 중 1인의 승낙이 있는 경우 주거침입죄가 성립하는가에 관한 포섭상의 결론과 반드시 논리적으로 연결되는 것이 아니라는 점은 우리 학설과 입법례들을 통해서 이미 확인되었다. 이하에서는 먼저 주거침입죄의 보호법익과 관하여 대상판결을 비판적으로 검토한 후 이어서 공동주거자 사이의 의사의 경합에 관한 포섭의 문제를 검토하기로 한다.

(2) 주거침입죄의 보호법익에 관한 대상판결의 검토

가. 별개의견 2와 반대의견이 취하고 있는 ① 사실상 평온설(종래
   판례)에 대한 비판

결론을 먼저 제시하자면 보호법익 논의에 국한해서는 별개의견 1
의 취지에 전적으로 동감한다.[92]

① 사실상 평온설은 침입 여부를 판단함에 있어서 '주거자'와 그
의 '의사'를 기준으로 하고 있으므로 그 실질에 있어서는 신주거권설
과 다를 바가 없다. ① 사실상 평온설이 신주거권설을 거부하는 가장
핵심적이며 사실상 유일한 논거는 적법한 점유가 아닌 주거자에 대해
서도 주거의 평온을 보호할 필요가 있음을 감안할 때 주거에 관한 법
적 권리가 존재한다고 보기 어렵다는 것이다. 그러나 이러한 비판은
권리에 관한 지나치게 좁은 민사적 관점에만 근거한 것이다.

우리 헌법은 제16조 전문에서 "모든 국민은 주거의 자유를 침해
받지 아니한다."라고 규정한다. 주거의 자유는 주거의 평온과 불가침
을 헌법상 개인의 권리로 보장한다. 주거의 자유는 넓은 의미의 사생
활의 비밀과 자유의 영역에 속한다.[93] 헌법은 자유로운 인격발현을 위
한 요소 중에서 사생활의 보호에 관한 부분에 관해서는 사생활영역을
보호하는 주거의 자유(16조), 사생활의 비밀과 자유(17조), 통신의 비밀
(18조)을 통하여 구체적으로 규범화하고 있다. 그 중 주거의 자유는 사
적 영역의 공간적 보호를 통하여 개인의 존엄성 실현과 인격 발현을
위하여 불가결한 생활 공간을 사생활의 일부로서 확보해주고자 하는
기본권이다. 이러한 기본권의 보장기능은 우선적으로 사생활 영역을
외부로부터 차단하고자 하는 것이며 사생활 영역으로부터 정보를 수
집하는 것에 대하여 보호하고자 하는 것이다.[94] 그리고 이러한 주거의

---

92) 따라서 별개의견 1이 신주거권설을 지지하고 ① 사실상 평온설을 비판하면서
   제시한 논거들은 대상판결을 원용하되 지면상 대부분 소개를 생략하고, 여기
   서는 주로 추가적인 논거를 중심으로 서술한다.
93) 성낙인, 헌법학 제21판(2021), 법문사, 1351면.
94) 한수웅, 헌법학 제11판(2021), 법문사, 706면.

자유는 개인뿐만 아니라 사적 공간을 가지고 있는 법인에게도 인정된
다.95)

한편, 헌법상 기본권은 근대 자연법론에 의하여 정립되었으며 주
거의 자유는 자연법적 권리로서 법률에 의하여 비로소 인정된 권리가
아니다. 우리 헌법 제37조 제2항은 법률로써도 국민의 자유와 권리의
본질적 내용을 침해할 수 없다고 하여 이를 확인하고 있다.96) 자연권
으로서의 기본권은 인간의 본성에서 유래되는 인권적 속성을 가지는
데, 국가는 헌법과 국제인권조약에 따라 인권을 보호할 의무를 진다.
국가는 인권을 준수하고 침해해서는 안 될 뿐 아니라 시민들의 인권
이 침해되지 않도록 법률과 행정으로써 보호할 책무를 지는 것이다.97)
주거침입죄는 따라서 헌법상 기본권이자 인권인 '주거의 자유'가 사인
에 의하여 침해되는 것을 국가가 보호하기 위한 처벌규정이 된다. 이
렇게 볼 때 주거침입죄가 보호하는 법익은 '주거권'이라는 권리 개념
에서 규범적으로 파악할 수 있으며, 이는 헌법과 인권적 질서에 부합
하는 형법적 해석이 된다. 그리고 헌법상 기본권인 주거의 자유에서
비롯되는 주거권은 사생활 공간의 보호를 위한 권리이므로 재산법적
질서와 연관된 민사상 권리관계와는 당연히 일치하지 않으며, 따라서
민사법적 권리개념과 일치하지 않는 것을 근거로 주거권의 권리적 속
성을 부정할 수는 없다. 독일, 프랑스, 일본의 통설과 판례도 같은 취
지에서 주거권의 개념을 인정하고 있음은 앞에서 보았다.

한편 ① 사실상 평온설은 신주거권설과 그 실질에 차이가 없을
뿐만 아니라 주거침입죄의 보호법익을 사실상 평온이라고 보기 때문
에 그 내용과 판단기준이 모호하고 예측이 불가능하게 되는 단점을
가진다. 사실상 평온설 내에서도 3가지 해석론이 공존하고 있으며, 각
각의 동일한 해석론 내에서도 침입에 관한 사실관계 포섭이 다시 다

---

95) 성낙인, 각주 92) 1351면.
96) Id, 995면.
97) Olivier de Schutter, International Human Rights Law 2th(2014), Cambridge
    University Press, 280면.

양하게 분기하고 있음은 이미 살펴보았다. 반면, 신주거권설에 의하면 주거권자의 특정, 주거권자의 의사, 주거권의 우열관계에 의하여 일의적으로 파악할 수 있는 장점이 있다.

나. 다수의견이 취한 ③ 사실상 평온설에 대한 비판

③ 사실상 평온설이 형법의 보충성 원칙의 관점에서 형벌권의 확장을 막으려고 한다는 점에서 그 의의를 인정할 수 있다.[98] 그러나 오직 형벌권의 확장을 막기 위한 것이라면 별개의견 1이나 2의 논리로도 충분히 가능하며 굳이 과격하게 기존의 해석론을 전면적으로 바꿀 이유는 없다. 근본적으로 볼 때 ③ 사실상 평온설은 우리 형법상 주거침입죄의 체계와 내용과 부합하지 않는다는 문제가 있다.

우리 형법상 주거침입죄는 제36장 주거침입의 죄에 속해 있으며, 명예, 신용, 업무, 비밀침해의 죄와 권리행사방해죄 사이에 위치하여 있어서 개인적 법익에 관한 범죄임이 명백하다. 그리고 여기에서 그 개인적 법익이란 앞에서 본 것과 같이 헌법상 기본권에서 유래되는 주거권이나 주거의 자유가 된다. 비교법적으로 볼 때 주거침입죄는 개인적 법익, 즉 주거권자의 주거에 관한 의사결정의 자유를 보호하는 것이다. 프랑스는 행위태양을 기망, 폭행, 강압 등의 행위가 있을 때로 제한하여 침입의 범위를 제한하고 있지만, 그것은 명시적이고 구체적인 법률 규정에 의하여 행위태양을 제한함으로써 처벌 범위를 의식적으로 축소한 것이지, 그 보호법익을 사회적 평온이라는 사회적 법익으로 파악하는 것은 아니었다.

설사 ① 사실상 평온설과 같은 입장에서도 주거침입죄는 개인의 주거의 자유를 보호하기 위한 수단으로서 주거의 평온을 보호하는 것이지 사회적 관점에서 평가되는 평온 상태 자체가 개인적 법익이 될

---

98) 이수현, 공동관리 사용하는 공간에 대한 주거침입죄의 성립여부와 주거침입죄의 규범의 보호목적, 전북대학교 법학연구 통권 제32집(2011.5.)은 이러한 관점에서 동 이론에 찬성하고 있다.

수는 없다. 그런데 ③ 사실상 평온설은 주거침입죄를 사회의 안전에 관한 범죄에 가까운 것으로 보게 된다. 별개의견 1이 비판하는 것처럼 주거침입죄의 보호법익을 '사실상 주거의 평온'이라고 볼 법적 근거는 없으며 법적으로 보호받지 못하는 '사실상 주거' 또는 '사실상 주거의 평온'을 주거침입죄를 통하여 '보호해야 할 법익'으로 보는 이유를 합리적으로 설명하지 못한다. 결국 주거침입죄는 주거권자의 주거공간에 관한 법익을 보호하고자 하는 것이기 때문이다. 이는 일본의 신주거권설이 평온설을 비판하는 주된 근거이기도 하다.

한편, 형법 제319조 제2항은 퇴거요구를 받고 응하지 아니한 경우에 퇴거불응죄로 처벌하고 있으며, 제321조는 침입에서 더 나아가 사람의 신체, 주거, 관리하는 건조물 등을 수색한 자를 주거, 신체수색죄로 처벌한다. 이러한 조문들의 체계에 비추어서 주거침입죄를 살펴보면, 결국 우리 형법상 주거침입죄의 보호법익은 침입의 태양, 즉 단순히 주거를 관리하는 자와의 대결, 충돌이나 기망행위가 없이 주거에 들어갔느냐를 기준으로 판단할 수는 없으며, 그 주거 내에 존재하는 법익의 주체가 누구인지 그리고 그의 의사에 반하여 침입이 이루어졌는지를 반드시 판단하여야 한다는 것을 알 수 있다. 퇴거요구를 정당하다고 인정하기 위해서는 퇴거요구를 할 수 있는 주거권자를 특정할 수밖에 없으며, 주거 내에서 수색이 이루어지는 경우에 발생하는 법익 침해를 주거침입죄와 통일적으로 파악하려면 처음부터 주거권자를 전제하지 않을 수 없기 때문이다.

대상판결의 사실관계와 같이 공동주거자 사이에 주거권이 동등한 경우 외에도 다른 등급의 권리 내용을 가지는 복수의 권리자가 존재하는 사실관계를 얼마든지 생각해볼 수 있다. 주거를 지키는 가정부와 주거주의 경우 가정부는 제3자에 대하여 자신이 위임을 받은 범위 내에서는 주거권을 행사할 수 있겠으나 주거주에 대해서 주거권을 행사할 수 없는 것은 당연한 것이다. 이러한 다양한 사실관계에서는 결국 누가 주거권을 가지는지에 관한 권리적인 사고가 불가피하게 적용될 수밖에 없다. 이는 대상판결과 유사한 시기에 선고된 대법원 2021. 9. 9. 선고 2020도6085 전원합의체 판결이나 대법원 2021. 1. 14. 선고 2017도21323 판결이 여전히 관리권이나 공동주거이용의 법익을 거론하는 것에서도 잘 드러난다.

③ 사실상 평온설은 객관적 행위태양을 중심으로 침입 여부를 판단하여야 한다고 하지만, 주거권자의 의사를 제외해버리면 실제 있어서 어떤 경우에 침입이 있다고 볼 수 있는지 판단하기 어려운 경우가 많다. 예컨대 이러한 입장에서는 빈집에 몰래 들어가거나 관리자의 주의 소홀을 틈타서 몰래 들어가는 경우에는 행위태양에 비추어 침입이 성립되지 않는다고 볼 여지가 있다. 나아가 관리자나 가정부가 외부인과 공모하여 범죄의 목적으로 주거에 끌어들인 극단적인 사실관계에서도 주거침입죄가 성립하지 않는다고 볼 여지가 생긴다. 이는 일반적인 법감정에 반하며, 범죄 성립 여부에 관한 예측가능성을 크게 저해하여 죄형법정주의의 정신에도 위배된다.

다수의견은 결국 공동주거자 사이의 의사 경합 문제를 해결함에 있어서 ③ 사실상 평온설을 취하여 공동주거자 사이의 동등성과 형법의 보충성 원칙을 관철하고자 한 것으로 볼 수 있겠으나, 별개의견 2가 적절히 지적하는 것처럼 이는 공동주거라는 예외적 상황에서 발생한 주거침입죄의 포섭 문제를 그 상황에 관한 이론 구성을 통해 해결하려 하지 않고, 일반론 법리를 변경하여 주거침입죄 전반에 영향을 미치는 과격한 방법으로 해결하려는 것으로서 적절하다고 보기 어렵다. 공동주거의 문제는 다수의견과 같이 기존의 이론적 입장을 과격하게 변경하지 않고도 반대의견과 같이 부재자의 추정적 의사에 관한 검사의 엄격한 입증책임의 문제로 접근하거나, 또는 별개의견들처럼 공동주거자 사이의 의사의 우열 문제로 얼마든지 접근할 수 있는 것이었다.

2. 공동주거의 주거침입에 관한 포섭

이상에서 여러 학설과 입법례의 검토를 통해 드러난 것처럼 보호법익론을 통해서는 공동주거의 주거침입 문제가 논리적으로 해결되지 않는다. 다수의견은 주거침입죄에 있어서 침입의 행위태양을 사실상의 평온을 해하는 경우로 축소하여 주거에 현재 체류하고 있는 공동거주자의 의사를 우선적으로 고려함으로써 이를 해결하고자 한 것으로 볼 수 있는데 이는 근본적으로 우리 법체계와는 맞지 않는다.

별개의견 1은 신주거권설의 입장에서 공동주거권자 간의 동등성에 기초하여 주거침입죄의 성립을 부정하였고, 별개의견 2는 ① 사실상 평온설의 입장에서 공동주거자 간의 동등성에 기초하여 주거침입죄의 성립을 부정하였다. 신주거권설이나 주거자의 의사나 추정적 의사를 고려하는 ① 사실상 평온설의 입장에서는 보호법익에 관한 이론적 입장의 차이와는 별개로[99] 이 문제를 공동주거자 사이의 의사 경합시 의사의 우열 여부로 해결할 수밖에 없다. 일본에서는 이에 관하여 크게 3가지 방법의 해결책이 제시되고 있음은 앞서 설명하였는데, 별개의견들은 모두 그 중 세 번째 방법(1인의 동의만 있으면 출입 허용)을 채택한 것으로 볼 수 있다. 반면 반대의견은 두 번째 방법(1인의 반대만 있으면 출입 불허)을 채택한 것으로 볼 수 있다. 그런데 별개의견들과 반대의견 모두 공동주거자의 현재, 부재 여부와 상관없이 공동주거자 사이에는 동등한 권리를 인정하여야 함을 전제로 한다. 다만 별개의견들은 공동주거자 사이의 동등한 권리에 기초하여 다른 공동거주자의 의사에 반하는 경우에도 그 1인은 주거권을 자유롭게 행사할 수 있다는 입장인 반면, 반대의견은 그들 사이의 동등한 권리에 기초하여 다른 공동주거자의 명백한 의사에 반하는 경우에는 그 1인의 주거권의 행사가 제약된다는 입장을 취하는 점에서 그 방향만 서로 다를 뿐이다.[100]

---

99) 류부곤, 각주 45) 106면도 보호법익에 관한 관점과 공동주거에서 침입을 인정할 것인가의 문제는 서로 구별되는 문제임을 지적하고 있다.

반대의견은 공동주거자들에게는 각각 독자적인 주거권 내지 평온하게 사용할 법익에 관한 법익주체성이 인정되며, 공동주거자라고 하더라도 다른 주거자의 독자적인 법익을 침해해서는 안 된다는 논리를 기초로 한다. 나아가 대법관 이기택의 반대의견에 대한 보충의견은 공유물에 관한 민, 형사법리를 유추하여 공동주거자의 명백한 반대가 있으면 다른 공동주거자가 단독으로 주거권을 행사할 수 없다고 한다. 그러나 공동주거권은 공유물 처분행위와 달리 그 성격상 반드시 공동으로만 행사하여야 하는 것은 아니다. 공유물의 사용관계에서 각 공유자는 공유물 전부를 지분의 비율로 사용, 수익할 수 있고(민법 제263조), 각자 보존행위를 할 수 있다(민법 제265조 단서). 주거권은 그 성격상 공유물의 처분이 아니라 사용, 수익, 보존행위에 더 가깝다. 따라서 공동주거자는 각자 주거권을 자유롭게 행사할 수 있고 다른 공동주거자의 주거권 행사를 수인하여야 한다. 따라서 공동주거자들 중 1인의 반대의사가 있으면 원칙적으로 다른 공동주거자의 주거권 행사가 제약된다는 반대의견에는 동의하기 어렵다. 다른 입법례 그리고 다수의 학설들도 원칙적으로 공동주거자는 각자 주거권을 자유롭게 행사할 수 있다는 것을 전제로 하고 있다.

다만, 공동주거자 사이에서 아무런 제약 없이 자신의 주거권이나 주거 사용에 관한 법익을 누릴 수 있다고 보는 별개의견들에 대해서도 공감하기 어려운 것은 마찬가지다. 주거침입죄의 보호법익이 사생활의 보호를 내용으로 하는 주거권 또는 주거의 자유라는 점을 감안할 때 설사 공동주거라고 하더라도 다른 공동주거자의 사생활의 자유를 침해할 정도에 이르는 주거권 행사는 허용되지 않는다고 보는 것

---

100) 대상판결의 입장들 중 신주거권설을 취하는 별개의견 1 외에는 주거권 또는 주거권자라는 표현의 사용을 주의깊게 회피하고 있으나 앞서 지적한 것처럼 주거의 사실상 평온을 누릴 수 있는 법익 또는 주거를 평온하게 사용할 수 있는 법익은 주거권이라는 개념 외에 지칭하기 어렵다. 따라서 여기서는 사실상 평온설의 내용을 설명하는 중에도 주거권 또는 적어도 권리라는 표현을 이용하기로 한다.

이 타당할 것이기 때문이다. 예컨대 누군가에게 자신의 내밀한 사생활의 비밀을 보여주거나 접근하게 해주었다고 해서 이것이 곧 그 밖의 다른 모든 이들에게 자신의 사생활에 접근할 수 있도록 허용하였다고 인정하기는 어렵다. 이때 사생활에 대한 접근은 오직 주거권자가 승인한 사람에게만 허용된다고 보아야 할 것이다. 이러한 관점은 오늘날 개인정보에 관한 자기결정권을 인정하는 취지와도 일치하며, 일단 출입을 허용한 외부인에게도 언제든지 퇴거요구를 할 수 있게 한 형법의 태도와도 일치한다. 따라서 공동주거권의 행사를 무제한 허용하지 않고 합리적인 범위 내로 국한하여 인정하는 독일 통설의 태도가 타당하다고 생각한다.

간통을 범할 목적으로 상간남을 출입시킨 경우 주거침입죄가 성립할 것인지에 관한 대상판결의 사실관계에 관해서도 같은 관점에서 생각할 수 있다. 별개의견들은 간통죄가 폐지된 이상 이는 범죄를 목적으로 하는 것은 아니며 공동주거자의 승낙 범위 내에 포함된다고 보고 있는 것 같다. 그러나 자신의 사생활에 대한 접근통제권이 그 접근행위가 범죄를 목적으로 하는지 여부와 반드시 직결되어야 하는 것은 아니다. 다른 공동주거자에게 접근을 승인하였다고 하더라도 외부인에게까지 접근을 허용한 것은 아니기 때문이다. 거실이나 공동주거자의 개인 방과 같이 공동주거자가 스스로 접근권을 자유롭게 행사할 수 있는 공간에 외부인을 출입시키는 것은 다른 공동주거자가 부재하든 현재하든 그리고 외부인의 출입에 명시적으로 반대하든 말든 관계없이 허용되는 것으로 보는 것이 타당할 것이다. 그러나 부부의 침실이나 다른 공동주거자의 서재와 같은 사적 공간은 설사 공동주거자인 배우자에게 평소에 접근이 허용된다고 하더라도 오직 그 배우자에게만 접근이 허락된 것으로 보아야 할 것이며, 그 배우자의 승낙만으로 외부인이 자유롭게 출입할 수는 없다고 보는 것이 타당할 것으로 생각된다.

3. 법적 안정성의 문제

다수의견이 이론적 근거를 전면적으로 변경하면서도 그 판례의 적용범위를 부재 중인 공동주거자의 추정적 의사에 반하여 다른 공동주거자가 출입을 승낙한 경우로 국한함으로써 예측가능성이 상실되어 실무의 혼란이 발생할 위험성이 있다는 점을 별개의견들과 반대의견은 일치하여 지적한다. 다수의견은 종래 주거자의 의사 기준을 버리고 침입의 행위태양 기준으로 전면적인 이론적 전환을 단행하면서도 공동주거자가 현재하면서 반대의사를 표명한 경우에는 어떻게 될 것인지, 빈집이나 열린 문을 통해 주거지에 들어간 경우에는 어떻게 될 것인지[101], 범죄 목적을 숨기고 들어간 경우[102]에 어떻게 될 것인지 등에 관하여 아무런 언급이 없다.

그것뿐만 아니라 앞서 소개한 것처럼 대상판결 선고일과 같은 날 선고된 2020도6085 전원합의체 판결과 불과 약 8개월 전에 선고된 대법원 2021. 1. 14. 선고 2017도21323 판결에서는 주거사용의 법익이나 관리권을 기준으로 한 것처럼 보이는 판시를 하고 있어서 많은 의문

---

101) 대상판결 이후 선고된 대법원 2022. 1. 27. 선고 2021도15507 판결은 "아파트 등 공동주택의 공동현관에 출입하는 경우에도, 그것이 주거로 사용하는 각 세대의 전용 부분에 필수적으로 부속하는 부분으로 거주자와 관리자에게만 부여된 비밀번호를 출입문에 입력하여야만 출입할 수 있거나, 외부인의 출입을 통제·관리하기 위한 취지의 표시나 경비원이 존재하는 등 외형적으로 외부인의 무단출입을 통제·관리하고 있는 사정이 존재하고, 외부인이 이를 인식하고서도 그 출입에 관한 거주자나 관리자의 승낙이 없음은 물론, 거주자와의 관계 기타 출입의 필요 등에 비추어 보더라도 정당한 이유 없이 비밀번호를 임의로 입력하거나 조작하는 등의 방법으로 거주자나 관리자 모르게 공동현관에 출입한 경우와 같이, 그 출입 목적 및 경위, 출입의 태양과 출입한 시간 등을 종합적으로 고려할 때 공동주택 거주자의 사실상 주거의 평온상태를 해치는 행위태양으로 볼 수 있는 경우라면 공동주택 거주자들에 대한 주거침입에 해당할 것이다"고 설시하고 있는데, 그 함축된 의미를 고려할 때 만약 열려 있거나 비밀번호와 같은 시정장치가 없는 상태에서 공동현관에 들어간 경우에는 주거침입죄를 인정하지 않는 것으로 보인다.
102) 최근 선고된 대법원 2022. 3. 24. 선고 2017도18272 전원합의체 판결에서 기존 입장을 변경하였다. 각주 48) 참조.

을 불러 일으킨다. 대법관 박정화, 노태악의 대상판결 다수의견에 대한 보충의견은 거주자의 승낙이 없는 무단출입은 주거의 평온을 침해하는 전형적인 행위태양에 해당하므로 거주자 모르게 주거에 출입하거나 출입 당시 거주자 등이 직접 표시한 출입금지나 제한을 어기고 출입한 경우, 부재중인 주거자가 독자적으로 사용하는 공간에 들어간 경우는 전형적인 무단출입으로 볼 수 있으며, 출입 당시 다른 주거자가 명시적으로 출입에 반대하였는데도 이를 무시하거나 무릅쓰고 출입한 경우에도 객관적, 외형적 행위태양에 비추어 침입에 해당한다고 볼 수 있다고 한다. 그러나 그렇게 되면 결국 주거자의 명시적 의사를 중심으로 판단하게 되므로, 간통을 목적으로 출입한 이번 대상판결의 사실관계 외에는 다시 ① 사실상 평온설로 돌아간 것처럼 되어 버린다. 이는 이론의 내적 일관성에 문제를 발생시키며, 다수의견의 취지가 정말 그러한가 하는 더 큰 의문을 불러일으킨다. 만약 다수의견이 정말 보충의견과 같은 취지라면 이론의 내적 정합성을 갖췄다고 평가하기 어려우며 사실관계에 따라 기준을 자의적으로 적용한다는 비판에 직면할 것이다.

대법원은 주거의 평온설을 취하면서도 주거자의 의사에 따라서 침입 여부를 판단하는 기준을 오래전부터 확립하였고 다양한 사실관계에 대해 같은 기준을 적용하여 왔다. 이러한 대법원의 입장은 일종의 확립된 판례법리로서 실무계에 어느 정도 예측가능성을 부여하였다고 볼 수 있다. 그런데 최근 들어 배임죄에 관한 판례에서 볼 수 있듯이 대법원이 특정한 사안에서 지난 수십년에 걸쳐 확고하게 형성된 판례법리를 포섭에서 수정하는 것에 그치지 않고, 그 기초를 이루는 일반 법리 자체를 급격하게 변경함으로써 오랫동안 유지된 법적 안정성을 허무는 일이 잦아졌다. 이런 경우에는 상당히 오랜 기간에 걸쳐 다른 사실관계에서 대법원의 입장이 어떻게 전개될 것인지에 관하여 실무상 혼란이 불가피하게 발생한다.

드워킨이 말한 것처럼 법원은 기존의 해석 전통에 자신의 해석을 추가하고, 장래의 법원은 그 법원이 추가해놓은 것을 포함하는 새로운 전통을 맞이하여 다시 자신의 해석을 추가해나가는 방식으로 사법의 통합성이 유지된다.[103] 우리 법제가 영미와 같은 판례법의 구속성을 인정하지는 않는다고 하더라도 법적 안정성의 가치는 우리에게도 필요한 가치이다. 수십 년간 확립된 법리를 수정하는 것은 개별 사건을 판단하는 사법부보다는 입법부의 영역이 아닐까 하는 생각이 든다. 간통 목적으로 배우자의 승낙을 얻어 주거에 들어간 경우에 더 이상 주거침입죄를 인정하지 않는 것이 궁극적인 목표였다면 별개 의견 2와 같이 포섭 부분을 수정하거나 단순히 간통죄가 폐지되어 더 이상 범죄가 아니게 되었으므로 범죄 목적 출입이라고 볼 수 없어 주거침입이 되지 않는다는 선에서 멈추었다면 더 좋지 않았을까 생각한다.

[주 제 어]
주거침입죄, 보호법익, 사실상 평온설, 주거권, 공동주거자

[Key Words]
criminal trespassing, protected legal interests, serenity theories, right to residence, co-resident

접수일자: 2022. 5. 08. 심사일자: 2022. 7. 26. 게재확정일자: 2022. 7. 26.

---

103) 로널드 드워킨(장영민 옮김), 법의 제국, 아카넷, 2004년, 326쪽

[참고문헌]

김대휘, 김신 편, 주석형법(2017)(이우철 집필부분), 사법행정

김성돈, 형법각론 제6판(2021), 성균관대학교 출판부

김일수/서보학, 새로쓴 형법각론 제9판(2021)

로널드 드워킨(장영민 옮김), 법의 제국, 아카넷(2004)

배종대, 형법각론 제11전정판(2021), 홍문사

성낙인, 헌법학 제21판(2021), 법문사

신동운, 형법각론 제2판(2018), 법문사

오영근, 형법각론 제6판(2021), 박영사

이재상, 장영민, 강동범, 형법각론 제12판(2021), 박영사

임웅, 형법각론 제11판(2020), 법문사

한수웅, 헌법학 제11판(2021), 법문사

법무부, 독일 형법(2008)

법무부, 프랑스 형법(2008)

법무부, 일본 형법(2007)

김준호, 간통 목적의 주거침입을 둘러싼 일본의 형법이론 변천에 관한 연구, 법학연구 제31권 제3호(2021.9.), 연세대학교 법학연구원

류부곤, 공동주거에 대한 주거침입죄의 성립여부, 형사법연구 제33권 제3호(2021), 한국형사법학회

이수현, 공동관리 사용하는 공간에 대한 주거침입죄의 성립여부와 주거침입죄의 규범의 보호목적, 전북대학교 법학연구 통권 제32집(2011.5.), 전북대학교 법학연구소.

Feilcke, Münchener Kommentar StGB(4. Aufl)(2021), §123 Rn. 1.(Beck-online)

Yyes Mayaud, Carole Gayet, Code Penal Annote, 118th (2021)

西田典之, 山口厚, 佐伯仁志 編集, 注釋刑法 第2卷(2016), 有斐閣

Wayne R. LaFave, Substantive Criminal Law(3d ed.)(2021), Thomson Leuters West Law(online)

Wayne R. LaFave, Jerold H. Israel, Nancy J. King, Criminal Procedure(4th)(2004), Thomson West

Olivier de Schutter, International Human Rights Law(2th)(2014), Cambridge University Press

[Abstract]

The protected legal interests of criminal trespassing and the mode of intrusion

Lee, Chang-On*

The Supreme Court had been ruling that establishing the criminal trespassing should be mainly based on whether it is against the actual or presumptive intention of the resident, but in this ruling en banc which this article targeted, the Court changed its standard of judging for the trespass by saying that it should be based on the mode of intrusion of the actor, but not based only on the resident's intention. According to the new standard, criminal trespassing can not be recognized when the actor enters the residence up to the usual method of entry even though it is against the will of the resident who was not present.

The Court has taken the serenity theory with respect to the legal interests of protection of the criminal trespassing. It can be assumed that this ruling can in fact objectify the concept of serenity in that it actually finds the meaning of serenity in the mode of intrusion, not in the intention of the resident. It can also be said that the scope of criminal trespassing can be greatly reduced, resulting from this ruling.

However, this ruling cannot be regarded as justifiable for the following reasons. First, opting certain position regarding legal interests of protection of criminal trespassing does not logically lead to the specific

* Professor, Law School, Ewha Womans University.

position concerning the subsumption of criminal trespassing in the co-resident case where the actor enters a co-residence with permission of one of its co-residents but against the other's will. Second, criminal trespassing is a crime against personal legal interests, not against social legal interests, so the protected legal interests must be viewed as the right to residence or the freedom of residence under the Constitution. Third, in fact, the concept of serenity is very vague, and the subsumption criteria are very diverse even within the serenity theories. Fourth, the legal principles of the Court ruling firmly established in relation to various facts over the past decades should not be easily changed through the individual precedent. New standards should be formed with legislation rather than the Court, if they are needed. Legal stability will be considerably impaired and confusion in the practices will arise as a result of this ruling.

정당한 이유없이 출입을 금지당한 공동거주자가 공동생활의 장소에 들어간 경우 주거침입죄의 성립여부[*]

김태명[**]

[대상판결] 대법원 2021.9.9. 선고 2020도6085 전원합의체 판결

〈공소사실〉

　　피고인 甲은 A의 남편이자 B의 형부이고, 피고인 乙과 丙은 피고인 甲의 부모이자 A의 시부모이다. 피고인들은 2018.5.19. 14:30경 A의 주거지인 이 사건 아파트에 찾아가 출입문을 열 것을 요구하였다. 하지만 A는 외출한 상태로 동생인 B가 출입문에 설치된 체인형 걸쇠를 걸어 "언니가 귀가하면 오라"며 문을 열어 주지 않았다. 이에 甲은 열린 틈 사이로 손을 넣어 위 체인형 걸쇠를 수차례 내려치고, 乙은 문고리를 계속 흔들어 위 출입문에 설치되어 있던 체인형 걸쇠가 출입문에서 떨어져 나가게 하였다. 이로써 피고인들은 A 소유의 체인형 걸쇠를 손괴하고 B가 머무르고 있던 주거지에 침입하였다.

〈사건의 경과〉

　　제1심은 피고인들에 대하여 유죄를 선고하였다. 제2심(원심)은 甲과 乙의 폭력행위등처벌에관한법률위반(공동재물손괴등) 부분에 관하여

---

　* 이 논문은 2022년도 전북대학교 연구기반 조성비 지원에 의하여 연구되었음.
　** 전북대학교 법학전문대학원 교수, 법학박사.

는 이를 유죄로 판단한 제1심판결을 그대로 유지하였으나, 甲이 이 사건 당시 이 사건 아파트에 대한 공동거주자의 지위에서 이탈되었다고 볼 수 없다는 이유로 주거침입죄가 성립하지 않는다고 판단하여 이를 유죄로 인정한 제1심판결을 파기하고 무죄를 선고하였고, 乙과 丙에 대해서는 이 사건 아파트의 공동거주자인 甲의 승낙을 받고 이 사건 아파트에 들어갔더라도 다른 거주자인 A나 A로부터 주거에 대한 출입관리를 위탁받은 B의 승낙을 받지 못하여 피해자 B의 사실상 주거의 평온을 깨뜨렸으므로 주거침입죄가 성립한다는 이유로 제1심 판결을 유지하였다.

〈판결요지〉

[다수의견] (가) 주거침입죄의 객체는 행위자 이외의 사람, 즉 타인이 거주하는 주거 등이라고 할 것이므로 행위자 자신이 단독으로 또는 다른 사람과 공동으로 거주하거나 관리 또는 점유하는 주거 등에 임의로 출입하더라도 주거침입죄를 구성하지 않는다. 다만 다른 사람과 공동으로 주거에 거주하거나 건조물을 관리하던 사람이 공동생활관계에서 이탈하거나 주거 등에 대한 사실상의 지배·관리를 상실한 경우 등 특별한 사정이 있는 경우에 주거침입죄가 성립할 수 있을 뿐이다.

(나) 공동거주자 중 한 사람이 법률적인 근거 기타 정당한 이유 없이 다른 공동거주자가 공동생활의 장소에 출입하는 것을 금지한 경우, 그의 출입을 금지한 공동거주자의 사실상 주거의 평온이라는 법익을 침해하는 행위라고는 볼 수 없으므로 주거침입죄는 성립하지 않는다. 설령 그 공동거주자가 공동생활의 장소에 출입하기 위하여 출입문의 잠금장치를 손괴하는 등 다소간의 물리력을 행사하여 그 출입을 금지한 공동거주자의 사실상 평온상태를 해쳤더라도 그러한 행위 자체를 처벌하는 별도의 규정에 따라 처벌될 수 있음은 별론으로 하고, 주거침입죄가 성립하지 아니함은 마찬가지이다. 공동거주자의 승낙을 받

아 공동생활의 장소에 함께 들어간 외부인의 출입 및 이용행위가 전체적으로 그의 출입을 승낙한 공동거주자의 통상적인 공동생활 장소의 출입 및 이용행위의 일환이자 이에 수반되는 행위로 평가할 수 있는 경우라면, 이를 금지하는 공동거주자의 사실상 평온상태를 해쳤음에도 불구하고 그 외부인에 대하여도 역시 주거침입죄가 성립하지 않는다고 봄이 타당하다.

(다) 피고인 甲이 아파트에서의 공동생활관계에서 이탈하였다거나 그에 대한 지배·관리를 상실하였다고 보기 어렵고, 공동거주자인 A나 그로부터 출입관리를 위탁받은 B가 공동거주자인 피고인 甲의 출입을 금지할 법률적인 근거 기타 정당한 이유가 인정되지 않으므로, 아파트에 대한 공동거주자의 지위를 계속 유지하고 있던 피고인 甲이 아파트에 출입하는 과정에서 정당한 이유 없이 이를 금지하는 B의 조치에 대항하여 걸쇠를 손괴하는 등 물리력을 행사하였다고 하여 주거침입죄가 성립한다고 볼 수 없고, 한편 피고인 乙, 丙은 공동거주자이자 아들인 피고인 甲의 공동주거인 아파트에 출입함에 있어 B의 정당한 이유 없는 출입금지 조치에 대항하여 아파트에 출입하는 데에 가담한 것으로 볼 수 있고 그 실질에 있어 피고인 甲의 행위에 편승, 가담한 것에 불과하므로 피고인 乙, 丙에 대하여도 폭력행위등처벌에관한법률위반(공동주거침입)죄가 성립하지 않는다.

[**별개의견**] (가) 주거침입죄의 구성요건적 행위인 침입의 의미가 거주자가 주거에서 누리는 사실상의 평온상태를 해치는 행위태양으로 주거에 들어가는 것을 의미하고, 이에 해당하는지 여부는 출입 당시 객관적·외형적으로 드러난 행위태양을 기준으로 판단함이 원칙이다. 하지만 침입에 해당하는지 여부는 기본적으로 거주자의 의사해석의 문제이다. 사실상의 평온을 해치는 행위태양으로 주거에 들어가는 것이라면 대체로 거주자의 의사에 반하는 것으로 해석된다.

(나) 단순히 외부적으로 표시한 출입금지의 의사를 기준으로 하여 거주자의 의사에 반하는 것이라고 해석할 경우 부당한 결론에 이르게

되는 경우가 있을 수 있다. 이렇게 되면 주거침입죄의 가벌성의 범위가 부당하게 넓어질 수 있다. 거주자가 명시적으로 출입금지의 의사를 표시하였더라도…출입이 허용되는 신분이나 자격이 있는 사람이 출입한 경우에는 침입이라고 볼 수 없다.

(다) 이 사건 당시 피고인 甲과 A 사이에 부부관계를 청산하고 피고인 甲이 이 사건 아파트에서 나가서 살기로 하는 명시적인 합의가 있었다거나, 피고인 甲과 A 사이의 부부관계가 파탄에 이르렀다고 보기 어렵다. 이러한 상황에서 피고인 甲이 위 아파트에서 짐 일부를 챙겨 나갔다거나 A가 일방적으로 출입문의 비밀번호를 변경하여 피고인 甲을 들어 오지 못하게 하였다는 사정만으로 피고인 甲이 이 사건 아파트에서의 공동생활관계에서 이탈하였다거나 그에 대한 지배·관리를 상실하였다고 인정하기는 어렵다. 피해자 B가 외부적으로 피고인들에 대하여 이 사건 아파트에 출입하는 것을 금지하는 의사를 표시하였다고 하더라도, 피고인들에 대하여 주거침입죄가 성립한다고 인정할 수 없다. 나아가 피고인들이 이 사건 아파트에 출입하는 과정에서 아파트의 출입문에 설치된 체인형 걸쇠를 손괴하였다고 하더라도 이는 이 사건 아파트에 출입하기 위한 최소한의 물리력 행사라고 볼 수 있으므로 위와 같은 사정이 피고인들의 주거침입죄의 성립에 영향을 미치지 않는다.

[반대의견] (가) 주거침입죄의 보호법익이 주거권이 아니고 사실상 주거의 평온이고, 주거침입죄의 구성요건적 행위인 침입은 거주자가 주거에서 누리는 사실상의 평온상태를 해치는 행위태양으로 주거에 들어가는 것으로 출입 당시 객관적·외형적으로 드러난 행위태양을 기준으로 판단하여야 한다.

(나) 공동거주자라도 잠금장치를 손괴하는 등 폭력적인 방법 또는 비정상적인 경로로 공동주거에 출입한 경우에는 객관적·외형적으로 보아 다른 공동거주자의 평온상태를 해치는 행위태양으로 출입한 것이므로 침입행위에 해당한다. 외부인이 주거 내에 현재하는 공동거주

자의 출입금지를 폭력적인 방법으로 제압하고 공동주거에 출입하면 주거침입죄가 성립하고, 공동거주자 중 한 사람의 승낙을 받았다는 이유로 주거침입죄의 성립을 부정할 수 없다.

(다) 피고인 甲이 스스로 집을 나가 별거가 개시된 경위, 피해자 측도 처음에는 피고인 甲의 출입을 막지 않았다가 분쟁과 충돌이 이어지자 출입문의 잠금장치를 교체하고 피고인 甲의 출입을 금지하게 된 경위 등을 종합하여 보면,1) 피고인 甲의 이러한 이 사건 아파트 출입행위는 객관적·외형적으로 드러난 행위태양에 비추어 보더라도 피해자 B의 사실상의 평온상태를 명백히 해친 경우에 해당하고 공동거주자로서의 이용범위를 벗어난 것으로 허용되지 않는다. 피해자 B가 위 피고인의 출입을 제지한 데에 정당한 이유가 있고, 甲에게 폭력행위등처벌에관한법률위반(공동주거침입)죄의 성립을 인정할 수 있다.

(라) 피고인 乙과 丙이 피해자 공소외 2에 대하여 폭력적인 방법을 사용하여 이들의 출입을 거절한 위 피해자를 제압하고 이 사건 아파트에 출입한 행위는 객관적·외형적으로 드러난 행위태양에 비추어 보더라도 피해자 공소외 2의 사실상의 평온상태를 명백히 해친 경우에 해당하므로, 위 피고인들에 대하여 폭력행위등처벌에관한법률위반(공동주거침입)죄가 성립한다. 위 피고인들의 출입이 공동거주자인 피고인 甲의 승낙에 따른 것이라 하더라도 위 범죄의 성립에 영향이 없다.

---

1) 피고인 甲은 A와 신축 아파트 분양문제로 갈등을 빚다가 2018.4.9.'너 혼자 살아라. 애는 아빠 없다고 해라'라고 말을 하고, 옷가지와 신발 등을 챙겨 이 사건 아파트에서 나갔고, 그 다음 날 이 사건 아파트로 들어와 본인 명의 통장 등을 가지고 다시 나갔다. 甲은 2018.4.13. 이 사건 아파트에 찾아와 A에게 별거를 하려고 하니 이 사건 아파트의 임대차보증금 중 일부를 돌려달라고 하면서 다투다가 들고 있던 컵을 내리쳐 깨지게 하였다. 이에 A가 112에 신고를 하였고, 경찰이 이 사건 아파트에 찾아오는 상황까지 발생하였고, 당시 피해자 B도 그 현장에 있었다. 그 후 A는 출입문의 비밀번호를 변경하고 출입문에 걸쇠를 부착하였다. 甲은 2018.4.9. 이 사건 아파트에서 나와 피고인 乙과 丙의 주거지에서 머물고 있었으므로 乙과 丙도 피고인 甲의 별거 사실을 알고 있었다.

[평 석]

I. 문제의 제기

위 대상판결(이하 '2020도6085 판결'이라고 한다)은 같은 날 선고된 대법원 2021.9.9. 선고 2020도12630 판결(이하 '2020도12630 판결'이라고 한다)과 더불어 주거침입죄의 보호법익과 침입의 법리를 명확히 하고 그 법리를 구체적 사례에 적용한 대표적 사례로서 주거침입죄의 보호법익, 침해행위의 판단기준, 공동거주자 사이의 주거침입죄의 성립범위와 관련하여 많은 논란을 일으키고 있다.[2] 2020도12630 판결은 혼외 성관계를 목적으로 일방 배우자의 승낙을 받아 부부가 공동으로 생활하는 주거에 출입하는 행위가 주거침입죄를 구성하는가에 관한 것으로 주거침입죄의 보호법익과 주거침입의 의미를 어떻게 파악할 것인가가 주된 쟁점이었다. 이 판결은 주거침입죄의 보호법익은 거주자가 주거에서 누리는 사실적 지배·관리관계가 평온하게 유지되는 상태, 즉 '사실상 주거의 평온'임을 재확인하고, 주거침입죄의 구성요건적 행위인 침입이란 '거주자가 주거에서 누리는 사실상의 평온상태를 해치는 행위태양으로 주거에 들어가는 것'을 의미하고, 주거침입에 해당하는지 여부는 출입 당시 객관적·외형적으로 드러난 행위태양을 기준으로 판단해야 한다고 보았다. 최근 대법원은 최근 인터넷 언론사 기자를 만나 식사를 대접하면서 그가 부적절한 요구를 하는 장면 등을 확

---

2) 대법원 2021.9.9. 선고 2020도12630 판결에 대한 평석으로는 김준호, "간통 목적의 주거침입을 둘러싼 일본의 형법이론 변천에 관한 연구", 연세대학교 법학연구원, 법학연구 제31권 3호(2021.9.), 441면 이하; 백승주, "공동거주자 1인의 승낙을 얻어 주거에 들어간 행위가 다른 공동거주자의 의사에 반하는 경우 주거침입죄의 성부", 저스티스 187호(2021), 154면 이하; 김태명, "혼외 성관계를 목적으로 일방 배우자의 승낙을 받아 부부가 공동으로 생활하는 주거에 출입하는 행위의 죄책", 전북대학교 법학연구소, 법학연구 67집(2021.12), 29면 이하; 김봉수, "공동거주자간 법익충돌 사안에 있어서 주거침입죄의 성부". 형사법연구 34권 1호(2022), 3면 이하 참조.

보할 목적으로 녹음·녹화장치를 설치하거나 장치의 작동 여부 확인 및 이를 제거하기 위하여 각 음식점의 방실에 들어간 사건(대법원 2022.3.24. 선고 2017도18272 판결, 이하 '2017도18272 판결'이라고 한다)에서, 비록 범죄의 목적이 있었다고 하더라도 통상적으로 출입이 허용된 음식점에 출입하는 행위는 주거침입죄가 성립하지 않는다고 하였는데, 이러한 법리를 다시 한번 더 확인하였다.

그동안 대법원은 주거침입죄의 보호법익을 주거권이 아니라 사실상 평온이라고 보면서도, 주거에 출입하는 행위가 주거권자의 의사에 반하는지 여부를 기준으로 주거침입의 판단기준으로 삼았고, 나아가서 간통, 절도 등의 범죄를 목적으로 주거에 출입한 때에는 주거의 사실상 평온이 침해되었는지를 고려하지 않은 채 주거침입죄의 성립을 인정하였다. 이러한 판례에 대해서는 주거침입죄의 보호법익은 사실상 평온이 아니라 주거권으로 보아야 한다는 주장, 주거침입죄의 보호법익을 사실상 평온으로 보는 이상 주거침입에 해당하는지 여부는 주거권자의 의사가 아니라 주거의 사실상 평온의 침해 여부를 기준으로 판단해야 한다는 주장, 범죄를 목적으로 주거에 출입하였더라도 주거의 사실상 평온이 침해되지 않는 이상 주거침입죄는 성립하지 않는다고 보아야 한다는 주장 등이 제기되었다.[3]

3) 문채규, "주거침입죄의 보호법익-사실상 평온설의 정립을 위하여-", 비교형사법연구 12권 2호(2010), 49면 이하; 김경락, "부재중인 거주자의 의사에 반하여 주거에 들어가는 행위에 대한 주거침입죄의 성립여부-주거의 사실상의 평온설의 관점에서 판단한 대법원의 입장에 대한 비판적 검토-", 형사법연구 22권 3호(2010 가을), 323면 이하; 김재현, "주거침입죄의 보호법익 및 보호의 정도 그리고 기·미수의 구별기준", 형사법연구 25권 2호(2013), 125면 이하; 이정원, "주거침입죄의 구조와 문제점-주거침입죄의 해석의 기준으로 사실상 평온과 주거권-", 조선대학교 법학연구소, 법학논총 21권 1호(2014.3), 419면 이하; 김경락, "주거침입죄의 침입의 의미-보호법익과 '의사에 반하여'에 대한 해석을 중심으로-", 전남대학교 법학연구소, 법학논총 38권 3호(2018), 139면 이하; 김성규, "주거침입죄에 있어서 침입행위의 의미-공동거주자의 허락이 대립하는 경우와 관련하여-", 일감법학 45호(2020.2), 51면 이하; 최준혁, "주거침입죄에서 기망에 의한 승낙의 효력", 형사법연구 32권 4호(2020, 겨울), 87면 이하; 류부곤, "공동주거에 대한 주거침입죄의 성립여부", 형사법연구 33권 3호(2021 가을), 95면

최근 선고된 일련의 판결들(2020도12630 판결, 2020도6085 판결, 2017도18272 판결)은 주거침입죄의 보호법익은 주거권이 아니라 사실상 평온임을 재확인하고, 주거침입에 해당하는지 여부는 주거권자의 의사가 아니라 출입 당시 객관적·외형적으로 드러난 행위태양을 기준으로 판단해야 함을 분명히 하였다. 그러나 이에 대해서는 일반적으로 보호법익은 규범적 관점에서 '법적으로 보호되는 이익이나 가치'로서 정의되는데 유독 주거침입죄에서만은 그 보호법익을 '사실상의 평온'으로 보는 이유는 무엇인가, 어떤 행위가 주거침입에 해당하는지 여부를 주거권자의 의사가 아니라 행위태양만으로 판단하는 것이 타당한가, 비록 부부 일방의 동의를 받았더라도 간통을 목적으로 부부의 공동주거에 들어오는 행위에 대해 주거침입죄가 성립하지 않는다고 하는 것이 과연 합리적인가 등 법이론적 또는 법이념적 관점에서 많은 논란과 비판이 일고 있다.

게다가 최근의 판결은 그동안 주거침입죄와 관련한 기존의 판결들과 모순되거나 일관성이 결여된다는 문제점이 있다. 주거침입죄의 보호법익을 무엇으로 볼 것인가의 문제는 차치하더라도 침입에 해당하는지 여부를 행위태양만으로 판단해야 한다는 2020도12630 판결의 법리는 그보다 조금 먼저 선고된 대법원 2021.1.14. 선고 2017도21323 판결(이하 '2017도21323 판결'이라고 한다)과 일치하지 않는다. 대법원은 이 판결에서 건조물침입죄와 관련해서는 "입주자대표회의가 입주자 등이 아닌 자(이하 '외부인'이라 한다)의 단지 내 주차장에 대한 출입을 금지하는 결정을 하고 그 사실을 외부인에게 통보하였음에도 외부인이 입주자대표회의의 결정에 반하여 그 주차장에 들어갔다면, 출입 당시 관리자로부터 구체적인 제지를 받지 않았다고 하더라도 그 주차장의 관리권자인 입주자대표회의의 의사에 반하여 들어간 것이므로 건조물침입죄가 성립한다."고 하여, 건조물침입의 행위태양이 아니라 건조물관리권자의 의사를 기준으로 하여 건조물침입죄의 성립여부를 판

_____

이하 참조.

단하였다.

그리고 대법원은 주거침입에 해당하는지 여부는 주거권자의 의사가 아니라 행위태양을 기준으로 판단해야 한다는 법리를 일관성 있게 적용하고 있지 못하다. 2020도6085 판결에서는 주거침입죄의 객체는 '타인'이 거주하는 주거로서 행위자 자신이 단독으로 또는 다른 사람과 공동으로 거주하는 주거에 임의로 출입하더라도 주거침입죄를 구성하지 않으며, 설령 그 공동거주자가 공동생활의 장소에 출입하기 위하여 출입문의 잠금장치를 손괴하는 등 다소간의 물리력을 행사하여 그 출입을 금지한 공동거주자의 사실상 평온상태를 해쳤더라도 그러한 행위 자체를 처벌하는 별도의 규정에 따라 처벌될 수 있음은 별론으로 하고, 주거침입죄가 성립하지 않는다고 보았다. 비록 엄연히 주거의 사실상 평온을 해하는 방법으로 주거에 출입을 하였음에도 불구하고 공동거주자임을 이유로 주거침입죄의 성립을 부인한 것이다.

주거침입죄의 보호법익과 주거침입의 판단기준에 관한 최근의 판결들(2020도12630 판결, 2020도6085 판결, 2017도18272 판결)은 과연 주거침입죄의 보호법익을 사실상 주거의 평온으로 볼 것인가, 주거침입에 해당하는지 여부를 주거권자(또는 거주자)의 의사가 아니라 주거에 출입하는 행위태양을 기준으로 판단할 것인가, 그리고 주거권자(거주자)의 의사가 일치하지 않거나 대립하는 경우 일방의 주거권자(거주자)가 타방 주거권자(거주자)의 의사에 반하더라도 사실상 주거의 평온을 해하지 아니하는 행위태양으로 주거에 출입하는 경우에는 주거침입죄의 성립을 부정할 것인가에 관한 의문을 던져주고 있다.

최근의 주거침입죄에 관한 리딩케이스라고 할 수 있는 2020도12630 판결에서 대법관들은 주거침입죄의 보호법익과 주거침입의 판단기준을 둘러싸고 다수의견, 별개의견 그리고 반대의견으로 나뉘어 장황한 견해 대립을 펼쳤으며, 그 이후 선고된 2020도6085 판결과 2017도18272 판결에서도 견해의 대립은 계속되고 있다. 비록 다수의견이 주거침입죄의 보호법익은 주거권이 아니라 주거의 사실상 평온이며 주거침입에 해당하는지 여부는 출입 당시 객관적·외형적으로 드러난 행위태양을 기준으로 판단하여야 한다는 법리를 채택하였지만, 실제 사례에 이 법리를 적용하는 과정에서 다시 논란이 야기되고 있다는 것은 그만큼 다수의견이 채택한 법리에 문제점이 많다는 것을 반증하는 것이다. 2020도6085 판결의 쟁점은 공동거주자 중의 한 사람이 정당한 이유없이 출입을 금지한 경우 다른 공동거주자가 그의 의사에 반하여 공동생활의 장소에 들어가는 경우 주거침입죄가 성립하는지 여부이다. 그러나 이 문제에 답하기 위해서는 주거침입죄의 보호법익과 주거침입의 판단기준을 포함한 종합적인 검토가 필요하다고 본다.

우선 위 판결들에서는 크게 논란이 되지는 않았지만, 주거침입죄의 보호법익을 사실상의 평온으로 보는 것이 타당한지에 대해서는 여전히 의문이 남는다. 이를 위해서 우선 판례가 주거침입죄의 보호법익을 주거의 사실상 평온으로 파악하게 된 경위 그리고 보호법익의 의미와 기능에 대해 살펴보고, 과연 주거침입죄의 보호법익을 사실상 평온으로 보는 것이 타당한지를 검토한다. 다음으로 주거침입죄의 실행행위인 '침입'을 주거권자(거주자)의 의사가 아니라 출입 당시 객관적·외형적으로 드러난 행위태양을 기준으로 판단하는 다수의견이 타당한지를 검토한다. 주거침입죄의 보호법익을 사실상 평온으로 본다면 어떤 행위가 주거침입에 해당하는지 여부는 주거의 사실상 평온의 침해 여부를 기준으로 판단하는 것이 타당하다고 하겠으나, 2017도21323 판결에서 볼 수 있듯이 상당수의 판례는 주거권자·관리권자의 의사를 기준으로 침입에 해당하는지 여부를 판단하고 있는 데다, 2020도6085 판결에서 볼 수 있듯이 이 기준을 모든 사례에 적용하기는 곤란하기 때문이다. 끝으로 이러한 논의를 바탕으로 여러 사람이 공동으로 사용하는 주거에서 일부의 주거권자(거주자)가 다른 주거권자(거주자)의 명시적 또는 추정적 의사에 반하여 주거에 출입한 경우에 주거침입죄의 성립을 인정할 것인가를 검토한다. 최근 선고된 2017도21323 판결, 2020도12630 판결, 2020도6085 판결에서 볼 수 있듯이 주거침입죄의

보호법익이나 주거침입의 판단기준은 주로 공동주거에서 수인의 주거
권자(거주자) 사이에 의견이 대립하는 경우에서 문제되는데, 이러한 사
례에서는 공동주거의 특수성을 감안하여 주거침입죄의 성립여부를 판
단해야 한다.

Ⅱ. 주거침입죄의 보호법익과 주거침입에 해당하는지 여부의 판단기준

1. 주거침입죄의 보호법익

주거침입죄의 보호법익에 관해서는 상당히 독특한 두 가지 점을
발견할 수 있다. 첫 번째 점은 다른 범죄와는 달리 보호법익이 무엇인
가에 관해서 견해가 대립하고 있다는 것이고, 두 번째 점은 보호법익
을 사실적 관점에서 파악한다는 견해가 판례와 다수설을 차지하고 있
다는 점이

주거침입죄의 보호법익은 상간자가 간통 목적으로 일방 배우자의
승낙을 받아 부부가 공동으로 거주하는 주거에 출입한 사례에서 문제
가 되었다. 다만 대법원이 주거침입죄의 보호법익을 주거의 사실상 평
온으로 명시한 것은 1980년대 이후부터이며, 그 이전까지는 주거침입
죄의 보호법익에 대한 언급 없이 간통 목적으로 부부의 공동주거에
출입한 상간자에 대하여 주거침입죄를 인정하였다.4)

간통 목적으로 부부의 공동주거에 출입하는 행위에 대하여 주거
침입죄를 인정하는 대법원 판례는 일본 판례의 영향을 받은 것으로
알려져 있다.5) 전통적으로 일본은 이른바 구주거권설로 알려진 호주
권을 근거로 상간자에 대하여 주거침입죄를 인정하였다.6) 이에 瀧川

---

4) 대법원 1958.5.23. 선고 4291형상117 판결, 대법원 1969.9.23. 선고 69도1130 판결.
5) 이에 대한 자세한 연구는 김준호, 각주 2)의 논문, 445면 이하 참조.
6) 대표적인 판례로는 "주거침입의 죄는 타인의 주거권을 해하는 것을 본질로 하
며 주거권자의 의사에 반해서 위법하게 그 주거에 침입함으로써 성립한다."고
하더라도 이러한 경우에 있어서는 당연히 남편인 주거권자에게 피고인이 주

幸辰, 小野淸一郎, 木村龜二, 植松正, 草野豹一郎과 같은 객관주의 형
법학자들은 호주의 주거권을 근거로 한 주거침입죄의 인정을 비판하
면서, 주거침입죄의 보호법익은 가장인 한 사람에게 귀속하는 주거권
이 아니라 주거에 거주하는 모든 사람들이 누리는 이익이라고 주장
하였다.

전후 1947년 5월에 시행된 일본헌법은 성별간 차별금지와 부부간
권리의 동등을 명문화하였고, 일반민법 속의 남녀차별 요소인 가(家)
제도도 폐지되었다. 이러한 변화 속에서 일부 하급심은 주거침입죄의
보호법익이 주거권이라고 하는 법적 권리가 아니라 사실상의 주거의
평온이므로 남편의 부재 중에 처의 승낙을 얻어서 평온하게 그 주거
에 들어가는 행위는 비록 간통의 목적이었다 하더라도 주거침입죄가
보호하고자 하는 사실상의 주거의 평온을 해하는 태도에서 나온 출입
이라고 할 수 없으므로 주거침입죄는 성립하지 않는다는 판결을 내놓
았다.7) 1947년 간통죄가 폐지된 이후 일본의 최고재판소가 간통 이외
의 사건에서 일반론으로 주거침입죄의 보호법익이 사실상 평온이라고
한 사례가 있으나,8) 대부분의 사건에서는 주거침입죄의 보호법익에
대한 언급은 하지 않은 채 관리권자의 의사에 반하는지 여부를 기준

거에 들어오는 것을 인용할 의사가 있으리라고 추단할 수가 없으므로 처가
남편에 갈음하여 승낙을 하더라도 그 승낙은 원래 아무런 효력이 생기지 않
는다."고 한 大審院 大正7年12月6日 判決(刑録24輯1506頁)과 "주거권자인 남편
이 부재하는 경우에 처에게 주거의 관리권이 있는 점을 "인정해야 할 것이나
그 처의 승낙이 있을 때에 주거침입죄가 성립하지 않는다고 하는 것은 통상
주거권자인 남편에게 있어서 타인이 주거에 들어오는 것을 인용할 의사가 있
다고 추측할 수 있는 경우에 한한다."고 한 大審院 昭和13年2月28日 判決(刑集
17卷125頁) 및 "남편은 다시 말해 가장으로서 일가를 주재하는 자이기 때문에
그 주거에의 침입 또는 수색에 관한 허락권은 오직 남편이 가진다고 풀이해
야 할 것이고, 이를 대행하는 경우에도, 남편의 의사에 반하지 않는 한도에서
그 효력이 있다."고 한 大審院 昭和14年12月22日判決(刑集18卷565頁)을 들 수
있다.

7) 福岡地小倉支判 昭和37年7月4日 下集4卷7=8号665頁, 崎簡判 昭和43年2月29日
　下刑集10卷2号211頁
8) 最判 昭和49년5月31日 裁集刑192号571; 最判 昭和51年3月4日 刑集30卷2号79頁.

으로 주거침입죄의 성립여부를 판단하고 있다.

　전후 일본에서는 주거침입죄의 보호법익과 관련하여 사실상 평온설과 신주거권설이 대립하였는데, 신주거권설이 주장하는 주거권은 더 이상 가장 또는 호주가 가지는 권리가 아니라 남녀평등을 전제로 가족구성원 모두가 동등하게 가지는 권리로 파악되었다(신주거권설), 사실상 평온설은 남편의 부재중에 상간남이 아내의 승낙을 받고 부부의 공동주거에 들어가는 행위는 남편의 추정적 의사에 반하지만 아내의 명시적 의사에 합치하므로 사실상 주거의 평온이 침해되지 않았다고 보아야 한다고 주장하는가 하면, 주거권설은 최고재판소가 주거권자의 의사에 반하는지 여부를 기준으로 주거침입죄의 성립여부를 판단하는 것은 사실상 주거권설을 취한 것이나 다름없다고 하면서, 공동주거권자인 남편과 아내 중에 일방이 부재한 상태에서 다른 일방의 승낙을 받고 공동주거에 출입한 행위에 대해 주거의 사실상 평온이 침해되지 않았다는 이유로 주거침입죄의 성립을 인정하지 않는 것은 주거에 현재하는 배우자와 그렇지 않은 배우자의 주거권을 차별하는 것으로 부당하다는 비판을 제기하였다.[9]

　일본 학계는 일본 판례는 명목상으로 주거침입죄의 보호법익을 주거의 사실상 평온이라고 하고 있으나 주거침입에 해당하는지 여부를 주거권자의 의사에 반하는 것이라고 해석함으로써 사실상 주거권설을 취하고 있다고 평가하고 있다. 그리고 주거권은 주거에 거주하는 사람 모두에게 동등하게 귀속하므로 타방의 명시적 또는 묵시적 의사에 반하여 일방의 승낙을 받고 공동주거에 출입한 행위가 주거침입죄를 구성하는지 여부는 결국 수인의 주거권자의 권리를 어떻게 조정할 것인가의 문제로 귀착된다고 보고 있다.[10]

　2020도12630 판결이 나오기 전까지 우리나라의 상황도 크게 다르지 않다. 대표적인 사례로 대법원 1984.6.26. 선고 83도685 판결은 "형

　9) 이 점에 대한 자세한 설명은 김준호, 각주 2)의 논문, 454면 이하 참조.
　10) 이 점에 대한 자세한 설명은 김준호, 각주 2)의 논문, 460면 이하 참조.

법상 주거침입죄의 보호법익은 주거권이라는 법적 개념이 아니고 사적 생활관계에 있어서의 사실상 주거의 자유와 평온으로서 그 주거에서 공동생활을 하고 있는 전원이 평온을 누릴 권리가 있다 할 것이나 복수의 주거권자가 있는 경우 한 사람의 승낙이 다른 거주자의 의사에 직접·간접으로 반하는 경우에는 그에 의한 주거에의 출입은 그 의사에 반한 사람의 주거의 평온 즉 주거의 지배·관리의 평온을 해치는 결과가 되므로 주거침입죄가 성립한다."고 판시하였다. 위 판례는 명목적으로 주거침입죄의 보호법익을 주거의 사실상 평온이라고 하고 있으나, 판결문 중에 '주거권자'라는 용어를 광범위하게 사용하고 있으며 '주거권자의 의사'를 기준으로 주거침입에 해당하는지 여부를 판단하고 있다는 점에서 실질적으로는 주거권설을 취하고 있었다고 평가할 수 있다.11)

2020도12630 판결은 주거침입죄의 보호법익을 사실상 주거의 평온임을 재확인하고 나아가 주거권자 대신이 거주자라는 표현을 사용하고 있으며 주거침입에 해당하는지 침입에 해당하는지 여부는 출입 당시 객관적·외형적으로 드러난 행위태양을 기준으로 판단하여야 한다고 판시하였다. 주거침입죄의 보호법익과 침입에 해당하는지 여부의 판단기준을 논리적으로 일치시켰다는 점에서는 큰 진전이 있었다고 평가할 수 있을 것이다.

앞에서 지적하였듯이 보호법익이 무엇인가를 둘러싸고 견해가 대립하고 있는 범죄는 주거침입죄가 거의 유일하다. 그리고 주거침입죄의 보호법익과 관련하여 주거권설과 사실상 평온설이 대립하는 것은 우리나라와 일본에서 볼 수 있는 독특한 현상이다. 독일에서는 주거권이란 개인의 지배영역에 속하여 보호되는 공간적 영역에 대한 제3자의 체류여부를 실제로 자유롭게 결정하는 법적인 권리의 총체로서 개

---

11) 송문호, "주거침입죄의 성립범위", 형사정책연구 20권 3호(2009), 300면; 이승준, "주거침입죄 관련 판례 흐름의 비판적 검토", 충북대학교 법학연구소, 법학연구 30권 2호(2019), 87면 참조.

인의 행동의 자유를 일부라고 설명한다.12) 우리나라에서도 이정원 교수는 일찍이 주거침입죄는 주거권자의 장소적 공간에서 사생활의 평온의 침해 여부라는 사실적 판단의 문제가 아니라, 주거권의 침해 여부라는 규범적 판단의 문제이어야 한다. 즉 일정한 공간에서 주거권자가 그의 사생활의 평온의 확보를 위한 권리, 즉 타인의 해당 공간에 대한 출입과 체재 여부를 결정하는 권리가 주거침입죄의 보호대상이어야 한다.''고 주장하였다.13))

그리고 주거침입죄 외에는 보호법익을 규범적으로 파악할 것이 아니라 사실적으로 파악하여야 한다는 주장을 발견할 수 없다. 보호법익은 그 자체가 관념적·추상적인 개념으로서, 형법이 어떤 행위를 범죄로 처벌함으로써 궁극적으로 보호하고자 하는 권리 또는 가치로 파악된다.14) 규범적으로 관점에서 보면 주거침입죄의 보호법익은 마땅히 주거에 대한 권리, 즉 주거권이 될 것이고, 굳이 주거침입죄만을 예외로 하여 그 보호법익을 사실상 평온이라고 해야 할 필요성이 없다. 게다가 보호법익을 사실적 관점에서 정의하는 것은 행위의 객체와 보호의 객체를 분리하는 형법이론체계에도 부합하지 않는다.

형법이론은 전통적으로 법익은 보호의 객체로서 행위의 객체와 구분해 왔다. 행위의 객체는 사람이 지각할 수 있는 감각적 대상으로 자연적 관점에서 파악된 것이며 구성요건에 명시되어 있는데 반하여, 보호의 객체는 관념적 대상으로 가치적 관점에서 파악된 것으로 구성요건에 명시되어 있지 아니하고 해석에 의하여 도출된다.15) 즉, 행위의 객체는 구성요건에 기재되어 있는 공격의 객체를 말하며, 감각적으로 지각할 수 있는 존재인 데 반해, 보호의 객체는 구성요건에 의하여 보호되는 가치적·관념적 대상, 즉 법익을 말한다.16) 예를 들어 살인죄

---

12) 독일에서의 주거침입죄의 보호법익(주거권)에 대해서는 최준혁, 각주 3)의 논문, 104면 및 김성규, 각주 3)의 논문, 92면 참조.

13) 이정원, 각주 3)의 논문, 419면.

14) 이 점을 지적한 글로는 김재현, 각주 3)의 논문, 128면 참조.

15) 임웅, 형법총론(제12정판), 2021, 112면.

의 객체는 사람인데 반해 그 보호법익은 생명이다. 물론 살인죄의 보호법익으로서 생명의 개념이 무엇인가에 대해서는 많은 논란이 있을 수 있지만, 어느 누구도 살인죄의 보호법익이 인간생명의 핵심이라고 할 수 있는 심장이나 폐 또는 뇌가 온전하게 작동하고 있는 상태라고 정의하지 않는다. 같은 이유에서 강간죄 등 성폭력범죄의 보호법익은 성적 자유 또는 성적 자기결정의 자유이지 원치 않는 성행위를 하지 않는 상태가 아니다.17)

그러나 살인죄의 객체인 사람의 개념은 그러하지 아니하다. 물론 사람을 '육체와 정신과 영혼을 가진 인격적 존재'라는 식으로 추상화한 개념은 실제 범죄의 성립여부를 판단하는 데 있어서는 문제가 되지 않는다. 살인죄의 성립과 관련하여 현실적으로 문제되는 사례는 언제부터 사람으로 볼 것인가 또는 언제까지 사람으로 볼 것인가이다. 언제부터 사람으로 볼 것인가와 관련해서는 진통설, 일부노출설, 전부노출설, 독립호흡설 등과 같은 견해가 대립하고, 언제까지 사람으로 볼 것인가와 관련해서는 심폐사설, 뇌사설과 같은 견해가 대립하고 있음은 주지의 사실이다. 어떤 견해가 옳은가는 차치하더라도 살인죄의 대상으로서의 사람의 개념은 관념적·추상적으로 파악되지 아니하고 구체적·현실적으로 파악된다는 점이 중요하다.

주거침입죄의 보호법익을 주거권이라는 추상적·관념적 개념 대신에 주거의 사실상 평온이라는 구체적·현실적 개념으로 설명하는 것은 적어도 법익개념이 형법에서 수행하는 역할에 비추어 볼 때 타당성이 부족하다. 그리고 앞에서 서술하였듯이 오늘날 주거권은 더 이상 호주 또는 가장의 권리로 파악되지 않으므로 가족 구성원 모두가 주

---

16) 이재상·장영민·강동범, 형법총론(제8판), 2015, 101면.

17) 예컨대 성폭력범죄의 보호법익은 개인의 성적 자유 또는 성적 자기결정권이다. 여기서 성적 자유는 소극적으로 원치 않는 성행위를 하지 않을 자유를 말하고, 성적 자기결정권은 성행위를 할 것인가 여부, 성행위를 할 때 그 상대방을 누구로 할 것인가 여부, 성행위의 방법 등을 스스로 결정할 수 있는 권리를 의미한다(대법원 2019.6.13. 선고 2019도3341 판결).

거에 대해 동등한 권리를 가진다는 점을 강조하기 위해 사실상 평온
설을 주장할 이유는 없다.

그리고 2020도12630 판결의 [다수의견]은 주거권설에 따르면 주거
침입죄의 성립여부가 불명확해지고 주거침입죄의 처벌범위가 부당하
게 확대될 우려가 있다고 지적하면서, 통상적인 방법으로 주거에 출입
하였음에도 불구하고 그것이 거주자의 의사에 반한다는 이유로 주거
침입죄를 인정하게 되면 주거침입죄를 의사의 자유를 침해하는 범죄
의 일종으로 보는 것이 되어 주거침입죄가 보호하고자 하는 법익의
범위를 넘어서게 되고, 평온의 침해 내용이 주관화·관념화된다고 비
판한다. 그러나 주거권자의 의사를 기준으로 주거침입죄의 성립여부
를 판단한다고 하여 주거침입죄가 의사의 자유를 침해하는 범죄가 된
다는 주장은 설득력이 없다.

성폭력범죄의 처벌 등에 관한 특례법상 카메라등이용촬영죄(제14
조 제1항)는 피해자의 의사에 반할 것을 범죄의 성립요소로 하고 있고
그 보호법익도 성적 자유 또는 성적 자기결정의 자유로서, 그 행위가
피해자의 의사에 반할 것을 본질적 요소로 하고 그 보호법익 자유의
침해에 있는 범죄가 있다. 그렇지만 그 행위가 피해자의 의사에 반할
것을 본질적 요소로 하면서도 보호법익은 자유가 아닌 범죄도 적지
않다. 예컨대 절도죄의 실행행위인 절취는 '타인이 점유하고 있는 자
기 이외의 자의 소유물을 점유자의 의사에 반하여 점유를 배제하고
자기 또는 제3자의 점유로 옮기는 것'을 말하나, 그 보호법익은 소유
권이다(대법원 2014.2.21. 선고 2013도14139 판결). 그리고 손괴죄도 절도죄
와 마찬가지로 소유권을 보호법익으로 하면서, 소유자의 의사에 따라
어느 장소에 게시 중인 문서를 소유자의 의사에 반하여 떼어내는 것
과 같이 소유자의 의사에 따라 형성된 종래의 이용상태를 변경시켜
종래의 상태에 따른 이용을 일시적으로 불가능하게 하는 경우에도 문
서손괴죄가 성립할 수 있다(대법원 2015.11.27. 선고 2014도13083 판결). 그
리고 미성년자약취·유인죄(형법 제287조)에서 약취는 "약취란 폭행, 협

박 또는 불법적인 사실상의 힘을 수단으로 사용하여 피해자를 그 의
사에 반하여 자유로운 생활관계 또는 보호관계로부터 이탈시켜 자기
또는 제3자의 사실상 지배하에 옮기는 행위"로서 피해자의 의사에 반
할 것을 요건으로 하면서도(대법원 2021.9.9. 선고 2019도16421 판결) 그 보
호법익은 미성년자의 신체의 자유와 보호감독자의 보호·양육권을 함
께 보호법익으로 한다.

　이처럼 자유를 보호법익으로 하는 것과 피해자의 의사에 반할 것
을 성립요건으로 하는 것은 별개의 문제로서, 주거권자의 의사를 기준
으로 주거침입죄의 성립여부를 판단한다고 하여 주거침입죄가 의사의
자유를 침해하는 범죄로 보아야 하는 것은 아니다. 다만 죄형법정주의
원칙상 처벌범위를 부당하게 확대하는 해석은 금지되므로, 주거침입
죄의 보호법익을 주거권으로 보아 주거침입에 해당하는지 여부를 주
거권자의 의사를 기준으로 판단하게 되면 주거침입죄의 성립범위가
불명확해지고 나아가 부당하게 확대될 우려가 있다는 [다수의견]의 지
적에 대해서는 경청이 요구된다.

2. 주거침입에 해당하는지 여부의 판단기준

　주거침입죄의 보호법익을 주거권으로 보는 견해(주거권설)는 주거
에 출입하는 행위가 주거권자의 현실적·추정적 의사에 반하는지 여부
를 기준으로 주거침입죄의. 성립여부를 판단하는 데 반하여 주거침입
죄의 보호법익을 사실상 평온으로 보는 견해(사실상 평온설)는 주거에
출입하는 행위가 주거의 사실상 평온을 해하는지 여부를 기준으로 주
거침입죄의 성립여부를 판단하므로, 주거권설보다는 사실상 평온설이
주거침입죄의 성립범위를 줄이는 데 효과적임을 부인하기는 어렵다.

　그렇지만 사실상 평온설이 주거침입의 판단하는 기준으로 내세우
는 주거의 사실상 평온은 얼핏 보면 사실적·객관적인 개념인 것 같으
나 그에 대한 판례의 정의(定義), 즉 "거주자가 주거에서 누리는 사실

적 지배·관리관계가 평온하게 유지되는 상태"는 결코 사실적·객관적으로만 판단할 수 없다. 사실상 평온설이 주장하는 주거의 사실상 평온은 그동안 주거권설이 주장해 온 주거권의 개념을 사실적 관점에서 표현한 것에 불과하다. 결국 주거권설과 사실상 평온설은 주거라는 공간에서 법익이라는 이름으로 보호되어야 할 이익이나 가치를 서로 다른 관점(사실적 관점과 규범적 관점)에서 호명한 것에 불과하다.18)

　그리고 구체적 사례에서 주거의 사실상 평온이 침해되었는지 여부를 결정하는 것은 결코 간단하지 않다. 예컨대 주거에 현재(現在)하는 사람의 현실적 의사에 반하는 경우에만 주거의 사실상 평온이 침해되었다고 볼 것인지 아니면 주거에 현재하는 사람의 잠재적 의사에 반하거나 주거에 현재하지 않더라도 그의 명시적 의사에 반하는 경우에도 주거의 사실상 평온이 침해되었다고 볼 것인지가 불명확하다. 따라서 간통을 목적으로 배우자 일방의 승낙을 받아 부부의 공동주거에 출입하는 행위가 주거의 사실상 평온을 해하지 않는다고 단정하기는 어렵다.

　2020도12630 판결에서 [다수의견]은 "외부인이 공동거주자 중 주거 내에 현재하는 거주자로부터 현실적인 승낙을 받아 통상적인 출입방법에 따라 주거에 들어간 경우라면, 특별한 사정이 없는 한 사실상의 평온상태를 해치는 행위태양으로 주거에 들어간 것이라고 볼 수 없으므로 주거침입죄에서 규정하고 있는 침입행위에 해당하지 않는다."고 하였으나, [반대의견]은 "거주자는 주거에 대한 출입이 자신의 의사대로 통제되고 지배·관리되어야 주거 내에서 평온을 누릴 수 있다. 이러한 점에서 주거침입죄의 보호법익인 사실상 주거의 평온은 법익의 귀속주체인 거주자의 주거에 대한 지배·관리, 즉 주거에 대한 출입의 통제가 자유롭게 유지되는 상태를 말한다. 이러한 주거에 대한 지배·관리 내지 출입통제의 방식은 거주자의 의사 및 의사 표명을 통하여 이루어지게 된다. 따라서 주거침입죄에 있어 침입은 '거주자의

---

18) 이 점을 지적한 글로는 김봉수, 각주 2)의 논문, 10면 참조.

의사에 반하여 주거에 들어가는 것'이라고 해석하여야 한다."고 하면서, "공동주거에 있어서도 외부인의 출입이 공동거주자 중 부재중인 거주자의 의사에 반하는 것이 명백한 경우에는 그 거주자에 대한 관계에서 사실상 주거의 평온이 깨어졌다고 보아 주거침입죄의 성립을 인정하는 것이 주거침입죄의 법적 성질과 보호법익의 실체에 부합하는 해석이다."고 주장하였다.

위의 사례들에서 볼 수 있듯이 주거권자의 의사라는 규범적·주관적 기준 대신에 주거의 사실상 평온이라는 사실적·객관적 기준으로 주거침입 여부를 판단하려는 사실상 평온설의 주장은 정작 그 기준이 사실적·객관적이라고 보기도 어려울 뿐만 아니라 구체적 사례에서 주거의 사실상 평온이 침해되었는지 여부를 판단하기가 결코 간단하지 않아 주거권설에 의하는 것에 비해 주거침입의 판단기준이 명확하고 주거침입죄의 성립범위가 제한된다고 보기는 어렵다.

그리고 사실상 평온설에 기초하여 행위태양만을 기준으로 주거침입에 해당하는지 여부를 판단하려는 최근 판례의 태도는 그동안 대법원이 많은 판례에서 주거권자의 명시적 또는 묵시적 의사에 반하는지를 기준으로 주거침입죄의 성립 여부를 판단해 온 것과 마찰을 일으키고 있다. 대법원은 지난 2021.9.9. 선고한 2020도12630 판결에서 남편의 부재중 간통의 목적으로 처의 승낙하에 주거에 들어간 경우 주거침입죄가 성립한다고 본 대법원 1984.6.26. 선고 83도685 판결을 변경하고, 다시 2022.3.24.에 선고된 2017도18272 판결에서 일반인의 출입이 허용된 음식점이더라도 음식점의 방실에 도청용 송신기를 설치할 목적으로 들어간 것은 영업주의 명시적 또는 추정적 의사에 반한다고 보아 주거침입죄가 성립한다고 인정한 대법원 1997.3.28. 선고 95도2674 판결을 비롯하여 같은 취지의 대법원판결들은 변경하였다. 이 두 판결은 주거에 출입하는 행위가 (공동)거주자의 추정적 의사에 반하더라도 그 행위태양이 사실상 주거의 평온을 해하지 않는 한 주거침입죄를 인정하지 않겠다는 취지이다.

대법원은 남편의 부재중 간통의 목적으로 처의 승낙하에 주거에 들어간 사례(대법원 1984.6.26. 선고 83도685 판결), 음식점의 방실에 도청용 송신기를 설치할 목적으로 들어간 사례(대법원 1997.3.28. 선고 95도2674 판결) 뿐만 아니라 대리응시자가 시험장에 입장한 사례(대법원 1967.12.19. 선고 67도1281 판결), 강간을 목적으로 피해자가 사용 중인 공중화장실 용변칸에 들어간 사례(대법원 2003.5.30. 선고 2003도1256 판결), 절도를 목적으로 주거나 건조물에 들어간 사례(대법원 2003.10.24. 선고 2003도4417 판결, 대법원 2008.3.27. 선고 2008도917 판결, 대법원 2008.4.10. 선고 2008도1464 판결), 대학교가 교내에서 집회를 허용하지 아니하고 집회와 관련된 외부인의 출입을 금지하였음에도 집회를 목적으로 대학교에 들어간 사례(대법원 2004.8.30. 선고 2004도3212 판결), 강간을 목적으로 공동주택의 공용부분에 들어간 사례(대법원 2009.9.10. 선고 2009도4335 판결) 등 다수의 사례에서 주거권자의 명시적 또는 묵시적 의사에 반하는지를 기준으로 주거침입죄의 성립 여부를 판단해 왔다.

이러한 판례들에 대해서는 주거침입의 판단기준이 주거침입죄의 보호법익을 사실상 평온으로 보는 것과 법리적으로 일치하지 않는다는 비판이 제기되기는 하였지만, 적어도 그 결론이 법이념이나 일반인의 법감정에 반한다는 비판은 제기되지 않았다. 그런데 최근의 판례들은 사실상 평온설에 기초하여 주거침입의 판단기준을 주거권자의 의사에서 주거의 사실상 평온으로 전환하였다. 과연 위의 사례들에서 범죄의 목적을 가지고 피해자의 부지를 이용하거나 피해자를 기망하는 등의 방법으로 주거권자의 의사에 반하여 출입하였음에도 불구하고 단지 그 행위태양이 사실상의 평온을 해하지 않는다는 이유로 주거침입죄의 성립을 부정함으로써, 주거침입죄의 성립범위를 과도하게 축소하고 주거권자의 권리보호를 소홀히 하는 결과를 초래하고 있다. 이러한 판례의 태도가 과연 범죄에 대한 응보, 일반예방 및 사회보호의 제반 견지에서 과연 타당한지는 의문이 아닐 수 없다.

우선 범죄의 목적으로 주거권자의 의사에 반하여 주거에 출입한 사례에서 주거침입죄의 성립을 부정하는 것은 결국 주거에 대한 피해자의 권리, 즉 주거의 평온을 누리고 주거에 대한 외부인의 출입을 통제할 수 있는 권리를 무시하는 결과가 된다. 2020도12630 판결의 [다수의견]은 범죄의 목적을 가졌다고 하더라도 주거에 출입하는 행위태양이 주거의 사실상 평온을 해하지 않는 한 주거침입죄로 처벌할 수 없다고 주장하나, [반대의견]이 적절히 지적하고 있듯이 거주자는 주거에 대한 출입이 자신의 의사대로 통제되고 지배·관리되어야 주거 내에서 평온을 누릴 수 있으므로, 거주자 외의 사람이 거주자의 승낙 없이 무단으로 주거에 출입하는 경우에는 주거침입죄가 성립한다고 보는 것이 주거권자의 권리보호에 충실한 법해석 방법일 것이다.

물론 형법의 보충성의 원칙을 근거로 범죄의 목적으로 주거에 출입한 경우에는 범죄행위 자체를 처벌하면 족하고 주거에 출입하는 행위가 주거의 사실상 평온을 해하지 않는 한 이와 별도로 주거침입죄로 처벌할 필요성이 없다는 주장도 제기될 수 있다. 그리고 2020도12630 판결의 [별개의견]이 주장하고 있듯이 간통죄가 폐지되었음에도 불구하고 간통을 목적으로 부부의 공동주거에 출입하는 행위를 주거침입죄로 처벌하는 것은 결국 주거침입죄가 폐지된 간통죄를 대체하는 결과가 된다는 비판도 가능하다.

그러나 간통목적의 주거침입 사례에서 볼 수 있듯이 주거침입의 목적이 된 행위가 항상 형사처벌의 대상이 되는 것은 아니다. 예컨대 자신이 포함된 타인과의 대화를 비밀리에 녹음하는 행위는 통신비밀보호법위반죄가 성립하지 않으므로(대법원 2006.10.12. 선고 2006도4981 판결), 사실상 평온설에 따르면 주거에 몰래 들어가 자신과 타인간의 대화를 비밀리에 녹음하는 행위는 통신비밀보호법위반죄는 물론 주거침입죄로도 처벌하지 못하게 된다.[19] 그리고 간통죄가 폐지되었다고 하여 간통 목적으로 주거에 출입하는 행위를 주거침입죄로도 처벌할 수 없다는 것은 부당하다. 간통은 전형적으로 주거침입을 수반하는 행위

---

19) 이에 대한 자세한 내용은 백승주, 각주 2)의 논문, 172면 참조.

가 아닐 뿐만 아니라 주거침입죄와 간통죄는 보호법익을 달리하는 별
개의 범죄로서 간통죄가 폐지되었다고 하여 주거침입죄의 성립마저
부정해야 할 이유는 없다.

사실상 평온설에 따를 경우 주거권자의 권리보호를 소홀히 하게
된다는 단점은 특히 공동주거의 경우에 분명히 드러난다. 2020도12630
판결의 [다수의견]도 인정하고 있듯이 공동주거에서 생활하고 있는 공
동거주자 개개인이 모두 사실상 주거의 평온을 누릴 수 있고, 공동거
주자 중 부재중인 거주자도 독자적으로 주거 내에 현재하는 거주자와
동등하게 사실상 주거의 평온을 누린다. 그런데 사실상 평온설은 공동
거주자 중 주거 내에 현재하는 거주자의 현실적인 승낙을 받아 주거
에 들어간 경우에는 그것이 통상적인 출입방법이므로 부재중인 다른
거주자의 사실상 주거의 평온이 침해되지 않았다고 보아 주거침입죄
가 성립하지 않는다고 주장한다. 이러한 주장은 공동주거에 현재(現在)
하지 않는 거주자의 의사보다 현재하는 거주자의 의사를 우선시하는
것으로서, 외부인이 공동주거에 출입하는 목적을 알았더라면 그 출입
을 거부하였을 것이 명백한 부재 중인 공동거주자의 독자적인 법익을
부정하고 그에게는 외부인의 출입을 통제하는 권한을 부정하는 것과
같은 결과를 초래한다.

2020도6085 판결에서도 똑같은 문제가 발생한다. 이 판결에서 [다
수의견]은 피해자 A는 정당한 이유없이 공동거주자인 피고인 甲의
출입을 금지하였고 따라서 피고인 甲은 공동주거에 대한 사실상의
지배·관리를 상실하지 아니하였다고 하면서, 비록 사실상 평온을 해
하는 방법으로 공동주거에 출입하였더라도 피고인 甲에게 주거침입의
죄책은 물 수 없다고 보았다. 두 판결은 행위태양만을 기준으로 주거
침입죄의 성립여부를 판단함으로써 공동주거에 현재하는 사람과 현재
하지 않는 사람을 공평하게 처우하지 못하고 있다. 2020도12630 판결
은 상간자가 주거에 현재하지 아니하는 배우자의 의사에 반하여 공동
주거에 출입하였음에도 불구하고 상간자에 대하여 주거침입죄를 부정

함으로써 결과적으로 공동주거에 현재하면서 상간자를 공동주거에 출입하게 한 배우자의 의사를 우선시하고 있고, 2020도6085 판결은 가출한 배우자(甲)가 주거에 현재하는 배우자(A)의 의사에 반하여 주거의 사실상 평온을 해하는 방법으로 주거에 출입하였음에도 불구하고 주거침입죄를 부정함으로써 결과적으로 주거에 현재하지 아니하는 배우자의 의사를 우선시하였다.

이처럼 사실상 평온이 침해되었는지를 기준으로 주거침입 여부를 판단하는 견해는 피해자보호의 소홀이라는 문제점을 내포하고 있다. 한편 사실상 평온설은 주거권자의 현실적·추정적 의사에 반하는지 여부를 기준으로 주거침입죄의 성립여부를 판단하는 주거권설에 대해서 그 판단기준이 불명확하고 주거침입죄의 성립범위가 확대될 우려가 있다고 비판하고 있는데, 과연 이러한 비판이 타당한지는 의문이 아닐 수 없다.

우선 앞에서 지적하였듯이 그동안 판례는 주거권자의 의사를 기준으로 주거침입죄의 성립여부를 판단해 왔으며, 지금까지 주거권자의 의사를 기준으로 주거침입죄의 성립여부를 판단한다고 하여 주거침입죄의 성립범위가 부당하게 넓다는 비판은 없었다. 주거에 출입하는 행위가 주거침입에 해당하기 위해서는 주거권자의 명시적 또는 묵시적 의사에 반할 것이 요구되었고, 검사는 이를 입증해야 할 책임을 짐으로써 주거침입죄의 성립범위가 확대될 우려가 오히려 적다.[20]

다만 여기서 주거권자의 의사는 현실적 의사를 말하는 것이 아니라 주변 사정에 따라 추정되는 거주자의 진정한 의사를 말한다(대법원 2003.5.30. 선고 2003도1256 판결). 예를 들어 범죄 목적을 숨기고 주거권자의 승낙을 받고 주거에 출입한 경우 현실적으로는 주거권자의 승낙이 있었다고 하더라도 이는 주거권자의 진정한 의사에 반하므로 주거침입죄가 성립한다고 보아야 한다. 판례는 일찍부터 "피해자와 이웃 사이여서 평소 그 주거에 무상출입하던 관계에 있었다 하더라도 범죄

---

20) 이 점을 지적한 견해서는 백승주, 각주 2)의 논문, 174면 참조.

의 목적으로 피해자의 승낙없이 그 주거에 들어간 경우에는 주거침입죄가 성립된다."는 입장을 취해 왔으며(대법원 1983.7.12. 선고 83도1394 판결), 최근에도 공동주택의 입주자대표회의가 외부인의 단지 안 주차장에 대한 출입을 금지하는 결정을 하고 그 사실을 외부인에게 통보하였음에도 외부인이 입주자대표회의의 결정에 반하여 그 주차장에 들어간 경우에는 출입 당시 관리자로부터 구체적인 제지를 받지 않았더라도 건조물침입죄가 성립한다고 보았다(대법원 2021.1.14. 선고 2017도21323 판결).

그리고 범죄의 목적으로 주거권자를 기망하여 주거에 출입하는 경우 이외에 주거권자 몰래 주거에 출입한 경우에도 주거침입죄가 성립한다고 보아야 한다. 일부 견해는 피해자의 의사에 반하는지는 피해자의 현실적 의사만을 기준으로 판단해야 하고 피해자의 가정적 또는 추정적 의사는 고려해서는 안 된다고 전제하고, 착오에 빠졌지만 현실적인 승낙을 얻어 주거에 출입한 경우와 절도 등이 목적으로 피해자 몰래 주거에 출입한 경우를 구별하여 앞의 경우에는 주거침입죄가 성립하는 반면 뒤의 경우에는 주거침입죄가 성립하지 않는다고 주장한다.[21] 그러나 거주자의 주거에 대한 권리는 피해자가 주거에 현재하는가 또는 현재하지 않는가에 따라 차등을 둘 수 없고, 나아가 범인이 주거에 현재하는 피해자를 기망하여 주거에 출입하든 범인이 피해자가 주거에 현재하지 않는 틈을 타 몰래 주거에 출입하든 피해자의 주거권이 침해된다는 점에서는 차이가 없다. 이뿐만 아니라 어떤 점에서는 범인이 피해자를 기망하여 공공연하게 주거에 출입하는 행위보다 피해자가 주거에 없는 틈을 타서 몰래 주거에 출입하는 행위가 주거에 대한 피해자의 권리를 훨씬 더 심각하게 침해한다고 볼 수 있다.

위에서 알 수 있듯이 사실상 평온설은 주거권설에 대하여 주거침입의 판단기준이 불명확하고 주거침입죄의 성립범위가 확대될 우려가

---

21) 하태훈, "승낙의 의사표시의 흠결과 주거침입죄의 성부", 형사판례연구 6호 (1998), 232면 이하 참조.

있다고 비판하고 있으나, 이는 사실상 평온설에 대해서도 타당한 비판으로 비단 주거권설만의 문제점이라고 할 수 없으며, 구체적 사례에서는 오히려 사실상 평온설보다 더 명확하게 그리고 범죄로부터 사회를 보호하고 평화로운 공동생활을 유지하고자 하는 형법의 목적에 부합하는 결론에 이를 수 있다고 하겠다.

한편 주거권자의 의사에 반하는지 여부만을 기준으로 주거침입을 판단하는 것보다는 그와 함께 주거에 출입하는 행위의 태양이 주거의 사실상 평온의 침해하는지 여부를 고려하여 주거침입을 판단하는 것이 보다 더 타당하다는 주장이 제기될 수 있다. 실제로 2020도12630 판결에서 뿐만 아니라 2020도6085 판결과 2017도21323 판결의 [별개의견]은 이러한 주장을 꾸준히 제기하고 있고, 필자도 주거권자의 의사뿐만 아니라 행위태양을 함께 고려하는 것이 주거침입 판단기준을 명확히 하고 주거침입죄 성립범위를 제한하는데 기여할 수 있을 것으로 본다. 다만 주거침입의 판단에 있어 양자를 모두 고려하더라도 엄연히 주거권자의 의사가 주된 기준이 되어야 할 것으로 본다.

앞에서 지적하였듯이 주거에 출입하는 행위가 주거권자의 의사에 반한다는 사실 자체가 주거의 사실상 평온을 해하는 것이다. 주거권자의 의사에 반하기는 하나 주거의 사실상 평온을 해하지 않는 방법으로 주거에 침입한다거나 주거권자의 의사에 반하지 않으면서 주거의 사실상 평온을 해하는 방법으로 주거에 침입한다는 것은 비현실적이거나 성립불가능한 명제에 불과하다(2017도21323 판결 [별개의견] 참조). 공동주거에서는 다른 주거권자의 의사에 반하기는 하나 주거의 사실상 평온을 해하지 않는 방법으로 주거에 침입하는 사례가 있을 수 있다고 주장할 수 있겠으나, 이는 아래에서 살펴보듯이 다른 공동주거권자의 의사에 반하여 공동주거에 출입하기는 하였으나 자신이 공동주거권자이어서 처음부터 주거침입죄의 주체가 될 수 없거나, 다른 공동주거권자가 정당한 이유없이 또는 부당하게 출입을 제한하여 그의 의사에 반하여 공동주거에 출입한 행위를 주거침입이라고 볼 수 없는 사례이다. 이는 공동주거의 특수성에서 비롯되는 문제인데, 이하에서는 공동주거에서의 주거침입의 판단기준에 대해서 좀 더 자세히 살펴본다.

3. 공동주거에서의 주거침입의 판단기준

여러 사람이 함께 거주하는 공동주거의 경우에는 원칙적으로 공동거주자 개개인이 동등하게 주거권을 가진다. 그리고 공동거주자가 일시적으로 부재중이더라도 그의 주거권은 주거에 현재하는 거주자와 동등하게 보호되어야 한다. 공동주거에서는 각자가 독자적·개별적으로 주거권을 행사할 수 있으므로 다른 공동거주자의 승낙을 받지 않더라도 외부인의 출입을 허용할 수 있으며, 단순히 외부인의 출입에 대해 다른 공동거주자의 승낙이 없었다거나 다른 공동거주자의 의사에 반한다는 이유만으로 외부인의 출입이 주거침입에 해당한다고 할 수 없다.

다만 공동주거에서는 각자의 주거권이 동등하게 보호되어야 하므로, 자신의 주거권을 타인의 주거권을 제한하거나 침해하는 방법으로 행사해서는 안 된다는 제약이 따른다. 즉, 다른 공동주거자의 주거권을 부당하게 제한하여 그의 출입을 방해·금지하거나 사실상 다른 공동거주자의 주거권을 부정하는 방법으로 외부인을 출입하게 하는 것은 허용되지 않는다. 따라서 다른 공동거주자의 정당한 의사에 반하여 외부인을 출입하게 한 때에는 주거침입죄가 성립하고, 다른 공동거주자의 정당한 이유 없는 의사에 반하여 공동주거에 출입하였다고 하였더라도 주거침입죄가 성립한다고 할 수는 없다.

앞에서 서술하였듯이 사실상 평온설은 주거권설에 따를 경우 특히 공동주거에서는 주거침입죄의 성립범위가 부당하게 확대될 우려가 있다고 지적하고 있다. 그러나 주거권설에 의하더라도 공동주거의 경우 공동거주자의 승낙을 받고 공동주거에 출입하는 행위가 단지 다른 공동거주자의 의사에 반한다는 이유로 주거침입죄의 성립이 인정되는 것은 아니다. 공동거주자의 권리는 원칙적으로 동등하게 취급되어야 하기 때문에 자신이 주거권을 주장하거나 행사함에 있어서는 공동생활에 따른 일정한 제한이 불가피하고, 자신의 의사를 다른 공동주거자의 의사보다 우선시할 수 없기 때문에 단순히 자신의 의사에 반한다는 이유만으로 다른 공동거주자나 그의 승낙을 받은 외부인의 출입을 제한할 수 없다. 즉, 공동생활에 따라 감내해야 할 범위 내에 있는 공동거주자 또는 그의 동의나 승낙을 받은 외부인의 출입에 대해서는 반대를 할 수 없고, 설령 반대의사를 표시하였다고 하여 공동거주자나 외부인의 출입행위가 주거침입죄를 구성한다고 볼 수도 없다. 따라서 주거권설에 따를 경우 공동주거에서는 주거침입죄의 성립범위가 부당하게 확대될 우려가 있다는 사실상 평온설의 지적은 공동주거의 특징을 간과한 것으로 온당하지 못하다.

한편 공동거주자가 자신의 주거권을 행사하는 것이 공동생활에 따른 불가피한 제한의 범위 내에 있는지 여부가 불명확하다는 비판이 제기될 수 있다. 그러나 주거침입죄가 문제되는 사안은 대개 간통 등과 같이 선량한 풍속 기타 사회질서에 위반한 사항을 내용으로 하는 것으로, 구체적 사례에서 공동거주자의 주거권행사가 공동생활에 따라 불가피하게 감내해야 하는 범위 내에 있는지를 판단하는 것은 그다지 어렵지 않다. 2017도21323 판결에서 세차 영업자가 일부 아파트 입주민의 승낙을 받고 아파트 단지내 주차장에 출입하는 것이 주거침입죄를 구성하는지가 문제되었는데, 이 사건에서는 입주자대표회의가 세차영업을 위한 외부인의 아파트단지 안 주차장에 대한 출입을 금지하는 결정을 하고 법원에 지하주차장 출입금지 가처분을 신청하여 법원으로부터 가처분 인용결정을 하였고, 외부인은 그 사실을 통보받았음에도 불구하고 세차영업을 위해 지하주차장에 들어갔다. 위 사건에서 법원은 주택법 및 주택법시행령에 근거한 아파트 관리규약에 따라 입주자대표회의는 공동생활의 질서를 문란하게 한다는 이유로 세차영업을 할 목적으로 아파트단지 안 주차장 출입을 금지할 수 있으며, 입주자대표회의의 결정은 개별 입주자 등의 본질적인 권리를 침해하지 않는다는 이유로, 세차영업을 위해 아파트단지 안 주차장에 출입한 외부인에 대하여 주거침입죄가 성립한다고 보았다. 이렇듯 구체적인 사례에서 일부 공동거주자의 승낙을 받고 공동주거에 출입하는 행위가 다른 공동거주자의 의사에 반하는지 여부를 판단하는 것은 그다지 어렵거나 불명확하다고 할 수 없다.

Ⅲ. 이 사건 피고인들의 행위가 주거침입에 해당하는지 여부에 대한 판단

이상에서 주거침입죄의 보호법익, 주거침입의 판단기준 그리고 다른 공동주거권자의 의사에 반하여 공동주거에 침입하는 행위가 주거침입에 해당하는지 여부에 대한 판단기준에 관한 판례의 태도와 그 문제점에 대해 살펴보았다. 그동안 판례는 명목상으로는 주거침입죄의 보호법익을 주거의 사실상 평온이라고 하면서, 정작 주거침입에 해당하는지 여부는 주거권자의 의사를 기준으로 판단하였다. 이는 사실상 평온설이 아니라 주거권설에 따른 것으로, 사실상 주거침입죄의 보호법익과 주거침입의 판단기준이 일치하지 않는 모순을 보이고 있었다고 평가할 수 있다. 그러나 2020도12630 판결에서부터는 주거침입죄의 보호법익과 주거침입의 판단기준을 일치시켜, 주거출입이 주거권자의 의사에 반하는가가 아니라 그 행위태양이 주거의 사실상 평온을 침해하는가를 기준으로 주거침입죄의 성립여부를 판단하고 있다. 이러한 판례변경은 일단 주거침입죄의 보호법익과 주거침입에 해당하는지 여부의 판단기준을 일치시킴으로써 논리의 일관성을 높였다는 점에서 긍정적으로 평가할 수 있다.

그러나 최근 판례의 변화에 대해서는 범죄의 성립요소로서 구체적 사실적 개념인 행위의 객체와는 달리 보호법익은 보호의 객체로서 그 자체가 추상적·규범적 개념이므로 유독 주거침입죄의 보호법익만을 주거의 사실상 평온이라고 보는 것은 형법의 체계에 부합하지 않고, 행위태양이 주거의 사실상 평온을 침해하는가를 기준으로 주거침입을 판단하는 것은 주거침입죄의 보호법익과의 일관성을 기할 수 있다는 장점이 있으나, 주거침입죄의 성립범위를 과도하게 제한함으로써 피해자의 법익보호를 소홀히 할 우려가 있다. 이에 필자는 ① 보호의 객체로서 법익의 개념과 행위의 객체와의 관계에서 볼 때 형법에서 주거침입죄의 보호법익은 주거의 사실상 평온이 아니라 주거권으로 파악해야 하고, ② 어떤 행위가 주거침입에 해당하는지 여부는 행위태양이 아니라 주거권자의 의사를 기준으로 판단하는 것이 타당하며, ③ 주거권자의 의사를 기준으로 한다고 하여 주거침입의 판단기준이 불명확해진다거나 주거침입죄의 성립범위가 부당하게 확대된다고 할 수 없고, ④ 오히려 행위태양을 기준으로 주거침입을 판단하는 것보다 훨씬 더 범죄로부터 일반국민의 법익과 사회질서를 유지하고자 하는 형법의 기능에 충실할 수 있다고 본다. 다만 공동주거의 경우에는 그 특수성으로 인해 각자의 주거권은 공동생활을 영위하는데 필요한 범위 내로 제한되고 이를 넘어서서 타인의 주거권을 부당하게 침해하는 행위는 주거침입에 해당하고 그와 반대로 다른 공동주거권자에 의해 자신의 주거권이 부당하게 제한당한 경우에는 그의 의사에 반하여 공동주거에 출입하였다고 하더라도 주거침입에 해당하지 않는다고 보아야 한다.

이상의 논지를 바탕으로 이 사건 피고인들의 행위가 주거침입에 해당하는지 여부를 판단하면 다음과 같다.

우선 이 사건에서는 피고인 甲이 공동주거권자인지 여부를 살펴보아야 한다. 방금 설명한 바와 같이 공동주거의 경우에는 원칙적으로 공동주거권자의 권리는 모두 평등하게 취급되어야 하고 다른 공동주거권자의 권리를 부당하게 침해하는 방법으로 자신의 주거권을 행사하거나 그와 반대로 다른 공동주거권자가 자신의 주거권을 부당하게 제한할 수 없기 때문이다.

판례는 주거침입죄의 보호법익이 주거권이 아닌 주거의 사실상 평온임을 명확히 하면서 기존에 다수의 판례에서 사용하던 '주거권자'라는 용어 대신에 '거주자'라는 용어를 사용하고 있다. 주거침입죄의 보호법익을 주거의 사실상 평온으로 보는 것과 논리적 일관성을 유지할 수 있다는 점에서는 분명 장점이 있으나, '주거권자'와 '거주자'의 차이를 간과하고 나아가서 주거권 없이 주거에 거주하는 사람도 거주자로 보아야 하는 문제점을 야기하고 있다.

민법은 생활의 근거되는 곳을 주소라고 정의하면서(제18조), 이를 주소처럼 밀접한 관계를 가진 곳은 아니지만 얼마 동안 계속하여 임시로 거주하는 장소를 의미하는 거소(제19조)와 구분하고 있다. 한편 민법은 부부간의 동거의무를 규정하면서 "정당한 이유로 일시적으로 동거하지 아니하는 경우에는 서로 인용하여야 한다."고 하고 있다(제826조 제1항). 그리고 다소 관점이 다르기는 하지만 소득세법 시행령은 주소는 국내에서 생계를 같이하는 가족 및 국내에 소재하는 자산의 유무 등 생활관계의 객관적 사실에 따라 판정한다고 규정하고(제2조 제1항), 거소는 주소지 외의 장소 중 상당기간에 걸쳐 거주하는 장소로서 주소와 같이 밀접한 일반적 생활관계가 형성되지 아니한 장소로 본다고 규정하고 있다(같은 조 제2항). 또한 민사소송법과 형사소송법은 보통재판적 또는 토지관할과 관련하여 주소, 거소 그리고 현재지를 구분하고 있다(민사소송법 제3조 및 형사소송법 제3조).

이러한 용어사용례에 비추어 볼 때 주거권자라는 용어 대신에 거주자라는 용어를 사용하게 되면 계속적으로 일상생활을 영위하지 아니하거나 일시적으로 거주하는 사람도 거주자의 범위에 포함될 수 있게 된다. 2020도12630 판례는 주거침입죄의 보호법익은 사실상 평온이라고 하면서, 사실상 평온은 "주거를 점유할 법적 권한이 없더라도 사실상의 권한이 있는 거주자가 주거에서 누리는 사실적 지배·관리 관계가 평온하게 유지되는 상태"라고 정의한다. 주거를 점유할 법적 권한이 없이 사실상의 권한이 있을 수 있는지도 의문이거니와 법적 권한없이 단순히 사실상 주거를 점유하고 있는 사람을 보호해야 할 필요성이 있는지도 의문이 아닐 수 없다. 이는 주거침입죄의 보호법익을 주거권이 아니라 사실상 평온이라고 한데서 오는 자기구속이 아닐 수 없다.

주거권이란 '주거에서 사실상 평온을 누릴 수 있는 권리'를 말하므로 주거권과 주거의 사실상 평온은 표리관계에 있고 양자를 분리하는 것은 비현실적이다. 즉, 주거의 사실상 평온이 침해된 상태에서는 주거권이 온전할 수 없고 주거권없이 주거의 사실상 평온만을 누리는 것은 위법하거나 주거침입죄를 인정해서까지 보호해야 할 가치가 있다고 보기 힘들다. 따라서 거주자라는 용어 대신이 주거권자라는 용어를 사용하는 것이 주거침입죄의 본질에 부합한다고 본다.

한편 이 사건에서 [다수의견]은 "주거침입죄의 객체는 행위자 이외의 사람, 즉 '타인'이 거주하는 주거 등이라고 할 것이므로 행위자 자신이 단독으로 또는 다른 사람과 공동으로 거주하거나 관리 또는 점유하는 주거 등에 임의로 출입하더라도 주거침입죄를 구성하지 않는다. 다만 다른 사람과 공동으로 주거에 거주하거나 건조물을 관리하던 사람이 공동생활관계에서 이탈하거나 주거 등에 대한 사실상의 지배·관리를 상실한 경우 등 특별한 사정이 있는 경우에 주거침입죄가 성립할 수 있을 뿐이다."고 본다. 이 사건에서 피고인 甲은 피해자 A와 아파트 분양문제로 갈등을 빚다가 가출을 하였고 며칠 후 아파트를 찾아와 별거를 하겠다고 하면서 임차보증금의 일부를 돌려달라고 하면서 다투다가 A가 119 신고를 하여 다시 아파트를 나왔다. 그동안 甲은 자신의 부모인 乙과 丙의 주거지에 머물고 있었다.[22] 사실관계가 이러하다면 피고인 甲은 기존의 주거에 나와 乙과 丙의 주거지에 거주하고 있었다고 할 것이므로, 甲의 거주지는 배우자와 동거하던 아파트가 아니라 乙과 丙의 주거지라고 해야 하고, 피고인 甲이 이 사건

---

22) 자세한 사실관계는 각주 1) 참조.

아파트의 공동거주자임 전제로 한 논의는 실질적으로 어렵다.

이러한 모순을 해결하기 위해서는 피고인 甲을 이 사건 아파트의 거주자가 아니라 주거권자로 파악해야 한다. 주거권은 자신의 주거에서 사실상 평온을 누릴 수 있는 권리로서, 일시적으로 다른 곳에 거주한다고 하여 주거권이 상실되지 아니한다. 이는 주소와 거소를 구분하고, 부부간의 동거의무를 규정하면서도 정당한 이유로 일시적으로 동거하지 아니하는 경우에는 서로 인용하여야 한다고 규정하고 있는 민법의 태도와도 일치한다. 이 사건에서 甲은 피해자 A의 배우자로서 두 사람은 甲이 가출을 하기 전까지 계속적으로 동거를 해 왔고, 甲이 비록 가출을 하기는 하였으나 일시적으로 자신의 부모인 乙과 丙의 주거지에 거주하고 있을 뿐 A와 별거를 하기로 하고 A와는 독립된 주거를 확보한 상태가 아니므로, 여전히 아파트에 대한 주거권을 가진다고 본다.

다음으로 이 사건에서 피해자 A 또는 그의 여동생 B가 피고인 甲의 아파트 출입을 금지함으로써 甲의 주거권을 제한한 것이 정당한지를 살펴본다. 피고인 甲이 이 사건 아파트에 대한 주거권을 상실하지 않는 한 A는 정당한 이유없이 자신의 배우자이자 공동주거권자인 甲의 주거권을 제한·침해하는 것은 허용되지 않는다. 공동거주자 중 한 사람이 다른 공동거주자를 상대로 법원에 공동주거의 출입을 금지하는 가처분을 신청하여 법원으로부터 출입금지가처분 결정을 받은 경우나 공동거주자 중 한 사람에 대하여 법원이 '주거로부터의 퇴거 등 격리' 또는 '주거에서 100m 이내의 접근 금지'의 임시조치를 결정한 경우(가정폭력처벌법 제29조 제1항 제1호, 제2호, 아동학대처벌법 제19조 제1항 제1호, 제2호) 등과 같이 법률적인 근거에 따라 공동주거의 출입이 금지되는 경우에는 공동주거권자가 다른 공동주거권자의 출입을 제한할 수 있다. 그러나 이 사건에서 피해자 A는 아파트 분양문제로 자신과 부부싸움을 하고 가출을 하여 자신의 부모의 집에 거주하고 있는 상황에서 아파트를 찾아와 자신과 별거하겠다고 하며 아파트 임차보증금의 일부를 돌려달라고 하는 甲과 다시 부부싸움을 한 후, 일방적으로 아파트 출입문의 비밀번호를 변경하고 출입문에 체인형 걸쇠를 부착하였는바, 이러한 A의 조치에는 정당한 이유가 있다고 보기 어렵다. 그리고 A의 여동생 B는 이 사건 아파트에 거주하기는 하나 甲 및 그의 배우자인 A와 동등한 지위에 있는 주거권자로 볼 수 없으므로, 독자적으로 甲 또는 그의 부탁을 받은 乙과 丙의 아파트 출입을 제한할 수 있는 권리가 없다. 이 사건에서 B는 공동주거권자인 A의 지시에 따라 甲 등의 출입을 통제하였으므로, B의 행위는 A에 준하여 판단하면 족하다.

이 사건에서 A 그리고 그로부터 위임을 받은 B가 甲 등의 아파트 출입을 제한한 것은 공동주거권자인 甲의 주거권을 부당하게 침해하는 것으로서, 甲이 A의 의사에 반하여 아파트에 들어가는 행위를 주거침입에 해당한다고 볼 수는 없다. 그리고 공동주거권자인 甲으로부터 부탁을 받고 A의 의사에 반하여 이 사건 아파트 안으로 들어간 乙과 丙의 행위도 주거침입에 해당한다고 보기 어렵다. 다만 이 사안에서 乙과 丙은 아파트 현관 출입문 걸쇠를 손괴하는 등 주거의 사실상 평온을 침해하는 방법으로 아파트에 들어갔으므로, 이 점을 이유로 주거침입을 인정할 수 있는지를 검토해 보아야 한다.

위에서 설명하였듯이 주거침입죄의 보호법익은 주거의 사실상 평온이 아니라 주거권으로서, 주거에 출입할 수 있는 권리가 있는 사람이나 그로부터 위임을 받은 사람이 설령 주거의 사실상 평온을 해하는 방법으로 주거에 들어갔다고 하여 그 행위가 주거침입에 해당한다고 할 수 없다. 다만 주거 안으로 들어가면서 폭행, 협박, 손괴 등의 행위를 한 때에는 그 수단이 된 행위를 폭행죄, 협박죄, 손괴죄 등으로 처벌하는 것은 별개의 문제이다. 이 사건에서 乙과 丙은 이 사건 아파트의 공동주거권자인 甲의 승낙을 받아 다른 공동주거권자인 A 그리고 그로부터 위임을 받은 B의 의사에 반하여 이 사건 아파트 안으로 들어가면서 타인의 소유물인 걸쇠를 손괴하였는바, 이 점에 대해서는 폭력행위등처벌에관한법률위반(공동재물손괴등)의 죄책을 물 수는 있다고 본다.

Ⅳ. 맺음말

이상에서 최근 주거침입죄와 관련된 일련의 판결들 중 2020도 6085 판결을 대상으로 주거침입죄의 보호법익, 주거침입의 판단기준 그리고 공동주거권자의 의사에 반하여 주거의 사실상 평온을 해하는 방법으로 공동주거에 출입하는 행위가 주거침입죄를 구성하는지 여부에 대해 살펴보았다. 이토록 짧은 시간에 동일한 범죄를 두고 여러 개의 전원합의체 판결이 쏟아져 나왔고, 개개의 판결에서는 [다수의견], [별개의견] 그리고 [반대의견]이 치열하게 대립하고 있으며, 개개 판결문의 분량 또한 수십 페이지에 달하는 사례는 그 전례를 찾아보기 힘들다.

필자는 주거침입죄의 보호법익은 사실상 평온이 아니라 주거권으로 보아야 하고, 어떤 주거출입행위가 주거침입에 해당하는지는 주거의 사실상 평온의 침해 여부가 아니라 주거권자의 의사에 반하는지 여부에 따라 판단하여야 하며, 공동주거권자는 설령 다른 공동주거권자의 의사에 반하여 공동주거에 출입하였다고 하더라도 그 수단이 된 행위를 별개의 범죄로 처벌하는 것은 별론으로 하더라도 주거침입죄로는 처벌할 수 없음을 주장하였다. 그런데 필자의 이러한 주장은 그 결론에서 사실상 평온설에 입각하여 주거침입죄의 보호법익과 주거침입 여부를 판단하고 있는 판례의 입장과 다르지 않다. 그리고 주거침입죄의 보호법익을 사실상 평온으로 보면서도 어떤 행위가 주거침입에 해당하는지 여부는 사실상 평온과 함께 주거권자의 의사도 함께 고려하여 판단하여야 한다고 보는 [별개의견]도 그 결론에 있어서는 [다수의견] 및 필자의 의견과 다르지 않다.

그럼에도 불구하고 주거침입죄에 관한 일련의 판결들을 검토한 이유는 주거침입죄의 보호법익, 주거침입죄의 실행행위인 주거침입에 관한 판단기준 그리고 공동주거권자의 의사가 충돌하는 경우 주거침 입죄의 성립여부에 관한 일관된 기준을 정립할 필요가 있다고 보았기 때문이다. 필자는 주거침입죄와 관련된 과도한 수와 분량의 판례가 짧은 시간에 쏟아져 나온 이유는 주거침입죄의 보호법익을 주거권이 아닌 주거의 사실상 평온으로 보는 법리적 오류 때문이라고 본다. 최근 일련의 판결들이 있기 전에도 다수의 학자들은 주거의 사실상 평온은 실질적으로 주거권과 다르지 않다고 지적하였고, 간통의 목적으로 부부의 공동주거에 출입하는 행위가 주거침입죄를 구성하는지는 주거침 입죄의 보호법익의 문제가 아니라 공동주거권자들의 권리를 조정하는 문제로 접근하면 족하다고 보았다. 그럼에도 판례는 이 문제를 주거침 입죄의 보호법익 그리고 주거침입의 판단기준의 문제로 비화시켰다.

주거침입죄의 보호법익의 문제는 그렇다손 치더라도 주거침입죄의 보호법익과 주거침입의 판단기준을 일치시키기 위한 조치, 즉 주거 침입에 해당하는지 여부는 주거권자의 의사가 아니라 그 행위태양을 기준으로 판단해야 한다고 판례를 변경한 조치는 예상치 못한 부작용을 낳고 있다. 헌법재판소의 위헌결정과 형법의 개정으로 더 이상 범죄가 아닌 간통은 별론으로 하더라도 절도 등 범죄의 목적으로 주거에 출입하는 행위도 그 행위태양이 주거의 사실상 평온을 해하지 아니하는 때에는 주거침입죄로 처벌할 수 없다고 본 것이다.

이러한 과도한 판례변경은 일반적인 법감정에 반할 뿐만 아니라 중대한 반사회적 법익침해 행위를 범죄로 처벌함으로써 법익을 보호하고 사회질서를 유지하고자 하는 형법의 기능을 약화시킬 우려가 크다. 간통의 목적으로 부부의 공동주거에 출입한 행위에 대하여 주거침 입죄의 성립을 부정한 2020도12630 판결과 불법촬영을 목적으로 음식점의 방실 안으로 들어간 행위에 대하여 주거침입죄의 성립을 부정한 2017도18272 판결은 범죄를 목적으로 주거권자의 의사에 반하여 주거에 출입한 행위에 대하여 주거침입죄의 성립을 인정해 왔던 숱한 판례와 배치될 뿐만 아니라, 그 행위태양이 비정상적이지만 않으면 설령 범죄의 목적으로 주거에 출입하였더라도 적어도 주거침입죄로는 처벌되지 않는다는 부정적인 인식을 심어주지나 않을까 우려스럽다. 주거침입죄에 관한 최근 대법원판례를 계기로 범죄의 성립여부의 판단에서 보호법익이 갖는 기능과 의미를 재점검하고 이를 기초로 범죄의 실행행위의 판단기준, 범죄성립에서 보호법익 주체의 의사가 수행하는 역할, 복수의 법익주체간 의견이 충돌하는 경우 그 조율방법 등에 대한 법이론을 정립해 나가는 학문적 노력이 필요하다고 판단된다. (끝)

[주 제 어]
주거침입, 보호법익, 주거권, 주거의 사실상 평온, 공동주거권자

[Key Words]
housebreaking, legal interests, housing right, actual peace in residence, co-resident

접수일자: 2022. 7. 05. 심사일자: 2022. 8. 01. 게재확정일자: 2022. 8. 01.

[참고문헌]

김경락, "부재중인 거주자의 의사에 반하여 주거에 들어가는 행위에 대한 주거침입죄의 성립여부-주거의 사실상의 평온설의 관점에서 판단한 대법원의 입장에 대한 비판적 검토-", 형사법연구 22권 3호(2010, 가을).

_____, "주거침입죄의 침입의 의미-보호법익과 '의사에 반하여'에 대한 해석을 중심으로-", 전남대학교 법학연구소, 법학논총 38권 3호(2018).

김봉수, "공동거주자간 법익충돌 사안에 있어서 주거침입죄의 성부", 형사법연구 34권 1호(2022).

김성규, "주거침입죄에 있어서 침입행위의 의미-공동거주자의 허락이 대립하는 경우와 관련하여-", 일감법학 45호(2020.2).

김재현, "주거침입죄의 보호법익 및 보호의 정도 그리고 기·미수의 구별기준", 형사법연구 25권 2호(2013).

김준호, "간통 목적의 주거침입을 둘러싼 일본의 형법이론 변천에 관한 연구", 연세대학교 법학연구원, 법학연구 제31권 3호(2021.9.).

김태명, "혼외 성관계를 목적으로 일방 배우자의 승낙을 받아 부부가 공동으로 생활하는 주거에 출입하는 행위의 죄책", 전북대학교 법학연구소, 법학연구 67집(2021.12).

류부곤, "공동주거에 대한 주거침입죄의 성립여부", 형사법연구 33권 3호(2021, 가을).

문채규, "주거침입죄의 보호법익-사실상 평온설의 정립을 위하여-", 비교형사법연구 12권 2호(2010).

백승주, "공동거주자 1인의 승낙을 얻어 주거에 들어간 행위가 다른 공동거주자의 의사에 반하는 경우 주거침입죄의 성부", 저스티스 187호(2021).

송문호, "주거침입죄의 성립범위", 형사정책연구 20권 3호(2009).

이승준, "주거침입죄 관련 판례 흐름의 비판적 검토", 충북대학교 법학연구소, 법학연구 30권 2호(2019).

이재상·장영민·강동범, 형법총론(제8판), 2015.

이정원, "주거침입죄의 구조와 문제점-주거침입죄의 해석의 기준으로 사실상 평온과 주거권-", 조선대학교 법학연구소, 법학논총 21권 1호(2014.3).

임웅, 형법총론(제12정판), 2021.

최준혁, "주거침입죄에서 기망에 의한 승낙의 효력", 형사법연구 32권 4호 (2020, 겨울).

하태훈, "승낙의 의사표시의 흠결과 주거침입죄의 성부", 형사판례연구 6호 (1998).

[Abstract]

Does it constitute the crime of housebreaking that a person enters his/her own house against his/her spouse's will without good reason?

Kim, Taemyeong*

Recently the Korean Supreme Court(KSC) overturned the former rules on housebreaking, saying that "if the defendant, in the absence of his/her affair partner's spouse, went inside the affair partner's residence with the consent of his/her affair partner only, the crime of housebreaking cannot be established even if his entrance is considered to be against the will of the affair partner's spouse." In a series of cases the The KSC ruled that the housebreaking against the resident's will doesn't constitute the crime of housebreaking when it doesn't disturb the actual peace in residence.

These new rules caused a dispute, because those rules run counter to the former ones on the legal interest of housebreaking, the standard for its judgement in a case related to housebreaking by a fornicator of the spouse. The concept of legal interest in housebreaking crime that the judgement suggested differs from the general usage of it in the theory of criminal law and in numerous decisions so far. And the new judgement caused inconsistency between the existing judgements by deciding whether the act of entering other's residence is trespassing only based on the superficial form of the action regardless of the will of the resident. Furthermore, the judgement reduces the extend of punishment excessively by leaving the right of the resident meaningless and even by creating a

---

* Ph.D. in Laws, Professor at Law School, Jeonbuk National University.

situation where trespassing with a purpose of committing a crime cannot be punished.

In this paper I will discuss about the concept of legal interest in criminal law and how it should be understood with respect to housebreaking and the resonable way to judge the act of 'breaking in' in the case of housebreaking, and offer a rational solution to those issues based on the discussion.

가상자산의 착오이체와 배임죄

장 성 원*

[대상판결] 대법원 2021. 12. 16. 선고 2020도9789 판결

[사실관계]

　　피고인은 2018년 6월 알 수 없는 경위로 피해자(그리스인)의 'B' 거래소 가상지갑에 들어 있던 199.999비트코인(이하 '이 사건 비트코인')을 자신의 계정으로 이체 받았다. 피고인은 착오로 이체된 이 사건 비트코인을 반환하기 위하여 이를 그대로 보관하지 않고, 이튿날 그중 29.998비트코인을 자신의 'C' 계정으로, 169.996비트코인을 자신의 'D' 계정으로 이체하였다. 이를 통해 피고인은 재산상 이익인 합계 약 1,487,235,086원 상당의 총 199.994비트코인을 취득하고, 피해자에게 동액 상당의 손해를 가하였다. (피고인은 이체한 비트코인을 다른 가상자산 구매 등 개인적인 용도로 쓰다가 이듬해 재판 직전 피해자에게 158.22비트코인을 반환했다.)

[소송의 경과]

　　검사는 피고인에 대하여 「특정경제범죄 가중처벌 등에 관한 법률」(이하 '특정경제범죄법')상 횡령을 주위적 공소사실로, 특정경제범죄법상 배임을 예비적 공소사실로 하여 기소하였다. 1심은 예비적 공소사실인 특정경제범죄법상 배임에 대하여 유죄로 판단하면서, 주위적 공소사실인 횡령에 대하여는 "이 사건 비트코인은 물리적 실체가 없으므

---

　　* 세명대학교 법학과 부교수, 법학박사

로 유체물이 아니고, 또 사무적으로 관리되는 디지털 전자정보에 불과한 것이어서, 물리적으로 관리되는 자연력 이용에 의한 에너지를 의미하는 '관리할 수 있는 동력'에도 해당되지 않으며, 나아가 가상화폐는 가치 변동성이 크고, 법적 통화로서 강제 통용력이 부여되지 않은 상태이므로 예금채권처럼 일정한 화폐가치를 지닌 돈을 법률상 지배하고 있다고도 할 수 없어 횡령죄의 객체인 재물로 볼 수 없다."는 이유로 무죄로 판단하였다. 항소심은 1심 판결의 취지를 그대로 유지하였다.[1]

항소심은 "가상자산은 경제적 가치를 갖는 재산상 이익으로서 형법상 보호할 가치가 있다. 피고인이 법률상 원인 없이 타인 소유 비트코인을 자신의 가상자산 지갑으로 이체 받아 보관하게 된 이상, 소유자에 대한 관계에서 비트코인을 부당이득으로 반환해야 한다. 횡령죄와 배임죄는 신임관계를 기본으로 하는 같은 죄질의 재산범죄로서, 법률관계 없이 돈을 이체 받은 계좌명의인은 송금의뢰인에 대해 송금 받은 돈을 반환할 의무가 있어 계좌명의인에게 송금의뢰인을 위하여 송금 받거나 이체된 돈을 보관하는 지위가 인정되는데, 가상자산을 원인 없이 이체 받은 경우를 이와 달리 취급할 이유가 없다. 이러한 사정을 고려하면 피고인은 이체 받은 비트코인을 신의칙에 근거하여 소유자에게 반환하기 위해 그대로 보관하는 등 피해자의 재산을 보호하고 관리할 임무를 부담하게 함이 타당하므로 배임죄의 주체로서 '타인의 사무를 처리하는 자'에 해당한다."고 판시하며, 배임죄를 인정하였다.

피고인이 상고한 대법원에서는 원심판결 중 예비적 공소사실 부분(배임)은 파기사유가 있어 그대로 유지될 수 없고, 그 부분과 동일체

---

[1] 수원고등법원 2020. 7. 2. 선고 2020노171 판결. 1심은 수원지방법원 평택지원 2020. 2. 14. 선고 2019고합56 판결(1심은 손해산정액이 약 15억원에 달하는 점, 거래소와 피해자(대리인)로부터 반환요청을 받고도 무시한 채 다른 암호화폐 매매를 지속한 점 등을 불리한 사정으로, 피해자에게 158 비트코인을 반환한 점 등은 유리한 사정으로 참작하여 징역 1년 6개월을 선고했다).

의 관계에 있는 주위적 공소사실인 부분(횡령)도 파기를 면할 수 없다
고 보아, 원심판결 전부를 파기 환송하였다. 이후, 파기환송심에서 무
죄가 선고되었다(수원고등법원 2022. 6. 8. 선고 2021노1056 판결).

[판결이유]

1. 예비적 공소사실의 요지 / 2. 원심판단 [각 생략]

3. 대법원 판단

가. 가상자산 권리자의 착오나 가상자산 운영 시스템의 오류 등으
로 법률상 원인관계 없이 다른 사람의 가상자산 전자지갑에 가상자산
이 이체된 경우, 가상자산을 이체 받은 자는 가상자산의 권리자 등에
대한 부당이득반환의무를 부담하게 될 수 있다. 그러나 이는 당사자
사이의 민사상 채무에 지나지 않고 이러한 사정만으로 가상자산을 이
체 받은 사람이 신임관계에 기초하여 가상자산을 보존하거나 관리하
는 지위에 있다고 볼 수 없다. 또한 피고인과 피해자 사이에는 아무런
계약관계가 없고 피고인은 어떠한 경위로 이 사건 비트코인을 이체
받은 것인지 불분명하여 부당이득반환청구를 할 수 있는 주체가 피해
자인지 아니면 거래소인지 명확하지 않다. 설령 피고인이 피해자에게
직접 부당이득반환의무를 부담한다고 하더라도 곧바로 가상자산을 이
체 받은 사람을 피해자에 대한 관계에서 배임죄의 주체인 '타인의 사
무를 처리하는 자'에 해당한다고 단정할 수는 없다.

나. 대법원은 타인의 사무를 처리하는 자라고 하려면, 타인의 재
산관리에 관한 사무의 전부 또는 일부를 타인을 위하여 대행하는 경
우와 같이 당사자 관계의 전형적·본질적 내용이 통상의 계약에서의
이익대립관계를 넘어서 그들 사이의 신임관계에 기초하여 타인의 재
산을 보호하거나 관리하는 데에 있어야 한다고 함으로써(대법원 2020.
2. 20. 선고 2019도9756 전원합의체 판결 등 참조), 배임죄의 성립 범위를
제한하고 있다. 이 사건과 같이 가상자산을 이체 받은 경우에는 피해

자와 피고인 사이에 신임관계를 인정하기가 쉽지 않다.

다. 가상자산은 국가에 의해 통제받지 않고 블록체인 등 암호화된 분산원장에 의하여 부여된 경제적인 가치가 디지털로 표상된 정보로서 재산상 이익에 해당한다(대법원 2021. 11. 11. 선고 2021도9855 판결 참조). 가상자산은 보관되었던 전자지갑의 주소만을 확인할 수 있을 뿐 그 주소를 사용하는 사람의 인적사항을 알 수 없고, 거래 내역이 분산 기록되어 있어 다른 계좌로 보낼 때 당사자 이외의 다른 사람이 참여해야 하는 등 일반적인 자산과는 구별되는 특징이 있다.

이와 같은 가상자산에 대해서는 현재까지 관련 법률에 따라 법정화폐에 준하는 규제가 이루어지지 않는 등 법정화폐와 동일하게 취급되고 있지 않고 그 거래에 위험이 수반되므로, 형법을 적용하면서 법정화폐와 동일하게 보호해야 하는 것은 아니다.

라. 원인불명으로 재산상 이익인 가상자산을 이체 받은 자가 가상자산을 사용·처분한 경우 이를 형사처벌하는 명문의 규정이 없는 현재의 상황에서 착오송금 시 횡령죄 성립을 긍정한 판례(대법원 2010. 12. 9. 선고 2010도891 판결 등 참조)를 유추하여 신의칙을 근거로 피고인을 배임죄로 처벌하는 것은 죄형법정주의에 반한다.

이 사건 비트코인이 법률상 원인관계 없이 피해자로부터 피고인 명의의 전자지갑으로 이체되었더라도 피고인이 신임관계에 기초하여 피해자의 사무를 맡아 처리하는 것으로 볼 수 없는 이상, 피고인을 피해자에 대한 관계에서 '타인의 사무를 처리하는 자'에 해당한다고 할 수 없다.

마. 그런데도 피고인을 배임죄의 주체로서 '타인의 사무를 처리하는 자'에 해당한다고 판단한 원심은 특정경제범죄법위반(배임)죄에서 '타인의 사무를 처리하는 자'에 관한 법리를 오해한 잘못이 있다.

4. 파기 범위 / 5. 결론 [각 생략]

[참고판례1] 대법원 2010. 12. 9. 선고 2010도891 판결 [횡령(점
유이탈물횡령)]

피고인은 2008. 6. 4.경 피해자 주식회사에 근무하는 이름을 알 수
없는 직원이 착오로 피고인 명의의 홍콩 상하이(HSBC)은행 계좌로 잘
못 송금한 300만 홍콩달러(한화 약 3억 9,000만 원 상당)를 그 무렵 임의
로 인출하여 사용하였다.

어떤 예금계좌에 돈이 착오로 잘못 송금되어 입금된 경우에는 그
예금주와 송금인 사이에 신의칙상 보관관계가 성립한다고 할 것이므
로, 피고인이 송금 절차의 착오로 인하여 피고인 명의의 은행 계좌에
입금된 돈을 임의로 인출하여 소비한 행위는 횡령죄에 해당하고(대법
원 1968. 7. 24. 선고 1966도1705 판결, 대법원 2005. 10. 28. 선고 2005도5975
판결, 대법원 2006. 10. 12. 선고 2006도3929 판결 등 참조), 이는 송금인과
피고인 사이에 별다른 거래관계가 없다고 하더라도 마찬가지이다.

[참고판례2] 대법원 2020. 2. 20. 선고 2019도9756 전원합의체
판결 [사기, 배임]

주식회사를 운영하는 피고인이 피해자 은행으로부터 1억 5,000만
원을 대출받으면서 위 대출금을 완납할 때까지 골재생산기기인 '크라
샤4230'('크러셔')을 양도담보로 제공하기로 하는 계약을 체결하고, 피해
자 은행이 담보의 목적을 달성할 수 있도록 위 크러셔를 성실히 보관
·관리하여야 할 의무가 있음에도, 그러한 임무에 위배하여 위 크러셔
를 다른 사람에게 매각함으로써 피해자 은행에 대출금 상당의 손해를
가하였다.

배임죄 주체로서 '타인의 사무를 처리하는 자'라고 하려면, 타인의
재산관리에 관한 사무의 전부 또는 일부를 타인을 위하여 대행하는
경우와 같이 당사자 관계의 전형적·본질적 내용이 통상의 계약에서의
이익대립관계를 넘어서 그들 사이의 신임관계에 기초하여 타인의 재
산을 보호 또는 관리하는 데에 있어야 한다(대법원 1987. 4. 28. 선고 86

도2490 판결, 대법원 2009. 2. 26. 선고 2008도11722 판결, 대법원 2011. 1. 20. 선고 2008도10479 전원합의체 판결, 대법원 2014. 8. 21. 선고 2014도3363 전원합의체 판결 등 참조). 이익대립관계에 있는 통상의 계약관계에서 채무자의 성실한 급부이행에 의해 상대방이 계약상 권리의 만족 내지 채권의 실현이라는 이익을 얻게 되는 관계에 있다거나, 계약을 이행함에 있어 상대방을 보호하거나 배려할 부수적인 의무가 있다는 것만으로는 채무자를 타인의 사무를 처리하는 자라고 할 수 없고(대법원 2015. 3. 26. 선고 2015도1301 판결 등 참조), 위임 등과 같이 계약의 전형적·본질적인 급부의 내용이 상대방의 재산상 사무를 일정한 권한을 가지고 맡아 처리하는 경우에 해당하여야 한다.

채무자가 금전채무를 담보하기 위하여 그 소유의 동산을 채권자에게 양도담보로 제공함으로써 채권자인 양도담보권자에 대하여 담보물의 담보가치를 유지·보전할 의무 내지 담보물을 타에 처분하거나 멸실, 훼손하는 등으로 담보권 실행에 지장을 초래하는 행위를 하지 않을 의무를 부담하게 되었더라도, 이를 들어 채무자가 통상의 계약에서의 이익대립관계를 넘어서 채권자와의 신임관계에 기초하여 채권자의 사무를 맡아 처리하는 것으로 볼 수 없다. 따라서 채무자를 배임죄의 주체인 '타인의 사무를 처리하는 자'에 해당한다고 할 수 없고, 그가 담보물을 제3자에게 처분하는 등으로 담보가치를 감소 또는 상실시켜 채권자의 담보권 실행이나 이를 통한 채권실현에 위험을 초래하더라도 배임죄가 성립한다고 할 수 없다.

[연 구]

Ⅰ. 들어가며

대상판결은 착오이체된 비트코인(Bitcoin)을 유용한 피고인의 배임죄 성부를 다루고 있다. 여기에는 비트코인이라는 가상자산에 대한 법적 평가와 함께 횡령죄와 배임죄의 차이, 배임죄 주체로서 '타인사무

처리자'라는 요건의 구체적 의미 등이 쟁점으로 들어있다. 비트코인과 같은 가상자산은 물리적 실체가 없고 사무적으로 관리되는 디지털 전자정보에 해당하므로 재물이 아닌 재산상 이익으로 간주된다. 1심과 2심은 그에 따라, 횡령죄에서 배임죄로 심판대상을 옮겼다. 배임죄 판단에서, 원인 없이 타인의 비트코인을 이체 받아 보관하는 경우 부당이득에 해당되어 반환해야 하고, 반환 전에는 신의칙에 따라 그 재산을 보호하고 관리할 임무가 있다는 점에서 피고인을 배임죄 주체인 '타인의 사무를 처리하는 자'에 해당한다고 보았다. 대법원은 이같은 하급심을 파기하고 있다. 그 근본 입장은 근래 동산에 대한 이중양도나 부동산에 대한 이중담보제공과 같은 사안에서 전원합의체 판결로 배임죄 성부를 종전과 달리 판단하고 있는 일련의 기조선상에 있다고 할 수 있다.

비트코인과 같은 암호화폐가 늘어나고 가격 등락을 거듭하면서 가상화폐에 대한 투자대상으로서 관심도 커지고 있다. 투자수단으로서 매력이 급증하면서 가상화폐를 수단이나 대상으로 한 범죄도 늘어나고 있다. 이에 대응하여 가상자산의 진정성을 확보하고 그 거래에 대한 신뢰성과 안정성을 높이기 위한 법적 규율도 가속화되고 있다. 현행 법제에서는 암호화폐를 비롯한 가상화폐를 법정 자산으로 인정하면서 가상자산거래에 신고의무 외 정보보호 인증 획득, 실명확인된 금융거래 사용 등 일정한 의무를 부담시킴으로써 가상자산거래를 법제도권으로 끌어들여 규율하려는 시도가 이뤄지고 있다. 대상판결은 이런 상황에서 비트코인에 대한 신뢰성과 안정성에 대한 평가를 기반으로 그에 대한 형법적 보호의 필요성 여부를 판단하고 있다.

한편 착오나 오류 등 법적 원인 없이 이체된 재물이나 재산상 이익을 유용하거나 반환을 거부하는 경우에 횡령죄 또는 배임죄와 관련한 그 형법적 취급은 논란의 대상이 되고 있다. [참고판례1]에서 보듯이 착오송금된 재물에 대하여는 거래관계가 존재하는지와 무관하게 횡령죄 성립을 인정하면서도, 대상판결은 알 수 없는 이유로 이체 받은 재산상 이익인 비트코인을 유용한 사안에서 배임죄 성립을 부정한다. 동산이나 부동산을 이중으로 양도하거나 담보로 제공한 경우에도 판례는 착종된 입장을 보이고 있다.2) 이들 사안에서 일련의 전원합의체 판결을 통하여 배임죄 주체로서 '타인의 사무를 처리하는 자' 지위를 부정하고 배임죄 성립을 제한하고 있는데, 주지하듯 부동산 이중매매 사안은 달리보고 있다.

대상판결은 대표적인 가상자산인 비트코인에 대한 평가를 전제로 배임의 객관적 요건에 대한 충족여부를 확인하며 배임죄 성부에 관한 새로운 판단을 내리고 있다. 그 판단에는 크게 두 가지 측면이 고려되었는데, 하나는 가상자산과 그 거래에 대한 형법적 보호의 필요성 여부이고 다른 하나는 신임관계에 기반한 배임죄 주체로서 타인사무 처리자의 의미이다. 본 연구에서는 가상자산에 대한 거래환경과 시스템 부문의 특성을 바탕으로 이른바 착오송금과 달리 취급해야 할 지점은 어디에 있는지(II.), 배임죄 성립을 다투기 위해 판례가 거론한 타인사무 처리자에 해당하기 위한 신임관계는 무엇인지(III.)에 관하여 검토하고자 한다.

II. 가상자산에 대한 형법적 보호

1. 가상자산의 특성과 법적 지위

(1) 가상자산의 개념과 유형

대상사건에서 문제된 비트코인은 가상자산의 일종으로서 대표적인 가상화폐로 인식된다. 표준화된 정의는 없지만, 가상화폐 또는 디지털 화폐(Digital Currency; DC)는 분산원장기술(Distributed Ledger Technology; DLT), 중앙은행 디지털 화폐(CBDC), 디지털 명목화폐(Digital

---

2) 이에 대한 개관으로 류부곤, "횡령죄와 배임죄에 대한 최근 대법원 판결의 검토 -민사상 계약관계에 위배되는 처분행위를 중심으로", 형사법연구 제34권 제1호, 2022, 41면 이하 참조.

Fiat Currency; DFC) 및 법정통화등 연동 스테이블코인(stablecoins; SC)과 같은 하이브리드 변형을 기반으로 하는 암호화폐(Cryptocurrencies; CC)를 포함한 모든 형태의 디지털 화폐를 통칭한다.[3] 이 가운데 암호화폐는 분산원장기술을 사용하는 탈중앙화된 시스템으로 거래가 검증되고 기록이 유지되는 디지털 화폐나 교환 수단을 칭한다고 본다.[4] 가상화폐와 통용되는 코인(Coin)은 이더리움처럼 자체 블록체인 프로토콜에 기반하여 만들어진 것으로, 토큰(Token)은 다른 블록체인이나 프로토콜을 빌려쓰는 것으로 나누기도 한다.[5]

가상화폐는 유형면에서 지불형 가상화폐, 기능형 가상화폐, 자산형 가상화폐로 범주화되고 있다.[6] 지불형 가상화폐(Payment Token)는 비트코인과 같이 상품, 재화나 서비스에 대한 지불 또는 송금 등 결제 수단으로 사용되는 것을 말한다. 기능형 가상화폐(Utility Tokens)는 블록체인 기반 앱이나 서비스로 디지털 접근권을 부여하는 식으로 블록체인 기반한 서비스를 이용하는 수단으로 사용되는 유형이다. 자산형 가상화폐(Asset Tokens)는 주식이나 채권 등과 유사하게 부채나 자본과 같은 자산에 대한 발행기업의 권리를 포함하는 가상화폐이다. 이는 금융자산 외에도 부동산이나 지식재산권, 법정통화 등 실물자산을 직접 연동하기도 하여, 가상화폐 발행주체가 창출하는 수익에 대한 배당청구 및 의사결정 권리 외에 가상화폐에 연동된 자산에 대한 소유를 포함한다.

이상의 내용을 종합하면, 가상화폐는 분산원장 기술을 사용하는

---

3) International Telecommunication Union (ITU) and Stanford University, *Digital Currency Global Initiative*, 2021, p.3, <www.itu.int/en/ITU-T/extcoop/dcgi/Documents/Digital Currency Global Initiative-ConceptNote-V4.pdf> (2022. 5. 5. 방문).

4) 나황영·김현철, "가상화폐의 진정성 확인 방법", 법과학의 신동향 제4호, 2021, 39면.

5) 코인과 토큰을 구분하는 다른 견해로 OECD, *Initial Coin Offerings (ICOs) for SME Financing*, 2019, pp.45-46, <www.oecd.org/finance/ICOs-for-SME-Financing.pdf> (2022. 5. 5. 방문). 이하에서는 가상화폐를 가상자산의 대명사로서 암호화폐, 코인, 토큰 등과 병용한다.

6) 나황영·김현철, 앞의 논문(주4), 40면.

탈중앙화된 시스템에 의하여 거래가 점증되고 기록이 유지되는 디지털 화폐 또는 교환수단으로서, 화폐 유사 결제수단, 서비스 이용의 도구, 실물자산과 연동하여 권리 표창하는 성질을 포괄한다.[7] 「특정 금융거래정보의 보고 및 이용 등에 관한 법률」(특정금융정보법)에서는 '가상자산'이란 경제적 가치를 지닌 것으로서 전자적으로 거래 또는 이전될 수 있는 전자적 증표(그에 관한 일체의 권리 포함)로 정의한다 (제2조 제3호).

2021년 12월 기준 전세계 446개 거래소에서 거래되는 가상화폐 종류는 1만 5,534개이고 시가총액은 약 2,600조원이라고 한다.[8] 이 가운데 비트코인이 약 41%를 차지하며 가상화폐 시장을 주도하고 있다. 비트코인은 2009년 등장한 이래 비교적 최근에 시세가 급등하면서 글로벌 기관투자가들을 포함하여 투자 대상으로 큰 관심을 받고 있다. 여기에는 암호화폐의 탈중앙화 플랫폼으로서 성격도 기여했다. 기존 금융산업 입장에서는 중앙화폐에 대비되는 암호화폐는 무시하거나 견제해야 할 대상이었다면, 이제는 글로벌 투자회사 보고서에서도 주요한 투자대상으로 삼을 만큼 사정이 변화하고 있다.

(2) 재산상 이익으로서 가상자산에 대한 법적 취급

이런 상황에서 가상화폐는 다양한 형태로 범죄의 대상이 되거나 범행 수단으로 이용되고 있다.[9] 가상화폐 관련 범죄는 가상화폐가 범죄객체가 되는 가상화폐 침해범죄와 가상화폐가 범죄수단인 가상화폐 이용범죄로 나눠서 검토되기도 한다.[10] 이에 대하여 범죄피해가 빈발

---

7) 나황영·김현철, 위의 논문, 41면.

8) 2021년 12월 13일 기준, 전세계 가상화폐의 시가총액은 국내 코스피 시총액(약 2200조원)을 넘어선다. 이는 가상화폐가 6000종, 시총이 390조원 수준이던 그 1년 전에 비해 급격하게 늘어난 결과이다. 이코노미스트(2022.1.9.자), "몸값 커진 가상자산 시대...비트코인 '투기'→'투자'로 진화 중", <economist.co.kr/2022/01/09/stock/virtualCurrency/20220109080014124.html> (2022. 5. 5. 방문)

9) 한성훈, "가상화폐 관련 형사법적 문제에 관한 소고", (경상대) 법학연구 제27권 제2호, 2019, 125면 이하 참조.

10) 김혜정, "4차 산업혁명시대에 블록체인기술에 기반을 둔 암호화폐의 형사정

하는 가상화폐는 블록체인 기술에 기반한다는 외형만 갖추거나 또는 그런 외형조차 갖추지 못한 채 가상화폐라는 이름만 사용하는 경우가 대부분이라는 점에서, 범죄의 대상이나 수단으로서 가상화폐를 '진성 가상화폐'와 가짜 가상화폐인 '가성 가상화폐'로 구분하자는 견해가 제기된다.11) 이 견해는 진성 가상화폐는 다시 가상화폐의 실체성을 확인할 수 있는 진정 가상화폐와, 블록체인 기반 형식만 가장한 부진정 가상화폐로 구분한다. 이처럼 시장에서 우리가 맞닥뜨리는 가상화폐는 진정성과 가치확인에서부터 다투어지고 있다.

비트코인과 같은 가상화폐, 가상자산에 대한 법적 규율은 현재 그 법적 지위를 확보하는 측면에서, 또 동시에 법적 규제를 설정하는 측면에서 법제화가 계속되고 있다. 가상화폐에 대한 법적 검토를 위하여는 가상화폐의 진정성에 대한 판단 문제가 선제적으로 요구된다. 가상화폐와 가상화폐 경제 모두 형성 중인 상태이며, 가상화폐의 진정성 판단을 위한 법률적 기준도 완비되지 못한 상태라고 진단된다. 이런 상황에서 가상자산을 무엇으로 보고 그에 대한 법적 취급을 어떻게 할 것인가 하는 문제는 이제 본격적으로 탐구해야 할 과제가 되고 있다.

대상판결은 "가상자산은 국가에 의해 통제받지 않고 블록체인 등 암호화된 분산원장에 의하여 부여된 경제적인 가치가 디지털로 표상된 정보로서 재산상 이익에 해당한다."고 판시한다. 즉 문제된 비트코인에 대하여 횡령죄 객체로서 재물성은 부정하는 전제 위에 가상자산의 일종으로서 배임죄의 재산상 이익에는 해당한다고 판시하고 있다. 비트코인이 재산상 이익에 해당함은 앞선 사기죄에 관한 판결에서도 인정된 바 있다.12) 즉 "비트코인은 경제적인 가치를 디지털로 표상해 전자적으로 이전, 저장과 거래가 가능하도록 한 가상자산의 일종"으로

책적 함의에 대한 연구 -암호화폐 관련범죄에 대한 규제방안을 중심으로", 형사정책 제31권 제4호, 2020, 189면; 연성진 외, 「가상화폐 관련 범죄 및 형사정책연구」, KIC 2017, 47면.

11) 나황영·김현철, 앞의 논문(주4), 42면.

12) 대법원 2021. 11. 11. 선고 2021도9855 판결.

서 사기죄의 객체인 재산상 이익에 해당한다는 것이다. 비트코인의 재물성이 부정되면서 마찬가지로 착오이체된 자산을 유용하였지만, [참고판례1]의 착오송금 사례와 달리 개개의 특정한 재물에 관하여 성립하는 횡령죄는 성립이 어렵게 되었다. 횡령죄가 성립되는 경우를 제외한 일체의 재산상 일반적 이익에 관하여 성립하는 범죄로서 배임죄가 검토되었다.

비트코인은 「범죄수익은닉의 규제 및 처벌 등에 관한 법률」(범죄수익은닉규제법)의 적용상 범죄행위에 의하여 취득한 것으로 재산적 가치가 인정되는 무형재산이며, 이는 특정될 수 있기 때문에 몰수의 대상이 된다.[13] 개정 특정금융정보법 제2조에 따라, 가상자산과 가상자산거래가 추가로 규정되면서 암호화폐를 비롯한 가상화폐는 이제 법정 자산으로 인정되고 있다.[14] 「전자금융거래법」에서는 전자자금이체, 직불전자지급수단, 선불전자지급수단, 전자화폐[15], 신용카드, 전자채권 그 밖에 전자적 방법에 따른 지급수단으로서 '전자지급수단'을 규정하면서(제2조 제11호) 전자지급수단의 요건과 함께 '전자금융거래'에 대하여 규율하고 있다(제2조 제1호). 그 밖에도 「주식·사채 등의 전자등록에 관한 법률」(전자증권법)에서 '전자등록주식'의 개념을 도입하고, 「정보통신융합법」, 「산업융합 촉진법」, 「지역특구법」, 「금융혁

---

13) 대법원 2018. 5. 30. 선고 2018도3619 판결. 평석으로 최호진, "비트코인에 대한 몰수 가능성 -대상판결: 대법원 2018.5.30. 선고 2018도3619 판결", 비교형사법 연구 제20권 제3호, 2018, 57면 이하; 이정훈, "블록체인과 가상화폐의 형사법적 문제와 전망 -대법원 2018. 5. 30. 선고 2018도3619 판결을 중심으로", 홍익법학 제20권 제1호, 2019, 57면 이하; 선종수, "가상화폐의 몰수·추징에 관한 형사법적 검토 -대법원 2018.5.30. 선고 2018도3619 판결", (경북대) IT와 법 연구 제18집, 2019, 225면 이하 참조.

14) 가상화폐를 자산으로 인정하는 개정 특정금융정보법의 시행으로, 위 몰수판결에 따라 불법 음란물 사이트 운영자로부터 범죄수익으로 몰수하여 전자지갑에 보관하던 191비트코인을 환가처분해 약 123억원을 국고에 귀속하였다. "가상화폐 형태의 범죄수익, 철저히 환수하여 국고귀속", 수원지방검찰청 보도자료(2021.4.1.) 참고.

15) 전자금융거래법 제2조 제15호 참조.

신법」 등에서 규제적 측면에서 디지털 자산의 발행을 예외적으로 허용하고 있다.

2. 가상자산에 대한 형법적 보호의 필요성

(1) 가상자산에 대한 안정성 확보

가상자산에 대한 변화하는 시류 앞에 그 인식도 달라지고 있다. 가상화폐는 투기의 대상으로 인식되었지만, 지금은 해외뿐 아니라 국내에서도 새로운 투자자산으로 자리매김하고 있다.[16] 이른바 '디지털 금'으로서 암호화폐가 투자자산으로 위치하면서 이에 대한 거래의 신뢰성을 확보하기 위한 제도적 장치들이 마련되기 시작했다. 이런 시점에서 판례는 대표적 가상자산인 비트코인의 신뢰성과 안정성을 묻고 있다. 대상판결은 "가상자산은 보관되었던 전자지갑의 주소만을 확인할 수 있을 뿐 그 주소를 사용하는 사람의 인적사항을 알 수 없고, 거래 내역이 분산 기록되어 있어 다른 계좌로 보낼 때 당사자 이외의 다른 사람이 참여해야 하는 등 일반적인 자산과는 구별되는 특징이 있다."고 한다.

코인 투자는 시세 변동폭이 크다보니 투자수익에 대한 기대가 높은 만큼 상응하여 손실 위험도 안고 있다. 특히 경제상황에 연계되지 않은 예측 불가한 사유로 가격이 등락을 거듭하면서 안정적인 신뢰성을 보여주지 못하고 있다.[17] 암호화폐의 가치 변동률이 너무 높다는

---

16) 2022년 5월 19일 금융위원회 등에 따르면, 2021년 12월 말 기준 국내 가상자산 전체 거래소의 실제 이용자는 558만 명이고, 1억 원 이상 보유자는 9만 4000명에 달했다. 연합뉴스(2022.5.19.), "국내 가상자산 실태는…'1억 원 이상' 보유 10만 명 육박", <www.yna.co.kr/view/AKR20220518143400002?input=1195m> (2022. 5. 20. 방문).

17) 국내 유통 가상자산 623종목의 평균 최고점 대비 가격하락률(MDD)은 유가증권 시장의 4.4배인 65%로, 증시보다 훨씬 큰 변동성을 보였다. 위의 연합뉴스 기사 참조. 비트코인은 2021년 4월부터 두 달 사이에 가격이 절반으로 떨어지기도 했고, 2022년 5월에는 스테이블코인 테라USD(UST) 및 자매 가상화폐 루나의 붕괴와 6월에 연이은 가상화폐의 폭락으로 전 세계 가상화폐 시장이 혼돈에 휩싸이기도 했다.

점은 투자대상으로서 매력을 상쇄시킨다. 또한 일반인에게는 투자대상으로서 암호화폐에 대한 인지도가 상대적으로 낮은 편이다. 최근 금융자산 30억원 이상 투자자를 대상으로 한 설문조사에 따르면, 암호화폐에 대한 안정적인 투자를 주저하게 하는 주된 요인으로 투자 손실 위험이 크다는 점과 암호화폐 거래소에 대한 신뢰가 낮다는 점이 지적된다.18)

이처럼 가상화폐는 투자자산의 하나로 자리를 잡아가고 있지만, 화폐로서 신뢰도와 거래 안전성을 확보하기 위한 노력은 여전히 진행 중이다. 가상화폐에 대한 안전성을 확보하기 위한 하나의 방향은 투자상품으로서 가상자산과 그 거래에 대한 법적·정책적 규제로 이어진다.

(2) 특정금융정보법상 가상화폐 거래에 대한 규제

가상화폐와 법정통화의 교환, 서른 다른 가상화폐간 교환이 이뤄지는 중개시장을 가상화폐 거래소라 한다. 가상화폐 거래소에 대한 규제가 없던 종전에는 전자상거래법상 통신판매업 등록을 통해 비교적 자유롭게 설립할 수 있었다. 2019년 200여곳 넘던 우리나라 가상화폐 거래소는 2020년에 59개로 줄어들었고, 특정금융정보법 개정 후 2021. 9. 24. 신고 마감된 가상자산 사업자는 모두 42곳에 이른다. 이 가운데 은행의 실명확인 계좌를 구비하지 못하였으나 정보보호 관리체계 인증을 받아 코인간 거래서비스가 가능한 곳은 29곳이며, 코인거래소 운영 필수조건을 모두 구비하여 원화 거래까지 가능한 곳은 빗썸, 업비트, 코인원, 코빗 등 4곳에 한정된다.19) 이는 가상화폐 거래의 난립과 규제 공백으로 인한 자금세탁 등 불법행위 발생에 대처하고자 개정된 특정금융정보법의 시행 영향이 크다.

---

18) 황원경·김진성·손광표, 「2021 한국 부자 보고서」, KB금융지주 경영연구소 2021.11., 31면. 다만, 2030세대에서는 가상화폐의 높은 변동성이 오히려 매력으로 작동하기도 한다. 2021년 11월 전국경제인연합회가 전국 20·30대 700명을 대상으로 재테크 인식을 조사한 결과, 가상화폐에 실제 투자해본 경험이 있다는 응답은 40.5%로 10명중 4명이었다. 앞의 이코노미스트 기사(주8) 참고.

19) 나황영·김현철, 앞의 논문(주4), 70면 및 각주69 이하에 소개된 기사 참고.

특정금융정보법은 가상자산에 대해 정의 규정(법 제2조 제3호)을
두는 외에, 가상자산을 매도·매수하거나 교환하는 행위 및 그 중개·
알선·대행 행위, 가상자산을 일정하게 이전하는 행위, 가상자산을 보
관 또는 관리하는 행위 등을 영업으로 하는 자를 '가상자산사업자'로
규정하고 있다(제2조 제1호 하목). 가상자산사업자가 수행하는 이런 행
위에 해당하면 '가상자산거래'가 된다(법 제2조 제2호 라목). 특정금융정
보법은 가상자산사업자로 하여금 금융정보분석원장에게 보고, 조치,
신고 의무를 지도록 하고, 특히 가상화폐 거래소 영업을 하기 위한 전
제로서 실명계정을 통한 금융거래 의무화와 함께 이들에 대한 형사적
제재를 규정하고 있다.

특정금융정보법이 규율하는 '금융회사등'에 포함된 가상자산사업
자는 금융정보분석원장에 불법재산이나 자금세탁행위, 공중협박자금
조달행위 등으로 의심되는 거래에 대한 보고 의무(제4조), 고액 현금거
래에 대한 보고 의무(제4조의2) 등 다양한 의무를 부담하고, 특히 보고
의무 이행 등을 위하여 고객별 거래내역을 분리하여 관리하는 등 일
정한 조치를 하여야 한다(제8조, 동법 시행령 제10조의20). 법 제4조와
제4조의2를 위반하여 거짓 보고를 한 자는 1년 이하 징역이나 1천만
원 이하 벌금으로 처벌하고(제17조 제3항), 법 제8조를 위반하여 조치
를 하지 아니한 자는 1억원 이하의 과태료를 부과한다(제20조).

여기에 더하여, 가상화폐 거래소를 운영하는 가상자산사업자는
금융정보분석원장에 일정한 신고의무를 부담하며, 그 전제로 정보보
호 관리체계 인증을 획득하고, 실명확인이 가능한 입출금 계정을 통하
여 금융거래 등을 할 것이 요구된다(법 제7조 제1항, 제3항 및 동법 시행
령 제10조의11²⁰)). 법 제7조 제1항을 위반하여 신고하지 않고 가상자산

---

20) 특정금융정보법 시행령 제10조의11(가상자산사업자의 신고)
　① 법 제7조제1항에 따라 신고를 하려는 자는 금융정보분석원장이 정하여
　고시하는 신고서에 다음 각 호의 서류를 첨부하여 금융정보분석원장에게 제
　출해야 한다.
　1. 정관 또는 이에 준하는 업무운영규정

거래를 영업으로 하거나 거짓이나 그 밖의 부정한 방법으로 신고를 하고 가상자산거래를 영업으로 하는 경우 5년 이하의 징역 또는 5천만원 이하의 벌금에 처한다(제17조 제1항).

특정금융정보법의 각종 의무를 위반한 경우에는 행위 유형에 따라 형벌과 과태료를 부과하면서(제16조, 제17조, 제20조), 징역과 벌금의 병과(제18조) 및 양벌규정(제19조)을 함께 두고 있다. 이같은 일련의 법제화를 통하여 가상자산과 그 거래를 일정한 수준에서 법제도권 안으로 수용하여 규율하려는 입법자의 의사가 확인된다.21) 국내 거래소들

---

2. 사업추진계획서

3. 법 제5조의2제1항제3호마목2)에 따른 정보보호 관리체계 인증(이하 "정보보호관리체계인증"이라 한다)에 관한 자료

4. 법 제7조제3항제2호 본문에 따른 실명확인이 가능한 입출금 계정(이하 "실명확인입출금계정"이라 한다)에 관한 자료

5. 그 밖에 가상자산사업자의 신고를 위해 금융정보분석원장이 필요하다고 정하여 고시하는 자료

② [생략], ③ [생략]

[본조신설 2021. 3. 23.]

21) 가상자산이 가진 익명성과 높은 가격변동성은 필연적으로 경제적 위험을 수반하므로 정부 차원에서 각종 규제와 감독을 부과할 필요성이 제기된다. 그에 따라 각국에서는 가상자산에 대한 규제와 함께 가상자산의 거래에 대한 관리 감독을 강화하고 있다.

　미국은 가상화폐의 거래나 수탁사업을 허가제로 운영하고, 디지털 자산 발행자, 거래소, 중개인 등 관련자들이 기존의 금융 규제를 적용받도록 한다. 국세청(IRS) 지침으로 기존 세법의 적용범위를 넓혀 가상자산 채굴 및 취득에 따른 거래차익 등에는 소득세를 부과한다. 가상자산에 관한 2022. 3. 9. 행정명령에서는 디지털 자산 발행인, 거래소, 거래 플랫폼, 중개인은 "동일 사업, 동일 위험, 동일 규칙"이라는 일반 원칙에 따라 전통적인 시장 기반구조와 금융회사에 적용되는 규제와 감독 기준이 동일하게 적용되도록 한다('Executive Order on Ensuring Responsible Development of Digital Assets', Section 2 (b)).

　독일에서는 「은행법」(KWG)에서 가상자산을 금융수단으로 분류하고 지불수단인 무형자산으로 취급한다. 가상자산거래소 설립에 허가주의를 택하고, 가상자산 관련 수익에 과세한다. 은행법에 따라 가상자산을 상업적 용도로 이용하거나 통화를 교환·거래하는 경우에 금융감독원(BaFin)에 신고하여야 한다(BaFin, Virtuelle Währungen/Virtual Currency (VC), 2020. 9. 18.). 허가를 받지 않은 가상자산 플랫폼과 거래소는 처벌 대상이 된다. 가상자산이 실물자산을 기반으로 발행되어 「증권거래법」(WpHG)상 증권에 해당하는 경우 금융감독원

이 실명계좌 인증 등 거래 신뢰를 위해 법적 요구를 갖추는 점 외에도 소득세법에 따라 가상자산의 양도·대여로 발생한 소득에 과세를 한다거나, 투자자 보호대책으로 가칭 「디지털자산기본법」 제정에 속도가 붙는 점 등 다각도로 이뤄지는 규제는 적어도 가상자산 거래를 둘러싼 투자 안전망 확보에는 기여할 것으로 예상된다.

(3) 가상자산에 대한 차별적 보호의 문제

대상판결은 피고인이 피해자에 대한 관계에서 타인의 사무를 처리하는 자의 지위에 있지 않다고 보면서 배임죄를 부정하는 근거의 하나로, 사안의 가상자산이 법정화폐만큼 보호받을 위상을 갖추지 못했음을 지적한다. 가상자산에 대하여 대법원은 상대적인 불투명성(익명성), 이체에 당사자 이외 참여 필요 등을 이유로 일반 자산과의 구별 필요성을 적시한다. 또 현재까지 법률에서 법정화폐에 준하는 규제가 이루어지지 않는 등 법정화폐와 동등하게 취급되고 있지 않음을 거시한다. 나아가 가상자산은 그 거래에 위험이 수반되는 관계로 형법 적용에 있어 법정화폐와 동일하게 보호할 필요가 없다고 한다.

대법원이 가상자산의 차별점으로 들고 있는 논거 가운데, 가상자산거래에 위험이 수반된다는 점은 비록 가상자산이 재산상 이익으로서 성질은 인정되더라도, 무형의 디지털로 존재한다는 가상자산의 본

에 신고 등 의무를 진다. 가상자산의 채굴 또는 구매와 판매 등 거래로 수익이 발생하는 경우에는 「소득세법」(EStG)에 따라 소득세 또는 자본이득세를 부과한다.
   일본은 「자금결제법」(資金決済に関する法律)에 따라 암호자산을 금융자산으로 인정하면서(제2조 제5항) 암호자산교환업자에게 내각총리대신에 등록을 하도록 하는 등 각종 의무와 함께 금지행위를 부과한다(제63조의2에서 제63조의22). 특히 동종동량의 암호자산(이행보증암호자산)을 보유하는 등 이용자보호 의무를 진다. 정부는 암호자산교환업에 대한 현장검사, 업무개선 명령 등 폭넓은 감독권을 갖는다. 「금융상품거래법」(金融商品取引法)은 규제 대상인 금융상품에 가상자산을 추가하여 다른 금융거래와 동일한 규제를 적용하고(제2조 제24항 제3호의2), 부정한 수단등의 사용과 같은 불공정거래행위를 금지한다(제185조의22에서 제185조의24). 암호자산 거래 및 사용에서 발생한 수익에는 20만 엔이 넘는 경우 소득세가 부과된다.

질로부터 파생되는 특성과 함께 그 거래시스템을 둘러싼 실체적 불안정성 같은 면에서 다소 항상성을 갖는 문제로 여겨진다. 그에 비해, 법정화폐에 준하는 법적 규제가 미비하다는 점은 위에서 보듯이 가상자산과 그 거래에 대한 법적 규제가 도입·확대됨에 따라 차츰 해소될 수 있는 잠정적인 문제일 수 있다. 다만, 대상판결이 가상자산과 그 거래에 대한 일련의 법제화가 이뤄진 개정 특정금융정보법 시행 이후에 나온 판시라는 점에서 적어도 형법적 보호 필요성을 판단하는 전제로서 가상자산에 대한 제도적 기반 및 법적 규제가 법정화폐에 비해 여전히 충분하지 못하다고 보는 듯하다.

이런 관점에서는 가상자산에 대한 진정성 판단 강화와 그 거래에 대한 신뢰성과 안정성을 담보하기 위한 법적 규제가 더 보완된 이후에는 지금과 판단을 달리할 가능성이 없지 않을 것이다. 또한 시스템에 대한 신뢰수준에 대한 변화를 거치지 않더라도, 공신력이 가장 크다고 할 법정화폐와 비교하지 않고 그 기준을 낮춰잡는다면 역시 다른 판단의 여지가 생길 수 있다. 이는 현 수준에서 가상자산과 그 거래가 갖는 법적 지위와 금융투자시장에서 신뢰를 기반하여 내린 결정이기 때문에 그러하다.

대법원은 가상자산에 법정화폐에 준하는 규제가 이뤄지지 않는 등 법정화폐와 동일하게 취급되지 않는다는 점, 그 거래에 위험이 수반된다는 점을 이유로 형법적으로 법정화폐와 동일한 보호를 할 필요가 없다는 설시를 펴고 있다. 가상자산과 그 시스템 전반에 대한 법적 보호의 측면에서는 위와 같은 논리가 일리가 있음을 부인하기 어렵겠지만, 잘못 이체된 가상자산을 유용한 본 사안에서는 이 같은 법정화폐와의 비교에 기반해서 형법적 보호 필요성을 차별적으로 판단할 필요가 있었는지는 의문이 들 수 있다. 가상자산에 대한 법적 규제 수준이나 거래 위험성과 별개로, 재산상 이익으로서 가상자산을 침해하는 행위에 대한 형법적 보호는 법정화폐와 준별할 필요가 없지 않을까 하는 측면에서 그렇다. 이 사안에서 문제된 가상자산에 형법적 보호가

필요한지는 형식적인 측면으로서 가상자산에 대한 법적 규제의 구비
정도나 실질적인 측면에서 가상자산 거래의 위험성 정도와 같은 가상
자산의 안전성 또는 신뢰성에 의탁하는 부분에 더하여 아래에서 볼,
착오이체 받은 피고인이 배임죄의 고유한 불법 요건을 충족하는지에
대한 판단에 따라 갈린다고 보아야 한다.22) 여기에는 주체로서 타인사
무 처리자와 그 전제로서 신임관계에 대한 판단이 문제된다.

Ⅲ. 가상자산 착오이체와 타인사무 처리자

1. 진정신분범으로서 배임죄의 불법구조

(1) 행위주체로서 타인사무 처리자

배임죄는 타인의 사무를 처리하는 자가 그 임무에 위배하는 행위
를 하여 재산상 이익을 취득하고 본인에게 손해를 가한 때 성립하며
(형법 제355조 제2항), 횡령죄(동조 제1항)와 같은 형으로 벌한다(업무상
배임은 상한 2배까지 가중; 제356조). 배임은 타인과 그 재산상 이익을
보호·관리하여야 할 신임관계에 있는 사람이 신뢰를 저버리는 행위로
타인의 재산상 이익을 침해하는 것이다. [참고판례2] 판시와 같이, 배
임죄는 '타인의 사무를 처리하는 자'라는 신분을 요하는 진정신분범이
다.23) 그에 따라, 신뢰 위반이나 피해 정도를 확인하기에 앞서 당사자
관계의 본질을 통해 타인의 사무를 처리하는 자에 해당하는지가 먼저
판단되어야 한다.

대법원은 배임죄를 성부를 판단하는 근거로서 '타인의 사무를 처
리하는 자'에 대한 판단을 사안에 따라 구체화하고 있다. 우선 타인의
사무가 아니라 자기의 사무에 속하는 경우에는 그 사무를 타인을 위

---

22) 특히 후술 Ⅲ. 2. (3) 형사불법으로서 신의칙에 의한 신임관계 참조. 배임죄
불법 요건 검토례로 장성원, "경영판단행위에 대한 배임죄의 적용", 법과정책
연구 제13집 제3호, 2013, 880면 이하 참조.
23) 이용식, 『형법각론』, 2019, 58면; 대법원 2020. 2. 20. 선고 2019도9756 전원합의
체 판결.

하여 처리하더라도 배임죄에서 타인의 사무를 처리하는 자로 볼 수 없다고 한다. 즉 배임죄에서 타인사무 처리자는 "양자간의 신임관계에 기초를 둔 타인의 재산의 보호 내지 관리의무가 있음을 그 본질적 내용으로 하는 경우"를 가리키므로, "단순한 채권적인 급부의무에 불과한 금원의 지급의무만을 부담하는 경우와 같이 그 사무가 타인의 사무가 아니고 자기의 사무에 속하는 경우"라면 설령 그 사무를 타인을 위하여 처리하더라도 타인사무 처리자라 할 수 없다.24) 이 경우 '타인을 위하여' 사무를 처리하는 자는 자기의 사무를 처리하는 것이지 '타인의 사무'를 처리하는 자라고 할 수 없다는 것이다. 다만 자기 사무로서 성질과 타인 사무로서 성질을 모두 갖춘 경우에는 타인의 사무를 처리하는 자라 할 수 있다. 모든 사무는 일정 부분 타인사무로서 성격을 지닐 수 있기에, 타인사무란 타인인 상대방의 재산보호를 본질적인 내용으로 하는 경우인가에 달려있다.

판례는 은행 임직원이 예금된 고객의 금원을 임의 소비한 경우, 금융기관의 임직원이 예금주에 대하여 업무상배임죄의 주체인 타인의 사무를 처리하는 자의 지위에 있지 않다고 한다.25) 예금은 은행 등 법률이 정하는 금융기관을 수치인으로 하는 금전 소비임치 계약이고 그 예금계좌에 입금된 금전의 소유권은 금융기관에 이전된다는 이유에서이다. 타인의 사무를 처리하는 자는 대외관계에서 대리권과 같은 법적 근거에 한하지 않고 사실상의 근거로 업무를 처리하더라도 무방하나,

---

24) 대법원 1976. 5. 11. 선고 75도2245 판결; 대법원 2014. 8. 21. 선고 2014도3363 판결.

25) 대법원 2008. 4. 24. 선고 2008도1408 판결: "예금주는 그 예금계좌를 통한 예금반환채권을 취득하는 것이므로, 금융기관의 임직원은 예금주로부터 예금계좌를 통한 적법한 예금반환 청구가 있으면 이에 응할 의무가 있을 뿐 예금주와의 사이에서 그의 재산관리에 관한 사무를 처리하는 자의 지위에 있다고 할 수 없다." 같은 취지로, 대법원 2017. 8. 24. 선고 2017도7489 판결. 이와 관련해, 착오 또는 기망으로 수취인의 예금계좌에 이체된 자금에 대해 수취인의 채권자가 상계나 압류를 하는 경우, 금전에 대한 물권관계를 기준으로 송금의뢰인의 소유권을 인정하여 해결하자는 견해로 윤광균, "지급결제시스템과 착오·사기이체 자금의 귀속", 법조 제68권 제2호, 2019, 90면 이하 참조.

대내적으로는 신의성실 원칙에 비추어 그 사무를 처리할 신임관계가
존재하여야 한다.26)

(2) 자기 사무와 타인 사무의 구분

판례는 타인의 사무를 처리하는 자를 판단하려면 그 관계의 기초
가 되는 계약관계 등의 내용을 살펴야 함을 설시한다. 관계의 기초가
되는 계약관계 등의 내용상 주된 급부의무나 전형적·본질적 급부의무
가 타인의 사무를 일정한 권한을 갖고 맡아 처리하는 것이어야 한
다.27) 다만, 그 사무의 처리가 오로지 타인의 이익을 보호·관리하는
것만을 내용으로 하여야 할 필요는 없다.28) 이에 따라 타인의 사무를
처리하는 자에 대한 판단은 요건별로 나누어 적용된다. 형식적으로는
자기 사무와 타인 사무에 대한 구분이 그 하나의 기준이다. 다른 하나
는 실질적으로 신임관계에 기반한 타인의 사무성에 대한 본질 검토로
이어진다.

먼저 '타인'의 사무인가, '자기'의 사무인가를 기준으로 하여 타인
의 사무에 대한 인정 여부를 판단하는 경우가 있다. 금전채권채무 관
계에서 급부 의무를 이행해야 하는 채무자는 바로 자신의 급부 의무
를 이행하는 자로서 타인사무 처리자가 될 수 없다고 한다.29) 채무자
가 채권자가 아닌 제3자에게 먼저 담보물에 관한 저당권을 설정하거
나 담보물을 양도하는 등 담보가치를 감소 또는 상실시켜 채권자의

---

26) 즉 "배임죄의 주체로서 '타인의 사무를 처리하는 자'란 타인과의 대내관계에
   있어서 신의성실의 원칙에 비추어 그 사무를 처리할 신임관계가 존재한다고
   인정되는 자를 의미하고, 반드시 제3자에 대한 대외관계에서 그 사무에 관한
   대리권이 존재할 것을 요하지 않으며, 업무상 배임죄에 있어서의 업무의 근
   거는 법령, 계약, 관습의 어느 것에 의하건 묻지 않고, 사실상의 것도 포함한
   다."(대법원 2000. 3. 14. 선고 99도457 판결)고 기준을 제시한다.
27) 대법원 2020. 2. 20. 선고 2019도9756 전원합의체 판결.
28) "자신의 이익을 도모하는 성질도 아울러 가진다고 하더라도 타인을 위한 사
   무로서의 성질이 부수적·주변적인 의미를 넘어서 중요한 내용을 이루는 경
   우에는 여기서 말하는 '타인의 사무를 처리하는 자'에 해당한다."(대법원 2012.
   5. 10. 선고 2010도3532 판결).
29) 대법원 2011. 4. 28. 선고 2011도3247 판결.

채권실현에 위험을 초래한 이른바 부동산 이중저당 사건에서도 대법
원은 같은 입장을 보인다. 금전채무를 담보하기 위해 채권자에게 아파
트에 근저당권을 설정해주기로 약정하고는 제3자에게 근저당권을 설
정하여 준 채무자의 이중저당설정행위에 대하여 특정경제범죄법상 배
임죄의 성립이 문제된 사안이다. 대법원은 저당권설정계약에 따라 채
권자에 대해 부담하는 채무자의 저당권 설정 의무는 채권자에 대한
관계에서 '타인'의 사무를 처리하는 자라고 볼 수 없으며, 계약에 따라
부담하여 의무를 이행하여야 할 채무자 '자신'의 사무일 뿐이라고 한
다.30) 채무자가 금전채무에 대한 담보로 부동산에 양도담보설정계약
을 체결하고 채권자에 소유권이전등기를 해 줄 의무를 저버리고 제3
자에 부동산을 처분한 경우에도 마찬가지 법리가 적용된다.

다음으로 타인의 사무를 규정짓는 본질적인 요건으로서 '신임관
계'에 대한 판단을 통해 타인의 사무 여부를 가리는 경우이다. [참고
판례2]의 동산 양도담보 사건은 채무자가 은행에서 대출을 받으면서
골재생산기를 점유개정 방식으로 양도담보로 제공하고는 그 담보물
을 제3자에게 매각한 사안이다. 금전채무를 담보하고자 동산을 채권
자에 양도담보로 제공함으로써 채무자는 채권자인 양도담보권자에
대하여 담보물의 담보가치를 유지·보전할 의무 또는 담보물을 타에
처분하거나 멸실·훼손하는 등으로 담보권 실행에 지장을 초래하는
행위를 하지 않을 의무를 부담한다. 그렇지만 이때 채무자가 부담하
는 의무란 통상 계약에 따른 이익대립관계에 터잡은 것일 뿐, 이를
넘어서 채권자와 신임관계에 기초하여 채권자 사무를 맡아 처리하는
것으로는 볼 수 없다고 한다.31) 이 같은 법리를 채무자가 동산에 양

---

30) 대법원 2020. 6. 18. 선고 2019도14340 전원합의체 판결.
31) 즉 이같은 채무자의 의무는 양도담보설정계약으로 파생되는 채권자-채무자의
　　법률상 권리의무관계로서 이익대립관계에 기반하여 부담하게 되는 의무에 해
　　당하지만, 이로써 당연히 채권자의 사무를 처리하는 지위를 갖는다거나 그
　　전제로서 신임관계가 존재한다고 볼 수는 없다는 것이다. 판례는 "동산을 점
　　유개정 방식으로 양도담보에 제공한 채무자는 양도담보 설정 이후에도 여전
　　히 남아 있는 자신의 권리에 기하여, 그리고 자신의 이익을 위하여 자신의

도담보설정계약 후 제3자에 처분한 경우뿐 아니라, 주식에 양도담보
설정계약을 체결하고 제3자에 처분한 사안에도 적용한다.[32] 이를 일
반화하면, '계약에서 이익대립관계를 넘어서' 배임죄에서 요구되는 신
임관계에 기초한 타인 사무가 있어야 하고, 반대로 그러한 계약 이익
관계를 넘어서지 못한 경우에는 타인 사무처리자 지위를 갖지 못하
여 배임죄가 부인된다.

　그러면서 대법원은 '자기의 사무'를 부정하는 특별한 사정의 존재
에 따라서는 다른 평가의 여지가 있는 것처럼 암시한다. 즉 앞의 사안
들에서 '타인의 사무'에 해당하지 않는다고 보아 채무자나 매도인에
'타인의 사무를 처리하는 자'의 지위를 부정하면서도, '특별한 사정이
없는 한' 그러하다는 전제를 붙인다. 반대 해석하면, 매매와 같이 쌍무
계약에서 쌍방이 계약에 좇은 이행을 해야 할 채무는 배임죄 적용에
서는 특별한 사정이 있어야 비로소 '자기의 사무'가 아닌 '타인의 사
무'가 된다. 이때 '특별한 사정'이란 위임 등과 같이 계약의 전형적·본
질적인 급부의 내용이 상대방의 재산상 사무를 일정한 권한을 가지고
맡아 처리하는 경우에 해당하여야 한다는 말로 환원된다. 앞서 보았듯

비용 부담 하에 담보목적물을 계속하여 점유·사용하는 것이지, 채권자인 양
도담보권자로부터 재산관리에 관한 임무를 부여받았기 때문이 아니다. 따라
서 이러한 측면에서도 채무자가 양도담보권자의 재산을 보호·관리하는 사무
를 위탁받아 처리하는 것이라고 할 수 없다."고 한다. 평석으로 강수진, "동
산양도담보권 설정자의 담보물 관리의무와 배임죄에서의 타인의 사무 -대법
원 2020. 2. 20. 선고 2019도9756 판결에 관한 비판적 검토", 고려법학 제100호,
2021, 225면 이하. 이 판결과 같은 취지로, 대법원 1990. 2. 13. 89도1931 판결.

32) 또한, "채무자가 투자금반환채무의 변제를 위하여 담보로 제공한 임차권 등
의 권리를 그대로 유지할 계약상 의무가 있다고 하더라도, 이는 기본적으로
투자금반환채무의 변제의 방법에 관한 것이고, 그 성실한 이행에 의하여 채
권자가 계약상 권리의 만족이라는 이익을 얻는다고 하여도 이를 가지고 통
상의 계약에서의 이익대립관계를 넘어서 배임죄에서 말하는 신임관계에 기
초하여 채권자의 재산을 보호 또는 관리하여야 하는 '타인의 사무'에 해당한
다고 볼 수 없다."고 한다(대법원 2015. 3. 26. 선고 2015도1301 판결). 안경옥,
"배임죄의 '타인의 사무를 처리하는 자'의 의미: 동산·부동산의 이중매매·이
중양도 등을 중심으로 -대법원 2015. 3. 26. 선고 2015도1301 판결", 법조 제65
권 제9호, 2016, 574면 이하 참고.

이, 계약의 주된 급부, 본질적 내용이 일정 권한을 가지고 계약 상대
방의 재산상 사무를 처리하는 것이 아닌 경우에는 자기 사무에 해당
할 수 있다는 의미이다.

(3) 민사불법의 유형과 타인사무 처리자에 대한 구체화

배임죄가 문제되는 일부 유형은 민사상 불법행위에 대한 판단을
전제로 하여 배임죄 적용을 검토해야 하는 경우가 있다. 민사상 계
약관계와 배임죄에서 신임관계는 원칙적으로 구분된다. 이는 민사불
법과 형사불법이 구별되기에 당연한 일로 여기겠지만, 종래 민사계
약의 불이행이 곧바로 배임으로 이어지는 양 불법구조를 파악하는
예도 없지 않았다. 대상판결을 포함하여 근래 판례에서는 민사상 의
무불이행이 신임관계에 터잡은 배임죄의 타인사무 처리자를 결정하
는 가늠자로 기능하지 않음을 밝히고 있다. 민사상 계약위반이나 채
무불이행과 같은 불법행위가 형사상 배임 등으로 항상 직결되는 것
은 아니라는 점은 형사불법에 관한 학설과 판례에서 거듭 확인되고
있다. 특히 계약목적물에 대한 의무를 불이행하거나 임의처분한 경
우 등의 사안에서 타인사무 처리자를 판단할 때 그러한 경향이 선명
하게 드러난다.

이중매매나 이중양도 사안에서 대법원은 부동산 이중매매와 같은
특정 유형의 경우33)를 제외하고는 횡령이나 배임을 제한적으로 적용
하는 경향을 보인다. 주지하듯 부동산 이중매매 사안에서 계약금 외에
중도금이 지급되는 등 계약 이행을 위한 본격적인 단계에 돌입한 이

---

33) 판례는 부동산 이중매매의 법리를 서면에 의한 부동산 증여계약에도 적용한
다. "서면으로 부동산 증여의 의사를 표시한 증여자는 계약이 취소되거나 해
제되지 않는 한 수증자에게 목적부동산의 소유권을 이전할 의무에서 벗어날
수 없다. 그러한 증여자는 '타인의 사무를 처리하는 자'에 해당하고, 그가 수
증자에게 증여계약에 따라 부동산의 소유권을 이전하지 않고 부동산을 제3자
에게 처분하여 등기를 하는 행위는 수증자와의 신임관계를 저버리는 행위로
서 배임죄가 성립한다."(대법원 2018. 12. 13. 선고 2016도19308 판결). 조지은,
"증여 목적물에 대한 근저당권설정 행위와 배임죄 -대법원 2018. 12. 13. 선고
2016도19308 판결", 법조 제69권 제2호, 2020, 598면 이하 참조.

후에 이뤄지는 매도인의 임의처분행위는 배임죄가 부정되지 않는다.[34] 그 근거의 하나로 사무의 타인성도 긍정된다. 즉, "중도금이 지급되는 등 계약이 본격적으로 이행되는 단계에 이른 때에는 계약이 취소되거나 해제되지 않는 한 매도인은 매수인에게 부동산의 소유권을 이전해 줄 의무에서 벗어날 수 없다. 따라서 이러한 단계에 이른 때에 매도인은 매수인에 대하여 매수인의 재산보전에 협력하여 재산적 이익을 보호·관리할 신임관계에 있게 된다." 매수인의 재산보전을 위한 사무로서 매도인의 등기협력의무를 통해 신임관계를 인정하고 매도인을 타인의 사무를 처리하는 자로 판단하는 것이다. 중도금 지급 이후에는 매도인이 매수인의 재산보전에 협력하는 신임관계가 당사자 관계의 전형적·본질적 내용이 된다고 파악한다. 그렇기 때문에 매도인이 고의로 제3자에게 목적부동산을 처분하는 행위는 매매계약상 혹은 신의칙상 당연히 하지 않아야 할 행위로서 임무위배행위로 평가하게 된다. 다수의견은 여기에 덧붙여 '부동산 매매거래 현실'을 고려하여 배임죄의 신임관계를 긍정하고 있다. 이는 가상화폐에 대한 법령 규제 및 시장의 인식 수준을 고려하여 결과적으로 신임관계를 부정한 대상판결의 입장과 그 접근 경로면에서는 일맥상통한다고 할 수 있다.

그러나 이같은 유형의 사안에서 판례가 보호하는 민사상 불법행위는 제한적이다. 앞의 판례에서 본 대로, 부동산이더라도 이중저당의 경우에는 채무자는 타인의 사무처리자가 아니며 배임죄 책임을 부담하지 않는다.[35] 또 채권 담보 목적으로 부동산에 대물변제예약을 체결한 채무자가 부담하는 의무는 약정에 좇은 '자기의 사무'에 해당하여

---

34) 대법원 2018. 5. 17. 선고 2017도4027 전원합의체 판결. 김혜정, "부동산 이중매매에서 배임죄의 성립여부에 대한 판단 -대법원 2018. 5. 17. 선고 2017도4027 전원합의체 판결", 법조 제67권 제6호, 2018, 809면 이하; 윤태석, "배임죄가 성립하는 부동산이중매매에 있어서 이익과 손해에 관한 검토 -대법원 2018. 5. 17. 선고 2017도4027 전원합의체 판결에 대한 비판적 견해", 법조 제69권 제3호, 2020, 331면 이하. 이 판결과 같은 취지로, 대법원 2008. 7. 10. 선고 2008도3766 판결.

35) 대법원 2020. 6. 18. 선고 2019도14340 전원합의체 판결.

'타인의 사무를 처리하는 자'의 지위에 있지 않으므로 그 부동산을 제 3자에 임의처분하더라도 배임죄는 성립 않는다.36) 그리고 동산의 경우 에는, 심지어 거래에 등기나 등록이 필요한 동산이더라도 이중양도한 채무자에 '타인의 사무를 처리하는 자'의 지위는 인정되지 않는다. 그 에 따라 금전채무를 담보하기 위하여 채무자 소유의 자동차와 같은 동산에 대하여 채권자에게 저당권을 설정하거나 약정하고 제3자에 임 의로 처분한 경우에 대법원은 배임죄를 인정하지 않는다.37) 같은 취지 에서 채무자가 금전채무를 담보하고자 동산담보를 제공한 경우38)에 채무자의 의무는 물론, 매도인이 매수인으로부터 중도금을 수령한 이 후에 매매목적물인 동산을 제3자에게 양도한 이중양도의 경우39)에 매 도인이 부담하는 계약이행 채무는 '자기의 사무'로서 타인의 사무를 전제로 한 배임죄를 구성하지 않는다. 이처럼 동산 이중처분의 경우에 는 인도와 같은 매도인이 부담하는 자기사무 외에는 매수인의 재산보 전이나 관리를 위한 별도의 행위에 협력할 의무가 없다는 점에 착안 한 것으로 보인다.40)

---

36) 대법원 2014. 8. 21. 선고 2014도3363 전원합의체 판결. 평석은 강수진, "부동산 대물변제예약의 채무자와 배임죄에서의 타인의 사무처리자 -대법원 2014. 8. 21. 선고 2014도3363 판결", 고려법학 제76호, 2015, 227면 이하 참조.
37) 대법원 2020. 10. 22. 선고 2020도6258 전원합의체 판결; 대법원 2008. 8. 21. 선 고 2008도3651판결.
38) 대법원 2020. 8. 27. 선고 2019도14770 전원합의체 판결.
39) 대법원 2020. 1. 20. 선고 2008도10479 전원합의체 판결.
40) [참고판례2]의 동산 양도담보설정 계약에서 채무자와 같이, 채무자가 금전채 무를 담보하기 위하여 그 소유의 동산을 채권자에게 양도하기로 약정하거나 양도담보로 제공한 경우에도 마찬가지이다. 양도담보설정계약으로 발생하는 채무자의 각종 의무 등은 모두 양도담보설정계약에 따라 부담하게 된 채무 자 자신의 급부의무가 된다. 양도담보설정계약에 따라 채무자가 부담하는 의 무는 담보목적의 달성, 즉 채무불이행 시 담보권 실행을 통한 채권의 실현을 위한 것이므로 담보설정계약의 체결이나 담보권 설정 전후를 불문하고 당사 자 관계의 전형적·본질적 내용은 여전히 금전채권의 실현 내지 피담보채무 의 변제에 있다는 것이다.

2. 신임관계에 대한 판단

(1) 신임관계의 양면성으로서 신뢰와 배신

배임죄의 본질에 관한 배신설[41]을 강조하지 않더라도, 배임죄는 횡령죄와 마찬가지로 타인의 신임관계에 위배한다는 배신성을 본질로 한다. 타인의 사무를 처리하는 근거는 법령, 계약뿐 아니라 관습, 사무관리에 기인하더라도 신의칙에 따른 신임관계로 인정될 수 있다.[42] 배임행위는 처리하는 사무의 내용, 성질 등 구체적 상황에 비추어 법률의 규정, 계약의 내용 혹은 신의칙상 당연히 할 것으로 기대되는 행위를 하지 않거나 당연히 하지 않을 것으로 기대하는 행위를 함으로써 본인과 사이의 신임관계를 저버리는 일체의 행위를 말한다.[43] 여기에는 대리권이나 위임받은 권한을 남용한 경우, 법률상 의무위반, 사실상 신임관계에 의한 임무위반 등의 경우를 모두 포함하며, 법률행위의 유무효를 불문한다.[44] 다만 단순 채무불이행은 배임행위에 해당하지 않는다.[45] 이처럼 타인과 그 재산상 이익을 보호·관리하여야 할 신임관계에 있는 사람이 신뢰를 저버리는 행위를 한다는 점이 배임죄에서 문제된다.[46] 사실상의 신임관계로도 인정되는 신임관계는 '타인의 사무를 처리하는 자'라고 하는 배임죄 주체성을 근거지우는 주요한 요건으로 기능한다.

---

41) 이재상·장영민·강동범, 『형법각론』(제12판), 2021, 424면 참조. 대법원 1976. 5. 11. 선고 75도2245 판결; 대법원 1995. 12. 22. 선고 95도3013 판결; 대법원 2007. 6. 1. 선고 2006도1813 판결; 대법원 2018. 5. 17. 선고 2017도4027 전원합의체 판결 등.
42) 김일수·서보학, 『형법각론』(제9판), 2018, 387면.
43) 대법원 1987. 4. 28. 선고 83도1568 판결; 대법원 2002. 7. 22. 선고 2002도1696 판결 등.
44) 다만, 법질서가 인정하는 범위 내에 있어야 한다. 신동운, 『형법각론』(제2판), 2018, 1243면. 내연관계 유지하는 대가로 부동산 증여 약정한 경우 신임관계 부정한 사례로, 대법원 1986. 9. 9. 선고 86도1382 판결. 사실상 신임관계와 임무위배에 대한 해석으로 장성원, "차입매수(LBO)에서 배임죄 객관적 구성요건의 적용", 한양법학 제22권 제2집, 2011, 349면 이하 참조.
45) 이용식, 『형법각론』, 2019, 61면.
46) 대법원 2018. 5. 17. 선고 2017도4027 전원합의체 판결 참조.

　　신임관계를 인정하는 기준과 한계에 관하여 대법원은 규범적 판단의 필요성을 피력한다. 즉 "계약관계에 있는 당사자 사이에 어느 정도의 신뢰가 형성되었을 때 형사법에 의해 보호받는 신임관계가 발생한다고 볼 것인지, 어떠한 형태의 신뢰위반 행위를 가벌적인 임무위배 행위로 인정할 것인지는 계약의 내용과 이행의 정도, 그에 따른 계약의 구속력 정도, 거래 관행, 신임관계의 유형과 내용, 신뢰위반의 정도 등을 종합적으로 고려하여 타인의 재산상 이익 보호가 신임관계의 전형적·본질적 내용이 되었는지, 해당 행위가 형사법의 개입이 정당화될 정도의 배신적인 행위인지 등에 따라 규범적으로 판단해야 한다." 고 본다.47) 배임행위가 어떤 경우에 형법상 처벌되는 범죄로서 신뢰위반이 되는가는 배신 자체로부터 도출되지 않고 구체적으로 또 규범적으로 판단해야 한다는 뜻이다. 여기서 규범적 판단이란 곧 계약관계와 같은 배임의 문제를 발생시킨 원인행위로서 민사적 법률행위에 대한 판단과 준별되는 형사불법의 독자적 고유성을 나타낸다. '형사법적 개입의 정당화'라는 표현이 민사법적 판단에 종속되지 않는 형사불법의 독자성을 추구해야 함을 표징한다.

　　이렇게 볼 때 결국 신뢰라는 것은 배임죄가 보호하려는 대상이면서 동시에 배임죄를 제한하는 한계로서 양면적인 기능을 담당한다.48) 대상판결에서는 원인불명으로 재산상 이익인 가상자산을 이체 받은 자가 가상자산을 임의로 사용·처분한 경우 피해자와의 사이에 신임관계를 인정하기 어렵다고 전제하면서 타인사무 처리자의 지위를 부정한다.

(2) 민사불법으로서 부당이득반환의무와 신임관계

　　대상판결은 부당이득반환청권에 결부하여 타인사무 처리자 또는

---

47) 대법원 2018. 5. 17. 선고 2017도4027 전원합의체 판결.
48) 이용식, "대물변제예약 부동산의 이중매매와 배임죄의 형사불법적 구조 -배임죄 해석의 나아갈 방향에 대한 논란 -배임죄에 대한 과도한 제한해석의 우려 -배임죄의 핵심 코어에 관하여", 형사판례연구 [23], 2015, 233면.

신임관계에 대한 판단을 내리고 있다. 부당이득반환의무와 신임관계의 견련성 문제를 따져보기 전에, 부당의득반환청구의 주체와 타인사무 처리자의 관계에서 짚고 갈 부분이 있다. 대법원은 "피고인이 어떠한 경위로 이 사건 비트코인을 이체 받은 것인지 불분명하여 부당이득반환청구의 주체가 피해자인지 거래소인지 불분명하다."고 판시한다. 이 사건 비트코인이 피고인의 계정에 이체된 원인이 피해자의 착오에 기인한 것인지, 거래소의 시스템 오류 등에 기한 것인지 확인되지 않은 상황이다. 그래서 부당이득반환청구의 주체가 불확실하다는 점을 지적한 것이다. 부당이득반환의무 존재방식이 불분명하다는 점에서 만약 부당이득반환청구의 주체가 확정되는 것과 같은 변화가 있다면 다른 취급이 가능할지가 문제된다.

피해자가 착오 이체한 경우와 거래소의 오류나 직원의 실수로 이체된 경우를 나눠본다면, 그에 따라 부당이득반환청구의 양상이 달라질 수 있겠다. 그런데 부당이득청구권의 주체가 특정된다고 하면, 마치 착오송금 사안에서 횡령죄를 인정한 [참고판례1]과 같이 배임죄를 인정할 수 있을까? 판례 취지에 따르면, 이 역시 어려울 것으로 판단된다. 대법원은 피고인이 피해자에게 직접 부당이득반환의무를 지더라도 이로써 바로 가상자산을 이체 받은 사람을 피해자에 대한 관계에서 '타인의 사무를 처리하는 자'로 단정할 수 없다고 하기 때문이다.

한편, 대상사안은 피고인과 피해자 사이에는 아무런 계약관계가 없다는 점에서 신임관계를 계약 외에서 찾아야 하는 경우이다. 부당이득반환청구권의 관점에서는 부당이득을 얻은 쪽이 부당이득을 반환할 의무를 진다는 점에서 당사자간 신임관계를 추론할 수 있을지 문제된다. 대상판결은 부당이득반환의무가 있더라도 민사상 채무에 불과하므로 신임관계에 기초한 가상자산의 보존·관리 지위를 인정할 수 없다고 한다. 부당이득반환의무를 부담하더라도 신임관계는 인정할 수 없어 타인의 사무를 처리하는 자의 지위가 부정된다는 것이다. 다만 민사상 부당이득반환의무를 부담하는지 여부는 별론으로 하고 있다.

이는 앞서 살펴본 대로 계약상 이익대립관계와 배임죄에서 신임관계
를 구분하는 입장이라고 볼 수 있다. 민사 계약상 의무불이행이 곧바
로 배임으로 이어지지 않음을 확인하면서 민사불법과 형사불법을 어
떤 의미에서는 분리하는 것이다.

범죄 성립 여부를 판단함에 있어 형법의 해석에서는, 민사법에서
채무불이행이나 계약위반과 같은 위법한 사실이 인정되더라도 이를
들어 곧바로 형사상 불법으로 인정하는 도식구조는 취하지 않는다. 개
별 구성요건에서 예정하고 있는 표지에 따라 그 해석을 통해 범죄 성
립범위를 획정하되 이는 형사불법이라는 독자적 판단구조 속에서 이
뤄지게 된다. 물론 그 판단과정에 민사상 용어정의나 개념범주와 함께
민사상 불법요건과 효과를 고려하지만, 이는 어디까지나 불법 판단을
위한 중요한 준거로 원용될 뿐이지 그 자체가 형사불법의 판단기준으
로 대치되는 것은 아니다. 즉 개별 표지에서부터 구성요건 전체의 판
단에 민사상 불법판단 기준이 중요한 영향을 미치고 때로는 이것이
거의 전적으로 형사불법의 판단방향을 좌우할 경우도 있지만, 그렇다
고 하여 민사불법에 관한 판단이 들어가는 사안에서 민사불법의 기준
이 형사불법 기준을 갈음하는 것은 아니다. 대상판결은 부당이득반환
의무에 따른 신임관계의 판단에 관하여 이 점을 다시 확인하고 있다.

(3) 형사불법으로서 신의칙에 의한 신임관계

착오송금한 금원을 임의처분하여 횡령죄가 문제된 [참고판례1][49)]
은 그 대상이 재물인가 재산상 이익인가에서 대상판결과는 적용법조
부터 갈렸지만, 한편으로 신임관계 인정에 거래관계가 필요한지 여부,
그리고 신의칙에 의한 신임관계를 인정할 수 있는지 여부에도 온도차

---

49) 송진경, "착오로 송금된 금전을 임의로 소비한 경우와 재산범죄", 형사법연구
제23권 제1호, 2011, 385면 이하; 이근우, "착오송금 받은 돈의 임의소비와 횡
령죄 -대법원 2010. 12. 9. 선고 2010도891 판결", 형사법연구 제26권 제1호,
2014, 265면 이하; 이승준, "원인관계 없이 착오로 송금된 금전의 임의인출과
횡령죄의 성부", (경북대) 법학논고 제53호, 2016, 133면 이하 참조.

를 보인다. [참고판례1]에서는 예금계좌에 착오로 돈이 잘못 송금되어 입금된 사안에서 그 예금주와 송금인 사이에 신의칙상 보관관계가 성립한다고 본다. 그에 따라 피고인이 송금 절차의 착오로 피고인 명의의 은행 계좌에 잘못 입금된 돈을 임의로 인출하여 소비한 행위는 횡령죄가 된다.50) 이는 송금인과 피고인 사이에 별다른 거래관계가 없더라도 마찬가지라고 한다. 이에 대하여 대상판결은 이같은 법리를 이 사건 배임죄에 적용하는 것은 금지되는 유추라고 하여 신의칙 적용을 제한한다. 즉 신의칙에 근거하여 이 사건 배임죄를 인정하는 것은 죄형법정주의에 위배된다고 한다. 횡령죄 사안에서와 같은 임무위배 근거로서 신의칙을 부정하며, 착오송금에 대한 횡령죄 적용사안을 유추하는 것은 금지한다.

그렇다면 배임에서 신의칙에 의한 신임관계가 이 사안에서 특별히 인정되지 못하는 이유는 무엇인지 따져볼 필요가 있다. 이에는 신의칙에 의한 신임관계는 어떤 관계에서 무엇을 전제로 성립하는지에 대한 고민이 병행되어야 한다. 대법원이 착오송금 사안에서 신의칙에 의한 신임관계를 인정한 횡령죄 사안을 적용하지 않겠다고 판단한 것에는, 이 사안에서 문제된 가상자산에 대한 신뢰의 문제, 시스템 안정성의 수준에 대한 평가가 일정 부분 영향을 미쳤다. 앞서 보았듯이51) 비트코인이라고 하는 가상자산을 두고는 형법적 보호의 전제로서 해당 거래에 대한 신뢰의 문제를 부정적으로 되묻고 있다. 대법원은 가상자산 자체나 그 거래시스템이 아직 불확실하고 불안정하다는 전제에서 법정통화와는 구분되며 이와 동등하게 취급하기에는 시기상조라는 입장을 보였다.

그런데, 가상자산 거래와 같이 법·제도적 시스템을 이용하는 거래는 외견상 개인간의 재산거래의 형태를 띠지만, 단순히 개인간 거래

---

50) 대법원 1968. 7. 24. 선고 1966도1705 판결; 대법원 2005. 10. 28. 선고 2005도5975 판결; 대법원 2006. 10. 12. 선고 2006도3929 판결 등.

51) 전술 II. 2. (1), (3) 참조.

에 대한 신뢰에 그치지 않고 거래 참가자들의 사회적 거래시스템에 대한 신뢰를 기반으로 이뤄진다.52) 이는 사인간 신뢰에 더해 참가자들 간 상호 신뢰를 요구한다. 개인 사이에 직접 통용되던 재산거래는 거래시스템을 통해 간접적인 방식으로 집단화되고 사회 시스템화된다. 거래가 시스템화된 사회에서 신임관계는 개인간에 직접 사무처리를 주고받는 위탁관계 형태로서의 의미가 아니라, 거래 참가자들 사이에 시스템에 대한 신뢰를 기초로 형성되는 신의칙에 기한 관계라고 볼 수 있다.53) 과실범에서 신뢰의 원칙이 적용되는 영역, 즉 도로교통이나 치료행위 참가자들이 갖는 신뢰라는 것도 이와 유사한 측면이 있다. 특히 도로교통에서 상정되는 신뢰를 들여다보면, 상대 운전자에 대한 신뢰도 있지만 교통규칙이나 신호체계와 같은 도로교통 시스템에 대한 신뢰에 상당 부분 의탁한다. 물론 과실범에서 신뢰의 원칙도 어느 영역에는 적용되거나 확장되고 또 어느 분야는 적용할 수 없다고 보는 것과 같이 한계는 존재한다.

판례가 이중매매에서 부동산과 동산을 달리 취급하고 있는 데에는 이같은 시스템에 대한 거래 참가자들의 신뢰가 존재하는가, 이를 통하여 타인의 사무를 처리하는 관계가 성립되는가를 일부분 염두에 두고 판단한 것으로 볼 수 있다. 부동산매매는 부동산등기라는 제도를 기반으로 실행되며, 등기는 개별 사안에서 매도인-매수인 관계에 그치지 않고 사회 전반에 하나의 공신력 있는 제도로 자리하고 있다. 엄밀하게 말하면 등기 자체는 자기 사무도 타인 사무도 아닌 제도적 사무라고 할 수 있다. 사회가 원활하게 운영되도록 하기 위한 약속 위에 성립된 사회적 제도라는 점에서 이에 관한 사무는 자기 사무로서 성

---

52) 배임죄의 신뢰를 '개인적인' 신뢰관계라기보다 (그와 동시에 혹은 그 보다 더) '사회적 관계에 있어서의 신뢰'라고 보아 후자에 방점을 두는 견해로 이용식, 앞의 논문(주47), 232면.

53) 배임죄의 재산보호는 단순히 개별적으로 독립하여 존재하는 사적 자치가 아니라 '경제적인 행동논리와 규칙을 준수하고 신뢰하는' 경제체계 내에서의 사적 자치라는 지적은 Alexander Bräunig, *Untreue in der Wirtschaft: Eine funktionale Interpretation des Untreuestrafrechts*, S. 44 f., 51 ff.

격보다는 타인 사무의 성격을 강하게 지닌다. 이처럼 일정한 유형은 거래시스템이나 사회적 제도를 통해 거래가 이뤄지고 그 과정에 거래 당사자와 같은 참여자들이 그 제도나 시스템 기반 위에 신뢰를 주고 받는 구조를 보인다.

  앞서 보았듯이, 착오이체된 가상자산을 유용한 경우에 법정화폐와 동등한 형법적 보호를 할 필요가 없다는 판례를, 가상자산 거래로 피해를 입은 사람을 보호할 필요가 없다거나 가상자산 자체에 대한 보호 필요성이 없다는 것으로 해석해서는 안 된다. 중점은 배임죄에서 타인의 사무를 처리하는 자로 인정되려면 신임관계를 전제로 타인의 사무를 처리해야 한다는 맥락이 필요한데, 가상자산을 둘러싼 시장의 인식과 거래시스템의 안정성 면에서 이같은 신뢰를 주기에는 법정화폐에 비하여 아직 충분하지 못하다는 취지로 볼 수 있다. 이는 가상자산을 착오이체 받은 사람과 그 원 소유자 사이 양자간에 형성된 신뢰관계나 신임관계를 따지는 것이 아니다. 가상자산이 착오이체된 그 시스템, 가상자산과 그 거래를 이루는 법제도를 포함한 제반 환경에 대한 사회 일반의 인식과 시스템적 평가에 근거하는 것이다. 다만, 배임죄는 이같은 사회적 거래시스템이나 그에 관한 일반인의 인식 자체를 보호한다는 취지라기보다, 거래시스템에 근거하여 형성된 당해 거래 당사자, 즉 피해자의 신뢰를 보호하는 것이 된다. 이런 점에서 판례는 부당이득반환청구권이 있더라도 신임관계에 기한 타인사무 처리자 지위는 인정되지 않는다고 하고, 이어서 가상자산 거래에 대한 불확정성과 불안정성에 근거해 신의칙에 의한 신임관계도 인정할 수 없다고 본 것으로 이해할 수 있다.

  그렇게 보면, 가상자산 거래를 둘러싼 거래시스템에 대한 변화, 즉 가상자산의 진정성에 대한 판단체계가 정교해지고 가상자산 거래소와 같은 거래시스템에 대한 법적 규율이 강화된 다음에는 그 시스템에 기초한 당사자의 신뢰에 대한 판단은 달라질 여지가 없지 않다. 이처럼 민사상 계약이나 기타 원인에 의해 매도의무, 양도의무, 담보의무, 부당이득반환의무 등을 동일하게 부담하더라도, 그래서 채권자-

채무자 또는 매도인-매수인 등의 개인간 권리의무관계는 흡사하더라
도, 이것이 사회적 제도로서 참여인들의 신뢰를 보호할 필요성이 있는
가 하는 점에서는 차이를 보일 수 있다. 이점이 사법인 민사적 불법면
에서 그 구조적 양상에 차이가 없더라도 공법으로서 형사적 불법에
대한 인정은 달라질 수 있는 계기로 작동한다.

Ⅳ. 나가며

죄형법정주의와 보충성 원칙에 따라 형법의 남용은 억제되어야
하고 형법 해석은 엄격하게 제한해야 한다. 대상판결은 민사불법과 형
사구별을 준별하는 전제에서 민사상 채무관계에 형법 개입을 자제한
사안이라 볼 수 있다. 착오송금한 경우에 신의칙에 기해 횡령죄를 인
정한 것을 원용하여 이 사안에서 배임죄의 '타인사무 처리자' 지위를
인정하는 것은 금지된 유추해석으로서 배척한다. 배임죄 성립의 요건
으로서 '타인의 사무를 처리하는 자'라고 하려면 신임관계에 기초해
타인의 재산을 보호하거나 관리하는 관계에 있어야 한다는 종전 판례
의 입장을 유지하면서, 가상자산과 그 거래에 대한 형법적 보호의 기
준과 한계를 검토하고 있다.

[참고판례1]의 금전의 착오송금 사안에서는 그 송금된 돈을 둘러싼
사회적 제도, 즉 법정화폐라는 대상과 송금된 매개로서 은행이라는 시
스템에 대한 사회 공중의 인식과 법적 규율에 기반하여 이에 투영된
참여자의 신뢰관계를 보호하겠다는 입장에 서있다고 할 수 있다. 판례
가 별도의 거래관계가 없더라도 신의칙에 의해 신임관계(보관관계)가 성
립한다고 한 점은 이를 나타낸 말이다. 이에 대하여 가상자산의 착오이
체에 관한 대상판결은 그와 같은 시스템이나 제도에 대한 신뢰관계를,
민사법 영역에서와 별개로 형법이 보호할 만큼의 수준으로는 인정할
수 없다는 표명으로 읽을 수 있다. 따라서 민사적으로는 사실상 반환청
구권을 가진다는 점에서 참고판례와 동등한 구조라고 하더라도, 형사적

으로 달리 볼 수 있다는 것이며, 그 분기지점에 거래시스템과 화폐제도에 기반한 거래 참가자의 신뢰 보호라고 하는 고유한 형사불법이 자리하고 있다고 볼 수 있다. 민사불법과 다른 측면에서 공적인 관점, 사회제도적 관점이 신의칙에 의한 신임관계를 추동할 수 있으며, 부동산 이중매매 사안에서 배임죄와 착오송금 사안에서 횡령죄가 인정된 것도 이와 같은 관점에서 이해해볼 수 있겠다. 이런 점에서 대상판결은 형사불법 측면에서 배임죄 구조상 신의칙에 기한 신임관계를 판단하는 독자적인 요건을 추가로 충전하고 있다고 평가할 수 있다.

　가상화폐 시장은 점점 확대되며 투자처로뿐만 아니라 일상생활에 변화를 가져오고 있다. 메타버스(Meta+Universe)를 테마로 한 알트코인에도 관심이 더해지고, 대체불가토큰(NFT) 시장도 급부상하고 있다.[54] 다음 버전의 인터넷이라는 웹3.0 시대에서는 정보의 질이 중요해지면서, 가상화폐와 연계한 디지털 콘텐츠에 대한 소유권도 같이 주목된다. 많은 사람들이 비트코인을 포함한 가상화폐, 가상자산의 생활세계로의 침투는 점점 가속화될 것으로 예상한다. 가상화폐와 그 거래를 둘러싼 환경도 변화하며, 그 방향은 신뢰도와 안정성을 확보하는 쪽으로도 뻗어있다. 그에 따라 이번 판결과 같이 법정통화에 대비한 신뢰성에 의문을 표하고 형법적 보호의 대상으로 둘지를 고민하는 입장에 변화가 있을지 지켜볼 필요가 있다.

[주 제 어]

가상자산, 착오이체, 배임죄, 신임관계, 타인의 사무를 처리하는 자

---

54) NFT는 고가 미술품과 게임아이템, 명품 인증서 등 확장될 것으로 예측되고 있다. 업비트에서 이뤄진 첫 NFT경매에서 실물 작품들이 3~4백만원인 작가 장콸의 'Mirage cat3'이 3.5비트코인(약 2억4000만원)에 낙찰됐다고 한다. 앞의 이코노미스트 기사(주8) 참고.

[Key Words]

virtual assets, mistransfer, breach of trust, trust relationship, A person who handles the affairs of others

접수일자: 2022. 5. 05. 심사일자: 2022. 7. 24. 게재확정일자: 2022. 7. 25.

[참고문헌]

김일수·서보학, 『형법각론』(제9판), 2018.

신동운, 『형법각론』(제2판), 2018.

이용식, 『형법각론』, 2019.

이재상·장영민·강동범, 『형법각론』(제12판), 2021.

연성진 외, 「가상화폐 관련 범죄 및 형사정책연구」, KIC 2017.10.

황원경·김진성·손광표, 「2021 한국 부자 보고서」, KB금융지주 경영연구소 2021.11.

Alexander Bräunig, *Untreue in der Wirtschaft: Eine funktionale Interpretation des Untreuestrafrechts*, Duncker & Humblot 2011.

BaFin, Virtuelle Währungen/Virtual Currency (VC), 2020. 9. 18., <https://www.bafin.de/DE/Aufsicht/FinTech/VirtualCurrency/virtual_currency_artikel.html>

International Telecommunication Union (ITU) and Stanford University, *Digital Currency Global Initiative*, 2021, <www.itu.int/en/ITU-T/extcoop/dcgi/Documents/Digital Currency Global Initiative-ConceptNote-V4.pdf>

OECD, *Initial Coin Offerings (ICOs) for SME Financing*, 2019, <https://www.oecd.org/finance/ICOs-for-SME-Financing.pdf>

강수진, "동산양도담보권 설정자의 담보물 관리의무와 배임죄에서의 타인의 사무 -대법원 2020. 2. 20. 선고 2019도9756 판결에 관한 비판적 검토", 고려법학 제100호, 2021, 225-266면.

강수진, "배임죄의 '타인의 사무를 처리하는 자'에 관한 최근 대법원 해석론에 대한 비판적 검토", 형사법의 신동향 제56호, 2017, 134-172면.

강수진, "부동산 대물변제예약의 채무자와 배임죄에서의 타인의 사무처리자 -대법원 2014. 8. 21. 선고 2014도3363 판결", 고려법학 제76호, 2015, 227-271면.

강수진, "부동산 이중매매를 배임죄로 처벌하는 것은 타당한가? -배임죄 불성립론에 대한 검토를 중심으로", 형사법의 신동향 제49호, 2015, 343-378면.

김종구, "부동산이중매매의 형사책임에 관한 최근 대법원 판례의 고찰", 일 감부동산법학 제18호, 2019, 67-104면.

김태명, "재물 및 재산상 이익의 개념과 횡령죄와 배임죄의 관계", 형사법연 구 제31권 제4호, 2019, 295-326면.

김혜정, "4차 산업혁명시대에 블록체인기술에 기반을 둔 암호화폐의 형사정 책적 함의에 대한 연구 -암호화폐 관련범죄에 대한 규제방안을 중심으 로", 형사정책 제31권 제4호, 2020, 183-209면.

김혜정, "부동산 이중매매에서 배임죄의 성립여부에 대한 판단 -대법원 2018. 5. 17. 선고 2017도4027 전원합의체 판결", 법조 제67권 제6호, 2018, 809-850면.

나황영·김현철, "가상화폐의 진정성 확인 방법", 법과학의 신동향 제4호, 2021, 34-81면.

류부곤, "횡령죄와 배임죄에 대한 최근 대법원 판결의 검토 -민사상 계약관 계에 위배되는 처분행위를 중심으로", 형사법연구 제34권 제1호, 2022, 29-61면.

류전철, "배임죄에서 '타인의 사무'의 해석과 민사법리의 관계", 형사판례연 구 제24권, 2016, 431-456면.

문채규, "배임죄의 주체에 관한 판례이론의 분석과 검토", (부산대) 법학연 구 제57권 제4호, 2016, 107-140면.

박찬걸, "부동산 이중매매가 과연 형사처벌의 대상인가?", 형사정책 제30권 제1호, 2018, 7-40면.

선종수, "가상화폐의 몰수·추징에 관한 형사법적 검토 -대법원 2018.5.30. 선 고 2018도3619 판결", (경북대) IT와 법 연구 제18집, 2019, 225-251면.

손동권, "배임죄 성립에 있어 동산과 부동산 사이의 차이문제", 형사법연구 제25권 제4호, 2013, 303-324면.

송진경, "착오로 송금된 금전을 임의로 소비한 경우와 재산범죄", 형사법연 구 제23권 제1호, 2011, 385-406면.

안경옥, "배임죄의 '타인의 사무를 처리하는 자'의 의미: 동산·부동산의 이 중매매·이중양도 등을 중심으로 -대법원 2015. 3. 26. 선고 2015도1301

판결", 법조 제65권 제9호, 2016, 574-607면.

안경옥, "사실상의 신임관계에 기초한 배임죄 처벌의 한계", 형사판례연구 제9권, 2001, 279-298면.

윤광균, "지급결제시스템과 착오·사기이체 자금의 귀속", 법조 제68권 제2호, 2019, 90면-117면.

윤동호, "담보물유지의무와 배임죄", 형사법연구 제31권 제3호, 2019, 153-171면.

윤태석, "배임죄가 성립하는 부동산이중매매에 있어서 이익과 손해에 관한 검토 -대법원 2018. 5. 17. 선고 2017도4027 전원합의체 판결에 대한 비판적 견해", 법조 제69권 제3호, 2020, 331-349면.

이근우, "착오송금 받은 돈의 임의소비와 횡령죄 -대법원 2010. 12. 9. 선고 2010도891 판결", 형사법연구 제26권 제1호, 2014, 265-290면.

이승준, "원인관계 없이 착오로 송금된 금전의 임의인출과 횡령죄의 성부", (경북대) 법학논고 제53호, 2016, 133-153면.

이용식, "대물변제예약 부동산의 이중매매와 배임죄의 형사불법적 구조 -배임죄 해석의 나아갈 방향에 대한 논란 -배임죄에 대한 과도한 제한해석의 우려 -배임죄의 핵심 코어에 관하여", 형사판례연구 제23권, 2015, 223-259면.

이정훈, "블록체인과 가상화폐의 형사법적 문제와 전망 -대법원 2018. 5. 30. 선고 2018도3619 판결을 중심으로", 홍익법학 제20권 제1호, 2019, 57-88면.

장성원, "경영판단행위에 대한 배임죄의 적용 — 중소기업사례를 중심으로", 법과정책연구 제13집 제3호, 2013, 871-905면.

장성원, "차입매수(LBO)에서 배임죄 객관적 구성요건의 적용 — 이른바 신한사건과 한일합섬사건에서의 대법원 판단을 중심으로", 한양법학 제22권 제2집, 2011, 341-371면.

정다희, "부동산의 이중매매에 관한 형사책임", 성균관법학 제29권 제4호, 2017, 463-484면.

정다희, "부동산의 임의처분과 형사처분에 관한 연구", 성균관법학 제29권 제1호, 2017, 453-475면.

조기영, "재산범죄와 '보호할 가치 있는 신뢰관계'", 형사법연구 제26권 제1
호, 2014, 91-123면.

조지은, "증여 목적물에 대한 근저당권설정 행위와 배임죄 -대법원 2018. 12.
13. 선고 2016도19308 판결", 법조 제69권 제2호, 2020, 598-626면.

최호진, "비트코인에 대한 몰수 가능성 -대상판결: 대법원 2018.5.30. 선고
2018도3619 판결", 비교형사법연구 제20권 제3호, 2018, 57-81면.

하태인, "배임죄의 본질과 타인의 사무 -대법원 2017. 2. 3. 선고 2016도3674
판결", 법조 제67권 제1호, 2018, 765-801면.

하태인, "형법에서 동산양도담보의 법리", 비교형사법연구 제19권 제1호,
2017, 139-168면.

한성훈, "가상화폐 관련 형사법적 문제에 관한 소고", (경상대) 법학연구 제
27권 제2호, 2019, 125-147면.

연합뉴스(2022.5.19.), "국내 가상자산 실태는 … '1억원 이상' 보유 10만명 육
박", <https://www.yna.co.kr/view/AKR20220518143400002?input=1195m>

이코노미스트(2022.1.9.자), "몸값 커진 가상자산 시대...비트코인 '투기'→'투
자'로 진화 중", <https://economist.co.kr/2022/01/09/stock/virtualCurrency/
20220109080014124.html>

[Abstract]

Mistransfer of virtual assets
and the crime of breach of trust

JANG, Seong Won*

The Supreme Court is dealing with the guilt of the accused who misappropriated bitcoins. This includes the legal evaluation of the virtual asset called Bitcoin, the difference between the crime of embezzlement and the crime of breach of trust, the specific content of the requirement of a 'manager of other people's affairs' as the subject of breach of trust, and the practical meaning of the trust relationship as a criterion for judging betrayal. The Supreme Court holds that even if the accused arbitrarily uses or disposes of the bitcoin transferred to the defendant's electronic wallet, regardless of the legal cause, unlike the case of embezzlement in the case of error remittance, it cannot be punished for breach of trust based on the principle of good faith. The Supreme Court is of the view that virtual assets or their trading systems should be viewed differently from legal tender on the premise that they are still uncertain and unstable.

Transactions using legal and institutional systems, such as virtual asset transactions, seem to take the form of personal property transactions, but they are not simply about trust between individuals, but are based on trust in the social transaction system of transaction participants. In a society where transactions are systematic, the trust relationship is not a form of consignment relationship in which business transactions are exchanged directly between individuals, but rather a relationship based on the principle of trust between transaction participants based on trust in the system. The crime of breach of trust is not intended to protect the

* Prof. Dr. Semyung University Dept. of Law

social transaction system or the public's awareness of it, but rather to protect the trust of the parties to the transaction, that is, the victim's trust in the transaction system.

The judgment on the transfer of virtual assets by mistake is an expression of the fact that the relationship of trust in the system or system cannot be recognized to the extent that the criminal law protects it. At that juncture, there is a unique criminal offense called protection of the trust of transaction participants based on the trading system and monetary system. It can be understood from this perspective that public and social system perspectives, which are different from civil illegalities, can drive trust relationships based on the principle of good faith, and that the crimes of breach of trust in the real estate double sales case and the embezzlement are recognized in the wrong remittance case. In this regard, the Supreme Court can be evaluated as additionally charging the independent requirements for judging trustworthiness based on the principle of trust in breach of trust in terms of criminal illegality.

국민참여재판에서의 실질적
직접심리주의 구현

한 제 희*

【대상판결】 대법원 2010. 3. 25. 선고 2009도14065 판결

〔판결 요지〕

사법의 민주적 정당성과 신뢰를 높이기 위해 도입된 국민참여재판의 형식으로 진행된 형사공판절차에서, 엄격한 선정절차를 거쳐 양식 있는 시민으로 구성된 배심원이 사실의 인정에 관하여 재판부에 제시하는 집단적 의견은 실질적 직접심리주의 및 공판중심주의하에서 증거의 취사와 사실의 인정에 관한 전권을 가지는 사실심 법관의 판단을 돕기 위한 권고적 효력을 가지는 것인바, 배심원이 증인신문 등 사실심리의 전 과정에 함께 참여한 후 증인이 한 진술의 신빙성 등 증거의 취사와 사실의 인정에 관하여 만장일치의 의견으로 내린 무죄의 평결이 재판부의 심증에 부합하여 그대로 채택된 경우라면, 이러한 절차를 거쳐 이루어진 증거의 취사 및 사실의 인정에 관한 제1심의 판단은 실질적 직접심리주의 및 공판중심주의의 취지와 정신에 비추어 항소심에서의 새로운 증거조사를 통해 그에 명백히 반대되는 충분하고도 납득할 만한 현저한 사정이 나타나지 않는 한 한층 더 존중될 필요가 있다.

---

* 대구지방검찰청 서부지청 검사.

- *465* -

【연 구】

Ⅰ. 서 론

1. 대상판결의 의의

대상판결의 사건은, 국민참여재판으로 진행된 제1심에서 배심원이 만장일치로 한 평결에 따라 공소사실을 무죄로 판단하였으나 항소심에서는 피해자에 대한 증인신문만을 추가로 실시한 다음 제1심의 판단을 뒤집어 유죄를 선고한 사안이다. 항소심의 판단에 대해 대상판결은 위 판결 요지와 같은 논리를 제시한 후, "실질적 직접심리주의와 공판중심주의의 원칙 아래 국민참여재판의 형식으로 이루어진 형사공판절차를 통해 제1심이 한 증거의 취사와 사실의 인정을 합리적 근거 없이 뒤집음으로써 공판중심주의와 실질적 직접심리주의의 원칙을 위반하고 그 결과 범죄사실의 인정은 합리적인 의심이 없는 정도의 증명에 이르러야 한다고 하는 증거재판주의에 관한 법리를 오해한 위법이 있다"라고 결론지었다. 배심원의 만장일치 무죄평결에 따른 제1심의 판결을 항소심이 파기하기 위해서는, 항소심에서 새로운 증거조사를 통하여 그에 명백히 반대되는 충분하고도 납득할 만한 현저한 사정이 나타나야 한다고 평가한 것이다.[1]

판례는 종전에 국민참여재판이 아닌 일반적인 형사재판(이하 '일반재판'이라고 함)에서의 항소심 판단에 일정한 제약이 있다고 보고 있었다. 즉, "우리 형사소송법이 채택하고 있는 실질적 직접심리주의의 정신에 비추어, 항소심으로서는 제1심 증인이 한 진술의 신빙성 유무에 대한 제1심의 판단이 항소심의 판단과 다르다는 이유만으로 이에 대한 제1심의 판단을 함부로 뒤집어서는 아니된다 할 것이나, 제1심 증인이 한 진술의 신빙성 유무에 대한 제1심의 판단이 명백하게 잘못되었다고 볼 특별한 사정이 있거나, 제1심의 증거조사 결과와 항소심 변

---

1) 김병수, "국민참여재판 시행 10년의 평가와 과제", 법학연구 제60권 제2호, 부산대학교 법학연구소(2019), 296.

론종결시까지 추가로 이루어진 증거조사 결과를 종합하면 제1심 증인
이 한 진술의 신빙성 유무에 대한 제1심의 판단을 그대로 유지하는
것이 현저히 부당하다고 인정되는 예외적인 경우에는 그러하지 아니
하다 할 것"[2]이므로, 일반재판에서 항소심은 명백하거나 현저한 문제
가 없는 한 가급적 제1심의 판단을 존중하여야 한다는 제한을 받게
된다.

여기에서 더 나아가 대상판결은 제1심이 국민참여재판인 경우 항
소심은 일반재판에 비해 더더욱 그 판단을 존중하여야 한다고 강조한
것이다.

여기서 항소심이 제1심의 판단을 존중하고 이를 함부로 뒤집지
않아야 하는 이유는, 제1심의 판단이 실질적 직접심리주의와 공판중
심주의 원칙에 따라 재판을 한 결과라는 점 때문이다. 실질적 직접심
리주의의 의미, 그리고 실질적 직접심리주의와 공판중심주의의 관계
에 대해 판례는 다음과 같이 설명한다.

> "우리 형사소송법은 형사사건의 실체에 대한 유죄·무죄의 심증
> 형성은 법정에서의 심리에 의하여야 한다는 공판중심주의의 한
> 요소로서, 법관의 면전에서 직접 조사한 증거만을 재판의 기초로
> 삼을 수 있고 증명 대상이 되는 사실과 가장 가까운 원본 증거
> 를 재판의 기초로 삼아야 하며, 원본 증거의 대체물 사용은 원칙
> 적으로 허용되어서는 안 된다는 실질적 직접심리주의를 채택하
> 고 있는바, 이는 법관이 법정에서 직접 원본 증거를 조사하는 방
> 법을 통하여 사건에 대한 신선하고 정확한 심증을 형성할 수 있
> 고 피고인에게 원본 증거에 관한 직접적인 의견진술의 기회를
> 부여함으로써 실체적 진실을 발견하고 공정한 재판을 실현할 수
> 있기 때문이다. 형사소송절차를 주재하는 법원으로서는 형사소송
> 절차의 진행과 심리 과정에서 법정을 중심으로 특히, 당사자의
> 주장과 증거조사가 이루어지는 원칙적인 절차인 제1심의 법정에

---

2) 대법원 2009. 1. 30. 선고 2008도7462 판결.

서 위와 같은 실질적 직접심리주의의 정신이 충분하고도 완벽하
게 구현될 수 있도록 하여야 한다.”3)

　법정에서 직접 조사한 증거만을 재판의 기초로 삼을 수 있음을
내용으로 하는 직접심리주의는, 법관이 사실의 인정에 사용하는 증거
가 법정에서 직접 조사한 증거이어야 한다는 형식적 직접심리주의와
직접 사실을 경험한 자를 법정에서 증인으로 조사하여 충분히 반대신
문의 기회를 주어 공격과 방어를 할 수 있도록 하고 그러한 과정에서
심증을 형성해야 한다는 실질적 직접심리주의로 구분된다.4) 그리고
판례는 이 실질적 직접심리주의가 공판중심주의의 한 요소라고 본다.
　대상판결은 국민참여재판 제도 시행 초기에 나온 판례지만, 국민
참여재판 제도에 관한 리딩 판례로서 이후 다수의 판결에서 그 결론
이 지지되고 있다.5)

2. 문제의 제기

　2008년 국민참여재판 제도가 시행되면서 기대되었던 중요한 의미
중 하나는 공판중심주의의 구현이다. 국민참여재판 제도의 도입이 가
져온 형사절차상의 가장 큰 변화는 공판중심주의의 실현이라는 견
해,6) 국민참여재판 제도가 구두변론주의와 직접심리주의를 바탕으로
한 공판중심주의를 실현하면서 조서재판과 밀실재판의 폐해를 극복하
였다는 견해,7) 국민참여재판 제도로 공판중심주의의 완벽한 실현이

---

　3) 대법원 2009. 1. 30. 선고 2008도7917 판결.
　4) 이인영, “공판중심주의의 이념과 공판절차에서의 구현에 관한 일 고찰”, 형사
　　소송 이론과 실무 제8권 제1호, 한국형사소송법학회(2016), 33.
　5) 대법원 2011. 3. 24. 선고 2010도4450 판결; 서울고등법원 2014. 5. 23. 선고 2013
　　노2133 판결; 창원지방법원 2015. 6. 16. 선고 2015고합79 판결; 서울고등법원
　　2018. 1. 31. 선고 2017노2773 판결; 대구고등법원 2018. 9. 20. 선고 2018노267
　　판결; 대구고등법원 2018. 10. 4. 선고 2018노291 판결; 서울고등법원 2020. 4.
　　29. 선고 2019노2213 판결.
　6) 김혜정, “국민참여재판제도의 시행평가와 몇 가지 쟁점에 대한 개선방안”, 영
　　남법학 제32호, 영남대학교 법학연구소(2011), 98.

가능하게 되어 종전에 비해 공개주의, 구두변론주의, 집중심리주의, 직접주의나 전문법칙 등 공판중심주의의 실천원리가 한층 더 강화될 것이라는 견해8) 등이 제기되었다.

배심재판 제도와 공판중심주의의 관계에 대해 필자는 다음과 같이 이해해보려고 한다.9)

우리나라는 물론 많은 사법선진국에서 재판 제도의 궁극적인 롤모델로 여겨지는 것은 배심재판이나 참심재판과 같은 일반국민이 판단자로서 관여하는 재판이다. 사법의 민주적 정당성과 재판에 대한 신뢰 때문이다. 그런데 이러한 배심재판은 막대한 시간과 비용이 소요되므로 모든 재판을 이 방식으로 진행할 수는 없다. 다만, 사법자원의 제약상 모든 재판을 배심재판으로 진행할 순 없더라도, 배심재판을 롤모델로 설정해둔 상태에서 가급적 모든 재판이 배심재판의 정신과 취지를 염두에 두고 이루어질 필요가 있다. 지금 우리나라의 일반재판 제도 역시 전면적인 배심재판을 할 수는 없어 그 대체물로써 배심재판의 정신과 취지를 반영하고 있는데, 그게 바로 '공판중심주의'이다.

즉, 배심원들이 직접 법정에 있으면서 직접 사실인정을 할 여건은 안 되어서 직업법관에게 그 역할을 맡겨두고는 있지만, 마치 '배심원들이 법정에 있으면서 직접 사실인정을 하는 것처럼' 가정하여 재판을 한다는 것이 공판중심주의이다. 공판중심주의의 요소인 공개재판주의, 직접심리주의, 구두변론주의, 즉일심판주의도 바로 최대한 배심재판과 비슷한 상황을 연출하겠다는 것이다. 비록 배심원은 없지만 그 대신 방청객을 위시한 추상적 의미의 국민들이 참여할 가능성을 열어둔 공개재판을 하는 것이고, 비록 배심원은 없지만 그 대신 추상적 의미의 국민들이 직접 보고 음미할 수 있도록 법정에 원본 증거를 가져오고,

7) 김병수, 앞의 글, 281.
8) 박수희, "국민참여재판 도입에 따른 형사공판절차의 변화", 법조 제59권 제10호, 법조협회(2010), 68.
9) 한제희, "'한국식' 형사증거법의 실태와 고민", 형사소송 이론과 실무 제9권 제1호, 한국형사소송법학회(2020), 311.

비록 배심원은 없지만 그 대신 추상적 의미의 국민들이 제대로 알아들을 수 있도록 직업법관만이 볼 수 있는 '글'보다는 '말'로 재판을 하라는 것이며, 비록 배심원은 없지만 그 대신 재판 결론을 낼 때 직업법관 혼자 판사실에 가서 결론내지 말고 마치 배심원들이 있었다면 배심원들이 낼 법한 결론을 법정 안에서 모두가 보는 자리에서 재판 날 곧바로 내라는 것이다.

그런데 우리 국민참여재판은 당초의 기대만큼 공판중심주의를 제대로 잘 구현하고 있는가? 항소심의 판단에 제약을 가하는 데 정당성을 인정할 만큼 국민참여재판은 공판중심주의에 따른 재판이 이루어지고 있는가?

이 글에서는 공판중심주의의 여러 요소들 중 특히 대상판결에서 언급된 실질적 직접심리주의에 중점을 두고 이 질문에 대한 답을 찾아보고자 한다. 이를 위해 먼저 최근에 있었던 국민참여재판 사례 5건을 보면서 우리 제도의 현실은 어떠한지 살펴본 후(제Ⅱ항), 실질적 직접심리주의라는 시각에서 국민참여재판에는 어떠한 문제점이 있고 이를 어떻게 개선할 것인지를 고민해보기로 한다(제Ⅲ항).

Ⅱ. 국민참여재판 사례 검토

1. 서울북부지방법원 2020. 4. 29. 선고 2019고합396 판결(이하 '①사례'라고 함)

가. 사안과 재판 경과

이 사건의 공소사실 요지는, 피고인이 과거에 자신을 수술했던 종합병원 의사 갑을 상대로 수술과정의 과실로 후유증이 발생하였다며 손해배상 청구 소송을 제기하였다가 기각되자 이에 불만을 품고 ① 미리 준비한 과도를 휘둘러 갑을 살해하려다 갑이 이를 피하고 경찰에 체포되는 바람에 갑에게 손가락 절단상 등만 가한 채 살인에는 이르지 못하고(살인미수), ② 이를 말리던 병원 직원 을에게 과도를 휘둘러 을의 팔을 베고 옆구리를 찔러 상해를 가하였다는 것(특수상해)이다.

피고인은 공소사실 모두를 부인하였다. 갑에 대해서는 그를 살해할 생각은 없었다며 살인의 고의를 부인하였고, 을에 대해서는 갑에게 상해를 가하는 과정에서 을이 이를 말리다 피고인이 갑에게 휘두르던 과도에 베이게 된 것이지 을에게 상해를 가할 고의가 있었던 건 아니라고 주장하였다.

제1항 피해자 갑에 대한 살인미수 부분은 9명의 배심원 중 7명의 무죄 의견과 2명의 유죄 의견이 있었고, 그 축소사실인 갑에 대한 특수상해의 점에 대해서만 만장일치로 유죄 의견이 있어, 결국 살인미수는 무죄가 선고되고 특수상해로만 유죄가 선고되었다. 제2항 피해자 을에 대한 특수상해 부분은 배심원 7명이 유죄 의견, 2명이 무죄 의견으로, 결국 유죄가 선고되었다.

판결문에 기재된 유죄 부분의 증거 요지는 다음과 같다.

---

1. 피고인의 일부 법정진술
1. 피해자 갑과 을의 각 법정진술
1. 수사보고서(사건 당시 진료를 보고 있던 A 상대 수사보고), 수사보고서(목격자 및 신고자인 간호사 B 진술청취)
1. 수사보고서(발생장소 주소 정정), 수사보고서(112신고사건처리내역서 첨부), 각 112신고사건 처리내역서
1. 압수조서 및 압수목록
1. 수사보고서(환자 대기석 CCTV 분석), 수사보고서(재심청구 결과 송달받은 날짜 확인)
1. 각 현장감식결과보고서
1. 수사보고서(유전자 감정 의뢰), 유전자 감정서 회보
1. 압수품 사진, 피해자 사진, 수사보고서(현장 사진 등 첨부), 현장 약도, 각 현장 사진, 각 사진
1. 수사보고서(피해자 갑 진단서 및 수술 당시 촬영한 사진 첨부 관련), 진

단서, 소견서 및 진단서, 수사보고서(피해자 을 상처 사진 첨부), 피해자
을 상처 사진
1. 수사보고서(피의자의 의무기록 사본 첨부), 의무기록 사본 등, 수사보고
   서(판결문 사본 첨부), 각 판결문 사본

양형에 대해서는, 배심원들의 의견이 징역 3년 2명, 징역 4년 6월
2명, 징역 6년 9월 5명으로 엇갈린 끝에 징역 5년이 선택되었다.

·판결에 불복한 피고인이 상소하였으나 모두 기각되고 상고심에서
확정되었다.

나. 재판과정의 특이점

판결문 기재내용만으로 먼저 눈에 띄는 특이점은, 법정에 나온 증
인은 피해자들 둘 뿐이고 적지 않은 수의 서증이 증거로 채택되었다
는 점이다.

이 사건은 피고인이 종합병원을 찾아가 의사와 직원을 상대로 미
리 준비한 칼을 휘둘러 손가락 절단 등의 중상을 입힌, 행위불법과 결
과불법 모두 매우 중한 사건이다. 피고인이 공소사실을 부인하긴 하지
만, 목격자들도 있고 증거는 꽤 있어 보인다. 그런데 앞의 증거 요지
부분에서 보듯, 피해자 갑과 을에 대한 증인신문과 피고인신문 외에
대부분의 증거는 서증이다.

서증도 법정에서 증거조사가 이루어진다면 '형식적' 직접심리주의
측면에선 문제가 없다. 그런데 대상판결의 입장과 같이 직접 사실을
경험한 자를 법정에서 증인으로 조사하여 충분히 반대신문의 기회를
주어 공격과 방어를 할 수 있도록 하고 그러한 과정에서 심증을 형성
해야 한다는 '실질적' 직접심리주의 측면에서 본다면, 서증조사만으로
는 충분하지 않다. 수사보고서나 감정서, 진단서, 사진과 같은 서류들
은 단지 이 서류들만 법정에 등장하여 검사가 그 내용을 낭독하거나
영상을 보이는 방법으로 배심원에게 제시될 게 아니라, 작성자나 원진
술자들을 불러 증인신문이라는 형식을 통해 배심원에게 제시되는 게

더 적절한 성격의 증거이다. 피고인의 방어권을 보장하기 위해서도 작성자나 원진술자들을 상대로 한 반대신문의 기회가 필요하고, 그러한 과정을 통해 배심원이 사건의 내용과 쟁점을 더 잘 이해하고 쉽게 심증을 형성할 수 있을 것이기 때문이다. 그런 재판이 실질적 직접심리주의를 구현하는 재판일 것이다. 그럼에도 이 사건 재판은 이러한 증인신문은 별로 없이 대부분 서증조사 위주로 진행되었다.

서증들에 대해 구체적으로 살펴보기로 한다. 먼저, 다수의 수사보고서들이 증거로 채택되었는데, 그 중 사건 당시 현장에 있었던 A와 목격자 B로부터 청취한 진술은 '수사보고서에 기재된 내용'이라는 형식으로 법정에 등장하는 것보다는, 원진술자인 A와 B가 직접 증인으로 법정에 나와 배심원에게 자신들이 경험한 사실을 생생하게 들려주고 피고인은 원진술자들을 상대로 반대신문을 함으로써 방어기회를 갖도록 하는 게 어땠을까 싶다.

다른 수사보고서들 중 '발생장소 주소 정정', '환자 대기석 CCTV 분석', '재심청구 결과 송달받은 날짜 확인', 그리고 수사보고서들에 첨부된 서류인 112신고사건 처리내역서, 현장감식결과보고서, 압수품 사진, 피해자 사진, 현장 약도, 현장 사진, 사진 등은 수사보고서나 첨부서류 자체만 증거로 제출되어 검사가 배심원에게 이 서류를 보여주거나 그 내용을 낭독하는 정도로 증거조사가 이루어지는 것보다는, 이 서류를 작성하였거나 수사를 진행한 사법경찰들이 직접 법정에 증인으로 나와 배심원에게 그 내용을 들려주고 피고인은 반대신문의 기회를 갖는 게 더 좋았을 법하다. 일반재판에서는 수사를 담당한 사법경찰관이 증인으로 나오는 경우가 드물지만, 모름지기 국민참여재판이라면 수사담당자가 증인으로 나와 이 사건의 수사과정이 어떠하였는지, 수사 결과 어떠한 이유로 피고인을 범인으로 인지하게 되었는지 등을 설명하고, 피고인으로 하여금 반대신문의 기회에 수사과정의 부당성이나 수사담당자의 불공정성 등을 주장하게 하는 방식으로 진행하는 게 낫지 않을까?

유전자 감정서 회보, 진단서, 소견서 및 진단서, 피해자 을 상처 사진, 의무기록 사본 등도 유전자를 감정한 감정인이나 피해자들을 진료한 의사가 법정에 증인으로 나와 진술하고 피고인에게는 반대신문의 기회를 주는 게 적절하지 않았나 싶다. 사안에 따라서 피고인이 감정인이나 의사와 같은 전문가 증인에 대한 신문이 유리하지 않을 것이라는 판단이 드는 경우 재판전략상 서증에 대해 증거동의하면서 검사의 증인신청에는 반대할 수도 있을 것이나, 실질적 직접심리주의에 충실한 재판이라면 이러한 전문가 증인도 적극적으로 채택되어야 하는 게 아닌가 싶다.

다음으로, 양형 부분을 살펴보기로 한다.

유무죄에 관한 배심원의 평결이 끝나고 유죄가 확정되면, 배심원들은 심리에 관여한 판사와 함께 양형에 관해 토의하고 그에 대한 의견을 개진하게 된다(국민의 형사재판 참여에 관한 법률 제46조 제4항). 실무상 배심원들은 양형에 대한 의견을 제시하기 전에 재판장으로부터 양형기준과 유사사건에서의 양형사례 등에 대한 설명을 듣고 이를 참고하여 양형 의견을 정하게 된다. 이 양형에 대한 의견은 유무죄에 관한 평결처럼 만장일치나 다수결에 따른 평결이 아니라 배심원 각자의 의견을 개진하는 데 그치는 것이다.

그런데 일반적으로 형사재판은 유무죄 인정을 위한 사실심리를 중심으로 운영되고 양형에 관한 심리는 다소 소홀히 다루어지는 편이다. 절차가 분리되어 있지도 않아서, 사실심리 절차와 양형심리 절차가 구분 없이 한데 합쳐서 진행된다.

피고인이 양형에 관한 주장을 하는 경우에는, 대개 주로 피고인 측이 신청하는 정상관계에 관한 증인, 합의 여부나 처벌의사에 관한 피해자의 진술이나 서류, 범죄경력조회서에 기재된 피고인의 전과 정도가 양형심리를 위한 자료로 등장한다. 그런데 이 사건과 같이 피고인이 범행을 부인하는 사건에서는, 피고인이 유무죄에 관한 주장만을 주로 할 뿐 유죄가 인정될 경우를 대비해 미리 양형에 관한 주장을 적극적으로는 하지 않는 경우가 많다. 주장을 적극적으로 하지 않으니 심리가 제대로 진행될 여지도 적은 것이다.

이 사건의 경우, 재판부는 피해자 갑에 대한 증오감에서 계획적으로 행해진 범행 동기, 경위와 방법 등에 비추어 죄질이 매우 좋지 않고 피해 정도가 중한 점, 피해자들이 피고인의 처벌을 원하는 점을 불리한 정상으로, 피고인이 자신의 잘못을 반성하는 모습을 보이는 점, 벌금형을 초과하는 형사처벌을 받은 전력은 없는 점을 유리한 정상으로 본 후, 피고인의 연령, 성행, 환경, 범행의 동기와 수단, 결과, 범행 후의 정황 등을 고려하여 양형을 결정하였다. 양형과 관련된 증인은 없었고, 판결문 기재내용만으로는 구체적으로 알 수 없지만 배심원이나 재판부가 이러한 양형 결정에 참고할 만한 자료는 아마도 유무죄 심리과정에서 확인된 이 사건 범행의 내용, 피고인의 법정진술에서 드러난 피고인의 태도, 피해자들의 법정증언에서 드러난 피해감정과 처벌의사, 과거 판결문에 등장하는 피고인의 범죄전력, 정상관계에 관한 변호인과 검사의 최종의견 정도였을 것으로 보인다.

만약 실제의 양형심리가 이 정도였다면, 국민참여재판이라지만 일반재판과 그리 다를 바 없다. 양형기준에 대한 이해와 재판경험이 전혀 없는 배심원들이 이 정도의 양형심리를 통해 적절한 양형 수준을 판단한다는 건 쉽지 않은 일이었을 것으로 보인다. 이 사건에서 배심원들의 양형 의견은 징역 3년부터 징역 6년 9월까지 다양하게 엇갈렸는데, 이는 어쩌면 당연한 현상이었는지도 모르겠다.

2. 창원지방법원 2020. 10. 23. 선고 2020고합11 판결(이하 '②사례'라고 함)

가. 사안과 재판 경과

이 사건의 공소사실 요지는, 남성 피고인이 ① 다른 남성과 바람을 피웠다는 이유로 교제하던 여성 피해자를 폭행하고(폭행), ② 다음

날 다시 피해자를 폭행하고 협박하면서 유사강간하였다는 것이다(유사강간).

피고인은 제1항 폭행 부분은 자백하면서도, 제2항 유사강간 부분에 관해서는 피해자를 폭행·협박하거나 유사강간한 사실이 없다고 주장하였다. 즉, 가해자와 피해자 단 둘만 있는 상황에서 벌어진 다른 범죄들에서처럼, 이 사건의 쟁점은 제2항 유사강간 부분에서 피고인과 피해자의 진술 중 누구의 진술이 신빙성 있는가였고, 재판도 두 사람 진술의 신빙성을 따져보는 내용 위주로 진행되었다.

7명의 배심원들은 제1항에 대해서는 만장일치 유죄, 제2항에 대해서는 만장일치 무죄로 평결하였으나, 재판부는 제1항은 배심원 평결대로 유죄를 선고하면서도 제2항은 피해자의 진술이 신빙성 있다는 등의 이유로 배심원 평결과 달리 유죄를 선고하였다.

피고인은 징역 1년 6월의 형과 함께 40시간의 성폭력 치료프로그램 이수와 아동·청소년 관련 시설·기관·사업장과 장애인복지시설에 각 3년간 취업제한을 명령받았다. 이 판결에 대해선 피고인이 항소하여 현재 항소심 계속 중이다.

판결문에 기재된 증거의 요지는 다음과 같다.

---

1. 피고인의 일부 법정진술
1. 피해자의 법정진술
1. 피고인에 대한 각 검사 작성의 피의자신문조서 중 일부 진술
1. 피해자에 대한 각 검사 및 사법경찰관 작성의 진술조서
1. 고소장, 112신고사건처리표
1. 진단서, 각 유전자감정서
1. 문자내역·이메일내역·전화목록 등, 녹취서 3부
1. 수사보고서(국과수 DNA 체내 잔류 및 검출 시간 등 확인)

나. 재판과정의 특이점

이 사건 재판 역시 가장 먼저 눈에 띄는 건, 다수의 서증이 등장
하였다는 점이다. 이 사건도 증거 요지 부분을 보면 피해자에 대한 증
인신문과 피고인신문 외의 다른 증거는 모두 조서를 비롯한 서증이다.
특히, 유사강간 부분은 피고인이 범행을 부인하고 결과적으로 배심원
과 재판부의 의견이 엇갈리기까지 할 정도로 판단이 쉽지 않은 부분
이므로, 실질적 직접심리주의에 보다 충실한 심리가 필요한 부분이었
을 텐데도 서증조사가 주된 증거조사 방식이었다.

우선, 피고인과 피해자가 법정에서 진술하였음에도 이들에 대한
수사기관 작성의 조서도 증거로 채택되었다. 이들의 법정진술과 수사
기관에서의 진술 내용이 서로 같을 수도 있고 다를 수도 있는데, 피고
인과 피해자 진술의 신빙성 여부가 쟁점인 이런 종류의 사건에서는
법정에서의 진술과 수사과정에서의 진술을 상호 비교하여 양 진술 간
의 차이점이나 진술의 일관성 여부를 확인할 필요가 있으므로 마땅히
조서가 법정에 나와야 한다. 물론 조서가 증거능력이라는 장애물을 넘
거나 탄핵증거로 인정받아야 하는 문제가 있긴 하지만 말이다.

다른 서증들 중 범행 이틀 후 피해자를 진료한 의사가 작성한 진
단서, 피해자의 체내에서 채취한 검체에 대해 국립과학수사연구원에
서 감정하고 작성한 것으로 보이는 유전자감정서, 그리고 DNA의 체
내 잔류 및 검출 시간을 확인하였다는 내용의 수사보고서에 대해서
는, 서증 상태로만 증거조사를 할 게 아니라 작성자 또는 원진술자인
의사와 감정인 등의 전문가가 직접 증인으로 나와 그들이 진료하고
감정한 내용을 구두로 생생하게 들려주고 피고인이 반대신문을 하는
게 국민참여재판에 어울리는 증거조사가 아니었을까 싶다. 일반재판
이라면 이런 전문가들이 법정에 증인으로 나오는 경우는 중요사건이
아닌 한 흔히 볼 수 없는 일이긴 하나, 그래도 국민참여재판이라면
평소 부르기 어려운 증인이라도 마땅히 증인으로 나오게 하거나, 증

인으로 나오게 하지도 않을 것이라면 굳이 배심재판을 할 필요까진 없을 것이다.

사법경찰관의 수사과정을 직접 보지 않은, 그리고 의료나 감정 업무에 전문적인 식견이 없는 검사가 사법경찰관의 수사과정과 피고인의 조사 당시 진술 내용을 설명하고 진단서나 감정서를 낭독하거나 그 내용을 설명하는 건, 배심원의 쟁점 이해에도 도움이 되지 않고 피고인의 반대신문권 보장에도 미흡하다. 쟁점이 된 유사강간 부분에 대해 배심원들은 무죄라는 의견을 모았는데, 어쩌면 이렇게 증인도 별로 없고 밋밋한 서증조사 위주로 진행된 재판이다 보니 검사가 배심원들을 제대로 설득하는 데 실패할 수밖에 없지 않을까 싶기도 하다.

다음으로, 이 사건에서도 양형심리 부분을 살펴보기로 한다.

이 사건의 재판부는 범행 경위와 내용, 방법 등에 비추어 죄질이 가볍지 않은 점, 피해 정도가 큰 점, 피해자의 처벌의사를 불리한 정상으로, 피고인이 형사처벌을 받은 전력이 없는 점 등을 유리한 정상으로 본 후, 피고인의 연령, 성행, 환경, 가족관계, 범행의 동기, 수단과 결과, 범행 후의 정황 등을 고려하여 양형을 결정하였다. 이 사건 역시 양형 관련 증인은 없었고, 판결문 기재내용만으로는 구체적으로 알 수 없지만 일반재판과 다를 바 없는 양형심리가 진행되었을 것으로 보인다.

특히, 재판부는 "피고인이 건강이 좋지 않은 노부를 부양하고 있다"라는 점을 피고인에게 유리한 정상사유로 삼았다. 국민참여재판에서 그러한 내용을 양형사유로 삼을 것이라면 피고인의 노부나 가족들에 대한 증인신문 등의 방법으로 그러한 주장의 진위를 확인하는 게 바람직하였을 것이나, 그런 확인작업도 없었다. 배심원들의 입장에서 보았을 때 양형심리가 충분하였다고 평가하기는 어려워 보인다.

비슷한 사례로 역시 국민참여재판으로 진행된 서울북부지방법원 2021. 12. 7. 선고 2021고합310 판결 사안을 보면, 판결문에 양형사유로 언급된 것 중 "피고인이 앓고 있는 정신질환이 이 사건 범행에 어느 정도 영향을 끼친 것으로 보인다"라는 내용이 있다. 이 사건 역시 판결문 기재내용상 피고인을 진료한 의사 등의 전문가 증인이 등장하지 않은 것 같고, 피고인의 정신질환에 관해 제대로 된 심리가 있었던 것으로 보이지는 않는다. 아마도 피고인의 주장과 그에 부합하는 진단서 정도만 법정에 나오지 않았을까 싶다. 이러한 자료만으로 배심원들로 하여금 양형 의견을 내게 하는 게 적절한지는 의문이다.

3. 수원지방법원 2018. 5. 25. 선고 2018고합54 판결(이하 '③ 사례'라고 함)

가. 사안과 재판 경과

이 사건의 공소사실 요지는, 절도죄로 10회의 징역형을 선고받은 전력이 있는 피고인이 그 누범기간 중에 다시 상습적으로 절도죄(4회에 걸쳐 결혼식장에 하객인 척 가장하여 들어가 하객 등의 재물을 절취함)를 범하였다는 것이다{특정범죄가중처벌등에관한법률위반(절도)}.

피고인은 절취행위 자체에 대해서는 시인하되, 범행 당시 알코올 의존 장애와 기분 부전 장애라는 정신질환으로 인해 심신미약의 상태에 있었다고 주장하였으나, 배심원 7명 전원의 유죄 및 심신미약 주장 배척 의견에 따라 징역 3년 6월의 유죄판결을 선고받았다. 이에 불복한 피고인의 항소도 기각되어 그대로 확정되었다.

증거의 요지는 다음과 같다.

---

1. 피고인의 법정진술
1. 피해자 4명 작성의 각 진술서
1. 압수조서 및 압수목록, 압수물 사진
1. 현장 및 CCTV 사진 등, 현장사진, 수사보고서(절취장면 CCTV), CCTV 캡처 사진
1. 수사보고서(압수물 관련), 수사보고서(압수현장 출동 경찰관 전화진술 청취), 수사보고서(피해자 갑 피해물품 진술 청취), 수사보고서(범죄사실

특정)

1. 판시 전과 : 범죄경력 등 조회회보서, 수사보고서(피의자 누범기간 중 사실 확인), 수사보고서(피의자 동종 전력 판결문 등), 수사보고서(피의 자의 수용사실 확인)

1. 판시 상습성 : 피고인이 여러 차례 동종 범죄로 처벌을 받은 적이 있는 데다가 최종형의 집행 종료 후 단기간 내에 또다시 동종 범죄인 이 사 건 각 범행을 반복하여 저지른 점, 이 사건 각 범행의 수법과 범행기간 및 횟수 등에 비추어 그 습벽을 인정할 수 있다.

나. 재판과정의 특이점

피고인이 다수의 절도죄 전력이 있음에도 출소 후 불과 5개월 만 에 또다시 상습적으로 절도범죄에 이른, 가볍지 않은 내용의 사건이 다. 이 사건 역시 피고인신문 외에는 증인신문 하나 없이 서증조사 위 주로만 증거조사가 진행되었다. 피고인이 절도범행 자체는 자백하고 있어서 유무죄 공방의 필요성이 적기 때문이었을 것이다.

그런데 이 사건 공소사실에는 상습성이라는 특이한 구성요건이 있고, 이 역시 검사의 엄격한 증명이 필요하다. 상습성 유무는 피고인 이 자백하였다고 하여 증명을 생략할 수 있는 건 아니다. 절도죄에 있 어서의 상습성은 절도범행을 반복적으로 행하는 습벽을 말하는 것으 로서 동종 전과의 유무와 그 사건 범행의 횟수, 기간, 동기 및 수단과 방법 등을 종합적으로 고려하여 결정할 수 있는데,10) 배심원들도 상습 성 유무에 관하여 증거조사를 거치고 판단을 하여야 한다.

판결문에는 피고인의 상습성에 관해 "피고인이 여러 차례 동종 범죄로 처벌을 받은 적이 있는데다가 최종형의 집행 종료 후 단기간 내에 또다시 동종 범죄인 이 사건 각 범행을 반복하여 저지른 점, 이 사건 각 범행의 수법과 범행기간 및 횟수 등에 비추어 그 습벽을 인 정할 수 있다"라고만 기재되어 있다. 이러한 방식으로 상습성 유무를

---

10) 대법원 2006. 5. 11. 선고 2004도6176 판결 등.

판단하는 건 직업법관이 주재하는 그간의 일반재판에서 흔히 볼 수 있는 판단방식이다.

그런데 배심원들에게는 그와는 다른 방식으로 상습성 유무를 판단하게 하는 게 적절하지 않았을까 싶다. 예를 들어, 일반적인 상습절도범의 행태는 어떠한지, 그리고 그와 비교할 때 이 사건에서 피고인이 보인 행태 역시 상습절도범의 그것으로 볼 수 있는 것인지에 관하여 관련 전문가가 증언을 하는 식으로, 일반인인 배심원들에게는 보다 생생하고 이해하기 쉬운 심리자료가 제공되고, 피고인에게는 그에 대한 반대신문권을 보장하는 게 바람직할 것이다. 그럼에도 이 사건은 일반적인 재판에서와 마찬가지로 이렇다 할 증인신문도 없이 서증조사 위주로만 상습성 유무가 심리되었다.

비슷한 사안으로 창원지방법원 2019. 1. 7. 선고 2018고합223 판결 역시 특정범죄가중처벌등에관한법률위반(절도) 사건을 다루고 있는데, 상습성에 관한 판결문 기재내용은 "판시 각 범행전력, 범행수법, 범행 횟수 및 출소 후 단기간 내에 동종의 범행을 다시 저지른 점에 비추어 절도의 습벽이 인정됨"이 전부이다. 법정에 원본 증거 형태로 등장한 진술증거로는 피고인의 법정진술이 유일하고, 상습성 유무에 관하여 일반재판과는 다른, 배심원들을 위한 특별한 방식의 심리는 없었다.

한편, 이 사건 재판에서 피고인은 범행 당시 자신이 심신미약 상태에 있었다고 주장하였는데, 심신미약은 임의적 처벌감경사유이므로 이 역시 양형에 관한 의견을 제시하는 배심원들이 판단할 수 있도록 제대로 된 증거조사가 이루어질 필요가 있다.

피고인이 그러한 심신미약 상태에 있었다는 점에 대한 근거로는, 이 사건 범행으로 구속된 후 피고인에 대한 정신감정을 담당한 의사의 소견서(심신미약으로 추정된다는 내용), 그리고 이 사건 범행일로부터 약 3년 6개월 전에 작성된 치료감호소장 명의의 정신감정서(당시 치료감호소에 입소한 피고인에 대한 정신감정 결과 알코올 의존 장애와 기분 부전 장애 진단을 하였다는 내용)가 있다. 이 서증 2건이 있을 뿐 재판과정에서 이 의사들에 대한 증인신문은 없었다.

일반재판이 아닌 국민참여재판이라면 배심원들이 검사의 설명을 듣고 서류만 보게 하기보다는 직접 의사들의 증언과 피고인의 반대신문을 듣고 심신미약 여부를 판단하게 하는 게 적절하였을 것이다.

4. 대전지방법원 2018. 11. 8. 선고 2018고합329 판결(이하 '④ 사례'라고 함)

가. 사안과 재판 경과

이 사건의 공소사실 요지는, 피고인이 ① 도의원 선거와 관련하여 한 후보 캠프의 선거 유세를 보고 큰 소리로 비방하며 선거사무원들의 앞을 막아서는 등으로 약 20분 간 선거운동을 방해하고(공직선거법위반), ② 신고를 받고 출동한 경찰관 4명에게 "개새끼", "씨발놈" 등의 욕설을 하였다는 것이다(모욕).

피고인은 공소사실 전부를 자백하였다. 제2항 모욕죄 부분에 대해서는 배심원과 재판부의 의견이 일치하여 징역 6월의 유죄판결이 선고되었으나, 제1항 공직선거법위반 부분은 7명의 배심원 모두 무죄 의견으로 평결하였음에도[11] 재판부는 이와 달리 벌금 500만 원의 유죄판결을 선고하였다. 이 각 형은 3년간 집행이 유예되어 보호관찰도 함께 선고받았고, 부수처분으로 80시간의 알코올 치료프로그램 수강과 200시간의 사회봉사를 명령받았다.

판결문에 기재된 증거의 요지는 다음과 같다.

---

1. 피고인의 법정진술
1. 선거사무원 2명과 경찰관 1명에 대한 각 사법경찰관 작성의 진술조서
1. 경찰관 3명 작성의 각 진술서

---

11) 배심원의 평결이유는 공개되지 않으므로, 피고인이 선거운동을 방해하였다는 사실관계를 자인하고 있음에도 배심원들이 이를 무죄로 평결한 이유는 알 수 없다.

1. 범행 당시 촬영한 영상 CD

검사와 피고인이 항소하지 않아 이 판결은 그대로 확정되었다.

나. 재판과정의 특이점

자백사건도 국민참여재판의 대상이 된다. 자백사건이 국민참여재판으로 진행된다는 건 양형에 대해서만 배심원의 판단을 구하겠다는 것이다.

이 사건 역시 피고인신문과 범행 영상 외에는 다른 증거 모두 서증이다. 자백사건이기 때문에, 사실관계에 관한 다툼이 없으니 피해자들마저도 반드시 증인으로 나올 필요가 없어서이다. 일반재판에서도 자백사건이라면 피고인이 검사가 제출한 모든 증거에 대해 '증거동의'를 하였을 것이고, 그에 따라 간이공판절차로 증거조사가 진행되므로 증인은 나올 필요 없이 서증에 대해서만 증거조사를 하곤 한다.

그런데 국민참여재판은 증거동의가 있더라도 간이공판절차(형사소송법 제286조의2)가 인정되지 않는다(국민의 형사재판 참여에 관한 법률 제43조). 피고인이 자백하는 경우라도 배심원들이 엄격한 증거조사를 통하여 사건의 실체를 파악할 필요가 있기 때문이다. 그리고 그러한 취지에서 간이공판절차가 인정되지 않는 것이라면, 국민참여재판에서는 자백사건이고 증거동의가 있더라도 서증에 대해서만 증거조사를 할 게 아니라 작성자나 원진술자가 일일이 증인으로 법정에 나와 직접 경험사실에 대해 진술하게 해야 하는 게 아닐까?

이 사건의 경우 범행 영상을 재생하는 과정이 있긴 하였으나 증인신문 한 번 없었기에 배심원들 입장에서는 집중도 잘 안 되는 지루한 재판이 되었을 것이다. 자백사건이니 사실심리는 그렇다 해도, 이 사건의 핵심인 양형심리와 관련해서는 배심재판다운 생동감 있는 재판이 진행되었을까?

이 사건에서의 배심원들의 양형 의견은, 공직선거법위반 부분의 경우 가장 낮게는 벌금 250만 원 집행유예 1년부터 가장 높게는 징역 6월 집행유예 2년까지 7명의 배심원들이 다섯 종류의 양형 의견을 다양하게 제시하였다. 모욕 부분의 경우, 가장 낮게는 벌금 70만 원 집행유예 1년부터 가장 높게는 징역 6월 집행유예 3년까지 7명의 배심원들이 각각 모두 다른 양형 의견을 제시하였다.

이렇게 배심원들이 제각기 다양한 양형 의견을 제시한 원인으로 먼저 생각해볼 수 있는 것은, 유무죄 판단보다 양형 판단이 훨씬 전문적인 지식과 재판 경험을 요하기에 배심원들에게는 판단하기 퍽 쉽지 않은 분야라는 점이다.

다음으로 생각해볼 수 있는 이유는, 이 재판에서 배심원들이 양형 결정에 참고할 수 있는 자료가 충분하지 않아 보인다는 점이다. 판결문 기재내용에 의하면 재판부는 이 사건 범행의 죄질이 나쁜 점, 피고인이 주취상태에서 범한 다수의 범죄전력이 있음에도 그 성행을 개선하지 못하고 다시 이 사건 범행에 이르러 비난가능성이 큰 점, 피해자들이 피고인의 처벌을 원하는 점 등을 불리한 정상으로, 피고인이 잘못을 인정하고 반성하는 점 등을 유리한 정상으로 본 후, 피고인의 나이, 성행, 환경, 범행 동기, 수단과 결과, 범행 후의 정황 등을 고려하여 양형을 결정하였다. 양형과 관련하여 이렇다 할 증인신문도 없었으니, 배심원들의 입장에선 적절한 양형 의견을 결정할 만한 판단자료가 퍽 부족하였을 것이다.

또한, 피고인은 술에 취한 상태에서 범행을 저지른 것이라는 사정이 반영되어 80시간의 알코올 치료프로그램 수강명령과 200시간의 사회봉사를 명령받았는데, 이러한 부수처분 역시 양형의 한 내용이므로 배심원들이 재판부에 의견을 개진하여야 하는 부분이다. 부수처분에 대한 의견을 개진한다면, 피고인이 형사처벌과 아울러 알코올 치료프로그램까지 이수할 필요성이 인정되는지, 필요하다면 몇 시간이나 필요하다고 볼 것인지, 사회봉사도 하게 할 필요가 있는지, 필요하다면 그 봉사시간은 어느 정도가 적당한지 여부를 배심원들이 판단하여야 할 것이다.

그리고 이러한 판단을 하게 하려면 배심원들에게 판단자료를 제공하여야 한다. 서류 말고 배심원들에게 이를 말로 쉽게 잘 설명해줄 수 있는 증거가 필요하다. 실무상 배심원들이 이러한 부수처분에 대한 의견도 개진하는 경우는 드문 것으로 보이고, 이 사건 역시 판결문 기재내용상 배심원들이 부수처분에 대한 의견을 개진하였다거나 그에 관한 전문가 증언이나 자료가 있었던 것으로 보이지는 않는다.

5. 청주지방법원 2020. 11. 12. 선고 2020고합160 판결(이하 '⑤사례'라고 함)

가. 사안과 재판 경과

이 사건의 공소사실 요지는, 지방자치단체의 공무원인 피고인이 다른 동료 공무원 4명이 있는 자리에서 동료 공무원인 피해자를 가리키며 "확찐자"라고 말하여 여성의 외모를 비하하는 취지로 피해자를 모욕하였다는 것이다.

피고인은 피해자에게 "확찐자"라는 말을 하지 않았고, 설령 그러한 말을 하였더라도 이는 모욕죄의 '모욕'에 해당하지 않고 모욕의 고의도 없었다는 취지로 주장하였다. 7명의 배심원들은 만장일치로 무죄 의견으로 평결하였으나, 재판부는 피고인이 위와 같은 말을 한 사실이 인정되고 이는 모욕죄의 '모욕'에 해당한다는 이유로 배심원의 의견과 달리 벌금 100만 원의 유죄판결을 선고하였다.

판결문에 기재된 증거의 요지는 다음과 같다.

---

1. 피고인의 일부 법정진술
1. 피해자 갑의 법정진술
1. 증인 을 및 병(각 목격자)의 각 법정진술
1. CCTV 영상

1. 메신저 내용, 녹취록

이에 불복한 피고인은 항소와 상고를 제기하였으나, 모두 기각되었다.

나. 재판과정의 특이점

먼저, 이 사건은 벌금 100만 원이라는 결론이 보여주듯 사안이 경미하다. 이렇게 경미한 사건의 재판을 많은 자원이 소요되는 국민참여재판으로 진행하는 게 적절한 것인가 하는 생각이 든다.

다음으로, 앞에서 본 4건의 사례와 달리 이 사건 재판은 비교적 실질적 직접심리주의에 충실하게 증거조사가 진행되었음을 알 수 있다. 서증보다는 피고인과 피해자, 목격자들의 법정진술, 그리고 범행 당시의 상황이 녹화된 CCTV 영상과 같은 원본 증거가 배심원들의 눈앞에 제시되었다.[12]

국민참여재판 본래의 취지대로 비교적 실질적 직접심리주의에 따라 진행된 재판이지만, 마냥 긍정적으로만 보이진 않는다. 앞의 사례들처럼 정작 제대로 재판을 하여야 할 중한 사건은 사실상 일반재판과 다를 바 없이 서증조사 위주로 진행되고, 오히려 이렇게 경미한 사건은 제대로 된 재판으로 진행되었다는 점 때문이다. 사법자원의 제약상 모든 재판을 실질적 직접심리주의에 충실하게 진행할 수는 없는 것이라 해도, 그러한 재판은 사안의 경중을 따져서 일부 사건에만 제한적으로 적용되어야 하는 게 아닐까?

한편, 이 사건 재판은 법리 판단이 중요하고도 어려운 모욕죄 사

---

12) 이 판결문의 증거 요지 란에 서증으론 '메신저 내용, 녹취록'만 기재되어 있는데, 서증으로 단지 이것만 증거로 채택된 것은 아니다. 통상 국민참여재판 판결문의 증거 요지에는 사건관계인들의 법정 진술과 중복되는 내용의 서증들은 증거로 채택되었더라도 흔히 기재가 생략되곤 한다. 이 사건의 경우 피해자와 목격자들에 대한 증인신문이 이루어졌으므로 증인신문 과정에서의 서증 진정성립 진술에 따라 이들에 대한 진술조서나 피해자의 고소장 등도 증거로 채택되었을 것이고, 다만 법정 진술 내용과 동일한 내용이기 때문에 판결문 증거 요지 란에의 기재는 생략된 것으로 보인다.

안을 다루고 있다. 명예훼손죄와 모욕죄 등 명예에 관한 죄의 특징 중 하나는, 개개 사안마다 공연성, 사실과 의견, 사실의 허위성, 고의, 비방 목적, 진실성, 공익성 등 각 범죄구성요건과 위법성조각사유의 존부에 관한 판단이 매우 복잡하고 어렵다는 점이다. 명예에 관한 죄의 판례들을 살펴보면 한 사안을 두고 각 심급별로 서로 다른 결론을 내는 경우가 비일비재하고, 사건에 따라 비슷한 표현을 놓고도 그 판단 결과가 어긋나는 경우를 흔히 볼 수 있다. 한 마디로, 법률가 입장에서도 어떤 사안에 대해 유죄인지 무죄인지 그 결론을 가늠하기가 매우 어렵다는 것이다.

이 사건 역시 이러한 모욕죄에 관한 법리 판단의 어려움 때문에 배심원이 만장일치로 무죄로 판단하였음에도 재판부와 상소심의 판단은 유죄로 그 결론이 갈렸다. 사실 배심원과 다른 결론을 내릴 수밖에 없는 재판부의 고충도 충분히 이해된다. 그게 바로 명예에 관한 죄의 특징이다. 그만큼 명예에 관한 죄의 결과는 전혀 예측불가하다.

물론 국민참여재판은 법률가만이 아는 법이 아니라 일반국민의 상식에 맞는 법을 찾고 적용하는 절차이므로 그 대상에 제한을 두는 건 바람직하지 않겠으나, 명예에 관한 죄의 이러한 특징을 감안할 때 사실관계 확정보다 법리 판단이 핵심쟁점이 되는 사건을 국민참여재판의 대상으로 하는 데는 보다 신중할 필요가 있다고 생각한다.[13]

6. 사례 정리

이제까지 살펴본 국민참여재판 사례들의 특징을 정리하면 아래 표와 같다.

---

13) 2022. 4. 4. 개최된 월례발표회의 토론 과정에서, 노수환 교수는 이 사건과 같은 모욕 사건이야말로 일반국민의 법상식에 따른 판단이 필요한 사안이라는 견해를 제시하였다.

사건	죄명	자백 여부	서증의 수	증인의 수
서울북부지법 2019고합396 (①사례)	살인미수 특수상해	부인	다수	피해자 2명
창원지법 2020고합11 (②사례)	폭행 유사강간	일부 자백 일부 부인	다수	피해자 1명
수원지법 2018고합54 (③사례)	특정범죄가중 처벌등에관한 법률위반(절도)	자백	다수	없음
대전지법 2018고합329 (④사례)	공직선거법위반 모욕	자백	다수	없음
청주지법 2020고합160 (⑤사례)	모욕	부인	보통	피해자와 목격자 등 3명

Ⅲ. 국민참여재판과 실질적 직접심리주의의 관계

1. 문제점 : 국민참여재판의 서증조사 위주 진행

국민참여재판은 일반재판보다 무죄율이 높다. 2008년부터 2020년까지 실시된 국민참여재판의 무죄율은 11.6%(총 2,718건 중 315건, 일부 무죄 포함)로서, 같은 기간 형사합의사건 1심 무죄율인 4.3%의 약 2.7배에 달한다.[14] 이렇게 국민참여재판이 높은 무죄율을 보이는 이유는 무엇일까? 공판중심주의식 재판이어서일까?

대상판결의 논리처럼 국민참여재판은 공판중심주의와 실질적 직접심리주의 원칙에 따른 심리가 이루어지는 것을 당연한 전제로 보기도 하는데, 일반재판에서도 이른바 서면재판 또는 조서재판이 아닌 철저한 공판중심주의식 재판을 하게 되면 국민참여재판의 높은 무죄율처럼 당연히 더 많은 무죄판결이 있을 것이라 보는 시각도 있다. 이런

14) 법원행정처, 국민참여재판 성과 분석(2008년~2020년)(2021), 44.

관점에서는 국민참여재판 제도는 서면재판 또는 조서재판에 치우친 기존의 재판방식에 대한 반성에서 탄생한 제도이므로, 기존 재판보다 공판중심주의와 실질적 직접심리주의라는 알맹이를 보다 풍부하게 채워야 하는 제도이다.

그런데 일부 사례만으로 전체 모습을 단정할 수는 없지만, 앞의 사례들에서 보듯 우리 국민참여재판은 여전히 서증조사 위주로 진행되고 있고 서면재판 또는 조서재판식으로 운영되고 있다.[15] 물론 실제 국민참여재판에서는 일반재판에 비해 늘어난 재판시간만큼 증인신문과 서증조사 모두에 긴 시간을 할애하면서 훨씬 심도 있는 재판이 진행되고 있다. 다만, 이는 국민참여재판이라고 해서 서증조사는 줄고 더 많은 수의 증인이 나온다는 의미는 아니다. 이 글에서 반복적으로 말하는 '서증조사 위주 진행'이나 '서면재판 또는 조서재판식 진행'이라는 표현은, 증인신문과 서증조사가 각각 긴 시간을 들여 심도 있게 진행되기는 하나 증인신문으로 증거조사를 할 법한 내용을 서증조사로 대체하는 경우가 많기 때문에 여전히 서증조사의 비중이 적지 않다는 의미이다.

앞의 사례들 중 ⑤사례만이 서증에 비해 상대적으로 많은 증인들이 법정에 나왔을 뿐, 나머지 사례들에서는 모두 서증이 대거 등장하였고 주요한 증거로 기능하였다. 자백사건이야 일일이 증인들을 부를 필요가 적으니 그러한 진행이 문제없다 하더라도(③사례와 ④사례), 피고인이 공소사실을 부인하는 사건에서마저 서증조사 위주로 재판이 진행되었다(①사례와 ②사례). 피고인이 공소사실을 부인하는 데다 국민참여재판으로 진행되기까지 한 사건이라면, 더더욱 서증조사에 치우친 재판이 아니라 명실상부하게 실질적 직접심리주의 방식으로 진행하는 게 적절하였을 것인데도 말이다.

사실관계에 관한 심리가 서면재판식으로 진행되었을 뿐만 아니라,

---

15) 비슷한 견해로, 윤영석, "국민참여재판에 대한 고찰-피고인의 관점에서", 아주법학 제13권 제2호, 아주대학교 법학연구소(2019), 179.

상습성, 양형, 심신미약, 부수처분 등의 판단을 위한 심리도 마찬가지임을 발견할 수 있었다. 어쩌면 국민참여재판의 높은 무죄율은 검사가 더 많은 증인을 내세우지 못하고 지루한 서류 낭독이나 의견 주장에 치중하는 바람에 배심원들을 제대로 설득하지 못하였다는 반증일 수 있는 것이다.

국민참여재판이 서증조사 위주로 진행되는 원인으로서 가장 먼저 생각해볼 수 있는 것은, 검사의 서증 신청이다.16)

일반재판에서와 마찬가지로 국민참여재판도 검사가 증거서류를 증거로 신청하는 것으로부터 증거조사 절차가 시작된다. 즉, 증인을 먼저 신청하는 게 아니라 서증을 먼저 신청한다. 검사가 신청하는 서증의 양이 적지도 않다. 서증을 먼저 신청하여 피고인의 증거인부 결과에 따라 비로소 증인이 신청되고 채택되는 구조이기 때문에, 서증을 중심에 놓은 증거조사 절차가 되고 서증으로 증명이 되는 부분은 굳이 증인이 나올 필요가 없으며, 자연스레 상당수의 서증이 증거로 채택되고 증인신문보다는 서증조사 위주의 재판으로 진행되기 쉬운 것이다.

다음 원인으로 생각해볼 수 있는 건, 바로 '하루짜리 재판'이다.

우리 국민참여재판의 대부분은 공판준비기일을 제외한 본 기일이 하루에 불과한 하루짜리 재판이다. 2008년부터 2020년까지 진행된 총 2,718건의 국민참여재판 사례 중 단 하루 만에 재판이 진행된 사례가 무려 90.5%에 달하는 2,460건이다.17) 같은 자료에는 나머지 258건 (9.5%)이 재판에 이틀 이상 걸린 사례라고만 되어 있는데, 아마도 이 대부분이 이틀짜리 재판이고 사흘 이상 진행된 사례는 매우 드물 것으로 생각된다.

국민참여재판에서는 내용이 간단하고 증거가 많지 않은 사안이라도, 아무래도 재판시간이 더 많이 소요된다. 배심원 선정절차에 적지

---

16) 비슷한 견해로, 윤영석, 앞의 글, 179.
17) 법원행정처, 앞의 책, 35.

않은 시간이 들고, 배심원들이 절차의 진행방법과 증거의 내용을 쉽게 이해할 수 있도록 배려해야 하니 이에 대해 설명하는 시간이 필요하다. 배심원들을 감안하여 증인신문도 길어지고 서증조사도 자세히 하는 건 물론이다.[18] 당연히 재판시간이 늘어날 수밖에 없지만 실무상 재판을 가급적 하루에 맞춰 끝내려다 보니, 가급적 저녁식사 전에 증인신문과 서증조사까지는 마쳐야 하고, 그러려다 보니 당연히 있는 증인 없는 증인 전부를 법정에 부를 수는 없고 반드시 꼭 필요한 핵심 증인만 부르고, 서증으로도 어느 정도 설명이 되는 부분에 대해서는 굳이 증인을 부르지 않게 된다. 사건 자체와 직접적으로 관련이 있는 증인 외에, 전문가 증인이나 조사자 증인, 양형 증인을 법정에 소환하는 데는 더더욱 소극적인 자세가 될 수밖에 없다.

　이렇게 법정에 나올 수 있는 증인 수에 제한이 생기고, 그 공백은 다시 서증이 메우게 된다. 결국 여전히 종전의 일반재판과 그리 큰 차이도 없는 서면재판식의 재판 진행 모습을 보게 되는 것이다. 그러면 필요한 증인이 모두 다 나오는 제대로 된 재판을 위해, 가급적 하루짜리 재판을 지양하고 여러 날이 걸리더라도 재판을 길게 가져가야 하는 게 옳을까? 그것도 사실 여의치 않다. 국민들이 그걸 원하지 않는다. 단 하루 만에 치러지는 재판에 대해서도 국민들은 재판시간이 길다고 불만이 많다. 2008년부터 2020년까지 실시된 국민참여재판에 참여한 배심원들을 대상으로 한 설문조사 결과에 의하면, '장기간의 재판으로 인한 불편'이 가장 큰 애로사항으로 꼽힌다(42.6%).[19]

　그래서 국민참여재판이 신속하게 진행될 수 있도록 줄일 수 있는 절차는 과감히 줄이는 개선이 필요하다는 지적이 있고,[20] 서증조사를

---

18) 윤영석, "국민참여재판의 위기와 개선방안", 서울법학 제28권 제4호, 서울시립대학교 법학연구소(2021), 278.

19) 5가지의 객관식 문항 중 다른 애로사항으로는, ① 법률용어에 대한 이해 어려움(26.8%), ② 재판서류 등 증거 이해 어려움(12.1%), ③ 수입 감소, 직장에서의 불이익(9.3%), ④ 피고인 보복 등 안전 우려(9.2%)가 있다(법원행정처, 앞의 책, 73).

20) 2021. 11. 12.자 한겨레, 「툭하면 '1박2일'···배심원단 진 빼는 국민참여재판, 바

줄여야 한다는 주장이 흔히 제기되곤 한다. 즉, 국민참여재판에서의 서증조사는 일반재판처럼 증거의 요지나 명칭을 간략히 설시하는 것으로 끝나지 않고 서증 자체를 하나하나 제시하고 필요한 경우 전체를 낭독하기도 하는데 이러한 방식은 공판중심주의와 거리가 멀고 공판중심주의와 구두변론주의를 강화하기 위해 도입했다는 국민참여재판의 도입취지를 살리지 못하는 것이라거나,21) 현재의 국민참여재판에서도 서증조사가 큰 비중을 차지하고 있는데 이는 시간이 많이 소요될 뿐 아니라 공판중심주의에 들어맞지 않는 것으로 타당하지 않으므로 상당히 부적절하고 이는 조서재판으로의 회귀와 다름없다거나,22) 피고인이나 증인에 대해 작성된 조서는 법정진술과 내용이 중복되므로 일일이 서증조사를 할 필요가 없다는 주장23)이 제기된다.

물론 매우 적절한 지적이다. 국민참여재판에서 서증조사가 큰 비중을 차지하는 건 결코 바람직하지 않다.24) 그런데 앞의 사례들을 보며 드는 생각은, 지금의 국민참여재판은 어떻게 보면 조서나 서증이 불필요하게 중복적으로 많이 나오는 게 문제라기보다는, 증인이 너무 나오지 않는 게 문제라는 것이다. 증인도 별로 안 나오는데 서증까지 줄여버리면, '증명의 공백'이 생기게 되는 것이다. 이렇게 공판중심주

꿜 수 없나요」, https://www.hani.co.kr/arti/society/society_general/1019106.html(2022. 1. 16. 검색).

21) 윤영석, "국민참여재판에 대한 고찰-피고인의 관점에서", 174.

22) 윤영석, "국민참여재판의 위기와 개선방안", 278.

23) 앞의 주 20) 기사.

24) 다만, 하루 안에 재판을 마치려다 보면 소환하는 증인 수에 제약이 생길 뿐만 아니라 서증조사에도 제약이 생기게 된다. 원칙적으로는 배심원들이 서증의 내용을 쉽게 잘 이해할 수 있도록 서증 하나하나 자세히 낭독하고 설명해야 하고 그러기 위해 서증조사에 충분한 시간을 할애해야 하지만, 그러기엔 하루짜리 재판은 시간의 제약이 심하다. 검사가 하나하나 자세히 낭독하고 설명할 시간이 없어, 서증을 원문 그대로보다는 가급적 일부분을 편집하여 실물화상기나 프레젠테이션 프로그램을 이용해 핵심적인 내용만 얼른 간단하게 제시하는 데 그치기도 한다. 시간 제약으로 인해 서증 전체를 제대로 다 접하지 못한 배심원들이 자칫 서증의 내용을 제대로 이해하지 못할 수도 있게 되는 것이다.

의와 실질적 직접심리주의를 충실하게 구현하기 위해 시작한 재판 제
도에서 필요한 증인도 제대로 나오지 않는 실태를 놓아두고 조서나
서증을 줄여야 한다고만 주장하는 건, 정작 가려운 곳을 정확히 긁지
못하는 진단이다.

그러면 다음 항부터는 이러한 국민참여재판의 서증조사 위주 진행
이라는 문제점에 대해 어떠한 개선방안이 있을지 고민해보기로 한다.

2. 개선방안 1 : 현실과 한계 인정

이제까지 국민참여재판이 일반재판과 다를 바 없이 서증조사 위
주로 진행된다는 점을 비판적으로 지적해왔다. 그래서 지금의 국민참
여재판은 정말로 문제 있는 재판이라는 것인가?

필자가 생각하는 답은 "그렇지 않다"이다. 서면재판 자체가 문제
인 건 아니다. 서면재판식의 재판은 배심원들이 사안과 쟁점을 쉽게
이해하는 데 장애가 될 수 있다는 문제는 있으나, 개개 사안에 따라서
서면재판식으로 재판을 해도 그것이 실체진실 발견에 지장이 없다면
이는 합리적이고 적절한 방식의 재판 진행인 것이다.

앞에서 본 사례들 중 ③사례와 ④사례에서는 증인신문이 하나도
없었다. 자백사건이니 사실관계를 증명하기 위해 검사가 제출한 서증
과 관련하여 일일이 원진술자를 법정에 부를 필요가 없다. 이렇게 진
행하는 게 실체진실 발견에 아무런 문제가 없으니 그것으로 그만인
것이다. 이런 사건에서 국민참여재판이어서 엄격하게 실질적 직접심
리주의를 구현하여야 하니 원진술자들을 다 불러야 한다고 주장한다
면, 오히려 그게 더 문제일 것이다. ④사례의 공직선거법위반 부분에
서 배심원이 재판부와 다른 생각의 평결에 이른 것은, 검사가 배심원
을 잘 설득하지 못하였기 때문이지 단지 서면재판 때문만은 아니라고
볼 것이다. 실질이 문제이지 형식이 문제가 아니라는 것이다.

①사례와 ②사례에서는 각각 피해자에 대해서만 증인신문이 이루

어졌다. 나머지 대부분의 증거들은 서증이었고, 서증조사가 증거조사 절차의 큰 부분을 차지하였다. 두 사건 모두 피고인들이 공소사실을 부인하는 사건이고 국민참여재판으로 진행되었음을 감안하면, 실질적 직접심리주의가 제대로 구현된 재판이라고 하기에는 미흡하고, 증인들이 좀 더 많이 나와 배심원에게 생생한 진술을 들려주고 피고인과 공방을 벌일 필요가 있었다. 다만, 두 사례 모두 행위불법과 결과불법 모두 중대한 사안이긴 하나 내용과 쟁점 자체는 간단한 사건임을 감안할 때, 실질적 직접심리주의를 위해 하루짜리 재판을 포기하고 여러 날 재판을 진행할 만한 사건인가는 곰곰이 따져볼 문제이다. ②사례의 유사강간 부분에서 배심원이 재판부와 다른 생각의 평결에 이른 것 역시, 검사가 배심원을 잘 설득하지 못하였기 때문이지 단지 서면재판 때문만은 아니라고 볼 것이다. 실질이 문제이지 형식이 문제가 아닌 것이다.

해가 갈수록 국민참여재판의 실시 건수는 줄고 있는 반면 배제 건수는 늘고 있는 추세이다. 2008년부터 2020년까지 총 7,861건의 국민참여재판 신청이 접수되어 그 중 2,718건(35.6%)이 국민참여재판으로 진행되었다. 초창기 실시율은 점차 증가세를 보이며 2011년 51.2%에 육박했지만, 2015년 38.6%, 2019년 28.0%로 급락한 뒤 2020년에는 10%대까지 추락했다. 반면, 2008년부터 2017년까지 10~20%대를 오가던 배제율은 2018년 29.3%, 2019년 29.9%, 2020년 37.8%로 크게 증가하였다.[25]

물론 최근 코로나 팬데믹의 영향으로 국민참여재판 진행 자체가 어려워져 이례적으로 배제율이 급증하고 실시율이 급락한 것으로 보이지만, 한정된 인적·물적 자원으로 국민참여재판까지 진행하기에는 비효율적이고 업무상 부담이 과중해 재판부에서 이를 기피하는 측면도 있다.[26] 국민참여재판은 일반국민이 판단자라는 특성에 맞추어 실

---

25) 법원행정처, 앞의 책, 2.

26) 2021. 7. 14.자 한겨레, 「국민참여재판 실시율 역대 최저⋯코로나19 영향에 업무 부담도 영향」,

 https://www.hani.co.kr/arti/society/society_general/1003499.html(2022. 1. 16. 검색);

질적 직접심리주의 원칙에 충실하게 운영되어야 하겠으나, 현재도 사법자원의 제약과 업무부담으로 인해 기피되고 있고 그 실시율도 줄어들고 있는 현실을 감안할 필요가 있다.

특히, 앞에서 보았듯이 장시간의 재판에 대한 배심원들의 불만을 감안하면 국민참여재판을 마냥 길게 가져갈 수도 없기에, 결국 실체적 진실 발견에 지장이 없다면 현재와 같이 하루나 이틀 사이에 재판을 마무리하는 게 바람직하다. 하루짜리 재판이 문제가 있는 게 아니라 하루짜리 재판은 이러한 현실을 고려한 합리적인 재판 진행방식이라고 생각한다. 하루라는 시간상의 제약과 서증조사 위주 증거조사라는 방법상의 제약 안에서, 검사가 최대한 효율적인 증명전략과 논리적이고 간결한 설득기법을 갖추려 노력할 필요가 있는 것이다.

이른바 '사법농단 사건' 재판에서의 공판갱신절차 장기 진행과 증거서면의 낭독 고수 등 철저한 공판중심주의식 진행이 '공판중심주의의 역설'로 불리는 현실은, 공판중심주의가 과연 무엇을 위해 존재하는 이념인가를 고민해보게 한다.[27] 국민참여재판은 무조건 공판중심주의식으로 진행돼야 하고 공판중심주의는 무조건 서면재판을 배척해야 한다는 도그마는 재고될 필요가 있다. 케이스 바이 케이스인 것이고, 개개 사안에 따라 소송경제도 함께 감안하여 그에 맞는 방식으로 적절하게 제도를 운영하면 되는 것이다.

3. 개선방안 2 : 선택과 집중 도모

가. 자백사건 배제

실질적 직접심리주의가 본연의 활약을 펼쳐야 하는 분야는 피고

2021. 3. 18.자 법률신문, 「국민참여재판 인기 '시들'⋯ 실시율↓ 배제율↑」, https://m.lawtimes.co.kr/Content/Article?serial=168623(2022. 1. 16. 검색).

27) 2022. 1. 3.자 국민일보, 「공판중심주의 더딘 시계⋯ 양승태·임종헌 1심 대선 뒤 결론」, http://news.kmib.co.kr/article/view.asp?arcid=0924225698&code=11131900&sid1=o(2022. 1. 23. 검색).

인이 공소사실을 부인하는 사건이다. 피고인이 공소사실을 다투는 사건에서는 법정에서 철저한 심사와 검증을 거친 증거를 기초로 사실을 인정하여야 하고, 이때 실질적 직접심리주의 원칙이 빛을 발해야 한다. 국민참여재판에서는 더더욱 그러해야 할 것이다.

미국과 독일 등 배심제와 참심제를 시행하는 대부분의 입법례에서는 공판준비절차에서 피고인의 유무죄를 미리 결정하여 자백사건에 대해서는 배심재판이나 참심재판의 대상으로 하지 않으나,[28] 우리 제도에서는 자백사건 역시 국민참여재판으로 진행할 수 있다. 2008년부터 2020년까지 실시된 총 2,718건의 국민참여재판 사건 중 자백사건이 826건(30.4%)이고 부인사건이 1,892건(69.6%)으로서, 자백사건이 적지 않은 비중을 차지함을 알 수 있다.[29]

앞에서 ③사례와 ④사례에서 보듯, 자백사건에서는 증인신문보다는 서증 위주로 증거조사가 이루어지는 경우가 많다. 자백사건의 재판은 대개 공소사실에 대한 첨예한 공방보다는 피고인의 가족이나 지인들이 법정에 출석하여 피고인의 선처를 위해 배심원들에게 감정의 호소를 하는 식으로 재판이 진행될 뿐이다.[30]

그리고 국민참여재판에는 간이공판절차가 인정되지 않으므로, 자백사건이고 피고인이 증거동의하는 경우라도 간이공판절차에 따른 증거조사를 할 수 없어 엄격한 증거조사가 이루어져야 한다. 증인도 없이 서증 위주로만 증거조사가 이루어지는 자백사건에서 간이공판절차를 적용하지 못하고 엄격한 증거조사를 한다는 건 비효율적인 측면이 있다.

또한, 자백사건은 양형만 다루어지게 되는데, 배심원들로 하여금 양형에 관한 의견을 개진하게 하는 게 적절한지의 문제도 있다.

국민참여재판의 목적이 사법의 민주적 정당성과 국민신뢰의 제고

---

28) 강구민, "국민참여재판 제도의 몇 가지 개선점", 성균관법학 제24권 제3호, 성균관대학교 법학연구원(2012), 562.
29) 법원행정처, 앞의 책, 37.
30) 강구민, 앞의 글, 561.

에 있고 권력형 범죄의 경우 전관예우나 유전무죄 등의 논란은 주로 양형 문제에서 발생한다는 점을 감안하면, 우리 법상 양형에 관해 배심원들의 의견을 듣도록 한 것은 사법에 대한 신뢰를 높이는 데 분명 의미가 있는 절차이다.[31]

다만, 양형은 범죄의 내용뿐만 아니라 피해회복, 피고인의 인격적 요소, 재범의 위험성, 형사정책적 측면 등을 종합적으로 고려하여야 하는 고도의 전문적 판단이 필요한 영역이라는 점을 감안할 필요가 있다. 즉, 양형은 형벌의 목적과 이념에 비추어 개개의 양형인자의 가치를 어떻게 평가하는가가 중요한 고도의 규범적 가치 판단이 요구되는 영역이므로 이러한 판단작업은 배심원이 수행할 성질의 것이 아니고,[32] 양형기준 제도에 따라 양형 판단은 객관적인 법적용의 영역이므로 배심원들의 주관적인 판단에 따른 양형 의견은 지양될 필요가 있으며,[33] 양형 판단은 일반국민에게는 상당히 생소하고 쉽지 않은 전문적이고 기술적인 면이 많아 그 판단이 큰 부담으로 이어질 수 있고 일반국민의 주관적인 양형 판단이 객관적인 양형기준과 모순될 수 있는 문제도 있다는 견해[34] 등이 제기되기도 한다.

게다가 형사재판에서 유무죄의 판단을 위한 심증뿐 아니라 양형 판단을 위한 심증도 법정에서 형성하는 것이 마땅하고, 특히 국민참여재판에서는 양형심리도 법정에서 이루어져야 한다. 그런데 앞의 사례들에서 보듯, 일반재판은 물론 국민참여재판 역시 주로 유무죄 인정을 위한 사실심리를 중심으로 운영되고 있고 양형사유에 대한 심리는 충분히 이루어지고 있다고 보기 어렵다.

배심원들에게 양형에 대한 의견을 개진하게 하는 게 적절한지 여부는 차치하고라도, 현재의 양형심리 방식이 적절한지에 대해서도 논

---

31) 이호중, "국민참여재판의 성과와 과제", 법과기업연구 제1권 제3호, 서강대학교 법학연구소(2011), 225.
32) 이호중, 앞의 글, 228.
33) 이호중, 앞의 글, 227.
34) 김혜정, 앞의 글, 92.

란이 있다. 우리 국민참여재판은 일반재판과 마찬가지로 유무죄 인정을 위한 사실심리 절차와 양형을 정하기 위한 양형심리 절차가 분리되어 있지 않다. 따라서 사실심리 절차 과정에서 양형에 관한 자료도 함께 등장할 수 있어 유무죄 판단에 선입견과 예단을 불러일으킬 수 있고, 반대로 피고인의 불우한 환경이나 가정사 등이 감성재판으로 흐르게 할 우려도 있으며, 이러한 선입견과 예단을 지나치게 의식하다 보면 사실심리 과정에서 양형자료가 제대로 등장하지 못하여 양형심리가 부실해질 수 있는 문제점도 있다. 이런 문제점을 감안하여 사실심리 절차와 양형심리 절차를 분리하거나35) 유죄평결 후 별도의 양형심리기일을 지정하여 양형심리를 해야 한다는 견해36)도 제기된다.

특히, 일반재판의 경우에는 여러 기일에 걸쳐 재판이 진행되므로 사실심리가 종결되면 별도의 기일을 잡아 양형심리를 따로 진행할 수도 있으나, 국민참여재판은 대부분 하루 만에 끝나는 하루짜리 재판이므로 양형심리를 따로 진행할 시간적 여유조차 없어 일반재판보다 양형심리가 부실해지기 쉬운 구조이기도 하다. 법원은 자체적으로 양형조사관 제도를 운영하면서 일부 사건에서는 재판부 직권으로 법원 소속의 양형조사관으로 하여금 양형조사를 하게 한 후 별도의 변론기일을 열어 그 결과를 양형에 반영하고 있는데, 국민참여재판에서는 이러한 양형조사관에 의한 양형조사도 거의 이루어지지 않고 있는 것으로 보인다. 국민참여재판을 실시하기 위해서는 재판 전에 이미 몇 차례의 공판준비기일로 상당한 시일이 소요되기 마련인데, 그에 더하여 양형심리를 위한 별도의 변론기일까지 잡기는 곤란하기 때문이다.

결국 이와 같이 법정에서의 양형심리가 미흡한 현실을 감안할 때 배심원의 양형 의견은 진지한 숙고의 산물이라 볼 수 없어 그 정당성

---

35) 김봉수, "'법관'에 의한 재판을 받을 권리와 국민참여재판", 형사법연구 제30권 제2호, 한국형사법학회(2018), 139; 김혜정, 앞의 글, 100.

36) 정웅석, "「국민의 형사재판 참여에 관한 법률」에 따른 양형자료의 수집 및 조사주체에 관한 연구", 형사소송 이론과 실무 제8권 제1호, 한국형사소송법학회(2016), 129.

을 인정하기 곤란하다고 볼 여지가 있고,[37] 배심재판 제도의 중심은 유
무죄 평결에 있다고 할 것이어서 양형만이 다투어지는 사건을 국민참여
재판의 대상으로 하는 것은 제도의 본래 취지에도 부합하지 않는다.[38]

따라서 양형만을 판단하기 위한 국민참여재판, 특히 자백사건에
대한 국민참여재판은 가급적 지양되어야 하고 재판부가 적절하게 배
제결정을 할 필요가 있다고 생각한다.

나. 경미사건 배제

국민참여재판의 대상사건을 정할 때는 사안의 중대성을 고려할
필요가 있다고 생각한다. 경미한 사안까지 국민참여재판의 대상으로
삼는 것은 소송경제에 반하고 사법자원의 낭비이기 때문이다.

현재 국민참여재판의 대상사건은, ① 법원조직법 제32조 제1항
(제2호 및 제5호는 제외)에 따른 합의부 관할 사건, ② 위 사건의 미수
죄·교사죄·방조죄·예비죄·음모죄에 해당하는 사건, ③ 이상의 사건
과 관련 사건으로서 병합하여 심리하는 사건이다(국민의 형사재판 참여
에 관한 법률 제5조 제1항).

2008년 법률 제정 당시의 대상사건은 살인죄, 폭행치사죄, 강도상
해죄, 강도살인죄, 현주건조물방화치사죄 등의 강력범죄, 그리고 뇌물
죄와 배임수재죄 등 일부 부패범죄와 같은 법정형이 중한 범죄였으나,
이후 법률이 개정될 때마다 그 대상사건은 계속 확대되어 왔다. 즉,
2009년에는 특정범죄 가중처벌 등에 관한 법률상의 상습강도와 상습
절도, 형법상의 강간·강도·특수강도 등이 추가되었고, 2012년에는 합
의부 관할의 전체 사건으로 확대되었으며, 2015년에는 대법원규칙에
의해 재정합의결정을 거친 단독판사 관할 사건으로 확대되었다(국민의
형사재판 참여에 관한 규칙 제3조의2, 국민참여재판예규 제46조 제3항). 결
국 당초 중범죄 사건만 대상으로 하였다가 점차 그 범위가 확대된 결
과로서, 현재는 사실상 죄명이나 사안의 경중에 관계없이 모든 사건이

---

37) 이호중, 앞의 글, 225.
38) 김혜정, 앞의 글, 100.

국민참여재판의 대상이 될 수 있는 것이다.

위 대법원규칙에 따라 본래 단독판사 관할 사건이지만 재정합의 결정에 따라 합의부 사건으로 접수된 후 국민참여재판으로 진행되기에 적합한 사건으로는, 국민의 일상생활에서 쉽게 발생하고 누구나 피해자가 되기도 하고 피고인이 될 수 있는 이른바 생활밀착형 사건이 언급되기도 한다.39) 그런데 이러한 단독사건을 국민참여재판의 대상으로 하는 것은, 법률에서 기본적으로 형사합의사건을 대상사건으로 하고 있음에도 그 하위법규에 따라 단독사건으로 그 대상을 확대하는 게 적절한 것인가, 경미한 사건을 국민참여재판 대상으로 하는 게 비용 대비 효과 측면에서 바람직한 것인가 하는 문제점이 지적되기도 한다.40)

앞에서 보듯 해마다 국민참여재판의 실시 건수는 줄고 있는데, 사건의 양보다도 사건의 질 측면에서 보면 국민참여재판 사건 중 단독사건(특히 검사의 청구로 약식명령이 발령되었다가 피고인이 정식재판을 청구한 이른바 '고정사건')이 증가하는 추세에 있다.41) 이에 따라 정작 사안이 중한 사건은 국민참여재판을 받지 못할 가능성이 높아지는데, 이러한 경향은 당초 중범죄만을 국민참여재판의 대상으로 삼으려 한 입법자의 의사에 반하고 제도의 본질에도 맞지 않으므로,42) 특히 고정사건은 국민참여재판 대상에서 제외하자는 견해43)도 제기된다.

이러한 점을 감안할 때, 경미한 사건에 대한 국민참여재판 신청에 대해서는 재판부가 적극적으로 배제결정을 할 필요가 있다고 생각한다.

---

39) 박미숙·서주연·최이문, 형사정책과 사법제도에 관한 평가연구(XⅢ)-국민참여재판 시행 10년차 평가와 정책방안 연구, 한국형사정책연구원(2019), 458.
40) 박미숙·서주연·최이문, 앞의 책, 459.
41) 윤영석, "국민참여재판의 위기와 개선방안", 264.
42) 윤영석, "국민참여재판의 위기와 개선방안", 265.
43) 윤영석, "국민참여재판의 위기와 개선방안", 277.

4. 개선방안 3 : 형사사법절차 전자화를 고려한 증거조사

앞에서 국민참여재판이 서증조사 위주로 진행되는 원인 중 하나로서, 검사가 증거서류를 증거신청하는 데서부터 증거조사 절차가 시작된다는 점을 들었다. 수사기관이 수사의 결과물로서 서증을 생산하는 수사방식, 검사가 이러한 서증을 우선적으로 증거신청하는 공소유지방식이 근본적으로 변하긴 쉽지 않겠으나, 정보통신기술의 발전에 따라 점차 지속적인 변화는 있으리라 예측된다.

특히, 2021. 10. 19. 「형사사법절차에서의 전자문서 이용 등에 관한 법률」이 제정되고 법무부·검찰·경찰·해양경찰 등 4개 기관이 공동추진하는 차세대 형사사법정보시스템(KICS) 구축 사업과 법원이 추진하는 차세대 전자소송시스템 구축 사업이 본격화됨에 따라, 2024년 말부터는 형사사법절차의 전자화 시대가 열릴 예정이다.[44] 대표적인 변화는, 형사사법절차에서도 종이기록이 사라지고 전자기록이 본격적으로 이용된다는 점이다.[45]

조서, 사진, 동영상, 통신자료, 금융자료, 디지털자료 등 형사사건의 많은 증거가 컴퓨터나 스마트폰 등의 디지털기기를 통해 작성되고 전산시스템에 저장되므로, 이를 굳이 종이로 출력하지 않고 그대로 전산시스템 안에서 유통시키면서 수사도 하고 재판도 하게 되는 것이다. 전자화에 따라 수사절차와 공판절차에 큰 변화가 있을 것으로 예상되고, 특히 수사과정에서의 증거수집 방식과 공판과정에서의 증거조사 방식에도 어떠한 형태로든 변화를 가져오게 될 것이다. 기술의 발전은 단지 기술 그 자체의 변화에만 머물지 않고 사람의 사는 모습과 일하는 방식에도 영향을 주게 되기 마련이고 형사사법제도의 실무에도 변

---

44) 2021. 9. 28.자 법률신문, 「형사사건도 이르면 2024년부터 전자소송」, https://m.lawtimes.co.kr/Content/Article?serial=173224(2022. 1. 23. 검색).

45) 「약식절차 등에서의 전자문서 이용 등에 관한 법률」에 따라 경미한 음주운전과 무면허운전 사건에 대해서는 2010. 5.부터, 공소권없음이 명백한 교통사고 사건에 대해서는 2016. 1.부터 이미 종이기록 없이 전자기록에 의해 수사와 재판이 이루어지고 있다. 즉, 2024년 말부터는 '완전 전자화'가 시작되는 것이다.

화를 가져오게 될 것이다.

수사절차라는 게 폐지되지 않고 존재하는 한, 수사절차에서 수집된 사건관계인의 진술은 메모이든 조서이든 음성녹음물이든 영상녹화물이든 어떤 형태로든 보존되어야 한다. 지금까지의 수사실무상 사건관계인의 진술을 수집하고 보존하는 통상적인 방식은, 그를 수사기관의 조사실로 소환하여 그의 진술을 듣고 조서에 적는 것이다.

그런데 간단한 진술 몇 마디만을 청취하면 충분한 경우, 또는 사건관계인이 원거리에 있거나 거동이 불편한 경우에는 굳이 그를 수사기관으로 소환하여 조사하는 대신, 음성통화나 영상통화 같은 간편한 방식을 쓰는 게 수사기관이나 사건관계인 모두에게 적절한 방식의 조사일 것이다. 이때 음성통화나 영상통화 방식으로 청취한 진술을 어딘가에 기록해놓으려면, 조서라는 형식을 이용할 수는 없고 음성을 녹음하거나 영상을 녹화하는 방법을 생각해 볼 수 있을 것이다. 소환조사 대신 사건관계인을 방문하여 조사를 하는 경우도 있는데, 조서를 작성하기 위해 수사관이 컴퓨터와 프린터를 지참하는 대신 역시 음성을 녹음하거나 영상을 녹화하는 방식을 쓰는 게 적절할 것이다. 소환조사를 하는 경우라도, 문답내용 작성은 물론 작성내용 확인을 위한 열람에도 장시간이 소요되는 조서를 반드시 만들게 아니라 음성녹음이나 영상녹화 방식으로 그 진술을 기록하는 게 역시 모두에게 편리할 것이다. 조사를 받는 사람이 문맹이거나 어떠한 장애가 있어 조서 작성이 사실상 곤란한 경우도 마찬가지이다.[46]

형사사법절차 전자화 시대에서는 이런 풍경이 더 일반화될 것이다. 기술 발전에 따라 종이 형태의 증거는 점점 줄어들고, 전자문서라하더라도 진술이 기재된 서류 형태의 증거는 점점 덜 활용될 것이다.

더욱이 형사사법절차 전자화의 큰 특징 중 하나는, 사건관계인의 수사기관 출석조사에 따른 불편과 시공간적 제약을 고려해 '비대면 조사'를 지향한다는 점이다. 이를 위해 차세대 형사사법정보시스템에는

---

46) 한제희, 앞의 글, 294.

원격지에 있는 사람과의 화상조사를 위한 원격화상조사 기능이 추가
되고, 차세대 형사사법정보시스템이 모바일기기에도 탑재되어 언제
어디서든 이 모바일 시스템을 이용해 현장에서 곧바로 조사를 하고
그 음성과 영상을 기록할 수 있게 된다. 전자화 시대에 발맞춰, 최근
법령 개정과 함께 법원도 외국에 거주하는 증인을 법정에 소환하는
대신 영상재판 프로그램을 통해 증언하게 하는 등 영상재판을 본격적
으로 활용하고 있다.47)

　　비대면 조사는 대면 조사 때처럼 조서를 작성하는 게 곤란하므로
조사 과정에서 작성된 음성녹음물이나 영상녹화물을 그대로 증거로
사용할 필요성이 생긴다. 교통경찰관이 교통사고 현장에서 가해자와
피해자, 목격자 등을 상대로 사고경위를 청취하고 음성녹음이나 영상
녹화의 모바일 조사로 한 번에 조사를 끝내고 추후 재차 소환조사는
하지 않는 경우에도 이 음성녹음물이나 영상녹화물을 바로 증거로 사
용할 필요성이 생긴다. 현재는 음성녹음이나 영상녹화를 했더라도 이
를 CD와 같은 물리적 저장매체로 옮겨 종이기록에 첨부해야 하는 불
편함이 있으나, 이제는 작성, 저장, 유통 모두 시스템 안에서 해결된다.

　　결국, 앞으로는 종이기록보다는 전자기록이 기본이 되는 것이고,
증거를 종이 형태로 만들기보다 디지털 형태로 만드는 게 더 간편해
져서 더 많이 선호될 것이다. 비대면 조사가 활성화되면서 지금보다는
종이 형태의 조서를 증거로 만들거나 재판에 제출하는 대신, 음성녹음
물이나 영상녹화물 형태의 전자기록을 증거로 사용할 필요성이 커지
게 되는 것이다.

　　음성녹음물이나 영상녹화물이 법정에 증거로 나와 증거조사를 하
게 된다면, 그 방식은 증거신청자인 검사가 혼자 내용을 설명하면서
재생할 것이 아니라 조사자가 증인으로 나와 조사 당시의 상황을 직
접 설명하면서 음성녹음물이나 영상녹화물을 함께 재생해보는 방식이

---

47) 2021. 12. 13.자 뉴시스, 「외국인 성폭행 피해자 '영상재판'서 증언…첫 유죄
　　선고」, https://newsis.com/view/?id=NISX20211213_0001686341(2022. 1. 16. 검색).

적절할 것이다. 음성녹음물이나 영상녹화물이 증거능력의 문턱을 넘지 못하는 경우에도, 조서가 없으니 조사자가 직접 증인으로 나와야 할 것이다. 조사자 증언이 중요해지고 빈번하게 활용될 것이라는 얘기다.

2024년 이후 새로운 제도가 시행되면 지금과 같이 서증이 주로 제출되고 서증조사 위주의 증거조사를 하는 재판은 점차 줄어들게 될 것으로 보인다. 단지 종이기록 형태에서 전자기록 형태로 서증의 모양만 바뀌는 것이고 서증 자체는 여전히 존재하는 것이지만, 그 활용빈도 자체는 분명히 줄어들 것이다. 형사사법절차 전자화의 장점 중 하나는 이렇게 조서재판이 점점 줄고 공판중심주의에 보다 가까운 재판이 될 수 있다는 점이다.[48] 따라서 좀처럼 조사자가 증인으로 채택되지 않는 지금의 재판 현실과, 수사기관이 만든 영상녹화물은 독립적 증거능력이 없다고 단정하고 수사기관이 만든 음성녹음물은 독립적 증거능력이 있는지 없는지 여부가 애매한 지금의 증거법 해석론은, 시급히 재고를 요하는 상황이 다가온 것이다. 앞으로 국민참여재판에서는 더더욱 이러한 실무의 변화를 적극적으로 반영한 증거수집과 증거조사가 요구된다.

5. 개선방안 4 : 검사 항소의 허용 여부

대상판결의 사안은, 검사가 항소한 국민참여재판의 무죄판결을 항소심에서 뒤집어 유죄판결을 선고한 사건이다. 배심원이 심사숙고해 내놓은 결론을 직업법관이 합리적인 사유 없이 번복하면 안 된다는 게 대상판결의 결론이다. 국민참여재판의 결론에 대해 검사의 항소

---

48) 「형사사법절차에서의 전자문서 이용 등에 관한 법률」이 공포되자 김명수 대법원장은 이를 환영하며 "형사전자소송이 시행되면 재판부는 물론 검사, 피고인과 변호인이 언제 어디서든 공판기록에 접근할 수 있게 돼 공판중심주의와 실질적 무기대등 원칙이 더욱 충실하게 구현되고, 투명성이 크게 강화될 것"이라고 말하였다[2021. 10. 19.자 법률신문, 「형사전자소송법' 공포… 金대법원장 "국민 기본권 보호에 중요한 의미"」, https://m.lawtimes.co.kr/Content/Article?serial=173694(2022. 1. 23. 검색)].

를 허용하는 게 적절한지 역시 단골 논의주제이다.

우리 국민참여재판을 미국의 배심재판과 비교할 때 대표적인 차이점으로는, 배심원 평결이 권고적 효력에 그친다는 점, 배심원 평결이 다수결로도 가능하다는 점, 무죄판결에 대해 검사가 항소할 수 있다는 점 등을 들 수 있다.

앞에서 살펴본 ②사례의 경우, 배심원이 제2항 유사강간 부분에 대해 만장일치 무죄로 평결하였으나 재판부는 이와 달리 유죄를 선고하였다. ④사례의 경우도, 제1항 공직선거법위반 부분에 대해 배심원 모두 무죄로 평결하였음에도 재판부는 유죄를 선고하였다.

이는 배심원 평결에 대한 권고적 효력의 한계를 엿볼 수 있는 대목인데, 배심원의 입장에서 볼 때 자신이 낸 의견이 최종적인 의사결정이 아니라 단지 재판부의 최종결정에 참고가 되는 정도에 불과하니 평결에 대한 책임감이 약해질 위험이 있다. 더구나 배심원들은 꼭 만장일치로 결론을 낼 필요도 없다. 평의 과정에서 의견이 엇갈릴 경우 결국 다수결로 의견을 정리하면 되기 때문에 역시 평의에 임하는 책임감이 만장일치의 경우에 비해 미흡할 수 있다.

배심제를 시행하는 나라에서는 원칙적으로 유무죄에 관한 평결에서 배심원의 만장일치를 요건으로 하고 있고, 만장일치 요건을 다소 완화하는 예는 있지만 단순다수결에 의한 평결을 허용하는 예는 없다.[49] 다른 입법례에서 배심원의 평의절차에 만장일치 원칙을 버리지 못하는 이유는, 만장일치 원칙을 버리는 순간 평결에 이르는 시간이 짧아지고, 일찍 표결하며, 소수그룹은 말할 기회가 별로 없고, 다수에 빨리 동참하려 하고, 고집 센 소수는 제외된 채로, 증거는 그저 설렁설렁 검토하고 마는 게 되기 때문이라고 한다.[50]

게다가 하루짜리 재판에서 통상 배심원들이 평결을 하게 되는 때

---

49) 이호중, 앞의 글, 219.
50) 김희균, "국민참여재판에서 평결의 성립과 효력에 관한 문제점", 성신법학 제9호, 성신여자대학교 법학연구소(2010), 63.

는 늦은 저녁이거나 심야시간대이다. 이미 아침부터 시작해 온종일 낮선 환경에서 낯선 일로 강행군을 해온 탓에 몸과 마음은 과중한 피로로 파김치가 되어 있을 시점이기도 하다. 시간에 구애받지 않고 끈기 있게 진지한 결론을 이끌어낼 것을 요구하기 힘든 상황인 것이다.

배심원의 평결에 만장일치가 원칙이 되지 않고 앞으로도 평결이 단순히 권고적 효력만을 갖고 최종적인 판단은 어차피 직업법관만이 하게 된다면, 배심원의 입장에서도 만장일치에 도달하기 위한 치열한 토론과 논쟁을 할 책임감을 덜 갖게 될 것이고, 결국 배심원의 의사결정이란 단지 다수결의 의견제시 정도로만 그칠 가능성이 크다.51)

이러한 점들이 우리 국민참여재판의 권위를 살려주지 못하고 있다. 권위가 없는 제도이다 보니 그 판결에 승복하지 못한 항소가 난무한다. 2008년부터 2020년까지의 국민참여재판 현황을 보면, 국민참여재판 결과에 대한 검사와 피고인의 항소율 모두 일반재판에 비해 높음을 알 수 있다. 피고인 항소율(쌍방 항소 포함)은 58.4%로서 제1심 지방법원 본원 형사합의사건의 피고인 항소율 52.1%보다 높고, 검사 항소율(쌍방 항소 포함)은 48.9%로서 제1심 지방법원 본원 형사합의사건의 검사 항소율 28.6%보다 두 배 이상 높다.52)

우리 국민참여재판은 유죄판결이나 양형에 대해 피고인이 불복하여 항소를 할 수 있고, 무죄판결에 대해서는 검사도 항소할 수 있다. 이렇게 판결에 대해 항소가 가능하다는 게, 배심원의 평결이 최종적인 의사결정이 아닌 또 하나의 이유이기도 하다. 국민참여재판의 상당수는 피고인이나 검사가 승복하지 못한 채 항소심으로 가서 결국 직업법관에 의한 재판으로 회귀하는 것이고, 이로써 배심원에 의한 재판이라는 의의는 상당부분 상실되고 만다. 역시 배심원의 입장에서 본다면 자신의 평결이 최종적인 결정이 아니고 항소심이 기다리고 있으므로, 더더욱 쉽고 빠른 평의가 가능한 구조인 것이다.

---

51) 강구민, 앞의 글, 559.
52) 법원행정처, 앞의 책, 44.

특히 검사의 항소 빈도가 잦은 점에 대해서는, 국민참여재판의 실효성을 저하시키는 것이라는 이유로 무죄판결에 대한 검사의 항소를 금지해야 한다는 견해가 꾸준히 제기된다.[53]

미국 배심제에서 검사의 항소를 인정하지 않는 데는 이런 이유가 있지 않을까 싶다. 다수의 배심원들이 여러 날에 걸쳐 장시간 동안 수많은 증인들의 증언을 듣고 어렵고 지난한 토론을 거쳐 만장일치로 가까스로 이끌어낸 결론을 국가기관이 존중하지는 못할망정 가볍게 무시하는 처사는 부당하기 때문에, 재판부는 배심원의 평결을 그대로 따라야 하고 검사는 항소를 할 수 없는 것이다. 그러나 우리 국민참여재판은 그렇지 않다. 배심원들은 단 하루만 재판에 참석하면 되고, 그 하루 동안 몇 명 되지 않는 증인의 증언만 들으면 되고, 다른 배심원들과 의견이 다를 경우 다수결로 결론을 내면 그만이다. 재판부는 배심원 평결과 다른 결론을 내어도 상관없다. 미국 배심제와는 거리가 꽤 멀다.

2008년부터 2020년까지 실시된 국민참여재판 사건 2,718건 중 2,164건이 항소되어 그 중 639건이 항소심에서 파기되었는데(파기율 29.5%), 파기된 639건 중 유무죄가 바뀐 경우가 169건, 양형이 변경된 경우가 364건, 기타 106건이다. 파기율 29.5%는 전국 고등법원의 제1심 파기율 41.4%보다는 낮다.[54] 일반재판보다는 낮은 수준이긴 하지만 그래도 파기율이 29.5%에나 이를 정도라면, 국민참여재판이라는 이유만으로 항소를 제한한다거나 항소심이 제1심의 판단에 과도하게 기속되는 것도 적절하지 않다고 볼 여지가 있다.

결국, 미국 배심제를 롤모델로 하였을 때 우리 국민참여재판 제도가 배심제 본래의 형태를 갖추었다고 보기 힘들다는 점을 감안하면,

---

53) 박미숙·서주연·최이문, 앞의 책, 479; 김병수, 앞의 글, 23; 김병수·민영성, "국민참여재판의 활성화 방안에 관한 연구", 형사정책 제23권 제1호, 한국형사정책학회(2011), 43; 김혜정, 앞의 글, 89; 윤영석, "국민참여재판의 위기와 개선방안", 283; 이호중, 앞의 글, 232.

54) 법원행정처, 앞의 책, 51.

검사의 항소에 제한을 두는 데는 정책적으로 신중할 필요가 있다고
생각한다.

Ⅳ. 결 론

대상판결에서 항소심이 제1심의 판단을 존중하여야 한다고 본 이
유는, 제1심의 판단이 배심원들이 심사숙고 끝에 내린 결론이기 때문
이기도 하고 실질적 직접심리주의에 따라 재판을 한 결과이기 때문이
기도 하다. 국민참여재판의 결론은 항소심이 함부로 뒤집을 수 없다는
존중을 받는 권위 있는 의사결정이므로, 국민참여재판은 그러한 권위
에 걸맞도록 형사소송법상의 재판원칙들이 철저히 구현된 이상적인
모습의 재판임을 전제로 한다.

그런데 우리 국민참여재판의 현실은 이러한 기대와는 사뭇 다름
을 앞에서 본 국민참여재판 사례들에서 확인하였다. 물론 이 글에서
소개한 국민참여재판 사례들이 모든 국민참여재판의 실태를 반영하진
않는다. 국민참여재판 판결 전부에 대해 전수조사를 한 것은 아니기에
누구나 이상적으로 생각하는 국민참여재판 모델에 미흡해 보이는 판
결들만 필자의 눈에 띈 것일 수 있다. 그럼에도 이 사례들처럼 사실은
일반재판과 마찬가지로 서면재판식으로 진행되는, 실질적 직접심리주
의와는 다소 거리가 멀어 보이는 사례들이 상당수 존재한다는 것 역
시 분명한 팩트이다.

이런 현상이 사법자원의 제약이라는 현실적 여건 때문이라면 이
러한 현실적인 문제를 해결하는 것이 먼저이겠고, 결국 궁극적인 개선
방안은 10여 년이 넘는 지금의 시범실시 상태를 끝내고 제대로 된 온
전한 모습의 재판 제도를 다시 마련하는 것이겠다.[55]

─────────

55) 2022. 4. 현재 국회에 계류된「국민의 형사재판 참여에 관한 법률 개정안」은
총 6건으로, 그 내용은 대부분 권고적 효력 개선, 가중다수결 도입 등 평결
방식 보완, 검사의 항소 금지 등이다. 현행 국민참여재판 제도의 문제점을 근
본적으로 개선하는 데는 미흡한 방안들이 아닌가 싶다.

다만, 이는 입법과 행정의 영역이므로 일단 논외로 하고서 실무가의 입장에서 현행 제도의 테두리 안에서 생각해볼 수 있는 현실적인 대안은, 현재의 하루짜리 재판 현실을 인정하고 하루짜리 재판으로 인해 불가피한 서면재판 관행도 인정하는 것이다. 그리고 선택과 집중 차원에서, 사안이 중대하고 피고인이 공소사실을 부인하는 극소수의 사건만 국민참여재판의 대상이 되도록 범위를 제한할 필요가 있다. 경미사건이나 자백사건은 애초부터 국민참여재판의 대상으로 삼기 부적절한 사건이고 이들은 간이절차로 신속하게 처리될 수 있는 통로를 마련해야 한다.

아울러, 2024년 말부터 시작되는 형사사법절차 전자화 시대를 맞아 국민참여재판에서도 조사자 증인, 음성녹음물이나 영상녹화물에 대한 증거조사, 영상재판 등에 대한 대비가 필요하다. 결과적으로 국민참여재판의 권위를 해치는 현실이긴 하나, 미국 배심제와는 판이하게 다른 우리 제도의 특성을 감안할 때 현재와 같은 높은 항소율은 불가피한 측면이 있다.

프랑스는 오래 전부터 미국식 배심재판과는 다소 다른 형태의 참심재판 제도를 운영하여 왔는데, 2019년 9월부터는 종전의 참심재판 대상사건을 축소해서 시민참심원들의 사법절차 참여범위를 점차 줄여가고 있다. 이는 참심재판으로 야기될 수 있는 형사사법절차의 지연을 방지하여 신속한 재판 진행과 사법 효율성을 제고하기 위한 사법개혁 방안의 하나인데, '시민의 사법참여'나 '사법의 민주화' 같은 듣기 좋은 말들만 앞세워 자신들의 참심재판 제도를 신성불가침 대상으로만 삼으려 하지 않고, 위선 떨지 않으면서 그리고 현실을 인정하면서 과감하게 문제점을 고쳐나가겠다는 프랑스 국민들의 실용적 사고방식을 엿볼 수 있는 사례이다.[56]

---

56) 「프랑스 참심재판 제도의 현재와 미래」,
  http://imagistrat.blogspot.com/2018/10/blog-post_21.html (2022. 1. 23. 검색);
  「시민참심원이 배제된 재판부, 프랑스 중죄재판부(cour criminelle) 제도 시행」,
  http://imagistrat.blogspot.com/2019/10/cour-criminelle.html (2022. 1. 23. 검색).

　　우리 국민참여재판은 완전한 제도가 아닌 것이, 미완성인 채 긴
시간 동안 시범실시 상태로 유지되고 있는 제도이다. 롤모델로 삼을
만큼 완벽한 제도도 아닌 것이, 실질적 직접심리주의와는 다소 거리가
먼, 일반재판과 크게 다르지 않은 형태의 재판으로 운영되어왔다. 이
렇게 완전하지도, 완벽하지도 않은 제도라는 현실은 현실 그대로 인정
하는 바탕 위에서 대안을 고민하였으면 한다.

[주 제 어]
　국민참여재판, 실질적 직접심리주의, 형사증거법

[Key Words]
participatory trial, principle of practical direct examination, criminal evidence rule

접수일자: 2022. 4. 23. 심사일자: 2022. 7. 22. 게재확정일자: 2022. 7. 25.

[참고문헌]

박미숙·서주연·최이문, 형사정책과 사법제도에 관한 평가연구(ⅩⅢ) - 국민
　　참여재판 시행 10년차 평가와 정책방안 연구, 한국형사정책연구원,
　　2019

법원행정처, 국민참여재판 성과 분석(2008년~2020년), 2021

강구민, "국민참여재판 제도의 몇 가지 개선점", 성균관법학 제24권 제3호,
　　성균관대학교 법학연구원, 2012

김병수, "국민참여재판 시행 10년의 평가와 과제", 법학연구 제60권 제2호,
　　부산대학교 법학연구소, 2019

김병수·민영성, "국민참여재판의 활성화 방안에 관한 연구", 형사정책 제23
　　권 제1호, 한국형사정책학회, 2011

김봉수, "'법관'에 의한 재판을 받을 권리와 국민참여재판", 형사법연구 제30
　　권 제2호, 한국형사법학회, 2018

김혜정, "국민참여재판제도의 시행평가와 몇 가지 쟁점에 대한 개선방안",
　　영남법학 제32호, 영남대학교 법학연구소, 2011

김희균, "국민참여재판에서 평결의 성립과 효력에 관한 문제점", 성신법학
　　제9호, 성신여자대학교 법학연구소, 2010

박수희, "국민참여재판 도입에 따른 형사공판 절차의 변화", 법조 제59권 제
　　10호, 법조협회, 2010

윤영석, "국민참여재판에 대한 고찰 - 피고인의 관점에서", 아주법학 제13권
　　제2호, 아주대학교 법학연구소, 2019

윤영석, "국민참여재판의 위기와 개선방안", 서울법학 제28권 제4호, 서울시
　　립대학교 법학연구소, 2021

이인영, "공판중심주의의 이념과 공판절차에서의 구현에 관한 일 고찰", 형
　　사소송 이론과 실무 제8권 제1호, 한국형사소송법학회, 2016

이호중, "국민참여재판의 성과와 과제", 법과기업연구 제1권 제3호, 서강대
　　학교 법학연구소, 2011

정웅석, "「국민의 형사재판 참여에 관한 법률」에 따른 양형자료의 수집 및

조사주체에 관한 연구", 형사소송 이론과 실무 제8권 제1호, 한국형사소송법학회, 2016

한제희, "'한국식' 형사증거법의 실태와 고민", 형사소송 이론과 실무 제9권 제1호, 한국형사소송법학회, 2020

2021. 3. 18.자 법률신문, 「국민참여재판 인기 '시들'… 실시율↓ 배제율↑」, https://m.lawtimes.co.kr/Content/Article?serial=168623(2022. 1. 16. 검색)

2021. 7. 14.자 한겨레, 「국민참여재판 실시율 역대 최저…코로나19 영향에 업무 부담도 영향」, https://www.hani.co.kr/arti/society/society_general/1003499.html (2022. 1. 16. 검색)

2021. 9. 28.자 법률신문, 「형사사건도 이르면 2024년부터 전자소송」, https://m.lawtimes.co.kr/Content/Article?serial=173224(2022. 1. 23. 검색)

2021. 10. 19.자 법률신문, 「'형사전자소송법' 공포… 金대법원장 "국민 기본권 보호에 중요한 의미"」, https://m.lawtimes.co.kr/Content/Article?serial=173694 (2022. 1. 23. 검색)

2021. 11. 12.자 한겨레, 「툭하면 '1박2일'…배심원단 진 빼는 국민참여재판, 바뀔 수 없나요」, https://www.hani.co.kr/arti/society/society_general/1019106.html (2022. 1. 16. 검색)

2021. 12. 13.자 뉴시스, 「외국인 성폭행 피해자 '영상재판'서 증언…첫 유죄 선고」, https://newsis.com/view/?id=NISX20211213_0001686341(2022. 1. 16. 검색)

2022. 1. 3.자 국민일보, 「공판중심주의 더딘 시계… 양승태·임종헌 1심 대선 뒤 결론」, http://news.kmib.co.kr/article/view.asp?arcid=0924225698&code=11131900&sid1=o(2022. 1. 23. 검색)

「프랑스 참심재판 제도의 현재와 미래」, http://imagistrat.blogspot.com/2018/10/blog-post_21.html(2022. 1. 23. 검색)

「시민참심원이 배제된 재판부, 프랑스 중죄재판부(cour criminelle) 제도 시행」, http://imagistrat.blogspot.com/2019/10/cour-criminelle.html(2022. 1. 23. 검색)

[Abstract]

The realization of the principle of practical direct examination in participatory trials

Han, Je-hee*

The target judgment held that the appeals court should not arbitrarily overrule the judgment of the first instance based on the unanimous verdict of the jury, unless sufficient and convincing circumstances to the contrary clearly emerged through the examination of new evidence. The reason that the appellate court held that the judgment of the first instance should be respected is that the judgment of the first instance was the result of the jury's judgment based on the principle of practical direct examination. As such, the conclusion of a participatory trial is an authoritative decision that is respected by the appeals court and cannot be overturned.

However, the fact that the reality of our participatory trials is quite different from these expectations can be confirmed from the cases of participatory trials cited in this article. In fact, there are a number of cases in which the current participatory trial is somewhat far from the principle of practical direct examination, which is conducted in a written trial like general trials.

If this phenomenon is due to the realistic circumstances of the limitation of judicial resources, solving these realistic problems should be the first, and the ultimate improvement plan is to finish the trial implementation for more than 10 years and re-establish a complete trial system.

---

* Western Branch of Daegu District Prosecutors' Office, Prosecutor.

Next, putting these legislative and administrative improvements aside, a realistic alternative that can be considered within the framework of the current system is to acknowledge the current reality of a one-day trial and to acknowledge the unavoidable written trial practice due to a one-day trial. And in terms of selection and concentration, it is necessary to limit the scope so that only a very small number of cases in which the case is serious and the accused denies the charges are subject to the participatory trial.

In addition, in the era of digitalization of criminal justice procedures starting from the end of 2024, it is necessary to prepare for witnesses of investigators, investigation of evidence for audio or video recordings, and video trials in participatory trials. As a result, although it is a reality that harms the authority of participatory trials, the current high appeal rate is inevitable given the characteristics of our system, which is quite different from the US jury system.

2021년도 형법판례 회고[*]

김 혜 정[**]

I. 들어가는 말

지난 2021년에도 예년과 같이 다양하고 중요한 형사판결들이 대법원에서 이루어졌다. 2021년에 선고된 대법원 판결 중 2022. 5. 13. 현재 대법원 종합법률정보[1])에 공개되어 있는 형사사건은 총 172건이다. 그 중 전원합의체 판결 6건을 포함한 형사판결은 169건이다. 2021년에 대법원에서 판결된 형사판결의 추이를 보면, 전원합의체 판결이 2018년 이후 증가하다가 2021년 감소하는 등 전체적으로는 2019년에 비해서 판결건수가 증가하였지만, 2020년에 비해서는 다소 감소한 모습을 보여주고 있다.[2)]

2021년에도 종래 학계와 실무에서 논란이 되었던 중요한 사안과 관련하여 일부 전원합의체 판결이 이루어져졌다. 그 중에 화제를 모았

---

* 이 연구는 2022년도 영남대학교 학술연구조성비에 의한 것임.

** 영남대학교 법학전문대학원, 교수

1) https://glaw.scourt.go.kr/wsjo/panre/sjo060.do#1652427249122 : 2022. 5. 13 최종검색.
2) 대법원 종합법률정보에서 검색한 결과를 정리하면 아래와 같다(2022. 5. 13. 최종검색).

연도	전체 형사사건	판결(전합포함)	결정	전합판결
2021	172건	169건	3건	6건
2020	199건	191건	8건	10건
2019	128건	120건	8건	9건
2018	211건	202건	9건	7건
2017	314건	306건	8건	5건

던 판결로는 오래전부터 학계와 실무에서 논의되어 오던 양자 간 명의신탁부동산의 임의처분에서 횡령죄의 성립여부에 대한 전원합의체 판결을 들 수 있다.3) 또한 주거침입죄에서 한쪽 공동거주자의 승낙은 있었으나 다른 쪽 공동거주자의 추정적 의사에 반한 경우 주거침입죄의 성립여부에 대한 전원합의체 판결이 이루어졌다.

그 밖의 전원합의체 판결에는 저작재산권자의 이용허락 없이 전송되는 공중송신권 침해 게시물로 연결되는 링크를 다시보기링크 사이트 등에서 공중의 구성원에게 제공하는 행위가 공중송신권 침해의 방조에 해당하는지, 임의적 감경사유가 존재하는 사안에서 법관이 징역형의 상한과 하한에 대해 모두 2분의 1로 법률상 감경하여야 하는 것인지, 공동거주자 중 한사람이 정당한 이유 없이 출입을 금지한 경우 다른 공동거주자가 이에 대항하여 공동생활 장소에 들어가는 행위의 주거침입죄 성립이 인정되는지에 대한 판결이 이루어졌다.

이에 본 글에서는 169건의 형사판결 중 양자 간 명의신탁에 관한 전원합의체 판결을 포함하여 전원합의체 판결 4건의 검토(Ⅱ)와 함께 사회적으로 화제가 되었던 판결들 중 대법원에서 파기 환송된 판결을 중심으로 필자가 임의로 선택한 형법총칙 관련 판결 4건(Ⅲ)과 형법각칙 관련 판결 6건(Ⅳ)에 대하여 살펴보도록 한다.

Ⅱ. 대법원 전원합의체 판결

1. 양자 간 명의신탁 부동산의 임의처분과 횡령죄 성립여부
 – 대법원 2021. 2. 18. 선고 2016도18761 전원합의체 판결 –
(1) 사실관계

명의수탁자인 피고인이 명의신탁자인 피해자로부터 피해자 소유인 C 아파트 D호를 명의신탁 받아 보관해 달라는 부탁을 받고 동 아

---

3) 지난 2018년 당시 미선고 사건인 동 사안과 관련하여 대법원 형사실무연구회에서 세미나를 개최한 바 있다.

파트를 피고인의 명의로 이전 등기하여 보관하던 중에 피고인이 동 아파트를 임의 처분함으로써 횡령죄가 문제되었다.

(2) 판결요지

[1] 형법 제355조 제1항이 정한 횡령죄에서 보관이란 위탁관계에 의하여 재물을 점유하는 것을 뜻하므로 횡령죄가 성립하기 위하여는 재물의 보관자와 재물의 소유자(또는 기타의 본권자) 사이에 법률상 또는 사실상의 위탁관계가 존재하여야 한다. 이러한 위탁관계는 사용대차·임대차·위임 등의 계약에 의하여서뿐만 아니라 사무관리·관습·조리·신의칙 등에 의해서도 성립될 수 있으나, 횡령죄의 본질이 신임관계에 기초하여 위탁된 타인의 물건을 위법하게 영득하는 데 있음에 비추어 볼 때 위탁관계는 횡령죄로 보호할 만한 가치 있는 신임에 의한 것으로 한정함이 타당하다. (중략)4)

[2] 부동산 실권리자명의 등기에 관한 법률(이하 '부동산실명법'이라 한다)은 부동산에 관한 소유권과 그 밖의 물권을 실체적 권리관계와 일치하도록 실권리자 명의로 등기하게 함으로써 부동산등기제도를 악용한 투기·탈세·탈법행위 등 반사회적 행위를 방지하고 부동산 거래의 정상화와 부동산 가격의 안정을 도모하여 국민경제의 건전한 발전에 이바지함을 목적으로 하고 있다(제1조). 부동산실명법에 의하면, 누구든지 부동산에 관한 물권을 명의신탁약정에 따라 명의수탁자의 명의로 등기하여서는 아니 되고(제3조 제1항), 명의신탁약정과 그에 따른 등기로 이루어진 부동산에 관한 물권변동은 무효가 되며(제4조 제1항, 제2항 본문), 명의신탁약정에 따른 명의수탁자 명의의 등기를 금지하도록 규정한 부동산실명법 제3조 제1항을 위반한 경우 명의신탁자와 명의수탁자 쌍방은 형사처벌된다(제7조).

이러한 부동산실명법의 명의신탁관계에 대한 규율 내용 및 태도

---

4) 본 글에서 지면을 고려하여 판결요지 중 쟁점파악에 크게 문제가 되지 않는다고 생각되는 부분은 필자가 임의로 생략하였으므로 정확한 내용파악에 한계가 있을 수 있다.

등에 비추어 보면, 부동산실명법을 위반하여 명의신탁자가 그 소유인 부동산의 등기명의를 명의수탁자에게 이전하는 이른바 양자간 명의신탁의 경우, 계약인 명의신탁약정과 그에 부수한 위임약정, 명의신탁약정을 전제로 한 명의신탁 부동산 및 그 처분대금 반환약정은 모두 무효이다.

나아가 명의신탁자와 명의수탁자 사이에 무효인 명의신탁약정 등에 기초하여 존재한다고 주장될 수 있는 사실상의 위탁관계라는 것은 부동산실명법에 반하여 범죄를 구성하는 불법적인 관계에 지나지 아니할 뿐 이를 형법상 보호할 만한 가치 있는 신임에 의한 것이라고 할 수 없다.

명의수탁자가 명의신탁자에 대하여 소유권이전등기말소의무를 부담하게 되나, 위 소유권이전등기는 처음부터 원인무효여서 명의수탁자는 명의신탁자가 소유권에 기한 방해배제청구로 말소를 구하는 것에 대하여 상대방으로서 응할 처지에 있음에 불과하다. 명의수탁자가 제3자와 한 처분행위가 부동산실명법 제4조 제3항에 따라 유효하게 될 가능성이 있다고 하더라도 이는 거래 상대방인 제3자를 보호하기 위하여 명의신탁약정의 무효에 대한 예외를 설정한 취지일 뿐 명의신탁자와 명의수탁자 사이에 위 처분행위를 유효하게 만드는 어떠한 위탁관계가 존재함을 전제한 것이라고는 볼 수 없다. 따라서 말소등기의무의 존재나 명의수탁자에 의한 유효한 처분가능성을 들어 명의수탁자가 명의신탁자에 대한 관계에서 '타인의 재물을 보관하는 자'의 지위에 있다고 볼 수도 없다.

그러므로 부동산실명법을 위반한 양자간 명의신탁의 경우 명의수탁자가 신탁받은 부동산을 임의로 처분하여도 명의신탁자에 대한 관계에서 횡령죄가 성립하지 아니한다.

이러한 법리는 부동산 명의신탁이 부동산실명법 시행 전에 이루어졌고 같은 법이 정한 유예기간 이내에 실명등기를 하지 아니함으로써 그 명의신탁약정 및 이에 따라 행하여진 등기에 의한 물권변동이 무효로 된 후에 처분행위가 이루어진 경우에도 마찬가지로 적용된다.

(3) 평 석

대상판결에서 대법원은 종래 양자 간 명의 신탁된 부동산을 수탁자가 임의처분 한 경우, 횡령죄가 성립한다[5]고 판단하던 것에서 횡령죄가 성립하지 않는 것으로 판례를 변경하였다. 이는 최근 부동산명의신탁과 관련한 횡령죄 판례에서 나타난 변화[6]의 연장선상에서 이루어진 것이라고 볼 수 있다. 명의신탁부동산과 관련하여 발생하는 횡령죄 성립여부에 대해 이미 오래전부터 "신임관계에 기한 타인재물의 보관자"라는 횡령죄의 주체성에 중심을 둔 판단이 필요하고, 이 경우 횡령죄의 성립을 부정해야 한다는 주장이 있어 왔다.[7]

이에 대상판결에서 "보호가치 신뢰관계 이론"[8]에 입각하여 명의신탁약정에 기반을 둔 위탁신임관계는 형법상 보호할 가치가 있는 신임관계가 아니므로 명의수탁자에게 "타인의 재물을 보관하는 자"의 지위를 인정할 수 없다는 점에서 횡령죄 성립을 부정한 결론은 타당하다고 생각된다.

이에 대해, "위탁관계는 객관적으로 존재하는 사실상의 관계"로 충분하므로 위탁관계가 법률상 무효·취소된 경우라도 이미 재물에 대한 사실상 위탁관계가 존재한다는 점에서, 비록 부동산실명법 제4조 제1항에 따라 명의신탁약정이 무효가 되더라도 명의신탁자와 명의수탁자 사이에 신임관계가 인정된다면 위탁관계를 인정할 수 있다는 견해도 있다.[9] 특히 "부동산실명법은 대내적 관계에서 법의 목적을 달

---

5) 대법원 2011. 1. 27 선고 2010도12944 판결; 대법원 2009. 11. 26. 선고 2009도 5547 판결 등.

6) 대법원 2016. 5. 19 선고 2014도6992 전원합의체 판결에서 중간생략등기형 명의신탁에서 신탁부동산의 임의처분에 대한 횡령죄 성립을 부인하는 판례변경이 이루어진 바 있다.

7) 천진호, "명의신탁부동산 처분행위의 형사책임", 비교형사법연구 제4권 제1호, 2002, 463면, 476면.

8) 조현욱, "양자 간 명의신탁과 횡령죄", 비교형사법연구 제20권 제3호, 2018, 114면 이하.

성하기 위해서 기존의 명의신탁이론에 일정한 제한을 가하고 있을 뿐, 대외적 관계에서는 명의신탁이론을 그대로 유지"하고 있다는 점에서 명의신탁부동산의 소유자는 실권리자인 명의신탁자이고 명의수탁자는 명의신탁자와의 위탁관계에 기해서 부동산을 보관하는 자라고 보아야 하기 때문에 명의수탁자의 횡령죄 주체성을 인정할 수 있다고 한다.[10]

또한 부동산실명법은 제3자에 대한 관계에서 명의신탁의 유효성을 검증하기 때문에 명의신탁이 완전히 불법의 영역으로 넘어간 것이 아니고, 부동산실명법은 부동산명의신탁을 반사회적 행위로 규정하는 것이 아니라, 부동산에 관한 물권을 실체적 권리관계와 일치하도록 등기하게 하는데 그 목적이 있다는 점에서 명의신탁사례의 판단에 있어 종래 대법원이 명의신탁약정과 그에 따른 물권변동을 무효로 하는 부동산실명법 제4조 제1항 및 제2항을 중심으로 명의수탁자의 형사책임을 판단했다면, 그 무효는 제3자에게 대항하지 못한다고 하는 동조 제3항에 중점을 두고 횡령죄 성립여부를 판단해야 한다는 견해도 있다.[11]

그런데 명의신탁은 판례상 도입된 개념으로 그 폐해를 막기 위해 부동산실명법이라는 입법을 통해 부인한 제도이다. 부동산실명법은 과거에 판례가 인정하여 온 명의신탁의 대부분을 금지하는 것을 주된 내용으로 하고 있다.[12] 즉 부동산실명법은 원칙적으로 명의신탁의 효력을 부인하고 종중재산의 경우와 같이 특히 예외적인 경우에 한하여 그 효력을 인정하고 있다.

무엇보다도 부동산실명법 제4조 제3항은 거래의 상대방인 제3자

---

9) 황태윤, "양자간 부동산명의신착에서 명의신탁자에 대한 형법상 보호 - 대법원 2021. 2. 18. 선고 2016도18761 전원합의체 판결 -", 법학연구 제62권 제2호, 2021, 14면 이하.

10) 이창섭, "부동산 명의수탁자의 횡령죄 주체성", 형사판례연구 제19집, 2011, 249면 이하.

11) 이창섭, "악의의 계약명의신탁과 명의수탁자의 형사책임", 법학연구 제54권 제4호, 2013, 66면 이하.

12) 양창수, "부동산실명법 제4조에 의한 명의신탁의 효력 - 소위 등기명의신탁을 중심으로 -", 법학 제38권 제1호, 1997, 52면.

를 보호하기 위하여 명의신탁약정의 무효에 대한 예외를 설정한 것일 뿐 매도인과 명의수탁자 사이에 어떠한 신임관계가 있다는 것을 전제한 것은 아니라고 보아야 한다.[13] 명의수탁자가 제3자에게 소유권을 이전 등기한 것이 유효한 것은 이를 통해 명의신탁자의 명의신탁행위를 금지하기 위한 목적으로 이해해야 한다.

오히려 명의수탁자의 부동산처분행위를 횡령죄 등 형사처벌의 대상으로 파악함으로써 결과적으로 부동산실명법이 금지하고자 하는 부동산 명의신탁제도를 유지하는 것은 부동산실명법의 입법목적에 배치되는 것이다. 즉 부동산실명법은 명의신탁방법을 통한 부동산취득이 신탁자에게 절대적으로 위험한 거래임을 주지시키면서 다른 한편으로는 이러한 관행을 끊고 부동산의 소유자와 등기명의인이 일치되도록 함으로써 그동안 부동산 명의신탁방법을 악용하여 이루어져왔던 '반사회적 행위'를 단절시키는 데에 그 목적이 있다고 해야 한다.

부동산실명법 제4조는 비록 명의수탁자 앞으로 소유권이전등기가 되더라도 이에 의하여 소유권이 이전되지 아니하며, 따라서 명의수탁자는 소유권 및 이에 기한 각종의 권리를 일체 가지지 못한다는 것을 규정하고 있다. 더욱이 위탁관계의 전제가 되는 원인행위 혹은 위탁행위 그 자체가 범죄적 내용을 갖는 경우에까지 횡령죄 주체로서의 요건인 신뢰에 기반한 위탁관계를 인정하는 것은 적절하지 않다. 즉 신뢰관계에 기반 한 위탁이 형법상의 불법을 구성하는 경우에는 형법상 보호의 대상이 아니라고 해야 할 것이라는 점에서 횡령죄 성립을 부정하는 것이 타당하다.[14]

---

13) 대법원 2012. 11. 29. 선고 2011도7361 판결.
14) 조세포탈 등과 같은 불법목적이 없는 양자 간 부동산명의신탁의 경우까지 명의신탁자의 소유권자로서의 지위와 그에 기반한 사실상 위탁관계까지 형법으로 보호할 가치가 없다고 보는 것은 부당하다는 견해로 황태윤, 앞의 논문, 18면.

2. 주거침입죄에서 공동거주자의 의사

- 대법원 2021. 9. 9. 선고 2020도12630 전원합의체 판결 -

(1) 사실관계

피고인이 갑의 부재중에 갑의 처 을과 혼외 성관계를 가질 목적으로 을이 열어 준 현관 출입문을 통하여 갑과 을이 공동으로 거주하는 아파트에 3회에 걸쳐 들어가 주거침입죄가 문제되었다.

(2) 판결요지

[다수의견] 외부인이 공동거주자의 일부가 부재중에 주거 내에 현재하는 거주자의 현실적인 승낙을 받아 통상적인 출입방법에 따라 공동주거에 들어간 경우라면 그것이 부재중인 다른 거주자의 추정적 의사에 반하는 경우에도 주거침입죄가 성립하지 않는다고 보아야 한다. 구체적인 이유는 다음과 같다.

(가) 주거침입죄의 보호법익은 사적 생활관계에 있어서 사실상 누리고 있는 주거의 평온, 즉 '사실상 주거의 평온'으로서, 주거를 점유할 법적 권한이 없더라도 사실상의 권한이 있는 거주자가 주거에서 누리는 사실적 지배·관리관계가 평온하게 유지되는 상태를 말한다. (중략) 만일 외부인의 출입에 대하여 공동거주자 중 주거 내에 현재하는 거주자의 승낙을 받아 통상적인 출입방법에 따라 들어갔음에도 불구하고 그것이 부재중인 다른 거주자의 의사에 반하는 것으로 추정된다는 사정만으로 주거침입죄의 성립을 인정하게 되면, 주거침입죄를 의사의 자유를 침해하는 범죄의 일종으로 보는 것이 되어 주거침입죄가 보호하고자 하는 법익의 범위를 넘어서게 되고, '평온의 침해' 내용이 주관화·관념화되며, 출입 당시 현실적으로 존재하지 않는, 부재중인 거주자의 추정적 의사에 따라 주거침입죄의 성립 여부가 좌우되어 범죄 성립 여부가 명확하지 않고 가벌성의 범위가 지나치게 넓어지게 되어 부당한 결과를 가져오게 된다.

(나) 주거침입죄의 구성요건적 행위인 침입은 주거침입죄의 보호

법익과의 관계에서 해석하여야 한다. 따라서 침입이란 '거주자가 주거에서 누리는 사실상의 평온상태를 해치는 행위태양으로 주거에 들어가는 것'을 의미하고, 침입에 해당하는지 여부는 출입 당시 객관적·외형적으로 드러난 행위태양을 기준으로 판단함이 원칙이다. (중략) 외부인이 공동거주자 중 주거 내에 현재하는 거주자로부터 현실적인 승낙을 받아 통상적인 출입방법에 따라 주거에 들어간 경우라면, 특별한 사정이 없는 한 사실상의 평온상태를 해치는 행위태양으로 주거에 들어간 것이라고 볼 수 없으므로 주거침입죄에서 규정하고 있는 침입행위에 해당하지 않는다.

[대법관 김재형의 별개의견] (가) 주거침입죄의 보호법익은 주거권이다. (중략) 주거침입죄의 보호법익에 관하여 대법원판결에서 '사실상 주거의 평온'이라는 표현을 사용한 사안들은 그 보호법익을 주거권으로 보더라도 사안의 해결에 영향이 없다.

(나) 주거침입죄에서 말하는 침입은 이른바 의사침해설에 따라 '거주자의 의사에 반하여 주거에 들어가는 것'이라고 본 판례가 타당하다.

(다) 동등한 권한이 있는 공동주거권자 중 한 사람의 승낙을 받고 주거에 들어간 경우에는 어느 한쪽의 의사나 권리를 우선시할 수 없어 원칙적으로 주거침입죄가 성립하지 않는다. (중략)

(라) 부부인 공동주거권자 중 남편의 부재중에 아내의 승낙을 받아 혼외 성관계를 가질 목적으로 주거에 들어갔다고 해서 주거침입죄로 처벌할 수 없다. 주거침입죄는 목적범이 아닌데다가 현재 혼외 성관계는 형사처벌의 대상이 아니기 때문에 이러한 목적의 유무에 따라 주거침입죄의 성립이 좌우된다고 볼 수 없다.

[대법관 안철상의 별개의견] (중략) 공동거주자 중 한 사람이 다른 거주자의 의사에 반하여 공동주거에 출입하더라도 주거침입죄가 성립하지 않는 것과 마찬가지로, 공동거주자 중 한 사람의 승낙에 따라 공동주거에 출입한 외부인이 다른 거주자의 의사에 반하여 공동주거에

출입하더라도 주거침입죄가 성립하지 않는다고 보아야 한다.

[대법관 이기택, 대법관 이동원의 반대의견] 공동거주자 중 한 사람의 부재중에 주거 내에 현재하는 다른 거주자의 승낙을 받아 주거에 들어간 경우 (중략) 부재중인 거주자가 그 자리에 있었다면 피고인의 출입을 거부하였을 것임이 명백한 경우에는 주거침입죄가 성립하고, 그렇지 않을 경우에는 주거침입죄가 성립하지 않는다고 보아야 한다. 구체적인 이유는 다음과 같다.

(가) (중략) 주거침입죄의 보호법익인 '사실상 주거의 평온'은 '법익의 귀속주체인 거주자의 주거에 대한 지배·관리, 즉 주거에 대한 출입의 통제가 자유롭게 유지되는 상태'를 말한다고 할 것이다. (중략)

(나) 부재중인 거주자의 경우에도 그의 '사실상 주거의 평온'이라는 법익은 보호되므로 그의 법익이 침해된 경우에는 주거침입죄가 성립한다.

(다) 공동주거에 있어서도 외부인의 출입이 공동거주자 중 부재중인 거주자의 의사에 반하는 것이 명백한 경우에는 그 거주자에 대한 관계에서 사실상 주거의 평온이 깨어졌다고 보아 주거침입죄의 성립을 인정하는 것이 주거침입죄의 법적 성질과 보호법익의 실체에 부합하는 해석이다.

(라) 외부인의 출입이 부재중인 거주자의 의사에 반하는 것이 명백한 경우에 해당하는지에 대한 판단은 우리 사회에서 건전한 상식을 가지고 있는 일반 국민의 의사를 기준으로 객관적으로 하고 그에 관한 증명책임은 검사가 부담하므로, 외부인의 출입이 부재중인 거주자의 의사에 반하는 것이 명백한 경우에는 주거침입죄가 성립한다고 보더라도 처벌 범위가 확장되는 것이 아니다.[15]

---

15) 동 판결의 판결요지에 대한 구체적인 판단은 이창온, "주거침입의 보호법익과 행위태양 -대법원 2021. 9. 9. 선고 2020도12630 전원합의체 판결 -", 제344회 한국형사판례연구회 발표문, 2021. 12. 6, 1면 이하 참조.

(3) 평 석

대상판결의 쟁점은 주거침입죄의 보호법익을 무엇으로 볼 것인지와 침입이라는 행위태양의 해석이 공동거주의 경우에 어떻게 판단될 것인지에 있다. 대법원은 종래 현재 주거에 있는 거주자의 승낙을 받고 주거에 들어갔다고 하더라도 현재 주거에 없는 다른 공동거주자의 의사에 반하는 것으로 추정되면 주거침입죄가 성립[16]한다고 하였으나, 위 대상판결에서 공동거주자 중 현재 주거에 있는 거주자의 현실적인 승낙을 받아 들어갔다면, 그것이 부재중인 다른 거주자의 의사에 반하는 것으로 추정된다고 하더라도 주거침입죄의 보호법익인 사실상 주거의 평온을 깨트렸다고 볼 수는 없어 주거침입죄가 성립하지 않는다고 판례를 변경하였다.

주거침입죄는 주거 안에서 사생활의 평온을 보호하는 것에 그 목적이 있다는 점에서 그 보호법익은 권리로서의 주거권이 아니라 사실상 주거를 지배하고 있는 거주자의 '사실상의 평온'으로 보는 것이 타당하다.[17] 주거침입죄의 보호법익을 이와 같이 본다면, 주거침입죄의 침입은 다수의견에서 설시한 바와 같이, "사실상의 평온을 해치는 행위태양으로 주거에 들어가는 것"으로 해석할 필요가 있다. 사실 과거 대법원은 주거침입죄의 보호법익을 '사실상의 평온'이라고 하면서도 대상판결과 같은 사안에서 침입은 주거권설의 견해와 같이 주거권자의 (추정적) 의사를 중심으로 판단하는 문제가 있었으나, 대상판결에서 침입을 사실상의 평온을 중심으로 판단하는 것으로 변경하여 논리적 일관성이라는 측면에서 타당한 결론이라고 생각된다.

대상판결의 별개의견에서 설시한 바와 같이, 침입을 이른바 "의사침해설"에 따라 판단[18]한다고 하더라도 이는 현재 주거에 있지 않은

---

16) 대법원 1984. 6. 26 선고 83도685 판결.

17) 김성돈, 형법각론 제4판, SKKUP, 2016, 205면 이하; 오영근, 형법각론 제5판, 박영사, 2019, 205면.

18) 이러한 별개의견의 근거는 보호법익을 주거권으로 보아야 한다는 것에 있다. 이 경우 주거권의 주체가 적법하게 주거를 점거한 자에게 인정되는 것으로

공동거주자의 추정적 의사까지 침해해서는 안된다는 의미로 해석할 필요는 없다고 생각된다. 즉 현재 주거에 있지 않은 거주자의 의사에 반하는 '침입'이 되기 위해서는 예컨대 비어 있는 주거에 승낙 없이 외부인이 출입하는 경우에 해당된다고 할 것이고, 거주자 중 일부가 동의한 출입이라면 '침입'에 해당한다고 볼 수는 없다고 생각된다.[19]

무엇보다도 형법적 보호가치는 실질적인 정당성에서 나오는 것이라는 점에서 주거침입죄 보호법익을 권리의 개념으로 파악할 필요는 없다고 생각한다.[20] 더욱이 다수의견에서 혼인 외 성관계를 목적으로 주거에 출입한 것이라는 점에서 공동거주자 중 한 사람의 동의를 받고 평온하게 출입한 경우까지 주거침입죄로 의율하는 것은 주거침입죄의 규범의 보호목적을 넘어서는 것이라고 설시한 부분은 타당하다. 따라서 피고인의 주거 출입이 부재중인 공동거주자의 의사에 반하는 것으로 추정이 된다고 하더라도 다른 공동거주자의 동의를 받고 들어 갔다면 '사실상의 평온'을 보호법익으로 하는 주거침입죄에서 요구하는 침입에 해당한다고 보기 어려워 주거침입죄가 성립한다고 볼 수 없다.[21]

해석될 여지를 배제하기 어려운 면이 있다. 다만, 별개의견에서는 주거권으로 본다고 하여 민법상 법률관계가 소멸하더라도 여전히 동 주거권은 보호대상 이 되어 주거침입죄가 성립하는 것은 아니라고 한다.

19) 정승환, "2021년 형법 중요판례평석 - 대법원 전원합의체 판결을 중심으로 -", 인권과정의 제504호, 2022, 12면.

20) 김성돈, 앞의 책, 250면. 주거침입죄의 보호법익과 관련하여, '주거권'이라는 권리 개념에서 규범적으로 파악해야 한다는 견해(이창온, 앞의 논문, 35면)도 있고 "법적 권리에 근거한 사실상의 평온" 또는 "규범적 의미를 내포한 사실 상의 평온"으로 파악해야 한다는 견해(정승환, 앞의 논문, 11면)도 있다.

21) 반대의 의사를 표시한 공동주거자가 현존하는 경우에도 무조건 주거침입죄를 인정하는 것이 아니라 공동주거자의 관계, 행위당시의 상황 등을 종합적으로 고려하여 침입여부를 판단하는 것이 필요하다고 본다(오영근, 앞의 책, 209면).

3. 임의적 감경 사건 – 법관의 양형재량 범위

– 대법원 2021. 1. 21. 선고 2018도5475 전원합의체 판결 –

(1) 사실관계

피고인은 "2016. 12. 23.경 피해자 공소외 1을 폭행하고, 같은 날 위험한 물건인 식칼로 피해자 공소외 2의 가슴을 찔렀으나 피해자 공소외 2가 손으로 피고인의 손을 밀쳐 피해자 공소외 2의 옷만 찢어지게 하고 미수에 그쳤다."는 폭행 및 특수상해미수의 공소사실로 공소가 제기되었다.

(2) 판결요지

[다수의견] 필요적 감경의 경우에는 감경사유의 존재가 인정되면 반드시 형법 제55조 제1항에 따른 법률상 감경을 하여야 함에 반해, 임의적 감경의 경우에는 감경사유의 존재가 인정되더라도 법관이 형법 제55조 제1항에 따른 법률상 감경을 할 수도 있고 하지 않을 수도 있다. 나아가 임의적 감경사유의 존재가 인정되고 법관이 그에 따라 징역형에 대해 법률상 감경을 하는 이상 형법 제55조 제1항 제3호에 따라 상한과 하한을 모두 2분의 1로 감경한다. 이러한 현재 판례와 실무의 해석은 여전히 타당하다. 구체적인 이유는 다음과 같다.

① 형법은 필요적 감경의 경우에는 문언상 형을 '감경한다.'라고 표현하고, 임의적 감경의 경우에는 작량감경과 마찬가지로 문언상 형을 '감경할 수 있다.'라고 표현하고 있다. '할 수 있다.'는 말은 어떠한 명제에 대한 가능성이나 일반적인 능력을 나타내는 말로서 '하지 않을 수도 있다.'는 의미를 포함한다. '할 수 있다.'는 문언의 의미에 비추어 보면 입법자는 임의적 감경의 경우 정황 등에 따라 형을 감경하거나 감경하지 않을 수 있도록 한 것이고 그 권한 내지 재량을 법관에게 부여한 것이다. (중략)

한편 형법 제55조 제1항은 형벌의 종류에 따라 법률상 감경의 방법을 규정하고 있는데, 형법 제55조 제1항 제3호는 "유기징역 또는 유기금고를 감경할 때에는 그 형기의 2분의 1로 한다.”라고 규정하고 있다. 이와 같이 유기징역형을 감경할 경우에는 ‘단기’나 ‘장기’의 어느 하나만 2분의 1로 감경하는 것이 아니라 ‘형기’ 즉 법정형의 장기와 단기를 모두 2분의 1로 감경함을 의미한다는 것은 법문상 명확하다. (중략)

② (중략) 입법자는 범죄의 성립 및 처벌과 관련된 중요한 사항들을 법률상 감경의 요건으로 정한 뒤 해당 요건이 범죄의 성립 또는 처벌 범위의 결정에 일반적으로 미치는 영향이나 중요성을 종합적으로 고려하여 필요적 감경, 임의적 감경으로 구별하여 규정하였다.

위와 같이 필요적 감경사유와 임의적 감경사유가 구별되어 규정되어 있는 취지를 고려하면 그 법률효과도 명확히 구별되어야 한다.

[대법관 이기택의 별개의견] 임의적 감경은 다음과 같이 새롭게 해석되어야 한다(이하 ‘새로운 해석론’이라 한다).

다수의견은 ‘할 수 있다.’는 문언에 비추어 그 의미가 ‘하거나 하지 않을 수 있는 재량 내지 권한’이라고 해석하는 것이 타당하다고 주장하나 ‘할 수 있다.’라는 말은 문맥에 따라 추측, 능력, 가능성, 허가 등 다양한 의미를 나타내지만 그 기저에는 ‘잠재적 혹은 실제적 가능성’의 의미로 수렴한다.

이와 같이 ‘할 수 있다.’의 의미가 다의적으로 해석되는 이상, 이를 입법자의 의사에 최대한 부합되게 해석해야 한다. ‘할 수 있다.’는 것은 감경을 ‘하는 경우의 범위’와 ‘하지 않는 경우의 범위’ 모두에 걸쳐서 선고형을 정할 수 있다는 의미로 보아야 한다. 즉 감경을 하는 경우와 하지 않는 경우가 모두 가능하다는 점을 고려하여 두 경우의 범위를 합하여 처단형을 정하여야 한다. (중략)

새로운 해석론에 따른 임의적 감경 방식은 법관의 재량이 개입할 여지가 없이 감경한 구간과 감경하지 않은 구간을 합한 영역이 처단형 범위로 ‘당연확정’되고, 그에 따라 처단형의 범위는 감경하지 않은 구간의 상한과 감경한 구간의 하한이라고 보는 것이다. 결과적으로는 법정형의 하한만 2분의 1로 감경하는 것과 동일한 결론에 이른다.

(3) 평 석

대상판결의 쟁점은 "감경할 수 있다"라고 규정되어 있는 임의적 감경을 어떻게 해석할 것인가에 있다. 입법자가 필요적 감경사유와 임의적 감경사유를 구별하여 규정한 취지를 고려할 때, 그 법률효과도 명확히 구별해야 한다는 다수의견은 타당하다. 이는 별개의견에서도 다르지 않다고 생각된다.

다만, 별개의견22)에서 미수라는 동일한 법률요건에 해당하는 피고인들에 대해 법률효과로서 처단형은 동일하게 적용되는 것이 타당하다고 판시하고 있는데, 이 경우 필요적 감경과 임의적 감경의 차이는 없어지게 된다. 많은 경우 처단형의 하한에서 형의 선고가 이루어지고 있는 법원의 선고경향을 볼 때, 임의적 감경과 필요적 감경을 구별한 입법자의 취지가 올바르게 해석되지 못하는 문제가 발생할 수 있다. 만약 별개의견에서와 같이 "할 수 있다"를 하한의 감경에 대한 "당연확정"을 의미하는 것으로 이해한다면, 입법자가 형법 제10조 제2항의 규정을 "한다"에서 "할 수 있다"로 개정한 의미에 부합한다고 보기 어렵다. 즉 "할 수 있다"는 임의적 감경규정으로 법관의 재량사항으로 감경할 수도 있고 감경하지 않을 수도 있지만, 감경하는 경우 형법 제55조 제1항 제3호에 따라 상한과 하한 모두 2분의 1로 감경하여야 한다는 다수의견이 법문의 문리적 해석에 부합한다고 생각된다.

별개의견의 문제제기는 그동안 재판실무에서 일부 부적절하게 이루어졌던 선고형 도출에 대한 자성의 의미가 아닌가 생각된다. 어떤 결론의 도출이 외형상 일정한 단계가 있지만, 실제 인간의 생각은 시간의 간격을 두고 이루어지는 것이 아니라 동시에 진행될 수 있다는 점에서 이러한 사고의 과정을 증명하는 것은 쉽지 않다. 그러나 "부적

---

22) 별개의견에 대한 상세한 분석은 이완형, "형의 임의적 감경에 관한 새로운 해석 - 대법원 2021. 1. 21. 선고 2018도5475 전원합의체 판결 -", 제340회 한국형사판례연구회 발표문, 2021. 7. 5, 4면 이하 참조.

절한 사항을 현행 실무라고 소개하고 있는 것은 시정될 필요"가 있다
는 지적23)은 경청할 필요가 있다.

임의적 감경은 해당 감경사유가 존재하는 경우 감경할 것인지 감
경하지 않을 것인지를 감경사유가 행위불법이나 결과불법의 측면에서
범행에서 차지하는 비중이나 범행에 미친 영향 등을 고려하여 결정하
는 것이 타당하다. 이때 그 판단을 위해 다른 양형조건들에 대한 고려
도 불가피할 것으로 본다.24)

형법에서 "감경할 수 있다"고 규정한 것은 비록 임의적 감경사유
가 인정된다고 하더라도 감경이 필요한 경우가 있을 수도 있고 혹은
감경이 필요하지 않은 경우가 있을 수도 있으니, 임의적 감경사유에
기인한 행위불법 내지 결과불법의 축소효과가 미미하거나 행위자의
책임 경감 정도가 낮은 경우에는 감경하지 않고 무거운 처단형으로
처벌가능성을 열어 놓은 것으로 이해해야 할 것이다.

별개의견에서 "임의적 감경의 경우에는 책임 경감의 정도가 필요
적 감경사유의 경우보다 적다고 보아 법정형의 하한보다 낮은 형을
선고할 수는 있으나 원래 법정형이 정한 범위 내의 모든 형도 선고할
수 있다."고 하여 결과적으로 현재와 같이 임의적 감경을 해석하는 경
우와 다르지 않다. 그 결과 별개의견에서는 현재의 용어가 적절하지
않으니, 종래 필요적 감경은 '상·하한 감경'으로, 임의적 감경은 '하한
감경'으로 구분하여 부르는 것이 타당하다고 한다. 이러한 결론은 "할
수 있다"에 대한 해석의 문제라기보다는 현재의 임의적 감경규정이
피고인에게 부당한 차별을 발생할 수 있으니, 임의적 감경제도를 변경
하자고 하는 의미가 아닌가 생각된다.

별개의견에서 피고인에게 지나치게 불리하다고 하지만, 만약 판
결이유에 임의적 감경사유를 어떤 이유에서 인정하였는지, 어떤 이유
에서 인정하지 않았는지를 설시하게 되면 그 자체가 피고인에게 불리

23) 이완형, 앞의 논문 14면.
24) 대상판결의 다수의견.

한 것이라고 단정할 수 없다. 만약 피고인이 그 판결결과에 승복할 수 없다면 양형부당으로 다투면 될 것이다. 오히려 문제는 그러한 사실이 명확하게 드러나지 않는 것에 있다고 할 수 있다.

그래서 별개의견에서 "현재 실무는 임의적 감경을 법관의 재량이라고 하면서도, 그 재량이 적절히 행사되기 위한 재량통제에 관한 논의는 전혀 하지 않고 있다."고 한 지적은 의미가 있다. 그 이유는 아무리 재량사항이라도 그것이 일탈·남용되는 것은 위법하다고 할 수 있기 때문이다.

생각건대 임의적 감경사유가 해당되는지 여부는 반드시 검토하고, 그 결과 감경할 이유가 없다면 판결문에 그 이유를 설시하는 것이 바람직하다고 생각된다. 피고인은 판결문에서 그 이유를 살펴보고 수용할 수 없다면 상소를 할 수 있을 것이다. 그러나 만약 임의적 감경사유가 있음에도 불구하고 재판부가 그 적용여부의 판단을 누락하였다거나 그 해당 사유가 존재하는지에 대해 심리하지 않았다면, 이는 심리미진의 위법을 문제 삼을 수 있다고 해야 할 것이다.

그런 점에서 볼 때, 임의적 감경사유에 대해 "아무런 판단을 하지 않았다 하여 거기에 판단유탈의 위법이 있다고 할 수 없다"는 대법원의 판단[25]은 적절하지 않다. 그 이유는 피고인의 입장에서 ① 임의적 감경사유가 인정되지 않은 것인지, ② 사유는 인정되나 양형적 고려에서 감경되지 않은 것인지 알 수 없어 판결결과를 납득할 수 없게 되기 때문이다. 또한 피고인이 만약 상소를 하게 된다면, 어떻게 재판을 준비해야 할 것인지 피고인의 입장에서 알 수 없어 피고인의 방어권에 중대한 장애를 초래할 수 있기 때문이다.[26] 따라서 형사소송법 제323조 제2항에 따라 유죄판결의 이유에서 임의적 감경의 판단을 명시하는 것이 필요하다.[27]

---

25) 대법원 1987. 7. 7 선고 87도945 판결; 대법원 1989. 5. 9 선고 89도420 판결.
26) 이완형, 앞의 논문, 23면 이하.
27) 현재 실무에서 피고인의 심신미약 주장에 대해 심신미약이 인정되지 않는 경우에도 그 판단을 명시하고 있다고 한다(이완형, 앞의 논문 23면 이하).

종래 법원의 양형재량을 어디까지 인정할 것인가에 대해 꾸준한 논의가 있어 왔다.28) 본 대상판결은 법원에서 양형재량의 축소 내지 양형재량의 통제라는 측면에서 논의가 시작되었다는 점에서 그 의의가 있다고 생각된다.29)

4. 링크행위와 공중송신권 침해의 방조
- 대법원 2021. 9. 9. 선고 2017도19025 전원합의체 판결 -

(1) 사실관계

甲은 성명불상자들이 저작권자의 전송권(공중송신권)을 침해하는 사실을 알고 있었음에도 2015. 7. 25.부터 2015. 11. 24.까지 총 450회에 걸쳐, 甲이 개설하여 운영하면서 광고 수익을 얻는 이른바 '다시보기 링크 사이트'인 'B사이트' 게시판에 이 사건 영상저작물과 연결되는 링크를 게시하고, B사이트를 이용하는 사람들이 제목 등으로 이 사건 영상저작물을 검색하여 게시된 링크를 찾을 수 있게 한 뒤 이들이 링크를 클릭하면 성명불상자들이 이용제공 중인 이 사건 영상저작물의 재생 준비화면으로 이동하여 개별적으로 송신이 이루어지게 하였다. 이로써 甲은 영리를 목적으로 또는 상습으로 성명불상자들(정범)의 전송권(공중송신권) 침해행위를 용이하게 하여 방조가 문제되었다.

(2) 판결요지

[1] (중략) 링크는 단지 저작물 등의 전송을 의뢰하는 지시나 의뢰의 준비행위 또는 해당 저작물로 연결되는 통로에 해당할 뿐이므로, 링크를 설정한 행위는 전송에 해당하지 않는다. 따라서 전송권(공중송신권) 침해에 관한 위와 같은 판례는 타당하다.

[2] [다수의견] (가) 공중송신권 침해의 방조에 관한 종전 판례는 인터넷 이용자가 링크 클릭을 통해 저작자의 공중송신권 등을 침해하

---

28) 그 대표적인 예로 형법 제53조 '정상참작감경'규정을 들 수 있다.
29) 이완형, 앞의 논문, 28면.

는 웹페이지에 직접 연결되더라도 링크를 한 행위가 '공중송신권 침해 행위의 실행 자체를 용이하게 한다고 할 수는 없다.'는 이유로, 링크 행위만으로는 공중송신권 침해의 방조행위에 해당한다고 볼 수 없다는 법리를 전개하고 있다. (중략)

그러나 링크 행위가 어떠한 경우에도 공중송신권 침해의 방조행위에 해당하지 않는다는 종전 판례는 방조범의 성립에 관한 일반 법리 등에 비추어 볼 때 재검토할 필요가 있다. 이는 링크 행위를 공중송신권 침해의 방조라고 쉽게 단정해서는 안 된다는 것과는 다른 문제이다.

(나) 정범이 침해 게시물을 인터넷 웹사이트 서버 등에 업로드하여 공중의 구성원이 개별적으로 선택한 시간과 장소에서 접근할 수 있도록 이용에 제공하면, 공중에게 침해 게시물을 실제로 송신하지 않더라도 공중송신권 침해는 기수에 이른다. 그런데 정범이 침해 게시물을 서버에서 삭제하는 등으로 게시를 철회하지 않으면 이를 공중의 구성원이 개별적으로 선택한 시간과 장소에서 접근할 수 있도록 이용에 제공하는 가벌적인 위법행위가 계속 반복되고 있어 공중송신권 침해의 범죄행위가 종료되지 않았으므로, 그러한 정범의 범죄행위는 방조의 대상이 될 수 있다.

(다) 저작권 침해물 링크 사이트에서 침해 게시물에 연결되는 링크를 제공하는 경우 등과 같이, 링크 행위자가 정범이 공중송신권을 침해한다는 사실을 충분히 인식하면서 그러한 침해 게시물 등에 연결되는 링크를 인터넷 사이트에 영리적·계속적으로 게시하는 등으로 공중의 구성원이 개별적으로 선택한 시간과 장소에서 침해 게시물에 쉽게 접근할 수 있도록 하는 정도의 링크 행위를 한 경우에는 침해 게시물을 공중의 이용에 제공하는 정범의 범죄를 용이하게 하므로 공중송신권 침해의 방조범이 성립한다. (중략)

(라) (중략) 다만 행위자가 링크 대상이 침해 게시물 등이라는 점을 명확하게 인식하지 못한 경우에는 방조가 성립하지 않고, 침해 게

시물 등에 연결되는 링크를 영리적·계속적으로 제공한 정도에 이르지 않은 경우 등과 같이 방조범의 고의 또는 링크 행위와 정범의 범죄 실현 사이의 인과관계가 부정될 수 있거나 법질서 전체의 관점에서 살펴볼 때 사회적 상당성을 갖추었다고 볼 수 있는 경우에는 공중송신권 침해에 대한 방조가 성립하지 않을 수 있다.

[대법관 조재연, 대법관 김선수, 대법관 노태악의 반대의견] 다음과 같은 이유로 다수의견에 동의할 수 없다. 첫째, 다수의견은 규제와 처벌의 필요성을 내세워 저작권 침해물 링크 사이트에서 침해 게시물에 연결되는 링크를 제공하는 링크 행위를 처벌하고자 형법 총칙상 개념인 방조에 대한 확장해석, 링크 행위 및 방조행위와 정범의 범죄 사이의 인과관계에 관한 확장해석을 통해 형사처벌의 대상을 확대하고 있는데, 이는 형사처벌의 과잉화를 초래하고 사생활 영역의 비범죄화라는 시대적 흐름에 역행하는 것이다. 둘째, 다수의견은 방조범 성립 범위의 확대로 말미암아 초래될 부작용을 축소하고자 영리적·계속적 형태의 링크 행위만을 방조범으로 처벌할 수 있다고 하나, 이는 일반적인 방조범의 성립과 종속성, 죄수 등의 법리에 반하고, 법원으로 하여금 방조범의 성립이 문제 될 때마다 그 성립 요건을 일일이 정해야만 하는 부담을 지우며, 죄형법정주의 원칙에 따른 법적 안정성과 예측가능성에 커다란 혼란을 가져올 수밖에 없다. 셋째, 저작권 침해물 링크 사이트에서 침해 게시물에 연결되는 링크를 제공하는 링크 행위에 대하여 종전 판례를 변경하여 유죄로 판단할 정당성은 인정되기 어렵다. (중략) 링크 행위의 유형화와 그에 따른 처벌의 필요성 및 근거 조항 마련을 위한 입법 논의가 이루어지고 있는 현시점에서 대법원이 구성요건과 기본 법리를 확장하여 종전에 죄가 되지 않는다고 보았던 행위에 관한 견해를 바꾸어 형사처벌의 범위를 넓히는 것(사실상 소급처벌에 해당한다)은 결코 바람직하지 않다. (중략) 결론적으로 쟁점에 관한 종전 판례의 견해는 여전히 타당하므로 유지되어야 한다.

(3) 평 석

대상판결의 쟁점은 이 사건 링크 행위가 정범의 공중송신권 침해 범죄를 방조한 행위에 해당하는지 여부이다. 원심에서는 피고인의 링크 행위는 저작권 침해행위의 실행자체를 용이하게 한 행위가 아니므로 방조에 해당하지 않는다고 하여 무죄를 선고하였다. 그러나 대법원은 링크 행위가 어떠한 경우에도 공중송신권 침해의 방조행위에 해당하지 않는다는 종전의 판례를 변경하여 방조범이 성립할 수 있다는 취지에서 원심판결을 파기·환송하였다.[30]

대상판결에서 방조의 개념과 관련하여 기수이후 범죄종료 전까지 방조가 가능하다는 다수의견[31]과 기수이전 실행행위를 용이하게 하는 행위가 방조라는 반대의견이 팽팽하게 대립하였다. 방조는 "정범이 범행을 한다는 정을 알면서 그 실행행위를 용이하게 하는 직접·간접의 모든 행위"[32]로 정범의 법익침해를 강화하는 행위도 방조행위라고 볼 수 있기 때문에 계속범의 경우, 정범의 실행행위가 종료되어 기수가 된 이후에도 범죄가 완료되기 전까지 방조가 가능하다. 또한 방조범은 정범에 종속하여 성립하는 범죄이므로 방조행위와 정범의 범죄 실현 사이에 인과관계가 필요하다.[33]

링크는 인터넷 공간의 정보를 연결하고 공유하는 수단으로 이용자들이 인터넷 공간에서 다른 정보에 대한 링크를 자유롭게 할 수 있도록 허용함으로써 표현의 자유를 보장하고 정보의 자유로운 유통을 촉진할 필요가 있다. 그러나 이러한 행위가 타인의 권리를 침해하거나 그 침해를 용이하게 하는 것까지 허용하고 있는 것은 아니라는 점에서 판단할 필요가 있다.

---

30) 대상판결에 대한 평석으로 김대원, "방조범의 인과관계", 제345회 한국형사판례연구회 발표문, 2022. 1. 10. 참조.
31) 이와 관련하여 공중손신권 침해행위가 계속범이 아니라는 점에서 재검토할 필요가 있다는 견해로 정승환, 앞의 논문, 25면.
32) 대법원 2018. 9. 13. 선고 2018도7658 판결.
33) 김혜정/박미숙/안경옥/원혜욱/이인영, 형법총론 제3판, 2020, 409면 이하.

대상판결의 사안에서 정범이 침해 게시물을 서버에서 삭제하는 등 게시를 철회하지 않으면 "가벌적인 위법행위가 계속 반복되고 있어 공중송신권 침해의 범죄행위가 종료되지 않았으므로, 그러한 정범의 범죄행위는 방조의 대상이 될 수 있다"고 생각한다. 물론 이러한 방조행위는 "정범의 범죄 실현과 밀접한 관련이 있는 행위"이어야 할 것이고, 이는 방조행위와 정범의 범죄 실현 사이에 인과관계가 필요하다는 점을 포함한다. 대상판결은 이러한 점을 근거로 하여 공중송신권 침해범죄의 방조를 인정하고 있어 그 결론은 타당하다. 또한 종래 대법원이 방조범 성립과 관련하여 방조행위만 인정되면 쉽게 방조범을 인정하는 문제점이 지적되었는데, 대상판결에서 명시적으로 방조범의 인과관계가 필요하다고 한 점에서 진일보한 판결이라고 평가할 수 있다.[34]

다만, 그 인정에 있어 "영리적·계속적" 제공과 같은 요건을 둘 필요가 있었는지는 의문이다. 물론 지나치게 확대될 수 있는 가벌성을 우려하여 제한하는 요건을 제시한 것으로 생각되지만, 어차피 모든 링크행위가 단속의 대상이 되지는 않을 것이라는 점에서 실익이 있을 것으로 생각되지 않고 오히려 혼란만 야기할 수 있다고 생각된다.

대상판결의 반대의견에서 설시한 바와 같이, 이처럼 논란이 되는 문제를 해결하기 위하여 필요하다면 입법을 통해 명확하게 해결하는 것이 당연히 바람직하다. 그러나 법률개정이 논의되고 있다는 이유로 과거의 판례에 문제가 있어 재검토가 필요한 사안에 대해 논의하여 변경하지 않는 것[35] 또한 대법원의 역할을 방기하는 것이라는 점에서 바람직하지 않다고 생각한다.

---

34) 김대원, 앞의 논문, 16면.
35) 대법원 2013. 5. 16 선고 2012도14788 전원합의체 판결에서도 반대의견에서 형법의 강간죄 객체가 개정되어 시행을 앞두고 있는 상황에서 판례를 변경할 필요가 있느냐는 문제를 제기한 바 있다.

Ⅲ. 총칙 관련 판결

1. 형법 제16조(법률의 착오)의 정당한 이유

- 대법원 2021. 11. 25 선고 2021도10903 판결 -

(1) 사실관계 및 재판의 경과

피고인들은 공모하여 성명불상자의 전송권 침해행위를 용이하게 한 것을 비롯하여 2014. 4. 11.경부터 2015. 11. 11.경까지 성명불상자들이 동영상 공유 플랫폼 사이트에 저작권자의 허락 없이 업로드한 총 460건의 저작물을 팝업창 제공방식으로 링크함으로써 영리를 목적으로 또는 상습으로 성명불상자의 전송권 침해행위를 용이하게 하여 이를 방조한 행위로 기소되었다.

1심은 피고인들의 링크행위는 정범이 저작권자의 공중송신권을 침해하는 행위를 한 것에 대하여 피고인들이 정범의 실행행위 자체를 용이하게 하지 않았으므로, 저작재산권 침해행위의 방조행위에 해당하지 않는다고 보아 무죄를 선고하였고, 원심도 1심판결을 그대로 유지하였다. 또한 원심은 피고인들의 행위가 저작권법 위반 방조에 해당한다고 가정하더라도 피고인들로서는 자신들의 행위가 저작권법 위반죄 또는 저작권법 위반 방조죄가 되지 않는다고 오인하였고, 그 오인에 정당한 이유가 있는 때에 해당한다고 판단하였으나 대법원은 원심판결을 파기 환송하였다.

(2) 판결요지

[1] 전송의 방법으로 공중송신권을 침해하는 게시물이나 그 게시물이 위치한 웹페이지 등에 연결되는 링크를 한 행위자가, 정범이 공중송신권을 침해한다는 사실을 충분히 인식하면서 그러한 링크를 인터넷 사이트에 영리적·계속적으로 게시하는 등으로 공중의 구성원이 개별적으로 선택한 시간과 장소에서 침해 게시물에 쉽게 접근할 수 있도록 하는 정도의 링크 행위를 한 경우에는, 침해 게시물을 공중의

이용에 제공하는 정범의 범죄를 용이하게 하므로 공중송신권 침해의 방조범이 성립한다. (중략)

[2] 형법 제16조는 '법률의 착오'라는 제목으로 자기가 한 행위가 법령에 따라 죄가 되지 않는 것으로 오인한 행위는 그 오인에 정당한 이유가 있는 때에 한하여 벌하지 않는다고 정하고 있다. 이는 일반적으로 범죄가 성립하지만 자신의 특수한 사정에 비추어 법령에 따라 허용된 행위로서 죄가 되지 않는다고 그릇 인식하고 그러한 인식에 정당한 이유가 있는 경우에는 벌하지 않는다는 것이다. 이때 정당한 이유는 행위자에게 자기 행위의 위법 가능성에 대해 심사숙고하거나 조회할 수 있는 계기가 있어 자신의 지적 능력을 다하여 이를 회피하기 위한 진지한 노력을 다하였더라면 스스로의 행위에 대하여 위법성을 인식할 수 있는 가능성이 있었는데도 이를 다하지 못한 결과 자기 행위의 위법성을 인식하지 못한 것인지 여부에 따라 판단해야 한다. 이러한 위법성의 인식에 필요한 노력의 정도는 구체적인 행위정황과 행위자 개인의 인식능력 그리고 행위자가 속한 사회집단에 따라 달리 평가하여야 한다.

[3] 법률 위반 행위 중간에 일시적으로 판례에 따라 그 행위가 처벌대상이 되지 않는 것으로 해석되었던 적이 있었다고 하더라도 그것만으로 자신의 행위가 처벌되지 않는 것으로 믿은 데에 정당한 이유가 있다고 할 수 없다.

(3) 평 석

대상판결의 쟁점은 피고인의 링크행위가 공중송신권 침해의 방조범이 될 수 있는가와 판례를 신뢰하여 자신의 행위가 처벌되지 않는 것으로 믿은 것에 정당한 이유를 인정할 수 있는가에 있다. 대상판결은 첫 번째 쟁점과 관련하여 앞에서 살펴본, 대법원 2021. 9. 9 선고 2017도19025 전원합의체 판결을 참고하여 피고인들에게 공중송신권 침해의 방조를 인정하였다. 두 번째 쟁점과 관련하여 피고인들의 위반

행위 중간에 판례에 따라 처벌대상이 아닌 것으로 해석되었다는 이유만으로 정당한 이유를 인정할 수 없다고 하였다.

　형법 제16조에서 법률의 착오에 정당한 이유가 있는 경우 벌하지 않는다고 규정하고 있다. 법률의 착오에서 "정당한 이유"는 "회피가능성" 유무로 판단되는 것이 일반적이다.[36] 정당한 이유, 즉 착오를 회피하는 것이 불가능한 것으로 인정되기 위해서 대상판결은 "행위자에게 자기 행위의 위법 가능성에 대해 심사숙고하거나 조회할 수 있는 계기가 있어 자신의 지적 능력을 다하여 이를 회피하기 위한 진지한 노력을 다하였더라면 스스로의 행위에 대하여 위법성을 인식할 수 있는 가능성이 있었는데도 이를 다하지 못한 결과 자기 행위의 위법성을 인식하지 못한 것인지 여부에 따라 판단"해야 한다고 하면서, 이러한 위법성의 인식에 필요한 노력의 정도는 "구체적인 행위정황과 행위자 개인의 인식능력 그리고 행위자가 속한 사회집단에 따라 달리 평가"하여야 한다고 판시하고 있다.

　정당한 이유의 구체적인 판단기준의 한 예로 법원의 판례를 신뢰한 경우를 들 수 있다. 판례는 위법성의 인식가능성을 판단하는데 중요한 의미를 지니고 있으므로 자신의 행위가 위법하지 않다고 판단한 판례의 정당성을 신뢰하고 한 행위는 책임비난이 배제된다.[37] 즉 행위자가 자신의 행위와 관련된 판례를 신뢰한 경우, 일반인이 판결의 실질적 정당성까지 심사할 수 없기 때문에 정당한 이유가 있는 경우에 해당한다고 볼 수 있다. 설사 하급심과 상급심이 서로 모순되는 판결을 하고 있는 경우에도 상급심 판결을 신뢰하여 허용된다고 오인한 경우에도 정당한 이유가 인정된다고 볼 수 있다. 물론 다른 사안에 해당하는 판례를 신뢰하고 허용된다고 오인한 경우에는 정당한 이유가

---

36) 이수현, "법률의 착오에 있어 정당한 이유의 판단과정에 대한 대법원 태도의 비판", 법학논총 제19권 제2호, 2012, 423면 이하. 형법 제16조의 "정당한 이유"를 회피불가능성보다 폭이 넓은 개념으로 보기도 한다(김성천, "금지착오 규정상의 '정당한 이유'에 대한 연구", 비교형사법연구 제10권 제1호, 2008, 31면).

37) 이수현, 앞의 논문, 427면.

인정되지 않는다.[38)]

대상판결의 사안에서 관련 기관에 질의하여 회신을 받거나 법률 전문가에게 자문을 받으려는 노력 없이 인터넷 검색을 통해 링크행위가 불법이 아니라는 정보를 얻는 정도는 "위법성의 인식에 필요한 노력의 정도"가 충분하지 않은 것으로 판단할 수 있다. 더욱이 피고인들의 위반 행위는 링크 행위만으로 저작재산권 침해행위의 방조행위에 해당하지 않는다고 판단한 대법원 2015. 3. 12 선고 2012도13748 판결이 이루어지기 전부터 시작되었기 때문에 동 판례를 신뢰하고 행위를 하였다고 보기도 어려운 면이 있다.

그러나 만약 피고인들이 대법원 2015. 3. 12 선고 2012도13748 판결을 신뢰하고 행위한 것이 밝혀진다면, 이는 착오를 회피할 가능성이 없다고 보아 "정당한 이유"가 인정되어야 할 것으로 생각된다. 적어도 법원의 판례를 신뢰한 경우 내지 유권해석의 권한이 있는 행정관청의 판단을 신뢰한 경우에는 착오의 회피가능성이 없다고 보아 정당한 이유가 인정되어야 할 것으로 본다. 따라서 대상판결에서 "법률 위반 행위 중간에 일시적으로 판례에 따라 그 행위가 처벌대상이 되지 않는 것으로 해석되었던 적이 있었다고 하더라도 그것만으로 자신의 행위가 처벌되지 않는 것으로 믿은 데에 정당한 이유가 있다고 할 수 없다."고 한 것은 타당하지 않다고 생각된다.

2. 준수사항 위반에 대한 정당한 사유

- 대법원 2021. 8. 19. 선고 2020도16111 판결 -

(1) 사실관계 및 재판의 경과

피고인은 2013. 8. 2. 수원지방법원 안산지원에서 미성년자의제강간죄 등으로 징역 5년 및 성충동약물치료법에 따른 1년간의 성충동약물치료 명령 등을 선고받았고, 그 판결은 2014. 4. 10. 확정되었다. 피고인은 치료명령에 따라 치료기간 동안 보호관찰관의 지시에 따라

---

38) 김혜정/박미숙/안경옥/원혜욱/이인영, 앞의 책, 257면.

성실히 약물치료에 응하라는 준수사항을 이행하여야 함에도, 치료기
간인 2019. 5. 7. 보호관찰관의 지시를 정당한 사유 없이 따르지 아니
함으로써 준수사항을 위반하였다.

　1심은 피고인이 정당한 사유 없이 준수사항을 위반하였다고 인정
하여 징역 2년을 선고하였고, 항소심은 1심 판결을 그대로 유지하면서
피고인에게 헌법불합치결정에 따라 신설된 집행면제 신청의 기회를
부여하지 않고 집행된 치료명령은 위헌이거나 위법하여 무효라는 피
고인의 주장을 배척하였다.

　(2) 판결요지

　[1] 성폭력범죄자의 성충동 약물치료에 관한 법률(이하 '성충동약
물치료법'이라고 한다) 제10조 제1항 제1호는 성충동 약물치료 명령
(이하 '치료명령'이라고 한다)을 받은 사람은 치료기간 동안 보호관찰
관의 지시에 따라 성실히 약물치료에 응하여야 한다고 규정하고, 제35
조 제2항은 "이 법에 따른 약물치료를 받아야 하는 사람이 정당한 사
유 없이 제10조 제1항 각호의 준수사항을 위반한 때에는 3년 이하의
징역 또는 1천만 원 이하의 벌금에 처한다."라고 규정한다.

　성충동 약물치료는 치료대상자의 신체의 자유, 사생활의 자유, 개
인의 자기운명결정권, 인격권 등의 기본권을 제한하는 조치이므로, 성
충동약물치료법 제35조 제2항은 약물치료 등 치료명령을 수인하기 어
려운 정당한 사유가 있는 경우에는 피고인이 치료명령에 따른 준수사
항을 위반하더라도 벌할 수 없도록 하여 기본권의 침해를 최소화하고
자 하고 있다. (중략)

　[2] (중략) 치료명령을 규정한 성충동약물치료법 제8조 제1항에 대
한 헌법재판소의 헌법불합치결정에 따라 성충동약물치료법이 2017.
12. 19. 법률 제15254호로 개정되어 치료명령의 집행시점에 집행의 필
요성을 다시 한 번 심리·판단하도록 하는 집행면제 신청 제도가 신설
되었는데(같은 법 제8조의2), 그 부칙 제3조는 신설된 집행면제 관련

규정이 개정법 시행 전에 치료명령을 선고받은 사람에 대해서도 적용된다고 규정한 점, 피고인의 경우 집행시도 당시 치료명령 선고일로부터 6년 가까이 경과하였으므로 여전히 재범의 위험성이 있는지 등 치료명령 집행의 필요성에 대한 법원의 판단을 다시 받을 필요가 있었고, 피고인도 이를 원한다는 의사표시를 하였던 점, 그런데 피고인은 성충동약물치료법 제8조의2 제2항의 집행면제 신청기간의 제한 등으로 인하여 법원의 판단을 다시 받지 못한 점 등을 종합하면, 피고인은 집행시도 당시 집행의 필요성에 대한 법원의 판단을 받을 필요가 있었음에도 그 기회를 얻지 못한 상황에서 이러한 점을 이유로 약물치료 지시에 불응한 것으로 볼 수 있어 피고인의 준수사항 위반행위에는 정당한 사유가 있다.(생략)

(3) 평 석

대상판결의 쟁점은 피고인이 치료명령 집행개시 시점에 집행의 필요성에 대한 법원의 판단을 받을 필요가 있는데도 판단을 받지 못하였는지, 만약 그렇다면 이러한 사유가 준수사항 위반행위에 정당한 사유로 인정될 수 있는 것인지에 있다. 이에 대상판결에서 치료명령의 집행 시도 당시 치료명령 집행의 필요성에 대한 판단을 다시 받고자 하는 의사를 표시한 피고인에게 집행면제 신청 기회를 부여함으로써 개정된 성충동약물치료법의 개정 취지에 맞게 합헌적으로 적용할 필요가 있음에도 약물치료 지시에 약물치료를 받으라는 준수사항 위반죄의 유죄를 인정한 원심판결을 파기 환송하였고, 이러한 대법원의 판단은 타당하다.

성충동약물치료의 법적 성격은 보안처분의 일종으로 보아야 할 것이다. 즉 대상자의 장래 재범위험성을 근거로 형벌에 부가하여 부과할 수 있다. 보안처분은 그 선고뿐만 아니라 그 집행에 있어서도 재범위험성 판단이 가장 중요한 기준이다. 즉 재범위험성이 인정되지 않는 경우 보안처분을 선고할 수 있는 근거가 없을 뿐만 아니라 그 집행의 정당성도 인정되지 않는다. 그럼에도 구 성충동약물치료법은 이러한 판단 없이 약물치료를 강제하고 있어 헌법재판소에서 관련 치료명령 규정은 피청구인의 신체의 자유 등 기본권을 침해한다는 점에서 헌법 불합치결정[39]을 하였고, 2017년 12월 관련 규정이 개정된 것이다.

성충동약물치료는 일반적으로 징역형의 선고와 함께 부과되는 경우가 많고, 이 경우 형의 집행이 종료되어 출소하기 전에 약물치료가 이루어진다. 그렇다보니 형선고 시에는 재범위험성이 인정되었지만, 형집행 종료시점에도 약물치료를 유지할 필요가 있는 만큼 재범위험성이 남아 있는지, 즉 집행필요성 여부에 대한 판단은 반드시 이루어져야 할 필요하고도 중요한 요소이다.

사실 이러한 집행필요성 여부에 대한 심사는 비단 피치료대상자나 그 법정대리인의 신청에 의해서가 아니라 당연히 필요적으로 심사를 하는 것이 필요하다. 그 이유는 형의 선고와 함께 보안처분이 선고되고, 형이 먼저 집행되고 난 후에 보안처분이 집행되는 경우, 형집행 종료시점에 보안처분의 집행필요성 여부에 대한 중간심사는 선택사항이 아니라 필수사항으로 보아야 하기 때문이다. 그런 점에서 현행 성충동약물치료법 제8조의2 제1항의 "집행 면제를 신청할 수 있다"고 하여 선택사항으로 규정하고 있는 것은 적절하지 않다.

사실 대상판결의 사안은 법해석의 문제라기보다는 입법의 문제라고 생각된다. 따라서 동 규정을 법원이 재범위험성 심사를 통해 집행 면제 여부를 결정하도록 하는 의무규정으로 개정하는 것이 필요하다고 생각한다.

3. 준강제추행에서 알코올 블랙아웃과 패싱아웃의 구별
- 대법원 2021. 2. 4. 선고 2018도9781 판결 -

(1) 사실관계

피고인은 2017. 2. 24. 02:45경 A 모텔 B 호에서 술에 취하여 심신

---

39) 헌법재판소 2015. 12. 23.자 2013헌가9 결정.

상실 상태에 있는 피해자 공소외 1(여, 18세)을 침대에 눕힌 후, 피해자의 상의와 브래지어, 팬티를 벗기고 피해자에게 키스하고 손으로 피해자의 가슴을 만져 피해자의 심신상실의 상태를 이용하여 추행을 하였다.

(2) 판결요지

[1] 형법 제299조는 '사람의 심신상실 또는 항거불능의 상태를 이용하여 추행을 한 자'를 처벌하도록 규정한다. (중략)

[2] 준강간죄에서 '심신상실'이란 정신기능의 장애로 인하여 성적 행위에 대한 정상적인 판단능력이 없는 상태를 의미하고, '항거불능'의 상태란 심신상실 이외의 원인으로 심리적 또는 물리적으로 반항이 절대적으로 불가능하거나 현저히 곤란한 경우를 의미한다. (중략)

[3] (가) 의학적 개념으로서의 '알코올 블랙아웃(black out)'은 중증도 이상의 알코올 혈중농도, 특히 단기간 폭음으로 알코올 혈중농도가 급격히 올라간 경우 그 알코올 성분이 외부 자극에 대하여 기록하고 해석하는 인코딩 과정(기억형성에 관여하는 뇌의 특정 기능)에 영향을 미침으로써 행위자가 일정한 시점에 진행되었던 사실에 대한 기억을 상실하는 것을 말한다. (중략)

(나) 따라서 음주 후 준강간 또는 준강제추행을 당하였음을 호소한 피해자의 경우, 범행 당시 알코올이 위의 기억형성의 실패만을 야기한 알코올 블랙아웃 상태였다면 피해자는 기억장애 외에 인지기능이나 의식 상태의 장애에 이르렀다고 인정하기 어렵지만, 이에 비하여 피해자가 술에 취해 수면상태에 빠지는 등 의식을 상실한 패싱아웃 상태였다면 심신상실의 상태에 있었음을 인정할 수 있다. (중략)

(다) (중략)

(라) (중략) 피고인이 '피해자가 범행 당시 의식상실 상태가 아니었고 그 후 기억하지 못할 뿐이다.'라는 취지에서 알코올 블랙아웃을 주장하는 경우, 법원은 피해자의 범행 당시 음주량과 음주 속도, 경과

한 시간, 피해자의 평소 주량, 피해자가 평소 음주 후 기억장애를 경험하였는지 여부 등 피해자의 신체 및 의식 상태가 범행 당시 알코올 블랙아웃인지 아니면 패싱아웃 또는 행위통제능력이 현저히 저하된 상태였는지를 구분할 수 있는 사정들과 더불어 CCTV나 목격자를 통하여 확인되는 당시 피해자의 상태, 언동, 피고인과의 평소 관계, 만나게 된 경위, 성적 접촉이 이루어진 장소와 방식, 그 계기와 정황, 피해자의 연령·경험 등 특성, 성에 대한 인식 정도, 심리적·정서적 상태, 피해자와 성적 관계를 맺게 된 경위에 대한 피고인의 진술 내용의 합리성, 사건 이후 피고인과 피해자의 반응을 비롯한 제반 사정을 면밀하게 살펴 범행 당시 피해자가 심신상실 또는 항거불능 상태에 있었는지 여부를 판단해야 한다.

또한 피해사실 전후의 객관적 정황상 피해자가 심신상실 등이 의심될 정도로 비정상적인 상태에 있었음이 밝혀진 경우 혹은 피해자와 피고인의 관계 등에 비추어 피해자가 정상적인 상태하에서라면 피고인과 성적 관계를 맺거나 이에 수동적으로나마 동의하리라고 도저히 기대하기 어려운 사정이 인정되는데도, 피해자의 단편적인 모습만으로 피해자가 단순히 '알코올 블랙아웃'에 해당하여 심신상실 상태에 있지 않았다고 단정하여서는 안 된다.

(3) 평 석

대상판결과 관련하여 원심은 피고인이 피해자가 심신상실 상태에 있음을 인식하고서 이를 이용하여 피해자를 추행하였다는 사실이 합리적 의심을 할 여지가 없을 정도로 증명되지 않았다는 이유에서 준강제추행죄에 대해 무죄를 선고하였고, 대법원은 피고인이 피해자의 심신상실 상태를 인식하고 이를 이용하여 피해자를 추행하였던 것으로 볼 여지가 충분하다는 점에서 원심판결을 파기·환송하였다.[40]

대상판결의 쟁점은 피해자가 술에 취해 피해당시 상황을 기억하

---

40) 동 판례에 대한 평석으로 김성돈, "알코올 블랙아웃과 '심신상실'", 형사판례연구 제29집, 2021, 119면 이하.

지 못하고 있는 것에 대해 준강제추행의 심신상실에 해당한다고 볼
수 있을 것인가이다. 대상판결에서 대법원은 상황을 기억하지 못하는
알코올 블랙아웃과 의식을 상실한 패싱아웃 상태를 구별하여 심신상
실 또는 항거불능 상태를 판단하여야 한다고 하였다. 대상판결은 본
사안의 본질이 알코올 블랙아웃이 유발된 자에게 나타난 의식장애와
인지기능 장애 여부 및 그 정도에 있다고 보고 있다. 즉 피해자가 어
느 정도 술에 취해서 알코올의 독성이 피해자의 의식상태 내지 판단
능력 혹은 행위통제능력에 장애를 가져왔느냐 하는 점41)에 중점을 두
고 심신상실 여부를 판단하여야 한다는 것이다.

　　이러한 대상판결이 심신상실의 개념을 "정신기능의 장애로 인하
여 성적 행위에 대한 정상적인 판단능력이 없는 상태"로 정의하는 것
에 대해서는 자칫 의식상실 외의 다른 정신심리적 장애까지도 포함할
수 있는 여지가 생겨 이와 같은 상태와 항거불능 상태와의 경계선이
분명하지 않은 측면42)이 있는 문제가 있지만, 대상판결은 심신상실 개
념에 대해 대법원에서 최초로 정의내린 판결로서의 의미를 갖고 있다
고 평가된다.43)

　　종래 대법원은 형법 제299조 준강간죄에서 "심신상실"의 개념을
형법 제10조 제1항에서 통상적으로 의미하는 심신상실의 개념과 동일
선상에서 바라보았던 것으로 보인다. 그 결과 준강간죄에서 "항거불
능"의 개념도 심신상실에 준하는 정도의 상태로 상당히 엄격하게 해
석하였던 것으로 보인다.44)

41) 김성돈, 앞의 논문, 158면 이하.
42) 이러한 심신상실의 개념은 "정신상의 장애로 인하여 성적인 자기방어를 할
수 없는 항거불능의 상태"라는 항거불능의 개념과 중첩되는 부분이 있다(김
혜정, "성폭력범죄에 있어서 '항거불능인 상태'의 의미", 형사판례연구 제14집,
2006, 357면 이하).
43) 김성돈, 앞의 논문, 134면 이하.
44) 박순배, "성폭력범죄의처벌및피해자보호등에관한법률 제8조 '정신상의 장애로
항거불능인 상태'의 의미", 우리형사판례연구회 발표문(미발간), 2005.12.12, 6
면.

그러나 준강간죄에서 '심신상실'의 개념은 형법 제10조 제1항의 책임무능력 상태와 동일 선상에서 이해하기 보다는, 대상판결의 심신상실에 대한 정의를 통해 알 수 있는 바와 같이, "성적 자기결정권의 정상적 행사와 관련한 정신적/심리적 상태의 비정상성"45)을 의미하는 것으로 이해해야 할 것이다. 그렇게 본다면 준강간죄에서 심신상실 개념을 사용하여 개념상 혼란을 야기하기보다 성폭력처벌법 제6조 제4항의 구성요건과 일치시켜 '정신적인 장애'라는 표지를 항거불능의 사유로 하는 입법개선46)을 고려해보는 것도 의미가 있을 것으로 생각된다.

4. 아동성착취물의 제작 및 소지행위의 죄수
– 대법원 2021. 7. 8 선고 2021도2993 판결 –

(1) 사실관계

피고인이 직접 아동·청소년인 피해자 공소외 1, 공소외 2에게 촬영하여 전송하도록 한 가슴, 성기, 자위 사진 및 동영상 파일 162개와 성명불상자로부터 전송받은 아동·청소년의 가슴, 성기, 자위 사진 및 동영상 파일 등 총 276개의 아동·청소년이용음란물 파일을 전송받아 자신의 휴대전화기에 저장·보관함으로써 이를 소지하였다.

(2) 판결요지

구 아동·청소년의 성보호에 관한 법률(2020. 6. 2. 법률 제17338호로 개정되기 전의 것) 제11조 제5항의 아동·청소년의 성보호에 관한 법률 위반(음란물소지)죄는 아동·청소년이용음란물임을 알면서 이를 소지하는 행위를 처벌함으로써 아동·청소년이용음란물의 제작을 근원적으로 차단하기 위한 처벌규정이다. 그리고 구 청소년성보호법 제11조 제1항의 청소년성보호법 위반(음란물제작·배포등)죄의 법정형이

---

45) 김성돈, 앞의 논문, 138면.
46) 김성돈, 앞의 논문, 160면.

무기징역 또는 5년 이상의 유기징역인 반면, 청소년성보호법 위반(음란물소지)죄의 법정형이 1년 이하의 징역 또는 2천만 원 이하의 벌금형이고, 아동·청소년이용음란물 제작행위에 아동·청소년이용음란물 소지행위가 수반되는 경우 아동·청소년이용음란물을 제작한 자에 대하여 자신이 제작한 아동·청소년이용음란물을 소지하는 행위를 별도로 처벌하지 않더라도 정의 관념에 현저히 반하거나 해당 규정의 기본 취지에 반한다고 보기 어렵다.

따라서 아동·청소년이용음란물을 제작한 자가 그 음란물을 소지하게 되는 경우 청소년성보호법 위반(음란물소지)죄는 청소년성보호법 위반(음란물제작·배포등)죄에 흡수된다고 봄이 타당하다. 다만 아동·청소년이용음란물을 제작한 자가 제작에 수반된 소지행위를 벗어나 사회통념상 새로운 소지가 있었다고 평가할 수 있는 별도의 소지행위를 개시하였다면 이는 청소년성보호법 위반(음란물제작·배포등)죄와 별개의 청소년성보호법 위반(음란물소지)죄에 해당한다.

(3) 평 석

대상판결의 쟁점은 아동성착취물[47]의 제작행위와 아동성착취물의 소지행위의 죄수관계를 어떻게 볼 것인가이다. 대법원은 아동성착취물의 제작행위와 아동성착취물의 소지행위를 법조경합의 흡수관계로 보아, 아동성착취물의 제작행위와 소지행위를 별개의 범죄로 실체적 경합관계가 인정된다고 판단한 원심판결을 파기·환송하였다.

대상판결에서 판시한 바와 같이, 아동성착취물의 제작행위에는 당연히 소지행위가 수반되게 된다는 점에서 흡수관계로 본 것은 타당하다. 다만, 아동성착취물의 제작행위를 실현하는 과정에서 통상 소지행위가 수반되는 것으로 나타나겠지만, 여기에서 아동성착취물의 소지행위는 제작행위에 대한 불가벌적 사후행위로 보는 것이 타당할 것으로 생각된다. 그 이유는 소지의 대상인 아동성착취물은 제작이라는

---

47) 2020. 6. 2 개정을 통해 '아동·청소년이용음란물'은 '아동·청소년성착취물'로 개정되었다.

범죄행위에 의해 획득된 결과물로, 제작행위라는 주된 범죄에 의해 완전히 평가된 것이어서 사후에 계속 소지하는 행위가 별개의 범죄를 구성하지 않는다고 보기 때문이다.

이와 함께 대법원은 "제작에 수반된 소지행위를 벗어나 사회통념상 새로운 소지가 있었다고 평가할 수 있는 별도의 소지행위를 개시하였다면" 별개의 소지죄에 해당한다고 판시하였다. 그러나 만약 소지의 대상물이 행위자가 제작한 성착취물과 동일한 것이라고 한다면, 어떤 경우라도 별개의 소지행위를 인정할 여지는 없어야 할 것으로 생각된다. 그 이유는 자신이 제작한 성착취물을 소지하는 행위, 자신이 제작한 성착취물을 시청하는 행위 등은 자신이 절취한 물건을 계속해서 사용하는 행위와 같이 동일한 피해자에 대한 법익침해로 별도의 법익침해가 있다고 보기 어렵고, 제작이라는 중범죄로 처벌되는 상황에서 주된 범죄의 침해의 양을 초과하지 않고 그 연장선상에서 나타나는 소지행위를 별도로 처벌할 형사정책적 필요가 있는 것인지 의문이 들기 때문이다. 더불어 소지죄 처벌에 대해서는 재검토가 필요하다고 생각되기 때문이다.

아동·청소년성착취물의 단순소지행위를 처벌하는 것에 대해서는 찬반의견이 나뉘고 있다. 단순소지행위의 처벌을 반대하는 입장에서는 영상물을 단순히 소지하는 것만으로는 아동·청소년이 사회구성원으로 건강하게 성장하는 것을 저해하는 직접적이고 명백한 위험성이 크다고 보기 어렵고, 성착취물의 소지자가 아동·청소년을 대상으로 하는 성범죄를 행할 가능성이 높을 것이라는 우려가 있지만, 그 가능성이 명확하게 드러나고 있지 않으며, 단순소지를 처벌하는 형사정책적 목적이 성착취물의 수요억제에 있다면, 제작·배포 등 행위를 처벌하는 것을 통해 그 목적을 달성할 수 있다는 점 등을 논거로 하고 있다.[48] 또한 일반적으로 형법에서 소지를 금지하는 대부분의 물건은 그

---

48) 이건호, "아동·청소년이용음란물의 범죄구성요건에 대한 검토", 형사정책연구 제26권 제1호, 2015, 14면 이하.

자체 사람의 생명이나 건강과 관련한 직접적인 위험성이 있는 물건이지만, 아동·청소년성착취물은 그러한 물건으로 보기 어렵다는 견해도 있다.49)

단순소지행위의 처벌이 필요하다고 보는 입장에서는 아동·청소년성착취물과 관련된 범죄의 처벌은 '아동·청소년의 인격권'이라는 보호법익을 위한 것으로 광범위하게 보호하는 것이 필요하고, 아동·청소년성착취물이 유통됨으로써 아동이나 청소년을 성적 대상으로 하는 범죄에 잠재적으로 노출될 수 있는 위험성이 있어 오히려 성인성착취물보다 근절시켜야할 필요성이 높고, 이러한 성착취물의 제작·유통 등을 근본적으로 근절시키기 위해서는 성착취물의 공급자뿐만 아니라 수요자까지도 처벌할 필요성이 정책적으로 존재한다는 것을 논거로 하고 있다.50)

사실 단순소지행위를 지나치게 넓게 처벌하는 것은 형법의 보충성 내지 최후수단성의 관점에서 과잉입법이라고 할 수 있다. 형사정책적으로 아동·청소년성착취물을 단순소지하는 행위의 처벌필요성이 인정된다고 하더라도 적어도 아동성착취물과 청소년성착취물의 처벌의 정도는 구별할 필요가 있지 않나 생각된다. 그러한 관점의 연장선상에서 성착취물의 제작행위는 엄벌이 필요하다고 하더라도, 행위자가 제작한 성착취물과 동일한 성착취물을 소지하면서 시청하는 행위는 불가벌적 사후행위로 별개의 범죄를 구성하지 않는다고 하는 것이 타당하다고 생각된다.

---

49) 송문호, "아청법상 음란물소지죄의 제한적 적용가능성", 「법학연구」 제22권 제1호, 경상대학교 법학연구소, 2014, 339면.
50) 김슬기, "인터넷상 아동·청소년 이용 음란물 소지의 개념에 관한 검토 - 미국과의 비교를 중심으로 -", 「과학기술법연구」 제18집 제3호, 한남대학교 과학기술법연구소, 2012, 308면 이하.

Ⅳ. 각칙 관련 판결

1. 가상자산의 법적 성격

- 대법원 2021. 11. 11 선고 2021도9855 판결 -

(1) 사실관계

피고인 A가 주주 F, E에게 다중서명계좌에 보관하고 있던 비트코인 중 6,000BTC를 자신의 단독 명의 계좌로 이체시켜주면 코인 이벤트에 참가했다가 다시 반환하겠다고 기망하여 피고인 단독 명의 계좌로 6,000BTC을 이체받아 약 197억 7,383만 원 상당을 편취하였다.

(2) 판결요지

비트코인은 경제적인 가치를 디지털로 표상하여 전자적으로 이전, 저장과 거래가 가능하도록 한 가상자산의 일종으로 사기죄의 객체인 재산상 이익에 해당한다.

(3) 평 석

대상판결은 비트코인도 사기죄의 객체인 '재산상 이익'에 해당한다고 보아 사기죄 유죄를 인정한 원심의 판단을 확정하였다. 대상판결에서 비트코인은 재산적 가치가 있는 디지털 전자정보로서 유체물과 동일한 정도의 물리적 관리가 불가능하여 형법상 '재물'에 해당한다고 보기는 어렵고, 이 사건 범행으로 피고인은 비트코인 자체가 아닌 범행 당시 비트코인의 가치에 상당하는 재산상 이익을 취득한 것으로 본 것이다.[51]

최근 우리사회뿐만 아니라 전세계적으로 비트코인을 비롯한 가상화폐의 법적 성격 내지 제도권으로의 편입여부를 놓고 논란이 많다. 이에 대법원은 2018년 비트코인을 재산적 가치가 있는 무형의 재산으로 보고 몰수의 대상이 될 수 있다고 판단한 바 있다.[52] 2020. 3. 24

---

[51] 서울중앙지방법원 2020. 1. 31 선고 2019고합420 판결

[52] 대법원 2018. 5. 30 선고 2018도3619 판결.

개정된 '특정 금융거래정보의 보고 및 이용 등에 관한 법률'에서는 제2조 제3호에 '가상자산'에 대한 정의를 최초로 규정하고 가상자산사업자에게 실명확인이 가능한 입출금 계정을 통해서만 금융거래를 하도록 강제(제7조 제3항)하는 등 어느 정도 제도권의 감독아래 두고 있다고 할 수 있다. 그러나 대법원은 이러한 가상자산에 대한 규제가 법정화폐에 준하는 정도까지 이루어지고 있는 것은 아니라고 판단하고 있다.

비트코인 등 가상자산은 이제 제도권 안에 편입되었다고 생각된다. 앞으로 이러한 가상자산은 그 규모가 더 성장할 것으로 보여 입법적인 보완을 통해 법정화폐 만큼은 아니더라도 그에 준하는 수준으로 보다 세밀한 규제가 필요하다는 점에서 관련 규정의 정비가 이루어져야 할 것으로 생각된다.

2. 가상자산의 착오송금과 배임죄

— 대법원 2021. 12. 16. 선고 2020도9789 판결 —

(1) 사실관계 및 재판의 경과

피고인은 2018년 6월 알 수 없는 경위로 피해자(그리스인)의 'B' 거래소 가상지갑에 들어 있던 199.999비트코인(이하 '이 사건 비트코인')을 자신의 계정으로 이체 받았다. 피고인은 착오로 이체된 이 사건 비트코인을 반환하기 위하여 이를 그대로 보관하지 않고, 이튿날 그중 29.998비트코인을 자신의 'C' 계정으로, 169.996비트코인을 자신의 'D' 계정으로 이체하였다. 이를 통해 피고인은 재산상 이익인 합계 약 1,487,235,086원 상당의 총 199.994비트코인을 취득하고, 피해자에게 동액 상당의 손해를 가하였다.

1심은 예비적 공소사실인 특정경제범죄법상 배임에 대하여 유죄로 판단하였고, 주위적 공소사실인 횡령에 대하여는 비트코인이 횡령죄의 객체인 재물로 볼 수 없다는 이유에서 무죄로 판단하였다. 항소심은 1심 판결을 그대로 유지하였다.

(2) 판결요지

[1] 가상자산 권리자의 착오나 가상자산 운영 시스템의 오류 등으로 법률상 원인관계 없이 다른 사람의 가상자산 전자지갑에 가상자산이 이체된 경우, 가상자산을 이체받은 자는 가상자산의 권리자 등에 대한 부당이득반환의무를 부담하게 될 수 있다. 그러나 이는 당사자 사이의 민사상 채무에 지나지 않고 이러한 사정만으로 가상자산을 이체받은 사람이 신임관계에 기초하여 가상자산을 보존하거나 관리하는 지위에 있다고 볼 수 없다.

가상자산은 국가에 의해 통제받지 않고 블록체인 등 암호화된 분산원장에 의하여 부여된 경제적인 가치가 디지털로 표상된 정보로서 재산상 이익에 해당한다. (중략) 가상자산에 대해서는 현재까지 관련 법률에 따라 법정화폐에 준하는 규제가 이루어지지 않는 등 법정화폐와 동일하게 취급되고 있지 않고 그 거래에 위험이 수반되므로, 형법을 적용하면서 법정화폐와 동일하게 보호해야 하는 것은 아니다.

원인불명으로 재산상 이익인 가상자산을 이체받은 자가 가상자산을 사용·처분한 경우 이를 형사처벌하는 명문의 규정이 없는 현재의 상황에서 착오송금 시 횡령죄 성립을 긍정한 판례를 유추하여 신의칙을 근거로 피고인을 배임죄로 처벌하는 것은 죄형법정주의에 반한다.

[2] (중략) 비트코인이 법률상 원인관계 없이 갑으로부터 피고인 명의의 전자지갑으로 이체되었더라도 피고인이 신임관계에 기초하여 갑의 사무를 맡아 처리하는 것으로 볼 수 없는 이상 갑에 대한 관계에서 '타인의 사무를 처리하는 자'에 해당하지 않는다.

(3) 평 석

대상판결의 쟁점은 가상자산의 형법적 보호필요성과 착오 송금된 가상자산을 임의 사용한 피고인에게 배임죄의 주체성이 인정되는가에 있다.[53] 대법원은 가상자산을 법정화폐와 동일하게 형법적으로 보호해야 하는 것은 아니라는 판단과 함께 원인 없이 타인의 비트코인을 이체 받아 보관하는 경우 부당이득으로 반환해야하므로, 원심이 반환 전에는 신의칙에 따라 그 재산을 보호·관리할 임무가 있다는 점에서 '타인의 사무를 처리하는 자'에 해당하여 배임죄가 성립한다고 한 판결을 파기·환송하였다.

첫 번째 쟁점과 관련하여 대법원은 "가상자산에 대해서는 현재까지 관련 법률에 따라 법정화폐에 준하는 규제가 이루어지지 않는 등 법정화폐와 동일하게 취급되고 있지 않고 그 거래에 위험이 수반되므로 형법을 적용하면서 법정화폐와 동일하게 보호해야 하는 것은 아니다."라고 한다. 이러한 대법원의 판단은 법정화폐와 동일한 정도의 공신력이 있는 자산이 아니라면 보호되지 않는 것인가 하는 의문을 낳게 한다.

과거와 달리 비트코인 등 가상자산에 대한 시각이 전세계적으로 변화되고 있다. 가상자산은 새로운 투자자산으로 자리매김하면서 그 거래의 신뢰성을 확보하기 위한 제도적 장치들이 마련되기 시작하였다.54) 우리나라도 법률적 규제장치들이 마련되기 시작하였다. 그럼에도 대법원은 여전히 법정화폐에 준하는 법적 규제가 충분하지 못하다는 점에서 형법적 보호 필요성을 인정하지 않고 있는 듯하다. 그러나 가상자산을 법정화폐와 구별하여 보호필요성을 구별하는 것은 적절하지 않다고 생각된다. 물론 법해석으로 그 보호에 한계가 있을 수 있다는 점에서 보다 근본적으로는 "가상자산에 대한 진정성 판단 강화와 그 거래에 대한 신뢰성과 안정성을 담보하기 위한 법적 규제가 더 보완"55)될 수 있도록 입법 개선이 필요할 것으로 생각된다.

두 번째 쟁점과 관련하여, 대상판결은 민사상 계약의무불이행이 곧바로 배임죄 성립으로 이어지는 것은 아니라는 점을 확인하면서, 민

---

53) 대상판결에 대한 평석으로 장성원, "가상자산의 착오이체와 배임죄", 제345회 한국형사판례연구회 발표문, 2022. 1. 10, 4면.
54) 그에 대한 구체적인 내용은 장성원, 앞의 논문, 7면 이하.
55) 장성원, 앞의 논문, 10면.

사불법과 형사불법을 분리하고 있다고 할 수 있다. 즉 민사법에서 채무불이행이나 계약 위반과 같은 위법행위가 인정된다고 하여 곧바로 형사법상 불법을 인정하는 구조를 취하고 있지는 않은 것이다.[56)]

그런 점에서 대상판결의 사안에서 배임죄 성립을 부정한 대법원의 결론은 타당하다.[57)] 다만, 대법원이 착오 송금된 재물에 대해서는 거래관계의 존재유무에 상관없이 횡령죄의 성립을 인정[58)]하면서 대상판결에서 횡령죄 사안의 법리를 대상판결 사건의 배임죄에 적용하는 것은 금지되는 유추라고 하면서 배임죄 성립을 부정하고 있는 것은 눈에 띈다. 그 이유는 착오송금의 사안에서 횡령죄와 배임죄를 달리 판단할 이유가 없다[59)]고 생각되기 때문이다. 그런 점에서 대상판결의 결론은 향후 착오송금에 대한 횡령죄 판단에도 그 성립을 부정하는 논거로 적용되는 것이 필요할 것으로 생각된다.[60)]

3. 등기사항전부증명서의 열람일시 삭제와 문서변조
- 대법원 2021. 2. 25. 선고 2018도19043 판결 -

(1) 사실관계 및 재판의 경과

피고인은 인터넷을 통하여 열람·출력한 등기사항전부증명서 하단의 열람 일시 부분을 수정 테이프로 지우고 복사해 두었다가 이를 타인에게 교부하여 공문서변조 및 동 행사죄로 기소되었다.

1심은 피고인에 대한 공문서변조 및 동행사죄의 유죄를 선고하였

---

56) 장성원, 앞의 논문, 16면.
57) 대상판결에서 배임죄 행위주체성이 부정된 것은 가상자산 거래에 대한 불확정성과 불안정성에 근거해 신의칙에 의한 신임관계를 인정할 수 없어 신임관계에 기한 타인사무처리자의 지위가 인정되지 않은 것으로 보면서, 향후 가상자산 거래시스템이 안정화되고 법적 규율이 강화됨으로 그 시스템에 대한 신뢰판단이 달라진다면 배임죄 성립여부에 대한 판단이 달라질 수도 있다고 보는 견해로 장성원, 앞의 논문, 18면.
58) 대법원 2010. 12. 9. 선고 2010도891 판결.
59) 대상판결의 1심과 2심에서 이러한 이유를 근거로 배임죄를 인정하고 있다.
60) 착오 송금된 재물에 대하여 횡령죄가 아니라 점유이탈물횡령죄를 인정하는 것이 타당하다고 생각된다.

으나, 원심은 피고인이 인터넷을 통하여 출력한 등기사항전부증명서 하단의 열람 일시 부분을 수정 테이프로 지우고 복사한 행위는 공공적 신용을 해할 위험이 있는 정도의 새로운 증명력을 작출한 것으로 단정할 수 없다고 판단하여 1심판결을 파기하고 무죄를 선고하였다.

(2) 판결요지

[1] 공문서변조죄는 권한 없는 자가 공무소 또는 공무원이 이미 작성한 문서내용에 대하여 동일성을 해하지 않을 정도로 변경을 가하여 새로운 증명력을 작출케 함으로써 공공적 신용을 해할 위험성이 있을 때 성립한다. 이때 일반인으로 하여금 공무원 또는 공무소의 권한 내에서 작성된 문서라고 믿을 수 있는 형식과 외관을 구비한 문서를 작성하면 공문서변조죄가 성립하는 것이고, 일반인으로 하여금 공무원 또는 공무소의 권한 내에서 작성된 문서라고 믿게 할 수 있는지 여부는 그 문서의 형식과 외관은 물론 그 문서의 작성경위, 종류, 내용 및 일반거래에 있어서 그 문서가 가지는 기능 등 여러 가지 사정을 종합적으로 고려하여 판단하여야 한다.

[2] (중략) 등기사항전부증명서의 열람 일시는 등기부상 권리관계의 기준 일시를 나타내는 역할을 하는 것으로서 권리관계나 사실관계의 증명에서 중요한 부분에 해당하고, 열람 일시의 기재가 있어 그 일시를 기준으로 한 부동산의 권리관계를 증명하는 등기사항전부증명서와 열람 일시의 기재가 없어 부동산의 권리관계를 증명하는 기준 시점이 표시되지 않은 등기사항전부증명서 사이에는 증명하는 사실이나 증명력에 분명한 차이가 있는 점, 법률가나 관련 분야의 전문가가 아닌 평균인 수준의 사리분별력을 갖는 일반인의 관점에서 볼 때 그 등기사항전부증명서가 조금만 주의를 기울여 살펴보기만 해도 그 열람 일시가 삭제된 것임을 쉽게 알아볼 수 있을 정도로 공문서로서의 형식과 외관을 갖추지 못했다고 보기 어려운 점을 종합하면, 피고인이 등기사항전부증명서의 열람 일시를 삭제하여 복사한 행위는 등기사항

2021년도 형법판례 회고 *557*

전부증명서가 나타내는 권리·사실관계와 다른 새로운 증명력을 가진 문서를 만든 것에 해당하고 그로 인하여 공공적 신용을 해할 위험성도 발생하였다.

(3) 평 석

대법원은 대상판결에서 등기사항전부증명서의 열람 일시를 삭제하여 복사한 피고인의 행위가 공공적 신용을 해할 위험이 있는 정도의 새로운 증명력을 작출한 것으로 단정할 수 없다고 보아 공문서변조 및 동행사죄의 무죄를 선고한 원심판결을 파기·환송하였다.

대상판결이 원심과 달리 피고인의 행위는 변경 전 등기사항전부증명서가 나타내는 권리·사실관계와 다른 새로운 증명력을 가진 문서를 만든 것에 해당하고 그로 인해 공공적 신용을 해할 위험성도 발생하였다고 판단한 이유는 ① 등기사항전부증명서의 열람 일시는 등기부상 권리관계의 기준 일시를 나타내는 역할을 하는 것으로서 권리관계나 사실관계의 증명에서 중요한 부분에 해당하여, 열람 일시의 기재가 있어 그 일시를 기준으로 한 부동산의 권리관계를 증명하는 등기사항전부증명서와 열람 일시의 기재가 없어 부동산의 권리관계를 증명하는 기준 시점이 표시되지 않은 등기사항전부증명서 사이에는 증명하는 사실이나 증명력에 분명한 차이가 있다고 보고, ② 변경 후 등기사항전부증명서가 타인에게 제시·교부되어 그 일시 무렵 이 사건 부동산에 관하여 근저당권설정등기 및 소유권이전담보가등기가 존재하지 않는다는 내용의 허위사실을 증명하는 데 이용되었으며, ③ 평균인 수준의 사리분별력을 갖는 일반인의 관점에서, 이 사건 변경 후 등기사항전부증명서의 열람 일시가 삭제된 것임을 쉽게 알아보기 어렵다는 것에 있다.

부동산의 권리관계는 어느 시점의 내용이냐에 따라 증명적 기능을 달리 수행할 수 있어 시점은 증명의 핵심 요소라고 할 수 있다. 따라서 증명서의 열람 일시 삭제만으로 새로운 증명력이 생겼다고 할 수 없을지는 몰라도, 열람 일시가 삭제된 문서를 제시한 시점에는 허위 증명력이 생기게 될 수 있다.

즉 대상판결은 ① 증명서의 열람일시의 변조를 통해서도 증명력에 차이가 있을 수 있다는 소극적 형태의 변조를 인정하고, ② 변조여부의 판단을 전문가가 아닌 일반인의 관점에서 판단하는 등의 공문서변조죄 성립에 필요한 문서의 작성 정도와 그 판단 기준을 제시해주고 있다는 점에서 그 의미가 있다.61)

4. 지입차 담보와 배임죄
- 대법원 2021. 6. 24 선고 2018도14365 판결 -
(1) 사실관계

피고인은 공소외 주식회사 등 운송회사의 대표이사로서 지입차주인 피해자들과의 지입계약에 따라 지입차량을 온전하게 관리할 임무가 있었음에도, 2015. 1. 14.경부터 2015. 11. 24.경까지 원심 판시 별지범죄일람표 기재와 같이 총 3회에 걸쳐 피해자들의 동의 없이 피해자들의 지입차량인 이 사건 각 버스에 관하여 임의로 이 사건 각 저당권을 설정하고 합계 1억 800만 원의 대출을 받아 재산상 이익을 얻고, 피해자들에게 같은 금액 상당의 재산상 손해를 가하였다

(2) 판결요지

이른바 지입제는 자동차운송사업면허 등을 가진 운송사업자와 실질적으로 자동차를 소유하고 있는 차주 간의 계약으로 외부적으로는 자동차를 운송사업자 명의로 등록하여 운송사업자에게 귀속시키고 내부적으로는 각 차주들이 독립된 관리 및 계산으로 영업을 하며 운송사업자에 대하여는 지입료를 지불하는 운송사업형태를 말한다.

따라서 지입차주가 자신이 실질적으로 소유하거나 처분권한을 가지는 자동차에 관하여 지입회사와 지입계약을 체결함으로써 지입회사

---

61) 이주원, "[2021년 분야별 중요판례분석] (9) 형법 각칙", 법률신문, 2022. 03. 10.

에 그 자동차의 소유권등록 명의를 신탁하고 운송사업용 자동차로서 등록 및 그 유지 관련 사무의 대행을 위임한 경우에는, 특별한 사정이 없는 한 지입회사 측이 지입차주의 실질적 재산인 지입차량에 관한 재산상 사무를 일정한 권한을 가지고 맡아 처리하는 것으로서 당사자 관계의 전형적·본질적 내용이 통상의 계약에서의 이익대립관계를 넘어서 그들 사이의 신임관계에 기초하여 타인의 재산을 보호 또는 관리하는 데에 있으므로, 지입회사 운영자는 지입차주와의 관계에서 '타인의 사무를 처리하는 자'의 지위에 있다.

(3) 평 석

대법원은 대상판결의 사안에 대해 원심이 배임죄에 대한 범죄의 증명이 없다는 이유에서 무죄를 선고한 것에 대하여, 여러 가지 정황상 지입회사가 지입차량의 실제 소유자에 대해 '타인의 사무를 처리하는 자'의 지위가 인정된다는 점에서 원심판결을 파기·환송하였다.

지입차량의 소유권과 관련하여, 대외적으로는 지입회사에 귀속된다. 그러나 대내적인 관계에서는 지입차량의 소유권이 지입차주에게 있다는 견해와 지입회사에게 있다는 견해로 대립한다. 전자가 그 논거로 형식적인 등록과 달리 실질적으로 차량에 대한 점유, 운행 및 관리 등을 지입차주가 하고 있으므로 소유권이 지입차주에게 있다고 보는 것이 실체에 부합한다는 점을 들고 있다면, 후자는 그 논거로 자동차관리법 제6조에서 자동차의 소유권 변경을 등록을 통해 하도록 하고 있어 민법과 동일한 형식주의 입법형식을 취하고 있다는 점을 들고 있다. 대법원은 자동차관리법 제6조를 근거로 "지입차량의 대내적 소유권은 차주에게 있고 차주와 지입회사와의 사이에는 명의신탁관계에 있다는 논지"는 채용할 수 없다[62]고 하여 대내적 소유권도 지입회사에게 귀속된다[63]는 후자의 견해를 취하고 있는 것으로 보인다.[64]

62) 대법원 1975. 6. 24 선고 75다625 판결.
63) 대법원 1970. 9. 29 선고 70다1508 판결.
64) 황태윤, "형법의 소유 개념으로서 "재물의 사실상 또는 법률상 지배력 있는

원심은 지입계약을 체결하면 차량의 대내적·대외적 소유권은 지입회사에 있기 때문에 지입회사 대표이사가 차량에 근저당권을 설정하는 등 처분행위를 했더라도 곧바로 형사책임을 부담한다고 보기는 어렵다고 하였다. 다만, 지입회사가 지입계약 체결 시 지입차량의 소유권을 차주에게 유보하기로 하거나 지입차량의 매매나 근저당권설정 등 기타 처분행위를 하지 않기로 약정하는 등 특별한 사정이 있다면 그 상황은 달라질 수 있다고 보았다. 이러한 원심의 논거는 그 동안 지입차량의 대외적·대내적 소유권을 지입회사에 인정한 판례의 태도에서 오히려 타당한 점이 있다. 그 이유는 지입차량과 관련하여 다양한 문제[65]가 발생할 수 있고, 사안에 따라서는 배임죄의 성립여부가 달라질 수도 있다고 보기 때문이다.

1961년 자동차운수사업법이 제정된 이래 정부에서 화물자동차운송사업 분야에서 발생하고 있는 지입제를 억제하기 위한 정책을 시행하였음에도 특별한 효과를 거두지 못하였고 현재에 와서는 일반화물운송의 경우에 거의 100%에 가까운 지입률을 보이게 되었다.[66] 지입제는 운송사업자가 자신이 받은 운송사업허가를 지입차주에게 부여하는 방식이라는 점에서 행정청의 허가권을 사실상 대행하는 효과를 발생시키고 있다. 또한 지입차의 자동차등록도 운송사업자 명의로 이루어진다는 점에서 지입차주가 자신이 경제적으로 출연한 재산권임에도 불구하고 자유롭게 행사하지 못한다는 문제가 발생한다. 이러한 특징은 지입제가 전근대적 성격을 내포한 계약형태라는 점을 보여준다.

이러한 지입제의 전근대성 문제를 해결하기 위하여 지입차주에게 개인면허를 인정해 주는 것이 제안되고 있다. 그러나 이는 운송사업자

상태" - 대법원 2015. 6. 25. 선고 2015도1944 전원합의체 판결 -", 동북아법연구 제10권 제3호, 2017, 924면 이하.
65) 지입차량 관련한 판례의 주요한 입장은 황태윤, 앞의 논문(2017), 925면 이하 참조.
66) 김린, "화물자동차운수사업법상의 지입차주 보호방안에 대한 검토", 법학 제20권 제3호, 2017, 255면 이하.

의 반발이 예상될 수 있으므로, 현실적인 차선의 대안으로 차량등록
명의를 지입차주에게 주어서 그의 재산권 행사를 보장하는 방안이 제
안되고 있어⁶⁷⁾ 그에 대한 검토가 필요할 것으로 생각된다. 현재와 같
은 상황에서는 대상판결의 원심판단과 같이 지입회사와 지입차주 사
이에 특별한 약정이 없는 한 자동차관리법 제6조에 따라 지입차량의
대외적·대내적 소유권이 지입회사에 있다고 보아야 할 것이고, 이 경
우 지입차주의 재산권이 제대로 행사되기 어렵다는 점에서 이에 대한
조속한 입법적인 개선이 바람직할 것으로 생각된다.

5. 주거침입강간죄의 행위주체와 신분범
- 대법원 2021. 8. 12. 선고 2020도17796 판결 -
(1) 사실관계

피고인이 2019. 12. 3. 21:48경 주점에서 술을 마시던 중 피고인을
남자화장실 앞까지 부축해 준 피해자 공소외인(여, 20세)을 건조물인
위 주점 여자화장실로 끌고 가 용변 칸으로 밀어 넣은 후, 피고인의
성기를 피해자의 구강에 넣으려고 하고 피고인의 손가락을 피해자의
성기에 넣으려고 하였으나 그 뜻을 이루지 못하고 미수에 그쳤다.

(2) 판결요지

[1] 주거침입강제추행죄 및 주거침입강간죄 등은 사람의 주거 등
을 침입한 자가 피해자를 간음, 강제추행 등 성폭력을 행사한 경우에
성립하는 것으로서, 주거침입죄를 범한 후에 사람을 강간하는 등의 행
위를 하여야 하는 일종의 신분범이고, 선후가 바뀌어 강간죄 등을 범
한 자가 그 피해자의 주거에 침입한 경우에는 이에 해당하지 않고 강
간죄 등과 주거침입죄 등의 실체적 경합범이 된다. 그 실행의 착수시
기는 주거침입 행위 후 강간죄 등의 실행행위에 나아간 때이다.

[2] 강간죄는 사람을 강간하기 위하여 피해자의 항거를 불능하게

---
67) 김린, 앞의 논문, 255면 이하.

하거나 현저히 곤란하게 할 정도의 폭행 또는 협박을 개시한 때에 그 실행의 착수가 있다고 보아야 할 것이지, 실제 간음행위가 시작되어야만 그 실행의 착수가 있다고 볼 것은 아니다. 유사강간죄의 경우도 이와 같다.

(3) 평 석

대상판결의 쟁점은 주거침입(유사)강간죄의 행위주체가 신분범인가와 주거침입(유사)강간죄의 실행의 착수시점을 언제로 볼 것인가이다. 원심은 피고인이 주점의 여자화장실에 들어감으로써 주거침입죄를 범한 사람에 해당한다고 보고 피고인에게 성폭력처벌법상 주거침입유사강간죄 유죄를 인정하였다. 그러나 대법원은 피고인이 피해자의 반항을 억압한 채 피해자를 억지로 끌고 여자화장실로 들어가게 한 이상, 피고인이 주거(화장실)에 침입하기 전에 이미 (유사)강간의 실행의 착수인 폭행·협박이 이루어졌다고 볼 수 있어 주거침입(유사)강간죄의 행위주체인 주거침입자가 아니므로 동죄가 성립한다고 볼 수 없다는 취지에서 원심판결을 파기·환송하였다.

주거침입(유사)강간죄는 주거에 침입한 자가 폭행·협박을 통해 (유사)강간에 나아가는 경우 성립하므로, 주거에 침입하기 전부터 폭행·협박이 이루어진 대상판결의 사안에서는 주거침입 전에 강간의 실행의 착수가 있다고 할 것이므로 주거침입유사강간죄가 아니라 주거침입죄와 유사강간죄의 실체적 경합범으로 보아야 한다는 대상판결의 결론은 타당하다.

다만, 주거침입강간죄의 행위자를 신분범으로 보는 것이 타당한가에 대하여는 의문이 든다. 이는 준강도죄의 행위주체인 절도범을 신분범으로 볼 것인가의 문제와 동일한 관점에서 살펴볼 수 있다. 준강도의 행위주체와 관련하여, 준강도의 행위주체는 절도범으로 한정되므로 신분범으로 보아야 한다는 견해가 있다.[68] 그러나 절도범이 사회

---

68) 박상기, 형법강의, 2010, 607면; 이정원/류석준, 형법각론, 2019, 334면.

생활상의 지위라고 할 수 있는 것인지 의문이다. 준강도는 절도와 폭행·협박의 결합범의 형태로 볼 수 있고, 무엇보다도 준강도에서 절도는 일신적속적인 특성이나 상태라기보다는 행위관련적 요소로 보는 것이 타당하다는 점에서 준강도죄의 행위주체인 절도는 신분범이 아니라고 하는 것[69]이 타당하다. 같은 관점에서 살펴볼 때, 주거침입(유사)강간죄의 행위주체인 주거침입자를 신분범이라고 하는 것 또한 적절하지 않다고 생각된다.

6. 금전채무자의 배임죄 행위주체 여부
– 대법원 2021. 7. 15 선고 2015도5184 판결 –

(1) 사실관계

피고인이 피해자로부터 금전을 차용하면서 피고인이 국민건강보험공단에 대하여 가지는 요양급여채권을 피해자에게 포괄근담보로 제공하는 채권양도담보계약을 체결하였으므로, 피고인은 위 계약에 따라 양도담보권자인 피해자를 위해 위 채권을 성실하게 관리하여야 할 임무가 있었음에도 이에 위배하여 위 채권을 친형인 공소외인의 채권자에게 이중으로 양도하고 국민건강보험공단으로부터 696,978,160원을 지급받게 함으로써 공소외인에게 같은 금액 상당의 재산상 이익을 취득하게 하였으며, 이로써 피해자에게 위 금액 또는 피고인의 피담보채무액인 593,600,000원 상당의 재산상 손해를 가하였다.

(2) 판결요지

금전채권채무 관계에서 채권자가 채무자의 급부이행에 대한 신뢰를 바탕으로 금전을 대여하고 채무자의 성실한 급부이행에 의해 채권의 만족이라는 이익을 얻게 된다 하더라도, 채권자가 채무자에 대한 신임을 기초로 그의 재산을 보호 또는 관리하는 임무를 부여하였다고

---

69) 김성돈, 형법각론 제4판, 2016, 318면; 오영근, 형법각론 제5판, 2019, 275면; 이형국/김혜경, 형법각론 제2판, 2019, 370면.

할 수 없고, 금전채무의 이행은 어디까지나 채무자가 자신의 급부의무
의 이행으로서 행하는 것이므로 이를 두고 채권자의 사무를 맡아 처
리하는 것으로 볼 수 없다. 따라서 금전채권채무의 경우 채무자는 채
권자에 대한 관계에서 '타인의 사무를 처리하는 자'에 해당한다고 할
수 없다.

채무자가 기존 금전채무를 담보하기 위하여 다른 금전채권을 채
권자에게 양도하는 경우에도 마찬가지이다. 채권양도담보계약에 따라
채무자가 부담하는 '담보 목적 채권의 담보가치를 유지·보전할 의무'
등은 담보 목적을 달성하기 위한 것에 불과하며, 채권양도담보계약의
체결에도 불구하고 당사자 관계의 전형적·본질적 내용은 여전히 피담
보채권인 금전채권의 실현에 있다.

따라서 채무자가 채권양도담보계약에 따라 부담하는 '담보 목적
채권의 담보가치를 유지·보전할 의무'를 이행하는 것은 채무자 자신
의 사무에 해당할 뿐이고, 채무자가 통상의 계약에서의 이익대립관계
를 넘어서 채권자와의 신임관계에 기초하여 채권자의 사무를 맡아 처
리한다고 볼 수 없으므로, 이 경우 채무자는 채권자에 대한 관계에서
'타인의 사무를 처리하는 자'에 해당한다고 할 수 없다.

(3) 평 석

대상판결에서 원심은 피고인이 피해자에게 채권양도담보에 관한
대항요건을 갖추어 주기 전에 담보 목적 채권을 타에 이중으로 양도
하고 제3채무자에게 그 채권양도통지를 하는 등의 행위를 하지 않음
으로써 피해자가 위 채권을 원만하게 추심할 수 있도록 피해자 재산
의 보호 또는 관리에 협력할 의무가 있으므로, 피고인에게 피해자와의
신임관계에 의한 '타인의 사무처리 자'의 지위가 인정된다고 보아 배
임죄 유죄를 인정하였다. 그러나 대법원은 피고인이 '타인의 사무처리
자'의 지위에 있지 않다는 이유에서 원심판결을 파기·환송하였다.

대상판결은 지난 2020년 동산 양도담보물의 임의처분[70], 동산담보

권71), 저당권이 설정된 자동차의 임의처분72) 사안 등에서 채무자의 급부이행행위는 자기사무라는 점에서 '타인의 사무처리자' 지위가 인정되지 않아 배임죄가 성립하지 않는다고 판단한 전원합의체 판결들의 연장선상에서 이루어진 것으로 보인다.

그 밖에도 대법원 2021. 7. 8 선고 2014도12104 판결에서 대법원은 수분양권 매도인이 매매계약에 따라 '매수인에게 수분양권을 이전할 의무'를 부담하는 경우, 매수인에 대한 관계에서 '타인의 사무를 처리하는 자'에 해당하지 않아 배임죄가 성립하지 않는다고 판단하였다. 또한 수분양권 매도인이 스스로 수분양권을 행사하고 목적물의 소유권을 취득하여 매수인에게 목적물에 관한 소유권이전등기절차를 이행할 의무까지 인정되는 경우가 있다고 하더라도, 수분양권 매매계약에 따른 "당사자 관계의 전형적·본질적 내용"이 신임관계에 기초하여 매수인의 재산을 보호 또는 관리하는 것으로 변경된다고 보기는 어려워 배임죄가 성립하지 않는다고 판단하고 있다.

이러한 대법원의 태도는 "민사채무 불이행에 대한 국가형벌권의 개입을 자제"하는 태도를 보여주는 것으로 당분간은 이와 같은 판결이 다수 이루어질 것으로 생각된다. 그럼에도 부동산 이중매매의 사안에서는 – 비록 판례73)에서 판례변경가능성에 대해 언급하고 있기는 하지만 – 여전히 배임죄를 인정하는 태도를 유지하고 있어, 이러한 변화가 향후 부동산 이중매매에 대한 판단에서 어떤 영향을 미치게 될 것인지 눈여겨 볼 필요가 있다.

V. 맺음말

지난 2021년에는 예년에 비해 대법원 형사판결 건수가 많지 않았

---

70) 대법원 2020. 2. 20 선고 2019도9756 전원합의체 판결.
71) 대법원 2020. 8. 27 선고 2019도14770 전원합의체 판결.
72) 대법원 2020. 10. 22 선고 2020도6258 전원합의체 판결.
73) 대법원 2020. 6. 18 선고 2019도14340 전원합의체 판결.

다. 그럼에도 예컨대 앞에서 살펴본 2016도18761 전원합의체 판결에서 양자 간 명의신탁 부동산의 임의처분에 대한 횡령죄 성립을 부인하는 등 그동안 학계와 실무에서 논란이 되었던 쟁점들과 관련하여 일부 의미 있는 판결이 이루어진 것은 고무적인 일이다.

또한 앞에서 살펴본 2018도5475 전원합의체 판결에서 임의적 감경에 관한 비판적인 새로운 해석론이 제기된 것에 대해 비록 대법원이 현재의 실무를 그대로 유지하는 것으로 결론을 내리기는 하였지만, 임의적 감경에 대한 해석과 관련하여 향후 학계와 실무에서 후속 연구로 이어질 수 있는 계기를 마련해 준 의미가 있다고 생각된다.

더불어 앞에서 살펴본 2015도5184 판결에서 금전채무자의 배임죄 행위주체성을 부정한 결론을 통해 보여준 "민사채무 불이행에 대한 국가형벌권의 개입 자제"라는 태도는 향후 부동산 이중매매에 대한 재검토라는 과제를 남겨 주고 있다고 생각된다.

[주 제 어]
양자간 명의신탁, 주거침입, 착오송금, 아동성착취물, 알코올 블랙아웃

[Key Words]
real estate in a bilateral title trust, Intrusion upon Habitation, error remittance, child pornography, alcohol blackout

접수일자: 2022. 5. 22. 심사일자: 2022. 7. 26. 게재확정일자: 2022. 7. 27.

[참고문헌]

김대원, "방조범의 인과관계", 제345회 한국형사판례연구회 발표문, 2022. 1.
    10.

김두상, "아동청소년이용음란물의 합리적 규제와 피해하동보호에 관한 연
    구", 법학연구 제27권 제3호, 2019.

김린, "화물자동차운수사업법상의 지입차주 보호방안에 대한 검토", 법학
    제20권 제3호, 2017.

김성돈, 형법각론 제4판, SKKUP, 2016.

김성돈, "알코올 블랙아웃과 '심신상실'", 형사판례연구 제29집, 2021.

김성천, "금지착오 규정상의 '정당한 이유'에 대한 연구", 비교형사법연구 제
    10권 제1호, 2008.

김슬기, "인터넷상 아동·청소년 이용 음란물 소지의 개념에 관한 검토 - 미
    국과의 비교를 중심으로 -", 「과학기술법연구」 제18집 제3호, 한남대
    학교 과학기술법연구소, 2012.

김혜정, "성폭력범죄에 있어서 '항거불능인 상태'의 의미", 형사판례연구 제
    14집, 2006.

김혜정/박미숙/안경옥/원혜욱/이인영, 형법총론 제3판, 2020.

박상기, 형법강의, 법문사, 2010.

박순배, "성폭력범죄의처벌및피해자보호등에관한법률 제8조 '정신상의 장애
    로 항거불능인 상태'의 의미", 우리형사판례연구회 발표문(미발간),
    2005.12.12.

송문호, "아청법상 음란물소지죄의 제한적 적용가능성", 「법학연구」 제22
    권 제1호, 경상대학교 법학연구소, 2014.

양창수, "부동산실명법 제4조에 의한 명의신탁의 효력 - 소위 등기명의신탁
    을 중심으로 -", 법학 제38권 제1호, 1997.

오영근, 형법각론 제5판, 박영사, 2019.

이건호, "아동·청소년이용음란물의 범죄구성요건에 대한 검토", 형사정책연
    구 제26권 제1호, 2015.

이수현, "법률의 착오에 있어 정당한 이유의 판단과정에 대한 대법원 태도

의 비판", 법학논총 제19권 제2호, 2012.

이완형, "형의 임의적 감경에 관한 새로운 해석 - 대법원 2021. 1. 21. 선고 2018도5475 전원합의체 판결 -", 제340회 한국형사판례연구회 발표문, 2021. 7. 5.

이정원/류석준, 형법각론, 2019.

이주원, "[2021년 분야별 중요판례분석] (9) 형법 각칙", 법률신문, 2022. 03. 10.

이창섭, "부동산 명의수탁자의 횡령죄 주체성", 형사판례연구 제19집, 2011.

이창섭, "악의의 계약명의신탁과 명의수탁자의 형사책임", 법학연구 제54권 제4호, 2013.

이창온, "주거침입의 보호법익과 행위태양 -대법원 2021. 9. 9. 선고 2020도12630 전원합의체 판결 -", 제344회 한국형사판례연구회 발표문, 2021. 12. 6.

이형국/김혜경, 형법각론 제2판, 법문사, 2019.

장성원, "가상자산의 착오이체와 배임죄", 제345회 한국형사판례연구회 발표문, 2022. 1. 10.

정승환, "2021년 형법 중요판례평석 - 대법원 전원합의체 판결을 중심으로 -", 인권과정의 제504호, 2022.

조현욱, "양자 간 명의신탁과 횡령죄", 비교형사법연구 제20권 제3호, 2018.

천진호, "명의신탁부동산 처분행위의 형사책임", 비교형사법연구 제4권 제1호, 2002.

황태윤, "형법의 소유 개념으로서 "재물의 사실상 또는 법률상 지배력 있는 상태" - 대법원 2015. 6. 25. 선고 2015도1944 전원합의체 판결 -", 동북아법연구 제10권 제3호, 2017.

황태윤, "형법의 소유 개념으로서 "재물의 사실상 또는 법률상 지배력 있는 상태" - 대법원 2015. 6. 25. 선고 2015도1944 전원합의체 판결 -", 동북아법연구 제10권 제3호, 2017.

황태윤, "양자간 부동산명의신착에서 명의신탁자에 대한 형법상 보호 - 대법원 2021. 2. 18. 선고 2016도18761 전원합의체 판결 -", 법학연구 제62권 제2호, 2021.

[Abstract]

The Reviews of the Criminal Law Cases of the Korean Supreme Court in 2021

Kim, Hye-Jeong*

I. Introduction

In 2021, a total of 172 criminal cases were sentenced by the Korean Supreme Court. These cases refer to the data registered on the court website.[1] Among them, 6 criminal cases of which are decided by the Grand Panel, were included.

In this article, 4 cases by the Grand Panel and other several cases that is remanded after reversal are reviewed. The review of cases is as follows : 1. The Fact of Case, 2. The Reason for Judgment, 3. The Judgment Review.

II. The Cases of the Grand Panel of the Korean Supreme Court

In this chapter, 4 cases of the Grand Panel are reviewed. The subjects of the cases are 'The voluntary disposition of real estate in a bilateral title trust and the crime of embezzlement', 'Whether the consent of the co-resident in the Intrusion upon Habitation', 'Judge's Sentencing Discretion in Arbitrary Reduction Cases', 'Whether the link act constitutes an aiding in the infringement of the public transmission right'.

III. The Cases related to the General Part of Criminal Law

In this chapter, 4 cases art reviewed. The subject is related with

---

* Yeungnam University Law School, Professor.

1) https://glaw.scourt.go.kr/wsjo/panre/sjo060.do#1618364235271 : 2022. 5. 13 final search.

'Article 16 of the Criminal Act, a justifiable reason for a mistake in the law', 'Justifiable reasons for violating of Matters to be observed', 'Alcohol blackout and passing out in Quasi-Indecent Act by Compulsion', 'Producing and possessing of child pornography'.

IV. The Cases related to the Special Part of Criminal Law

In this chapter, 6 cases are reviewed. The subject is related with 'whether or not the breach of trust is established in the error remittance of virtual currency', 'whether Alteration of Document is established in the act of erasing with correction tape', 'collateral and breach of trust', 'subject of the offense of intrusion upon habitation and rape', 'monetary debt and breach of trust'.

2021년도 형사소송법 판례 회고

강 동 범*

Ⅰ. 들어가며

2021년에도 형사소송법의 해석·적용에 관한 많은 대법원판결이 선고되었다. 이들 판결 가운데 본인이 대법원 종합법률정보와 로앤비 및 법고을 LX에서 검색한 판결 중 전원합의체 판결을 포함하여 중요하다고 생각한 판결들을 대상으로 검토하고자 한다.

형사소송법과 관련하여 2021년에 선고된 전원합의체 판결은 1건인바, 그것은 피해자가 임의제출한 피의자의 휴대전화에서 저장정보를 압수할 경우 압수방법, 압수대상정보의 범위 그리고 압수대상정보를 탐색·복제·출력하는 절차에 관한 대법원 2021.11.18. 선고 2016도348 전원합의체 판결이다. 오늘날 거의 모든 국민의 필수품이 된 휴대전화가 사용자의 일상의 흔적을 낱낱이 기록하게 되면서 휴대전화는 가히 '범죄의 판도라 상자'라고 할 수 있다. 이러한 현실에서 이 판결은 제3자가 임의제출한 피의자의 휴대전화에 저장된 범죄증거를 탐색·복제·출력하는 방법과 절차에 관하여 판시한 최초의 판결로서 매우 중요한 의미를 갖는다.

이 글에서는 전원합의체 판결을 검토(Ⅱ)한 후 수사절차(Ⅲ), 재판절차(증거와 상소)(Ⅳ) 그리고 그 밖의 판결(Ⅴ) 순으로 살펴보기로 한다.

---

* 이화여자대학교 법학전문대학원 교수

Ⅱ. 전원합의체 판결

〈제3자가 임의제출한 피의자의 휴대전화에서 전자정보를 압수
하는 방법·범위 및 압수대상정보의 탐색·복제·출력 절차: 대법
원 2021.11.18. 선고 2016도348 전원합의체 판결〉

1. 사실관계

피고인은 2014.12.11. 자기 집에서 피해자 甲을 상대로 성폭력범죄
의 처벌 등에 관한 특례법 위반(카메라등이용촬영) 범행(이하 '2014년 범
행'이라 함)을 저질렀는데 甲이 즉시 피해 사실을 경찰에 신고하면서
피고인의 집에서 가지고 나온 피고인 소유의 휴대전화 2대에 피고인이
촬영한 동영상과 사진이 저장되어 있다는 취지로 말하고 이를 범행의
증거물로 임의제출하였다. 경찰은 이를 영장 없이 압수한 다음 그 안
에 저장된 전자정보를 탐색하다가 甲을 촬영한 휴대전화가 아닌 다른
휴대전화에서 피고인이 2013.12.경 피해자 乙, 丙을 상대로 저지른 같
은 법 위반(카메라등이용촬영) 범행(이하 '2013년 범행'이라 함)을 발견하
고 그에 관한 동영상·사진 등을 시디(CD)에 복제하였다. 그 후 경찰은
압수·수색영장을 발부받아 2013년 범행 영상의 전자정보를 복제한 시
디를 증거물로 압수하였다.

2. 대법원 판결의 요지

1) 수사기관의 전자정보에 대한 압수·수색은 원칙적으로 영장 발
부의 사유로 된 **범죄혐의사실과 관련된 부분만을 문서 출력물로 수집**
하거나 수사기관이 휴대한 정보저장매체에 해당 파일을 복제하는 방
식으로 이루어져야 하고, 정보저장매체 자체를 직접 반출하거나 저장
매체에 들어 있는 전자파일 전부를 하드카피나 이미징 등 형태(이하
'복제본'이라 함)로 수사기관 사무실 등 외부로 반출하는 방식으로 압
수·수색하는 것은 현장의 사정이나 전자정보의 대량성으로 인하여 관

련 정보 획득에 긴 시간이 소요되거나 전문 인력에 의한 기술적 조치가 필요한 경우 등 <u>범위를 정하여 출력 또는 복제하는 방법이 불가능하거나 압수의 목적을 달성하기에 현저히 곤란하다고 인정되는 때에 한하여 예외적으로 허용될 수 있을 뿐이다.</u> 위와 같은 법리는 정보저장매체에 해당하는 임의제출물의 압수(형사소송법 제218조)에도 마찬가지로 적용된다. 임의제출물의 압수는 압수물에 대한 수사기관의 점유취득이 제출자의 의사에 따라 이루어진다는 점에서 차이가 있을 뿐 범죄혐의를 전제로 한 수사 목적이나 압수의 효력은 영장에 의한 경우와 동일하기 때문이다. 따라서 <u>수사기관은 특정 범죄혐의와 관련하여 전자정보가 수록된 정보저장매체를 임의제출받아 그 안에 저장된 전자정보를 압수하는 경우 그 동기가 된 범죄혐의사실과 관련된 전자정보의 출력물 등을 임의제출받아 압수하는 것이 원칙이다. 다만 현장의 사정이나 전자정보의 대량성과 탐색의 어려움 등의 이유로 범위를 정하여 출력 또는 복제하는 방법이 불가능하거나 압수의 목적을 달성하기에 현저히 곤란하다고 인정되는 때에 한하여 예외적으로 정보저장매체 자체나 복제본을 임의제출받아 압수할 수 있다.</u>

2) 전자정보를 압수하고자 하는 수사기관이 정보저장매체와 거기에 저장된 전자정보를 임의제출의 방식으로 압수할 때, 제출자의 구체적인 제출범위에 관한 의사를 제대로 확인하지 않는 등의 사유로 인해 <u>임의제출자의 의사에 따른 전자정보 압수의 대상과 범위가 명확하지 않거나 이를 알 수 없는 경우에는 임의제출에 따른 압수의 동기가 된 범죄혐의사실과 관련되고 이를 증명할 수 있는 최소한의 가치가 있는 전자정보에 한하여 압수의 대상이 된다.</u> (…) <u>피의자가 소유·관리하는 정보저장매체를 피의자 아닌 피해자 등 제3자가 임의제출하는 경우</u>에는, 그 임의제출 및 그에 따른 수사기관의 압수가 적법하더라도 임의제출의 동기가 된 범죄혐의사실과 구체적·개별적 연관관계가 있는 전자정보에 한하여 압수의 대상이 되는 것으로 더욱 제한적으로 해석하여야 한다. 피의자 개인이 소유·관리하는 정보저장매체에는 그

의 사생활의 비밀과 자유, 정보에 대한 자기결정권 등 인격적 법익에 관한 모든 것이 저장되어 있어 제한 없이 압수·수색이 허용될 경우 피의자의 인격적 법익이 현저히 침해될 우려가 있기 때문이다.1)

3) 압수의 대상이 되는 전자정보와 그렇지 않은 전자정보가 혼재된 정보저장매체나 그 복제본을 임의제출받은 수사기관이 그 정보저장매체 등을 수사기관 사무실 등으로 옮겨 이를 탐색·복제·출력하는 경우, 그와 같은 일련의 과정에서 형사소송법 제219조, 제121조에서 규정하는 피압수·수색 당사자(이하 '피압수자'라 함)나 그 변호인에게 참여의 기회를 보장하고 압수된 전자정보의 파일 명세가 특정된 압수목록을 작성·교부하여야 하며 범죄혐의사실과 무관한 전자정보의 임의적인 복제 등을 막기 위한 적절한 조치를 취하는 등 영장주의 원칙과 적법절차를 준수하여야 한다. 만약 그러한 조치가 취해지지 않았다면 피압수자 측이 참여하지 아니한다는 의사를 명시적으로 표시하였거나 임의제출의 취지와 경과 또는 그 절차 위반행위가 이루어진 과정의 성질과 내용 등에 비추어 피압수자 측에 절차 참여를 보장한 취지가 실질적으로 침해되었다고 볼 수 없을 정도에 해당한다는 등의 특별한 사정이 없는 이상 압수·수색이 적법하다고 평가할 수 없고, 비록 수사기관이 정보저장매체 또는 복제본에서 범죄혐의사실과 관련된 전자정보만을 복제·출력하였다 하더라도 달리 볼 것은 아니다. 나아가 피해자 등 제3자가 피의자의 소유·관리에 속하는 정보저장매체를 영장에 의하지 않고 임의제출한 경우에는 실질적 피압수자인 피의자가 수사기관으로 하여금 그 전자정보 전부를 무제한 탐색하는 데 동의한 것으로 보기 어려울 뿐만 아니라 피의자 스스로 임의제출한

---

1) 그러므로 임의제출자인 제3자가 제출의 동기가 된 범죄혐의사실과 구체적·개별적 연관관계가 인정되는 범위를 넘는 전자정보까지 일괄하여 임의제출한다는 의사를 밝혔더라도, 그 정보저장매체 내 전자정보 전반에 관한 처분권이 그 제3자에게 있거나 그에 관한 피의자의 동의 의사를 추단할 수 있는 등의 특별한 사정이 없는 한, 그 임의제출을 통해 수사기관이 영장 없이 적법하게 압수할 수 있는 전자정보의 범위는 범죄혐의사실과 관련된 전자정보에 한정된다고 보아야 한다.

경우 피의자의 참여권 등이 보장되어야 하는 것과 견주어 보더라도 특별한 사정이 없는 한 형사소송법 제219조, 제121조, 제129조에 따라 피의자에게 참여권을 보장하고 압수한 전자정보 목록을 교부하는 등 피의자의 절차적 권리를 보장하기 위한 적절한 조치가 이루어져야 한다.

4) 피해자 甲이 경찰에 피고인의 휴대전화를 증거물로 제출할 당시 그 안에 수록된 전자정보의 제출 범위를 명확히 밝히지 않았고, 담당 경찰관들도 제출자로부터 그에 관한 확인절차를 거치지 않은 이상 휴대전화에 담긴 전자정보의 제출 범위에 관한 제출자의 의사가 명확하지 않거나 이를 알 수 없는 경우에 해당하므로, 휴대전화에 담긴 전자정보 중 임의제출을 통해 적법하게 압수된 범위는 임의제출 및 압수의 동기가 된 피고인의 2014년 범행 자체와 구체적·개별적 연관관계가 있는 전자정보로 제한적으로 해석하는 것이 타당하고, 이에 비추어 볼 때 범죄발생 시점 사이에 상당한 간격이 있고 피해자 및 범행에 이용한 휴대전화도 전혀 다른 피고인의 2013년 범행에 관한 동영상은 임의제출에 따른 압수의 동기가 된 범죄혐의사실(2014년 범행)과 구체적·개별적 연관관계 있는 전자정보로 보기 어려워 수사기관이 사전영장 없이 이를 취득한 이상 증거능력이 없고, 사후에 압수·수색영장을 받아 압수절차가 진행되었더라도 달리 볼 수 없으므로, 피고인의 2013년 범행을 무죄로 판단한 원심의 결론이 정당하다.

3. 검 토

본 판결은 최근 빈번하게 압수되며 디지털시대 가장 중요한 증거인 전자정보를 저장하고 있는 정보저장매체, 그중에서도 휴대전화가 형사소송법 제218조에 따라 임의제출된 경우 거기에 저장된 전자정보를 수집(탐색·복제·출력)하는 방법과 대상 및 절차에 대하여 판시한 최초의 대법원 전원합의체 판결이다.

① 압수방법과 관련하여, 대법원이 임의제출물의 압수도 범죄혐

의를 전제로 한 수사 목적이나 압수의 효력은 영장에 의한 경우와 동일하기 때문에, 수사기관은 임의제출의 동기가 된 범죄혐의사실과 관련된 전자정보의 출력물 등을 임의제출받아 압수하는 것이 원칙이고, 범위를 정하여 출력 또는 복제하는 방법이 불가능하거나 압수의 목적을 달성하기에 현저히 곤란하다고 인정되는 때에 한하여 예외적으로 정보저장매체 자체나 복제본을 임의제출받아 압수할 수 있다고 한 것은 타당하다. 즉 전자정보가 저장된 휴대전화를 임의로 제출받아 압수하는 때에도 압수영장에 의한 정보저장매체의 압수(형사소송법 제106조 제3항, 제219조)와 동일하게, 범위를 한정한 문서출력 또는 파일복제를 원칙으로 하되, 정보저장매체 자체 또는 복제본의 압수는 예외적으로 허용되어야 할 것이다.

② 대법원은, 압수대상에 대하여 "제출자의 구체적인 제출범위에 관한 의사를 제대로 확인하지 않는 등의 사유로 인해 임의제출자의 의사에 따른 전자정보 압수의 대상과 범위가 명확하지 않거나 이를 알 수 없는 경우에는 임의제출에 따른 압수의 동기가 된 범죄혐의사실과 관련되고 이를 증명할 수 있는 최소한의 가치가 있는 전자정보에 한하여 압수의 대상"이라고 하였다. 형사소송법 제218조에 의한 압수의 목적물은 관련성이 있다거나 증거물 또는 몰수대상물에 한정되지 않는다는 다수설2)과 임의제출물 압수의 대상도 증거물 또는 몰수대상물에 한정된다는 소수설3)이 대립하는데, 본 판결은 소수설(한정설)의 입장으로 이해된다.

생각건대 수사비례의 원칙은 강제수사에서 중요한 의미를 가지며,

---

2) 비한정설이라고 할 수 있다. 신동운, 간추린 신형사소송법 제13판, 2021, 239면; 이주원, 형사소송법, 2019, 177면; 이창현, 형사소송법 제5판, 2019, 486면; 임동규, 형사소송법 제15판, 2021, 260면; 정구환, 편집대표 백형구·박일환·김희옥 주석 형사소송법(II), 2009, 307면; 정웅석 외, 신형사소송법, 2021, 231면.

3) 한정설이라고 할 수 있다. 강동범, "체포현장에서 임의제출한 휴대폰의 압수와 저장정보의 수집", 형사소송 이론과 실무 제13권 제3호, 2021.9, 46면; 김정한, "임의제출물 압수에 관한 실무적 고찰", 형사법의 신동향 제68호, 2020.9, 257면; 사법정책연구원, 디지털증거 압수수색 개선방안에 관한 연구, 2021, 285면.

형사소송법 제218조의 표제와 내용 모두 "압수"이고, 임의제출물에 대해서도 환부의 판단 기준이 필요하며, 제219조에 의해 수사기관의 압수에 준용되는 제106조는 압수대상물을 한정하고 있고, 제219조는 "제106조, … 제486조의 규정은 검사 또는 사법경찰관의 본장의 규정에 의한 압수에 준용한다."고 하는데 "본장의 규정에 의한 압수"에 제218조의 압수도 당연히 포함되므로, 임의제출의 대상도 사건과 관계가 있는 것으로 증거물 또는 몰수대상물에 한정된다고 할 것이다.[4]

③ 정보저장매체나 그 복제본을 임의제출받은 수사기관이 정보저장매체 등을 수사기관 사무실 등으로 옮겨 이를 탐색·복제·출력하는 절차에 관하여, 대법원은 "<u>피압수·수색 당사자(피압수자)나 그 변호인에게 참여의 기회를 보장하고 압수된 전자정보의 파일 명세가 특정된 압수목록을 작성·교부하여야 하며, 나아가 피해자 등 제3자가 피의자의 소유·관리에 속하는 정보저장매체를 임의제출한 경우에는 실질적 피압수자인 피의자에게 참여권을 보장하고 압수한 전자정보 목록을 교부하는 등 피의자의 절차적 권리를 보장하기 위한 적절한 조치가 이루어져야</u> 한다."고 판시하였다. 그 근거로 <u>형사소송법 제219조에 의해 준용되는 제121조·제129조, 실질적 피압수자인 피의자의 의사, 피의자 스스로 임의제출한 경우 피의자의 참여권 등이 보장되어야 하는 것과의 균형</u>을 들고 있다. 이러한 해석은 본 전원합의체 판결의 가장 중요한 내용으로, 임의제출물이 통상의 유형물이 아니라 휴대전화 등 정보저장매체이고, 그로부터 전자정보를 수집하는 최근의 많은 수사에 상당한 영향이 있을 것으로 예상된다.

임의제출된 휴대전화 등 정보저장매체에서 전자정보를 수집할 때 피압수자(제출자)나 피의자의 참여권을 보장하여야 한다는 본 판결의 결론에는 동의하지만 그 근거에는 의문이 있다. 왜냐하면 압수영장에 의한 압수와는 달리 임의제출물의 압수는 제출자의 제출로써 종료되며, 영장으로 압수한 저장매체 자체 또는 복제본을 탐색하여 유관정보

---

4) 강동범, 위의 논문, 46면.

를 수집(문서출력/파일복제)하는 과정도 전체적으로 하나의 영장에 기
한 압수·수색의 일환5)이라면 임의제출 저장매체에서 유관정보를 수
집하는 과정도 임의제출물 압수에 포함되므로 여기서 제출자 아닌 피
의자의 참여권을 도출하기는 어렵기 때문이다. 따라서 정보저장매체
임의제출과 저장정보 수집을 분리하든가 임의제출이 피의자의 참여가
가능한 상황에서 행해져야 할 것이다. 생각건대 임의제출 저장매체와
저장정보의 소지·보관자가 상이한 경우를 고려하면, 저장매체 임의제
출과 유관정보 수집을 구분해서 후자의 경우에는 정보소지자에게 참
여권을 보장하는 것이 타당하다. 즉 저장된 전자정보의 내용을 제대로
알 수 없는 정보저장매체의 특성상 <u>저장매체의 임의제출은 저장매체
자체에 한정</u>되고, 거기에 <u>저장된 전자정보를 탐색·복제·출력하려면</u>
원칙적으로 <u>별개의 영장</u>을 요한다고 본다. 그리고 압수영장집행에의
참여를 보장하는 목적이 압수의 정확성, 유관증거 확인 및 의견진술
기회보장, 압수절차의 적법성, 효과적인 방어준비를 위한 것이므로 참
여권을 보장하지 않았다고 하더라도 유관증거만을 수집하였다면 하자
의 치유를 인정할 수 있을 것이다.

　유형물의 임의제출을 상정한 형사소송법 제218조를 정보저장매체
에 그대로 적용하기에는 한계가 있고, 이를 해석으로 보완하는 것은
수사기관에게 혼란을 줄 뿐 아니라 법원에 의한 입법이라는 비판에
직면할 수 있으며, 형사소송법은 수사기관이 수사과정에서 국민의 권
리와 재산을 보호하기 위하여 지켜야 할 준칙이므로, 전자정보의 특성
에 맞게 명문 규정을 신설하는 입법적 조치가 시급하다.

---

5) 대법원 2015.7.16. 자 2011모1839 전원합의체 결정.

Ⅲ. 수사와 공소제기

1. 구속영장 집행 지체와 구금의 위법 여부

(1) 대법원 2021.4.29. 선고 2020도16438 판결

[사실관계]

업무방해, 공연음란의 범죄사실로 2020.2.6. 17:10 현행범인으로 체포된 피고인에 대하여 <u>검사는</u> 체포한 때로부터 48시간 이내인 <u>2020.2.7. 18:15 법원에 구속영장을 청구하였고, 판사는 2020.2.8. 16:00 피고인에 대한 영장실질심사를 진행하여 '유효기간을 2020.2.14.까지'로 기재한 구속영장을 발부하고 같은 날 17:00경 피고인에 대한 구속영장 청구 사건의 수사관계 서류와 증거물이 검찰청에 반환되어 그 무렵 검사의 집행지휘가 있었는데도, 사법경찰리는 그로부터 만 3일 가까이 경과한 2020.2.11. 14:10경 구속영장을 집행</u>하였다. 피고인에 대한 구속영장 집행 경위에 대하여 '피고인에 대한 <u>구속영장이 주말인 2020.2.8.(토)에 법원에서 발부되어 경찰서의 송치담당자가 2020.2.10.(월) 일과 시간 중 검찰청 사건과에서 이를 찾아왔는데,</u> 피고인에 대한 <u>사건 담당자가 그 날 외근 수사 중이었기 때문에 부득이 2020.2.11.(화) 구속영장을 집행</u>하였다.'는 취지로 작성된 '구속영장 집행에 관한 수사보고'가 법원에 제출되었다.

[대법원의 판단]

1) 헌법이 정한 적법절차와 영장주의 원칙(제12조 제1항, 제3항 본문, 제5항), 형사소송법이 정한 체포된 피의자의 구금을 위한 구속영장의 청구, 발부, 집행절차에 관한 규정을 종합하면, 법관이 검사의 청구에 의하여 체포된 피의자의 구금을 위한 구속영장을 발부하면 검사와 사법경찰관리는 지체 없이 신속하게 구속영장을 집행하여야 한다. 피의자에 대한 구속영장의 제시와 집행이 그 발부 시로부터 정당한 사

유 없이 시간이 지체되어 이루어졌다면, 구속영장이 그 유효기간 내에 집행되었다고 하더라도 위 기간 동안의 체포 내지 구금 상태는 위법하다.

2) 판사는 2020.2.8. 16:00 피고인에 대한 구속영장을 발부하고 같은 날 17:00경 수사관계 서류와 증거물이 검찰청에 반환되어 그 무렵 검사의 집행지휘가 있었는데도, 사법경찰리는 그로부터 만 3일 가까이 경과한 2020.2.11. 14:10경 구속영장을 집행하였으므로 사법경찰리의 피고인에 대한 구속영장 집행은 지체 없이 이루어졌다고 볼 수 없고, '구속영장 집행에 관한 수사보고'상의 사정은 구속영장 집행절차 지연에 대한 정당한 사유에 해당한다고 보기도 어려우므로 정당한 사유 없이 지체된 기간 동안의 피고인에 대한 체포 내지 구금 상태는 위법하다고 할 것이다. 다만 판결내용 자체가 아니고 피고인의 신병확보를 위한 구금 등의 처분에 관한 절차가 법령에 위반된 경우에는, 그 구금 등의 처분에 대하여 형사소송법 제417조에 따라 법원에 그 처분의 취소 또는 변경을 청구하는 것은 별론으로 하고 그로 인하여 피고인의 방어권, 변호권이 본질적으로 침해되고 판결의 정당성마저 인정하기 어렵다고 보여지는 정도에 이르지 아니하는 한, 그 구금 등의 처분이 위법하다는 것만으로 판결 결과에 영향이 있어 독립한 상고이유가 된다고 할 수 없다.

(2) 검 토

피의자의 신체의 자유를 제한하는 체포·구속은 필요한 경우에 최소한도의 범위에서 이루어져야 한다는 점에는 의문의 여지가 없다. 이는 체포·구속의 사유와 기간은 물론 집행에 있어서도 동일하다. 다만 형사소송법에 구속영장의 집행시기에 대한 명문의 규정은 없다. 그렇지만 형사소송법이 체포한 피의자를 구속하고자 할 때에는 체포한 때부터 48시간 이내에 구속영장을 청구하여야 하고(제200조의2 제5항), 체포된 피의자에 대하여 구속영장을 청구받은 판사는 지체 없이 피의자

를 심문하여야 하는데, 특별한 사정이 없는 한 <u>구속영장이 청구된 날
의 다음 날까지 심문하여야 하며</u>(제201조의2 제1항), 구속영장청구를 받
은 판사는 <u>신속히 구속영장의 발부 여부를 결정하여야</u>(제201조 제3항)
한다고 규정한 점에 비추어, 판사가 체포된 피의자의 구금을 위한 구
속영장을 발부하면 검사와 사법경찰관리는 정당한 사유가 없는 한 지
체 없이 신속하게 구속영장을 집행하여야 한다. 왜냐하면 구속영장의
유효기간은 영장집행의 종기일 뿐으로 유효기간 내에 집행하였다고
하여 당연히 영장집행이 적법한 것은 아니며, 구속기간의 제한이 있고
(제202조, 제203조) 구속기간은 체포한 날부터 기산(제203조의2)하지만,
구속기간은 구속의 최대허용기간에 불과하기 때문이다.

　사안과 같이 구속영장이 주말인 토요일에 발부되어 경찰서의 송
치담당자가 월요일 일과 시간 중 검찰청에서 이를 찾아왔다면 곧바로
구속영장을 집행하였어야 할 것이다. 그럼에도 피고인에 대한 사건 담
당자가 그날 외근 수사 중이었다는 이유로 다음 날인 화요일에 구속
영장을 집행한 것은 집행이 지체된 점에 대한 정당한 사유가 될 수
없어 그 기간의 구금은 위법하다.

2. 피의자를 잘못 표시한 압수·수색영장에 의한 압수·수색의 효력

(1) 대법원 2021.7.29. 선고 2020도14654 판결

가. 사실관계

　경찰은 피해자가 연락을 주고받은 피고인의 페이스북 계정에 관
한 압수·수색 결과를 바탕으로 범인이 피해자와 페이스북 메신저를
통해 대화한 계정의 접속 IP 가입자가 A(피고인의 모친)임을 확인하고,
A의 주민등록표상 B(피고인의 부친)와 C(피고인의 남동생)가 함께 거주
하고 있음을 알아냈다. 당시 피고인은 위 페이스북 접속지에 거주하고
있었으나 주민등록상 거주지가 달라 A의 주민등록표에는 나타나지

않았다. 경찰은 C를 피의자로 특정한 뒤 압수·수색영장을 신청하였고, 지방법원판사는 경찰이 신청한 대로 영장을 발부하였다.

영장에는 범죄혐의 피의자로 피고인의 동생 'C'가, 수색·검증할 장소, 신체, 물건으로 '가. 전라북도 전주시 (주소 생략), 나. 피의자 C의 신체 및 피의자가 소지·소유·보관하는 물건'이, 압수할 물건으로 '피의자 C가 소유·소지 또는 보관·관리·사용하고 있는 스마트폰 등 디지털기기 및 저장매체'가 각 특정되어 기재되어 있다.

경찰이 영장을 집행하기 위하여 피고인의 주거지에 도착하였을 때 피고인은 출근하여 부재중이었고, 경찰은 A와 C로부터 이 사건 피의사실을 저지른 사람은 C가 아닌 피고인이라는 취지의 말을 들었다. 이에 경찰은 A에게 영장을 제시하고 주거지를 수색하여 피고인 소유의 휴대전화 등을 압수하였다. 경찰은 그 자리에서 각 압수물에 대한 압수조서를 작성하였는데, '압수경위'란에 "페이스북 접속 IP 설치장소에 거주하는 C를 피의자로 특정하였으나 현장 방문한바, 형 피고인이 세대 분리된 상태로 같이 거주하고 있었고 모친 및 C 진술을 청취한바 실제 피의자는 피고인으로 확인됨. 그러나 영장 집행 당시 출근하여 부재중이므로 모친 A 참여하에 영장을 집행함"이라고 기재하였다.

나. 대법원의 판단

1) 형사소송법 제215조 제1항은 "검사는 범죄수사에 필요한 때에는 피의자가 죄를 범하였다고 의심할 만한 정황이 있고 해당 사건과 관계가 있다고 인정할 수 있는 것에 한정하여 지방법원판사에게 청구하여 발부받은 영장에 의하여 압수, 수색 또는 검증을 할 수 있다."라고 정하고 있다. 따라서 <u>영장 발부의 사유로 된 범죄 혐의사실과 무관한 별개의 증거를 압수하였을 경우 이는 원칙적으로 유죄 인정의 증거로 사용할 수 없다</u>. 그러나 압수·수색의 목적이 된 범죄나 이와 관련된 범죄의 경우에는 그 압수·수색의 결과를 유죄의 증거로 사용할 수 있다. <u>압수·수색영장의 범죄 혐의사실과 관계있는 범죄라는 것은 압</u>

수·수색영장에 기재한 혐의사실과 객관적 관련성이 있고 압수·수색영장 대상자와 피의자 사이에 인적 관련성이 있는 범죄를 의미한다. 그중 혐의사실과의 객관적 관련성은 압수·수색영장에 기재된 혐의사실 자체 또는 그와 기본적 사실관계가 동일한 범행과 직접 관련되어 있는 경우를 의미하는 것이나, 범행 동기와 경위, 범행 수단과 방법, 범행 시간과 장소 등을 증명하기 위한 간접증거나 정황증거 등으로 사용될 수 있는 경우에도 인정될 수 있다. 이때 객관적 관련성은 압수·수색영장에 기재된 혐의사실의 내용과 수사의 대상, 수사 경위 등을 종합하여 구체적·개별적 연관관계가 있는 경우에만 인정된다고 보아야 하고, 혐의사실과 단순히 동종 또는 유사 범행이라는 사유만으로 그 관련성이 있다고 할 것은 아니다. 그리고 피의자와 사이의 인적 관련성은 압수·수색영장에 기재된 대상자의 범죄를 의미하는 것이나, 그의 공동정범이나 교사범 등 공범이나 간접정범은 물론 필요적 공범 등에 대한 피고사건에 대해서도 인정될 수 있다.

　　2) 경찰은 피의자로 피고인이 아닌 피고인의 동생 C를 특정하여 C가 소유·소지하는 물건을 압수하기 위해 영장을 신청하였고, 판사는 그 신청취지에 따라 C가 소유·소지하는 물건의 압수를 허가하는 취지의 영장을 발부하였으므로, 영장의 문언상 압수·수색의 상대방은 C이고, 압수할 물건은 C가 소유·소지·보관·관리·사용하는 물건에 한정된다. 비록 경찰이 압수·수색 현장에서 다른 사람으로부터 진범이 피고인이라는 이야기를 들었다고 하더라도 영장에 기재된 문언에 반하여 피고인 소유의 물건을 압수할 수는 없다. 대물적 강제처분은 대인적 강제처분과 비교하여 범죄사실 소명의 정도 등에서 그 차이를 인정할 수 있다고 하더라도, 일단 피의자와 피압수자를 특정하여 영장이 발부된 이상 다른 사람을 피압수자로 선해하여 영장을 집행하는 것이 적법·유효하다고 볼 수는 없기 때문이다.

(2) 검 토

원심(서울고등법원 2020.10.15. 선고 2019노2808 판결)은, 영장 기재 피의사실은 실제 피고인에 대한 것으로 보아야 하고, 영장에 피의자를 잘못 기재한 과정에 위법이나 미흡한 점이 없으며, 영장의 피의자 특정은 반드시 성명 기재를 요구하는 것이 아니고, 경찰이 수사내용을 바탕으로 최대한 피의자를 특정하여 기재하여 압수·수색이 이루어진 이상, 그 피의자가 실제 범인인 피고인이 아니라 A라고 달리 기재되었다는 사정으로 인하여 그 압수·수색절차가 위법하다고 할 수는 없다고 하였다.6)

그러나 대법원은 "헌법과 형사소송법이 구현하고자 하는 적법절차와 영장주의의 정신에 비추어 볼 때, 법관이 압수·수색영장을 발부하면서 '압수할 물건'을 특정하기 위하여 기재한 문언은 엄격하게 해석하여야 하고, 함부로 피압수자 등에게 불리한 내용으로 확장 또는 유추 해석하여서는 안 된다."고 하면서, "피고인이 아닌 사람을 피의자로 하여 발부된 영장을 집행하면서 피고인 소유의 휴대전화 등을 압수한 것은 위법하다."고 하였다. 또한 피고인은 영장에 기재된 압수·수색 상대방(C)과 인적 관련성이 없고, 압수한 피고인의 휴대전화 등은 영장의 혐의사실이나 압수할 물건(C가 소유·소지·보관·관리·사용하는 물건)과 객관적 관련성이 없다는 판단도 전제되어 있다.

본 사안의 쟁점은 피의자를 잘못 표시한 압수·수색영장의 유효성이지 압수물의 사건과의 관련성 유무는 아니라고 본다. 피의자의 오기는 영장발부, 압수물의 관련성은 통상 영장집행에서 문제되며, 후자는 유효한 영장을 전제하므로 양자는 차원을 달리한다. 영장문언의 불리한 확장 또는 유추해석 금지도 영장이 유효한 경우에 비로소 타당할 수 있다.

압수·수색영장에 피의자가 잘못 기재된 경우 영장발부라는 소송

---

6) 박민우, "피의자 성명 오류와 압수수색영장의 효력", 형사판례연구회 2021.11. 발표자료, 4~5면.

행위는 성립하지만 부적법하다. 그러나 부적법한 소송행위가 당연 무효는 아니며, 법률의 규정(형사소송법 제2조)이나 해석에 의해 유효할 수 있다. 압수·수색영장의 피의자 표시가 잘못된 본 사안의 경우 피고인이 타인을 사칭(모용)함으로써 공소장에 타인의 이름이 기재된 성명모용과 유사하게 처리하는 것이 타당하다고 본다.[7] 피의자의 적극적인 기망이 없다는 점에서는 성명모용과 다르지만, 혐의사실이 피고인에 대한 것이고, 수사기관은 최선을 다해 인적 사항을 확인했으며, 수사기관이 피고인을 피의자로 할 의사였고, 압수현장의 관리자인 피고인의 모친도 피고인을 피의자로 생각하였으므로, 표시를 중심으로 하되 수사기관의 의사와 행위를 고려할 때 피의자는 표시된 C가 아닌 피고인으로 인정할 수 있다.

3. 압수·수색영장의 범죄 혐의사실과 객관적 관련성이 있는지의 판단기준

(1) 필로폰 교부의 혐의사실과 필로폰 투약

가. 대법원 2021.7.29. 선고 2021도3756 판결

[사실관계]

A는 2020.7.16. 필로폰 소지 및 투약 사실로 수사기관에 체포된 후 경찰에서 "피고인으로부터 무상으로 필로폰을 교부받아 투약하였다." 라는 취지로 진술하였고, 이에 경찰은 2020.8.26. 법원으로부터 "피고인은 2020.7.11.~12. 및 2020.7.16. A에게 무상으로 필로폰을 교부하였다." 라는 내용을 혐의사실로 하여 압수영장을 발부받았다. 위 압수영장에는 '압수·수색·검증을 필요로 하는 사유'로 "피고인 상대로 필로폰 제공에 대한 증거물을 확보하고자 할 경우 이에 항거하거나 소지하고 있을지 모르는 필로폰 등의 증거물을 은닉, 멸실시키는 등의 방법으로 인멸할 우려가 있으며, 필로폰 사범의 특성상 피고인이 이전 소지하고 있던 필로폰을 투약하였을 가능성 또한 배제할 수 없어 필로폰투약 여

---

7) 같은 취지로, 박민우, 위 발표자료, 14~15면.

부를 확인 가능한 소변과 모발을 확보하고자 한다.”라고 기재되어 있고, ‘압수할 물건’으로 “피고인의 소변 50cc 및 모발 60수, 필로폰 및 필로폰을 투약할 때 사용되는 기구, 기타 마약류”라고 기재되어 있다.

경찰은 2020.9.11. 피고인을 체포하면서 위 압수영장에 따라 피고인으로부터 소변 50cc 및 모발 60수를 함께 압수하였고, 압수한 소변 및 모발에서 필로폰 양성반응이 나왔다. 피고인은 경찰 및 검찰에서 “2020.9.11. 10:00경 (주소 생략) 화장실 내에서 필로폰을 주사기로 투약하였다.”라고 자백하였고, 검사는 2020.9.23. 피고인에 대하여 ‘필로폰 수수 및 투약’의 사실로 공소를 제기하였다.

[대법원의 판단]

1) 형사소송법 제215조 제1항은 “검사는 범죄수사에 필요한 때에는 피의자가 죄를 범하였다고 의심할 만한 정황이 있고 해당 사건과 관계가 있다고 인정할 수 있는 것에 한정하여 지방법원판사에게 청구하여 발부받은 영장에 의하여 압수, 수색 또는 검증을 할 수 있다.”라고 규정하고 있다. 따라서 영장 발부의 사유로 된 범죄 혐의사실과 무관한 별개의 증거를 압수하였을 경우 이는 원칙적으로 유죄 인정의 증거로 사용할 수 없다. 그러나 압수·수색의 목적이 된 범죄나 이와 관련된 범죄의 경우에는 그 압수·수색의 결과를 유죄의 증거로 사용할 수 있다. 압수·수색영장의 범죄 혐의사실과 관계있는 범죄라는 것은 압수·수색영장에 기재한 혐의사실과 객관적 관련성이 있고 압수·수색영장 대상자와 피의자 사이에 인적 관련성이 있는 범죄를 의미한다. 그중 혐의사실과의 객관적 관련성은 압수·수색영장에 기재된 혐의사실 자체 또는 그와 기본적 사실관계가 동일한 범행과 직접 관련되어 있는 경우는 물론 범행 동기와 경위, 범행 수단과 방법, 범행 시간과 장소 등을 증명하기 위한 간접증거나 정황증거 등으로 사용될 수 있는 경우에도 인정될 수 있다. 이러한 객관적 관련성은 압수·수색영장에 기재된 혐의사실의 내용과 수사의 대상, 수사 경위 등을 종

합하여 구체적·개별적 연관관계가 있는 경우에만 인정된다고 보아야 하고, 혐의사실과 단순히 동종 또는 유사 범행이라는 사유만으로 객관적 관련성이 있다고 할 것은 아니다.

2) 필로폰 교부의 혐의사실로 발부된 압수·수색영장에 따라 피고인의 소변, 모발을 압수하였고 그에 대한 감정 결과 필로폰 투약 사실이 밝혀져 필로폰 투약에 대한 공소가 제기된 사안에서, ① 법원이 압수할 물건으로 피고인의 소변뿐만 아니라 모발을 함께 기재하여 압수영장을 발부한 것은 영장 집행일 무렵의 필로폰 투약 범행뿐만 아니라 그 이전의 투약 여부까지 확인하기 위한 것으로 볼 수 있고, 피고인이 혐의사실인 필로폰 교부 일시 무렵 내지 그 이후 반복적으로 필로폰을 투약한 사실이 증명되면 필로폰 교부 당시에도 필로폰을 소지하고 있었거나 적어도 필로폰을 구할 수 있었다는 사실의 증명에 도움이 된다고 볼 수 있으므로, 압수한 피고인의 소변 및 모발은 압수영장의 혐의사실 증명을 위한 간접증거 내지 정황증거로 사용될 수 있는 경우에 해당하고, ② 법원이 영장의 '압수·수색·검증을 필요로 하는 사유'로 "필로폰 사범의 특성상 피고인이 이전 소지하고 있던 필로폰을 투약하였을 가능성 또한 배제할 수 없어 필로폰 투약 여부를 확인 가능한 소변과 모발을 확보하고자 한다."라고 기재하고 있는 점 등에 비추어 볼 때 공소사실이 압수영장 발부 이후의 범행이라고 하더라도 영장 발부 당시 전혀 예상할 수 없었던 범행이라고 볼 수도 없다는 이유로, 압수·수색영장에 따라 압수한 피고인의 소변 및 모발과 그에 대한 감정 결과 등은 압수·수색영장의 혐의사실과 객관적·인적 관련성을 모두 갖추어 투약의 공소사실의 증거로 사용할 수 있다고 보아, 이와 달리 압수영장의 혐의사실과 공소사실 사이에 연관성이 없다는 이유로 공소사실을 무죄로 판단한 원심을 파기한 사례.

나. 검 토

사안의 경우 혐의사실은 필로폰교부이지만 압수사유로 '필로폰 소지자의 투약가능성도 배제할 수 없어 필로폰투약 여부를 확인 가능한 소변과 모발을 확보'하고자 하였으므로, 이 압수영장에 따라 압수한 소변과 모발은 영장 혐의사실과 관련성이 있다. 쟁점은 이들 증거를 압수영장 발부일(2020.8.26.) 이후의 범행(2020.9.11.)을 증명하는데 사용할 수 있는가이다. 즉 본 사안의 쟁점은 압수집행시의 관련성이 아니라 압수물을 다른 범죄의 증거로 사용할 수 있는가의 문제이다.

원심[8]은 공소사실은 압수영장을 발부받을 당시 전혀 예견할 수 없었던 범행으로 보이므로, 압수영장의 혐의사실과 공소사실 사이에 연관성이 있다고 보기 어렵다는 이유로, 공소사실을 증명하기 위하여 제출한 증거들은 압수·수색·검증영장의 혐의사실과 관련이 없는 별개의 증거를 압수하여 위법하게 수집된 증거에 해당한다고 하였다. 그러나 대법원은 필로폰을 투약한 사실이 증명되면 필로폰 교부 당시에도 필로폰을 소지하고 있었거나 적어도 필로폰을 구할 수 있었다는 사실의 증명에 도움이 된다고 볼 수 있으므로, 압수한 피고인의 소변 및 모발은 압수영장의 혐의사실 증명을 위한 간접증거 내지 정황증거로 사용될 수 있는 경우에 해당하고, 영장 발부 당시 전혀 예상할 수 없었던 범행이라고 볼 수도 없다는 이유로 압수·수색영장의 혐의사실과 객관적·인적 관련성을 모두 갖추어 투약의 공소사실의 증거로 사용할 수 있다고 하였다.

필로폰교부나 투약은 영업범 내지 상습범에 해당하므로 압수된 필로폰이나 소변·모발은 비록 영장 혐의사실과 일시나 장소, 투약방법, 투약량이 다르더라도 관련성을 인정할 수 있다. 혐의사실과의 관련성이 인정되어 압수한 증거물이라면 원칙적으로 다른 범죄의 유죄 증거로 사용할 수 있으나, 관련성이 없는 증거를 압수하였다면 이는 위법수집증거이므로 다른 범죄에 대한 유죄의 증거로 사용할 수 없다. 따라서 판결 중 "영장 발부의 사유로 된 범죄 혐의사실과 무관한 별개의 증거를 압수하였을 경우 이는 원칙적으로 유죄 인정의 증거로

---

8) 울산지방법원 2021.2.18 선고 2021노10 판결.

사용할 수 없다. 그러나 압수·수색의 목적이 된 범죄나 이와 관련된 범죄의 경우에는 그 압수·수색의 결과를 유죄의 증거로 사용할 수 있다."는 내용에는 의문이 있다. 이는 영장 혐의사실과 무관한 압수 증거도 다른 범죄(압수의 목적범죄나 관련범죄)에 대한 유죄증거로 사용할 수 있다고 읽히기[9] 때문이다.

(2) 투약 혐의사실과 일시가 다른 필로폰 투약
가. 대법원 2021.8.26. 선고 2021도2205 판결

[사실관계]

1) 경찰은 "피고인이 2019.4. 초순경 메트암페타민(속칭 필로폰, 이하 '필로폰'이라 함)을 투약하였다."라는 제보를 받고, 이를 혐의사실로 하여 2019.10.16. 압수·수색영장(이하 '제1 압수·수색영장'이라 함)을 발부받았는데, 제1 압수·수색영장에 '압수·수색을 필요로 하는 사유'로 "제보자의 진술을 바탕으로 법원으로부터 압수·수색영장을 발부받아 피고인의 소재를 추적하였지만 현재까지 피고인의 소재를 발견하지 못하였다. 피고인의 예상 주거지가 특정됨에 따라 이전에 발부받은 영장은 유효기간이 경과하여 반환하고, 새로운 영장을 발부받아 피고인에 대한 수사 계속 진행하고자 압수·수색영장을 신청한다."라고 기재되어 있고, '압수할 물건'으로 '피고인의 소변 30cc, 모발 약 80수, 피고인이 소지 또는 은닉하고 있는 마약류, 마약류 불법사용에 대한 도구 등'이 기재되어 있으며, 유효기간은 2019.12.8.까지이다.

경찰은 제1 압수·수색영장의 유효기간 내인 2019.11.18. 피고인의 소재를 파악하여 긴급체포하면서 위 압수·수색영장에 따라 피고인으로부터 소변 30cc, 모발 약 80수, 일회용 주사기 등을 함께 압수하였다. 경찰이 작성한 압수조서의 압수경위란에는 "제보자의 제보진술과 피고인의 동종 범죄전력 등으로 보아 피고인은 계속해서 필로폰을 투약하고 있을 것이라는 판단이 되어 그 전 발부받은 압수·수색영장으

---

9) 영장발부 사유와 무관한 별개 증거 압수한 경우에는, 법률신문, 2021.08.19.

로 피고인의 소재를 파악하고 있었다."라고 기재되어 있다.

피고인으로부터 압수한 소변 및 모발 등에서 필로폰 양성 반응이 나왔고, 피고인은 수사단계에서 "2019.11.12. 및 2019.11.16. 각 필로폰을 투약하였다."라고 자백하였다.

2) 경찰은 "피고인이 2019.6.26. 필로폰을 투약하고, 소지하였다."라는 제보를 받고, 이를 혐의사실로 하여 2019.12.10. 압수·수색영장(이하 '제2 압수·수색영장'이라 함)을 발부받았는데, 제2 압수·수색영장에는 '압수·수색을 필요로 하는 사유'로 "본 건 범죄 혐의인 필로폰 투약 및 소지에 대한 증거물을 확보하고자 할 경우 피고인이 이에 항거하거나 소지하고 있을지 모르는 필로폰 등의 증거물을 은닉, 멸실시키는 등의 방법으로 인멸할 우려가 있으며, 필로폰 사범의 특성상 피고인이 이전 소지하고 있던 필로폰을 투약하였을 가능성 또한 배제할 수 없어 피고인의 필로폰 투약 여부를 확인 가능한 소변과 모발을 확보하고자 압수·수색영장을 신청한다."라고 기재되어 있고, '압수할 물건'으로 '피고인의 소변 50cc 및 모발 60수, 필로폰 및 필로폰을 투약할 때 사용되는 기구, 기타 마약류'라고 기재되어 있으며, 유효기간은 2020.2.29.까지이다.

경찰은 제2 압수·수색영장의 유효기간 내인 2020.1.16. 피고인을 긴급체포하면서 위 압수·수색영장에 따라 피고인으로부터 소변 50cc 및 모발 60수를 함께 압수하였다. 피고인으로부터 압수한 소변 및 모발에서 필로폰 양성 반응이 나왔고, 피고인은 수사단계에서 "2020.1.14. 필로폰을 투약하였다."라고 자백하였다.

3) 검사는 각 압수·수색영장에 따라 압수된 피고인의 소변 및 모발 등에서 필로폰 양성 반응이 나온 점과 피고인의 수사단계에서의 자백을 근거로 "피고인이 2019.11.12. 및 2019.11.16. 각 필로폰을 투약하였다."라는 공소사실(이하 '제1 공소사실'이라 함)과 "피고인이 2020.1.14. 필로폰을 투약하였다."라는 공소사실(이하 '제2 공소사실'이라 함, 제1, 2 공소사실을 모두 지칭할 때 '이 사건 공소사실'이라 함)로 공소를 제기하

였다.

[원심의 판단(울산지방법원 2021.1.15 선고 2020노1189 판결)]

원심은, 1) 제1 압수·수색영장 기재 혐의사실과 제1 공소사실, 제2 압수·수색영장 기재 혐의사실 중 필로폰 투약 부분과 제2 공소사실은 범행일시, 장소, 투약방법, 투약량이 모두 다르고, 제2 압수·수색영장 기재 혐의사실 중 필로폰 소지 부분에 관하여는 기소조차 되지 않았으므로, 단지 동종 범죄라는 사정만으로 객관적 관련성이 있다고 할 수 없고, 2) 각 압수·수색영장 기재 혐의사실 대신 이 사건 공소사실로 공소를 제기하였는데, 이 사건 공소사실은 위 각 압수·수색영장을 발부받을 당시에는 전혀 예견할 수 없었던 범행으로 보이므로, 각 압수·수색영장 기재 혐의사실과 이 사건 공소사실 사이에 연관성이 있다고 보기 어렵다고 하였다.

[대법원의 판단]

1) 형사소송법 제215조 제1항은 "검사는 범죄수사에 필요한 때에는 피의자가 죄를 범하였다고 의심할 만한 정황이 있고 해당 사건과 관계가 있다고 인정할 수 있는 것에 한정하여 지방법원판사에게 청구하여 발부받은 영장에 의하여 압수, 수색 또는 검증(이하 '압수·수색'이라 함)을 할 수 있다."라고 규정한다. 여기서 '해당 사건과 관계가 있다고 인정할 수 있는 것'은 압수·수색영장의 범죄 혐의사실과 관련되고 이를 증명할 수 있는 최소한의 가치가 있는 것으로서 압수·수색영장의 범죄 혐의사실과 객관적 관련성이 인정되고 압수·수색영장 대상자와 피의자 사이에 인적 관련성이 있는 경우를 의미한다. 그중 혐의사실과의 객관적 관련성은 압수·수색영장에 기재된 혐의사실 자체 또는 그와 기본적 사실관계가 동일한 범행과 직접 관련되어 있는 경우는 물론 범행 동기와 경위, 범행수단과 방법, 범행 시간과 장소 등을 증명하기 위한 간접증거나 정황증거 등으로 사용될 수 있는 경

우에도 인정될 수 있다. 이러한 객관적 관련성은 압수·수색영장 범죄 혐의사실의 내용과 수사의 대상, 수사 경위 등을 종합하여 구체적·개별적 연관관계가 있는 경우에만 인정된다고 보아야 하고, 혐의사실과 단순히 동종 또는 유사 범행에 관한 것이라는 사유만으로 객관적 관련성이 있다고 할 것은 아니다.

2) 법원이 압수·수색영장을 발부하면서 '압수·수색을 필요로 하는 사유'로 "필로폰 사범의 특성상 피고인이 이전 소지하고 있던 필로폰을 투약하였을 가능성 또한 배제할 수 없어 피고인의 필로폰 투약 여부를 확인 가능한 소변과 모발을 확보하고자 한다."라고 기재하고, '압수할 물건'으로 피고인의 소변뿐만 아니라 모발을 함께 기재한 것은 영장 집행일 무렵의 필로폰 투약 범행뿐만 아니라 그 이전의 투약 여부까지 확인하기 위한 것으로 볼 수 있는 점 등을 고려하면, 각 압수·수색영장 기재 혐의사실에 대한 공소가 제기되지 않았다거나 공소사실이 각 압수·수색영장 발부 이후의 범행이라는 사정만으로 객관적 관련성을 부정할 것은 아니고 압수·수색영장에 의하여 압수한 피고인의 소변 및 모발과 그에 대한 감정 결과 등은 압수·수색영장 기재 혐의사실의 정황증거 내지 간접증거로 사용될 수 있는 경우에 해당하여 객관적 관련성이 인정된다.[10]

나. 검 토

이 사안의 쟁점도 위 2021도3756 판결과 같이, 필로폰 투약을 혐의사실로 하여 각 발부받은 영장으로 압수한 압수물의 분석결과를 압수영장 발부일(2019.10.16.과 2019.12.10.) 이후의 범행(2019.11.12. 및 2019.11.16.과 2020.1.14.)을 증명하는데 사용할 수 있는가이다.

원심은 영장 기재 혐의사실과 공소사실은 그 범행의 내용이 모두

---

10) 원심이 원용하고 있는 대법원 2019.10.17. 선고 2019도6775 판결은 압수·수색영장의 '압수·수색을 필요로 하는 사유'의 기재 내용, 압수·수색영장의 집행 결과 등 수사의 경위에서 이 사건과 사실관계를 달리하므로 이 사건에 그대로 적용하기에는 적절하지 않다.

다르고, 영장 기재 혐의사실 중 소지 부분에 관하여는 기소조차 되지 않았으므로, 단지 동종 범죄라는 사정만으로 객관적 관련성이 있다고 할 수 없고, 공소사실은 영장을 발부받을 당시에는 전혀 예견할 수 없었던 범행으로 보이므로, 영장 기재 혐의사실과 공소사실 사이에 연관성이 있다고 보기 어렵다고 하였다.

대법원은, 압수·수색영장의 압수·수색 필요사유와 압수할 물건의 기재 등을 고려하면, 각 압수·수색영장 기재 혐의사실에 대한 공소가 제기되지 않았다거나 공소사실이 각 압수·수색영장 발부 이후의 범행이라는 사정만으로 객관적 관련성을 부정할 것은 아니고 압수·수색영장에 의하여 압수한 피고인의 소변 및 모발과 그에 대한 감정 결과 등은 압수·수색영장 기재 혐의사실의 정황증거 내지 간접증거로 사용될 수 있는 경우에 해당하여 객관적 관련성이 인정된다고 하였다. 그리고 영장의 혐의사실과 관련성이 인정되어 압수한 증거물이라면 원칙적으로 다른 범죄의 유죄증거로 사용할 수 있으므로 대법원의 해석이 타당하다고 본다.

(3) 다른 피해자들에 대한 유사한 범죄사실

가. 대법원 2021.11.25. 선고 2021도10034 판결

[사실관계]

경찰은 피해자 A의 아버지가 'A와 카카오톡 대화를 통해 알게 된 성인 남성이 2019.11.9. A에 대하여 음란 유사성행위를 하였다'는 취지의 고소장을 제출하자 수사를 개시하여 피고인을 피의자로 특정한 후, 피고인이 A를 촬영하는 데 사용한 휴대전화, 당시 촬영한 동영상 파일 등이 저장되어 있을 것으로 추정되는 PC 등 증거물을 확보하기 위하여 2020.3.9. 압수수색검증영장을 발부받았다. 위 영장에는 범죄사실로 '피고인이 2019.11.9. 위력으로 13세 미만 미성년자인 A를 추행하고, 그 의사에 반하여 그 신체를 촬영하였다'는 내용이, 압수수색을 필요로 하는 사유로 '피고인의 증거인멸 가능성과 카메라 촬영 영상물유포

등의 가능성'이 기재되어 있었다.

경찰은 2020.3.17. 피고인에게 위 영장을 제시하고 피고인으로부터 스마트폰 1대와 SSD 1개를 각 압수하였는데(이하 위 휴대전화와 SSD를 통틀어 '각 전자기기'라 함), 위 휴대전화에서 피고인이 A를 촬영한 동영상 파일이 발견되지 않자, 위 휴대전화에 설치된 네이버 클라우드 애플리케이션에 접속하여 피고인의 클라우드 계정에 저장되어 있는 다수의 음란 동영상파일을 발견하였고, 그중 피고인이 A를 촬영한 것이라고 지정한 영상파일을 위 휴대전화에 내려받은 뒤 이동식 저장장치에 저장하는 방식으로 피고인으로부터 이를 임의제출 받았다.

경찰은 2020.3.18.부터 2020.3.31.까지 위 각 전자기기에 대한 디지털 증거분석을 하였고, 그 결과 피고인이 A를 촬영한 동영상 파일뿐 아니라 다른 피해자들에 대하여 제작하였거나 소지하고 있는 아동·청소년이용음란물 자료를 발견하였으나, 그 과정에서 법원으로부터 별도의 압수수색영장을 발부받지는 않았다.

경찰은 2020.4.17. 위와 같이 발견한 전자정보(이하 '각 전자정보'라 함)를 토대로 아동·청소년이용음란물을 발견하였다는 내용의 수사보고서를 작성하였고, 2020.4.19. 위 각 전자정보를 특정하여 해시값을 확인한 후 피고인에게 그 목록을 전자정보확인서 형태로 교부하고 피고인으로부터 위 각 전자기기와 각 전자정보를 압수하였다는 내용의 압수조서와 압수목록을 작성하였다.

검사는 2020.11.25. ① '피고인이 2018.8.12.경부터 2019.11.11.경까지 총 4회에 걸쳐 A를 포함한 4명의 피해자들에게 성적 학대행위를 함과 동시에 이를 촬영하여 아동·청소년이용음란물을 제작하고, 이를 소지'한 범죄사실, ② '피고인이 2019.2.13.경부터 2019.11.11.경까지 총 7회에 걸쳐 3명의 피해자들에게 성적 학대행위를 하였다'는 아동복지법 위반(아동에 대한 음행강요·매개·성희롱 등), ③ '피고인이 2019.10.29.경부터 2020.3.16.경까지 총 7회에 걸쳐 7명의 피해자들에 대한 아동·청소년이용음란물을 소지하였다'는 청소년성보호법 위반(음란물소지)의 내용으로 공소를 제기하였다.

[원심의 판단(대전고등법원 2021.7.16. 선고 2021노23 판결)]

원심은 1) 피해자 A에 대한 범행과 나머지 피해자들에 대한 범행은 피해자·범행 일시·음란물의 내용에 차이가 있는데, 위 영장에 나머지 피해자들에 대한 범행에 관한 내용이 없었고, 추가 여죄 수사에 활용하기 위한 목적이 있다는 취지의 기재도 없으며, 경찰이 위 영장을 발부받을 당시에는 나머지 피해자들에 대한 범행에 관한 수사를 개시하지 않았으므로, 나머지 피해자들에 대한 범행은 피해자 A에 대한 범행과 구체적·개별적 연관관계가 있다고 보기 어렵고, 2) 경찰이 위 영장에 따라 압수한 각 전자기기를 탐색하는 과정에서 영장 발부의 사유로 된 범죄사실과 다른 범죄 혐의에 대한 자료를 발견하였으므로, 더 이상 추가 탐색을 중단하고 법원으로부터 별건 범죄사실에 대한 압수수색영장을 발부받는 등의 절차를 진행하였어야 하는데도, 별도의 압수수색영장을 발부받거나 피고인으로부터 이를 임의제출받는 절차를 진행하지 않았다는 이유로 각 전자정보 중 A를 제외한 나머지 피해자들에 대한 범행 관련 부분은 위법한 압수·수색절차를 통해 수집된 증거로서 증거능력이 없다고 하였다.

[대법원의 판단]

1) 전자정보 또는 전자정보저장매체에 대한 압수수색에서 혐의사실과 관련된 전자정보인지 여부를 판단할 때는 혐의사실의 내용과 성격, 압수수색의 과정 등을 토대로 구체적·개별적 연관관계를 살펴볼 필요가 있다. 특히 카메라의 기능과 전자정보저장매체의 기능을 함께 갖춘 휴대전화인 스마트폰을 이용한 불법촬영 등 범죄와 같이 범죄의 속성상 해당 범행의 상습성이 의심되거나 성적 기호 내지 경향성의 발현에 따른 일련의 범행의 일환으로 이루어진 것으로 의심되고, 범행의 직접 증거가 스마트폰 안에 이미지 파일이나 동영상 파일의 형태로

남아 있을 개연성이 있는 경우에는 그 안에 저장되어 있는 같은 유형의 전자정보에서 그와 관련한 유력한 간접증거나 정황증거가 발견될 가능성이 높다는 점에서 이러한 간접증거나 정황증거는 혐의사실과 구체적·개별적 연관관계를 인정할 수 있다. 이처럼 범죄의 대상이 된 <u>피해자의 인격권을 현저히 침해하는 성격의 전자정보를 담고 있는 촬영물은 범죄행위로 인해 생성된 것으로서 몰수의 대상이기도 하므로, 휴대전화에서 해당 전자정보를 신속히 압수수색하여 촬영물의 유통가능성을 적시에 차단함으로써 피해자를 보호할 필요성이 크다.</u> 나아가 이와 같은 경우에는 <u>간접증거나 정황증거이면서 몰수의 대상이자 압수수색의 대상인 전자정보의 유형이 이미지 파일 내지 동영상 파일 등으로 비교적 명확하게 특정되어 그와 무관한 사적 전자정보 전반의 압수수색으로 이어질 가능성이 적어 상대적으로 폭넓게 관련성을 인정할 여지가 많다는 점</u>에서도 그렇다.

2) 위 <u>압수수색영장은 피해자 A에 대한 범죄사실과 관련한 직접증거뿐 아니라 그 증명에 도움이 되는 간접증거 또는 정황증거를 확보하기 위한 것이라고 볼 수 있고,</u> 그 압수수색영장에 따라 압수된 전자정보 및 그 분석결과 등은 혐의사실의 간접증거 또는 정황증거로 사용될 수 있는 경우에 해당하여 압수수색영장 기재 혐의사실과의 객관적 관련성이 인정된다고 판단하여, 원심판결의 무죄부분 중 다른 피해자들에 대한 부분을 파기하였다.

나. 검 토

사안의 쟁점은 압수영장에 기재된 피해자에 대한 범죄혐의사실과 동종 또는 유사 범행인 다른 피해자들에 대한 범죄사실이 관련성이 있는가의 문제이다.

형사소송법 제215조 제1항은 압수·수색의 요건 중 하나로 해당 사건과의 관련성을 규정하고 있다. 따라서 해당 사건과 관련성이 없는 물건·장소에 대하여는 압수·수색을 할 수 없으며(별건 압수·수색 금지), 압수영장에 기재된 범죄 혐의사실과 무관한 별개의 증거를 압수하였을 경우 이는 원칙적으로 유죄 인정의 증거로 사용할 수 없다는 점은 명백하다.

해당 사건과의 관련성이란 증거로서의 의미를 가질 수 있는 개연성[11] 또는 피의사실의 증거방법이 될 개연성[12]을 말하며, 판례[13]에 의하면 압수·수색영장의 범죄 혐의사실과 관련되고 이를 증명할 수 있는 최소한의 가치가 있는 것으로서 압수·수색영장의 범죄 혐의사실과 객관적 관련성이 인정되고 압수·수색영장 대상자와 피의자 사이에 인적 관련성이 있는 경우를 의미한다. 즉 사건의 실체를 밝힐 수 있는 개연성이 사건과의 관련성이므로, 관련성이 있다는 것은 증거가 된다는 의미이다. 여기의 증거는 직접증거든 간접증거든 묻지 않는다.

피해자 A에 대한 영장 혐의내용(2019.11.9. 미성년자 위력추행과 카메라등이용촬영)과 다른 피해자들에 대한 범죄내용(아동에 대한 음행강요·매개·성희롱 등과 아동·청소년이용음란물 소지)은 상이하지만, 이들 모두 미성년자에 대한 성적 학대의 성격을 띠고 있고, 범행일시도 영장에 기재된 2019.11.9.을 전후하여 근접(① 2018.8.12.경부터 2019.11.11.경까지, ② 2019.2.13.경부터 2019.11.11.경까지, ③ 2019.10.29.경부터 2020.3.16.경까지)하여 영장 혐의사실의 간접증거 또는 정황증거로 사용될 수 있으므로, 다른 피해자들에 대한 범죄의 증거자료는 A에 대한 영장 혐의사실과 관계가 있다는 대법원의 판단이 타당하다고 생각한다.

(4) 다른 피해자들에 대한 동종의 범죄사실

가. 대법원 2021.12.30. 선고 2019도10309 판결

[사실관계]

피고인은 2018.3.9. 18:00경 (주소1 생략)에서 우연히 마주친 피해자

---

11) 이완규, "압수물의 범죄사실과의 관련성과 적법한 압수물의 증거사용 범위", 형사판례연구[23], 2015, 542면; 이재상 외, 형사소송법, 2022, §14/5.

12) 이주원, 앞의 책, 141면.

13) 대법원 2021.8.26. 선고 2021도2205 판결.

의 치마 속을 촬영하기로 마음먹고 자신의 차량으로 피해자가 탄 차량을 쫓아가던 중 2018.3.10. 04:22경 (주소2 생략)에서 피해자가 여자화장실로 들어가는 것을 보고 따라 들어가 「성폭력범죄의 처벌 등에 관한 특례법」(이하 '성폭력처벌법') 위반(성적 목적 공공장소 침입) 범행을 저지르고, 계속하여 피해자가 사용 중인 용변칸의 옆 칸으로 들어가 피해자를 촬영하기 위하여 칸막이 아래로 자신의 휴대전화를 집어넣었으나 피해자가 이를 발견하고 소리를 지르는 바람에 성폭력처벌법 위반(카메라등이용촬영) 범행은 미수에 그쳤다(이하 '①범행'이라 함).

법원은 2018.4.5. 피고인의 ①범행을 혐의사실로 하여 압수·수색·검증영장을 발부하였고, 경찰은 2018.4.7. 위 영장에 따라 피고인 소유의 휴대전화인 스마트폰 2대를 압수하고, 이에 대한 디지털 증거분석을 한 결과 위 영장 혐의사실과 관련된 사진이나 동영상은 발견되지 않았다. 그 대신 2018.3.9. 15:00경부터 18:00경까지 (주소3 생략) 인근에서 23회에 걸쳐 피고인의 위 휴대전화로 성명불상의 여성 치마 속을 몰래 촬영한 촬영물과 2018.4.2. (노선명 생략) 버스 안에서 피고인의 위 휴대전화로 버스 내 좌석에 앉아 있던 피해자 B의 교복 치마 속 허벅지 안쪽을 몰래 촬영한 촬영물 등 동영상이 발견되었다. 경찰은 위 휴대폰 압수 후 동영상을 탐색·복제·출력하는 과정에서 피고인에게 참여권을 보장하지 않았다.

검사는 "피고인은 2018.3.9. 15:00경부터 18:00경까지 (주소3 생략) 인근에서 23회에 걸쳐 피고인의 휴대전화로 성명불상의 여성 치마 속을 몰래 촬영하고, 2018.4.2. (노선명 생략) 버스 안에서, 피고인의 위 휴대전화로 버스 내 좌석에 앉아 있던 피해자 B의 교복 치마 속 허벅지 안쪽을 몰래 촬영하였다."는 내용으로 공소를 제기하였다.

[제1심 및 원심(수원지방법원 2019.7.5. 선고 2018노8129 판결)의 판단]

제1심은 다음과 같은 이유로 공소사실을 무죄로 판단하였다. 검사가 공소사실에 대하여 유죄의 증거로 제출한 각 동영상은 공소사실과

별도의 범죄인 ①범행 혐의사실에 대하여 발부된 영장에 의하여 압수
된 휴대전화에서 탐색·복제·출력된 것으로 위 영장 혐의사실과 객관
적 관련성이 인정되지 않는다. 또한 수사기관이 각 동영상을 탐색·복
제·출력하는 과정에서 피고인에게 참여권을 보장하지 않았으므로 위
법수집증거에 해당하여 유죄의 증거로 사용할 수 없고, 그 밖에 피고
인의 자백을 보강할 만한 증거가 없다.

　검사가 제1심 판결에 불복하여 항소를 제기하면서 항소이유로 객
관적 관련성이 인정되고, 설령 위법수집증거에 해당하더라도 유죄 인
정의 증거로 사용할 수 있는 예외적인 경우에 해당한다는 주장을 하
였으나, 원심은 제1심 판결이 정당하다는 이유로 검사의 항소를 기각
하였다.

[대법원의 판단]

　1) 형사소송법 제215조 제1항은 "검사는 범죄수사에 필요한 때에
는 피의자가 죄를 범하였다고 의심할 만한 정황이 있고 해당 사건과
관계가 있다고 인정할 수 있는 것에 한정하여 지방법원판사에게 청구
하여 발부받은 영장에 의하여 압수, 수색 또는 검증(이하 '압수·수색'이
라 함)을 할 수 있다."라고 정한다. 여기서 '해당 사건과 관계가 있다고
인정할 수 있는 것'은 압수·수색영장의 범죄 혐의사실과 관련되고 이
를 증명할 수 있는 최소한의 가치가 있는 것으로서 압수·수색영장의
범죄 혐의사실과 객관적 관련성이 인정되고 압수·수색영장 대상자와
피의자 사이에 인적 관련성이 있는 경우를 뜻한다. 그중 혐의사실과
객관적 관련성이 있는지는 압수·수색영장에 기재된 혐의사실 자체 또
는 그와 기본적 사실관계가 동일한 범행과 직접 관련되어 있는 경우
는 물론 범행 동기와 경위, 범행 수단과 방법, 범행 시간과 장소 등을
증명하기 위한 간접증거나 정황증거 등으로 사용될 수 있는 경우에도
인정될 수 있다. 이러한 객관적 관련성은 압수·수색영장 범죄 혐의사
실과 단순히 동종 또는 유사 범행에 관한 것이라는 사유만으로 인정

되는 것이 아니고, 혐의사실의 내용, 수사의 대상과 경위 등을 종합하여 구체적·개별적 연관관계가 있으면 인정된다고 보아야 한다.

2) <u>피고인의 2018.3.10.자 성폭력범죄의 처벌 등에 관한 특례법 위반(카메라등이용촬영) 등 혐의로 발부된 압수·수색영장에 기하여 압수된 피고인의 휴대전화에서 2018.3.9.자 및 2018.4.2.자 각 동종 범행으로 촬영된 사진, 동영상이 발견되었고, 검사가 2018.3.9.자 및 2018.4.2.자 각 범행을 기소하면서 이를 유죄의 증거로 제출한</u> 사안에서, 원심이 영장 혐의사실과 객관적 관련성이 인정되지 아니하고 또한 피고인의 참여권도 보장되지 아니하여 위법수집증거라는 이유로 증거능력을 부정하였는데, 대법원은 범행의 일시·간격, 간접증거 내지 정황증거로 사용될 가능성, 수사의 대상과 경위 등에 비추어 **구체적·개별적 연관관계가 있어 객관적 관련성은 인정되나 참여권이 보장되지 아니하여 여전히 위법수집증거에 해당하므로 원심판결에 객관적 관련성에 관한 법리를 오해한 잘못이 있더라도 위 잘못이 판결에 영향이 없다고 한 사례.**

나. 검 토

본 사안의 쟁점은 압수·수색·검증영장을 발부받아 압수한 피고인의 휴대전화에서 영장 혐의사실과 관련된 사진이나 동영상 대신 발견된 <u>성명불상의 여성 치마 속을 몰래 촬영한 촬영물과 버스 내 좌석에 앉아 있던 피해자 B의 교복 치마 속 허벅지 안쪽을 몰래 촬영한 촬영물</u> 등 동영상이 관련성 있는 증거인지와 <u>휴대전화 압수 후 동영상을 탐색·복제·출력하는 과정에서 피고인에게 참여권을 보장하지 않은 것이 적법한지</u>이다.

제1심과 원심은 각 동영상은 공소사실과 별도의 범죄 혐의사실에 대하여 발부된 영장에 의하여 압수된 휴대전화에서 탐색·복제·출력된 것으로 위 영장 혐의사실과 객관적 관련성이 인정되지 않으며, 수사기관이 각 동영상을 탐색·복제·출력하는 과정에서 피고인에게 참여권을 보장하지 않았으므로 위법수집증거에 해당하여 유죄의 증거로 사용할 수 없다고 하였다.

이에 대하여 대법원은 범행의 일시·간격, 간접증거 내지 정황증거로 사용될 가능성, 수사의 대상과 경위 등에 비추어 <u>구체적·개별적 연관관계가 있어 객관적 관련성은 인정되나 참여권이 보장되지 아니하여 여전히 위법수집증거에 해당</u>하므로 원심판결에 객관적 관련성에 관한 법리를 오해한 잘못이 있더라도 위 잘못이 판결에 영향이 없다고 하였다.

생각건대 영장 혐의사실(2018.3.10. 04:22경의 범행)과 압수된 증거에 의해 확인된 혐의사실(2018.3.9. 15:00경부터 18:00경까지의 범행, 2018.4.2. 의 범행)은 시간적으로 근접하고, 범행방법도 동일(휴대전화이용 불법촬영)하므로 객관적 관련성은 있다. 그러나 정보저장매체에서 유관정보를 탐색·복제·출력하는 과정에 피의자의 참여권이 보장되지 않았으므로,[14] 위법수집증거에 해당하여 유죄의 증거로 사용할 수 없다는 대법원의 해석이 타당하다.

4. 임의제출의 원인인 범죄 혐의사실과 객관적 관련성이 있는지의 판단기준

(1) 다른 피해자에 대한 동종의 범죄사실

가. 대법원 2021.11.25. 선고 2016도82 판결

[사실관계] 지하철 불법촬영과 주택 불법촬영

피고인은 2014.7.28. 지하철 내에서 「성폭력범죄의 처벌 등에 관한 특례법(이하 '성폭력처벌법'이라 함)」위반(카메라등이용촬영) 혐의로 현행범 체포되면서, 자신 소유의 휴대전화를 사법경찰관에게 임의 제출하였고, 사법경찰관은 즉시 이를 영장 없이 압수하였다. 당시 압수조서(임의제출)의 압수경위란에는 '피고인이 2014.7.28. 08:54경 지하철 2호선 ○역에서 △역으로 이동하던 전동차 안에서 자신 앞에 서있던 여

---

14) 대법원 2021.11.18. 선고 2016도348 전원합의체 판결 참조.

성의 다리 등을 휴대전화로 촬영하였다'라고 기재되어 있었다.

경찰이 압수된 휴대전화에서 삭제된 전자정보 일체를 복원하고, 복원된 전자정보를 복제한 시디(CD)를 2014.11.17. 수사기록에 편철하였는데, 피고인이 지하철에서 촬영한 피해자의 영상은 발견하지 못하였다. 대신 복원된 전자정보 중 여성의 나체와 음부가 촬영된 사진 파일을 출력하여 그 출력물을 수사기록에 추가로 편철하였다.

검사는 2014.11.27. 피고인에 대한 피의자신문 과정에서 사진 파일에 관하여 신문하였고, 이에 피고인은 '2014년 초경 안양시 (주소 생략)에 있는 다세대 주택에서 당시 교제 중이던 여성이 성관계 후 잠들어 있는 것을 보고서 몰래 가지고 있던 휴대폰 카메라를 이용하여 그녀의 나체와 음부를 촬영한 사실이 있다'라고 진술하였다.

검사는 2014.12.26. 성폭력처벌법위반(카메라등이용촬영)죄로 공소를 제기하였고, 사진 파일과 그 출력물을 원심 제2회 공판 기일에 증거로 제출하였다.

수사기관은 압수된 휴대전화에서 여성의 나체와 음부가 촬영된 사진 파일이 발견된 후 공소가 제기되고 사진 파일과 그 출력물이 증거로 제출되기까지, 법원으로부터 해당 범죄 혐의에 관한 별도의 압수·수색영장을 발부받은 바 없으며, 휴대전화를 압수한 후 삭제된 전자정보를 복원하고 그 정보를 탐색·출력하는 과정에서, 피고인에게 참여 기회를 보장하거나, 압수한 전자정보 목록을 교부하거나 또는 피고인이 그 과정에 참여하지 아니할 의사를 가지고 있는지 여부를 확인한 바가 없다.

[대법원의 판단]

1) 전자정보를 압수하고자 하는 수사기관이 정보저장매체와 거기에 저장된 전자정보를 피의자로부터 임의제출의 방식으로 압수할 때, 제출자의 구체적인 제출범위에 관한 의사를 제대로 확인하지 않는 등의 사유로 인해 임의제출자의 의사에 따른 전자정보 압수의 대상과

범위가 명확하지 않거나 이를 알 수 없는 경우에는 임의제출에 따른 압수의 동기가 된 범죄혐의사실과 관련되고 이를 증명할 수 있는 최소한의 가치가 있는 전자정보에 한하여 압수의 대상이 된다. 이때 범죄혐의사실과 관련된 전자정보에는 범죄혐의사실 그 자체 또는 그와 기본적 사실관계가 동일한 범행과 직접 관련되어 있는 것은 물론 범행 동기와 경위, 범행 수단과 방법, 범행 시간과 장소 등을 증명하기 위한 간접증거나 정황증거 등으로 사용될 수 있는 것도 포함될 수 있다. 다만 그 관련성은 임의제출에 따른 압수의 동기가 된 범죄혐의사실의 내용과 수사의 대상, 수사의 경위, 임의제출의 과정 등을 종합하여 구체적·개별적 연관관계가 있는 경우에만 인정되고, 범죄혐의사실과 단순히 동종 또는 유사 범행이라는 사유만으로 관련성이 있다고 할 것은 아니다.

2) 경찰이 지하철 내에서 여성을 촬영한 혐의로 임의제출받은 휴대전화를 복원하여 주택에서 몰래 당시 교제 중이던 여성의 나체와 음부를 촬영한 동영상을 발견하고 이를 함께 기소한 사안에서, 2014.7.28. 공중밀집장소인 지하철 내에서 여성을 촬영한 행위와 2014년 초경 다세대 주택에서 몰래 당시 교제 중이던 여성의 나체와 음부를 촬영한 행위는 범행 시간과 장소뿐만 아니라 범행 동기와 경위, 범행 수단과 방법 등을 달리하므로, 간접증거와 정황증거를 포함하는 구체적·개별적 연관관계 있는 관련 증거의 법리에 의하더라도, 여성의 나체와 음부가 촬영된 사진은 임의제출에 따른 압수의 동기가 된 범죄혐의사실과 구체적·개별적 연관관계 있는 전자정보로 보기 어렵고, 위 사진 및 휴대전화에서 삭제된 전자정보를 복원하여 이를 복제한 시디는 경찰이 피압수자인 피고인에게 참여의 기회를 부여하지 않은 상태에서 임의로 탐색·복제·출력한 전자정보로서, 피고인에게 압수한 전자정보 목록을 교부하거나 피고인이 그 과정에 참여하지 아니할 의사를 가지고 있는지 여부를 확인한 바가 없으므로, 수사기관이 영장 없이 이를 취득한 이상 증거능력이 없다는 이유로 여성의 나체와 음

부가 촬영된 사진의 증거능력을 부정한 원심판단에 법리오해의 잘못이 없다고 본 사례.

나. 검 토

본 사안에서는 휴대전화 임의제출의 원인인 2014.7.28. 공중밀집장소인 지하철 내에서 여성을 촬영한 행위와 2014년 초경 다세대 주택에서 당시 교제 중이던 여성의 나체와 음부를 몰래 촬영한 행위가 압수대상·범위의 판단기준인 관련성이 있느냐가 쟁점이다.

대법원은 관련성의 의미와 임의제출 휴대전화로부터 전자정보를 압수할 경우 그 범위·절차에 관한 2021도2205 판결과 2016도348 전원합의체 판결의 내용을 확인하면서, 본 사안 범행은 휴대전화 카메라를 이용한 촬영으로 <u>죄명과 수법은 동일하지만</u>, <u>범죄의 일시가 6개월 이상 차이</u>가 나고, <u>장소도 공중밀집장소인 지하철과 개인적 공간인 다세대 주택</u>으로, 범행 시간과 장소뿐만 아니라 범행 동기와 경위, 범행 수단과 방법 등을 달리하므로, 임의제출에 따른 압수의 동기가 된 범죄혐의사실과 구체적·개별적 연관관계 있는 전자정보로 보기 어렵고, 피압수자인 피고인에게 참여의 기회를 부여하지 않은 상태에서 임의로 탐색·복제·출력한 전자정보로서, 피고인에게 압수한 전자정보 목록을 교부하거나 피고인이 그 과정에 참여하지 아니할 의사를 가지고 있는지 여부를 확인한 바가 없으므로, 수사기관이 영장 없이 이를 취득한 이상 증거능력이 없다고 하였다. 범행의 일시와 장소 등에 비춰볼 때 관련성을 부정한 대법원의 해석이 타당하다.

(2) 다른 피해자들에 대한 동종의 범죄사실

가. 대법원 2021.11.25. 선고 2019도6730 판결

[사실관계] 지하철 불법촬영과 버스정류장 등 불법촬영

피고인은 2018.4.25. 16:00경 의정부역 출구 에스컬레이터에서 짧은 청치마를 입고 올라가고 있는 피해자 A의 뒤에 서서 휴대전화로 치마 속을 몰래 촬영하려다가 근무하던 경찰관에게 적발되어 휴대전

화를 임의제출하고, 인근 지하철경찰대 사무실로 임의동행하였다.

경찰은 검거 30분이 경과한 16:37~21:35경 위 지하철경찰대 사무실에서 피고인에 대한 피의자신문을 진행하면서 <u>피고인의 면전에서 휴대전화를 탐색</u>하여 그 안에 저장되어 있는 성적 수치심을 유발할 수 있는 타인의 신체 부위를 몰래 촬영한 것으로 의심되는 동영상 321건을 발견하였고, <u>피고인은 불법촬영사실을 인정하면서 2018.2.15. 부터 2018.4.25.까지 버스정류장, 지하철역사, 횡단보도 등에서 촬영된 범행의 각 일시·장소를 특정하고 범죄일람표를 직접 수기로 작성하여 경찰관에게 교부</u>하였다.

경찰은 위 범죄일람표, 위 각 범행에 관한 동영상을 복사한 시디(CD) 및 이를 캡쳐한 사진을 기록에 첨부하였고, 검사는 "가. 피고인은 2018.2.15.부터 2018.4.25.까지 버스정류장 등에서 총 47회에 걸쳐 피고인 소유의 아이폰7플러스 휴대전화기의 카메라로 성적 수치심을 유발할 수 있는 성명불상 피해자들의 신체를 그 의사에 반하여 촬영하였다(이하 '①범행'이라 함). 나. 피고인은 2018.4.25. 16:00경 의정부역 5번 출구 에스컬레이터에서 짧은 청치마를 입고 올라가고 있는 피해자의 뒤에 서서 휴대전화의 카메라로 치마 속을 몰래 촬영하려다 미수에 그쳤다(이하 '②범행'이라 함)."는 내용으로 공소를 제기하면서, 위 범죄일람표를 공소장에 별지로 첨부하는 한편, 위 시디 및 사진과 함께 증거로 제출하였다.

[대법원의 판단]

1) 피고인이 휴대전화를 임의제출할 당시 그 안에 저장된 전자정보의 제출 범위를 명확히 밝히지 않았으므로, 임의제출에 따른 압수의 동기가 된 범죄혐의사실과 관련되고 이를 증명할 수 있는 최소한의 가치가 있는 전자정보에 한하여 압수의 대상이 된다. 그런데 ①범행에 관한 동영상은 2018.2.15.부터 2018.4.25.까지 약 2개월에 걸쳐 촬영된 것으로 ②범행 일시인 2018.4.25.과 시간적으로 근접하고, ②범행과 마

찬가지로 카메라의 기능과 정보저장매체의 기능을 함께 갖춘 위 휴대
전화로 버스정류장, 지하철역사, 횡단보도 등 공공장소에서 촬영되었
다. 따라서 ①범행은 범죄의 속성상 해당 범행의 상습성이 의심되거나
피고인의 성적 기호 내지 경향성의 발현에 따른 일련의 범행의 일환으
로 이루어진 것으로 의심되어, ②범행의 동기와 경위, 범행 수단과 방
법 등을 증명하기 위한 간접증거나 정황증거 등으로 사용될 수 있어
②범죄혐의사실과 구체적·개별적 연관관계를 인정할 수 있다. 결국
①범행에 관한 동영상은 임의제출에 따른 압수의 동기가 된 ②범죄혐
의사실과 관련성이 있는 증거로서 관련성이 인정될 수 있다.

2) 경찰관은 피의자 신문 당시 임의제출받은 휴대전화를 피고인
과 함께 탐색하는 과정에서 발견된 ①범행에 관한 동영상을 피고인의
참여 아래 추출·복사하였고, 피고인은 직접 위 ①범행에 관한 동영상
을 토대로 '범죄일람표' 목록을 작성하였으므로, 피고인이 위 휴대전화
의 탐색 과정에 참여하였다고 보아야 하고, ①범행에 관한 동영상을
특정하여 범죄일람표 목록을 작성·제출함으로써 실질적으로 피고인에
게 전자정보 상세목록이 교부된 것과 다름이 없다고 볼 수 있다.

3) 유사한 다른 범행에 관한 동영상은 범죄의 속성상 해당 범행의
상습성이 의심되거나 피고인의 성적 기호 내지 경향성의 발현에 따른
일련의 범행의 일환으로 이루어진 것으로 의심되어, 임의제출에 따른
압수의 동기가 된 범행의 동기와 경위, 범행 수단과 방법 등을 증명하
기 위한 간접증거나 정황증거 등으로 사용될 수 있으므로 구체적·개
별적 연관관계가 인정되어 관련성이 있는 증거에 해당하고, 경찰관이
피의자 신문 당시 휴대전화를 피고인과 함께 탐색하는 과정에서 발견
된 다른 범행에 관한 동영상을 추출·복사하였고, 피고인이 직접 다른
범행에 관한 동영상을 토대로 '범죄일람표' 목록을 작성·제출하였으므
로, 실질적으로 피고인에게 참여권이 보장되고, 전자정보 상세목록이
교부된 것과 다름이 없다는 이유로, 이와 달리 다른 범행에 관한 동영
상의 증거능력을 부정한 원심을 파기한 사례.

나. 검 토

지하철에서 휴대전화로 A의 치마 속을 몰래 촬영하려다가 경찰관에게 적발되어 임의제출한 휴대전화를 피고인의 면전에서 탐색하여 발견한 타인 신체 몰래 촬영 동영상 321건이 임의제출의 원인인 혐의사실과 관련성 있는 증거에 해당하는지와 피고인에게 참여권이 보장되었는지가 문제된 사안이다.

대법원은, 다른 범행에 관한 동영상은 임의제출에 따른 압수의 동기가 된 범행의 동기와 경위, 범행 수단과 방법 등을 증명하기 위한 간접증거나 정황증거 등으로 사용될 수 있으므로 구체적·개별적 연관관계가 인정되어 관련성이 있는 증거에 해당하고, 경찰관이 피의자 신문 당시 휴대전화를 피고인과 함께 탐색하는 과정에서 발견된 다른 범행에 관한 동영상을 추출·복사하였고, 피고인이 직접 다른 범행에 관한 동영상을 토대로 '범죄일람표' 목록을 작성·제출하였으므로, 실질적으로 피고인에게 참여권이 보장되고, 전자정보 상세목록이 교부된 것과 다름이 없다는 이유로, 증거능력을 인정하였다.

생각건대 ①범행과 ②범행은 그 일시가 시간적으로 근접하고, 범행의 장소와 수법이 유사하여 ②범행에 관한 증거가 ①범행에 대한 간접증거 내지 정황증거가 될 수 있으므로 관련성이 인정되며, 피의자 신문 당시 휴대전화를 함께 탐색하는 과정에서 발견되었으므로 참여권도 보장되었다고 평가할 수 있다.

(3) 모텔의 다른 방에 설치된 위장형 카메라에 의한 불법촬영물

가. 대법원 2021.11.25. 선고 2019도7342 판결

[사실관계]

피고인은 2018.9.22. 08:30경~10:00경 A 모텔 각 방실에 총 8개의 위장형 카메라를 설치하였는데, 모텔 306호에 투숙한 B, C가 2018.9.22. 13:28경 경찰에 위장형 카메라로 추정되는 물체를 발견했다는 신고를 하였다.

경찰은 모텔을 수색하여 2018.9.22. 18:35경 모텔의 8개 호실에서 각 1개씩, 총 8개의 위장형 카메라(메모리카드 포함)를 발견하여 영장 없이 압수하고, 압수조서(임의제출) 및 압수목록을 작성하였다. 압수조서(임의제출)에는 모텔 업주로부터 임의제출받은 것으로 기재되어 있다. 압수조서(임의제출)에 첨부된 압수목록에는 각 위장형 카메라를 포함한 총 8개의 위장형 카메라(메모리카드 포함)에 관한 압수목록 이외에도, 시작시간 2018.9.23. 16:01, 종료시간 같은 날 16:27로 기재된 전자정보 상세목록(총 232개의 파일, 파일이름 해시 포함)이 포함되어 있다.

경찰은 각 위장형 카메라에 삽입된 메모리카드에 저장된 전자정보를 탐색하여 2018.9.22. 모텔 205, 308, 507호에서 불상 남녀의 성관계 모습과 나체가 촬영된 동영상을 발견하고 이를 캡처한 사진을 출력하여 기록에 편철하였다.

[대법원의 판단]

1) 경찰이 범죄혐의사실과 관련된 전자정보와 그렇지 않은 전자정보가 혼재되어 있는 정보저장매체인 휴대전화를 임의제출받는 경우 제출자의 의사를 확인하여야 한다. 모텔 업주는 총 8개의 위장형 카메라를 임의제출할 당시 각 위장형 카메라 및 그 안에 저장된 전자정보의 제출 범위를 명확히 밝히지 않았으므로, 임의제출에 따른 압수의 동기가 된 범죄혐의사실과 관련되고 이를 증명할 수 있는 최소한의 가치가 있는 전자정보에 한하여 압수의 대상이 된다. 그런데 각 위장형 카메라에 저장된 205, 308, 507호에서 촬영된 영상은 306호에서 촬영된 영상과 범행 일자가 동일하고, 모두 위 모텔에서 촬영되었으며, 범죄의 속성상 해당 범행의 상습성이 의심되거나 피고인의 성적 기호 내지 경향성의 발현에 따른 일련의 범행의 일환으로 이루어진 것으로 의심되어, 범행의 동기와 경위, 범행 수단과 방법 등을 증명하기 위한 간접증거나 정황증거 등으로 사용될 수 있으므로, 306호 촬영에 관한 범죄혐의사실과 구체적·개별적 연관관계를 인정할 수 있다. 결국 205,

308, 507호에서 촬영된 영상은 임의제출에 따른 압수의 동기가 된 306호 촬영에 관한 범죄혐의사실과 관련성이 있는 증거로서 관련성이 인정될 수 있다.

2) 피의자가 소유·관리하는 정보저장매체를 피의자 아닌 제3자가 임의제출하는 경우에 임의제출 및 그에 따른 수사기관의 압수가 적법하더라도 임의제출의 동기가 된 범죄혐의사실과 구체적·개별적 연관관계가 있는 전자정보에 한하여 압수의 대상이 되는 것으로 더욱 제한적으로 해석하여야 하는 것은, 정보저장매체에는 그의 사생활의 비밀과 자유, 정보에 대한 자기결정권 등 인격적 법익에 관한 모든 것이 저장되어 있어, 임의제출의 주체가 소유자 아닌 소지자·보관자에 불과함에도 아무런 제한 없이 압수·수색이 허용되면 피의자의 인격적 법익이 현저히 침해될 우려가 있음을 고려하여, 그 제출행위로 소유자의 사생활의 비밀 기타 인격적 법익이 현저히 침해될 우려가 있는 경우에는 임의제출에 따른 압수·수색의 필요성과 함께 임의제출에 동의하지 않은 소유자의 법익에 대한 특별한 배려도 필요하기 때문이다. 반면, 임의제출된 위 각 위장형 카메라 및 그 메모리카드에 저장된 전자정보처럼 오직 불법촬영을 목적으로 방실 내 나체나 성행위 모습을 촬영할 수 있는 벽 등에 은밀히 설치되고, 촬영대상 목표물의 동작이 감지될 때에만 카메라가 작동하여 촬영이 이루어지는 등, 설치 목적과 장소, 방법, 기능, 작동원리상 소유자의 사생활의 비밀 기타 인격적 법익의 관점에서 소지·보관자의 임의제출에 따른 적법한 압수의 대상이 되는 전자정보와 구별되는 별도의 보호 가치 있는 전자정보의 혼재 가능성을 상정하기 어려운 경우에는 소지·보관자의 임의제출에 따른 통상의 압수절차 외에 별도의 조치가 따로 요구된다고 보기는 어렵다. 따라서 피고인 내지 변호인에게 참여의 기회를 보장하지 않고 전자정보 압수목록을 작성·교부하지 않았다는 점만으로 곧바로 증거능력을 부정할 것은 아니다.

3) 경찰이 주인으로부터 임의제출받은 다른 3개 호실에 설치된 위

장형 카메라에 저장된 모텔 내 3개 호실에서 촬영된 영상은 임의제출에 따른 압수의 동기가 된 다른 호실에서 촬영한 범행과 범행의 동기와 경위, 범행 수단과 방법 등을 증명하기 위한 간접증거나 정황증거 등으로 사용될 수 있으므로 구체적·개별적 연관관계가 인정되어 관련성이 있는 증거에 해당하고, 임의제출된 각 위장형 카메라 및 그 메모리카드에 저장된 전자정보처럼 오직 불법촬영을 목적으로 방실 내 나체나 성행위 모습을 촬영할 수 있는 벽 등에 은밀히 설치되고, 촬영대상 목표물의 동작이 감지될 때에만 카메라가 작동하여 촬영이 이루어지는 등, 그 설치 목적과 장소, 방법, 기능, 작동원리상 소유자의 사생활의 비밀 기타 인격적 법익의 관점에서 그 소지·보관자의 임의제출에 따른 적법한 압수의 대상이 되는 전자정보와 구별되는 별도의 보호가치 있는 전자정보의 혼재 가능성을 상정하기 어려운 경우에는 피고인 내지 변호인에게 참여의 기회를 보장하지 않고 전자정보 압수목록을 작성·교부하지 않았다는 점만으로 곧바로 증거능력을 부정할 것은 아니다.

나. 검 토

본 사안은 정보저장매체의 소유자 아닌 제3자가 저장매체를 임의제출한 점에서 2016도348 전원합의체 판결 사안과 같으므로, 정보저장매체로부터 전자정보를 수집할 때 피고인이나 변호인의 참여권을 보장하고 압수목록을 작성·교부하여야 하는가가 쟁점이 되었다. 다만 정보저장매체가 개인의 휴대전화가 아니라 모텔 방에 설치된 위장카메라인 점에서 다르다.

원심은 위 전원합의체 판결의 취지에 따라, 205호실, 308호실, 507호실에 설치된 위장형 카메라(메모리카드 포함) 및 저장된 전자정보의 임의제출 의사 불명확, 각 위장형 카메라의 압수 집행 시 피고인 내지 변호인의 참여권 미보장 및 압수한 전자정보 목록 미교부 등을 이유로, 위 3개 호실에 관한 「성폭력범죄의 처벌 등에 관한 특례법」 위반

(카메라등이용촬영)죄를 유죄로 선고한 제1심을 파기하고 무죄를 선고
하였다.

그러나 대법원은 위장형 카메라의 설치 목적과 장소, 방법, 기능,
작동원리상 소유자의 사생활의 비밀 기타 인격적 법익의 관점에서 그
소지·보관자의 임의제출에 따른 적법한 압수의 대상이 되는 전자정보
와 구별되는 별도의 보호 가치 있는 전자정보의 혼재 가능성을 상정하
기 어려운 경우에는 피고인 내지 변호인에게 참여의 기회를 보장하지
않고 전자정보 압수목록을 작성·교부하지 않았다는 점만으로 곧바로
증거능력을 부정할 것은 아니라고 하였다. 주로 타인의 신체를 불법촬
영하기 위한 목적의 위장형 카메라와 소유자의 사생활의 비밀을 포함
하여 수많은 개인정보를 저장하고 있는 휴대전화에 대한 탐색절차는
상이하다는 것이다.

대법원의 이러한 판단이 개별 사안에서 구체적 타당성을 갖게 되
고 그 취지에 공감할 수는 있지만, 정보저장매체 또는 거기에 담긴 정
보의 성격에 따라 탐색절차에서 피고인이나 변호인의 참여권 보장
여부가 달라지는 것이 타당한가에 대해서 의문이 있다. 또한 본 사안
의 위장형 카메라와 위 전원합의체 판결 사안의 개인 휴대전화는 구
분이 용이하지만, 회사의 업무용 휴대전화, 개인의 투폰 중 하나의
휴대전화 등 여러 유형의 저장매체에 대해 보호 가치 있는 전자정보
가 저장되어 있는가, 누가 이 결정을 할 것인가 등 쉽지 않은 문제가
제기된다.

앞의 2016도348 전원합의체 판결에서 검토한 것처럼 임의제출된
정보저장매체에서 혐의사실과 관계있는 전자정보를 탐색·복제·출력
하는 과정에 피고인이나 변호인의 참여가 보장되어야 하며(형사소송법
제121조, 제219조), 이를 위반한 경우 위법수집증거이지만 예외적으로
증거능력을 부여하거나 중대한 위법이 아니므로 증거로 사용할 수 있
다고 보아야 한다.

5. 공소의 제기

(1) 검사의 날인이나 서명 없는 공소장에 의한 공소제기

가. 대법원의 판단(대법원 2021.12.16. 선고 2019도17150 판결)

1) 공소를 제기하려면 공소장을 관할법원에 제출하여야 한다(형사소송법 제254조 제1항). 공무원이 작성하는 서류에는 법률에 다른 규정이 없는 때에는 작성 연월일과 소속공무소를 기재하고 기명날인 또는 서명하여야 한다(형사소송법 제57조 제1항). 여기서 '공무원이 작성하는 서류'에는 검사가 작성하는 공소장이 포함되므로, 검사가 기명날인 또는 서명이 없는 상태로 공소장을 관할법원에 제출하는 것은 형사소송법 제57조 제1항에 위반된다. 이와 같이 법률이 정한 형식을 갖추지 못한 채 공소장을 제출한 경우에는 특별한 사정이 없는 한 공소제기의 절차가 법률의 규정을 위반하여 무효인 때(형사소송법 제327조 제2호)에 해당한다. 다만 이 경우 공소를 제기한 검사가 공소장에 기명날인 또는 서명을 추후 보완하는 등의 방법으로 공소제기가 유효하게 될 수 있다.

2) 공소장에 공소제기 검사의 기명만 있을 뿐 서명 또는 날인이 없는 사안에서, 유죄판결을 선고한 제1심에 대하여, 위와 같은 하자에 대한 추후 보완 요구는 법원의 의무가 아니고, 이러한 공소장 제출에 의한 공소제기는 공소제기의 절차가 법률의 규정을 위반하여 무효인 때(형사소송법 제327조 제2호)에 해당한다고 보아 제1심판결을 직권으로 파기하고 공소기각판결을 선고한 원심판결을 수긍한 사례.

나. 검 토

검사의 공소제기는 소송행위이므로 이에 대해서 해석을 거쳐 성립·불성립, 적법·부적법, 유효·무효의 가치판단을 하여야 한다. 공소제기는 공소장이라는 서면으로 행해져야 하며(형사소송법 제254조 제1항), '공무원이 작성하는 서류'인 공소장에 검사의 기명날인 또는 서명이 없는 경우 하자(흠) 있는 소송행위로서 부적법한 공소제기이다(형사

소송법 제57조 제1항).

원심은 공소장에 공소를 제기한 검사의 기명만 있을 뿐 서명 또는 날인이 없는 경우 추후 보완 요구 없이 이 공소는 공소제기의 절차가 법률의 규정을 위반하여 무효인 때에 해당한다고 하여 공소를 기각하였다. 대법원도, <u>검사의 하자 추후 보완은 원칙적으로 제1심에서만 허용된다는 부분은 적절하지 않지만</u>, 원심의 결론은 옳다고 하였다.

하자 있는 소송행위라고 하여 당연 무효라거나 종국적으로 무효인 것은 아니며, 소송행위 이후의 사정변경에 따라 유효로 될 수 있는데 이것을 무효의 치유라고 한다. 하자로 인한 무효가 치유되는 사유 중 본 사안과 같이 하자 자체를 다시 이행함으로써 유효로 되는 것이 단순추완이다.

소송행위의 추완을 인정할 것인가는 <u>소송행위의 형식적 확실성, 형사절차의 동적·발전적 성격에 따른 절차유지와 소송경제를 고려하여 판단</u>하여야 한다. 즉 당해 소송행위의 성질과 형식적 확실성이 필요한 이유를 기초로 소송행위의 누적적 속행이라는 형사절차의 특질에 비추어 <u>가능한 한 추완을 인정</u>하여야 한다.

공소장에 있는 검사의 날인이나 서명은 공소제기라는 소송행위를 한 주체를 표시하는 것으로 이를 결한 공소장에 의한 공소제기는 무효이다. 따라서 본 판결이 공소제기의 절차가 법률의 규정을 위반하여 무효인 때에 해당한다고 한 것과 공소제기 검사가 공소장에 기명날인 또는 서명을 추후 보완하는 등의 방법으로 공소제기가 유효하게 될 수 있다고 하여 소송행위의 추완을 인정한 것은 타당하다. 이는 대법원의 일관된 입장[15]이기도 하다.

---

15) 대법원 2007.10.25. 선고 2007도4961 판결; 대법원 2012.9.27. 선고 2010도17052 판결.

(2) 검사의 간인 없는 공소장에 의한 공소제기

가. 대법원의 판단(대법원 2021.12.30. 2019도16259 판결)

1) 공소를 제기하려면 공소장을 관할법원에 제출하여야 한다(형사소송법 제254조 제1항). 공무원이 작성하는 서류에는 간인하거나 이에 준하는 조치를 하여야 한다(형사소송법 제57조 제2항). 여기서 '공무원의 작성하는 서류'에는 검사가 작성하는 공소장이 포함된다. '간인'은 서류작성자의 간인으로서 1개의 서류가 여러 장으로 되어 있는 경우 그 서류의 각 장 사이에 겹쳐서 날인하는 것이다. 이는 서류 작성 후 그 서류의 일부가 누락되거나 교체되지 않았다는 사실을 담보하기 위한 것이다. 따라서 공소장에 검사의 간인이 없더라도 공소장의 형식과 내용이 연속된 것으로 일체성이 인정되고 동일한 검사가 작성하였다고 인정되는 한 그 공소장을 형사소송법 제57조 제2항에 위반되어 효력이 없는 서류라고 할 수 없다. 이러한 공소장 제출에 의한 공소제기는 그 절차가 법률의 규정에 위반하여 무효인 때(형사소송법 제327조 제2호)에 해당한다고 할 수 없다.

2) 공소장 1쪽 뒷면에 간인 일부가 되어 있으나, 2쪽 앞면에는 나머지 간인이 되어 있지 않고, 2쪽 뒷면부터 마지막 장까지 간인이 없는 공소장이 제출된 사안에서, 공소장에 일부 간인이 없더라도 공소장의 형식과 내용은 연속된 것으로 일체성이 인정되고, 동일한 검사가 작성하였다고 인정할 수 있으므로 공소제기는 그 절차가 법률의 규정에 위반하여 무효인 때에 해당한다고 할 수 없다고 한 사례.

나. 검 토

검사가 작성하는 공소장은 '공무원이 작성하는 서류'이고, 이러한 서류에는 간인하거나 이에 준하는 조치를 하여야 한다(형사소송법 제57조 제2항). 따라서 검사의 간인이 없는 공소장에 의한 공소제기는 하자(흠) 있는 소송행위로서 부적법한 공소제기이다. 이러한 부적법한 공소제기가 유효한가가 이 사안의 쟁점이다.

원심은 공소장에 간인이 없으며, 이러한 하자의 추완은 원칙적으로 제1심에서만 허용되어야 하고, 공소제기 검사의 전보 인사가 있는 경우에도 하자의 추완을 인정할 수 없으며, 공소장에 간인 일부가 남아 있는 이상 하자는 추완될 수 없고, 법원이 하자의 추완을 요구해서는 안 되므로, 이 공소는 공소제기의 절차가 법률의 규정에 위반하여 무효인 때(형사소송법 제327조 제2호)에 해당한다고 하여 공소사실을 유죄로 판단한 제1심판결을 직권으로 파기하고 공소를 기각하였다. 그러나 대법원은 공소장에 일부 간인이 없더라도 공소장의 형식과 내용은 연속된 것으로 일체성이 인정되고, 동일한 검사가 작성하였다고 인정할 수 있으므로 공소제기는 그 절차가 법률의 규정에 위반하여 무효인 때에 해당한다고 할 수 없다고 보아 원심을 파기하였다.

부적법한 소송행위라고 하여 당연 무효는 아니며, 법률의 규정(형사소송법 제2조)이나 소송행위의 성질에 따라 유효하게 될 수 있다. 즉 위반 규정의 취지나 부적법한 소송행위의 내용·성질에 비추어 볼 때 하자로 인해 당해 규정의 취지나 목적을 달성하는 것이 불가능하지 않다면 유효라고 하여야 한다.

공무원이 작성하는 서류인 공소장에 간인이나 이에 준하는 조치를 요구하는 것은 서류의 연속성을 확보하여 그 내용의 변조나 왜곡을 방지하기 위한 취지이므로, 공소장에 일부 간인이 없더라도 공소장의 형식과 내용은 연속된 것으로 일체성이 인정되고, 동일한 검사가 작성하였다고 인정할 수 있다면 공소제기는 유효하다는 대법원의 해석이 타당하다고 본다.

(3) 공소권남용

가. 대법원 2021.10.14. 선고 2016도14772 판결

[사실관계]

검사는 2014.5.9. 피고인은 2005.6.25.~2009.10.10. 중국에 거주하는 외당숙인 A와 공모하여 미리 기획재정부장관에게 등록하지 않고 외

국환업무를 업으로 함으로써 외국환거래법을 위반하였다고 하여 외국
환거래법위반의 점(이하 '현재 사건'이라 함)을 기소하였다(피고인에 대한
위계공무집행방해죄 부분은 논외로 한다).

그런데 검사는 4년여 전인 2010.3.29. 피고인에 대한 외국환거래
법위반 사건(이하 '종전 사건'이라 함)에 대하여, 피고인이 초범이고 탈
북한 대학생으로서 'A'의 부탁으로 예금계좌들을 빌려주어 '환치기'
영업을 하도록 도와준 것으로 가담 정도가 경미하고, 그 경위가 참작
할 만하며, 범행을 깊이 뉘우치고 있다는 이유로 기소유예 처분을 하
였다.

[제1심의 판단(서울중앙지방법원 2015.7.16. 선고 2014고합539 판결)]

① 검사가 기소유예의 처분을 하였다가 상당한 기간이 지난 후
다시 기소하였다고 하여도, 재수사 등을 통하여 기소유예 처분 당시
기초로 삼았던 사정이 실제와 다른 것으로 드러난 경우에는 검사에게
그와 같이 변경된 사정을 참작하여 <u>공소를 제기할 것인지 여부를 결
정할 수 있는 재량권</u>이 있는 점, ② 기소유예 처분을 한 담당 검사는
당시 피고인의 검찰 진술 등에 따라 <u>범행을 주도한 'A'와 피고인의 관
계, 피고인의 범행 가담 경위 및 동기</u>를 고려하여 기소유예 처분을 하
였던 것으로 보이는 점, ③ 그러나 재수사 등의 결과 'A'는 <u>피고인의
외당숙으로 피고인과 가까운 관계</u>였던 점, 피고인이 중국 국적의 재북
화교인 점, 피고인이 '환치기' 명목으로 <u>받은 돈의 일부를 개인적인 용
도로 사용하였던 것으로 보이는 점</u> 등이 밝혀진 점, ④ 따라서 <u>기소유
예 처분 당시 기초로 삼았던 사정의 상당 부분이 허위로 드러났으므로</u>
담당 검사가 종전과 같이 기소유예 처분을 해야 하는 것은 아닌 점 등
을 종합하여, 외국환거래법위반의 점에 관한 공소제기가 검사의 소추
재량권을 현저히 일탈하여 공소권을 남용한 것이라고 보기는 어렵다.

[원심(서울고등법원 2016.9.1. 선고 2015노2312 판결)의 판단]

① 종전 사건에 대한 기소유예 처분이 있었던 2010.3.29.으로부터 만 4년이나 지난 2014.5.9. 현재 사건이 기소된 점, ② 그 사이에 국가정보원 직원들이 조작한 증거가 2013.9. 공판 관여 검사들에 의하여 국가보안법위반 등 사건의 항소심 법원에 제출되었고, 이에 피고인이 2014.1.경 서울중앙지방검찰청에 '국정원 직원들과 수사검사, 수사관들이 공모하여 국가보안법위반 등 사건의 항소심 재판부에 허위로 날조된 피고인에 대한 출입경 기록 등을 증거로 제출하였다'는 이유로 국가보안법위반(무고·날조)죄로 이들을 고소하였으며, 2014.2. 위 증거 위조가 밝혀지고, 그로 인해 위 직원들이 2014.3.31. 모해증거위조 등으로 구속되었으며, 그 후 국가보안법위반 등 사건의 항소심 법원이 2014.4.25. 국가보안법위반 관련 혐의를 모두 무죄로 판단하였고, 위 사건의 공판 관여 검사들이 2014.5.1.경 위 증거 위조와 관련하여 징계를 받는 일련의 사건들이 발생하였는바, 현재 사건이 그 직후인 2014.5.9. 기소된 점, ③ 종전 사건의 피의사실과 현재 사건의 공소사실 사이에 <u>기소유예 처분을 번복하고 공소제기해야 할 만한 의미 있는 사정변경은 없는 점</u>, ④ 재수사의 단서가 된 고발은 검찰사건사무규칙에 따라 각하되었어야 할 것인 점, ⑤ 현재 사건에 대한 공소제기를 적정한 소추재량권 행사로 평가할 수 있는 사정이 존재한다면 국가보안법위반 등 사건의 공소제기 당시 함께 기소하였을 것으로 보이는 점 등을 모두 종합해 보면, <u>검사가 현재 사건을 기소한 것은 통상적이거나 적정한 소추재량권 행사라고 보기 어려운바, 어떠한 의도가 있다고 보이므로 공소권을 자의적으로 행사한 것으로 위법하다고 평가함이 상당하다.</u> 또한 이로 인하여 <u>피고인이 실질적인 불이익을 받았음이 명백하므로</u> 현재 사건에 대한 기소는 소추재량권을 현저히 일탈한 경우에 해당한다고 인정된다. 따라서 공소사실 중 외국환거래법위반의 점에 대한 공소는 그 공소제기의 절차가 법률의 규정에 위반하여 무효인 때에 해당한다.

[대법원의 판단]

외국환거래법위반 부분에 대한 공소제기는 검사가 공소권을 자의적으로 행사한 것으로서, 이로 인하여 피고인이 실질적인 불이익을 받았음이 명백하므로 소추재량권을 현저히 일탈한 경우에 해당한다고 보아, 유죄로 판단한 제1심판결을 파기하고 형사소송법 제327조 제2호에 따라 공소를 기각한 원심의 판단에 자유심증주의의 한계를 벗어나거나 공소권남용에 관한 법리를 오해한 잘못이 없다.

나. 검 토

공소권남용이란 공소제기가 형식적으로 적법하지만 실질적으로는 부당한 경우를 말하며, 이러한 경우에는 형식재판으로 소송을 종결시켜야 한다는 이론을 공소권남용이론이라고 한다. 즉 사법상의 권리남용이론을 공소권에 적용한 것이다.

공소권남용과 관련하여, 판례는 "검사가 자의적으로 공소권을 행사하여 피고인에게 실질적인 불이익을 줌으로써 소추재량권을 현저히 일탈하였다고 보이는 경우에는 이를 공소권의 남용으로 보아 공소제기의 효력을 부인할 수 있고, 여기서 자의적인 공소권의 행사란 단순히 직무상의 과실에 의한 것만으로는 부족하고 적어도 미필적이나마 어떤 의도가 있어야 한다."16)고 하면서도 직접 공소권남용을 인정한 사례는 없었다. 본 판결은 검사의 의도와 피고인의 실질적 불이익이라는 공소권남용의 판단기준을 재확인하면서 명시적으로 공소권남용을 인정하여 공소기각판결을 선고한 최초의 판결로서 의미가 있다.

대법원은, 검사의 기소유예 처분 후 그 처분을 번복하고 공소를 제기할 만한 의미 있는 사정변경이 없고, 그 사이에 피고인이 자신의 사건을 수사한 국가정보원 직원들과 수사검사·수사관들을 국가보안법위반(무고·날조)죄로 고소하였는데, 그로 인해 위 직원들이 모해증거위조 등으로 구속되었으며, 그 후 국가보안법위반 등 사건의 항소심

---

16) 대법원 2019.2.14. 선고 2018도14295 판결.

법원이 국가보안법위반 관련 혐의를 모두 무죄로 판단하였고, 위 사건
의 공판 관여 검사들이 위 증거 위조와 관련하여 징계를 받는 일련의
사건들이 발생한 직후에 현재 사건이 기소된 점 등을 종합해 보면, 검
사가 현재 사건을 기소한 것은 통상적이거나 적정한 소추재량권 행사
라고 보기 어렵고, 어떠한 의도가 있다고 보이므로 공소권을 자의적으
로 행사한 것으로 위법하다고 평가함이 상당하고, 또한 이로 인하여
피고인이 실질적인 불이익을 받았음이 명백하므로 현재 사건에 대한
기소는 소추재량권을 현저히 일탈한 경우로서, 공소제기의 절차가 법
률의 규정에 위반하여 무효인 때에 해당한다고 한 원심의 판단에, 공
소권남용에 관한 법리를 오해한 잘못이 없다고 하였다.

공소권남용이론의 인정 여부와 그 유형에 대하여 견해가 일치하
지 않지만, 공소권남용이 문제되는 사례로 주로 ①무혐의사건에 대한
공소제기, ②경미사건에 대한 공소제기, ③차별적 공소제기(선별기소),
④경합범을 분리한 공소제기(분리기소)[17]에 ⑤위법수사에 의한 공소제
기[18][19]를 추가하기도 한다. 본 판결은 교과서에서 언급되는 유형이 아
니지만, 개인적으로는 본 사안과 같이 ⑥불기소처분 후 공소제기도 공
소권남용에 해당할 수 있다고 본다.

공소권을 가진 검사에게 공소를 제기할 것인지 여부를 결정할 수
있는 재량권이 있지만, 이러한 재량권에도 한계가 있으므로 공소권행
사에 대한 재량을 통제할 필요가 있다. 검사의 공소제기는 법이 정한
절차를 따라야 함은 물론 그 내용에 있어서도 적정하여야 한다. 따라
서 공소제기가 형식적으로는 적법할지라도 실질적으로 부당한 경우

---

17) 신동운, 앞의 책, 331~333면; 이재상 외, 앞의 책, §18/13~26; 이주원, 앞의 책,
203~204면; 정승환, 형사소송법, 2018, [22]9~23.

18) 신양균·조기영, 형사소송법, 2020, 362~370면; 이은모·김정환, 형사소송법 제8
판, 2021, 380~386면.

19) 다만 판례(대법원 2005.10.28. 선고 2005도1247 판결; 대법원 2006.9.28. 선고
2006도3464 판결; 대법원 2008.10.23. 선고 2008도7362 판결)는, 위법한 함정수
사에 기한 공소제기는 그 절차가 법률의 규정에 위반하여 무효인 때에 해당
한다고 할 뿐 공소권남용을 직접 언급하지는 않는다.

형식재판으로 소송을 종결하여야 한다. 검사는 피의사실이 인정되나
「형법」제51조 각 호의 사항을 참작하여 소추할 필요가 없는 경우 기
소유예 처분을 한다(검찰사건사무규칙 제115조 제3항 제1호). 기소유예
처분에 확정력은 없지만 단독관청인 검사가 수사 결과 내린 종국적
처분으로, 피의자는 특별한 사정 변경이 없는 한 형사절차에서 벗어났
다는 생각을 가질 것이다. 즉 공소권 행사는 신중하여야 하고, 기소유
예 처분에 대한 피의자의 신뢰를 보호하여야 할 뿐만 아니라 금반언
(禁反言) 원칙에 비추어 기소유예한 사건을 특별한 사정변경이 없음에
도 재수사하여 공소를 제기하는 것은 공소권남용에 해당한다고 본
다.[20] 물론 새로운 증거가 발견되어 다시 수사하고 그에 따라 공소를
제기한 것은 공소권남용이 아니라는 점에 의문이 없다. 따라서 대법원
이 본 사안에서 공소권남용을 이유로 공소기각판결(형사소송법 제327조
제2호)을 선고한 것은 타당하다. 다만 공소권남용의 판단기준으로 공
소권행사 자체의 실질적 부당성이 아니라 검사의 어떤 의도가 있어야
한다는 점에는 동의하기 어렵다.

(4) 공소시효정지 규정의 소급효

가. 대법원 2021.2.25. 선고 2020도3694 판결

[사실관계]

피고인은 재혼한 부인 A의 주거지인 서울 서초구 (주소 1 생략)에
서 2008.3.2.경 A와 전남편 사이의 아들인 피해자 B(당시 만 5세)가 피
고인과 함께 자는 것을 거부하고 운다는 등의 이유로 손으로 B의 얼
굴을 때려 폭행한 것을 비롯하여 2009.1.경까지 6회에 걸쳐 아동의 신
체에 손상을 주거나 신체의 건강과 발달을 해치는 신체적 학대행위를
하고 아동의 정신건강과 발달에 해를 끼치는 정서적 학대행위를 하였
다. 이러한 행위는 구 아동복지법(2014.1.28. 법률 제12361호로 개정되기

---

20) 검찰사건사무규칙 제118조 제4항에 의하면, 검사는 기소유예의 결정을 하면
서 부과한 조치를 피의자가 정당한 이유 없이 불응하거나 이행하지 않는 경
우에는 사건을 재기하여 공소를 제기할 수 있다.

전의 것) 제71조 제1항 제2호, 제17조 제3호, 제5호에 해당하는 범죄로서, 법정형이 '5년 이하의 징역 또는 3,000만 원 이하의 벌금'이므로 형사소송법 제249조 제1항 제4호에 따라 공소시효 기간은 범죄행위가 종료한 때부터 7년이다. 이 사건 공소는 2017.10.18. 제기되었다.

피고인의 공소범죄행위 이후인 2014.1.28. 제정되어 2014.9.29. 시행된 아동학대범죄의 처벌 등에 관한 특례법 제34조는 제1항에서 "아동학대범죄의 공소시효는 형사소송법 제252조에도 불구하고 해당 아동학대범죄의 피해아동이 성년에 달한 날부터 진행한다."라고 정하고, 부칙은 "이 법은 공포 후 8개월이 경과한 날부터 시행한다."라고 정하고 있을 뿐 제34조 제1항의 소급적용에 관하여 명시적인 경과규정을 두고 있지 않다. 피해자는 2002.3.3. 이후~2003.3.2. 이전 출생한 것으로 생각된다(공소장에 범행일인 2008.3.2.경 만 5세라고 적시되어 있음).[21]

[대법원의 판단]

1) 공소시효를 정지·연장·배제하는 특례조항을 신설하면서 소급적용에 관한 명시적인 경과규정을 두지 않은 경우 그 조항을 소급하여 적용할 수 있는지에 관해서는 보편타당한 일반원칙이 존재하지 않고, 적법절차원칙과 소급금지원칙을 천명한 헌법 제12조 제1항과 제13조 제1항의 정신을 바탕으로 하여 법적 안정성과 신뢰보호원칙을 포함한 법치주의 이념을 훼손하지 않는 범위에서 신중히 판단해야 한다.

2) 아동학대범죄의 처벌 등에 관한 특례법(2014.1.28. 제정되어 2014.9.29. 시행되었으며, 이하 '아동학대처벌법'이라 함) 제34조는 '공소시효의 정지와 효력'이라는 제목으로 제1항에서 "아동학대범죄의 공소시효는 형사소송법 제252조에도 불구하고 해당 아동학대범죄의 피해아동이 성년에 달한 날부터 진행한다."라고 정하고, 부칙은 "이 법은 공포 후 8개월이 경과한 날부터 시행한다."라고 정하고 있다. 아동학대처벌법은 신체적 학대행위를 비롯한 아동학대범죄로부터 피해아동을 보호하기

---

21) 따라서 공소가 제기된 2017.10.18.에는 만 14~15세이었을 것으로 생각된다.

위한 것으로서, 제34조는 아동학대범죄가 피해아동의 성년에 이르기 전에 공소시효가 완성되어 처벌대상에서 벗어나는 것을 방지하고자 그 진행을 정지시킴으로써 피해를 입은 18세 미만 아동(아동학대처벌법 제2조 제1호, 아동복지법 제3조 제1호)을 실질적으로 보호하려는 데 취지가 있다. 아동학대처벌법은 제34조 제1항의 소급적용에 관하여 명시적인 경과규정을 두고 있지는 않다. 그러나 이 규정의 문언과 취지, 아동학대처벌법의 입법 목적, 공소시효를 정지하는 특례조항의 신설·소급에 관한 법리에 비추어 보면, 이 규정은 완성되지 않은 공소시효의 진행을 일정한 요건에서 장래를 향하여 정지시키는 것으로서, 그 시행일인 2014.9.29. 당시 범죄행위가 종료되었으나 아직 공소시효가 완성되지 않은 아동학대범죄에 대해서도 적용된다고 봄이 타당하다.

한편 대법원 2015.5.28. 선고 2015도1362, 2015전도19 판결은 공소시효의 배제를 규정한 구 「성폭력범죄의 처벌 등에 관한 특례법」(2012.12.18. 법률 제11556호로 전부 개정되기 전의 것) 제20조 제3항에 대한 것으로, 공소시효의 적용을 영구적으로 배제하는 것이 아니고 공소시효의 진행을 장래에 향하여 정지시키는 데 불과한 아동학대처벌법 제34조 제1항의 위와 같은 해석·적용에 방해가 되지 않는다.

나. 검 토

공소시효를 정지하는 조항을 신설하거나 개정할 때 입법자가 소급효 인정 여부에 관하여 경과규정을 두지 않은 경우 당해 규정의 시행 이전에 범하여진 범죄의 공소시효는 어떻게 되는가, 즉 공소시효 연장 규정의 소급효를 인정할 수 있는가가 본 사안의 쟁점이다.

공소시효 규정의 소급효 인정 여부에 대해서는 공소시효의 본질과 연관되어, 전면적 소급효 긍정설, 부진정소급효 긍정설(진정소급효 부정설), 원칙적 소급효 부정설(예외적 소급효 긍정설) 그리고 전면적 소급효 부정설이 대립한다. 대법원은 '적법절차원칙과 소급금지원칙을 천명한 헌법 제12조 제1항과 제13조 제1항의 정신을 바탕으로 하여

법적 안정성과 신뢰보호원칙을 포함한 법치주의 이념을 훼손하지 않
는 범위에서 신중히 판단해야 한다.'는 일반론에서 출발하여 공소시효
연장규정의 소급효는 인정한 반면,22) 공소시효 배제규정의 소급효는
부정하므로,23) 개별적 고찰설이라고 할 수 있다.24)

　죄형법정주의의 내용인 소급효금지의 원칙은 이미 발생한 형벌권
을 실현하기 위한 절차·방법·기간 등을 규정한 법률에는 원칙적으로
적용되지 아니한다고 본다. 절차법에서는 오히려 절차진행 당시의 법
률이 적용되어야 할 것이다. 따라서 공소시효와 관련하여 진정소급입
법은 허용되지 않지만 부진정소급입법은 허용된다. 즉 공소시효의 정
지·연장·배제규정을 만들 때 시행당시 공소시효가 완성되지 아니한
범죄에 대하여 이를 적용하는 입법은 헌법에 위반되지 아니한다. 또한
새로 제정·개정된 공소시효의 정지·연장·배제 규정의 소급적용에 대
한 경과규정이 없는 경우 해석에 의하여 소급적용하여야 한다고 본다.

　공소시효 규정의 소급적용에 대한 경과규정이 없을 때 개별규정
의 해석으로 소급적용 여부를 판단하는 대법원의 입장은 수사기관과
법원의 혼란을 초래하며, 법해석의 통일이라는 최고법원의 기능에 비
추어 바람직하지 않다. 따라서 전원합의체 판결로써 조속히 정리할 필
요가 있다.

　공소시효를 정지·연장·배제하는 규정을 입법할 경우 소급적용에
대한 경과규정을 두어야 한다. 보다 바람직한 방법은 공소시효에 관한
일반규정인 형사소송법 제249조에 제3항을 "법률의 변경에 의하여 공
소시효가 정지·연장 또는 배제되는 때에는 당해 법률의 시행 당시 아

---

22) 대법원 2016.9.28. 선고 2016도7273 판결. 이 판결은 대상판결과 같이 아동학대
　　범죄의 처벌 등에 관한 특례법 제34조 제1항에 대한 것이다.
23) 대법원 2015.5.28. 선고 2015도1362, 2015전도19 판결.
24) 공소시효를 정지·연장·배제하는 규정을 신설하거나 개정하면서 경과규정을
　　두지 아니한 4회의 개정 가운데 대법원은 형사소송법 제253조 제3항 국외체
　　류시 공소시효정지규정(2003도4327)과 아동학대처벌법 제34조 제1항 공소시효
　　연장규정은 소급효를 인정(2016도7273)하였고, 성폭력처벌법 제20조 제3항 공
　　소시효배제규정은 소급효를 부정(2015도1362)하였다.

직 공소시효가 완성되지 아니한 범죄에 대하여도 변경된 법률을 적용한다. 단 당해 법률이 달리 정한 때에는 그러하지 아니하다."는 내용으로 신설하는 것이다. 공소시효는 특정한 몇몇 범죄에만 적용되는 것이 아니라 모든 범죄에 일반적으로 적용되고, 개별 법률에서 그때그때 규정할 경우 체계적이고 통일적인 규율이 이루어지지 않아 법적용에 혼란을 초래할 수 있으며, 명문으로 진정소급효를 부정함으로써 형벌청구권의 재생을 통한 형벌권의 부활을 방지할 수 있기 때문이다. 즉 공소시효 기간의 불이익한 변경의 경우 진정소급효는 부정하되 부진정소급효를 인정하는 명시적인 규정을 형사소송법에 둠으로써, 소급효 인정 여부에 대한 논란을 해소하고, 입법시 발생할 수 있는 흠결에 대비하여야 할 것이다.25)

Ⅳ. 재판절차(공판절차와 상소)

1. 공판절차

(1) 공소장변경허가신청서 부본을 송달하지 않고 이루어진 공소장변경허가 및 변경공소사실에 대한 유죄판결의 위법성

가. 대법원 2021.6.30. 선고 2019도7217 판결

[사실관계]

검사는 피고인에 대하여 강제추행죄로 공소를 제기하여 제1심에서 피고인에게 무죄가 선고되자 항소심에서 공연음란죄를 예비적으로 추가하는 공소장변경허가신청서를 제출하였는데 항소심은 공소장변경허가신청서 부본을 피고인 또는 변호인에게 송달하거나 교부하지 않은 상태에서 공소장변경을 허가하였다. 검사는 위 공소장변경허가신청서에 따라 공소사실, 죄명과 적용법조를 진술하였고, 피고인과 변호인은 예비적으로 추가된 공소사실을 부인한다고 진술하였다.

---

25) 강동범, "공소시효의 정지·연장·배제와 소급효", 형사법의 신동향 제58호, 2018.3, 324~325면.

항소심은 피고인과 변호인에게 최종 의견 진술의 기회를 부여하였는데, 피고인은 강제추행의 공소사실과 관련하여 추행한 사실이 없다는 취지로만 진술하였고, 항소심은 제2회 공판기일에서 변론을 종결하고 위 공소장변경허가신청서 부본은 변론종결 이후에 변호인과 피고인에게 송달되었으며, 제3회 공판기일에서 제1심판결을 파기하고 예비적 공소사실을 유죄로 인정하여 피고인에게 벌금 400만 원을 선고하였다.

[대법원의 판단]

1) 형사소송법 제298조 제3항, 형사소송규칙 제142조 제1항·제5항과 형사소송규칙 제142조 제2항·제3항 등 공소장변경 절차에 관한 법규의 내용과 취지에 비추어 보면, 검사의 서면에 의한 공소장변경허가신청이 있는데도 법원이 피고인 또는 변호인에게 공소장변경허가신청서 부본을 송달·교부하지 않은 채 공소장변경을 허가하고 공소장변경허가신청서에 기재된 공소사실에 관하여 유죄판결을 하였다면, 공소장변경허가신청서 부본을 송달·교부하지 않은 법원의 잘못은 판결에 영향을 미친 법령 위반에 해당한다. 다만 공소장변경 내용이 피고인의 방어권과 변호인의 변호권 행사에 지장이 없는 것이거나 피고인과 변호인이 공판기일에서 변경된 공소사실에 대하여 충분히 변론할 기회를 부여받는 등 피고인의 방어권이나 변호인의 변호권이 본질적으로 침해되지 않았다고 볼 만한 특별한 사정이 있다면 판결에 영향을 미친 법령 위반이라고 할 수 없다.

2) 피고인이 강제추행죄로 기소되어 제1심에서 무죄가 선고되자 검사가 항소심에서 공연음란죄를 예비적으로 추가하는 공소장변경허가신청서를 제출하였는데 원심이 공소장변경허가신청서 부본을 피고인 또는 변호인에게 송달하거나 교부하지 않은 채 공판절차를 진행하여 기존 공소사실에 대하여 무죄로 판단한 제1심판결을 파기하고 예비적 공소사실을 유죄로 판단한 사안에서, 공연음란죄는 강제추행죄와

비교하여 행위양태, 보호법익, 죄질과 법정형 등에서 차이가 있어, 기존 공소사실과 예비적 공소사실은 심판대상과 피고인의 방어대상이 서로 달라 피고인의 **방어권이나 변호인의 변호권을 본질적으로 침해한 것**으로 볼 수 있으므로, 원심판결에는 공소장변경절차에 관한 법령을 위반하여 판결에 영향을 미친 잘못이 있다고 한 사례.

나. 검 토

공소장변경제도는 법원의 심판대상을 확정하고 피고인의 방어대상을 명확하게 함으로써 피고인의 방어권을 보장하기 위한 것이다. 이를 위해 공소장변경 절차도 원칙적으로 서면(공소장변경 허가신청서)으로 하되, 피고인이 재정하는 공판정에서는 피고인에게 이익이 되거나 피고인이 동의하는 경우 예외적으로 구술에 의한 공소장변경이 가능하도록 하였다(형사소송규칙 제142조 제1항·제5항). 또한 공소장변경사유를 신속히 피고인 또는 변호인에게 고지하여야 한다(형사소송법 제298조 제3항). 이러한 법적 규율은 추가되었거나 변경된 방어대상이 무엇인지를 피고인이 분명하게 알 수 있는 조치를 법원이 취하여야 함을 의미한다. 다만 검사가 제출한 공소장변경허가신청서 부본을 피고인에게 송달하지 아니한 채 공판절차를 진행한 절차상의 법령위반이 있는 경우에도 그로 인하여 피고인의 방어권, 변호인의 변호권이 본질적으로 침해되었다고 볼 정도에 이르지 아니하는 한, 그것 자체만으로는 판결에 영향을 미친 위법이라고 할 수 없다.[26]

본 사안의 경우 추가된 예비적 공소사실인 공연음란죄는 기존 공소사실인 강제추행죄와 행위태양·보호법익·죄질과 법정형 등에서 차이가 있으므로, 공소장변경허가신청서 부본을 피고인 또는 변호인에게 송달하거나 교부하지 않은 채 공판절차를 진행하여 예비적 공소사실을 유죄로 판단한 것은 피고인에게 방어의 기회를 박탈한 것이며 변호인이 피고인의 보호자로서 효과적인 변호를 할 수 없게 하였으므

---

26) 대법원 2009.6.11. 선고 2009도1830 판결; 대법원 2018.12.13. 선고 2018도16117 판결.

로 결국 방어권과 변호권을 본질적으로 침해한 것이다.

(2) 출입국사범 사건에서 고발 유무의 판단방법

가. 대법원의 판단(대법원 2021.10.28. 선고 2021도404 판결)

1) 출입국사범 사건에서 지방출입국·외국인관서의 장의 적법한 고발이 있었는지 여부가 문제되는 경우에 법원은 증거조사의 방법이나 증거능력의 제한을 받지 아니하고 제반사정을 종합하여 적당하다고 인정되는 방법에 의하여 자유로운 증명으로 그 고발 유무를 판단하면 된다.

2) 피고인이 취업활동을 할 수 있는 체류자격을 가지지 아니한 외국인을 고용하여 출입국관리법을 위반하였다는 공소사실이 제1심에서 유죄로 인정되고, 검사가 이에 대해 양형부당을 이유로 항소하였는데, 원심이 직권으로 출입국관리법 제101조 제1항에 따른 지방출입국·외국인관서의 장의 고발이 없었음을 이유로 제1심판결을 파기하고 공소를 기각한 사안에서, 기록에 의하면 피고인에 대한 공소가 이루어지기 전에 이미 공소사실에 관한 적법한 고발이 있었음을 알 수 있으므로, 원심이 그와 같은 사정에 관하여 추가로 조사하여 확인하지 아니한 채 막연히 고발이 없었다고 단정한 것에 출입국사범 사건에서 고발 유무의 조사에 관하여 필요한 심리를 다하지 아니하거나 적당하다고 인정되는 방법에 의하여 자유로운 증명으로 고발 유무를 판단하도록 한 법리를 오해한 잘못이 있다고 한 사례.

나. 검 토

출입국관리법 제101조 제1항은 "출입국사범에 관한 사건은 지방출입국·외국인관서의 장의 고발이 없으면 공소(公訴)를 제기할 수 없다."고 규정하고 있으므로, 지방출입국·외국인관서의 장의 고발은 소송조건이다.

소송조건은 실체심판의 전제조건이자 공소제기의 유효요건이므로, 상대적 소송조건(형사소송법 제320조)을 제외하고는 법원이 직권으로 조사하여야 하고, 이는 자유로운 증명으로 족하다.

이 사안의 경우 기록에 의하면 피고인에 대한 공소가 이루어지기 전에 이미 공소사실에 관한 적법한 고발이 있었음을 알 수 있으므로, 출입국사범 사건에서 고발 유무의 조사에 관하여 필요한 심리를 다하지 아니한 잘못이 있다고 본다.

2. 상소 : 공소장변경과 불이익변경금지의 원칙

(1) 대법원의 판단(대법원 2021.4.15 선고 2021도1140 판결)

1) 형사소송법 제368조, 제399조는 피고인이 상소하거나 피고인을 위하여 상소한 사건에 대하여는 원심판결의 형보다 중한 형을 선고하지 못한다고 규정하고 이른바 불이익변경금지의 원칙을 설명하고 있는바, 피고인만이 항소한 항소심에서 공소장변경에 의하여 공소사실이 추가·철회·변경된 경우에도 형의 불이익변경은 허용되지 아니한다.

2) 제1심은 과실치상의 공소사실을 유죄로 인정하면서 <u>피고인에 대하여 벌금 100만 원의 형을 선고</u>하자, <u>피고인만이 항소하였는데</u>, 원심이 <u>상해의 공소사실을 택일적으로 추가하는 검사의 공소장변경신청을 허가</u>하였음을 이유로 직권으로 제1심판결을 파기하고 <u>택일적으로 추가된 상해의 공소사실을 유죄로 인정하면서 피고인에 대하여 제1심보다 무거운 벌금 150만 원의 형을 선고</u>한 것은 불이익변경금지의 원칙에 관한 법리를 오해하여 판결에 영향을 미친 잘못이 있다.

(2) 검 토

불이익변경금지의 원칙이란 피고인이 상소한 사건과 피고인을 위하여 상소한 사건에 대해서는 상소심은 원심판결의 형보다 중한 형을 선고하지 못한다는 원칙(형사소송법 제368조, 제396조 제2항, 제399조), 즉 중형 변경 금지의 원칙을 말한다. 이 원칙은 피고인의 상소권을 보장하려는데 그 근거가 있다.

금지되는 것은 중형으로의 변경이므로, 상소심이 원심법원이 인정한 범죄사실의 일부를 무죄로 인정하면서도 피고인에 대하여 원심법원과 동일한 형을 선고한 경우[27]나 항소심이 제1심에서 별개의 사건으로 따로 두 개의 형을 선고받고 항소한 사건을 병합 심리한 후 경합범으로 처단하면서 제1심의 각 형량보다 중한 형을 선고한 것[28]은 불이익변경금지 원칙을 위반한 것이 아니다. 그러나 사안의 경우 중한 상해를 인정한 것은 불이익변경금지 원칙에 위반되지 않지만 제1심의 벌금 100만원보다 무거운 벌금 150만원을 선고한 것은 위 원칙에 위반하여 위법하다.

V. 그 밖의 판결

위에서 검토한 판결들 외에 2021년에 선고된 의미 있는 판결은 다음과 같다. 먼저 법인의 당사자능력에 관하여, 대법원 2021.6.30. 선고 2018도14261 판결은 '법인에 대한 청산종결 등기가 되었더라도 청산사무가 종결되지 않는 한 그 범위 내에서는 청산법인으로 존속한다. 법인의 해산 또는 청산종결 등기 이전에 업무나 재산에 관한 위반행위가 있는 경우에는 청산종결 등기가 된 이후 위반행위에 대한 수사가 개시되거나 공소가 제기되더라도 그에 따른 수사나 재판을 받는 일은 법인의 청산사무에 포함되므로, 그 사건이 종결될 때까지 법인의 청산사무는 종료되지 않고 형사소송법상 당사자능력도 그대로 존속한다.'고 하였다. 법인의 청산종결 등기(상법 제264조 등)와 당사자능력의 존부에 대하여 견해가 대립하는데, 대법원은 피고사건이 종결되기까지는 형사소송법상 당사자능력이 그대로 존속한다는 종래의 입장을 본 판결에서 확인하였다.

함정수사에 관하여 대법원 2021.7.29. 선고 2017도16810 판결은, 경찰관이 피고인 운영의 게임장에 대한 잠입수사 과정에서 게임물을 이용한 사행행위를 조장하고 있는 피고인을 적발하고, 피고인에게 게임 결과물 환전을 적극적으로 요구한 사안에서, '본래 범의를 가지지 아

---

27) 대법원 2021.5.6. 선고 2021도1282 판결.
28) 대법원 1980.5.27. 선고 80도981 판결; 대법원 2001.9.18. 선고 2001도3448 판결.

니한 사람에 대하여 수사기관이 사술이나 계략 등을 써서 범의를 유
발하게 하여 범죄인을 검거하는 함정수사는 위법하고, 이러한 함정수
사에 기한 공소제기는 그 절차가 법률의 규정에 위반하여 무효인 때
에 해당하지만, 수사기관이 사술이나 계략 등을 써서 피고인의 범의를
유발한 것이 아니라 이미 이루어지고 있던 범행을 적발한 것에 불과
하다면, 이에 관한 공소제기가 함정수사에 기한 것으로 볼 수 없다.'고
하면서 '게임 결과물 환전으로 인한 게임산업법위반 범행은 경찰관의
위법한 함정수사로 인하여 범의가 유발된 때에 해당하므로 이에 관한
공소를 기각한 원심의 판단은 정당하나, 사행행위 조장으로 인한 게임
산업법위반 범행은 수사기관이 이미 이루어지고 있던 범행을 적발한
것에 불과할 뿐 이에 관한 공소제기가 함정수사에 기한 것으로 볼 수
없다고 보아 이 부분 공소를 기각한 원심의 판단에 함정수사에 관한
법리를 오해하여 판결에 영향을 미친 잘못이 있다.'고 하였다. 함정수
사의 의의와 허용범위 및 위법한 경우의 효과에 대하여 견해가 대립
하는데,29) 대법원은 때로는 주관설30)을, 때로는 종합설31)을 취하고 있
다. 본 판결은 주관설의 입장으로, 함정수사의 위법 여부는 피의자에
게 범의가 유발되었는지가 아니라 수사기관의 수사방법 자체에 대한
평가이어야 하므로 객관설이 타당하다고 본다.

재심절차와 관련하여 2021년에 선고된 판례로, 재심개시절차에서
당사자에게 사실조사신청권이 있는 것은 아니므로 당사자가 재심청구의
이유에 관한 사실조사신청을 한 경우에도 이는 단지 법원의 직권발동을
촉구하는 의미밖에 없다는 대법원 2021.3.12. 자 2019모3554 결정과 면소
판결은 유죄 확정판결이라 할 수 없으므로 면소판결을 대상으로 한 재
심청구는 부적법하다는 대법원 2021.4.2. 자 2020모2071 결정이 있다.

29) 이재상 외, 앞의 책, §10/10-14 참조.
30) 대법원 2005.10.28. 선고 2005도1247 판결; 대법원 2007.5.31. 선고 2007도1903 판
　 결; 대법원 2008.10.23. 선고 2008도7362 판결.
31) 대법원 2007.7.12. 선고 2006도2339 판결; 대법원 2008.7.24. 선고 2008도2794 판
　 결; 대법원 2013.3.28. 선고 2013도1473 판결.

[주 제 어]

공소권남용, 사건과의 관련성, 임의제출물의 압수, 휴대폰(스마트폰), 2016도
348 전원합의체 판결

[Key Words]

Abuse of Prosecution, Connection with the Relevant Case, Mobile(Smart) Phone,
Seizure of voluntarily produced Article, 2016do348 en banc

접수일자: 2022. 5. 22. 심사일자: 2022. 7. 25. 게재확정일자: 2022. 7. 25.

[참고문헌]

[단행본]
백형구·박일환·김희옥 편집, 주석 형사소송법(Ⅱ), 한국사법행정학회, 2009
신동운, 간추린 신형사소송법 제13판, 법문사, 2021
신양균·조기영, 형사소송법, 박영사, 2020
이은모·김정환, 형사소송법 제8판, 박영사, 2021
이주원, 형사소송법, 박영사, 2019
이재상·조균석·이창온, 형사소송법 제14판, 박영사, 2022
이창현, 형사소송법 제5판, 정독, 2019
임동규, 형사소송법 제15판, 법문사, 2021
정승환, 형사소송법, 박영사, 2018
정웅석·최창호·이경렬·김한균, 신형사소송법, 박영사, 2021
사법정책연구원, 디지털증거 압수수색 개선방안에 관한 연구, 2021

[논문]
강동범, "공소시효의 정지·연장·배제와 소급효", 형사법의 신동향 제58호, 2018.3
강동범, "체포현장에서 임의제출한 휴대폰의 압수와 저장정보의 수집", 형사소송 이론과 실무 제13권 제3호, 2021.9
김영미, "디지털증거 압수수색 시 영장범죄사실과 '관련성 있는' 증거 해석기준과 무관증거 발견 시 증거확보방법", 형사판례연구[28], 2020
김정한, "임의제출물 압수에 관한 실무적 고찰", 형사법의 신동향 제68호, 2020.9
김혜정, "누락사건에 대한 추가기소에서 공소권남용의 판단기준", 형사판례연구[11], 2003
박민우, "피의자 성명 오류와 압수수색영장의 효력", 형사판례연구회 2021.11. 발표자료
심희기, "종근당 결정과 가니어스 판결의 정밀비교", 형사판례연구[25], 2017
이완규, "압수물의 범죄사실과의 관련성과 적법한 압수물의 증거사용 범

위”, 형사판례연구[23], 2015

전승수, “디지털 증거 압수절차의 적정성 문제-피압수자 참여범위 및 영장 무관정보의 압수를 중심으로-”, 형사판례연구[24], 2016

[Abstract]

Review of the Criminal Procedure Precedents of the Korean Supreme Court in 2021

Kang, Dong-Beom*

This paper examines the Criminal Procedure Precedents of the Korean Supreme Court in 2021. I describe in chapter 1 the issues of the Supreme Court Judgment(2021.11.18. 2016do348 en banc)(hereinafter referred to as the 'en banc') and the overall order of review.

In Chapter 2, while discussing the en banc in detail, I agree with the conclusion but point out the problem with the argument and suggest an alternative. In other words, when an investigative agency confiscates electronic data from the mobile phone of a suspect arbitrarily submitted by a third party, such as the victim, (1) (method of seizure) the principle of confiscating the output of electronic data related to the facts of the alleged accusation, with the exception of confiscating the electronic data storage medium itself or a copy of the alleged object, (2) (object of seizure) electronic data that is related to the facts of the alleged and has the minimum value to prove it, and (3) (the seizure procedure) appropriate measures should be taken to ensure the procedural rights of the accused, such as guaranteeing the right to participate and issuing a list of the seized electronic data to the accused who is the actual confiscator. In the case of (3) of these, the basis for this is not Article 121, 129 of the Criminal Procedure Act, but rather the distinction between the arbitrary submission of the data storage medium and the confiscation of the stored data, and in the latter case a search warrant for seizure is

---

* Professor, Ewha Womans University, School of Law.

required.

Judgments on investigation and prosecution are dealt with in Chapter 3, which dealt with the delay in the execution of the arrest warrant and the unlawfulness of detention, the effect of the seizure and search by the seizure and search warrant that incorrectly marked the accused, the criteria for determining whether the seizure and search warrant had an objective relevance to the facts of the alleged crime, and the judgment that determined whether the abuse of the right to prosecution. Of these, in a case in which a prosecution was filed 4 years after the suspension of prosecution, the first decision by the Supreme Court to explicitly admit abuse of the right to prosecution and sentence the prosecution to be dismissed is meaningful.

In Chapter 4, I looked at the Supreme Court decisions concerning the trial proceedings and appeals.

The final chapter introduces the judgment on the timing of the disappearance of the parties' capacity of the corporation, the illegality of the entrapment investigation, and the retrial proceedings.

刑事判例研究 總目次
(1권~30권)

[刑事判例研究(20)]
[특집] 형사판례연구회 20주년 기념학술회의

[刑事判例研究(21)]

[刑事判例研究(27)]

한국형사판례연구회 2021년도 발표회

○ 제334회 형사판례연구회(2021.01.11)

　류부곤 교수: 사전자기록위작죄에 있어서 '위작'의 개념

　허　황 박사: 위계에 의한 간음죄에서 위계의 의미

○ 제335회 형사판례연구회(2021.02.08)

　김혜정 교수: 2020년 형사판례회고 ─ 형법 분야

　정지영 변호사: 업무상 배임과 LBO

○ 제336회 형사판례연구회(2021.03.08)

　강동범 교수: 2020년 형사판례회고 ─ 형사소송법 분야

　고제성 변호사: 권리행사방해죄 구성요건 중 '타인의 권리'의 범위

○ 제337회 형사판례연구회(2021.04.05)

　김성돈 교수: 알코올 블랙아웃과 심신상실

　윤지영 박사: 명예훼손죄의 '공연성'의미와 판단 기준

○ 제338회 형사판례연구회(2021.05.03)

　이원상 교수: 사실적시 명예훼손죄를 통한 명예보호의 문제점

　이완형 판사: 특가법위반(도주치상)죄에서의 구호조치의 범위 ─ 도로
　　　　교통법 개정과 관련하여

○ 제339회 형사판례연구회(2021.06.07)

　이용식 교수: 피해자의 자손행위를 이용한 간접정범의 인정여부

　김한균 박사: 직권남용과 2차 가해

○ 제340회 형사판례연구회(2021.07.05)

　이완형 판사: 형의 임의적 감경에 관한 새로운 해석

　한상훈 교수: 형법상 인과관계에 대한 고찰 — 위기의 인과관계론과

　　　　　　　 대안의 모색

○ 제341회 형사판례연구회(2021.09.06)

　이근우 교수: 성범죄에서 피해자의 동의

　최준혁 교수: 이탈과 인과성

○ 제342회 형사판례연구회(2021.10.12)

　승이도 연구관: 사실 적시 명예훼손죄와 표현의 자유

　이경렬 교수: 형사소송법 규정에 관한 헌법불합치 결정의 소급효

○ 제343회 형사판례연구회(2021.11.15)

　박민우 경정: 피의자 성명 오류와 압수수색영장의 효력

　최호진 교수: 정당행위에 대한 대법원 판단기준

○ 제344회 형사판례연구회(2021.12.06)

　이창온 교수: 주거침입죄의 보호법익과 행위태양

한국형사판례연구회 회칙

1997. 11. 03. 제정
2006. 12. 04. 개정
2007. 12. 10. 개정
2011. 12. 05. 개정
2013. 12. 02. 개정

제 1 장 총 칙

제 1 조 [명칭]

본회는 한국형사판례연구회(이하 '본회'라 함)라 한다.

제 2 조 [주소지]

본회는 서울특별시에 주소지를 둔다.

제 3 조 [목적]

본회는 형사판례를 연구하고 회원 상호간의 의견교환을 장려·촉진·지원함으로써 형사법학 및 형사판례의 발전을 도모함을 목적으로 한다.

제 4 조 [사업]

본회는 전조의 목적을 달성하기 위하여 다음의 사업을 한다.

1. 형사판례연구
2. 월례연구발표회 및 토론회 개최
3. 학술지 '형사판례연구' 및 기타 간행물의 발간
4. 기타 본회의 목적에 적합한 사업

제 2 장 회 원

제 5 조 [회원]

본회의 회원은 본회의 목적에 찬동하는 자로서, 다음 각 호에 따라 구성한다.

1. 정회원은 판사, 검사, 변호사, 대학의 전임강사 이상의 자, 박사학위 소지자 기타 이와 동등한 자격을 갖추었다고 인정되는 자로서 정회원 3인 이상의 추천과 이사회의 승인을 얻은 자로 한다.
2. 준회원은 대학원 박사과정 이상의 연구기관에서 형사법학 및 유관분야를 연구하는 자로서 정회원 1인 이상의 추천과 이사회의 승인을 얻은 자로 한다.
3. 기관회원은 대학도서관 기타 형사법학을 연구하는 유관기관으로 정회원 3인 이상의 추천과 이사회의 승인을 얻은 기관으로 한다.

제 6 조 [권리의무]

회원은 본회의 각종 사업에 참여할 수 있는 권리를 가지며 회칙준수, 총회와 이사회 의결사항의 이행 및 회비납부의 의무를 진다.

제 7 조 [자격상실]

회원 중 본회의 목적에 위배되거나 품위를 손상시키는 행위를 한 자는 이사회의 결의에 의하여 제명할 수 있다.

제 3 장 총 회

제 8 조 [종류와 소집]

① 총회는 정기총회와 임시총회로 하고, 회장이 이를 소집한다.
② 정기총회는 매년 하반기 중에 소집함을 원칙으로 한다.
③ 임시총회는 회장이 필요하다고 인정하거나, 이사회의 의결이 있거나, 재적회원 2/5 이상의 요구가 있을 때에 소집한다.
④ 총회의 소집은 적어도 회의 7일 전에 회의의 목적을 명시하여 회원들에게 통지하여야 한다. 다만 긴급하다고 인정되는 사유가 있는 때에는 예외로 한다.

제 9 조 [권한]

총회의 의결사항은 다음과 같다.

1. 회칙의 제정 및 개정에 관한 사항

2. 회장·부회장 및 감사의 선임에 관한 사항

3. 예산 및 결산의 승인에 관한 사항

4. 기타 회장이 이사회의 의결을 거쳐 회부한 사항

제10조 [의결]

총회의 의결은 출석회원 과반수의 찬성으로 한다.

제 4 장   이 사 회

제11조 [구성 및 소집]

① 이사회는 회장, 부회장 및 이사로 구성한다.

② 회장·부회장은 당연직 이사로서, 각각 이사회의 의장·부의장이 된다.

③ 이사회는 회장이 필요하다고 인정하거나 이사 3인 이상의 요구가 있을 때에 회장이 소집한다.

제12조 [권한]

이사회는 다음 사항을 심의·의결한다.

1. 사업계획에 관한 사항

2. 재산의 취득·관리·처분에 관한 사항

3. 총회의 소집과 총회에 회부할 의안에 관한 사항

4. 총회가 위임한 사항

5. 기타 회장이 회부한 본회 운영에 관한 중요사항

제13조 [의결]

이사회의 의결은 재적이사 과반수의 출석과 출석이사 과반수의 찬성으로 한다.

제14조 [상임이사회]

① 회장은 이사회의 효과적인 운영을 위하여 이사 중에서 총무, 연구, 연구윤리, 출판, 섭외, 재무, 법제, 홍보의 업무를 전담할 상임이사를 위촉할 수 있다.

② 상임이사회는 회장, 부회장, 상임이사로 구성한다.

③ 회장은 상임이사회를 소집하고 그 의장이 된다.

④ 이사회는 필요하다고 인정되는 경우에는 그 권한을 상임이사회에 위임할 수 있으며, 회장은 긴급하다고 인정되는 사유가 있는 경우에는 이사회의 권한을 상임이사회로 하여금 대행하게 할 수 있다.
⑤ 상임이사회의 의결은 재적상임이사 과반수의 출석과 출석상임이사 과반수의 찬성에 의한다.

제 5 장 임 원

제15조 [종류]
본회에 다음의 임원을 둔다.
  1. 회장 1인
  2. 부회장 4인
  3. 이사 5인 이상 40인 이내
  4. 감사 2인

제16조 [임원의 선임]
① 회장은 부회장 및 상임이사 중에서 이사회의 추천을 받아 총회에서 선임한다.
② 부회장은 이사 중에서 이사회의 추천을 받아 총회에서 선임한다.
③ 이사는 회장의 추천을 받아 총회에서 선임한다.
④ 감사는 이사회의 추천을 받아 총회에서 선임한다.

제17조 [임원의 직무]
① 회장은 본회를 대표하고 회무 전반을 관장한다.
② 부회장은 회장을 보좌하고, 회장 유고시에 그 직무를 대행한다.
③ 이사는 이사회의 구성원으로서 중요 회무를 심의·의결한다.
④ 감사는 본회의 사업과 회계를 감사하여 정기총회에 보고한다.

제18조 [임원의 임기]
① 임원의 임기는 2년으로 하되 중임할 수 있다.
② 임원이 궐위된 때의 후임자의 임기는 전임자의 잔임기간으로 한다.

제19조 [고문]
① 본회의 발전을 위하여 약간 명의 고문을 둘 수 있다.

② 고문은 이사회의 의결을 거쳐 회장이 위촉한다.

제20조 [간사]

① 회장의 명을 받아 회무를 처리하기 위하여 간사 약간 명을 둘 수 있다.

② 간사는 회장이 임명한다.

제21조 [위원회]

① 본회에 편집위원회와 연구윤리위원회를 둔다.

② 본회 사업의 효율적인 추진을 위하여 이사회의 의결을 거쳐 필요한 분과위원회를 둘 수 있다.

제 6 장 재 무

제22조 [재정]

① 이 회의 재정은 회원의 회비, 기부금, 보조금 및 기타 수입으로 한다.

② 회비의 액수는 이사회가 정한다.

제23조 [예산과 결산]

재정에 관한 수입과 지출은 매년도마다 예산으로 편성하여 총회의 결의를 얻어야 하고 결산은 다음 연도 총회에 보고하여야 한다.

부칙 (1997. 11. 03)

제 1 조

발기인 및 발기인 3인 이상의 추천을 받아 이 회의 회원이 되기를 승낙한 자는 제 5 조 제 2 항의 규정에 불구하고 회원이 된다.

부칙 (2006. 12. 04)

제 1 조 [시행일]

이 회칙은 이사회의 승인이 있은 날부터 시행한다.

부칙(2007. 12. 10)

제 1 조 [시행일]
이 회칙은 이사회의 승인이 있은 날부터 시행한다.

부칙(2011. 12. 05.)

제1조 [시행일]
이 회칙은 이사회의 승인이 있은 날부터 시행한다.

부칙(2013. 12. 02.)

제1조 [시행일]
이 회칙은 이사회의 승인이 있은 날부터 시행한다.

한국형사판례연구회 편집위원회 규정

1997. 11. 03. 제정
2006. 12. 04. 개정
2007. 12. 10. 개정
2013. 12. 02. 개정
2021. 06. 07. 개정

제 1 조 [목적]

이 규정은 한국형사판례연구회(이하 '본회'라 함) 회칙 제 4 조 제 3 호에 규정된 학술지 기타 간행물의 발간을 위한 편집위원회(이하 '위원회'라 함)의 구성과 운영에 관한 사항을 정함을 목적으로 한다.

제 2 조 [구성]

위원회는 편집위원장을 포함한 10인 이내의 편집위원으로 구성한다.

제 3 조 [편집위원의 선임 및 임기]

① 편집위원장은 본회의 출판담당 상임이사로 한다.

② 편집위원은 본회의 회원 중에서 이사회가 선임한다.

③ 편집위원의 임기는 2년으로 하되, 연임할 수 있다.

제 4 조 [업무]

위원회의 주요업무는 다음 각 호와 같다.

　1. 본회의 학술지 '형사판례연구'의 편집 및 출판

　2. '형사판례연구' 원고의 접수 및 게재여부 심사

　3. 기타 간행물의 편집 및 출판

　4. 편집위원회의 업무와 관련된 지침의 제정

제 5 조 [운영]

① 이 위원회는 위원장 또는 편집위원 과반수의 요구가 있는 경우에 위원장이 소집한다.

② 이 위원회의 의결은 편집위원 과반수의 출석과 출석위원 과반수의 찬성에 의한다.

③ 편집위원장은 위원회의 업무를 효율적으로 수행하기 위하여 편집 간사를 둘 수 있다.

제 6 조 [투고원고의 심사]

① 위원회는 '형사판례연구' 기타 간행물에 투고된 원고를 심사하여 그 게 재여부를 의결한다.

② 위원회는 '형사판례연구'에 투고되는 원고의 작성 및 문헌인용방법, 투 고절차 등에 관한 지침(투고지침)을 제정할 수 있다.

③ 위원회는 '형사판례연구'에 투고된 원고의 심사기준 및 절차에 관한 지 침(심사지침)을 제정할 수 있다.

④ 제1항의 원고 게재여부에 관한 의결은 '可', '否', '수정후 재심의'로 나눈 다.

⑤ '수정후 재심의'로 의결된 원고가 수정·투고된 때에는 위원회는 그 재 심의를 위원장 또는 약간 명의 위원에게 위임할 수 있고, 재심의의 결 정은 '可' 또는 '否'로 한다.

제 7 조 [형사판례연구의 발간]

① '형사판례연구'는 연 1회 발간하며, 발간일자는 매년 7월 31일로 한다.

② 학술대회 발표논문 기타 학회에서 개최하는 학술발표회에서 발표된 논 문은 '형사판례연구'의 별책으로 발간할 수 있다.

제 8 조 [개정]

이 규정의 개정은 이사회의 승인을 받아야 한다.

부칙 (2006. 12. 04)

제 1 조 [시행일]

이 규정은 이사회의 승인이 있은 날부터 시행한다.

부칙(2007. 12. 10)

제 1 조 [시행일]

이 규정은 이사회의 승인이 있은 날부터 시행한다.

부칙(2013. 12. 02)

제 1 조 [시행일]

이 규정은 이사회의 승인이 있은 날부터 시행한다.

부칙(2021. 06. 07)

제 1 조 [시행일]

이 규정은 이사회의 승인이 있은 날부터 시행한다.

한국형사판례연구회 심사지침

2006. 12. 04. 제정
2007. 12. 10. 개정

제1조 [목적]

이 지침은 한국형사판례연구회 편집위원회 규정 제 6 조 제 3 항에 규정된 '형사판례연구' 투고원고에 대한 심사기준 및 절차에 관한 지침을 정함을 목적으로 한다.

제2조 [원고모집의 공고]

① 편집위원장은 매년 1월 중에 각 회원에게 전자우편으로 '형사판례연구'에 대한 원고를 모집하는 공문을 발송하고, 본 학회 홈페이지 (http://www.kaccs.com)에 원고모집에 관한 사항을 게시한다.

② 원고모집을 공고함에 있어서는 투고절차, 논문작성 및 문헌인용방법, 심사기준 및 절차에 관한 기본적인 사항을 고지하여야 한다.

제3조 [원고접수]

① 편집간사는 원고를 접수하고, 각 투고자에게 전화 또는 전자우편으로 접수결과를 통보한다.

② 편집간사는 투고자의 인적사항, 논문제목, 접수일자, 분량 등을 기재한 접수결과표를 작성하여 투고원고를 편집위원장에게 송부한다.

③ 편집위원장은 투고원고가 편집위원회가 정한 투고지침에 현저히 위배된다고 판단하는 경우에는 투고자에게 수정을 요구할 수 있다.

제4조 [심사위원의 선정 및 심사원고 송부]

① 편집위원장은 각 투고원고에 대해 3인의 심사위원을 선정하고, 각 심사위원에게 심사기한을 정하여 심사원고를 송부한다.

② 심사위원을 선정함에 있어서는 해당분야에 대한 심사위원의 전문성을 고려하고 심사의 공정성을 기할 수 있도록 유의한다.

③ 심사원고에는 투고자의 인적사항이 기재되어서는 안 되며, 이미 기재되어 있는 경우에는 그 내용 가운데 인적 사항을 추론할 수 있

는 부분을 삭제한다.

제 5 조 [투고원고에 대한 심사]

① 심사위원은 투고원고를 심사하고 심사평가서를 작성하여 심사기간 내에 이를 편집위원장에게 송부한다.

② 심사위원은 투고원고를 심사함에 있어서는 다음의 각 호의 사항을 기준으로 한다.

  1. 일반연구의 논문의 경우에는 주제의 창의성, 연구방법의 적절성, 내용의 완결성, 논문작성 및 문헌인용방법의 정확성, 연구결과의 학문적 기여도

  2. 번역논문의 경우에는 번역의 필요성, 번역의 정확성 및 학문적 기여도

제 6 조 [투고원고에 대한 게재여부의 결정]

① 편집위원장은 심사위원의 심사평가가 완료된 후 투고원고에 대한 게재여부의 결정을 위한 편집회의를 개최한다.

② 편집위원장은 심사결과표를 작성하여 편집회의에 보고하고, 편집회의에서는 이를 토대로 게재여부를 결정한다. 다만 투고원고의 게재여부에 대한 최종결정이 있을 때까지 투고자 및 심사위원의 인적사항이 공개되지 않도록 유의하여야 한다.

③ 투고원고에 대한 게재여부의 결정은 다음 각 호의 기준에 의한다.

  1. 3인의 심사위원 모두 게재 '可' 의견을 내거나, 2인의 심사위원이 게재 '可' 그리고 1인이 '수정후 재심의' 의견을 낸 때에는 게재 '可'로 결정한다. 다만 수정을 조건으로 할 수 있다.

  2. 1인의 심사위원이 게재 '可' 의견을 내고 2인이 '수정후 재심의' 의견을 내거나 3인의 심사위원이 모두 '수정후 재심의' 의견을 낸 때에는 '수정후 재심의' 결정을 한다.

  3. 투고원고에 대한 심사결과 심사위원 중 1인 이상이 게재 '否' 의견을 낸 경우에는 게재하지 아니한다. 다만 2인이 게재 '可' 의견을 내고 1인이 게재 '否' 의견을 낸 때에는 '수정후 재심의' 결정을 할 수 있다.

④ 수정원고에 대한 심사는 편집위원회 규정 제6조 제4항에 따라 편집위원장이 직접 또는 약간 명의 심사위원에게 위임하여 게재 '可' 또는 '否'로 결정한다. 다만 '수정후 재심의'결정된 원고에 대하여 투고자가 수정을 거부한 경우에는 '否'로 결정한다.

⑤ 편집위원장은 게재결정이 내려진 투고원고가 타인의 원고를 표절한 것이거나 이미 다른 학술지에 게재한 사실이 있는 것으로 밝혀진 때에는 게재결정을 취소한다.

제 7 조 [심사결과의 통보, 이의신청]

① 편집위원장은 편집회의 후 즉시 각 투고자에게 결정결과 및 이유 그리고 사후절차를 내용으로 하는 공문을 발송한다.

② 게재 '否' 결정을 받은 투고자는 편집위원장에게 이의신청을 할 수 있으며, 편집위원장은 이의신청에 대해서 인용 또는 기각여부를 결정한다.

③ 편집위원장이 이의신청에 대해 인용결정을 한 때에는 심사위원을 다시 선정하고 심사를 의뢰하여 그 결과에 따라 게재 '可' 또는 '否' 결정을 한다.

제 8 조 [최종원고의 제출, 교정 및 편집]

① 게재 '可'의 결정을 통보받은 투고자는 정해진 기간 내에 최종원고를 작성하여 편집간사에게 제출한다.

② 최종원고에 대한 교정 및 편집에 관한 사항은 편집위원장이 결정하며, 필요한 때에는 교정쇄를 투고자에게 송부하여 교정을 하게 할 수 있다.

제 9 조 [논문게재예정증명서의 발급]

편집위원장은 '형사판례연구'의 발행 이전에 최종적으로 게재가 결정된 원고에 대하여 투고자의 신청이 있는 경우에는 '논문게재예정증명서'를 발급한다.

제10조 ['형사판례연구' 게재논문의 전자출판]

'형사판례연구'에 게재된 논문의 전자출판과 관련된 사항은 편집위원회의 결정에 따른다.

부칙(2006. 12. 04)

제 1 조 [시행일]

이 지침은 '형사판례연구' 제15권 발행시부터 적용한다.

부칙(2007. 12. 10)

제1조 [시행일]

이 지침은 '형사판례연구' 제16권 발행시부터 적용한다.

한국형사판례연구회 투고지침

2006.12.04. 제정
2007.12.10. 개정
2011.12.05. 개정
2020.12.07. 개정

제1조 [목적]

이 지침은 한국형사판례연구회 편집위원회 규정 제6조 제2항에 규정된 '형사판례연구' 투고원고에 대한 논문작성, 문헌인용방법 및 투고절차에 관한 사항을 정함을 목적으로 한다.

제2조 [논문제출]

① 투고원고는 다른 학술지에 발표되지 않은 것으로서 형법, 형사소송법 및 행형법 등 형사법 분야에 관한 것이어야 한다.

② 투고자는 원고마감기한 내에 다음 각호의 파일을 온라인 논문투고 및 심사 시스템 홈페이지(https://kaccs.jams.or.kr)에 제출함을 원칙으로 한다.

  1. 원고파일, 단 원고파일에는 필자가 누구임을 알 수 있는 사항(성명, 소속, 직위, 연구비 지원 등)이 기재되어서는 안 된다.

  2. 논문투고신청서

  3. 논문연구윤리확인서 및 논문사용권 위임동의서

  4. KCI(한국학술지인용색인) 논문유사도검사 결과보고서

③ 원고파일은 한글 프로그램으로 다음 각 호의 형식에 따라 작성하여 제출한다.

  1. 용지종류 및 여백 : A4, 위쪽 35mm, 오른쪽 및 왼쪽 30mm, 아래쪽 30mm

  2. 글자모양 및 크기 : 휴먼명조체 11포인트(단 각주는 10포인트)

  3. 줄간격 : 160%

④ 투고원고의 분량은 원고지 120매 이하를 원칙으로 하며 이를 초과

하는 경우 초과게재료를 납부하여야 한다.

⑤ 투고원고가 이 지침에 현저히 위반되는 경우 편집간사는 투고자에게 수정을 요구할 수 있다.

⑥ 편집간사는 투고원고의 접수결과를 편집위원장에게 보고하고, 투고자에게 온라인 논문투고 및 심사 시스템으로 접수결과를 통보한다.

제 3 조 [논문작성방법]

① 투고원고의 작성에 있어서는 편집위원회 규정 및 이 지침에 규정된 사항을 준수하여야 한다.

② 투고원고는 다음 각 호의 내용으로 구성되어야 한다.

　1. 제목(한글 및 외국어)

　2. 저자명, 소속기관(한글 및 외국어). 저자(공동저자 포함)의 소속 기관은 각주 형태로 표기한다.

　3. 목차

　4. 본문(항목번호는 Ⅰ, 1, (1), 가, ①, A의 순서로 함)

　5. 주제어(5단어 내외의 한글 및 외국어)

　6. 초록(500단어 내외의 외국어)

③ 투고원고의 내용은 원칙적으로 국문으로 작성되어야 한다. 다만 외국인의 원고 기타 논문의 특성상 외국어로 작성되어야 하는 것은 외국어로 작성할 수 있으나 국문으로 된 번역문을 첨부하여야 한다.

④ 제 2 항 각 호의 외국어는 영어, 독일어, 프랑스어, 중국어, 일본어 중의 하나로 작성한다.

⑤ 저자가 2인 이상인 경우에는 책임저자와 공동저자의 구분을 명시하여야 한다.

제 4 조 [논문작성시 유의사항]

투고원고를 작성함에 있어서는 다음 각 호의 사항에 유의하여야 한다.

　1. 국내외의 문헌을 인용함에 있어서는 최신의 문헌까지 인용하되 가급적 교과서 범주를 넘어서 학술논문 수준의 문헌을 인용하고,

교과서의 경우에는 출판연도와 함께 판수를 정확하게 기재한다.

2. 외국법에 관한 논문이 아닌 한 국내의 학술논문을 인용하여 국내 학설의 현황을 파악할 수 있도록 하고, 외국문헌은 필요한 한도 내에서 인용한다.

3. 이론이나 학설을 소개하는 경우 일부 문헌만을 근거로 삼지 않고 될수록 많은 문헌을 인용하여 다수설 및 소수설의 평가가 정확히 되도록 유의한다.

4. 기존의 학설을 비판하거나 새로운 학설을 주장하는 경우 그 근거되는 논의상황이 국내의 상황인지 또는 외국의 상황인지를 명확하게 구별하고, 자신의 주장이 해석론인지 형사정책적 제안인지도 분명히 제시한다.

5. 원고는 원칙적으로 한글로 작성하며 한자와 외국어는 혼동이 생길 수 있는 경우에만 괄호 안에 넣어서 표기한다.

6. 외국의 논문이 번역에 가깝게 게재논문의 기초가 되어서는 안 된다.

제 5 조 [문헌인용의 방법]

다른 문헌의 내용을 인용하는 경우에는 다음 각 호의 방식에 의하고, 각주에서 그 출처를 밝혀야 한다.

1. 인용되는 내용이 많은 경우에는 별도의 문단으로 인용하고, 본문과 구별되도록 인용문단 위와 아래를 한 줄씩 띄우고 글자크기를 10포인트 그리고 양쪽 여백을 4ch(칸)으로 설정한다.

2. 인용되는 내용이 많지 않은 경우에는 인용부호(" ")를 사용하여 표시한다.

3. 인용문의 내용 중 일부를 생략하는 경우에는 생략부호(…)를 사용하고, 내용을 변경하는 경우에는 변경표시([ ])를 하여야 한다.

4. 인용문의 일부를 강조하고자 할 때에는 국문은 밑줄을 쳐서 표시하고 영문은 이탤릭체를 사용한다.

제 6 조 [각주의 내용]

① 각주에서는 원칙적으로 한글을 사용하여야 하고, 인용되는 문헌이 외국문헌인 경우에도 저자명, 논문제목, 서명 또는 잡지명, 발행지, 출판

사 등과 같은 고유명사를 제외한 나머지는 한글로 표기한다. 특히 See, Cf, Ibid, Supra, Hereinafter, et al, etc, Vgl, Dazu, Siehe, a.a.O., f(ff), usw 등과 같이 외국어로 된 지시어는 사용하지 않는다.

② 인용문헌이 여러 개인 경우에는 각각의 문헌 사이에 세미콜론(;) 을 표기하여 구분한다.

③ 문헌을 재인용하는 경우에는 원래의 문헌을 표시한 후 괄호 안에 참조한 문헌을 기재한 후 '재인용'이라고 표시한다.

④ 제1항 내지 제3항 및 제7조 내지 제11조에 규정된 이외의 사항에 대하여는 한국법학교수협의회에서 결정한 「논문작성 및 문헌인용에 관한 표준(2000)」에 따른다.

제 7 조 [인용문헌의 표시]

① 인용되는 문헌이 단행본인 경우에는 저자, 서명, 판수, 발행지 : 출판사, 출판연도, 면수의 순서로 기재한다. 다만 발행지와 출판사는 생략할 수 있다.

② 인용되는 문헌이 논문인 경우에는 저자, 논문제목, 서명(잡지인 경우에는 잡지명, 권수 호수), 발행지 : 출판사, 출판연월, 면수의 순서로 기재한다. 다만 발행지와 출판사는 생략할 수 있고, 월간지의 경우에는 권수와 호수 및 출판년도 대신에 'ㅇㅇㅇㅇ년 ㅇ월호'로 기재할 수 있다. 그리고 논문 제목은 동양문헌인 때에는 인용부호(" ")안에 기재하고, 서양문헌인 때에는 별도의 표시 없이 이탤릭체로 표기한다.

　예) 김종서, "현행 지방자치관계법의 비판적 검토", 인권과

　　　정의 1992년 3월호, 99쪽.

③ 서명 및 잡지명은 그 명칭의 전부를 기재하여야 한다. 다만 외국문헌의 경우 처음에는 그 전부를 표기하고 이후부터는 약어로 기재할 수 있다.

④ 저자가 두 명인 경우에는 저자명 사이에 가운데점(·)을 표시하고, 세 명 이상인 경우에는 대표 저자만을 표기한 후 '외(外)'라고 기재한다.

⑤ 인용문헌이 편집물인 경우에는 저자명 뒤에 '편(編)'이라고 기재한다.

⑥ 인용문헌이 번역물인 경우에는 저자명 뒤에 사선(/)을 긋고, 번역자의 이름을 기입한 뒤 '역(譯)'이라고 기재한다.

　　예) Karl Larenz·Claus-Wilhelm Canaris/허일태 역, 법학방법론, 2000, 120쪽.

⑦ 기념논문집, 공청회자료집 등은 서명 다음에 콜론(:)을 표시하고 그 내용을 표시한다.

　　예) 현대형사법의 쟁점과 과제 : 동암 이형국 교수 화갑기념논문집

제 8 조 [판례의 표시]

① 판례는 선고법원, 선고연월일, 사건번호 및 출처의 순서로 개재하되, 출처는 괄호 안에 표기한다.

　　예) 대법원 1996. 4. 26. 선고 96다1078 판결(공 1996상, 1708), 대전고법 2000. 11. 10. 선고 2000노473 판결(하집 2000(2), 652)

② 판례의 출처는 다음 각 호와 같이 약어를 사용하여 표시한다.

　1. 법원공보(또는 판례공보) 1987년 125면 이하→ 공 1987, 125
　2. 대법원판례집 제11권 2집 형사편 29면 이하→ 집11(2), 형 29
　3. 고등법원판례집 1970년 형사·특별편 20면 이하→ 고집 1970, 형특 20
　4. 하급심판결집 1984년 제 2 권 229면 → 하집 1984(2), 229
　5. 판례카드 3675번 → 카 3675
　6. 헌법재판소판례집 제5권 2집 14면 이하 → 헌집5(2), 14
　7. 헌법재판소공보 제3호 255면 → 헌공3, 255
　8. 판례총람 형법 338조 5번 → 총람 형338, 5

③ 외국판례는 당해 국가에서 일반적으로 사용되는 표기방법에 따른다.

제 9 조 [법령의 표시]

① 법령은 공식명칭을 사용하여야 하며, 띄어쓰기를 하지 않고 모두 붙여 쓴다.

② 법령의 이름이 긴 경우에는 '[이하 ○○○이라고 한다]'고 표시한 후 일반적으로 사용되는 약칭을 사용할 수 있다.

　　예) 성폭력범죄의처벌및피해자보호등에관한법률[이하 성폭력

특별법이라고 한다]

③ 법령의 조항은 '제○조 제○항 제○호'의 방식으로 기재하며, 필요한 경우에는 본문, 단서, 전문 또는 후문을 특정하여야 한다.

④ 법령이 개정 또는 폐지된 때에는 그 연월일 및 법령 호수를 기재하여야 한다.

　예) 형사소송법(1995. 12. 29. 법률 제5054호로 개정되고 1997. 12.
　　　13. 법률 제5435호로 개정되기 이전의 것) 제201조의2 제1항

⑤ 외국의 법령은 당해 국가에서 일반적으로 사용되는 표기방법에 따른다.

제10조 [기타 자료의 표시]

① 신문에 실린 자료는 작성자와 기사명이 있는 경우 저자명, "제목", 신문명, 연월일자, 면을 표시하고, 작성자와 기사명이 없는 경우에는 신문명, 연월일, 면을 표시한다.

　예) 박상기, "부동산 명의신탁과 횡령죄", 법률신문, 1997. 10. 27, 14쪽.

② 인터넷 자료는 저자명, "자료명", URL, 검색일자를 표시한다.

　예) 박영도 외, "법률문화 및 법률용어에 관한 국민여론 조사",
　　　http://www.klri.re.kr/LIBRARY/library.html, 2002. 6. 1.검색.

제11조 [동일한 문헌의 인용표시]

① 앞의 각주에서 제시된 문헌을 다시 인용할 경우에는 저자명, 주○)의 글(또는 책), 면의 순서로 표기한다.

② 바로 앞의 각주에서 인용된 문헌을 다시 인용하는 경우에는 앞의 글(또는 앞의 책), 면의 순서로 표기한다.

③ 하나의 각주에서 동일한 문헌을 다시 인용할 경우는 같은 글(또는 같은 책), 면의 순서로 표기한다.

제12조 [표 및 그림의 표시]

표와 그림은 <표 1>, <그림 1>의 방식으로 일련번호와 제목을 표시하고, 표와 그림의 왼쪽 아랫부분에 그 출처를 명시하여야 한다.

제13조 [편집위원회의 결정통보 및 수정원고 제출]

① 편집위원회는 투고원고에 대한 심사위원의 평가가 완료된 후 편집

회의를 개최하여 투고원고에 대한 게재여부를 결정하고 투고자에게 그 결과를 온라인 논문투고 및 심사 시스템으로 통지한다.
② 편집위원회가 투고원고에 대하여 '수정후 재심의' 결정을 한 경우 투고자는 정해진 기간 내에 수정원고를 제출하여야 한다.

제14조 [학회비 및 게재료 납부]

① 편집위원회에 의해 게재결정된 투고원고는 투고자가 당해 연도 회비를 납부한 경우에 한하여 학회지에 게재될 수 있다.
② 편집위원회에 의해 게재결정된 투고원고의 투고자는 다음 각 호의 구분에 의하여 게재료를 납부하여야 한다.

1. 교수 및 실무가: 편당 20만원

2. 강사 기타: 편당 10만원

③ 투고원고(외국어 초록 포함)의 분량이 원고지 120매를 초과하고 150매 이하인 경우에는 1매당 3천원, 150매를 초과하는 경우에는 1매당 5천원의 초과게재료를 납부하여야 한다.

제15조 [논문연구윤리 준수]

① 투고원고는 논문연구윤리 확인서에 포함된 논문연구윤리를 준수하여야 한다.
② 투고원고는 논문연구윤리 확인서를 제출한 경우에 한하여 학회지에 게재될 수 있다.

제16조 [논문사용권 등 위임동의서 제출]

투고원고는 논문사용권 및 복제·전송권 위임동의서를 제출한 경우에 한하여 학회지에 게재될 수 있다.

제17조 [중복게재의 제한]

① '형사판례연구'에 게재된 논문은 다른 학술지에 다시 게재할 수 없다.
② 편집위원회는 제1항에 위반한 투고자에 대하여 결정으로 일정기간 투고자격을 제한할 수 있다.

부칙 (2006. 12. 04)

제 1 조 [시행일]
이 지침은 '형사판례연구' 제15권 발행시부터 적용한다.

부칙 (2007. 12. 10)

제 1 조 [시행일]
이 지침은 '형사판례연구' 제16권 발행시부터 적용한다.

부칙 (2011.12.05.)

제 1 조 [시행일]
이 지침은 '형사판례연구' 제20권 발행시부터 적용한다.

부칙 (2020.12.07)

제 1 조 [시행일]
이 지침은 '형사판례연구' 제29권 발행시부터 적용한다.

한국형사판례연구회
연구윤리위원회 규정

2007. 12. 10. 제정
2008. 06. 02. 개정

제 1 조 [목적]

이 규정은 연구윤리위반행위의 방지 및 건전한 연구윤리의 확보를 위한 기본적인 원칙과 방향을 제시하고, 한국형사판례연구회(이하 '본회'라 함) 회원의 연구윤리위반행위에 대한 조치와 절차 등을 규정함을 목적으로 한다.

제 2 조 [연구윤리위반행위]

연구윤리위반행위는 다음 각 호의 하나에 해당하는 것을 말한다.

1. "위조" — 존재하지 않는 데이터 또는 연구결과 등을 허위로 만들어 내는 행위
2. "변조" — 연구의 재료·장비·과정 등을 인위적으로 조작하거나 데이터를 임의로 변형·삭제함으로써 연구의 내용 또는 결과를 왜곡하는 행위
3. "표절" — 타인의 아이디어, 연구의 내용 또는 결과 등을 정당한 승인 또는 인용 없이 도용하는 행위
4. "부당한 논문저자 표시" — 연구내용 또는 결과에 대하여 과학적·기술적 공헌 또는 기여를 한 사람에게 정당한 이유 없이 논문저자 자격을 부여하지 않거나, 과학적·기술적 공헌 또는 기여를 하지 않은 자에게 감사의 표시 또는 예우 등을 이유로 논문저자 자격을 부여하는 행위
5. "중복게재" — 과거에 공간된 논문 등 저작물을 중복하여 출판하는 행위

6. "조사방해·부정은폐" — 본인 또는 타인의 연구윤리위반행위의 의혹
   에 대한 조사를 고의로 방해하거나 제보자에게 위해를 가하는 행위

제 3 조 [연구윤리위원회]

① 연구윤리위반행위의 조사·의결을 위하여 연구윤리위원회(이하 '위
   원회'라 함)를 둔다.

② 연구윤리위원회는 연구윤리위원장을 포함한 10인 이내의 위원으로
   구성한다.

③ 연구윤리위원장(이하 '위원장'이라 함)은 본회의 연구윤리담당 상임
   이사로 한다.

④ 연구윤리위원(이하 '위원'이라 함)은 본회 회원 중에서 이사회가 선임
   한다.

⑤ 연구윤리위원의 임기는 1년으로 하며, 연임할 수 있다.

제 4 조 [연구윤리위원회의 조사]

① 위원장은 다음 각 호의 경우 위원회에 연구윤리위반 여부의 조사
   를 요청하여야 한다.

  1. 제보 등에 의하여 연구윤리위반행위에 해당한다는 의심이 있는 때
  2. 본회 회원 10인 이상이 서면으로 연구윤리위반행위에 대한 조사
     를 요청한 때

② 제보의 접수일로부터 만 5년 이전의 연구윤리위반행위에 대해서는
   이를 접수하였더라도 처리하지 않음을 원칙으로 한다. 단, 5년 이
   전의 연구윤리위반행위라 하더라도 피조사자가 그 결과를 직접 재
   인용하여 5년 이내에 후속 연구의 기획·수행, 연구결과의 보고 및
   발표에 사용하였을 경우와 공공의 복지 또는 안전에 위험이 발생
   하거나 발생할 우려가 있는 경우에는 이를 처리하여야 한다.

③ 연구윤리위반행위의 사실 여부를 입증할 책임은 위원회에 있다.
   단, 피조사자가 위원회에서 요구하는 자료를 고의로 훼손하였거나
   제출을 거부하는 경우에 요구자료에 포함되어 있다고 인정되는 내
   용의 진실성을 입증할 책임은 피조사자에게 있다.

④ 위원회는 제보자와 피조사자에게 의견진술, 이의제기 및 변론의 권리와 기회를 동등하게 보장하여야 하며 관련 절차를 사전에 알려 주어야 한다.

제5조 [연구윤리위원회의 의결]

① 위원회의 연구윤리위반결정은 재적위원 과반수의 출석과 출석위원 3분의 2 이상의 찬성으로 의결한다.

② 조사·의결의 공정을 기하기 어려운 사유가 있는 위원은 당해 조사·의결에 관여할 수 없다. 이 경우 당해 위원은 재적위원의 수에 산입하지 아니한다.

제6조 [제보자의 보호]

① 제보자는 연구윤리위반행위를 인지한 사실 또는 관련 증거를 위원회에 알린 자를 말한다.

② 제보자는 구술·서면·전화·전자우편 등 가능한 모든 방법으로 제보할 수 있으며 실명으로 제보함을 원칙으로 한다. 단, 익명의 제보라 하더라도 서면 또는 전자우편으로 논문명, 구체적인 연구윤리위반행위의 내용과 증거를 포함하여 제보한 경우 위원회는 이를 실명 제보에 준하여 처리하여야 한다.

③ 위원회는 제보자가 연구윤리위반행위 신고를 이유로 부당한 압력 또는 위해 등을 받지 않도록 보호해야 할 의무를 지니며 이에 필요한 시책을 마련하여야 한다.

④ 제보자의 신원에 관한 사항은 정보공개의 대상이 되지 않으며, 제보자가 신고를 이유로 제3항의 불이익을 받거나 자신의 의지에 반하여 신원이 노출될 경우 위원회 및 위원은 이에 대한 책임을 진다.

⑤ 제보자는 연구윤리위반행위의 신고 이후 진행되는 조사 절차 및 일정 등을 알려줄 것을 위원회에 요구할 수 있으며, 위원회는 이에 성실히 응하여야 한다.

⑥ 제보 내용이 허위인 줄 알았거나 알 수 있었음에도 불구하고 이를

신고한 제보자는 보호 대상에 포함되지 않는다.

제 7 조 [피조사자의 보호]

① 피조사자는 제보 또는 위원회의 인지에 의하여 연구윤리위반행위
의 조사대상이 된 자 또는 조사 수행 과정에서 연구윤리위반행위
에 가담한 것으로 추정되어 조사의 대상이 된 자를 말하며, 조사
과정에서의 참고인이나 증인은 이에 포함되지 아니한다.

② 위원회는 검증 과정에서 피조사자의 명예나 권리가 부당하게 침해
되지 않도록 주의하여야 한다.

③ 연구윤리위반행위에 대한 의혹은 판정 결과가 확정되기 전까지 외
부에 공개되어서는 아니 된다.

④ 피조사자는 연구윤리위반행위의 조사·처리절차 및 처리일정 등을
알려줄 것을 위원회에 요구할 수 있으며, 위원회는 이에 성실히
응하여야 한다.

제 8 조 [예비조사]

① 예비조사는 연구윤리위반행위의 의혹에 대하여 조사할 필요가 있
는지 여부를 결정하기 위한 절차를 말하며, 신고 접수일로부터 30
일 이내에 착수하여야 한다.

② 예비조사 결과 피조사자가 연구윤리위반행위 사실을 모두 인정한
경우에는 본조사 절차를 거치지 않고 바로 판정을 내릴 수 있다.

③ 예비조사에서 본조사를 실시하지 않는 것으로 결정할 경우 이에 대
한 구체적인 사유를 결정일로부터 10일 이내에 제보자에게 문서 또
는 전자우편으로 통보한다. 단, 익명제보의 경우는 그러하지 않다.

④ 제보자는 예비조사 결과에 대해 불복하는 경우 통보를 받은 날로
부터 30일 이내에 위원회에 이의를 제기할 수 있다.

제 9 조 [본조사]

① 본조사는 연구윤리위반행위의 사실 여부를 입증하기 위한 절차를
말하며, 예비조사에서 본조사의 필요성이 인정된 경우 즉시 착수
하여야 한다.

② 위원회는 제보자와 피조사자에게 의견진술의 기회를 주어야 하며, 본조사결과를 확정하기 이전에 이의제기 및 변론의 기회를 주어야 한다. 당사자가 이에 응하지 않을 경우에는 이의가 없는 것으로 간주한다.

③ 제보자와 피조사자의 이의제기 또는 변론 내용과 그에 대한 처리 결과는 조사결과 보고서에 포함되어야 한다.

제10조 [판정]

① 판정은 본조사결과를 확정하고 이를 제보자와 피조사자에게 문서 또는 전자우편으로 통보하는 절차를 말하며, 본조사에 의하여 연구윤리위반이 인정된 경우 즉시 하여야 한다.

② 예비조사 착수 이후 판정에 이르기까지의 모든 조사 일정은 6개월 이내에 종료되어야 한다.

③ 제보자 또는 피조사자가 판정에 불복할 경우에는 통보를 받은 날로부터 30일 이내에 본회 회장에게 이의신청을 할 수 있으며, 본회 회장은 이의신청 내용이 합리적이고 타당하다고 판단할 경우 이사회의 결정으로 임시 조사위원회를 구성하여 재조사를 실시하여야 한다.

제11조 [위원회의 권한과 의무]

① 위원회는 조사과정에서 제보자·피조사자·증인 및 참고인에 대하여 진술을 위한 출석을 요구할 수 있고 피조사자에게 자료의 제출을 요구할 수 있으며, 이 경우 피조사자는 반드시 이에 응하여야 한다.

② 위원회 및 위원은 제보자의 신원 등 위원회의 직무와 관련하여 알게 된 사항에 대하여 비밀을 유지하여야 한다.

제12조 [조사의 기록과 정보의 공개]

① 위원회는 조사 과정의 모든 기록을 음성, 영상, 또는 문서의 형태로 5년 이상 보관하여야 한다.

② 조사결과 보고서는 판정이 끝난 이후 공개할 수 있다. 단, 증인·참고인·자문에 참여한 자의 명단 등은 당사자에게 불이익을 줄 가능성이 있을 경우 공개하지 않을 수 있다.

제13조 [연구윤리위반행위에 대한 조치]

위원회가 연구윤리위반행위로 결정한 때에는 다음 각 호의 조치를 취하여야 한다.

1. 투고원고를 '형사판례연구' 논문목록에서 삭제
2. 투고자에 대하여 3년 이상 '형사판례연구'에 논문투고 금지
3. 위반사항을 한국형사판례연구회 홈페이지에 1년간 공고
4. 한국학술진흥재단에 위반내용에 대한 세부적인 사항 통보

제14조 [연구윤리에 대한 교육]

위원회는 본회 회원의 연구윤리의식을 고취시키기 위하여 연구수행과정에서 준수해야 할 연구윤리 규범, 부정행위의 범위, 부정행위에 대한 대응방법 및 검증절차 등에 관한 교육을 실시하여야 한다.

제15조 [규정의 개정]

이 규정의 개정은 이사회의 의결에 의한다.

부칙 (2008. 06. 02)

제 1 조 [시행일]

이 규정은 이사회의 의결이 있은 날부터 시행한다.

한국형사판례연구회 임원명단

2022년 7월 현재

고   문: 권 광 중, 김 동 건, 김 진 환, 박 상 기, 김 대 휘,
          장 영 민, 강 용 현, 오 영 근, 조 균 석, 이 용 식,
          여 훈 구
회   장: 강 동 범
부 회 장: 이 민 걸, 이 완 규, 이 상 철,
상임이사: 김 성 돈(총무), 정 현 미(연구), 김 정 원(연구),
          안 성 수(연구), 전 지 연(연구윤리), 허 일 태(출판),
          오 경 식(섭외), 임 동 규(재무), 이 주 원(법제),
          박 미 숙(홍보)
이   사: 김 영 철, 김 우 진, 김 혜 정, 노 수 환, 박 광 민, 백 원 기,
          소 병 철, 손 기 식, 신 동 운, 신 양 균, 심 희 기, 원 혜 욱,
          이 경 재, 이 기 헌, 이 승 호, 이 은 모, 이 인 영(백석대),
          이 재 홍, 이 정 원, 이 진 국, 이 천 현, 전 승 수, 전 주 혜,
          정 영 일, 정 웅 석, 천 진 호, 하 태 훈
편집위원회: 이 용 식(위원장), 김 성 돈, 김 성 룡, 김 태 명, 류 전 철,
          문 성 도, 우 인 성, 이 완 규, 전 지 연, 최 병 각
윤리위원회: 전 지 연(위원장), 김 혜 경, 김 혜 정, 노 수 환,
          변 종 필, 신 용 석, 안 성 훈, 윤 지 영, 이 진 국
감   사: 신 용 석, 황 태 정
간   사: 류 부 곤(총무), 허   황(편집)

한국형사판례연구회 회원명부

2022년 7월 현재

〈학 계〉

성 명	직 위	근 무 처	우편번호 주 소	직장 자택 전화번호
강 기 정	명예교수	창원대 법학과	51140 경남 창원시 의창구 창원대학로 20	055-213-3203
강 동 범	교수	이화여대 법학전문대학원	03760 서울 서대문구 이화여대길 52	02-3277-4480
강 석 구	선임 연구 위원	형사·법무 정책연구원	06764 서울 서초구 태봉로 114	02-3460-5128
강 수 진	교수	고려대 법학전문대학원	02841 서울 성북구 안암동 145	02-3290-2889
강 우 예	교수	한국해양대 해사법학부	49112 부산 영도구 태종로 727	051-410-4393
권 오 걸	교수	경북대 법학전문대학원	41566 대구 북구 대학로 80	053-950-5473
권 창 국	교수	전주대 경찰행정학과	55069 전북 전주시 완산구 천잠로 303	063-220-2242
김 대 근	연구 위원	형사·법무 정책연구원	06764 서울 서초구 태봉로 114	02-3460-5175
김 대 원	초빙교수	성균관대 법학전문대학원	03063 서울 종로구 성균관로 25-2	02-760-0922
김 면 기	교수	경찰대학	31539 충청남도 아산시 신창면 황산길 100-50	041-968-211
김 봉 수	교수	전남대 법학전문대학원	61186 광주 북구 용봉로 77	062-530-2278

성 명	직 위	근 무 처	우편번호 주 소	직장 자택 전화번호
김 선 복	전교수	부경대 법학과	48513 부산 남구 용소로 45	051-629-5441
김 성 돈	교수	성균관대 법학전문대학원	03063 서울 종로구 성균관로 25-2	02-760-0343
김 성 룡	교수	경북대 법학전문대학원	41566 대구 북구 대학로 80	053-950-5459
김 성 은	교수	강원대 법학전문대학원	24341 강원 춘천시 강원대학길 1	033-250-6539
김 성 천	교수	중앙대 법학전문대학원	06974 서울 동작구 흑석로 84	02-820-5447
김 영 철	교수 및 대표 변호사	건국대 법학전문대학원 법무법인 대종	05029 서울 광진구 능동로 120 서울 종로구 새문안로5길 15길, 변호사회관 303호	02-2049-6047 02-733-0284
김 영 환	명예교수	한양대 법학전문대학원	04763 서울 성동구 왕십리로 222	02-2220-0995
김 유 근	연구 위원	형사·법무 정책연구원	06764 서울 서초구 태봉로 114	02-3460-5182
김 인 선	명예교수	순천대 법학과	57922 전남 순천시 중앙로 255	061-750-3430
김 인 회	교수	인하대 법학전문대학원	22212 인천 남구 인하로 100	032-860-8965
김 재 봉	교수	한양대 법학전문대학원	04763 서울 성동구 왕십리로 222	02-2220-1303
김 재 윤	교수	건국대 법학전문대학원	05029 서울 광진구 능동로 120	02-450-4042
김 재 희	교수	성결대 파이데이아칼 리지	14097 경기 안양시 성결대학교 53	031-467-8114

성 명	직 위	근 무 처	우편번호 주 소		직장 자택 전화번호
김 정 현	겸임교수	숭실대 법학과	06978	서울시 동작구 상도로 369	02-820-0470
김 정 환	교수	연세대 법학전문대학원	03722	서울 서대문구 연세로 50	02-2123-3003
김 종 구	교수	조선대 법학과	61452	광주광역시 동구 필문대로 309	062-230-6703
김 종 원	명예교수	성균관대 법학과	03063	서울 종로구 성균관로 25-2	02-760-0922
김 태 명	교수	전북대 법학전문대학원	54896	전북 전주시 덕진구 백제대로 567	063-270-4701
김 택 수	교수	계명대 경찰법학과	42601	대구 달서구 달구벌대로 1095	053-580-5468
김 한 균	선임 연구 위원	형사·법무 정책연구원	06764	서울 서초구 태봉로 114	02-3460-5163
김 혁 돈	교수	가야대 경찰행정학과	50830	경남 김해시 삼계로 208번지	055-330-1145
김 형 준	교수	중앙대 법학전문대학원	06974	서울 동작구 흑석로 84	02-820-5452
김 혜 경	교수	계명대 경찰행정학과	42601	대구 달서구 달구벌대로 1095	053-580-5956
김 혜 정	교수	영남대 법학전문대학원	38541	경북 경산시 대학로 280	053-810-2616
김 희 균	교수	서울시립대 법학전문대학원	02504	서울 동대문구 서울시립대로 163	02-6490-5102
남 선 모	교수	세명대 법학과	27136	충북 제천시 세명로 65	043-649-1231
노 수 환	교수	성균관대 법학전문대학원	03063	서울시 종로구 성균관로 25-2	02-760-0354

성 명	직 위	근 무 처	우편번호 주 소	직장 자택 전화번호
도 중 진	교수	충남대 국가안보융합 학부	34134 대전 유성구 대학로 99번지	042-821-5297
류 부 곤	교수	경찰대 법학과	31539 충남 아산시 신창면 황산길 100-50	041-968-2763
류 석 준	교수	영산대 법학과	50510 경남 양산시 주남로 288	055-380-9423
류 인 모	교수	인천대 법학과	22012 인천 연수구 아카데미로 119	032-835-8324
류 전 철	교수	전남대 법학전문대학원	61186 광주 북구 용봉로 77	062-530-2283
류 화 진	교수	부산대 법학전문대학원	46241 부산 금정구 부산대학로63번길 2	051-510-2506
문 성 도	교수	경찰대 법학과	31539 충남 아산시 신창면 황산길 100-50	041-968-2562
민 영 성	교수	부산대 법학전문대학원	46241 부산 금정구 부산대학로63번길 2	051-510-2514
박 강 우	전교수	충북대 법학전문대학원	28644 충북 청주시 서원구 충대로 1	043-261-2622
박 광 민	명예교수	성균관대 법학전문대학원	03063 서울 종로구 성균관로 25-2	02-760-0359
박 기 석	교수	대구대 경찰행정학과	38453 경북 경산시 진량읍 대구대로 201	053-850-6182
박 미 숙	선임 연구위원	형사 · 법무 정책연구원	06764 서울 서초구 태봉로 114	02-3460-5166
박 상 기	명예교수 전법무부 장관	연세대 법학전문대학원 법무부	03722 서울 서대문구 연세로 50	02-2123-3005

성 명	직 위	근 무 처	우편번호 주 소	직장 자택 전화번호
박 상 진	교수	건국대 사회과학대학 법학과	27478 충북 충주시 충원대로 268	043-840-3429
박 성 민	교수	경상대 법과대학	52828 경남 진주시 진주대로 501	055-772-2035
박 수 회	교수	가톨릭관동대 경찰행정학과	25601 강원 강릉시 범일로 579번길 24	033-649-7336
박 정 난	교수	연세대 법학전문대학원	03722 서울 서대문구 연세로50	02-2123-3005
박 찬 걸	교수	대구가톨릭대 경찰행정학과	38430 경북 경산시 하양읍 하양로 13-13	053-850-3339
백 원 기	교수	인천대 법학과	22012 인천 연수구 아카데미로 119	032-835-8328
변 종 필	교수	동국대 법학과	04620 서울 중구 필동로1길 30	02-2260-3238
서 거 석	명예교수	전북대 법학전문대학원	54896 전북 전주시 덕진구 백제대로 567	063-270-2663
서 보 학	교수	경희대 법학전문대학원	02447 서울 동대문구 경희대로 26	02-961-0614
성 낙 현	교수	영남대 법학전문대학원	38541 경북 경산시 대학로 280	053-810-2623
소 병 철	국회의원	더불어민주당	07233 서울 영등포구 의사당대로 1 의원회관 928호	02-784-4410
손 동 권	명예교수	건국대 법학전문대학원	05029 서울 광진구 능동로 120	02-450-3599
손 지 영	전문위원	법과인간행동연 구소, 법무법인 케이에스앤피	06606 서울 서초구 서초중앙로24길16	02-596-1234
송 광 섭	교수	원광대 법학전문대학원	54538 전북 익산시 익산대로 460	063-850-6373

성 명	직 위	근 무 처	우편번호 주 소	직장 .... 전화번호 자택
승 재 현	연구위원	형사·법무정책연구원	06764 .... 서울 서초구 태봉로 114	02-3460-5164
승 이 도	재판연구관	헌법재판소	03060 .... 서울 종로구 북촌로 15	02-708-3456
신 가 람	박사과정	연세대	03722 .... 서울 서대문구 연세로 50	02-2123-8644
신 동 운	명예교수	서울대 법학전문대학원	08826 .... 서울 관악구 관악로 1	02-880-7563
신 양 균	명예교수	전북대 법학전문대학원	54896 전북 전주시 덕진구 백제대로 567	063-270-2666
심 영 주	강사	인하대 법학전문대학원	22212 인천광역시 남구 인하로 100 인하대학교 로스쿨관	032-860-7920
심 재 무	교수	경성대 법학과	48434 .... 부산 남구 수영로 309	051-663-4518
심 희 기	교수	연세대 법학전문대학원	03722 .... 서울 서대문구 연세로 50	02-2123-6037
안 경 옥	교수	경희대 법학전문대학원	02447 .... 서울 동대문구 경희대로 26	02-961-0517
안 성 조	교수	제주대 법학전문대학원	63243 제주 제주시 제주대학로 102	064-754-2988
안 성 훈	연구위원	형사·법무정책연구원	06764 .... 서울 서초구 태봉로 114	02-3460-5182
안 원 하	교수	부산대 법학전문대학원	46241 부산 금정구 부산대학로63번길 2	051-510-2502
안 정 빈	교수	경남대 법학과	51767 경남 창원시 마산합포구 경남대학로 7	055-249-2516
오 경 식	교수	강릉원주대 법학과	25457 .... 강원 강릉시 죽헌길 7	033-640-2211

성 명	직 위	근 무 처	우편번호 / 주 소		직장 자택 전화번호
오 병 두	교수	홍익대 법학과	04066	서울 마포구 와우산로 94	02-320-1822
오 영 근	명예교수	한양대 법학전문대학원	04763	서울 성동구 왕십리로 222	02-2220-0994
원 재 천	교수	한동대 법학과	37554	경북 포항시 북구 흥해읍 한동로 558	054-260-1268
원 혜 욱	교수	인하대 법학전문대학원	22212	인천 남구 인하로 100	032-860-7937
유 용 봉	교수	한세대 경찰행정학과	15852	경기 군포시 한세로 30	031-450-5272
윤 동 호	교수	국민대 법학과	02707	서울 성북구 정릉로 77	02-910-4488
윤 소 현	교수	건국대 법학전문대학원	05029	서울 광진구 능동로 120	02-450-4215
윤 용 규	명예교수	강원대 법학전문대학원	24341	강원 춘천시 강원대학길 1	033-250-6517
윤 종 행	교수	충남대 법학전문대학원	34134	대전광역시 유성구 대학로 99번지	042-821-5840
윤 지 영	연구 위원	형사·법무 정책연구원	06764	서울 서초구 태봉로 114	02-3460-5136
윤 해 성	연구 위원	형사·법무 정책연구원	06764	서울 서초구 태봉로 114	02-3460-5156
은 숭 표	전교수	영남대 법학전문대학원	38541	경북 경산시 대학로 280	053-810-2615
이 강 민	교수	김포대 경찰행정학과	10020	경기 김포시 월곶면 김포대학로 97	031-999-4665
이 경 렬	교수	성균관대 법학전문대학원	03063	서울 종로구 성균관로 25-2	02-760-0216

성 명	직 위	근 무 처	우편번호 주 소	직장 자택 전화번호
이 경 재	교수	충북대 법학전문대학원	28644 충북 청주시 서원구 충대로 1	043-261-2612
이 경 호	전교수	한국해양대 해사법학부	49112 부산 영도구 태종로 727	051-410-4390
이 근 우	교수	가천대 법학과	13120 경기 성남시 수정구 성남대로 1342	031-750-8728
이 기 헌	명예교수	명지대 법학과	03674 서울 서대문구 거북골로 34	02-300-0813
이 동 희	교수	경찰대 법학과	31539 충남 아산시 신창면 황산길 100-50	041-968-2662
이 상 문	교수	군산대 해양경찰학과	54150 전북 군산시 대학로 558	063-469-1893
이 상 용	전교수	명지대 법학과	03674 서울 서대문구 거북골로 34	02-300-0817
이 상 원	교수	서울대 법학전문대학원	08826 서울 관악구 관악로 1	02-880-2618
이 상 한	초빙교수	충북대학교 법학전문대학원	28644 충북 청주시 서원구 충대로 1	043-261-2620
이 상 현	교수	숭실대 국제법무학과	06978 서울 동작구 상도로 369	02-820-0486
이 순 욱	교수	전남대 법학전문대학원	61186 광주 북구 용봉로 77	062-530-2225
이 승 준	교수	충북대 법학전문대학원	28644 충북 청주시 서원구 충대로 1	043-261-3689
이 승 현	연구 위원	형사 · 법무 정책연구원	06764 서울 서초구 태봉로 114	02-3460-5193
이 승 호	교수	건국대 법학전문대학원	05029 서울 광진구 능동로 120	02-450-3597

성 명	직 위	근 무 처	우편번호 주 소		직장 자택 전화번호
이 영 란	명예교수	숙명여대 법학과	04310	서울 용산구 청파로47길 100	02-710-9494
이 용 식	명예교수	서울대 법학전문대학원	08826	서울 관악구 관악로 1	02-880-7557
이 원 상	교수	조선대 법학과	61452	광주광역시 동구 필문대로 309	062-230-6073
이 유 진	선임 연구위원	청소년정책 연구원	30147	세종특별자치시 시청대로 370 세종국책연구단지 사회정책동(D동)	044-415-2114
이 윤 제	교수	명지대 법학과	03674	서울특별시 서대문구 거북골로 34	02-300-0820
이 은 모	명예교수	한양대 법학전문대학원	04763	서울 성동구 왕십리로 222	02-2220-2573
이 인 영	교수	백석대 경찰학부	31065	충남 천안시 동남구 문암로 76	041-550-2124
이 정 념	교수	숭실대 법학과	06978	서울 동작구 상도로 369 전산관 522호	02-820-0461
이 정 민	교수	단국대 법학과	16890	경기 용인시 수지구 죽전로 152	031-8005-3973
이 정 원	전교수	영남대 법학전문대학원	38541	경북 경산시 대학로 280	053-810-2629
이 정 훈	교수	중앙대 법학전문대학원	06974	서울 동작구 흑석로 84	02-820-5456
이 주 원	교수	고려대 법학전문대학원	02841	서울 성북구 안암동 5가 1번지	02-3290-2882
이 진 국	교수	아주대 법학전문대학원	16499	경기 수원시 영통구 월드컵로 206	031-219-3791
이 진 권	교수	한남대 경찰행정학과	34430	대전 대덕구 한남로 70	042-629-8465

성 명	직 위	근 무 처	우편번호	주 소	직장 전화번호 자택
이 창 섭	교수	제주대 법학전문대학원	63243	제주 제주시 제주대학로 102	064-754-2976
이 창 온	교수	이화여대 법학전문대학원	03760	서울 서대문구 이화여대길 52	02-3277-4098
이 창 현	교수	한국외대 법학전문대학원	02450	서울 동대문구 이문로 107(이문동 270)	02-2173-3047
이 천 현	선임 연구위원	형사·법무 정책연구원	06764	서울 서초구 태봉로 114	02-3460-5125
이 충 상	교수	경북대 법학전문대학원	41566	대구 북구 대학로 80	053-950-5456
이 태 언	전교수	부산외대 법학과	46234	부산 금정구 금샘로 485번길 65	051-509-5991
이 호 중	교수	서강대 법학전문대학원	04107	서울 마포구 백범로 35	02-705-7843
이 희 경	연구교수	성균관대 글로벌리더학부	03063	서울특별시 종로구 성균관로 25-2	02-760-0191
임 정 호	연구 위원	형사·법무 정책연구원	06764	서울 서초두 태봉로 114	02-3460-5150
임 창 주	교수	서영대학교 사회복지행정과	10843	경기도 파주시 월롱면 서영로 170	031-930-9560
장 규 원	교수	원광대 경찰행정학과	54538	전북 익산시 익산대로 460	063-850-6905
장 성 원	교수	세명대 법학과	27136	충북 제천시 세명로 65	043-649-1208
장 승 일	강사	전남대 법학전문대학원	61186	광주 북구 용봉로 77	062-530-2207
장 연 화	교수	인하대 법학전문대학원	22212	인천 남구 인하로 100	032-860-8972

성 명	직 위	근 무 처	우편번호	주 소	직장 자택 전화번호
장 영 민	명예교수	이화여대 법학전문대학원	03760	서울 서대문구 이화여대길 52	02-3277-3502
전 지 연	교수	연세대 법학전문대학원	03722	서울 서대문구 연세로 50	02-2123-5996
전 현 욱	연구 위원	형사·법무 정책연구원	06764	서울 서초구 태봉로 114	02-3460-9295
정 도 희	교수	경상대 법학과	52828	경남 진주시 진주대로 501	055-772-2042
정 승 환	교수	고려대 법학전문대학원	02841	서울 성북구 안암동5가 1번지	02-3290-2871
정 영 일	명예교수	경희대 법학전문대학원	02447	서울 동대문구 경희대로 26	02-961-9142
정 웅 석	교수	서경대 법학과	02713	서울 성북구 서경로 124	02-940-7182
정 준 섭	교수	숙명여대 법학과	04310	서울 용산구 청파로47길 100	02-710-9935
정 지 훈	교수	서원대 경찰학부	28674	충북 청주시 서원구 무심서로 377-3	043-299-8608
정 진 수	전 선임 연구위원	형사·법무 정책연구원	06764	서울 서초구 태봉로 114	02-3460-5282
정 한 중	교수	한국외대 법학전문대학원	02450	서울 동대문구 이문로 107	02-2173-3258
정 행 철	명예교수	동의대 법학과	47340	부산 부산진구 엄광로 176	051-890-1360
정 현 미	교수	이화여대 법학전문대학원	03760	서울 서대문구 이화여대길 52	02-3277-3555
조 국	교수 전법무부 장관	서울대 법학전문대학원	08826	서울 관악구 관악로 1	02-880-5794

성 명	직 위	근 무 처	우편번호 주 소	직장 자택 전화번호
조 균 석	교수	이화여대 법학전문대학원	03760 서울 서대문구 이화여대길 52	02-3277-6858
조 병 선	교수	청주대 법학과	28503 충북 청주시 청원구 대성로 298	043-229-8221
조 인 현	연구원	서울대 법학연구소	08826 서울 관악구 관악로 1	02-880-5471
조 준 현	전 교수	성신여대 법학과	02844 서울 성북구 보문로 34다길 2	02-920-7122
조 지 은	교수	영남대 법학전문대학원	38541 경북 경산시 대학로 280	053-810-2625
조 현 욱	학술 연구교수	건국대 법학연구소	05029 서울 광진구 능동로 120	02-450-3297
주 승 희	교수	덕성여대 법학과	01369 서울 도봉구 쌍문동 419	02-901-8177
천 진 호	교수	동아대 법학전문대학원	49236 부산 서구 구덕로 225	051-200-8509
최 민 영	연구 위원	형사·법무 정책연구원	06764 서울 서초구 태봉로 114	02-3460-5178
최 병 각	교수	동아대 법학전문대학원	49236 부산 서구 구덕로 225	051-200-8528
최 병 문	교수	상지대 법학과	26339 강원 원주시 우산동 660	033-730-0242
최 상 욱	교수	강원대 법학전문대학원	24341 강원 춘천시 강원대학길 1	033-250-6516
최 석 윤	교수	한국해양대 해양경찰학과	49112 부산 영도구 태종로 727	051-410-4238
최 우 찬	명예교수	서강대 법학전문대학원	04107 서울 마포구 백범로 35	02-705-8404

성 명	직 위	근 무 처	우편번호 주 소		직장 자택 전화번호
최 준 혁	교수	인하대 법학전문대학원	22212	인천 남구 인하로 100	032-860-7926
최 호 진	교수	단국대 법학과	16890	경기 용인시 수지구 죽전로 152	031-8005-3290
탁 희 성	선임 연구위원	형사·법무 정책연구원	06764	서울 서초구 태봉로 114	02-3460-5161
하 태 영	교수	동아대 법학전문대학원	49236	부산 서구 구덕로 225	051-200-8573
하 태 훈	교수 원장	고려대 법학전문대학원 형사·법무 정책연구원	02841 06764	서울 성북구 안암로 145 서울 서초구 태봉로 114	02-3290-1897 02-575-5282
한 상 돈	명예교수	아주대 법학전문대학원	16499	경기 수원시 영통구 월드컵로 206	031-219-3786
한 상 훈	교수	연세대 법학전문대학원	03722	서울 서대문구 연세로 50	02-2123-5998
한 영 수	교수	아주대 법학전문대학원	16499	경기 수원시 영통구 월드컵로 206	031-219-3783
한 인 섭	교수	서울대 법학전문대학원	06764	서울 서초구 태봉로 114	02-880-7577 02-575-5282
허 일 태	명예교수	동아대 법학전문대학원	49236	부산 서구 구덕로 225	051-200-8581
허 황	교수	동아대 경찰소방학과	49236	부산 서구 구덕로 225	051-200-8674
홍 승 희	교수	원광대 법학전문대학원	54538	전북 익산시 익산대로 460	063-850-6469
황 만 성	교수	원광대 법학전문대학원	54538	전북 익산시 익산대로 460	063-850-6467
황 문 규	교 수	중부대 경찰행정학과	32713	충청남도 금산군 추부면 대학로 201	041-750-6500

성 명	직 위	근 무 처	우편번호 / 주 소		직장 / 자택 전화번호
황 윤 정	석사과정	연세대	03722	서울 서대문구 연세로 50	02-2123-8644
황 정 인	경정	형사·법무 정책연구원	06764	서울 서초구 태봉로 114	02-3460-5170
황 태 정	교수	경기대 경찰행정학과	16227	경기 수원시 영통구 광교산로 154-42	031-249-9337
황 호 원	교수	한국항공대 항공교통물류 우주법학부	10540	경기 고양시 덕양구 항공대학로 76	02-300-0345

〈변 호 사〉

이 름	직 위	근 무 지	우편번호 / 주 소		직장 / 자택 전화번호
강 민 구	대표 변호사	법무법인 진솔	06605	서울 서초구 서초중앙로 148 김영빌딩 11층	02-594-0344
강 용 현	대표 변호사	법무법인 태평양	06132	서울 강남구 테헤란로 137 현대해상빌딩 17층	02-3404-1001 (3404-0184)
고 제 성	변호사	김&장 법률사무소	03170	서울 종로구 사직로8길 39 세양빌딩	02-3703-1117
곽 무 근	변호사	법무법인 로고스	06164	서울 강남구 테헤란로 87길 36(삼성동 159-9 도심공항타워 14층)	02-2188-1000 (2188-1049)
권 광 중	변호사	권광중 법률사무소	06004	서울 강남구 압구정로 201, 82동 803호(압구정동, 현대아파트)	010-9111-3031
권 순 철	변호사	SDG 법률사무소	05854	서울특별시 송파구 송파대로 201(송파 테라타워2) 218호	02-6956-3996

이 름	직 위	근 무 지	우편번호 주 소	직장 자택 전화번호
권 오 봉	변호사	법무법인 좋은	47511 부산 연제구 법원로 18 (거제동, 세종빌딩) 8층	051-911-5110
권 익 환	변호사	권익환 법률사무소	06646 서울 서초구 서초대로 260 (서초동) 703호	02-522-9403
권 태 형	변호사	김&장 법률사무소	03170 서울 종로구 사직로8길 39 세양빌딩	02-3703-1114 (3703-4980)
권 태 호	변호사	법무법인 청주로	28625 청주시 서원구 산남동 산남로 64 엔젤변호사 B/D 7층	043-290-4000
금 태 섭	변호사	금태섭 법률사무소	07233 서울 용산구 대사관로11길 8-13 101호	010-5282-1105
김 광 준	변호사	김광준 법률사무소	42013 대구 수성구 동대구로 351	053-218-5000
김 광 준	변호사	법무법인 태평양	06132 서울 강남구 테헤란로 137 현대해상빌딩 17층	02-3404-1001 (3404-0481)
김 남 현	변호사	법무법인 현대 노원분사무소	08023 서울 양천구 신월로 385 동진빌딩 302호	02-2606-1865
김 대 휘	대표 변호사	법무법인 화우	06164 서울 강남구 영동대로 517 아셈타워 22층	02-6003-7120
김 동 건	고문 변호사	법무법인 천우	06595 서울 서초구 서초대로41길 20, 화인빌딩 3층	02-591-6100
김 동 철	대표 변호사	법무법인 유앤아이	35240 대전 서구 둔산중로 74 인곡타워 3층	042-472-0041
김 상 헌	대표이사	NHN	13561 경기 성남시 분당구 불정로 6 NAVER그린팩토리	1588-3830
김 상 희	변호사	김상희 법률사무소	06596 서울 서초구 서초대로 49길 18 상림빌딩 301호	02-536-7373

이 름	직 위	근 무 지	우편번호 / 주 소		직장 / 자택 전화번호
김 성 준	변호사	김성준 법률사무소	01322	서울 도봉구 마들로 735 율촌빌딩 3층	02-3493-0100
김 영 규	변호사	법무법인 대륙아주	06151	서울 강남구 테헤란로 317 동훈타워	02-563-2900 (3016-5723)
김 영 기	변호사	법무법인 화우	06164	서울 강남구 영동대로 517 아셈타워 18, 19, 22, 23, 24층	02-6182-8320
김 영 운	변호사	법무법인 정앤파트너스	06640	서울특별시 서초구 서초중앙로 52 영진빌딩 5층	02-583-0010
김 용 헌	파트너 변호사	법무법인 대륙아주	06151	서울 강남구 테헤란로 317 동훈타워 7,8,10-13,15,16층	02-563-2900
김 종 형	변호사	법무법인 온세	06596	서울 서초구 서초대로49길 12, 405호	02-3477-0300
김 주 덕	대표 변호사	법무법인 태일	06595	서울 서초구 법원로3길 25 태흥빌딩 4층	02-3477-7374
김 진 숙	변호사	법무법인 바른	06181	서울 강남구 테헤란로 92길 7 바른빌딩	02-3476-5599 (3479-2381)
김 진 환	변호사	법무법인 새한양	06595	서울 서초구 법원로 15, 306호(서초동, 정곡서관)	02-591-3440
김 희 옥	고문 변호사	법무법인 해송	06606	서울 서초구 서초대로 301 동익성봉빌딩 9층	02-3489-7100 (3489-7178)
김 희 철	변호사	김&장 법률사무소	03170	서울 종로구 사직로 8길39 세양빌딩	02-3703-5363
문 성 우	대표 변호사	법무법인 바른	06181	서울 강남구 테헤란로 92길 7 바른빌딩	02-3476-5599 (3479-2322)
문 영 호	변호사	법무법인 태평양	06132	서울 강남구 테헤란로 137 현대해상빌딩 17층	02-3404-1001 (3404-0539)

이 름	직 위	근 무 지	우편번호	주 소	직장 자택	전화번호
박 민 식	변호사	법무법인 에이원	06646	서울특별시 서초구 반포대로30길 34, 5층 (서초동, 신정빌딩)		02-521-7400
박 민 표	변호사	박민표 법률사무소	05050	서울시 서초구 반포대로 34길 14, 정명빌딩 401호, 501호		02-534-2999
박 영 관	변호사	법무법인 동인	06620	서울 서초구 서초대로74길 4 삼성생명서초타워 17층		02-2046-1300 (2046-0656)
박 혜 진	변호사	김&장 법률사무소	03170	서울 종로구 사직로8길 39 세양빌딩		02-3703-1114 (3703-4610)
백 승 민	변호사	법무법인 케이에이치엘	06647	서울 서초구 반포대로28길 33 (서초동)		02-2055-1233
백 창 수	변호사	법무법인 정률	06069	서울 강남구 학동로 401 금하빌딩 4층		02-2183-5500 (2183-5539)
봉 욱	변호사	봉욱 법률사무소	06647	서울 서초구 서초대로 248 (서초동) 월헌회관빌딩 701호		02-525-5300
서 민 주	변호사	김&장 법률사무소	03170	서울 종로구 사직로8길 39 세양빌딩		02-3703-1773
서 우 정	변호사	김&장 법률사무소	03170	서울 종로구 사직로8길 39 세양빌딩		02-3703-1114 (3703-1788)
석 동 현	대표 변호사	법무법인 동진	06640	서울 서초구 서초중앙로 52 영진빌딩 5층		02-583-0010
선 우 영	고문 변호사	법무법인 케이원챔버	06234	서울 강남구 테헤란로 126, 13층		02-6956-8420
손 기 식	변호사	법무법인 두레	06596	서울 서초구 법원로 10 정곡빌딩 남관 405호		02-595-2233

이 름	직 위	근 무 지	우편번호 주 소		직장 자택 전화번호
손 기 호	변호사	유어사이드공 동법률사무소	10414	경기 고양시 일산동구 장백로 208, 504호	031-901-1245
신 남 규	변호사	법무법인 화현	06646	서울 서초구 반포대로30길 29, 5층~10층(서초동, 마운틴뷰)	02-535-1766
신 용 석	변호사	법무법인 동헌	06595	서울 서초구 법원로1길 5 우암빌딩 3층	02-595-3400
안 미 영	변호사	법무법인 동인	06620	서울 서초구 서초대로74길 4, 17층 (서초동, 삼성생명서초타워)	02-2046-1300
여 훈 구	변호사	김&장 법률사무소	03170	서울 종로구 사직로8길 39 세양빌딩	02-3703-1114 (3703-4603)
오 세 인	대표 변호사	법무법인 시그니처	06605	서울 서초구 서초중앙로 148, 3층 (서초동, 희성빌딩)	02-6673-0088
원 범 연	변호사	법무법인 강남	06593	서울 서초구 서초중앙로 203 OSB빌딩 4층	02-6010-7000 (6010-7021)
유 병 규	법무팀장	삼성SDS	05510	서울 송파구 올림픽로35길 125 삼성SDS 타워	02-6115-3114
윤 병 철	변호사	법무법인 화우	06164	서울 강남구 영동대로 517 아셈타워 22층	02-6182-8303
윤 영 석	변호사	산솔합동법률 사무소	18453	경기 화성시 동탄반석로 196 아이프라자 905호	031-360-8240
윤 재 윤	파트너 변호사	법무법인 세종	04631	서울 중구 퇴계로 100 스테이트타워 남산 8층	02-316-4114 (316-4205)
이 건 종	변호사	법무법인 화우	06164	서울 강남구 영동대로 517 아셈타워 22층	02-6003-7542

이 름	직 위	근 무 지	우편번호	주 소	직장 자택	전화번호
이 광 재	변호사	이광재 법률사무소	05044	서울 광진구 아차산로 375 크레신타워 507호		02-457-5522
이 기 배	대표 변호사	법무법인 로월드	06647	서울 서초구 서초대로 254 오퓨런스빌딩 1602호		02-6223-1000
이 명 규	변호사	법무법인 태평양	06132	서울 강남구 테헤란로 137 현대해상빌딩 17층		02-3404-1001 (3404-0131)
이 민 걸	변호사	법무법인 화우	06164	서울 강남구 영동대로 517 아셈타워 18, 19, 22, 23, 24층		02-6003-7785
이 상 진	변호사	법무법인 바른	06181	서울 강남구 테헤란로 92길 7 (대치동 945-27번지) 바른빌딩 리셉션: 5층, 12층		02-3479-2361
이 상 철	상임위원	국가인권위원회	04551	서울 중구 삼일대로 340 (저동 1가) 나라키움 저동빌딩		02-2125-9605
이 선 욱	변호사	김&장 법률사무소	03170	서울 종로구 사직로 8길39 세양빌딩		02-3703-1114
이 승 호	변호사	법무법인 태평양	03161	서울 종로구 우정국로 26 센트로폴리스빌딩 B동		02-3404-6520
이 승 현	파트너 변호사	법무법인 지평	03740	서울 서대문구 충정로 60 KT&G 서대문타워 10층		02-6200-1804
이 완 규	변호사 법제처장	법제처	30102	세종시 도움5로 20		044-200-6900
이 완 형	변호사	김&장 법률사무소	03170	서울 종로구 사직로 8길39 세양빌딩		02-3703-1923

이 름	직 위	근 무 지	우편번호 주 소	직장 자택 전화번호
이 용 우	상임고문 변호사	법무법인 로고스	06164 서울 강남구 테헤란로 87길 36(삼성동 159-9 도심공항타워빌딩 14층)	02-2188-1001
이 용 주	전국회의 원	국회	07233 서울 영등포구 의사당대로 1 국회의원회관 532호	02-784-6090
이 재 홍	변호사	김&장 법률사무소	03170 서울 종로구 사직로8길 39 세양빌딩	02-3703-1114 (3703-1525)
이 정 환	변호사	법무법인 태평양	03161 서울 종로구 우정국로 26 센트로폴리스 B동	02-3403-0403
이 종 상	법무팀장	LG그룹	07336 서울 영등포구 여의대로 128 LG트윈타워	02-3277-1114
이 훈 규	고문 변호사	법무법인 원	06253 서울 강남구 강남대로 308 랜드마크타워 11층	02-3019-3900 (3019-5457)
이 흥 락	변호사	법무법인 로고스	06164 서울 강남구 테헤란로 87길 36(삼성동 도심공항타워 8/14/16층)	02-2188-1069
임 동 규	변호사	법무법인 동광	06595 서울 서초구 법원로3길 15, 201호 (서초동, 영포빌딩)	02-501-8101
장 종 철	변호사	김&장 법률사무소	03170 서울 종로구 사직로8길 39 세양빌딩	02-3703-1876
전 명 호	변호사	김&장 법률사무소	03170 서울 종로구 사직로8길 39 세양빌딩	02-3703-1097
전 승 수	변호사	법무법인 동인	06620 서울 서초구 서초대로 74길4, 삼성생명 서초타워 17층	02-2046-0842
전 주 혜	국회의원	국회	07233 서울 영등포구 의사당대로 1 국회의원회관	02-784-9340

이 름	직 위	근 무 지	우편번호 주 소	직장 자택 전화번호
정 구 환	변호사	법무법인 남부제일	07301 서울 영등포구 영신로34길 30	02-2635-5505
정 동 기	변호사	법무법인 열림	06181 서울 강남구 테헤란로 524, 4층 (대치동, 성대세빌딩)	02-552-5500
정 동 욱	고문 변호사	법무법인 케이씨엘	03151 서울 종로구 종로5길 58 석탄회관빌딩 10층	02-721-4000 (721-4471)
정 석 우	변호사	법무법인 동인	06620 서울 서초구 서초대로74길 4 삼성생명서초타워 17층	02-2046-1300 (2046-0686)
정 소 연	변호사	법률사무소 보다	07332 서울 영등포구 여의대방로65길 23 1508호	02-780-0328
정 점 식	국회의원	국회	07233 서울 영등포구 의사당대로 1 국회의원회관	02-784-6327
정 지 영	변호사	김&장 법률사무소	03170 서울 종로구 사직로8길 39 세양빌딩	02-3703-5822
정 진 규	대표 변호사	법무법인 대륙아주	06151 서울 강남구 테헤란로 317 동훈타워	02-563-2900
조 성 훈	변호사	김&장 법률사무소	03170 서울 종로구 사직로8길 39 세양빌딩	02-3703-4503
조 영 수	변호사	법무법인 로월드	06647 서울 서초구 서초대로 254 오퓨런스빌딩 1602호	02-6223-1000
조 은 석	변호사	조은석 법률사무소	06233 서울 강남구 테헤란로8길 8 (역삼동, 동주빌딩) 1302호	02-508-0008
조 희 진	대표 변호사	법무법인 담박	06647 서울 서초구 서초대로 250, 11층(서초동, 스타갤러리브릿지)	02-548-4301

이 름	직 위	근 무 지	우편번호 주 소	직장 자택 전화번호
차 맹 기	변호사	김&장 법률사무소	03170 서울 종로구 사직로8길 39 세양빌딩	02-3703-5732
최 교 일	대표 변호사	법무법인 해송	06606 서울 서초구 서초대로 301, 9층 (서초동, 익성봉빌딩)	02-3489-7132
최 근 서	변호사	최근서 법률사무소	06595 서울 서초구 법원로2길 15 길도빌딩 504호	02-532-1700
최 기 식	변호사	법무법인 산지	06725 서울 서초구 남부순환로 333길 20 2층	02-2055-3300
최 길 수	변호사	법률사무소 베이시스	06594 서울 서초구 서초중앙로 119 세연타워 11층	02-522-3200
최 동 렬	변호사	법무법인 율촌	06180 서울 강남구 테헤란로 518 (섬유센터 12층)	02-528-5200 (528-5988)
최 성 진	변호사	법무법인 세종	04631 서울 중구 퇴계로 100 스테이트타워 남산 8층	02-316-4114 (316-4405)
최 운 식	이사장	한국법무보호 복지공단	39660 경북 김천시 혁신2로40 산학연유치지원센터3층	054-911-8650
최 재 경	변호사	최재경 법률사무소	06164 서울 강남구 영동대로 511 삼성트레이드타워 4305호	02-501-3481
최 정 수	대표 변호사	법무법인 세줄	06220 서울 강남구 테헤란로 208 안제타워 17층	02-6200-5500
최 창 호	대표 변호사	법무법인 오킴스	06158 서울 강남구 도산대로 207 성도빌딩 6층, 11층	02-538-5886
최 철 환	변호사	김&장 법률사무소	03170 서울 종로구 사직로8길 39 세양빌딩	02-3703-1114 (3703-1874)
추 호 경	고문 변호사	법무법인 대륙아주	06151 서울 강남구 테헤란로 317 동훈타워	02-563-2900 (3016-5242)

이 름	직 위	근 무 지	우편번호 주 소	직장 자택 전화번호
한 영 석	변호사	변호사 한영석 법률사무소	06593 서울 서초구 반포4동 45-11 (화빌딩 502호)	02-535-6858
한 웅 재	변호사	LG화학	07336 서울 영등포구 여의대로 128 LG트윈타워	010-5290-3157
홍 석 조	회장	BGF리테일	06162 서울 강남구 테헤란로 405	02-1577-3663
황 인 규	대표이사	CNCITY 에너지	34800 대전 중구 유등천동로 762	042-336-5100

〈법 원〉

이 름	직 위	근 무 지	우편번호 주 소	직장 자택 전화번호
권 순 건	부장판사	창원지방법원	51456 경남 창원시 성산구 창이대로 681	055-266-2200
권 창 환	재판 연구관	대법원	06590 서울 서초구 서초대로 219(서초동)	02-3480-1100
김 광 태	법원장	서울고등법원	06594 서울 서초구 서초중앙로 157	02-530-1114
김 기 영	헌법 재판관	헌법재판소	03060 서울 종로구 북촌로 15(재동 83)	02-708-3456
김 대 웅	부장판사	서울고등법원	06594 서울 서초구 서초중앙로 157	02-530-1114
김 동 완	판사	서울고등법원	06594 서울 서초구 서초중앙로 157	02-530-1114
김 우 진	법원장	울산지방법원	44643 울산 남구 법대로 55	052-216-8000

이 름	직 위	근 무 지	우편번호 / 주 소	직장 / 자택 전화번호
김 정 원	사무차장	헌법재판소	03060 서울 종로구 북촌로 15(재동 83)	02-708-3456
김 형 두	차장판사	서울고등법원	06590 서울 서초구 서초대로 219	02-3480-1100
김 희 수	부장판사	창원지방법원	51456 경남 창원시 성산구 창이대로 681	055-239-2000
남 성 민	부장판사	서울고등법원	06594 서울 서초구 서초중앙로 157	02-530-1114
박 진 환	판사	대전고등법원	35237 대전 서구 둔산중로 78번길45	042-470-1114
송 민 경	판사	서울고등법원	06594 서울 서초구 서초중앙로 157	02-530-1114
송 영 승	판사	서울고등법원	06594 서울 서초구 서초중앙로 157	02-530-1114
오 기 두	부장판사	인천지방법원	22220 인천 미추홀구 소성로 163번길17	032-860-1702
오 상 용	부장판사	서울남부지방법원	08088 서울 양천구 신월로 386	02-2192-1114
우 인 성	부장판사	서울서부지방법원	04207 서울 마포구 마포대로 174	02-3271-1114
유 현 정	판사	수원지방법원	16512 경기 수원시 영통구 법조로 105	031-210-1114
윤 승 은	부장판사	서울고등법원	06594 서울 서초구 서초중앙로 157	02-530-1114
이 규 훈	부장판사	인천지방법원	22220 인천 미추홀구 소성로 163번길17	032-860-1114
이 승 련	부장판사	서울고등법원	06594 서울 서초구 서초중앙로 157	02-530-1114

이 름	직 위	근 무 지	우편번호 주 소	직장 자택 전화번호
이 창 형	법원장	창원지방법원	51456 경남 창원시 성산구 창이대로 681	055-239-2000
임 경 옥	판사	특허법원	35239 대전 서구 둔산중로 69	042-480-1400
한 경 환	부장판사	서울서부지방법원	04207 서울 마포구 마포대로 174	02-3271-1114
한 대 균	부장판사	인천지방법원	22220 인천 미추홀구 소성로 163번길 17	032-860-1114
황 민 웅	판사	광주가정법원	61946 광주 서구 상무번영로 85	062-608-1200

〈검 찰〉

이 름	직 위	근 무 지	우편번호 주 소	직장 자택 전화번호
고 석 홍	검사	서울고검	06594 서울 서초구 반포대로 158 414호	02-530-3114
고 흥	검사장	인천지검	22220 인천 미추홀구 소성로163번길 49 801호	032-860-4301
구 태 연	감찰2과장	대검찰청	06590 서울 서초구 반포대로 157	02-3480-2412
권 순 범	검사장	대구고검	42027 대구 수성구 동대구로 366	053-740-3631
김 기 준	지청장	수원지검 여주지청	12638 경기 여주시 현암로 21-11	031-880-4200
김 석 우	단장	청주지검	28624 충북 청주시 서원구 산남로 70번길 51	043-299-4000
김 승 연	검사	수원지검 안양지청	14054 경기 안양시 동안구 관평로212번길 52	031-470-4200

이 름	직 위	근 무 지	우편번호 주 소	직장 자택 전화번호
김 윤 섭	차장검사	인천지검	22220 인천 미추홀구 소성로 163번길 49	032-860-4000
노 진 영	차장검사	광주지검 순천지청	57932 전남 순천시 왕지로 19	061-729-4200
류 장 만	검사	부산지검	47510 부산 연제구 법원로 15 우편번호	051-606-4567
박 수 민	검사	대구지검	42027 대구 수성구 동대구로 366	053-740-3300
박 종 근	차장검사	대구고검	42027 대구 수성구 동대구로 366	053-740-3300
박 지 영	차장검사	춘천지검	24342 강원 춘천시 공지로 288	033-240-4000
백 재 명	검사/단장	부산지검	47510 부산 연제구 법원로 15	051-606-3300
신 승 희	지청장	전주지검 남원지청	55761 전북 남원시 용성로 59	063-630-4200
심 우 정	검사장	서울동부지검	05856 서울 송파구 정의로 30	02-2204-4000
안 성 수	검사	광주고검	61441 광주 동구 준법로 7-12	062-231-3114
이 선 훈	검사	서울고검	06594 서울 서초구 반포대로 172	02-530-3114
이 자 영	검사	부산지검	47510 부산 연제구 법원로 15	051-606-3300
이 주 형	검사장	울산지검	44643 울산 남구 법대로 45	052-228-4200
정 혁 준	부부장검사	서울남부지검	08088 서울 양천구 신월로 390	02-3219-4200

이 름	직 위	근 무 지	우편번호 주 소		직장 자택 전화번호
조 상 준	차장검사	서울고검	06594	서울 서초구 반포대로 158	02-530-3114
최 순 호	부부장검사	서울동부지검	05856	서울 송파구 정의로 30	02-2204-4000
최 인 호	검사	수원고검	16512	경기 수원시 영통구 법조로 91(하동)	031-5182-3114
한 연 규	검사	서울남부지검	08088	서울 양천구 신월로 390	02-3219-4200
한 제 희	지청장	대구지검 서부지청	42635	대구 달서구 장산남로 40	053-570-4311
홍 완 희	마약·조직 범죄과장	대검찰청	06590	서울 서초구 반포대로 157	02-3480-2290
황 병 주	검사	서울고검	06594	서울 서초구 반포대로 158	02-530-3114
황 철 규	차장검사	대전고검	35237	대전 서구 둔산중로 78번길15	042-470-3000

〈경 찰〉

이 름	직 위	근 무 지	우편번호 주 소		직장 자택 전화번호
박 민 우	경정	서울경찰청	03169	서울 종로구 사직로8길 31	02-2119-5330
조 은 별	경감	서울경찰청	03169	서울 종로구 사직로8길 31	02-700-5904

편집위원

刑事判例研究 〔30〕

2022년	7월	20일	초판인쇄
2022년	7월	31일	초판발행

편   자   한국형사판례연구회
발행인   안종만·안상준
발행처   **(주) 박영사**

> 편자와
> 협의하여
> 인지첩부
> 생략함

서울특별시 금천구 가산디지털2로 53, 210호
전화 (733)6771 FAX (736)4818
등록 1959. 3. 11. 제300-1959-1호(倫)

www.pybook.co.kr   e-mail: pys@pybook.co.kr

파본은 구입하신 곳에서 교환해 드립니다. 본서의 무단복제행위를 금합니다.

ISBN 979-11-303-4282-5
978-89-6454-587-4(세트)

정 가   54,000원   ISSN 1225-6005 30